Kiem

Kaufpreisregelungen beim Unternehmenskauf

Kaufpreisregelungen beim Unternehmenskauf

Bewertung · Kaufpreisermittlung · Klauselgestaltung · Kaufpreisanpassung

Herausgegeben von

Prof. Dr. Roger Kiem, LL.M. (London)
Rechtsanwalt in Frankfurt a. M.

Bearbeitet von

Jörn Caumanns, Diplom-Kaufmann
M&A-Berater, Bielefeld

Prof. Dr. Roger Kiem, LL.M. (London)
Rechtsanwalt in Frankfurt a. M.

Dietmar Koesling, M.L.E.
Wirtschaftsprüfer, Steuerberater und Rechtsanwalt
in München, Abogado (Madrid)

Dr. Thomas König
Rechtsanwalt in Frankfurt a. M.

Dr. Martin Neuhaus, M.B.L. (Sankt Gallen)
Rechtsanwalt in Düsseldorf

3. Auflage
2023

C.H.BECK

Zitiervorschlag gemäß der Beck'schen Redaktionsrichtlinie:
Kiem Unternehmenskauf/Bearbeiter § … Rn. …
Beispiel:
Kiem Unternehmenskauf/Caumanns § 1 Rn. 1

www.beck.de

ISBN 978 3 406 78074 5

Wilhelmstraße 9, 80801 München
Druck und Bindung: Beltz Grafische Betriebe GmbH
Am Fliegerhorst 8, 99947 Bad Langensalza
Satz: Fotosatz H. Buck
Zweikirchener Str. 7, 84036 Kumhausen

CO_2 neutral
chbeck.de/nachhaltig

Gedruckt auf säurefreiem, alterungsbeständigem Papier
(hergestellt aus chlorfrei gebleichtem Zellstoff)

Vorwort zur 3. Auflage

Seit dem Erscheinen der zweiten Auflage sind nun einige Jahre vergangen und es war an der Zeit, das Werk auf den neusten Stand zu bringen. Dabei ging es zum einen darum, die – immer noch überschaubare – Rechtsprechung zum Unternehmenskauf und das Schrifttum nachzutragen. Zum anderen waren auch Veränderungen der Marktpraxis zu berücksichtigen. Die multiplen Krisen der vergangenen Jahre – allen voran die durch die Corona-Pandemie ausgelöste – hat auch Kaufpreisanpassungsklauseln auf den Prüfstand gestellt. Die Erfahrungen im Umgang mit unsicheren Marktlagen sind in die Neuauflage eingeflossen.

Der Herausgeber und die Autoren freuen sich über Rückmeldungen aus dem Kreis der Leser des Werks. Anregungen, Hinweise und Kritik bitte an folgende Adresse:

Rechtsanwalt Prof. Dr. Roger Kiem
White & Case LLP
Bockenheimer Landstraße 20
60323 Frankfurt am Main
oder:
roger.kiem@whitecase.com

Frankfurt am Main, Juli 2023 Roger Kiem

Aus dem Vorwort zur 1. Auflage

Unternehmenskäufe sind heutzutage aus dem deutschen Wirtschaftsgeschehen nicht mehr wegzudenken. Dementsprechend prägen sie auch die wirtschaftsrechtliche Beratung. Besondere Bedeutung kommt dabei der Regelung des Kaufpreises zu – dem Herzstück jedes Unternehmenskaufvertrags. Die handwerklich saubere Erstellung und erfolgreiche Verhandlung von Kaufpreisregelungen setzt die souveräne Beherrschung der juristischen Materie, aber auch und vor allem ein tiefgehendes Verständnis der ihnen zugrunde liegenden wirtschaftlichen Parameter voraus.

Hier setzt das vorliegende Werk an. Es soll in einer gesamthaften Darstellung die Bezüge von Unternehmensbewertung und Kaufpreisermittlung, von Bewertungsannahmen und deren vertraglicher Absicherung sowie die vielfältigen Verknüpfungen und Wechselwirkungen zwischen einzelnen Bilanzpositionen und der Herleitung des Kaufpreises aufzeigen.

Diese Verknüpfungen sind mannigfach. Der Kaufpreis ist das Ergebnis von Angebot und Nachfrage. Dahinter stehen aber immer die Bewertungsbandbreiten von Verkäufer und Käufer: Die des Verkäufers bestimmt, was dieser mindestens als Kaufpreis erzielen will, diejenige des Käufers, was dieser maximal zu zahlen bereit ist. Die jeweiligen Bewertungen fußen ihrerseits auf bestimmten Annahmen. Das vorliegende Werk will diese herausarbeiten und die Instrumentarien zu ihrer vertraglichen Absicherung veranschaulichen.

Kaufpreisregelungen werden überdies zunehmend komplexer, der Kaufpreis wird immer präziser aus den Wirtschaftsdaten des Zielunternehmens abgeleitet. Zumindest ein Grundverständnis der wirtschaftlichen Zusammenhänge ist erforderlich, um die Kaufpreisermittlungsmechanik im Unternehmenskaufvertrag abzubilden. Auch insoweit will das Werk Hilfestellung leisten. Die Zusammenhänge werden anschaulich dargestellt und anhand von Formulierungsbeispielen erläutert.

Für das Werk konnte ein Kreis erfahrener Praktiker gewonnen werden, die teilweise auf eine jahrzehntelange Tätigkeit im M&A-Geschehen zurückblicken können. Das Augenmerk lag dabei auf der praxisgerechten und verständlichen Aufbereitung der Materie. Lehrbuchhafte Abhandlungen ohne Praxisbezug haben in dem Werk keinen Platz.

Nicht nur das Autorenteam ist interdisziplinär zusammengesetzt. Auch das Werk wendet sich ganz ausdrücklich nicht nur an die mit Unternehmenskäufen befassten Juristen aus Rechtsanwaltschaft und Unternehmen, sondern an alle, die sich mit M&A-Sachverhalten beschäftigen: Also namentlich M&A-Berater (Investmentbanken, M&A-Abteilungen von Unternehmen, Transaktionsberater in Wirtschaftsprüfungsgesellschaften, sonstige Finanzberater), Wirtschaftsprüfer, (Schieds-)Gutachter, Sachverständige und die Richterschaft.

Selbstredend wird das Werk nicht allen Fragestellungen nachgehen können. Es ist auch nicht ausgeschlossen, sondern sogar eher wahrscheinlich, dass der einzelne Leser nicht das ihn brennend interessierende Sonderproblem angesprochen finden wird. Aber das Werk verfolgt den Anspruch, die in der M&A-Praxis über den Einzelfall hinaus relevanten Sachfragen aufzuzeigen und darstellend zu erläutern. Dafür stehen bereits der Kreis der Autoren und ihr Erfahrungshintergrund.

Frankfurt am Main, im Herbst 2014 *Roger Kiem*

Bearbeiterverzeichnis

Caumanns	§ 1
Prof. Dr. Kiem	§§ 3 I, II, IV, 4 I, II, 6, 7 IV, 9, 10
Dr. König	§§ 13–15
Koesling	§§ 2, 7 I–III, 8 I–III, 11, 12
Dr. Neuhaus	§§ 3 III, 4 III, IV, 5, 7 V, 8 IV

Inhaltsübersicht

Inhaltsverzeichnis

Abkürzungsverzeichnis [1]

Abs	Absatz
aE	am Ende
AEUV	Vertrag über die Arbeitsweise der Europäischen Union
AG	Aktiengesellschaft; Die Aktiengesellschaft (Zeitschrift); Amtsgericht
AktG	Aktiengesetz
Alt	Alternative
aM	anderer Meinung
Anm	Anmerkung
Art	Artikel
Aufl	Auflage
BAG	Bundesarbeitsgericht
BB	Betriebs-Berater
BC	Zeitschrift für Bilanzierung, Rechnungswesen und Controlling
Bd	Band
BetrAVG	Gesetz zur Verbesserung der betrieblichen Altersversorgung
BGB	Bürgerliches Gesetzbuch
BGBl	Bundesgesetzblatt
BGH	Bundesgerichtshof
BGHZ	Entscheidungen des Bundesgerichtshofs in Zivilsachen
BilRUG	Bilanzrichtlinie – Umsetzungsgesetz
BMF	Bundesministerium der Finanzen
bzw	beziehungsweise
CAPEX	Capital Expenditures
CAPM	Capital Asset Pricing Model
CFL	Corporate Finance Law
DB	Der Betrieb
DCF	Discounted Cash Flow
dh	das heißt
DIO	Daily Inventory Outstanding
DPO	Daily Payable Outstandings
DS	Der Sachverständige (Zeitschrift)
DSO	Daily Sales Outstandings
DStR	Deutsches Steuerrecht
DStZ	Deutsche Steuerzeitung
EAV	Ergebnisabführungsvertrag
EBIT	Earnings before Interest and Taxes
EBITDA	Earnings before Interest, Taxes, Depreciation and Amortisation

[1] S. auch das Glossar auf S. 449 ff.

ECFR .... European Company and Financial Law Review
EGHGB.............. Einführungsgesetz zum Handelsgesetzbuch
EStG .... Einkommensteuergesetz
EStR .... Einkommensteuerrichtlinien
EU .... Europäische Union
EV .... Equity Value

FB .... Finanz-Betrieb (Zeitschrift)
FCF .... Free Cash Flows
ff .... fortfolgende (Seiten)
Fn .... Fußnote
Form .... Formular
FS .... Festschrift

GmbH .... Gesellschaft mit beschränkter Haftung
GmbHG .... Gesetz betreffend die Gesellschaften mit beschränkter Haftung
GmbHR .... GmbH-Rundschau
GoB .... Grundsätze ordnungsmäßiger Buchführung
GuV .... Gewinn- und Verlustrechnung
GWB .... Gesetz gegen Wettbewerbsbeschränkungen
GWR .... Gesellschafts- und Wirtschaftsrecht (Zeitschrift)

HFA .... Hauptfachausschuß des Instituts der Wirtschaftsprüfer in Deutschland eV
HGB .... Handelsgesetzbuch
hM .... herrschende Meinung
Hrsg .... Herausgeber

IASB .... International Accounting Standard Board
IAASB .... International Auditing and Assurance Standard Board (bis 2022 International Auditing Practice Committee (IPAC))
IDW .... Institut der Wirtschaftsprüfer in Deutschland eV
IFRS .... International Financial Reporting Standards
InsO .... Insolvenzordnung
IRR .... Internal Rate of Return
IRU .... Indefeasable right of use
IRZ .... Zeitschrift für internationale Rechnungslegung

Kap .... Kapitel
KG .... Kommanditgesellschaft
KGaA .... Kommanditgesellschaft auf Aktien
Komm .... Kommentar
KSchG .... Kündigungsschutzgesetz
KStG .... Körperschaftsteuergesetz
KStR .... Körperschaftsteuerrecht/Körperschaftsteuerrichtlinien

LBO .... Leveraged Buy-out
lt. .... laut

MAC . . . . Material Adverse Change
MDR . . . . Monatsschrift für Deutsches Recht
MoM . . . . Multiple of Money

Nachw . . . . Nachweise
NJW . . . . Neue Juristische Wochenschrift
NJW-RR . . . . NJW Rechtsprechungs-Report Zivilrecht
Nr . . . . Nummer
NZA . . . . Neue Zeitschrift für Arbeits- und Sozialrecht

OHG . . . . Offene Handelsgesellschaft
OLG . . . . Oberlandesgericht

p. a. . . . . per anno
PIK . . . . Payment in Kind
PLTA . . . . Profit and Loss Transfer Agreement

RAP . . . . Rechnungsabgrenzungsposten
RfP . . . . Request for Proposal
RG . . . . Reichsgericht
RGZ . . . . Amtliche Sammlung von Entscheidungen des Reichsgerichts in Zivilsachen
Rn . . . . Randnummer
RNotZ . . . . Rheinische Notar-Zeitschrift
ROCE . . . . Return on Capital Employed

SchiedsVZ . . . . Zeitschrift für Schiedsverfahren
sep. . . . . separat
SPV . . . . Special Purpose Vehicle
str . . . . streitig

Tz . . . . Textziffer

UmwG . . . . Umwandlungsgesetz
Urt . . . . Urteil

VersR . . . . Versicherungsrecht (Zeitschrift)
vgl. . . . . vergleiche
VO . . . . Verordnung
Vorb/Vorbem . . . . Vorbemerkung

WACC . . . . Weighted Average Cost of Capital
WiB . . . . Wirtschaftsrechtliche Beratung (Zeitschrift)
WM . . . . Zeitschrift für Wirtschaft und Bankrecht (Wertpapier-Mitteilungen Teil IV)
WPg . . . . Die Wirtschaftsprüfung (Zeitschrift)
WpÜG . . . . Wertpapiererwerbs- und Übernahmegesetz

ZGR .... Zeitschrift für Unternehmens- und Gesellschaftsrecht
ZIP .... Zeitschrift für Wirtschaftsrecht
ZUM .... Zeitschrift für Urheber- und Medienrecht

Allgemeines Literaturverzeichnis

Adler/Düring/Schmaltz, Rechnungslegung und Prüfung der Unternehmen (Gesamtausgabe), 6. Aufl. 1995 (zitiert als Adler/Düring/Schmaltz, Rechnungslegung/Autor, Fundstelle)

Altmeppen, GmbHG, 11. Aufl. 2023 (zitiert als Altmeppen, Fundstelle)

Baetge/Kirsch/Thiele, Bilanzen, 16. Aufl. 2021 (zitiert als Baetge/Kirsch/Thiele Bilanzen/Autor, Fundstelle)

Beisel/Andreas, Beck'sches Mandatshandbuch Due Diligence, 3. Aufl. 2017 (zitiert als Beisel/Andreas Due Diligence/Autor, Fundstelle)

Beisel/Klumpp, Der Unternehmenskauf, 7. Aufl. 2016 (zitiert als Beisel/Klumpp Unternehmenskauf/ Autor, Fundstelle)

Berens/Brauner/Knauer/Strauch, Due Diligence bei Unternehmensakquisitionen, 8. Aufl. 2019 (zitiert als Berens/Brauner/Knauer/Strauch Due Diligence/Autor, Fundstelle)

Born, Unternehmensanalyse und Unternehmensbewertung, 2. Aufl. 2003 (zitiert als Born Unternehmensbewertung, Fundstelle)

Brealey/Myers/Allen/Edmans, Principles of Corporate Finance ISE, 14th ed., 2022 (zitiert als Brealey/ Myers/Allen/Edmans Corporate Finance, Fundstelle)

Bruner, Deals from Hell. M&A Lessons that Rise Above the Ashes, 2009 (zitiert als Bruner Deals from Hell, Fundstelle)

Buth/Hermanns, Restrukturierung, Sanierung, Insolvenz, 5. Aufl. 2022 (zitiert als Buth/Hermanns Restrukturierung/Autor, Fundstelle)

Damodaran, Damodaran on Valuation. Security Analysis for Investment and Corporate Finance, 2nd ed., 2006 (zitiert als Damodaran Valuation, Fundstelle)

Dauner-Lieb/Heidel/Ring/Dauner-Lieb/Langen, Bürgerliches Gesetzbuch: Schuldrecht Band 2, 4. Aufl. 2021 (zitiert als NK-BGB/Autor, Fundstelle)

Diem/Jahn, Akquisitionsfinanzierungen, 4. Aufl. 2019 (zitiert als Diem/Jahn Akquisitonsfinanzierungen/Autor, Fundstelle)

Dörner/Ebert/Fries/Friesen/Himmen/Hoeren/Kemper/Saenger/Scheuch/Schreiber/Schulte-Nölke/ Schulze/Staudinger/Wiese, Bürgerliches Gesetzbuch, 11. Aufl. 2021 (zitiert als HK-BGB/Autor, Fundstelle)

Drescher/Fleischer/K. Schmidt, Münchener Kommentar zum Handelsgesetzbuch, 5. Aufl. 2021 ff. (zitiert als MüKoHGB/Autor, Fundstelle)

Drukarczyk/Schüler, Unternehmensbewertung, 8. Aufl. 2021 (zitiert als Drukarczyk/Schüler Unternehmensbewertung/Autor, Fundstelle)

Drygala/Wächter, Kaufpreisanpassungs- und Earnout-Klauseln bei M&A-Transaktionen, 1. Aufl. 2016 (zitiert als Drygala/Wächter Kaufpreisanpassungsklauseln/Autor, Fundstelle)

Eilers/Koffka/Mackensen/Paul/Josenhans, Private Equity, 4. Aufl. 2022 (zitiert als Eilers/Koffka/ Mackensen/Paul/Josenhans Private Equity/Autor, Fundstelle)

Ellenberger/Bunte, Bankrechts-Handbuch, 6. Aufl. 2022 (zitiert als Ellenberger/Bunte BankR-HdB/ Autor, Fundstelle)

Emmerich/Habersack, Aktien- und GmbH-Konzernrecht, 10. Aufl. 2022 (zitiert als Emmerich/ Habersack/Autor, Fundstelle)

Fleischer/Goette, Münchener Kommentar zum Gesetz betreffend die Gesellschaften mit beschränkter Haftung, Band 1, 2, 3, 4. Aufl. 2022 (zitiert als MüKoGmbHG/Autor, Fundstelle)

Gebele/Scholz, Beck'sches Formularbuch Bürgerliches, Handels- und Wirtschaftsrecht, 14. Aufl. 2022 (zitiert als BeckFormB BHW/Autor, Fundstelle)

Goette/Habersack/Kalss, Münchener Kommentar zum Aktiengesetz, Band 2, 6. Aufl. 2023 (zitiert als MüKoAktG/Autor, Fundstelle)

Göthel, Grenzüberschreitende M&A-Transaktionen, 5. Aufl. 2020 (zitiert als Göthel Grenzüberschreitende M&A-Transaktionen, Fundstelle)

Greger/Stubbe, Schiedsgutachten, 1. Aufl. 2007 (zitiert als Greger/Stubbe Schiedsgutachten, Fundstelle)

Großfeld/Egger/Tönnes, Recht der Unternehmensbewertung, 9. Aufl. 2020 (zitiert als Großfeld/Egger/Tönnes Unternehmensbewertung, Fundstelle)

Grottel/Schubert/Justenhoven/Störk, Beck'scher Bilanz-Kommentar, 13. Aufl. 2022 (zitiert als Beck Bil-Komm./Autor, Fundstelle)

Grüneberg, Bürgerliches Gesetzbuch, 82. Aufl. 2023 (zitiert als Grüneberg/Autor, Fundstelle)

Habersack/Casper/Löbbe, GmbHG, Band 1, 2, 3, 3. Aufl. 2019 (zitiert als Habersack/Casper/Löbbe/Autor, Fundstelle)

Hamm, Beck'sches Rechtsanwalts-Handbuch, 12. Aufl. 2022 (zitiert als BeckRA-HdB/Autor, Fundstelle)

Hau/Poseck, BeckOK BGB, 66. Aufl. 2023 (zitiert als BeckOK BGB/Autor, Fundstelle)

Hauschka/Moosmayer/Lösler, Corporate Compliance, 3. Aufl. 2016 (zitiert als Hauschka/Moosmayer/Lösler Corporate Compliance, Fundstelle)

Hayn/Graf Waldersee, IFRS und HGB im Vergleich. Synoptische Darstellung für den Einzel- und Konzernabschluss, 8. Aufl. 2014 (zitiert als Hayn/Waldersee IFRS und HGB im Vergleich, Fundstelle)

Heckschen/Herrler/Münch, Beck'sches Notar-Handbuch, 7. Aufl. 2019 (zitiert als BeckNotar-HdB/Autor, Fundstelle)

Hennrichs/Kleindiek/Watrin, Münchener Kommentar zum Bilanzrecht, Band 1, 5. Aufl. 2014 (zitiert als MüKoBilanzR/Autor, Fundstelle)

Henssler/Strohn, Gesellschaftsrecht, 5. Aufl. 2021 (zitiert als Henssler/Strohn/Autor, Fundstelle)

Hettler/Stratz/Hörtnagl, Beck'sches Mandatshandbuch Unternehmenskauf, 2. Aufl. 2013 (zitiert als Hettler/Stratz/Hörtnagl Unternehmenskauf/Autor, Fundstelle)

Hoffmann-Becking, Münchener Handbuch des Gesellschaftsrechts, Band 4: Aktiengesellschaft, 5. Aufl. 2020 (zitiert als MHdB GesR IV/Autor, Fundstelle)

Hölters, Handbuch Unternehmenskauf, 10. Aufl. 2022 (zitiert als Hölters Unternehmenskauf-HdB/Autor, Fundstelle)

Holzapfel/Pöllath/Bergjan/Engelhardt, Unternehmenskauf in Recht und Praxis; Rechtliche und steuerliche Aspekte, 16. Aufl. 2021 (zitiert als Holzapfel/Pöllath/Bergjan/Engelhardt Unternehmenskauf/Autor, Fundstelle)

Institut der Wirtschaftsprüfer e. V. (IDW), IDW Prüfungsstandards und weitere Verlautbarungen, 72. Aufl. 2019 (zitiert als IDW PS, Fundstelle)

Institut der Wirtschaftsprüfer e. V. (IDW), WP Handbuch 2021, 17. Aufl. 2021 (zitiert als IDW WP-HdB, Fundstelle)

Jaletzke/Henle, M&A Agreements in Germany, 2. Aufl. 2020 (zitiert als Jaletzke/Henle M&A/Autor, Fundstelle)

Jauernig, Bürgerliches Gesetzbuch, 18. Aufl. 2021 (zitiert als Jauernig/Autor, Fundstelle)

Kästle/Oberbracht, Unternehmenskauf – Share Purchase Agreement, 3. Aufl. 2018 (zitiert als Kästle/Oberbracht Unternehmenskauf, Fundstelle)

Kessler/Kröner/Köhler, Konzernsteuerrecht, 3. Aufl. 2018 (zitiert als Kessler/Kröner/Köhler KonzernStR/Autor, Fundstelle)

Knott, Unternehmenskauf, 6. Aufl. 2019 (zitiert als Knott Unternehmenskauf, Fundstelle)

Koch, Aktiengesetz, 17. Aufl. 2023 (zitiert als Koch AktG, Fundstelle)

Koller/Goedhart/Wessels, Valuation. Measuring and Managing the Value of Companies, 7th ed., 2020 (zitiert als Koller/Goedhart/Wessels Valuation, Fundstelle)

Krauß/Weise, Beck'sche Online-Formulare Vertrag, 58. Aufl. 2021 (zitiert als BeckOF Vertrag/Autor, Fundstelle)

Kreindler/Schäfer/Wolff, Schiedsgerichtsbarkeit – Kompendium für die Praxis, 1. Aufl. 2006 (zitiert als Kreindler/Schäfer/Wolff Schiedsgerichtsbarkeit/Autor, Fundstelle)

Krüger/Rauscher, Münchener Kommentar zur ZPO, 6. Aufl. 2020 (zitiert als MüKoZPO/Autor, Fundstelle)

Loewenheim/Meessen/Riesenkampff/Kersting/Meyer-Lindemann, Kartellrecht, 4. Aufl. 2020 (zitiert als LMRKM/Autor, Fundstelle)

Lutter/Hommelhoff, GmbH-Gesetz, 21. Aufl. 2023 (zitiert als Lutter/Hommelhoff/Autor, Fundstelle)

Malhotra/Bazerman, Negotiation Genius. How to Overcome Obstacles and Achieve Brilliant Results at the Bargaining Table and Beyond, 2008 (zitiert als Malhotra/Bazerman Negotiation Genius, Fundstelle)

Metz, Unternehmenskauf und internationale Rechnungslegung, 2012 (zitiert als Metz Unternehmenskauf, Fundstelle)

Meyer-Sparenberg/Jäckle, Beck'sches M&A-Handbuch, 2. Aufl. 2022 (zitiert als BeckHdB M&A/Autor, Fundstelle)

Michalski/Heidinger/Leible/J. Schmidt, GmbHG, Band 1, 2, 4. Aufl. 2023 (zitiert als MHLS/Autor, Fundstelle)

Motzke/Bauer/Seewald, Prozesse in Bausachen, 3. Aufl. 2018 (zitiert als PHdB-BauS/Autor, Fundstelle)

Musielak/Voit, ZPO, 20. Aufl. 2023 (zitiert als Musielak/Voit/Autor, Fundstelle)

Noack/Servatius/Haas, GmbH-Gesetz, 23. Aufl. 2022 (zitiert als Noack/Servatius/Haas/Autor, Fundstelle)

Oppenländer/Trölitzsch, Praxishandbuch der GmbH-Geschäftsführung, 3. Aufl. 2020 (zitiert als Oppenländer/Trölitzsch GmbH-GF-HdB/Autor, Fundstelle)

Peemöller, Praxishandbuch der Unternehmensbewertung, 7. Aufl. 2019 (zitiert als Peemöller Unternehmensbewertung-HdB/Autor, Fundstelle)

Pellens/Fülbier/Gassen/Sellhorn, Internationale Rechnungslegung, 11. Aufl. 2021 (zitiert als Pellens/Fülbier/Gassen/Sellhorn IntRechnungslegung/Autor, Fundstelle)

Perridon/Steiner/Rathgeber, Finanzwirtschaft der Unternehmung, 17. Aufl. 2017 (zitiert als Perridon/Steiner/Rathgeber Finanzwirtschaft/Autor, Fundstelle)

Petersen/Zwirner/Zimny, Handbuch Unternehmensbewertung, 3. Aufl. 2022 (zitiert als Petersen/Zwirner/Zimny, Unternehmensbewertung-HdB)

Picot, Unternehmenskauf und Restrukturierung, 4. Aufl. 2013 (zitiert als Picot Unternehmenskauf/Autor, Fundstelle)

Piltz, Die Unternehmensbewertung in der Rechtsprechung, 3. Aufl. 1994 (zitiert als Piltz Unternehmensbewertung, Fundstelle)

Rieder/Schütze/Weipert, Münchener Vertragshandbuch, Band 2: Wirtschaftsrecht I, 8. Aufl. 2020 (zitiert als MVHdB II WirtschaftsR I/Autor, Fundstelle)

Rödder/Hötzel/Mueller-Thuns, Unternehmenskauf, Unternehmensverkauf, 1. Aufl. 2003 (zitiert als Rödder/Hötzel/Mueller-Thuns Unternehmenskauf/Autor, Fundstelle)

Römermann, Münchener Anwaltshandbuch GmbH-Recht, 4. Aufl. 2018 (zitiert als MAH GmbHR/Autor, Fundstelle)

Roquette/Schweiger, Vertragsbuch Privates Baurecht, 3. Aufl. 2020 (zitiert als Roquette/Schweiger PrivBauR/Autor, Fundstelle)

Rosengarten/Burmeister/Klein, Mergers and Acquisitions in Germany, 3. Aufl. 2020 (zitiert als Rosengarten/Burmeister/Klein M&A/Autor, Fundstelle)

Rotthege/Wassermann, Unternehmenskauf bei der GmbH, 2. Aufl. 2019 (zitiert als Rotthege/Wassermann Unternehmenskauf/Autor, Fundstelle)
Rowedder/Pentz, GmbH-Gesetz, 7. Aufl. 2022 (zitiert als Rowedder/Pentz/Autor, Fundstelle)
Säcker/Rixecker/Oetker/Limperg, Münchener Kommentar zum Bürgerlichen Gesetzbuch, 9. Aufl. 2021 ff. (zitiert als MüKoBGB/Autor, Fundstelle)
Saenger/Ullrich/Siebert, ZPO, 5. Aufl. 2021 (zitiert als GForm-ZPO/Autor, Fundstelle)
Scholz, GmbH-Gesetz, Band 1, 13. Aufl. 2022 (zitiert als Scholz/Autor, Fundstelle)
Schwab/Walter, Schiedsgerichtsbarkeit, 7. Aufl. 2005 (zitiert als Schwab/Walter, Fundstelle)
Seibt, Beck'sches Formularbuch Mergers & Acquisitions, 3. Aufl. 2018 (zitiert als BeckFormB M&A/Autor, Fundstelle)
Semler/Volhard, Arbeitshandbuch für Unternehmensübernahmen, Unternehmensübernahme, Vorbereitung, Durchführung, Folgen. Ausgewählte Drittländer, Band I, II, 1. Aufl. 2001/2003 (zitiert als Semler/Volhard UÜ-HdB/Autor, Fundstelle)
Spindler/Stilz, Aktienrecht, Band 1, 2, 5. Aufl. 2022 (zitiert als Spindler/Stilz/Autor, Fundstelle)
Staudinger, BGB – J. von Staudingers Kommentar zum Bürgerlichen Gesetzbuch mit Einführungsgesetz, 18. Aufl. 2018 ff. (zitiert als Staudinger/Autor, Fundstelle)
Stein/Jonas, Kommentar zur Zivilprozessordnung, 23. Aufl. 2014 ff. (zitiert als Stein/Jonas/Autor, Fundstelle)
Stürner/Eidenmüller/Schoppmeyer, Münchener Kommentar zur Insolvenzordnung, 4. Aufl. 2019 (zitiert als MüKoInsO/Autor, Fundstelle)
Thomas/Putzo, ZPO, 44. Aufl. 2023 (zitiert als Thomas/Putzo/Autor, Fundstelle)
Uhlenbruck, InsO, Band 2, 16. Aufl. 2023 (zitiert als Uhlenbruck/Autor, Fundstelle)
van Kann, Praxishandbuch Unternehmenskauf, 2. Aufl. 2017 (zitiert als van Kann, Unternehmenskauf, Fundstelle)
Weitnauer, Handbuch Venture Capital, 7. Aufl. 2022 (zitiert als Weitnauer Venture Capital-HdB/Autor, Fundstelle)
Ziemons, Die Haftung der Gesellschafter für Einflussnahmen auf die Geschäftsführung der GmbH, 1996 (zitiert als Ziemons Gesellschafterhaftung, Fundstelle)
Zöller, ZPO – Zivilprozessordnung, 34. Aufl. 2022 (zitiert als Zöller/Autor, Fundstelle)

Erster Abschnitt: Unternehmensbewertung, Kaufpreisermittlung und kaufvertragliche Umsetzung

§ 1. Methoden der Unternehmensbewertung

I. Einleitung

Unternehmensbewertung, Kaufpreisermittlung und kaufvertragliche Umsetzung sind drei unterschiedliche, aber in hohem Maße miteinander verknüpfte Elemente einer M&A-Transaktion. Insbesondere die Begriffe der „Unternehmensbewertung“ und der „Kaufpreisermittlung“ sind voneinander zu trennen, obwohl in der Praxis oft der gleiche Vorgang gemeint ist. Ein Kaufpreis ist ein Marktpreis für ein Unternehmen oder einen Unternehmensteil, während die Unternehmensbewertung ein modellhafter Ansatz ist, um Bandbreiten für die Verhandlung über einen solchen Kaufpreis zu ermitteln. Es ist wichtig zu verstehen, dass es für die Zwecke dieser Darstellung keinen „richtigen“ oder allein zutreffenden Unternehmenswert gibt, und dementsprechend der Kaufpreis das Resultat einer Verhandlung der an der Transaktion beteiligten Parteien ist. 1

Unternehmensbewertungsansätze helfen dabei, ein Gerüst für die Verhandlungen zwischen Käufer und Verkäufer zu schaffen und damit einzelne Wertfaktoren zu objektivieren und diese dadurch überhaupt erst als Grundlage der Verhandlungen nutzbar zu machen. So sollte ein Erwerber die verschiedenen Methoden der Unternehmensbewertung anwenden, um für sich eine Preisobergrenze zu definieren und durch Simulation der Bewertungen anderer potenzieller Bieter einen Überblick über das Wettbewerbsumfeld zu bekommen. Gleiches führt in der Regel der Veräußerer durch um herauszufinden, welche Preisuntergrenze für ihn als den Verkäufer noch akzeptabel ist und welche Werte die potenziellen Interessenten zahlen könnten. 2

Liegt die Preisuntergrenze des Veräußerers über der Preisobergrenze der möglichen Erwerber, so ist die Aushandlung und Durchführung einer Transaktion davon abhängig, dass mindestens eine Partei von ihren Grenzwerten abweicht. 3

Einen größeren Verhandlungs- und Gestaltungsspielraum bietet in der Regel der Fall, dass die Preisobergrenzen der Interessenten über der Preisuntergrenze des Veräußerers liegen. Je erfolgreicher der Verkäufer darin ist, Wettbewerb zwischen verschiedenen Bietern zu schaffen, desto näher wird der Transaktionspreis an der Preisobergrenze des Erwerbers liegen. Hierin unterscheidet sich der Markt für Unternehmenstransaktionen nicht von jedem anderen Markt und es wird klar, dass 4 der rechnerische Wert einer Unternehmensbewertung nicht mit dem tatsächlichen Kaufpreis übereinstimmen muss.

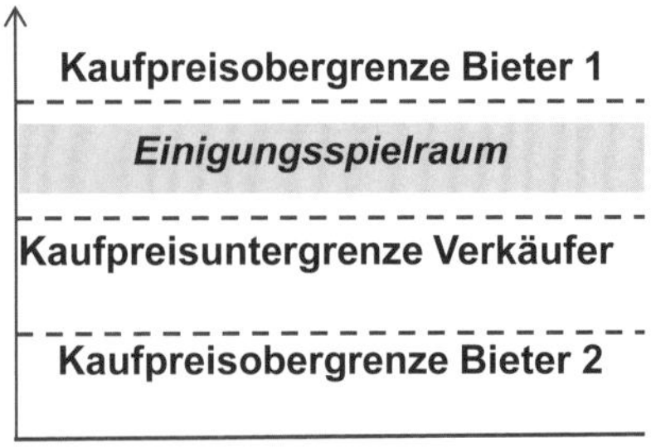

Abbildung 1: Preisober- und -untergrenze

5 Ein Beispiel aus der Spieltheorie illustriert, wie die Umstände der Verhandlung und die Annahmen der Parteien die Verteilung eines Vermögenswertes zwischen diesen beeinflussen können. In dem dreistufigen Spiel sollen sich die Spieler A und B auf die Verteilung von $100 einigen, die sie gemeinsam geschenkt bekommen. Zunächst kann Spieler A dem Spieler B einen Vorschlag zur Aufteilung machen. Falls B ablehnt, muss dieser A wiederum einen eigenen Vorschlag machen. Sollte A diesen ablehnen, hat er das Recht, zu einem letztmaligen Vorschlag. Nimmt B diesen nicht an, so werden den beiden Spielern die $100 wieder genommen. Als diese Aufgabe an eine Gruppe von Studenten gestellt wurde, tendierten die meisten zu einer 50:50-Lösung, weil diese „fair" erscheint. Handeln beide Spieler allerdings rein gewinnorientiert, ist die Lösung eine andere: Weil Spieler A das Recht auf einen letzten Vorschlag hat, bevor das Geld für beide verloren geht, kann er sein Angebot auf die kleinste Einheit, etwa $1, reduzieren und es wäre für B immer noch besser dieses Angebot zu akzeptieren als leer auszugehen. Damit wäre die Verhandlungsmasse zu 99 % an Spieler A gegangen und B hätte nur $1 erhalten. Natürlich verhandeln nicht immer alle Parteien ausschließlich rational und ggf. würde in einer M&A-Situation die Partei B das Angebot ablehnen, weil für sie der Gesichtsverlust einer solchen Lösung schwerer wiegt als der geringe finanzielle Nutzen. Dennoch gibt es bei im Niedergang befindlichen, „sterbenden" Industrien und geringer Nachfrage auf der Käuferseite auch in M&A-Märkten diesen Fall, bei dem die wenigen potentiellen Erwerber eine *„Last Man Standing"*-Strategie fahren und somit den Veräußerern nur die Wahl zwischen einem Verkauf zu sehr schlechten Konditionen und z. B. einer Insolvenz lassen.

6 Der umgekehrte Fall wird auch in der Verhaltensökonomie diskutiert. So wird vom *„Winner's Curse"* gesprochen,[1] wenn mehrere Bieter in einem hohen Maß im Wettbewerb stehen, unvollständige Informationen haben – was im Rahmen einer

[1] Vgl. Capen/Clapp/Campbell, Journal of Petroleum Technology 1971, S. 641; Malhotra/Bazerman, Negotiation, S. 187.

M&A-Transaktion fast immer der Fall ist – und der Gewinner der Auktion als Folge einen zu hohen Preis zu zahlen hat. Auch diesen Fall kann man in der Praxis oft beobachten.

Es ist für die Projektleiter und Verhandlungsführer einer M&A-Transaktion 7
daher wichtig zu wissen, in welcher Situation sie sich befinden. Die Unternehmensbewertung hilft zwar den Rahmen einer potentiellen Transaktion abzustecken, die richtige Einschätzung der Auktions- oder Verhandlungssituation ist aber ebenso wichtig, um eine Transaktion erfolgreich abzuschließen oder den richtigen Zeitpunkt für einen Ausstieg zu finden.

Da Verkäufer nicht ausschließlich auf die Maximierung des Preises fixiert sind, 8
sondern beispielsweise auch Transaktionssicherheit und Schnelligkeit mit in ihr Kalkül einfließen lassen, versuchen Bieter oft auch andere Elemente als den Preis in den Verhandlungen zu nutzen: Transaktionsprozesse werden durch sog. *„Preemptive Offers"* verkürzt, *Due Diligence Findings* werden bei der Preisfindung vernachlässigt und Risiken werden aufgrund eines hohen Interesses daran, den Zuschlag zu erhalten, im Kaufvertrag nicht ausreichend abgesichert.

Das Erfordernis einer detaillierten vertraglichen Regelung ergibt sich daraus, 9
dass Unternehmenstransaktionen sich in der Regel über mehrere Monate erstrecken und auf Daten der Vergangenheit basieren. Daher ist es für den Erwerber wichtig, durch vertragliche Regeln sicherzustellen, dass die Informationen, die verfügbar gemacht wurden, richtig sind bzw. keine wichtigen Informationen verschwiegen wurden und die Risiken, die sich im Zeitraum zwischen der Unterschrift des Unternehmenskaufvertrags *(Signing)* und dem tatsächlichen rechtlichen Übergang des Eigentums *(Closing)* ergeben, minimiert werden.

II. Bewertungsmethoden

1. Einführung

Die hier beschriebenen Methoden sind die in der M&A-Praxis regelmäßig an- 10
gewandten Ansätze zur Unternehmensbewertung. Ziel ist es dabei, die für einen M&A-Praktiker relevanten Themen vorzustellen, nicht aber die wissenschaftliche Diskussion hierzu vollständig darzustellen. Die Unternehmensbewertung hat ihre Wurzeln in der Volkswirtschaftslehre und ist heute Bestandteil der betriebswirtschaftlichen Investitions- und Finanzierungslehre. Das Prinzip jeder Investition basiert auf der grundsätzlichen Frage, welche Zahlungsströme ein Investor in der Zukunft als Entgelt für sein getätigtes Investment erhält. Dabei wird der Versuch unternommen, die unsicheren zukünftigen Zahlungsströme *(Cash Flow)* mit der unmittelbar stattfindenden Investition vergleichbar zu machen. Der gängige Ansatz dafür ist die Nutzung eines Zinssatzes, der die Unsicherheit hinsichtlich der Höhe und dem Zeitpunkt der zukünftigen Zahlungsströme abbilden soll. Determinanten der Unsicherheit sind das Risiko des Zahlungsstroms, die Laufzeit, die Inflation

so wie die mögliche Besteuerung.[2] Unsicher und damit risikobehaftet ist ein Zahlungsstrom in verschiedener Hinsicht: eine Investition könnte scheitern und dann weniger oder gar keine Rückzahlungen ermöglichen. Es könnte aber auch sein, dass ein Projekt besser als erwartet verläuft. In der Finanzierungslehre wird auch eine positive Abweichung grundsätzlich als (positives) Risiko verstanden.[3]

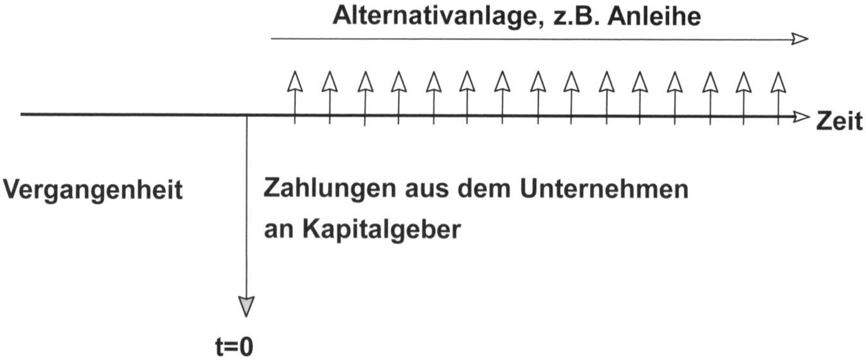

Abbildung 2: Zahlungsstrom

11 Da es sich um unsichere Zahlungen in der Zukunft handelt, können Investoren bzw. Käufer sehr unterschiedliche Erwartungen an diese haben, welche von der vom Verkäufer prognostizierten Entwicklung abweichen können. Eine Transaktion kommt wie zuvor beschrieben nur dann zustande, wenn der Höchstpreis eines Käufers über dem Mindestpreis des Verkäufers liegt. Es ist mithin essenziell, die Begriffe „Unternehmensbewertung" und „Kaufpreis" bei Unternehmenstransaktionen begrifflich zu trennen. Der Kaufpreis bestimmt sich auf einem Markt anhand von Angebot und Nachfrage, während die Methoden der Unternehmensbewertung Instrumente sind, anhand derer eine Diskussion über einen Kaufpreis objektivierbar gemacht werden kann.

12 Solche Instrumente sind insbesondere bei M&A-Transaktionen erforderlich, da der Markt für spezifische Unternehmenstransaktionen ungleich illiquider ist als der Aktienmarkt börsennotierter Unternehmen. Bei börsennotierten Aktien werden Tausende von Transaktionen auf täglicher Basis getätigt, wodurch fortlaufend Informationen über den Wert der Unternehmen und die Erwartungen der Marktteilnehmer angezeigt werden. Bei M&A-Transaktionen ist dies anders: Zwar werden auch Tausende von Unternehmen jedes Jahr verkauft, aber ein bestimmtes Unternehmen wird allenfalls in Jahresabständen in Gänze verkauft (so z. B. wenn es mehrfach von Finanzinvestor zu Finanzinvestor verkauft wird). Daher liegen

[2] Eine ausführliche Darstellung der Berechnung von Barwerten findet sich zum Beispiel bei Brealey/Myers, Corporate Finance, 2. Kapitel.

[3] Brealey/Myers, Corporate Finance, 2. Kapitel.

z. B. über einen Zeitraum von fünf Jahren allenfalls zwei bis drei Marktpreisindikationen vor, während für ein börsennotiertes Unternehmen auf täglicher Basis Tausende Marktpreise ablesbar sind. Selbst wenn man die M&A-Transaktionen von vergleichbaren Unternehmen hinzunimmt, sind die beobachtbaren Marktpreise bei Unternehmenstransaktionen deutlich seltener als bei börsennotierten Unternehmen.

Hinzu kommt, dass bei Unternehmenstransaktionen meist die Kontrolle über das Unternehmen mit übertragen wird, so dass ein Erwerber u. U. erheblichen Einfluss auf die Geschäftspolitik nehmen kann oder das Geschäft mit anderen Aktivitäten fusionieren kann. Dieses strategische Interesse des Erwerbers drückt sich möglicherweise in einem höheren Kaufpreis aus. **13**

2. Die gängigen Methoden

Im Folgenden werden insbesondere vier gängige Methoden beschrieben: **14**

(i) *Discounted Cash Flow*-Methode

(ii) Multiplikatoren vergleichbarer börsennotierter Unternehmen

(iii) Multiplikatoren vergleichbarer M&A-Transaktionen

(iv) LBO-Bewertung

Die *Discounted Cash Flow*-Methode (DCF-Methode) basiert auf der Abzinsung zukünftiger erwarteter, unsicherer Zahlungsströme. Hierbei werden mehrjährige Prognoserechnungen aufgestellt, anhand derer durch Abzinsung Unternehmenswerte berechnet werden können. Die beiden Multiplikatorenverfahren sind vereinfachende Verfahren, die auf einem Vergleich mit Marktdaten basieren. Das Prinzip dahinter kann dabei als Dreisatz wie folgt beschrieben werden: Wenn das Verhältnis von Unternehmenswert und EBITDA bei einem börsennotierten Vergleichsunternehmen x ist und das EBITDA des Bewertungsobjekts ist y, dann kann man x mit y multiplizieren, um den Unternehmenswert des Bewertungsobjekts abzuschätzen. Bei dem ersten Verfahren werden dazu die Daten von börsennotierten Unternehmen herangezogen, bei dem Zweiten Daten von anderen M&A-Transaktionen. Die sogenannte „LBO-Bewertung", also die Bewertung im Rahmen eines *Leveraged Buy Out,* ist in gewissem Sinne eine Kombination aus der DCF-Methode und den *Multiple*-Methoden, weil sie Elemente beider miteinander verbindet. Da an M&A-Transaktionen heute zu einem Großteil Finanzinvestoren beteiligt sind, für welche die LBO-Bewertung von Bedeutung ist, wird auch diese Methode erläutert. **15**

3. Überblick und Begrifflichkeiten

Die folgende Abbildung gibt einen Überblick über unterschiedliche Unternehmensbewertungsmethoden: **16**

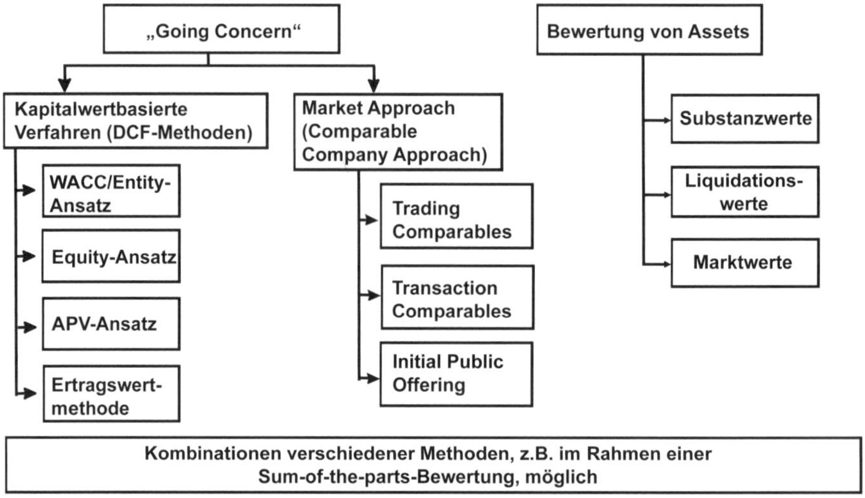

Abbildung 3: Unternehmensbewertungsmethoden

17 Dabei wird zunächst eine Unterscheidung zwischen Going Concern-Betrachtungsweisen und der „Bewertung von Assets“ gemacht. Bei den Going Concern-Methoden wird von der Grundannahme ausgegangen, dass das Unternehmen bzw. das Bewertungsobjekt dauerhaft weiter bestehen wird. Ist dies nicht der Fall, weil z. B. das Geschäftsmodell vollständig überholt ist, können nur einzelne Vermögensgegenstände bewertet werden.

18 Im Rahmen der Going Concern-Methoden wird zwischen den kapitalwertbasierten und den marktwertbasierten Verfahren unterschieden. Die wichtigsten Vertreter der beiden Kategorien werden im Folgenden vorgestellt. Nach überwiegender Ansicht ist dabei die „*Entity*-Methode“, auch „WACC-DCF“, sowohl in der Praxis als auch in der akademischen Handhabung die beliebteste Methode.[4] Den Marktbewertungen und den Multiplikatorenansätzen kommt vor allem der Charakter von Plausibilitätsbeurteilungen zu.[5] Sowohl anhand der Literatur als auch den Statistiken zur Nutzung kann man erkennen, dass die *Discounted Cash Flow*-Methode in der Form der „*Entity*-Methode“ die am meisten verwendete Hauptmethode ist und dass die meisten Unternehmen die Ergebnisse der DCF-Methode dann noch mit der Analyse von Bewertungsmultiplikatoren verproben (siehe Abbildung 4). Die *Equity-DCF*-Methode wird insbesondere bei Banken angewandt, während die APV-Methode insbesondere bei Unternehmen Verwendung findet, bei denen sich die Kapitalstruktur erheblich verändern wird.[6] Bei der APV-Methode wird zunächst eine vollständige Finanzierung durch Eigenkapital

[4] Koller/Goedhart/Wessels, Valuation, S. 101.

[5] IDW S-1 2008, S. 29 f.

[6] Koller/Goedhart/Wessels, Valuation, S. 102.

unterstellt, die dann um eine Analyse der Wertveränderung bei Hinzunahme von Schulden ergänzt wird. Herrschende Meinung ist, dass alle Methoden bei richtiger Anwendung in der Praxis zu ähnlichen Ergebnissen führen.[7]

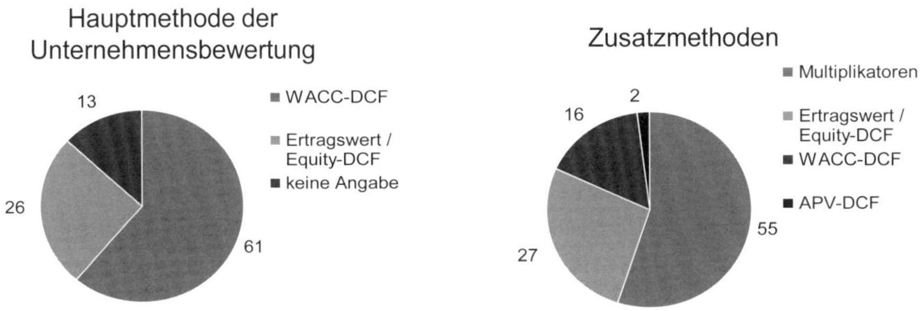

Quelle: KPMG Shareholder-Value-Studie (DAX 100)

Abbildung 4: Nutzungshäufigkeit der einzelnen Methoden

Während unstrittig ist, dass die DCF-Methode die richtige Hauptmethode ist, gilt es dennoch zu bedenken, dass die Anwendung eines komplizierten Modells bei nur wenigen vorliegenden Daten eine Scheingenauigkeit liefern kann. Gerade zu Beginn eines M&A-Prozesses können insbesondere die Multiplikatoren eine schnelle Indikation geben, wie hoch der Wert eines Unternehmens sein könnte. Welche Methode ggf. zu welchem Zeitpunkt einer Auktion einzusetzen ist, verdeutlicht die folgende Grafik: 19

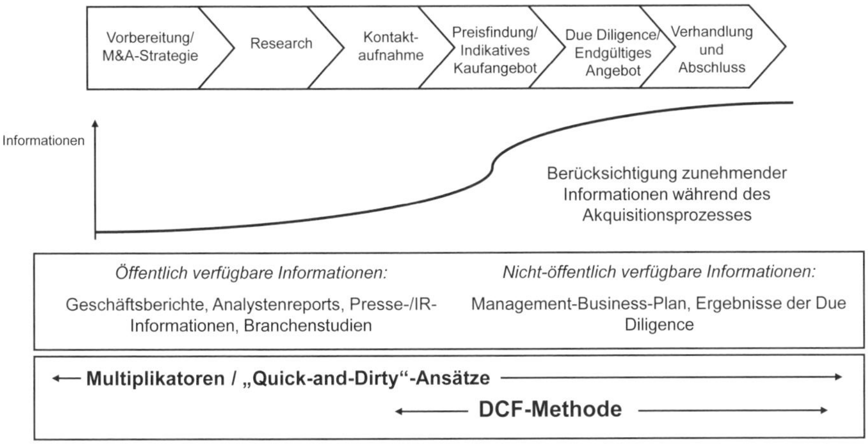

Abbildung 5: Methoden im Zeitverlauf

[7] Siehe z. B. IDW S-1 2008, S. 25; Damodaran, Valuation, S. 12.

20 Weitere, immer wieder im Rahmen der Unternehmensbewertung auftauchende Begriffe sind die des *„Enterprise Value"* und des *„Equity Value"*.

- Der *Enterprise Value* (oder auch *„Firm Value"* oder „Unternehmenswert") bezeichnet dabei den Wert des gesamten Unternehmens, also der operativen Kernaktivitäten und der nicht-operativen Aktiva und Passiva.[8]
- Der *Equity Value* (oder „Marktwert des Eigenkapitals") bezeichnet nur den Teil des Unternehmenswerts, der den Aktionären über ihre Anteile gehört.[9]

Enterprise Value vs. Equity Value[10]

Enterprise Value = Wert des gesamten Unternehmens	*Equity Value* = Anteil des *Enterprise Values*, der den Aktionären zusteht
	Schulden bzw. schuldenähnliche Komponenten = Anteil des *Enterprise Values*, der Fremdkapitalgebern oder z. B. Pensionären oder Hybridkapitalgebern zusteht

4. Discounted Cash Flow-Methoden

a) Einführung

21 Die *Discounted Cash Flow*-Methode ist in der Praxis die Standardbewertungsmethode, wie sie auch in den Hauptwerken zur Unternehmensbewertung dargestellt wird.[11] Bei dieser Herangehensweise wird versucht, den wahren Wert eines Investments dadurch zu ermitteln, dass zunächst die zukünftigen Zahlungsströme, die das Investment generieren wird, prognostiziert und daraufhin abgezinst werden, um deren jetzigen „Barwert" zu berechnen.

22 Grund der Abzinsung ist eine aus der Volkswirtschaftslehre stammende Theorie, die den Zeitwert von Geld beschreibt. Diese besagt, dass ein bestimmter Betrag Geld, der zum jetzigen Zeitpunkt verfügbar ist, mehr wert ist als die Aussicht auf den gleichen Betrag in der Zukunft[12]. Anhand eines Beispiels kann der Zeitwert von Geld leicht veranschaulicht werden. Hat eine Person die Möglichkeit EUR 100 am heutigen Tag oder in drei Jahren zu bekommen, wird sie sich höchstwahrscheinlich dafür entscheiden, dass Geld sofort zu bekommen. So könnte sie innerhalb der drei Jahre von den Zinsen des Betrages profitieren. Hätte die Person sich dafür entschieden, das Geld erst in drei Jahren zu bekommen, hätte sie auf den Gewinn durch Zinsen verzichten müssen.

[8] Koller/Goedhart/Wessels, Valuation, S. 267.
[9] Koller/Goedhart/Wessels, Valuation, S. 267.
[10] Koller/Goedhart/Wessels, Valuation, S. 267.
[11] Koller/Goedhart/Wessels, Valuation, S. 101 ff., Damodaran, Valuation, S. 25 ff.
[12] Brealey/Myers, Corporate Finance, S. 46 ff.

Wie viel genau der sofortige Erhalt des Geldes wert ist, lässt sich mit Hilfe eines Zinssatzes errechnen. Angenommen der alternative Anlagezins ist 4,5 %, so kann das Geld, das man heute erhält durch die Alternativanlage EUR 4,50 (EUR 100 x 4,5 %) im ersten Jahr an Zinsen erwirtschaften. Im zweiten Jahr erhöht sich der Betrag auf EUR 4,70 (EUR 104,5 x 4,5 %) und erreicht schließlich EUR 4,91 (EUR 109,2 x 4,5 %) im dritten Jahr. Nach drei Jahren hat das Geld also einen Wert von EUR 114,11 (100 x $1{,}045^3$). Der sofortige Erhalt des Geldes ist somit EUR 14,11 mehr wert als die Option es erst in drei Jahren zu bekommen. 23

Andersherum ist es auch möglich zu errechnen, wie viel das Geld, das man in drei Jahren erhält, heute wert ist. Dabei wird überlegt, wie viel Geld heute angelegt werden müsste, um EUR 100 in drei Jahren zu erhalten. Die Antwort kann wieder mit Hilfe des Beispielzinssatzes von 4,5 % ermittelt werden: 100/($1{,}045^3$) = EUR 87,63. Dieses Verfahren der Feststellung des Wertes von zukünftigen Geldeinnahmen ist der Kern der *Discounted Cash Flow*-Methode zur Unternehmensbewertung. Um detaillierte Aussagen über den Wert eines Unternehmens zu machen, werden zukünftige Zahlungsströme und der anzuwendende Zinssatz so genau wie möglich prognostiziert. Daraufhin wird bei der DCF-Methode meist eine Variation folgender Formel verwendet, um den Wert des Unternehmens zu bestimmen: 24

$$PV = FCF_1 / (1+k) + FCF_2 / (1+k)^2 + \ldots + \left[TCF / (k-g)\right] / (1+k)^{n-1}$$

PV = Barwert
FCFi = Zahlungsstrom in Jahr i
k = Zinssatz
TCF = Terminaler Zahlungsstrom
g = Langfristige Wachstumsrate
n = Anzahl der Perioden

Es sind drei wesentliche Varianten der DCF-Methode zu unterscheiden:

- *WACC*- oder *Entity*-Ansatz
- *Equity*-Ansatz
- *Adjusted Present Value*-Methode

Im Folgenden soll im Wesentlichen der *WACC*- oder *Entity*-Ansatz behandelt werden, wobei fast alle im Folgenden dargestellten Themen, wie die Prognose von zukünftigen Zahlungsströmen oder die Berechnung des *Terminal Value* alle Methoden gleichermaßen betreffen. Wichtig ist, dass je nach Methode den Zahlungsströmen die richtigen Kapitalkosten zugeordnet werden:[13] 25

[13] Vgl. Koller/Goedhart/Wessels, Valuation, S. 102.

Elemente	WACC-Ansatz	Equity-Ansatz
Zahlungsstrom	Zahlungsstrom an alle Kapitalgeber (Eigen- und Fremdkapital)	Zahlungsstrom an Eigenkapitalgeber (Fremdkapitalzins und -zahlungen werden vom Zahlungsstrom abgezogen)
Zinssatz	Gewichtete Kapitalkosten (WACC)	Eigenkapitalkosten
Ergebnis	Wert des Gesamtkapitals (Enterprise Value) Durch Abzug des Werts des Fremdkapitals: Wert des Eigenkapitals (Equity Value)	Wert des Eigenkapitals (Equity Value)

Tabelle 1: Vergleich DCF-Ansätze

26 Bei der Definition von *Enterprise-* und *Equity Value* (siehe Rn. 20) wurde bereits auf die Unterscheidung der Begrifflichkeiten hingewiesen. Die verschiedenen DCF-Ansätze reflektieren diese Unterscheidung, in dem beim *WACC*-Ansatz alle Zahlungsströme einem gewichteten Kapitalkostensatz, der die Kapitalkosten aller Kapitalgeber berücksichtigt, gegenübergestellt werden. Beim *Equity*-Ansatz werden die Zahlungsströme nach den Kosten für das Fremdkapital mit den Kapitalkosten des Eigenkapitals abgezinst.

b) Berechnung von Zahlungsströmen

27 Der Zahlungsstrom ist neben dem Zinssatz das wesentliche Element der Unternehmensbewertungsmethoden. Es gibt verschiedene Möglichkeiten, Zahlungsströme zu messen und zu bewerten. Beim *Entity*-Ansatz wird auf Zahlungsströme an alle Kapitalgeber, die „*Free Cash Flows to Firm* (FCFF)", abgestellt,[14] während bei der *Equity*-Methode Zahlungsströme an die Eigenkapitalgeber, die so genannten „*Free Cash Flows to Equity*" (FCFE), von Bedeutung sind. Der entscheidende Unterschied zwischen den verschiedenen Zahlungsströmen ist die Handhabung von Zinsen als Vergütung des Fremdkapitals. So repräsentiert FCFF das verfügbare Geld für Gläubiger und Aktienhalter nach Abzug von Investitionen und Kosten. FCFE hingegen spiegelt das verfügbare Geld für die Aktionäre wider, nachdem alle Kosten, Investitionen und Zinszahlungen an Gläubiger abgezogen wurden.

[14] Vgl. Damodaran, Valuation, S. 193 ff.

Berechnung FCFF[15]

	Operatives Ergebnis vor Steuern und Zinsen (EBIT)
–	Steuern vom Einkommen und Ertrag
=	***Net Operating Profit after Taxes* (NOPAT)**
+	Abschreibungen
–	Investitionen (Capex)
+/–	Veränderungen des *Working Capital*
=	***Free Cash Flow to Firm***

Mit dem EBIT, dem operativen Ergebnis vor Zinsen und Steuern, startet diese Rechnung in der Gewinn- und Verlustrechnung und endet mit dem *Free Cash Flow* mit einer Größe, die einen Zahlungsstrom bemisst. Während die Gewinn- und Verlustrechnung Erträge und Aufwendungen gegenüberstellt, fokussiert die *Cash Flow*-Rechnung auf Ein- und Auszahlungen. Darüber hinaus vermischt die Gewinn- und Verlustrechnung auch operative und nicht-operative Einflüsse.[16] Es gibt eine Reihe von Größen, die zu wesentlichen Unterschieden zwischen diesen beiden Darstellungen führen, und um die somit das Ergebnis bereinigt werden muss. Dazu gehören ebenfalls Steuern. Allerdings werden in der Realität Steuern nicht auf das EBIT gezahlt, sondern auf ein Ergebnis, welches bereits das Finanzergebnis mit berücksichtigt. In dieser modellhaften Rechnung soll aber ein Zahlungsstrom für alle Kapitalgeber ermittelt werden, so dass fiktive Steuern auf das EBIT berechnet werden. Dabei wird ein standardisierter Steuersatz auf das EBIT angenommen, um zum *„Net Operating Profit after Taxes“*[17] zu kommen. **28**

Ein weiterer wesentlicher Unterschied zwischen der GuV und der *Cash Flow*-Rechnung sind die Berücksichtigung von Abschreibungen bzw. Investitionen und die Veränderungen des sog. *Working Capital*. In der Gewinn- und Verlustrechnung wird nicht die Auszahlung für eine Investition berücksichtigt, sondern nur der durch die Abschreibungen rechnerisch bezifferte „Verbrauch“ oder Wertverlust dieses Vermögensguts. Da für die *Cash Flow*-Betrachtung nur Zahlungsströme relevant sind, werden die Abschreibungen zurückaddiert und die tatsächlichen Auszahlungen für Investitionen abgezogen. **29**

c) Prognose von zukünftigen Zahlungsströmen

Der Wert eines Unternehmens setzt sich aus der Summe der prognostizierten *Cash Flows* und einem Residualwert zusammen. Beide Komponenten sind für die Bewertung eines Unternehmens entscheidend und es gibt verschiedene Hilfsmittel zur Schätzung von Zahlungsströmen und des Residualwerts. Dabei greifen **30**

[15] Damodaran, Valuation, S. 194.

[16] Vgl. Koller/Goedhart/Wessels, Valuation, S. 106.

[17] NOPAT ist der bei Damodaran verwendete Begriff. Koller et al. verwenden die Abkürzung „NOPLAT“, was für *„Net Operating Profit less Adjusted Taxes“* steht.

die meisten Unternehmen auf eine detaillierte, integrierte Planung zurück, die mindestens ausgewählte Positionen (so der Fall bei 32 % der von KPMG in ihrer „Kapitalkostenstudie" befragten Unternehmen) von GuV-Rechnung, Bilanz und *Cash Flow*-Rechnung oder sogar vollständige Datensätze (in 50 % der Fälle genutzt) umfasst.[18]

31 Es wird allerdings auch davor gewarnt, mehr Details mit mehr Qualität gleichzusetzen. So ist das aus den Naturwissenschaften stammende „Prinzip der Sparsamkeit" auch bei der Unternehmensbewertung anzuwenden, nach dem zunächst versucht werden sollte, ein Phänomen mit einer einfachen Hypothese zu erklären. Erst wenn dies scheitert, sollte ein komplexerer Erklärungsansatz gewählt werden. Dabei werden insbesondere drei Kritikpunkte genannt:[19]

- *„Information Overload":* Mehr Informationen führen nicht immer zu besseren Bewertungen.
- *„Black Box Syndrome":* Der Bewerter versteht sein eigenes Modell nicht mehr und kann die Wirkungszusammenhänge von Input- und Output-Größen nicht erklären.
- *„Big versus small assumptions":* Hängt das Ergebnis des Modells von zu vielen Treibern ab, kann der Bewerter den Überblick darüber verlieren, welche Größen wirklich fundamentalen Einfluss haben.

32 Diesen letzten Punkt aufgreifend, ist es wichtig, sich über die wirklichen Werttreiber eines Modells Gedanken zu machen und dafür auch weitere Analysen anzufertigen. So sind Umsatz- und Margenentwicklung zumeist die größten Stellgrößen einer Bewertung, so dass es sich lohnen kann, einen neuen Blick auf die Marktsituation, den Wettbewerb und die Kosten zu werfen:

- Marktanalysen, insb. Größe und Wachstumsraten
- Wettbewerbsanalyse, insb. Marktpositionen und Anteilsverschiebungen
- Unternehmensanalyse, insb. Markt- und Produktstrategien, Kostenposition

33 Die historischen Ergebnisse eines Unternehmens als Anhaltspunkt für dessen zukünftige Entwicklung zu nehmen, erscheint naheliegend, birgt aber auch Risiken. Grund dafür ist, dass der wirtschaftliche Erfolg in der Vergangenheit, meist gemessen in Umsatz und Ertrag, kein zuverlässiger Indikator für Erfolg in der Zukunft ist. Dennoch hilft es, die Entwicklung eines Unternehmens näher in Augenschein zu nehmen, um andere für die Bewertung relevante Information zu sammeln.

34 Während die Vergangenheitsdaten nur als Hilfe für die Prognoserechnung verstanden werden, muss geklärt werden, wie lang die explizite Planungsperiode bemessen werden sollte. „Die Wahl der Länge des Planungshorizonts bewegt sich in einem Spannungsfeld: Ein längerer Planungshorizont bedeutet weniger

[18] KPMG Kapitalkostenstudie 2021, S. 12.

[19] Damodaran, Valuation, S. 8–9.

Planungssicherheit, ein sehr kurzer Planungshorizont führt wiederum dazu, dass Investitions- und Produktlebenszyklen nicht vollständig in der Planung abgebildet werden und zu Fehlentscheidungen führen können."[20]

So verwendeten laut der KPMG-Kapitalkostenstudie 2021 52 % der Unternehmen 5-Jahres-Planungszeiträume, weitere 28 % planten drei Jahre."[21] **35**

Exkurs: In jüngerer Vergangenheit sind zwei Faktoren hinzugekommen, die die Erstellung einer Prognose deutlich erschwert haben: Die globale Covid-19-Pandemie und die zunehmende Bedeutung von ESG, also die Auswirkung eines Unternehmens auf die Umwelt, soziale Aspekte und die Art, wie das Unternehmen geführt wird. **35a**

Die Auswirkung einer Pandemie auf Unternehmenskennzahlen zu prognostizieren ist nicht trivial. Nach dem Ausbruch der Covid-Pandemie gab es offensichtliche Verlierer wie Tourismusunternehmen, Fluglinien oder Kinoketten. In einer solchen Situation stehen Fragen wie Liquidität und Dauer der Krise, Zugang zu Finanzierungsquellen und die Fähigkeit zur Anpassung der Kosten im Vordergrund. Die positiven Auswirkungen zu beurteilen hat sich ebenfalls als komplex herausgestellt. Nach dem initialen Schock haben sich die Märkte überraschend schnell erholt und viele Unternehmen konnten Rekordgewinne erzielen, weil die Umsatzseite relativ stabil blieb, während die Kosten u. a. durch Work-from-Home teilweise erheblich gesenkt wurden. Manche Unternehmen wurden von der Unterbrechung globaler Lieferketten betroffen und es bleibt offen, wie sich die Verwerfungen auf den jeweiligen Arbeitsmärkten und die inzwischen entstandene Inflation auf die Personalkosten auswirken wird. Zuletzt gibt es auch die zunächst klaren Gewinner, wie z. B. Anbieter von Heimfitness, deren Nutzerzahlen während der Pandemie deutlich stiegen, bei denen sich aber danach die Frage nach der nachhaltigen Nutzerbasis stellte. **35b**

ESG ist ebenfalls ein komplexer Bereich. Es liegt auf der Hand, dass Unternehmen, die ein nachhaltiges Geschäftsmodell haben, fair mit ihren Mitarbeitern umgehen und ein modernes Governance-Modell haben, grundsätzlich weniger Risiken unterliegen sollten als andere. Konkret könnten Unternehmen, die z. B. erhebliche Umweltschäden verursachen, sowohl von den Konsumenten durch Boykott bestraft werden, höhere Kosten für die Beseitigung der Folgekosten haben oder rechtliche Konsequenzen durch Nichteinhaltung von Gesetzen haben. Unternehmensmodelle, die auf der Minimierung von Personalkosten basieren, müssen sich fragen lassen, ob ihre Methoden dauerhaft praktikabel sind. Höhere direkte Personalkosten oder auch Kosten für Streiks könnten dann Teil einer Prognoserechnung sein. Unternehmen mit einer schlechten Governance müssen u. U. damit rechnen, dass der zukünftige Zugang zum Kapitalmarkt erschwert wird, weil die großen globalen Investoren inzwischen klare Vorgaben zu „guter Governance" machen. **35c**

---

[20] KPMG Kapitalkostenstudie 2016, S. 14.

[21] KPMG Kapitalkostenstudie 2021, S. 12.

d) Terminal Value

36 Bei der DCF-Methode setzt sich der Wert eines Unternehmens aus den zukünftigen Zahlungsströmen über einen Prognosezeitraum und dem *Terminal Value*, auch *Residual*wert genannt, zusammen. Da der *Terminal Value* eine wesentliche Komponente einer DCF-Bewertung ist und in der Regel mehr als 50 % des hierdurch ermittelten Wertes ausmacht, sollte er separat und mit besonderer Sorgfalt berechnet werden. Bei einem Start-up kann der *Terminal Value* mehr als 100 % ausmachen, da im Prognosezeitraum die Anlaufinvestitionen noch die Rückflüsse übersteigen können. In der Praxis ist die Detailplanungsphase oft zu kurz, um unmittelbar in die *Terminal Value*-Phase überzugehen. Deswegen ist gegebenenfalls eine Grobplanungsphase zu ergänzen, in der mit einfachen Annahmen das Gesamtmodel für einen Zwischenzeitraum weiterläuft. Situationen, in denen dies gerechtfertigt sein kann, können z. B. sein:[22]

- Wachstumsunternehmen: Es liegt auf der Hand, dass die Marktbewertungen von Wachstumsunternehmen[23] zum heutigen Zeitpunkt auf der Basis einer DCF-Bewertung mit einer Planungsperiode von etwa 3 Jahren nicht nachvollzogen werden können.
- Unternehmen mit temporärem Vorteil: Viele Unternehmen genießen über einen Zeitraum Überrenditen beispielsweise aufgrund eines neuen Produkts (z. B. eines Pharma-Blockbuster) oder einer herausragenden Marktposition (z. B. Google bezüglich der Suche im Internet). Hierbei ist ungewiss, ob diese Vorteile über einen langen Zeitraum andauern werden.
- Unternehmen mit temporärem Nachteil: Kommt ein Unternehmen beispielsweise gerade aus einer Sanierung, so ist fraglich, wie viel Zeit man dem Bewertungsobjekt geben sollte, um z. B. wieder Anschluss an die anderen Marktteilnehmer zu erlangen.

37 Neben diesen Überlegungen, die insbesondere auf die Normalisierung der Wertfaktoren (Wachstumsraten, Reinvestitionsraten, Margen) abstellen, ist der Zeitpunkt, zu dem im Modell von der Detailplanung zur Berechnung des Residualwerts gewechselt wird, abhängig von folgenden Eigenschaften eines Unternehmens zu bestimmen:

- Zyklische Entwicklung: Bei Unternehmen mit zyklischer Entwicklung sollte der Residualwert nicht am Höchst- oder Tiefpunkt eines Zyklus berechnet werden.
- Lebensdauer: Die realistische Lebensdauer eines Projekts (z. B. bei Unternehmen mit absolut begrenzten Ressourcen wie z. B. Goldminen oder Erdölquellen) muss berücksichtigt werden.

---

[22] KPMG Kapitalkostenstudie 2013, S. 16.

[23] Zu Kriterien für Wachstumsunternehmen Zimmermann KfW Research Nr. 177/1.8.2017, S. 1 ff.

Der *Terminal Value* kann als **ewige Rendite**, mit Hilfe von Multiplikatoren oder als Liquidationswert berechnet werden. Wenn der Residualwert als ewige Rendite errechnet wird, wird angenommen, dass nach dem Detailprognosezeitraum sich die *Cash Flows* mit einer ewigen Wachstumsrate, g, weiterentwickeln. Der *Terminal Value* errechnet sich demnach wie folgt: TV = FCF/(i-g). Die Variable i spiegelt bei der Rechnung den Abzinsungssatz wider und hängt davon ab, welche DCF-Methode angewendet wird. Wird der *Equity*-Ansatz verwendet, repräsentiert i die Kosten des Eigenkapitals. Bei Verwendung des *Entity*-Ansatzes hingegen werden die gewichteten Kapitalkosten, *WACC*, gebraucht. Die Entscheidung über die Höhe der ewigen Wachstumsrate sollte sorgfältig abgewogen werden, denn sie hat einen großen Einfluss auf den *Terminal Value*. Generell kann die ewige Wachstumsrate nicht höher als der Marktdurchschnitt sein, da das Unternehmen sonst bei einer ewigen Betrachtung irgendwann mehr als 100 % der Weltwirtschaft ausmachen würde. Der Wert der Wachstumsrate wird zudem stark eingeschränkt durch die Tatsache, dass es für ein Unternehmen schwer ist, ewig hohes Wachstum zu verbuchen. Deswegen sollten Faktoren, die das langfristige Wachstum einer Firma beeinflussen, bei der Wahl der ewigen Wachstumsrate identifiziert und berücksichtigt werden. Ein möglicher Faktor kann die Begrenzung der Erschließung von neuen Absatzmärkten, entweder durch das Management selber oder durch die Regierung sein. Kann ein Unternehmen in Zukunft international expandieren, ist die Wahrscheinlichkeit groß, dass die ewige Wachstumsrate größer ist als bei einer Firma, die auf den inländischen Markt beschränkt ist. Des Weiteren sollte berücksichtigt werden, ob die Bewertung des Unternehmens mit realen, also die Inflation berücksichtigenden, oder nominalen Werten vollzogen wurde. Wurden alle Daten der Bewertung in realen Werten prognostiziert und errechnet, so sollte auch die ewige Wachstumsrate real sein. Ein weiterer Faktor bei der Beurteilung der ewigen Wachstumsrate ist die Währung in der die Zahlungsströme und Zinssätze prognostiziert wurden, da die Inflation und somit auch der Unterschied zwischen nominalen und realen Werten sich stark von Währung zu Währung unterscheidet. 38

Der Gebrauch von **Multiplikatoren** zur Errechnung des *Terminal Value* ist wesentlich übersichtlicher als die Annahme einer ewigen Rendite. Die Multiplikatoren werden im Vergleich mit ähnlichen Unternehmen unter der Annahme errechnet, dass das zu bewertende Unternehmen am Ende des Detailplanungszeitraums veräußert wird. Die Anwendung dieser Methode beruht auf der Auffassung, dass der gesamte Unternehmenswert im Anschluss an den Detailplanungszeitraum als Vielfaches seines künftigen Ertrags berechnet werden kann. Deswegen werden in der Regel Multiplikatoren wie EV/EBIT oder EV/EBITDA verwendet. Den angemessenen Wert eines Multiplikators zu finden, erweist sich als schwer, da eine Veränderung des wirtschaftlichen Umfelds, in dem sich das Unternehmen bewegt, bei der Errechnung nicht berücksichtigt werden kann. Wird ein Multiplikator verwendet, der nur auf den Detailplanungshorizont und die derzeitige Situation des Unternehmens angepasst ist, wird der *Terminal Value* mit hoher Wahrscheinlichkeit nicht adäquat sein. 39

40 Die letzte Methode, den Residualwert zu berechnen, ist der Gebrauch eines **Liquidationswerts**. Bei dieser Methode wird davon ausgegangen, dass das Unternehmen am Ende des Planungshorizonts liquidiert wird.

41 Die folgende Tabelle soll verdeutlichen, wie relativ kleine Unterschiede von Abzinsungsfaktor und ewiger Wachstumsrate den *Terminal Value* beeinflussen:

Beispiel einer *Terminal Value*-Berechnung:
Annahme: *Free Cash Flow* = EUR 100 p. a.
TV = FCF/(i-g)

EUR	WACC	8%	9%	10%
Wachstumsrate g				
0%		1.250	1.111	1.000
2%		1.667	1.429	1.250
4%		2.500	2.000	1.667

Tabelle 2: Terminal Value-Sensitivitäten

42 Die an sich sehr einfache Darstellung verdeutlicht, welchen erheblichen Einfluss nur scheinbar kleine Änderungen in den Annahmen für die *Terminal Value*-Berechnung haben können: Bei konstantem Zahlungsstrom kann eine Änderung von 2% im *WACC* den Barwert von EUR 1.000 auf 1.250 erhöhen. Erhöht man dann noch die Wachstumsrate von z. B. 0 auf 2%, steigt der Wert auf EUR 1.667, also um 67% gegenüber dem Ausgangswert. Geht man dann davon aus, dass je nach Prognosezeitraum der *Terminal Value* zwischen 50–70% des Gesamtwerts ausmacht, wirkt sich eine Werterhöhung von 67% im *Terminal Value* mit 33–47% auf den Gesamtwert aus.

42a Exkurs: Auch im Zusammenhang mit der Berechnung des Termin Values kann ESG wertvolle Hinweise geben. Während in den letzten 25 Jahren vor allem die Disruption von Geschäftsmodellen durch Digitalunternehmen im Vordergrund stand, werden zukünftig Geschäftsmodelle auch hinsichtlich ihrer Nachhaltigkeit in gesellschaftlichem Kontext gesehen. So waren die Anbieter von sog. *„Fast Fashion“* in den letzten Jahren sehr erfolgreich, insbesondere, wenn sie ein starkes Online-Geschäft hatten. Ob Regulatoren und Verbraucher aber langfristig dieses Modell akzeptieren werden, wird sich in den nächsten Jahren zeigen.

5. WACC/Entity-Ansatz

43 Bei der Unternehmensbewertung ist die DCF-Methode mit **gewogenen durchschnittlichen Kapitalkosten** (*WACC*-Ansatz) der am häufigsten gewählte Ansatz.[24] Während die Herleitung der zu verwendenden Zahlungsströme bereits dargestellt wurde, sind im Folgenden die Kapitalkosten zu betrachten.

[24] Koller/Goedhart/Wessels, Valuation, S. 101.

a) Berechnung der Eigenkapitalkosten

Die Eigenkapitalkosten werden in der Regel anhand des sog. *„Capital Asset Pricing"*-Modells (CAPM) berechnet, das von William Sharpe, John Lintner und Jan Mossin in den 1960er Jahren unabhängig voneinander entwickelt wurde.[25] Während die wissenschaftliche Diskussion sich mit dem Modell eher kritisch auseinandersetzt, ist das Verfahren in den Praxis immer noch vorherrschend. So beschreibt Damodaran es als *„default model for measuring market risk in finance"*[26] und auch in der deutschen Literatur der Wirtschaftsprüfer wird dies bestätigt.[27] **44**

Die Eigenkapitalkosten setzen sich aus drei Komponenten zusammen: **45**

- Risikofreier Zins
- Marktrisikoprämie
- Beta

Vereinfachend gesagt ist der Ausgangspunkt ein Anleger, der risikofrei zu einem Zinssatz r_f investieren kann. Hierzu werden in der Regel die Renditen langlaufender (min. 10 Jahre, eher 30 Jahre) Staatsanleihen von Staaten mit hoher Bonität verwendet. **46**

In Deutschland und Österreich ist der risikofreie Basiszinssatz in den letzten Jahren immer weiter gesunken: **47**

Jahr	Zinssatz
2009-12	2,3 %
2013-16	1,8 %
2017/18	1,3 %
2018/19	1,1 %
2019/20	0,4 %
2020/21	0,1 %

Tabelle 3: Durchschnittlich verwendeter Basiszinssatz im Zeitablauf[28]

Die Marktrisikoprämie drückt den Zuschlag aus, den ein Anleger dafür verlangen würde, dass er bereit wäre, anstatt in die sichere Anlage in ein breit diversifiziertes Aktienportfolio zu investieren. Da Aktienkurse erheblichen Schwankungen unterliegen können, liegt hier ein höheres Risiko vor, welches durch eine höhere Rendite abgegolten werden sollte. Sowohl verschiedene Wissenschaftler[29] als auch **48**

[25] Sharpe, The Journal of Finance Vol. 19, No. 3 (1964), S. 425–442; Lintner, Review of Economics and Statistics, Vol. 47 (1965), S. 13–37.

[26] Damodaran, Valuation, S. 31.

[27] Vgl. z. B. Wagner et al, WPg 2013, S. 958.

[28] KPMG Kapitalkostenstudie 2016, S. 23 und KPMG Kapitalkostenstudie 2021, S. 22

[29] Vgl. z. B. Damodaran, Equity Risk Premiums (ERP): Determinants, Estimation and Implications – The 2016 Edition; Sehr guter Überblick über die aktuellen Komponenten der wissenschaftlichen

Investmentbanken und Wirtschaftsprüfungsgesellschaften[30] ermitteln regelmäßig Marktrisikoprämien und beziehen sich dabei vor allem auf historische Renditen am Aktienmarkt. Von 1900 bis 2021 hat in den USA die durchschnittliche reale Aktienrendite 6,7% pro Jahr betragen, während langfristige US-Anleihen eine reale Rendite von 2,0% brachten, was einer Marktrisikoprämie von 4,7% über Anleihen entspricht.[31]

Jahr	Zinssatz
2005-12	5,0%
2012-16	6,0%
2016/17	6,5%
2017/18	6,5%
2018/19	6,5%
2019/20	7,1%
2020/21	7,2%

Tabelle 4: Marktrisikoprämie im Zeitablauf[32]

49 Die Tabelle zeigt steigende Marktrisikoprämien, was das Resultat der gefallenen Zinsen und der relativ konstanten, langfristigen Aktienmarktrenditen ist. Im Oktober 2019 hat der Fachausschuss für Unternehmensbewertung des Instituts der Wirtschaftsprüfer (IDW) eine Bandbreite von 6,0–8,0% in Deutschland empfohlen.[33]

50 Bei der Betrachtung eines einzelnen Unternehmens ist zu ermitteln, wie sich das Risiko dieses Unternehmens im Verhältnis zum Marktportfolio darstellt.[34] Ist es perfekt korreliert, ist der Risikofaktor Beta gleich 1, liegt es höher, ist der Faktor größer als 1 und umgekehrt kleiner als 1, wenn das Unternehmensrisiko negativ mit dem Markt korreliert.

$$r_{EK} = r_f + \text{Beta x} (r_M - r_f)$$

51 Die Eigenkapitalrenditeanforderung eines einzelnen Unternehmens ist also die Summe aus den risikofreien Zinsen und dem mit Hilfe des Beta für das spezifische Unternehmen korrigierten Marktrisiko.

52 Die Ermittlung des Betas kann anhand von vergleichbaren börsennotierten Unternehmen und ihren historischen und prognostizierten Betas erfolgen, sollte aber immer kritisch hinterfragt werden:

Diskussion zur Marktrisikoprämie. Abzurufen unter: „http://pages.stern.nyu.edu/~adamodar".

[30] Vgl. z. B. KPMG Kapitalkostenstudie 2021, S. 23 ff.

[31] Vgl. Dimson/March/Staunton, DMS Database 2022 in: CREDIT SUISSE Global Investment Returns Yearbook 2022 (Summary), S. 38.

[32] KPMG Kapitalkostenstudie 2021, S. 23.

[33] KPMG Kapitalkostenstudie 2021, S. 23.

[34] Vgl. Brealey/Myers, Corporate Finance, S. 202 ff.

- Risiko im Vergleich zum Markt: Ein Beta von 1 bedeutet, dass eine Aktie so riskant ist wie das Marktportfolio. Ist das zu bewertende Unternehmen riskanter oder sicherer?
- Unternehmensabhängige Faktoren: Betas werden beispielsweise beeinflusst von der Größe, der Konjunkturabhängigkeit und der Verschuldung des Unternehmens (ähnliche Einflussfaktoren wie bei Credit Ratings). Es kann daher hilfreich sein, die Marktbetas von Vergleichsunternehmen heran zu ziehen.
- Marktfaktoren: Liquidität der Aktien des Objekts und der Vergleichsunternehmen.
- Investorenperspektive: Nur bedingte Gültigkeit der Annahmen des CAPM (breit diversifiziertes Aktienportfolio) für z. B. einen Mittelständler, dessen Vermögen zu 90 % aus seinem Unternehmen besteht.

b) Berechnung der Fremdkapitalkosten

Die Fremdkapitalkosten eines Unternehmens lassen sich zumeist an den tatsächlich existierenden Fremdfinanzierungsinstrumenten wie Bankkrediten und Anleihen ablesen. Wichtig ist es dabei, aktuelle Zinskonditionen zu verwenden, da z. B. Anleihen unter deutlich anderen Bedingungen begeben worden sein könnten. Entscheidend sind die Finanzierungskosten zum Bewertungsstichtag. Die Fremdkapitalkosten sind in der Regel zumindest zum Teil steuerlich abzugsfähig. Ähnlich wie bei der Überleitung von EBIT zum NOPAT mit fiktiven Steuern gearbeitet wird, wird auch bei den Fremdkapitalkosten ein sog. *„Tax Shield"* berechnet, in dem die fiktiven Steuern auf die Fremdkapitalkosten in Abzug gebracht werden. In der Praxis besteht das Fremdkapital oft aus einer Vielzahl von verschiedenen Finanzinstrumenten, die keinen einheitlichen Zinssatz haben. So sind unter Anderem auch Hybrid- und Mezzaninekapital oder auch Pensionen einzubeziehen. 53

c) Berechnung der gewichteten Kapitalkosten

Die Kapitalkosten von Eigen- und Fremdkapital werden dann im Verhältnis ihres Anteils am Gesamtwert des Unternehmens gewichtet, um die durchschnittlichen Kapitalkosten zu bestimmen: 54

WACC = Eigenkapitalkosten (r_{EK}) x Anteil des Eigenkapitals (EK) am Gesamtkapital (GK)
+ Fremdkapitalkosten (r_{FK}) x Anteil des Fremdkapitals (FK am Gesamtkapital = (EK/GK) x r_{EK} + (FK/GK) x r_{FK}

Obwohl in der Praxis ähnliche Methoden verwendet werden und die meisten Analysten z. B. auf die gleichen Daten zugreifen, ergeben sich oft deutliche Unterschiede. Hier ein Beispiel, das die von verschiedenen Analysten für die gleichen Unternehmen verwendeten *WACCs* darstellt: 55

WACCs	Bank 1	Bank 2	Bank 3
Unternehmen 1	7,2 %	8,0 %	8,5 %
Unternehmen 2	8,1 %	8,6 %	8,8 %
Unternehmen 3	8,3 %	8,8 %	9,1 %
Unternehmen 4	7,1 %	7,6 %	9,0 %

Quelle: Analystenberichte

Tabelle 5: WACC-Bandbreiten

56 Es liegt auf der Hand, dass diese Analysten auch jeweils zu sehr unterschiedlichen Unternehmenswerten kommen.

57 In der folgenden Abbildung werden alle Komponenten einer DCF-Bewertung noch einmal zusammenfassend dargestellt:

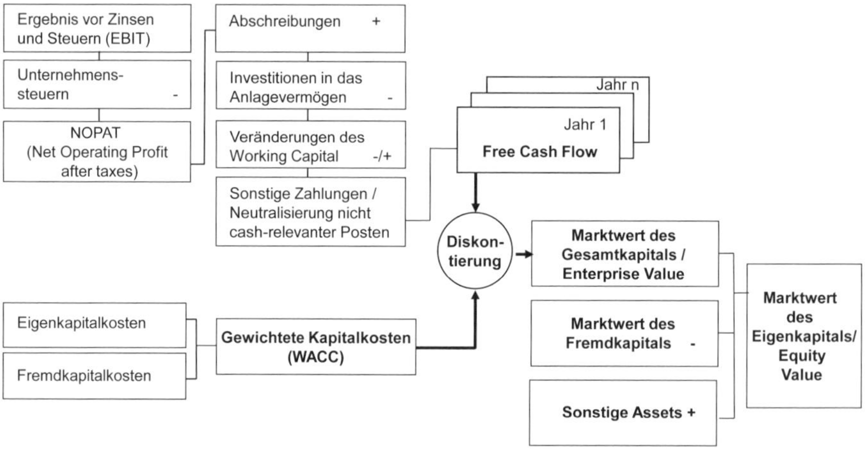

Abbildung 6: Komponenten einer DCF-Bewertung

d) Beispielrechnung

58 Zur illustrativen Zusammenführung der beschriebenen Elemente des *WACC*-Ansatzes folgendes Beispiel:

Im Rahmen einer Auktion wird ein Informationsmemorandum vorgelegt, in dem folgende Gewinn- und Verlustrechnung für die Vergangenheit und die Prognose für die nächsten drei Jahre enthalten ist:

	Historische Daten			Prognostizierte Daten		
In Mio. EUR	2019	2020	2021	2022	2023	2024
Umsatz	100,0	100,0	90,0	103,5	111,8	119,6
Wachstum in %	5,0 %	0,0 %	-10,0 %	15,0 %	8,0 %	7,0 %
Materialaufwand	-30,0	-35,0	-28,8	-31,1	-33,5	-35,9
als % des Umsatzes	30 %	35 %	32 %	30 %	30 %	30 %
Personalaufwand	-30,0	-32,0	-25,2	-25,9	-27,9	-29,9
als % des Umsatzes	30 %	32 %	28 %	25 %	25 %	25 %
Sonstige Aufwendungen	-20,0	-20,0	-18,0	-20,7	-22,4	-23,9
als % des Umsatzes	20 %	20 %	20 %	20 %	20 %	20 %
Beteiligungsergebnis	5,0	5,0	5,0	5,0	5,0	5,0
Abschreibungen	-7,0	-7,5	-8,0	-8,5	-9,0	-9,5
EBIT vor Sondereffekten	18,0	10,5	15,0	22,3	24,0	25,4
Sondereffekte lt. IM	-2,0	-7,0	-7,0	-5,0	0,0	0,0
EBIT nach Sondereffekten	16,0	3,5	8,0	17,3	24,0	25,4
EBIT Marge vor Sondereffekten	18,0 %	10,5 %	16,7 %	21,5 %	21,5 %	21,2 %
EBIT Marge nach Sondereffekten	16,0 %	3,5 %	8,9 %	16,7 %	21,5 %	21,2 %

Tabelle 6: Beispiel-GuV

Das betreffende Unternehmen hatte im letzten Jahr einen erheblichen Umsatzrückgang, erwartet aber deutliche Umsatzsteigerungen in den nächsten Jahren, was an den typischen „Hockey-Stick"-Effekt erinnert. Um den Umsatzrückgang zu kompensieren, hat das Unternehmen Personal abgebaut, was sich positiv im Personalaufwand niederschlägt, aber zu den höheren Sondereffekten in 2020 und 2021 führt. Darüber hinaus ist anzumerken, dass das Beteiligungsergebnis aus einer Beteiligung an einer Immobiliengesellschaft mit sehr stabilen Mieteinkünften herrührt. 59

Die Due Diligence hat folgende Erkenntnis gebracht: 60

- Es erscheint nicht realistisch, dass die Sondereffekte nach 2022 einfach aufhören. Weitere Effekte in Höhe von EUR 2 Mio. erscheinen realistisch.
- Aufgrund zu positiver Annahmen des Verkäufers werden weitere Anpassungen bei den Kosten erforderlich (zwischen EUR 2,0 und 2,5 Mio.).
- Die Beteiligung ist separat zu bewerten.

61 Daher wird folgende Reihe von angepassten EBIT-Werten ermittelt:

In Mio. EUR	2022	2023	2024
EBIT vor Sondereffekten	22,3	24,0	25,4
Anpassung um „nachhaltige Sondereffekte“	-7,0	-2,0	-2,0
Bereinigung des Beteiligungserg. (sep. Bewertung)	-5,0	-5,0	-5,0
Sonstige Anpassungen (z. B. aus Due Diligence)	-2,0	-2,5	-2,5
Angepasstes EBIT	8,3	14,5	15,9

Tabelle 7: EBIT-Brücke

62 Die angepasste EBIT-Reihe wird im nächsten Schritt noch um zwei Jahre Detailprognose verlängert und der Übergang in die *Terminal Value*-Berechnung vorbereitet:

In Mio. EUR	2022	2023	2024	2025	2026	TV
Angepasstes EBIT	8,3	14,5	15,9	16,7	17,4	18,3
Fiktive Unternehmenssteuern (35 %)	-2,9	-5,1	-5,6	-5,8	-6,1	-6,4
NOPAT	5,4	9,4	10,3	10,9	11,3	11,9
Abschreibungen	8,5	9,0	9,5	9,5	9,5	9,5
Investitionen	-6,0	-10,0	-10,5	-9,5	-9,5	-9,5
Veränderungen des Working Capital	-3,0	-2,0	-1,1	-0,5	-0,5	0,0
Free Cash Flow	4,9	6,4	8,2	10,4	10,8	11,9

Tabelle 8: Verlängerte Detailplanung

63 Das Bewertungsteam muss für die Jahre 2020 und 2021 versuchen, vernünftige Annahmen zu treffen. So wird hier angenommen, dass sich das *Working Capital* nur noch geringfügig verändert und sich die Investitionen und Abschreibungen annähern. Die hier gezeigten *Free Cash Flows* werden diskontiert. Dazu wurden ein *WACC* von 10 % und eine ewige Wachstumsrate von 3 % ermittelt.

Schritt 1: Berechnung des Terminal Value in 2026	
Komponente 1: FCF TV	11,9
Komponente 2: WACC – g = 10 % – 3 %	7 %
Terminal Value in 2026	170,0

Schritt 2: Berechnung des Unternehmenswerts					
In Mio. EUR	2022	2023	2024	2025	2026
Free Cash Flow (incl. *Terminal Value*)	4,9	6,4	8,2	10,4	180,8
Periode	0,5	1,5	2,5	3,5	4,5
Diskontierungsfaktor (1+WACC)-Periode	0,9535	0,8668	0,7880	0,7164	0,6512
Diskontierte FCFs	4,7	5,5	6,5	7,5	117,7
Unternehmenswert = Summe Diskontierte FCFs	**141,9**				

Tabelle 9: DCF-Bewertung

Der Diskontierungsfaktor wird hier mit einer halbjährlichen Periode berechnet. Dem liegt die Annahme zugrunde, dass die *Cash Flows* im Laufe des Jahres gleichmäßig verteilt zufließen. Der hier berechnete Unternehmenswert von EUR 141,9 Mio. stellt den Höchstwert des Unternehmens aus der Sicht des Bieters dar, wenn keine weiteren Synergieeffekte mit in die Berechnung aufgenommen werden können. **64**

Im Informationsmemorandum werden außerdem folgende weitere Informationen gegeben: **65**

In Mio. EUR	31.12.2021
Bankdarlehen	–72,0
Barguthaben	15,0
Wert der Beteiligung	48,0

Tabelle 10: Nettofinanzschulden

Auf dieser Basis würde sich folgende Überleitung vom Unternehmenswert oder *Enterprise Value* zum *Equity Value* ergeben: **66**

In Mio. EUR	31.12.2021
Enterprise Value	141,9
Nettofinanzverbindlichkeiten	–57,0
Beteiligung	48,0
Equity Value	132,9

Tabelle 11: Überleitung vom Enterprise- zum Equity Value

e) Beispielunternehmen 1

Die Growth AG ist ein fiktives Beispielunternehmen mit Sitz in Europa und arbeitet mit Datenbanken, die sie an Unternehmenskunden verkauft. Die Nachfrage **67** nach diesen Daten ist in den letzten Jahren erheblich gestiegen und es wird erwartet, dass dies auch weiterhin der Fall sein wird. Aufgrund der proprietären Natur dieser Daten verfügt die Growth AG über eine hervorragende Marktposition und konnte zuletzt ihre Marktanteile gegenüber den anderen Wettbewerbern weiter ausbauen.

68 Die historischen finanziellen Eckdaten der Growth AG:

In Mio. EUR	2019	2020	2021
Umsatz	209,8	262,4	315,5
Umsatzwachstum	n/a	25,1 %	20,3 %
EBITDA	54,1	74,1	101,9
Marge	25,8 %	28,2 %	32,3 %

Tabelle 12: Finanzdaten Growth AG

69 Die Growth AG hat ein bemerkenswertes Wachstum von mehr als 20 % p. a. gezeigt, welches zum größten Teil organischer Natur ist. Darüber hinaus hat das Geschäft auch bewiesen, dass es bei zunehmender Größe „skaliert", also bei höherem Umsatz eine höhere Marge erzielt. Dies liegt vor allem darin begründet, dass den gleichen Daten und IT-Investitionen ein höherer Umsatz gegenübersteht.

70 Diese Art von Geschäften, die darüber hinaus auch noch sehr hohe Eintrittsbarrieren für Markteinsteiger aufweisen, sind dementsprechend begehrt. Vor allem besteht in Bezug auf sie in Auktionen mit mehreren Bietern eine erhebliche Bandbreite von möglichen Bewertungen:

In Mio. EUR	2022e	2023e	2024e	2025e	2026e	Enterprise Value
Lt. Info Memo						
Umsatz	368,1	403,1	446,1	486,7	523,4	
Umsatzwachstum	16,7 %	9,5 %	10,7 %	9,1 %	7,5 %	1.554
Nach Anpassungen						
Umsatz	362,9	399,1	431,1	456,9	475,2	
Umsatzwachstum	15,0 %	10,0 %	8,0 %	6,0 %	4,0 %	1.424
„Flach 4 %"						
Umsatz	328,2	341,3	354,9	369,1	383,9	
Umsatzwachstum	4,0 %	4,0 %	4,0 %	4,0 %	4,0 %	1.158

Tabelle 13: Enterprise Values in Abhängigkeit von unterschiedlichen Umsatzwachstumsraten[35]

[35] Bei 8 % WACC, 2 % Ewiges Wachstum, 10 Jahre Prognosezeitraum, davon 2022–2026 hier nicht gezeigt.

Die Bandbreite von ca. EUR 1,1 bis 1,5 Mrd. bei Verwendung der Umsatzwachstumsraten aus dem Info-Memo, nach erfolgter Anpassung und einer flachen 4% Umsatzzuwachsrate, zeigt, wie schwierig eine Bewertung hier ist. In der Praxis gibt es nur selten Fälle, in denen in einem Informationsmemorandum ein Umsatzwachstum ausgewiesen wird, das von den potenziellen Erwerbern noch erhöht wird. Es werden oft noch „Upside-Szenarien" aufgezeigt, die sogar noch weitere Gründe für eine positive Umsatzentwicklung berücksichtigen. Nur wenige Erwerber verlassen sich daher auf die Pläne aus dem Info-Memo. So könnte der Fall „Nach Anpassungen" der Plan sein, den das Erwerberteam erstellt hat: Es liegt immer noch ein erhebliches Wachstumsmomentum vor, das aber dennoch deutlich unter dem des Info-Memos liegt. Das Ergebnis für die DCF-Berechnung ist erheblich: Alleine die Zurücknahme der Wachstumsdynamik führt zu einer Verringerung des *Enterprise Value* um ca. EUR 130 Mio. Nimmt man ein noch geringeres Wachstum von z. B. 4% an, geht der Wert um noch einmal ca. EUR 270 Mio. zurück. 71

Ähnliches gilt für die EBITDA-Marge (alle basierend auf dem Info Memo-Fall): 72

In Mio. EUR	2022e	2023e	2024e	2025e	2026e	Enterprise Value
Lt. Info Memo						
EBITDA	119,4	132,6	149,7	167,4	183,2	
EBITDA-Marge	32,4%	32,9%	33,6%	34,4%	35,0%	1.554
„Flache Marge"						
EBITDA	118,9	130,2	144,1	157,2	169,1	
EBITDA-Marge	32,3%	32,3%	32,3%	32,3%	32,3%	1.374
„Durchschnitt der letzten drei Jahre"						
EBITDA	105,9	116,0	128,4	140,1	150,6	
EBITDA-Marge	28,8%	28,8%	28,8%	28,8%	28,8%	1.175

Tabelle 14: Enterprise Values in Abhängigkeit von unterschiedlichen EBITDA-Margen[36]

Ein Wertrückgang in ähnlicher Größenordnung lässt sich bei einer Änderung der EBITDA-Margen beobachten. So ist anzunehmen, dass die im Informationsmemorandum dargestellte Steigerung der EBITDA-Marge von den Erwerbern eher kritisch gesehen wird. Die Beibehaltung der Marge des Jahres 2021 führt zu einer Reduktion des *Enterprise Value* um ca. EUR 180 Mio. Geht man davon aus, dass selbst die in 2021 erzielte Marge nicht nachhaltig war, könnte der Durchschnitt der Jahre 2019–2021 eine alternative Annahme darstellen. Die Anwendung dieser hätte eine noch erheblichere Auswirkung, da der *Enterprise Value* hierbei um fast EUR 380 Mio. im Vergleich zum IM-Wert zurückgeht. 73

[36] Bei 8% WACC, 2% Ewiges Wachstum, 10 Jahre Prognosezeitraum, davon 2022–2026 hier nicht gezeigt.

74 Die Sensitivitätsanalysen zeigen die Bedeutung der Stellgrößen Umsatz und Marge, die gerade bei Wachstumsfällen zu einem sehr breiten Spektrum von Bewertungsproblemen führen können. Daher ist zum einen die Analyse der relevanten Marktannahmen, zum anderen die Verprobung mit Marktmultiplikatoren besonders wichtig. Dennoch haben auch *WACC* und ewige Wachstumsrate erhebliche Auswirkungen auf das Ergebnis:

	WACC		
Ewige Wachstumsrate	8 %	9 %	10 %
1 %	1.406	1.214	1.065
2 %	1.554	1.317	1.139
3 %	1.763	1.454	1.235

Tabelle 15: Enterprise Values in Abhängigkeit von WACCs und Wachstumsraten

75 Ein noch niedrigerer *WACC* würde noch einmal deutlich höhere Werte ergeben. Anhand der Multiplikatoren-Methoden kann gesehen werden, dass sich hier die *DCF* deutlich von den Marktwerten entfernen würden.

f) Beispielunternehmen 2

76 Die fiktive Decline Inc. ist ein Unternehmen mit Sitz in den USA und operiert in einer Industrie, die sich in einem konstanten Rückgang befindet, die aber nicht innerhalb absehbarer Zeit verschwinden wird. Die jährlichen Preis- und Volumenrückgänge werden zum Teil von Produktivitätszugewinnen ausgeglichen. Dennoch verzeichnet die Decline Inc. einen konstanten Margenrückgang.

In Mio. USD	2018	2020	2021
Umsatz	353,0	333,8	317,7
Umsatzwachstum	n/a	-5,4 %	-4,8 %
EBITDA	48,8	43,1	39,4
Marge	13,8 %	12,9 %	12,4 %

Tabelle 16: Historischer Umsatz und EBITDA der Decline Inc.

77 Angesichts des Margenverfalls wird darüber nachgedacht einen Standort zu schließen. Die Restrukturierungskosten betragen USD 10 Mio. und es werden jährlich USD 4 Mio. eingespart, die über zwei Jahre erreicht werden. Der neue Geschäftsplan sieht wie folgt aus:

In Mio. USD	2022e	2023e	2024e	2025e	2026e
Umsatz	300,4	285,3	270,7	255,7	242,6
Umsatzwachstum	-5,4%	-5,0%	-5,1%	-5,5%	-5,1%
EBITDA vor Restrukturierung	36,1	31,4	27,1	23,0	19,4
Marge	12,0%	11,0%	10,0%	9,0%	8,0%
EBITDA nach Restrukturierung	26,1	33,4	31,1	27,0	23,4
Marge	8,7%	11,7%	11,5%	10,6%	9,6%

Tabelle 17: Neuer Geschäftsplan der Decline Inc.

Wendet man einen *WACC* von 10% und eine ewige Wachstumsrate von 0% **78** auf das Unternehmen an, so ergibt sich ein Wert von USD 119 Mio. Dies setzt aber voraus, dass der Rückgang gestoppt wird und die *Free Cash Flow*s stabil bleiben.

Diese Art von Geschäftsplan birgt verschiedene Probleme für die Unterneh- **79** mensbewertung:

- **Geschwindigkeit des Rückgangs:** Tendenziell bleibt der Marktrückgang nicht so konstant, wie hier angenommen. In manchen Fällen beschleunigt er sich, z.B. aufgrund der Sorge von Kunden, dass dieser Marktteilnehmer bald nicht mehr relevant sein wird. In anderen (seltenen) Fällen wollen aber die Kunden einen Marktteilnehmer im Markt stützen und werden den Rückgang durch die Vergabe von mehr Volumina aufhalten.
- **Restrukturierungskosten:** Hier wurde nur eine größere Restrukturierungsmaßnahme angenommen. Faktisch müssen solche Unternehmen permanent restrukturieren, wodurch immer wieder zusätzliche Kosten entstehen. Oft wird versucht, diese als einmalige Kosten zu deklarieren, was aber bei einer schrumpfenden Industrie wie hier wenig wahrscheinlich ist.
- **Positive und negative *Cashflows*:** Die Darstellung des EBITDAs suggeriert ein zu positives Bild, da sich zu diesem Zeitpunkt das EBIT bereits um die Nulllinie befindet. Der *Free Cash Flow* ist noch positiv, da die fallenden Umsätze auch niedrigere *Working Capital*-Zahlungen und Investitionen nach sich ziehen. Die Berechnung des *Terminal Value* anhand einfacher *Multiples* oder der *Terminal Value*-Formel gestaltet sich hier als schwierig, da sie nicht von einem Umschlagen des Vorzeichens beim *Free Cash Flow* ausgeht. Daher muss ggf. eine deutlich längere explizite Planungsperiode angelegt werden, an deren Ende u. U. Schließungskosten stehen.

6. Ertragswertmethode

In der deutschen Bewertungsliteratur hat die Ertragswertmethode historisch **80** einen erheblichen Stellenwert eingenommen. Während die HFA-Stellungnahme 2/83 des Instituts der Wirtschaftsprüfer die Ertragswertmethode noch als die Hauptmethode darstellt, wurde durch den Standard IDW S-1 der Praxis zumindest insoweit Rechnung getragen, als dass beide Methoden als gleichwertig dargestellt werden:

81 „Ertragswert- und Discounted Cash Flow-Verfahren beruhen auf der gleichen konzeptionellen Grundlage (Kapitalwertkalkül); in beiden Fällen wird der Barwert zukünftiger finanzieller Überschüsse ermittelt. (...) Bei gleichen Bewertungsannahmen bzw. -vereinfachungen, insbesondere hinsichtlich der Finanzierung, führen beide Verfahren zu gleichen Unternehmenswerten. Beobachtet man in der Praxis unterschiedliche Unternehmenswerte aufgrund der beiden Verfahren, so ist dies regelmäßig auf unterschiedliche Annahmen – insbesondere hinsichtlich Zielkapitalstruktur, Risikozuschlag und sonstiger Plandaten – zurückzuführen."[37]

82 Grundsätzlich wird bei der Ertragswertmethode mehr auf die Situation einer einzelnen Partei abgestellt. Es wird in der Regel ein Wert des Eigenkapitals für einen spezifischen Investor ermittelt: Der Wert „ist subjektiv in dem Sinne, dass er erstens von den Eigenschaften des Investors abhängt und damit von seinen sonstigen Anlagemöglichkeiten, Finanzierungsquellen, steuerlichen Belastungen, Höhe der verfügbaren eigenen Mittel, aus der Kombination mit anderen Investitionsprojekten erzielbaren Synergieeffekten etc. Zweitens wird der subjektive Grenzpreis von Eigenschaften des Investors beeinflusst: Seinen Konsumpräferenzen, seinem Informationsstand über das zu bewertende Unternehmen und dem Grad seiner Risiko(ab)neigung."[38]

83 Aus Praktikersicht handelt es sich bei Ertragswertmethode um eine valide Bewertungsmethode, die aber nur noch selten zur Anwendung kommt. Da es bei der Unternehmensbewertung u. a. um die Diskussion von Bewertungsparametern geht, ist es wichtig, „die gleiche Sprache zu sprechen", weswegen sich im M&A-Geschäft mit internationalem Bezug, die DCF-Methode durchgesetzt hat.

7. Multiplikatorenmethoden

a) Einführung

84 Die Multiplikatorenmethoden basieren, vereinfachend dargestellt, auf einem einfachen Dreisatz: „Wenn das Verhältnis von Unternehmenswert und z. B. EBITDA bei einem Vergleichsunternehmen x ist und das EBITDA des Bewertungsobjekts ist y, dann kann x mit y multipliziert werden, um den Unternehmenswert des Bewertungsobjekts abzuschätzen."

85 Im Rahmen der Multiplikatorenmethoden werden Vergleichsunternehmen bzw. vergleichbare Transaktionen herangezogen. Daher spricht man auch von „Relativer Bewertung" – es erfolgt immer ein Vergleich mit einem Vergleichsobjekt.[39] Zum einen wird der Vergleich mit börsennotierten Unternehmen herangezogen (*„Trading Multiples"* oder „Multiplikatoren vergleichbarer, börsennotierter Unter-

[37] IDW S-1 2008, S. 21 f.

[38] Drukarczyk/Schüler, Unternehmensbewertung, S. 209.

[39] Vgl. Damodaran, Valuation, S. 233 ff.

nehmen“). Dies liegt nahe, da durch das Handeln der Aktien permanent Marktwerte zur Verfügung stehen und – wenn man von effizienten Märkten ausgeht – es sich hierbei um den besten aktuell verfügbaren Vergleichsmaßstab handelt.

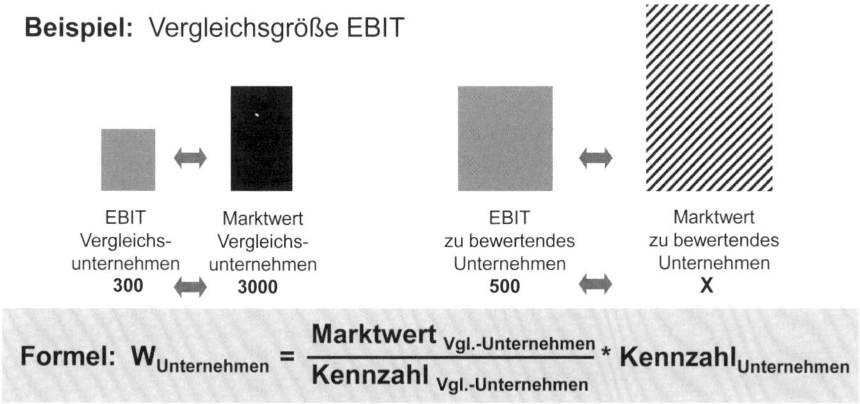

Abbildung 7: Prinzip von Multiplikatoren

Da aber der Erwerb einzelner Aktien an der Börse eine andere Situation darstellt als der Kompletterwerb eines Unternehmens, wird als zweite Variante auch oft der Vergleich mit ähnlichen Unternehmenstransaktionen (*„Transaction Multiples“* oder „Multiplikatoren vergleichbarer Transaktionen“) herangezogen. **86**

Für die Anwendung der Multiplikatoren sprechen folgende Gründe[40]: **87**

- Geringerer Zeit- und Ressourceneinsatz: Für die DCF-Methode werden deutlich mehr Daten benötigt als für Multiplikatorenmethoden.
- „Einfacher zu verkaufen“: Oft haben diejenigen, die eine Bewertung durchgeführt haben, nur wenig Zeit ihr Ergebnis zu präsentieren. Die Multiplikatorenbewertung ist deutlich weniger komplex als die DCF-Methoden und damit leichter zu kommunizieren.
- „Einfacher zu verteidigen“: Das zuvor Gesagte gilt auch für die Verteidigung der Bewertung. Die DCF-Methode mit all ihren Annahmen bietet Kritikern eine Vielzahl von Angriffspunkten.
- Marktbezug: Der Verweis auf Marktbewertungen lässt die Multiplikatorenansätze „objektiver“ erscheinen, da sie die „Stimmung der Märkte“ berücksichtigt.

Beide Methoden basieren auf zwei Annahmen: **88**

Vergleichbarkeit

Eine Grundannahme, die sich in den Methodenbezeichnungen widerspiegelt, ist die „Vergleichbarkeit“. Im Englischen wird auch von der *„Peer Group“* gesprochen. **89**

---

[40] Damodaran, Valuation, S. 235 f.

Oft setzt sich die *Peer Group* einfach aus den direkten Wettbewerbern zusammen. Während diese Annahme naheliegt, sollte geprüft werden, ob die Vergleichsunternehmen ähnliche finanzielle Charakteristika aufweisen: Unternehmensgröße, Margen, Wachstum, *Cash Flows* sowie die Kapitalstruktur. Oftmals unterscheiden sich selbst Wettbewerber erheblich: So sind z. B. sowohl Bayer als auch Merck, GlaxoSmithKline oder Pfizer große Pharmaunternehmen. Dennoch unterscheiden sich die Geschäftsportfolios (Abhängigkeit von Blockbuster-Medikamenten und die Neumedikamenten-Pipeline, Generika, Biotechnologie), die regionalen Umsätze und die erzielten Margen erheblich. Ähnliches gilt für die großen Automobilhersteller, bei denen sich die regionalen Umsätze und die Zusammensetzung des Geschäftsportfolios hier zwischen Ober-, Mittel- und Unterklasse-Pkws, Lkws/Bussen und Finanzdienstleistungen erheblich unterscheiden können. Umgekehrt können selbst branchenfremde Unternehmen zum Vergleich herangezogen werden, wenn sie über ähnliche Wachstumsraten und weitere finanzielle Charakteristika verfügen.

Richtigkeit der Marktwerte

90 Grundsätzlich sind Marktwerte die objektivsten Werte, die man zum Zwecke der Unternehmensbewertung heranziehen kann. Dennoch gibt es Situationen, in denen Marktwert und tatsächlicher Wert auseinanderfallen. In der Regel bestehen diese Diskrepanzen nicht auf Dauer, sondern es erfolgt in absehbarem Zeitraum eine Marktkorrektur.

Abbildung 8: Multiplikatoren im Zeitverlauf

91 Die Grafik zeigt die EBITDA-Multiplikatoren von europäischen TV-Unternehmen im Zeitverlauf. Während selbst in allen anderen Jahren hohe Schwankungen, nicht zuletzt aufgrund von konjunkturellen Zyklen zu sehen sind, nimmt die Phase von 2000–2001 einen anderen Stellenwert ein. Die Multiplikatoren explodierten im Rahmen des ersten Internetbooms auf ein Niveau, das weder zuvor noch danach wieder erreicht wurde. Transaktionen, die in Zeiten eines deutlich überhitzten Marktes durchgeführt werden, führen bspw. bei einem Aktientausch zu erhebli-

cher Wertvernichtung für die Partei, deren Aktien weniger überbewertet waren. Will also beispielsweise ein in den Medien sehr präsentes Unternehmen mit hoher Bewertung ein anderes durch Aktientausch übernehmen, ist Vorsicht geboten. Ein berühmtes Beispiel dieser Art ist die Fusion von AOL und Time Warner, bei der sich der Unternehmenswert in den Monaten nach der Fusion um fast USD 200 Mrd. verringert hat.[41]

Unabhängig davon, ob Marktwerte börsennotierter Unternehmen genutzt werden oder vergangene Unternehmenstransaktionen, sind die Grundprinzipien beider Methoden gleich: Es wird ein Marktwert einer Ergebnisgröße gegenüber gestellt. 92

Die folgende Abbildung zeigt, welche Relationen üblicherweise benutzt werden: 93

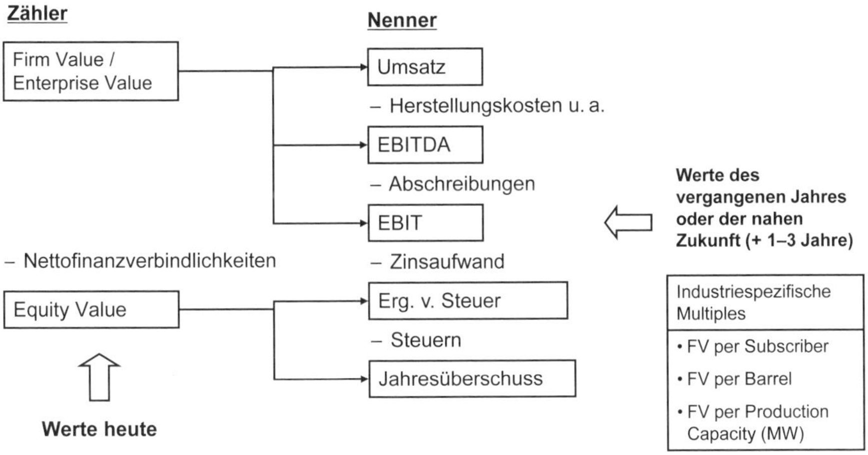

Abbildung 9: Zähler und Nenner

Die bereits aus der Darstellung der DCF-Methode bekannten Begriffe des *Enterprise Value* bzw. *Equity Value* werden verschiedenen Ergebnisgrößen gegenüber gestellt. Dabei ist wichtig, dass die jeweiligen Marktwerte den richtigen Ergebniskategorien zugeordnet werden. So sind alle Ergebnisgrößen, bei denen die Zinsen noch nicht in Abzug gebracht worden sind (z. B. Umsatz, EBITDA und EBIT), dem Marktwert aller Vermögensgegenstände des Unternehmens, dem *Enterprise Value*, zuzuordnen. Legt man aber den *Equity Value* zugrunde, sollte ebenfalls eine Ergebnisgröße nach Abzug der Zinsen verwendet werden (z. B. Jahresüberschuss bzw. Gewinn pro Aktie). 94

In der Praxis finden ebenfalls industriespezifische Größen, wie Abonnenten *(Subscriber Business)*, Passagiere/Sitze (Fluglinien) oder Produktionskapazität (bspw. bei Kraftwerken), Anwendung. 95

Oft werden DCF- und Multiplikatorenmethoden als unterschiedliche Ansätze beschrieben. Richtiger ist vielmehr, dass sich beide Ansätze ineinander überführen 96

[41] Bruner, Deals, S. 265 ff.

lassen, wobei die Multiplikatorenansätze eine deutlich vereinfachte Form einer DCF-Rechnung darstellen.

97 Beispiel:
Ein Unternehmen erzielt ein EBITDA von 100 Einheiten, einen FCF nach Steuern von 65. Der *WACC* wurde mit 10 % berechnet und der FCF soll nachhaltig mit 2 % p. a. wachsen. Im Rahmen der DCF-Methode könnte man, indem man vereinfachend direkt in die *Terminal Value*-Berechnung geht, folgende Rechnung anstellen:

$$65/(10\,\% - 2\,\%) = 812{,}5$$

98 Formt man den Nenner „WACC – g" als Multiplikator um, so erhält man anstatt 1/8 % einen Multiplikator von 12,5x. Da dieser nicht auf den FCF angewandt werden soll, sondern auf das EBITDA müssen Steuern (hier 35 %) und das Verhältnis von Investitionen und Abschreibungen (hier 1:1) berücksichtigt werden. Also ergibt sich:

$$12{,}5 \text{ x } (1 - 0{,}35) = 8{,}125$$

Auf das EBITDA angewandt ergibt sich: 100 x 8,125 = 812,5.

99 Daher sind für die Beurteilung der Vergleichbarkeit und für die Analyse der Multiplikatoren die gleichen Treiber zu beachten, die auch der DCF-Methode zugrunde liegen.

b) Multiplikatoren vergleichbarer börsennotierter Unternehmen

aa) Beispielunternehmen 1

Unternehmen	Equity V. In EUR Mrd.	Firm Value In EUR Mrd.	EV/EBITDA			
			2021	2022	2023	CAGR 21–23
Unternehmen 1	11,0	13,0	12,6x	11,4x	10,3x	10,5 %
Unternehmen 2	9,8	9,8	11,9x	11,1x	10,2x	7,7 %
Unternehmen 3	5,1	5,9	12,0x	11,4x	10,7x	6,2 %
Unternehmen 4	2,8	3,5	10,3x	10,0x	9,6x	3,2 %
Unternehmen 5	1,2	1,5	12,1x	12,3x	11,6x	2,3 %
Unternehmen 6	18,6	21,8	11,0x	10,4x	9,9x	5,0 %
Unternehmen 7	12,4	12,4	11,8x	10,9x	10,2x	7,8 %
Unternehmen 8	10,3	12,1	12,9x	11,1x	10,0x	13,4 %
Unternehmen 9	5,0	6,9	9,2x	9,0x	8,8x	2,5 %
Unternehmen 10	3,2	4,1	11,1x	10,6x	10,2x	4,5 %
		Durchschnitt	11,5x	10,8x	10,2x	6,3 %
		Median	11,9x	11,0x	10,2x	5,6 %

100 *Tabelle 18: Multiplikatoren vergleichbarer börsennotierter Unternehmen*

Die Beispieltabelle zeigt die EBITDA-Multiplikatoren aller börsennotierten Vergleichsunternehmen der Growth AG. Um diese zu bewerten, wäre die zunächst am einfachsten erscheinende Vorgehensweise, das arithmetische Mittel oder den Median der gesamten *Peer Group* zu ermitteln und diesen als Vergleichsmultiplikator zu verwenden. Darüber hinaus erscheint die Größe der *Peer Group* ein besonderes Maß an Objektivität zu geben. Hilfreicher kann es aber sein, die Gruppe aufgrund einer analytischen Vorgehensweise noch einmal weiter zu reduzieren, selbst wenn dabei im Extremfall nur ein echtes Vergleichsunternehmen übrig bliebe. **101**

Zunächst ist festzustellen, dass die EBITDA-Multiplikatoren kein klares Bild ergeben. So reicht das Feld für 2021 von 9,2x bis zu 12,6x, was darauf hindeutet, dass sich die Unternehmen doch erheblich unterscheiden. **102**

Einer der wesentlichen Treiber für die Multiplikatoren ist das erwartete Wachstum in den nächsten Jahren. So steht fest, dass die Growth AG ein deutlich über 10 % p. a. liegendes EBITDA-Wachstum haben wird. Mithin ist der Vergleich mit den Unternehmen 5 und 9, die nur 2,3 bzw. 2,5 % wachsen werden, nicht sinnvoll. Die gesamte *Peer Group* wächst mit 6,3 % ebenfalls deutlich weniger stark, so dass zumindest einmal eine Fokussierung auf die stärker wachsenden Unternehmen vorgenommen werden sollte. Dabei stechen vor allem die beiden Unternehmen 1 und 8 mit 10,5 % bzw. 13,4 % heraus, die – entsprechend des stärkeren Wachstums auch mit 12,6x und 12,9x die höchsten EBITDA-Multiplikatoren aufweisen. **103**

Die Ausführungen zu den Zusammenhängen zwischen DCF-Methode und Multiplikatoren haben bereits deutlich gemacht, dass das Wachstum der zugrundeliegenden Kennzahl einer der wesentlichen Faktoren der Vergleichbarkeit ist. Da die Growth AG noch stärker wachsen soll als die beiden zuvor genannten Unternehmen, kann es sinnvoll sein, eine Regressionsanalyse hinsichtlich des Zusammenhangs von Wachstum und Multiple zu machen. **104**

Hier wird ersichtlich, dass es bei den direkten *Peers* einen sehr starken Zusammenhang von Wachstum und *Multiple* gibt. Die Korrelation ist mit einem Koeffizienten R^2 von 0,87 sehr hoch. Setzt man das erwartete Wachstum der Growth AG von 14,1 % in die Funktion der Regressionsgeraden ein, ergibt sich ein *Multiple* in Höhe von 13,9x, welcher also noch einmal deutlich höher als die Multiplikatoren der am höchsten bewerteten *Peers* liegt. **105**

Auf das EBITDA angewandt, ergeben sich folgende Werte: **106**

	Basisgröße	Multiple	Enterprise Value
Median 2021	101,9	11,9x	1.213
Median 2022	119,4	11,0x	1.313
Median 2023	132,6	10,2x	1.353
Max 2021	101,9	12,9x	1.315
Regression 2021	101,9	13,9x	1.416

Tabelle 19: Enterprise Values in Abhängigkeit von EBITDAs und Multiplikatoren

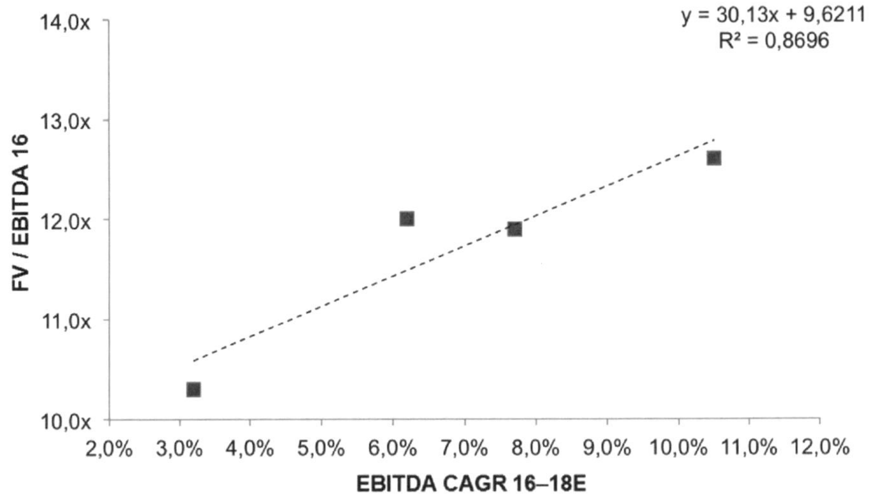

Abbildung 10: Wachstumsraten

107 Die Bewertungen bestätigen mit EUR 1,2 bis 1,4 Mrd. die Ergebnisse der DCF Bewertung, wenn man von etwas konservativeren Annahmen als im IM ausgeht.

bb) Beispielunternehmen 2

108 Die Decline Inc. hat in unserem Beispiel zwei wesentliche börsennotierte *Peers*:

	EV/EBITDA		
Unternehmen	2021	2022	2023
Peer 1	5,6x	5,9x	5,8x
Peer 2	4,8x	4,7x	4,8x

Tabelle 20: Enterprise Values in Abhängigkeit von EBITDAs und Multiplikatoren

109 Beide Unternehmen werden mit ca. 5–6x EBITDA bewertet. Wie man am *Multiple*-Verlauf ablesen kann, liegt kein oder nur geringes Wachstum vor. Allerdings schrumpfen die beiden Unternehmen nicht, so dass der *Multiple* von *Peer* 2 eher als Obergrenze zu sehen ist. Dennoch liegen diese mittels *Multiples* auf die EBITDAs der Jahre 2021–2023 vor der Restrukturierung berechneten *Enterprise Values* (USD 151–189 Mio.) dann immer noch deutlich über den Werten der DCF-Bewertung (USD 119 Mio.). Selbst nach Abzug der Restrukturierungskosten schließt sich die Lücke nicht.

cc) Weitere Hinweise zur Vorgehensweise

Als Quellen für die Berechnung von Multiplikatoren börsennotierter Unternehmen bieten sich folgende Möglichkeiten an: 110

- Eigenberechnung:
  - Aktienkurse: Finanzinformationsdienste (Bloomberg, ThomsonReuters, S&P Capital IQ etc.), Internetseiten (Bloomberg, Google, YahooFinance), Zeitungen
  - Anzahl der Aktien: siehe Aktienkurse, ggf. auch Geschäfts- bzw. Quartalsberichte, Analystenberichte
  - Nettofinanzverbindlichkeiten: Geschäfts- und Quartalsberichte, Analystenberichte
  - Ergebniserwartungen: Analystenberichte, Finanzinformationsdienste
- Analystenberichte/Finanzinformationsdienste: Die Aktienanalysten der meisten Banken veröffentlichen Branchen- und/oder Unternehmensberichte, aus denen sich die Multiplikatoren verschiedener Sektoren und Unternehmen entnehmen lassen. Die Finanzinformationsdienste wie Bloomberg, ThomsonReuters und S&P Capital IQ aggregieren diese Daten und stellen sie oft auch in Durchschnittsform dar.

Allerdings gilt sowohl bei den Daten aus den Analystenberichten als auch den Datenbanken, dass ein Durchschnitt nicht zwingend zu den richtigen Werten führen muss. Daher sollte man bezüglich der Analyse immer hinterfragen, ob die zugrunde gelegten Daten richtig sind. 111

	Bank 1	Bank 2	Bank 3	Bank 4	Bank 5
EBITDA in Mio. GBP	343	340	336	308	257
Multiplikator	6,7x	6,8x	6,8x	7,5x	8,9x

Tabelle 21: Unterschiedliche Multiplikatoren in Abhängigkeit von Analystenschätzungen

In dieser Tabelle wird ein realer Fall eines Unternehmens, das sich vor einem erheblichen Umbruch befand, dargestellt. Die Analysten von fünf Banken hatten EBITDA-Schätzungen für das kommende Jahr von GBP 257 bis 343 Mio. abgegeben. Der Median hätte hier bei GBP 336 Mio., also sehr nahe am höchsten Wert gelegen. Die Situation war diese, dass die drei Banken mit den sehr hohen Werten sich recht nahe an den Werten hielten, die das Unternehmen selbst als Schätzung abgab. Die Bank 5 hingegen nahm eine sehr pessimistische Perspektive gegenüber dem Unternehmen ein. In einem solchen Fall ist es nicht sinnvoll einfach einen Median oder Mittelwert zu ermitteln, sondern man sollte versuchen, eine eigene Einschätzung der Situation zu gewinnen. Im vorliegenden Fall ist es im Ergebnis deutlich schlechter gekommen als von den Banken 1–3 prognostiziert, aber nicht ganz so schlimm, wie von Bank 5 erwartet. 112

c) Multiplikatoren vergleichbarer M&A-Transaktionen

113 Für die Bewertung im Rahmen von M&A-Transaktionen haben die Multiplikatoren vergleichbarer Transaktionen eine besondere Bedeutung. Die Methodik ist prinzipiell die gleiche wie bei Multiplikatoren börsennotierter Unternehmen, wobei als Marktwert der Transaktionswert genommen wird und meistens auf das Ergebnis der letzten 12 Monate abgestellt wird.

aa) Beispielunternehmen 1

114 Im Sektor der Growth AG sind folgende M&A-Transaktionen durchgeführt worden:

Erwerber	Zielunternehmen	Zeitpunkt	Enterprise Value in Mio. EUR	EV/ EBITDA
Erwerber 1	Ziel 1	Jan. 11	97	8,5x
Erwerber 2	Ziel 2	Apr. 12	47	17,0x
Erwerber 3	Ziel 3	Sep. 12	n/a	16,3x
Erwerber 4	Ziel 4	Sep. 13	345	11,4x
Erwerber 1	**Ziel 5**	**Jan. 14**	**85**	**26,5x**
Erwerber 5	Ziel 6	Mai 14	325	11,5x
Erwerber 6	**Ziel 7**	**Mai 15**	**509**	**11,2x**
Erwerber 7	**Ziel 8**	**Mai 15**	**516**	**18,6x**
Erwerber 8	Ziel 9	Mai 15	775	17,9x
Erwerber 9	Ziel 10	Mai 15	396	11,8x
Erwerber 10	Ziel 11	Juni 15	86	15,9x
Erwerber 11	Ziel 12	Juli 15	505	13,0x
Erwerber 12	**Ziel 13**	**Aug. 15**	**56**	**16,5x**
Erwerber 13	Ziel 14	Feb. 16	2.083	12,5x
Erwerber 4	**Ziel 15**	**Mai 16**	**100**	**11,5x**
Erwerber 14	**Ziel 16**	**Juni 17**	**537**	**13,9x**
Erwerber 15	Ziel 17	Dez. 17	106	9,1x
Erwerber 16	Ziel 18	Mär. 18	953	13,6x
Erwerber 17	Ziel 19	Mai 18	2.086	11,2x
Erwerber 1	**Ziel 20**	**Mai 19**	**235**	**14,0x**
Erwerber 14	**Ziel 12**	**Sep. 19**	**781**	**12,9x**
Erwerber 18	Ziel 21	Feb. 20	1.342	9,0x
Erwerber 19	Ziel 16	Juli 20	2.013	12,9x
Erwerber 20	Ziel 22	Jan. 21	920	7,8x
			Mittelwert	**13,5x**
			Median	**12,9x**

Tabelle 22: EBITDA-Multiplikatoren vergleichbarer M&A-Transaktionen

Die Multiplikatoren in diesem Beispiel liegen relativ weit auseinander, was darauf hindeutet, dass nicht in allen Fällen eine direkte Vergleichbarkeit vorliegen wird. Darüber hinaus ist die betrachtete Zeitspanne mit 10 Jahren ein sehr langer Zeitraum. Empfehlenswert ist auch hier die sinnvolle Reduktion auf wirklich vergleichbare Fälle, idealerweise in den letzten 2–3 Jahren. Darüber hinaus sollte recherchiert werden, inwieweit der Kaufpreis in bar geleistet wurde oder ob etwa mit Aktien gezahlt wurde. **115**

In diesem Falle wurden die meisten Transaktionen in bar abgewickelt. Ähnlich wie bei den *Trading Multiples* kann man sich bei der Growth AG wiederum auf die Transaktionen mit den stärker wachsenden Unternehmen konzentrieren (in Tabelle 22 fett markiert). Davon gab es seit 2017 drei, wobei die Multiplikatoren bei 12,9x, 13,9 und 14,0x lagen. In allen drei Fällen haben Finanzinvestoren hart umkämpfte Auktionen gewonnen. Diese Bewertungen für die Growth AG liegen wiederum mit EUR 1,3 bis 1,4 Mrd. am oberen Rand der Werte, die sich aus der DCF-Bewertung und den *Trading Multiples* ergeben haben. **116**

bb) Beispielunternehmen 2

Bei der Decline Inc. ist festzustellen, dass die beiden börsennotierten Marktführer in den letzten Jahren fast alle Transaktionen zu *Multiples* zwischen 4–6x durchgeführt haben. Da sie in allen Fällen erhebliche Synergien erzielen konnten, dürften die „realen“ *Multiples* noch deutlich niedriger gelegen haben. Dies verdeutlicht ihre Marktposition für M&A-Transaktionen in ihrem Sektor. Verkäufer solcher Unternehmen können diese in der Regel aufgrund des mangelnden Wachstums nicht an die Börse bringen und Private Equity-Investoren fehlt wohl zumeist die Exit-Perspektive innerhalb eines Zeitraums von 3–5 Jahren. Es gibt inzwischen zwar Private Equity-Unternehmen, die sich auf Unternehmen in Schieflagen spezialisiert haben (so genannte *Distressed*-Investoren). Diese versuchen jedoch in der Regel, den Eigenkapitaleinsatz und damit den Kaufpreis zu minimieren, so dass genau zu prüfen ist, ob sich ein Verkauf in einem langsam schrumpfenden Markt lohnt. **117**

cc) Sonstige Anmerkungen

Die Methode hat indessen die folgenden Limitationen: **118**

- Verfügbarkeit der Daten: Oft werden bei M&A-Transaktionen nicht alle Daten über die Transaktion und insbesondere über das EBITDA oder das EBIT des Unternehmens veröffentlicht, so dass es zumeist deutlich mehr Transaktionen als wirklich verwendbare Vergleichsfälle gibt.
- Mangelnde Vergleichbarkeit durch Mischung von Barzahlung und Aktientausch oder durch Kombination der Transaktion mit dem Abschluss von operativen Verträgen.

119 Beispiel: Ein Filmstudio betreibt bisher eine eigene Produktion von Film-DVDs. Jetzt soll dieser Unternehmensteil veräußert werden. Der Erwerber verlangt im Rahmen der Akquisition einen langfristigen Vertrag, in dem u. a. das Preisniveau pro DVD für 5 Jahre festgeschrieben ist. In diesem Fall ist nur schwer von außen nachzuvollziehen, inwieweit die ggf. vorteilhaften Konditionen auch zu einem höheren Kaufpreis geführt haben. So hätte das Studio sich bereit erklären können, einen höheren DVD-Preis zu bezahlen, was dann auch einen höheren Verkaufspreis gerechtfertigt hätte.

120 Als Quellen zur Berechnung von Transaktionsmultiplikatoren können folgende Alternativen dienen[42]:

- Eigenberechnung: Geschäfts- und Quartalsberichte, Analystenberichte, Presseveröffentlichungen
- Sonstige Quellen: Investmentbanken, Finanzinformationsdienstleister (Mergermarket, CapitalIQ)

121 Vergleicht man Multiplikatoren börsennotierter Unternehmen mit denen, die auf Transaktionen basieren, werden letztere tendenziell höher liegen. Dies liegt daran, dass die Transaktionswerte in der Regel einen Kontrollerwerb darstellen, für den die Erwerber bereit sind, ein sogenannte „Kontrollprämie" zu zahlen. Basis für eine solche Kontrollprämie können eingeplante Synergien sein oder die Erwartung, das Unternehmen besser führen zu können als der bisherige Eigentümer.

d) Branchenmultiplikatoren

122 Die bisher beschriebenen Multiplikatorenverfahren stellen bereits eine erhebliche Vereinfachung unter einer Reihe von Annahmen dar. Man kann zur weiteren Vereinfachung noch einen Schritt weiter gehen und sich anstatt auf eine Ergebnisgröße wie EBITDA auf eine für das Bewertungsobjekt relevante branchenübliche Größe beziehen. Einige Beispiele:

- EV/*Subscriber*: Telekommunikation, Kabel
- EV/MW (Megawatt installierte Kapazität): Energie
- *Equity Value*/Buchwert des Eigenkapitals: Banken

123 Diese Faktoren sind oft leichter verfügbar und verwenden Größen, mit denen die jeweiligen Branchenexperten in ihrem Geschäft operieren.

[42] Einen Überblick über das aktuelle Transaktionsgeschehen bietet auch der M&A Explorer von White&Case und Mergermarket. Abzurufen unter www.mergers.whitecase.com.

8. LBO-Bewertung

a) Grundsätzliches

In Deutschland haben in den letzten Jahren jeweils regelmäßig mehr als 200 Transaktionen unter Beteiligung von Private Equity-Unternehmen stattgefunden. Zuletzt wurde mit 302 Erwerben in Deutschland ein neuer Rekord erreicht.[43] Private Equity-Unternehmen wenden bezüglich der Unternehmensbewertung grundsätzlich die Methoden an, die bereits dargestellt wurden. Die wesentlichen Unterschiede liegen in den folgenden drei Bereichen: **124**

- Investition auf Zeit: Private Equity-Unternehmen tätigen Investitionen in der Regel in der klaren Absicht, das erworbene Unternehmen nach 3–7 Jahren weiter zu verkaufen. Im Gegensatz zu strategischen Investoren, die ein Unternehmen zumeist für die absehbare Zukunft behalten wollen, resultiert der Exit-Fokus des Finanzinvestors in einer besonderen Betonung einer möglichen Bewertung zum Zeitpunkt des Ausstiegs.
- Rendite: Während die DCF-Methode normalerweise einen Unternehmenswert als Resultat zeigt, interessiert Finanzinvestoren vor allem, welche jährliche Rendite auf das eingesetzte Eigenkapital (IRR) erzielt wurde. In den letzten Jahren hat der sogenannte *„Money Multiple“* oder *„Cash on Cash Multiple“*, der das Verhältnis von Ursprungsinvestition und Erlös gegenüber stellt, an Bedeutung gewonnen. Finanzinvestoren stellen daher das Bewertungsmodell so um, dass sich die Rendite als Resultat ergibt.
- Verschuldung: Ein wesentliches Element, um die Rendite auf das eingesetzte Eigenkapital zu optimieren, ist die Verschuldung. Wie der Begriff *„Leveraged Buy Out“* bereits ausdrückt, ist es oft vorteilhaft, dem Zielunternehmen eine relativ hohe Fremdfinanzierung aufzubürden.

Private Equity-Fonds streben an, für ihre Investoren eine attraktive Rendite über das gesamte verwaltete Fondsvermögen zu erzielen. Daher optimieren sie Investitionen hinsichtlich der Größen „IRR“ oder *„Money Multiple“*. Der *„Money Multiple“* oder *„Cash on Cash Multiple“* zeigt, vereinfacht gesagt, das Verhältnis von Rückflüssen an den PE-Fonds im Verhältnis zum eingesetzten Eigenkapital. Erlöst z. B. ein Fonds EUR 1 Mrd. an Rückflüssen aus einem Verkauf und hat EUR 500 Mio. eingesetzt, so handelt es sich um einen *„Money Multiple“* von 2x. Der IRR, also der interne Zinsfuß, berücksichtigt dann noch die Laufzeit, über die das Kapital investiert wurde. Läge in unserem Beispiel ein Investitionszeitraum von drei Jahren zwischen Kauf und Verkauf, so würde aus dem *Money-Multiple* von 2x ein IRR von 26 %. Über einen Investitionszeitraum von fünf Jahren läge bei gleichem *Money Multiple* der IRR nur bei 15 %. Daher wird bei einer längeren Halteperiode auch ein höherer Multiple angestrebt, z. B. 2,5x (IRR von ca. 20 % **125**

[43] Ernst & Young German Private Equity Deal Survey 2022, Pressemitteilung.

über einen Zeitraum von fünf Jahren) oder 3,0x (IRR von ca. 25 % über einen Zeitraum von fünf Jahren).

126 Insbesondere im Hinblick darauf, dass die Eigenkapitalkosten von Unternehmen, also die Renditeerwartungen von Aktieninvestoren nur bei ca. 8–9 % liegen, erscheint dieser Wert überraschend hoch. Dabei ist aber zu beachten, dass Private Equity-Unternehmen meistens eine deutlich aggressivere Kapitalstruktur mit höherer Verschuldung nutzen als börsennotierte Unternehmen. Das höhere Risiko, das aus der höheren Verschuldung folgt, schlägt sich auch in einer höheren Verzinsung für das eingesetzte Eigenkapital nieder.

127 Aus dem Einsatz erheblicher Verschuldung ergibt sich auch der sogenannte „*Leverage*-Effekt".

128 Im nachstehenden Beispiel wird von folgenden Annahmen ausgegangen:

- Unternehmenswert beim Einstieg: EUR 1.000 Mio. (entspricht 8x EBITDA von EUR 125 Mio.)
- Fremdfinanzierung beim Einstieg: EUR 750 Mio. (6x EBITDA)
- Eigenkapitaleinsatz beim Einstieg: EUR 250 Mio. (2x EBITDA)

129 Das Unternehmen entwickelt sich in den folgenden Jahren sehr positiv:

- Umsatzwachstum: 3,5 % pro Jahr
- EBITDA-Margenerweiterung: 0,5 %-Punkte pro Jahr von 10 % auf 12,5 % nach fünf Jahren
- EBITDA nach 5 Jahren: EUR 185,6 Mio.

130 Unter der Annahme, dass der *Multiple* zum Exit-Zeitpunkt bei 8x geblieben ist, ergibt sich ein Unternehmenswert von EUR 185,6 Mio. x 8 = EUR 1.484,8 Mio.

131 Rein am Unternehmenswert gemessen hat sich der Wert um fast 50 % erhöht, was ein gutes Ergebnis ist, aber über fünf Jahre betrachtet, „nur" einer Wertsteigerung von 8,2 % p.A. entspricht.

132 Betrachtet man allerdings lediglich das eingesetzte Eigenkapital, tritt der sogenannte „*Leverage*"- oder „Hebeleffekt" ein:

- Unterstellt man keine Rückzahlung der Kredite über den Investitionszeitraum, würde vom Unternehmenswert in Höhe von EUR 1.484,8 Mio. der Betrag der Fremdfinanzierung von EUR 750 Mio. abgezogen, so dass sich ein Eigenkapitalwert von EUR 734,8 Mio. ergibt. Somit ist der *Money Multiple* 2,9x und der IRR 24 %.
- Einen noch größeren Einfluss hat dieser Hebeleffekt, wenn man annimmt, dass das Unternehmen neben den Zinszahlungen auch noch Tilgungszahlungen über die fünf Jahre leisten konnte. Bei einem EBITDA, das von EUR 125 Mio. auf EUR 185 Mio. steigt, wäre es sicherlich nicht unmöglich z. B. EUR 50 Mio. pro Jahr zu tilgen. Läge also das Fremdkapital zum Verkaufszeitpunkt nicht mehr bei EUR 750 Mio., sondern bereits bei EUR 500 Mio., würde sich der *Leverage*-

Effekt noch verstärken: aus EUR 1.484,8 Mio. Unternehmenswert würde sich ein Eigenkapitalwert von EUR 984,8 Mio. ergeben, womit sich das eingesetzte Eigenkapital fast vervierfacht hätte (*Money Multiple* 3,9x, IRR: 31,6 %).

Dieses Beispiel verdeutlicht, warum die Möglichkeit zur hohen Verschuldung besondere Bedeutung für Private Equity-Unternehmen hat. Daher steht am Anfang einer LBO-Bewertung die Betrachtung der *„Sources and Uses"*: 133

Sources/Quellen	In Mio. EUR (%)	Uses/Nutzung	In Mio. EUR (%)
Fremdkapital	500 (50 %)	Kaufpreis	950 (95 %)
Mezzanine	250 (25 %)	Transaktionskosten	50 (5 %)
Eigenkapital	250 (25 %)		
Gesamt	1.000 (100 %)	Gesamt	1.000 (100 %)

Tabelle 23: „Sources and Uses"-Darstellung

Auf der linken Seite werden die Finanzierungsquellen einer Transaktion aufgezeigt, welche im Wesentlichen verschiedene Fremdkapitaltranchen („Term Loans A, B, C ..."), Mezzanine-Finanzierungen und Eigenkapital darstellen. Die Nutzung erstreckt sich in der Regel auf Kaufpreis und Transaktionskosten für Berater und die Finanzierung. 134

Aus dem Beispiel zum *Leverage*-Effekt konnte man sehen, dass das EBITDA der letzten zwölf Monate eine erhebliche Bedeutung für die gesamte Rechenmechanik in einer *LBO*-Bewertung hat. Aufgrund dieser besonderen Bedeutung hat auch die sorgfältige Analyse des EBITDAs bei der sogenannten *„Quality of Earnings"*-Analyse im Rahmen der *Financial Due Diligence* ein hohes Maß an Priorität. 135

Im nächsten Schritt wird eine ähnliche Planung durchgeführt, wie sie zuvor bereits im Zusammenhang mit der DCF-Bewertung erläutert wurde. 136

b) Beispielunternehmen 1

Die Growth AG ist ein ideales Objekt für ein Private Equity-Investment. Sie verfügt über ein sehr stabiles Geschäftsmodell durch hohe Markteintrittsbarrieren, hohes Wachstum, hohe Margen und gute Exit-Möglichkeiten. Die wesentlichen Finanzdaten der Growth AG wurden bereits im Zusammenhang mit der DCF-Methode dargestellt (→ Rn. 68). 137

Es wurden folgende Annahmen getroffen: 138

- Der Fonds möchte 20 % Eigenkapitalrendite pro Jahr erzielen.
- Die Banken sind bereit, bis zu 6,5x EBITDA an Fremdfinanzierung zu geben.
- Exit nach 5 Jahren zu einem *Multiple* von 12,5x EBITDA.

Das Team im PE-Unternehmen schaut sich ebenfalls die Multiplikatoren an, die zuvor dargestellt wurden und wählt einen EBITDA-*Multiple* von 13,5x: 139

	2021
EBITDA	101,9
Einstiegsmultiplikator	13,5x
Enterprise Value beim Einstieg	1.375,9
Davon Schulden (6,5x EBITDA)	662,5
Equity Value beim Einstieg	713,4

Tabelle 24: Einstiegspreis

140 Während der Geschäftsplan sowohl für strategische Erwerber als auch Private Equity-Unternehmen wesentlich ist, ist der *Exit Multiple* – also der *Multiple* zu dem der Fonds wieder verkaufen kann – ein wesentlicher Bewertungstreiber:

- Sinkendes Wachstum: Zum einen kann nicht angenommen werden, dass das Unternehmen ewig weiter so stark wächst, so dass der Einstiegs *Multiple* höher liegen wird als der *Exit Multiple*.
- Schwankende Marktbewertungen: Zum anderen wird sich das PE-Team anschauen, wie die Bewertungen der *Peers* im Zeitverlauf waren. Tabelle 25 zeigt noch einmal den Zeitverlauf.

	2011	2012	2013	2014	2015	2016	2017	2018	2019	2020	2021
Peers	8,7x	9,4x	10,3x	11,1x	9,8x	7,4x	9,0x	9,4x	9,0x	9,5x	11,7x

Tabelle 25: Multiplikatoren im Zeitverlauf

141 Man sieht, dass zum Bewertungszeitpunkt die Multiplikatoren einen historischen Höchststand erreicht haben. Das PE-Team muss davon ausgehen, dass diese Bedingungen zum Exit-Zeitpunkt nicht mehr so gut sein werden und wird daher den Exit-Multiplikator nach unten anpassen – hier z. B. auf 12,5x:

	2021	2022	2023	2024	2025	2026
EBITDA	101,9	119,4	132,6	149,7	167,4	183,2
Free Cash Flow nach Steuern und Zinsen	29,3	17,5	23,5	32,1	43,4	56,8
Kumulierter FCF		17,5	41,0	73,1	116,6	173,4
Nettofinanzschulden per Jahresende	662,5					489,1
Exit Multiple						12,5x
Enterprise Value						2.289,5
Equity Value						1.800,4

Tabelle 26: Ausstieg nach fünf Jahren

Obwohl ein Rückgang des *Exit-Multiplikators* auf 12,5x vorgesehen ist, hat der Fonds das Eigenkapital mehr als verdoppelt (EUR 713 Mio. vs. EUR 1.800 Mio.), was einer Jahresrendite von 20 % entspricht. Diese kann man berechnen, indem man folgende Schritte durchführt: 142

- Division: 1.800/713 = 2,5
- Umrechnung auf jährliche Verzinsung: $2{,}5^{1/\text{Anzahl der Jahre (hier: 5)}}-1$
- Ergebnis: 20,3 %

Ähnlich wie es zuvor bei der Erläuterung der DCF-Methode durchgeführt wurde, würde das PE-Team Anpassungen an dem Business Plan vornehmen und diverse Sensitivitäten durchführen. Eine Besonderheit bei Private Equity sind insbesondere die Verschuldungshöhe und der *Exit Multiple*. Senkt man diesen im Beispiel auf 10x, was im historischen Kontext nicht unvernünftig erscheint, sinkt die Rendite auf 13,5 %. 143

c) Beispielunternehmen 2

Wie bereits im Zusammenhang mit den *Transaction Multiples* beschrieben, ist das Interesse von Private Equity-Unternehmen an den *Peers* der Decline Inc. relativ gering. Dies ist im Wesentlichen in der mangelnden Exit-Perspektive begründet. Private Equity-Unternehmen wollen in der Regel nach 3–7 Jahren ihre Beteiligung wieder veräußern. Ein Börsengang ist nahezu ausgeschlossen, so dass sie wahrscheinlich wieder nur an die beiden Marktführer verkaufen können. Wie zuvor beschrieben, gibt es zwar auf schwierige Situationen spezialisierte Fonds (*Distressed*-Investoren), die aber in der Regel nur Minimalpreise zahlen. 144

9. Sum of the Parts-Bewertung

Bei der *Sum of the Parts*-Bewertung handelt es sich nicht um eine eigenständige Bewertungsmethode, sondern um eine Kombination der bekannten Methoden. Sie wird oft angewandt, wenn das Bewertungsobjekt aus einer Mehrzahl von meist heterogenen Unternehmensteilen besteht. Beispiele für solche heterogene Gruppen sind General Electric, Siemens, Samsung oder Vivendi. In der Regel werden die Einzelwerte der Divisionen anhand von *Trading Multiples* hergeleitet, manchmal sind aber auch einzelne Divisionen von Konglomeraten separat an der Börse gelistet, so dass ein Börsenwert ablesbar ist. 145

Im Folgenden soll das Beispiel eines Unternehmens, das aus zwei Divisionen aus komplett unterschiedlichen Industrien besteht, untersucht werden. Der Aktienkurs des Unternehmens liegt bei EUR 10, was einem *Enterprise Value* von EUR 18 Mrd. entspricht. 146

In Mio. EUR	Segment 1	Segment 2	Gruppe
EBITDA	2.000	1.000	3.000
EBITDA Multiple	5,5x	8,5x	6,5x
Enterprise Value	11.000	8.500	19.500
Nettofinanzschulden	-4.000	-2.000	-6.000
Beteiligungen	-	1.500	1.500
Marktwert	7.000	8.000	15.000
Impliziter Aktienkurs	5,3	6,0	11,3

Tabelle 27: „Sum of the Parts"-Darstellung

147 Die Rechnung ergibt einen um ca. 13 % höheren Aktienkurs als dem aktuellen tatsächlichen Preis der Aktie. Diese Beobachtung wäre nicht ungewöhnlich, da Konglomerate oft einem Abschlag unterliegen.

148 In der Regel wird Konglomeraten in den westlichen Ländern unterstellt, dass sie einen Abschlag für ihre Komplexität verdienen, den sogenannten „*Conglomerate Discount*", wofür verschiedene Gründe verantwortlich sind:[44]

- Diversifikation: Während ein Argument für die Gründung von Konglomeraten in den 1960er und 1970er Jahren die Stabilisierung der Umsätze und Erträge war, können Kapitalanleger dies durch den Erwerb verschiedener Aktien heute selbst sehr effizient tun.
- Interne Kapitalmärkte: Konglomerate können sich oft sehr günstig finanzieren bzw. erzielen erhebliche *Cash Flows* aus ihren reifen Geschäften und können diese Finanzmittel effizient innerhalb der Gruppe in neue, wachsende Geschäfte investieren. In der Realität kommt dieser Vorteil nur selten zum Tragen. Oft sitzen die Unternehmensteile, die die Gewinne erwirtschaften (die sog. „*Cash Cows*") am längeren Hebel, was die Mittelverteilung angeht, so dass der oben angeführte Vorteil sich in der Praxis nicht umsetzen lässt.

149 Es wird allerdings auch angeführt, dass die Nachteile von Konglomeraten in Ländern mit weniger entwickelten Kapitalmärkten ausgeglichen werden können. So kontrollieren z. B. in Südkorea die zehn größten Konglomerate des Landes, zwei Drittel der Unternehmenstätigkeit.[45]

10. Zusammenführung verschiedener Bewertungsansätze

150 Während in den einzelnen Sektionen zu den Bewertungsmethoden die Beispiele der Growth AG und Decline Inc. immer wieder aufgetaucht sind, sollten die Ergebnisse auch für die Entscheidungsfindung aufgearbeitet werden. Eine Standarddarstellung, die man in vielen Präsentationen von Investmentbanken findet, ist das

[44] Brealey/Myers, Corporate Finance, S. 864 f.
[45] Brealey/Myers, Corporate Finance, S. 890.

sogenannte *„Football Field“,* in dem die Bandbreiten der verschiedenen Methoden dargestellt werden.

Die Werte zeigen die Bandbreiten in EUR Mio., die sich aus Variationen der Inputdaten ergeben haben. So bildet die Obergrenze bei der DCF-Bewertung der Business Plan aus dem Informationsmemorandum. Hätten wir hier einen strategischen Erwerber für die Growth AG, könnte z. B. noch der Barwert von Synergien hinzukommen (siehe DCF mit Synergien, hier EUR 100 Mio.). **151**

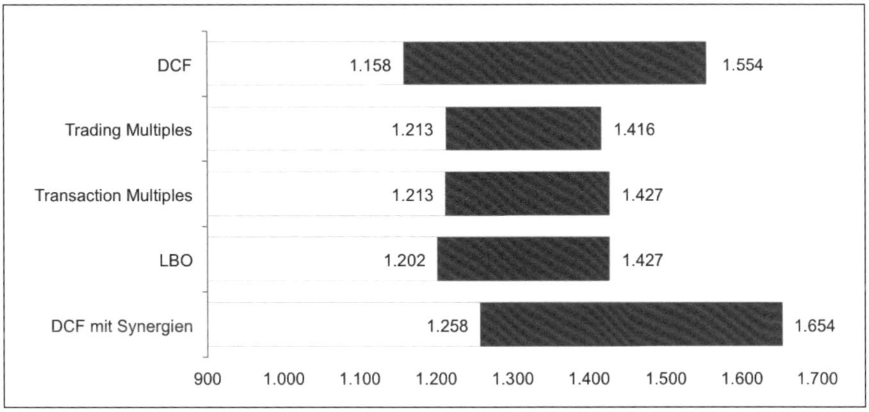

Abbildung 11: „Football Field“ für die Growth AG

Faktisch besteht dennoch die Schwierigkeit angesichts der vorhandenen Bandbreiten eine fundierte Entscheidung für ein Angebot zu treffen, weswegen es sinnvoller ist, einzelne Werte genauer zu betrachten: **152**

- *Trading Multiples:* Wachstumsadjustiert erscheint es mit 13,9x gerechtfertigt über die Multiplikatoren der eigentlichen *Peers* (höchster Wert: 12,9x) hinaus zu gehen. Dies gilt aber nur, wenn man die vom bisherigen Management prognostizierte Entwicklung zugrunde legt. Bei einem gemäßigteren Wachstumspfad geht der *Multiple* eher wieder zurück auf die obere Grenze der Multiples (ca. 13,0x).
- DCF/LBO: Es lohnt sich dann in der Regel zu evaluieren, welche Annahmen man als gegeben betrachten muss, um den Erwerb unter diesen als wirtschaftlich zu sehen, und wie zuverlässig diese Angaben sind. In einem Umfeld mit hohem Wettbewerb werden die Annahmen in der Regel aggressiver sein müssen, um eine realistische Chance auf das Gewinnen der Auktion zu haben.
- *Transaction Multiple:* Zudem kann überprüft werden, ob mögliche Bieter in der Vergangenheit bereits solche Preise gezahlt haben. Unter Umständen liegen bereits Erkenntnisse darüber vor, ob diese Akquisitionen erfolgreich waren oder nicht.

153 Diese Methoden, den Entscheidungsraum einzuengen, werden allerdings oft von der realen Situation des M&A-Prozesses überholt. Insbesondere stellt sich die Frage, wer ist noch im Rennen und wie aggressiv werden die Wettbewerber bieten? Entscheidend ist, dass das Team hier diszipliniert bleibt und die Annahmen, die man zur Grundlage des Angebots macht, fundamental gerechtfertigt sind.

154 Auch im Beispiel der Decline Inc. wäre der Fall nicht einfach: Der DCF-Wert lag mit ca. USD 120 Mio. deutlich unter demjenigen, der bei Anwendung der Multiplikatoren errechnet werden konnte. 5–6 x EBITDA 2017 ergibt einen Wert von USD 180–216 Mio. Hier zeigt sich, dass der durch die Bewertungsmethoden errechnete Wert und derjenige, der am Markt tatsächlich für bestimmte *Assets* zu erzielen ist, durchaus divergieren können. Dies gilt insbesondere, wenn nur wenige Datenpunkte existieren, deren Vergleichbarkeit nicht immer gegeben ist. Am Ende entscheidend ist wieder die Marktsituation: Wenn bspw. ein Autohersteller ein neues Auto auf den Markt bringt, dessen Design von den Kunden nicht angenommen wird, hilft es nichts vorzurechnen, dass der Preis aber fair ist.

155 Daher ist in der Praxis immer auf den Einzelfall bezogen vorzugehen und den Besonderheiten der Transaktion Rechnung zu tragen, woraus sich die großen Verhandlungs- und Gestaltungsmöglichkeiten der M&A-Praxis ergeben.

11. Praktische Relevanz

156 Die hier behandelten Konzepte des DCF, der Multiplikatorenmethoden und der LBO-Bewertungen sind die in der Transaktionspraxis relevantesten. Zu beachten ist, dass nach der praktischen Erfahrung der Autoren einige Aspekte, insbesondere der DCF-Methode, allerdings nur selten Relevanz erlangen und im Detail verhandelt werden:

- Kapitalkosten: Insbesondere wenn auf der Seite des Erwerbers eine konzernweite Vorgabe, bspw. von Seiten der Controlling-Abteilung, besteht, ist ein Diskurs hierüber entbehrlich. Das Gleiche gilt für die Eigenkapitalrenditeanforderungen von Private Equity-Unternehmen, sofern deren Rahmen zwischen dem Fond und seinen Investoren vereinbart wird.
- *Terminal Value:* Neben den Kapitalkosten ist die ewige Wachstumsrate der Haupttreiber des *Terminal Value*. Diskussionen über das langfristige Wirtschaftswachstum nach der expliziten Planungsperiode sind zwischen Verkäufer und Käufer kaum zu objektivieren und werden ebenfalls oft konzernintern vorgegeben.

157 Die Entscheidungen bezüglich dieser Aspekte werden daher intern beim potentiellen Erwerber getroffen und nicht zwischen den Parteien ausgehandelt. Diesen Verhandlungen unterliegen vielmehr Aspekte wie der Zustand des Verkaufsobjekts zum Verhandlungszeitpunkt, die Geschäftsaussichten der unmittelbar folgenden Jahre sowie mögliche Risiken und Verbindlichkeiten.

§ 2. Unternehmensbewertung und Ableitung des Kaufpreises

I. Unternehmensbewertung und Kaufpreisfindung im Rahmen einer Transaktion

Die Kaufpreisfindung im Rahmen einer Transaktion ist in der Regel das Ergebnis der Verhandlungen zwischen Käufer und Verkäufer. Die in § 1 vorgestellten Methoden der Unternehmensbewertung unterstützen die Parteien darin, Preisober- und -untergrenzen zu definieren bzw. unterschiedliche Bewertungsannahmen zu diskutieren. Es liegt dabei in der Natur der Sache, dass die Erwartungen von Verkäufer und Käufer im Regelfall nicht übereinstimmen. Inwieweit sich der tatsächliche Kaufpreis den jeweiligen Grenzen annähert, wird – wie auf jedem Markt – vor allem durch Wettbewerb, Verhandlungsmacht und -geschick bestimmt. 1

Während in § 1 die Bewertungsmodelle und Bewertungsparameter wie *WACC* oder Multiplikatoren im Vordergrund standen, wird im § 2 der Fokus auf die historischen und gegenwärtigen Finanzdaten gelegt. Gerade die Bestimmung des „richtigen" (nachhaltigen) EBITDAs steht im Mittelpunkt der *Financial Due Diligence*, die der Käufer bei der Zielgesellschaft mit Hilfe seines Transaktionsberaters (also in aller Regel einer Wirtschaftsprüfungsgesellschaft) durchführt. So ist das EBITDA des letzten abgelaufenen Geschäftsjahres oder das letzte verfügbare EBITDA mit einem Bezugszeitraum von 12 Monaten (sog. *LTM* oder *Last Twelve Month* EBITDA) der Aufsatzpunkt für die Fortentwicklung des Geschäfts im Business Plan und damit für die zukünftigen EBITDAs und für die zukünftigen Free Cash Flows. Damit liegt seine besondere Bedeutung gerade für die Multiplikatoren-Methoden, aber auch für die DCF-Methode oder den LBO-Ansatz auf der Hand. Ein unzutreffend ermitteltes EBITDA zum Bewertungszeitpunkt wirkt sich vielfach potenziert auf die Bandbreiten der Unternehmensbewertung und den auf dieser Grundlage verhandelten Kaufpreis aus: Der Erwerber kauft dann möglicherweise erheblich „zu teuer" oder der Veräußerer verkauft erheblich „zu billig". 2

Die verschiedenen Due Diligence-Prozesse in den Bereichen *Commercial*, *Financial*, Recht, Steuern, Umwelt, Personal etc. bringen in der Regel eine Vielzahl von Risiken zu Tage. Eine nahe liegende Reaktion des Käufers wäre es, den Kaufpreis schlicht um den Erwartungswert der Risiken zu reduzieren. In der Praxis ist dies aber im Wettbewerb der Bieter oft weder möglich noch sachlich geboten. Daher ist es wichtig zu verstehen, welche kaufvertraglichen Mechanismen den Parteien zur Verfügung stehen, um spezifische Risiken ohne eine unmittelbare Preisreduktion zu kompensieren. Mechanismen wie Gewährleistungen, Freistellungen oder 3

Rücktrittsrechte für den Fall der Vermögensverschlechterung werden in diesem Zusammenhang in → § 3 dargestellt.

4 Darüber hinaus kann es vorkommen, dass die Parteien durchaus Einigkeit über den *Enterprise Value*, also den Gesamtwert des Unternehmens, erzielt haben, dann aber uneinig über die Abzugspositionen zwischen *Enterprise Value* und *Equity Value* sind. In → § 7 wird ausführlich dargestellt, wie sich die Nettofinanzverbindlichkeiten zusammensetzen und welche weiteren Positionen in einer Verhandlung in Betracht kommen können. Darüber hinaus finden sich in → § 8 Konzepte, mit denen verhindert werden soll, dass über Schwankungen des *Working Capital* eine Wertverschiebung zwischen Verkäufer und Käufer stattfindet.

5 In den → §§ 14 und 15 werden mit dem *Earn Out*, dem Besserungsschein und der *Vendor Note* verschiedene Instrumente analysiert, mit denen spezifischen Sonderfällen begegnet werden kann. Beim *Earn Out* steht der Versuch im Vordergrund, unterschiedliche Erwartungen hinsichtlich der zukünftigen Unternehmensentwicklung formelhaft in einen in der Zukunft zu zahlenden Kaufpreisanteil zu übertragen. Damit soll ermöglicht werden, dass eine etwaige Lücke zwischen den Kaufpreisvorstellungen der Parteien geschlossen werden kann. Beim Besserungsschein wird ebenfalls eine Kaufpreiszahlung mit der zukünftigen Entwicklung des Unternehmens verbunden. Sind sich beide Parteien über den Kaufpreis im Prinzip einig, aber dem Erwerber fehlt entweder die Finanzierung oder es soll ein gewisses Maß an Kaufpreisrisiko beim Verkäufer verbleiben, kann die *Vendor Note* als Verkäuferfinanzierung in Betracht kommen.

II. Nachhaltige Ertragskraft und Financial Due Diligence

1. Ausgangspunkt

6 Gegenstand und Umfang einer *Financial Due Diligence* werden maßgeblich durch die Zwecksetzung des Auftraggebers bestimmt, die sich in aller Regel bei jeder Transaktion und bei jedem potentiellen Investor unterscheidet.[1] Der Arbeitsumfang der Due Diligence hängt zum einen maßgeblich davon ab, wie gut der potentielle Investor bereits die Branche und das Zielunternehmen kennt und zum anderen, ob der Due Diligence-Bericht für eine Bankfinanzierung Verwendung finden soll. Der Bericht kann von der Identifizierung oder Beurteilung spezifischer Einzelfragen wie beispielsweise der Aufstellung einer *Equity Bridge* (zum Begriff siehe → § 7 Rn. 3 f.) bis zu einem sog. *Bankable Report* reichen, der alle wesentlichen Aspekte eines Zielunternehmens beleuchtet. Hierzu zählen insbesondere eine Beurteilung der nachhaltigen Ertragskraft (sog. *Quality of Earnings*), die nachfolgend in → Rn. 11 ff. dargestellt wird, sowie eine Analyse der wesentliche Geschäftstreiber und Kernerfolgsfaktoren. Hinzu kommt ebenfalls eine Beurteilung des *Net Debt*

[1] Störk/Hummitzsch in Beisel/Andreas, Due Diligence § 35 Rn. 1.

(siehe → § 7) und des *Working Capital* (siehe → § 8). Eine Beurteilung weiterer Aspekte wie beispielsweise des CAPEX (siehe → § 7 Rn. 182 ff.) oder des Business Plans hängen davon ab, wie wichtig dies für den Investor und die potentiellen kreditgebenden Banken ist. Hat der Investor beispielsweise einen eigenen Business Plan, der sich aus der Kombination mit eigenen Unternehmungen und daraus resultierenden Synergien ergibt, wird die Beurteilung des vom Zielunternehmen aufgestellten Business Plans von nachrangiger Bedeutung sein. Bei Finanzinvestoren wird häufig eine Bankenfinanzierung und mithin die Erstellung eines *Bankable Report* einen Schwerpunkt bilden.[2]

Kern einer umfassenden *Financial Due Diligence* wird stets die Ermittlung der 7
nachhaltigen Ertragskraft und der (zukünftigen) zahlungsmittelrelevanten Veränderungen der Bilanz des Zielunternehmens sein. Zur Ermittlung der nachhaltigen Ertragskraft werden die historischen und laufenden unterjährigen Ergebnisbeiträge um Sondereinflüsse und nicht nachhaltige Erträge und Aufwendungen bereinigt. Auch gegenwärtige und zukünftige Ereignisse, die sich bisher noch nicht vollständig materialisiert haben, werden regelmäßig zu berücksichtigen sein. Die Anpassungen können sich sowohl auf die Umsatzerlöse und Erträge als auch auf die Kosten beziehen. Das Ergebnis dieser Analyse wird dann den Aufsatzpunkt für den Business Plan bilden.

Die zweite Hauptaufgabe der *Financial Due Diligence* wird in der Ermittlung der 8
(zukünftigen) zahlungsmittelrelevanten Veränderungen der Bilanz des Zielunternehmens bestehen. Im Gegensatz zur Gewinn- und Verlustrechnung, die das Ergebnis einer Periode widerspiegelt, stellt die Bilanz eine Stichtagsbetrachtung aller (bilanzierungpflichtigen und ggf. -fähigen) Vermögensgegenstände und Schulden dar. Zum Zeitpunkt des wirtschaftlichen Übergangs „speichert" diese Stichtagsbilanz Sachverhalte, die künftig zu Zahlungsmittelzuflüssen und Zahlungsmittelabflüssen führen werden. Die Beurteilung der hieraus resultierenden finanziellen Folgen ist Gegenstand der Analysen zu *Net Debt* und den *off-balance sheet items* sowie *Working Capital* und Anlagevermögen/CAPEX. Praktische Relevanz erlangt die Unterscheidung dadurch, dass zu diesen Posten in Unternehmenskaufverträgen häufig unterschiedliche Kaufpreisanpassungsmechanismen vereinbart werden. Diese Aspekte werden in den → § 7 und → § 8 eingehend behandelt.

Der Übergang zu den Due Diligence-Tätigkeiten anderer Berater und des 9
Auftraggebers selbst wird fließend sein. Dies gilt insbesondere in Bezug auf die *Commercial Due Diligence*, bei der insbesondere das zukünftige Marktpotential und die Entwicklung der Umsatzerlöse des Zielunternehmens beurteilt werden, sowie auf die *Operational Due Diligence*, die häufig die Beurteilung von Effizienzsteigerungs- und damit Kosteneinsparungsmöglichkeiten zum Gegenstand hat. Die Interaktionen sind insbesondere dann besonders hoch, wenn es um die Frage der Erreichbarkeit eines Business Plans geht.

[2] Störk/Hummitzsch in Beisel/Andreas, Due Diligence § 35 Rn. 1.

10 Andere Due Diligence-Tätigkeiten werden in aller Regel direkt oder indirekt Berücksichtigung in den Ergebnissen der *Financial Due Diligence* finden, insbesondere wenn die Ergebnisse quantitativ messbar sind. Dies gilt insbesondere für die *Legal Due Diligence* (z. B. die Einschätzung und Quantifizierung von Prozessrisiken oder die Übertragbarkeit von Lizenzen und den damit verbundenen Kosten), die *Environmental Due Diligence* (z. B. in Bezug auf Kosten für Altlastenbeseitigung) sowie die *Pension/Human Ressource Due Diligence* (z. B. eine Beurteilung zukünftiger zahlungsmittelrelevanter Belastungen aus Pensionszusagen, Kosten für Managementbeteiligungsprogramme oder aus erwarteten Abfindungen im Rahmen von Restrukturierungsmaßnahmen).

2. Begriffsbestimmung

11 Als Maßstab der nachhaltigen Ertragskraft eines Unternehmems wird regelmäßig auf das EBITDA des Zielunternehmens abgestellt, d. h. auf das Jahresergebnis vor Zinsen, Steuern und Abschreibungen *(Earnings Before Interest, Tax, Depreciation and Amortisation)*.[3]

12 Das EBITDA stellt einen vereinfachten operativen *Cash Flow* dar. Finanzierungs- und Unternehmenssteuereffekte bleiben unberücksichtigt, um einen Vergleich mit anderen Unternehmen oder anderen Investitionsalternativen zu ermöglichen. Abschreibungen werden ebenfalls nicht berücksichtigt, da diese nicht (mehr) zu Zahlungsmittelabflüssen führen. Diese hatten sich bereits in der Vergangenheit durch die entsprechenden Investitionen in das Anlagevermögen materialisiert.

13 Das nachhaltige EBITDA findet häufig auch für vereinfachte Unternehmensbewertungen Verwendung, insbesondere für die sog. Multiplikatorenverfahren. Insoweit wird auf die Ausführungen in → § 1 Rn. 36, 84 ff. verwiesen. Zudem dient diese vereinfachte *Cash Flow*-Analyse auch der Abschätzung der Schuldendienstfähigkeit eines Unternehmens und damit der Ausgestaltung der Erwerbsfinanzierung.

14 Die Verwendung des EBITDA führt allerdings auch zu Nachteilen. Zum einen werden die notwendigen Investitionen zur unverminderten Fortführung der nachhaltigen Ertragskraft nicht berücksichtigt. Diese müssen dann entsprechend im Business Plan eingearbeitet werden. Wird der Unternehmenskaufpreis über einen *Multiple* ermittelt, ist daher ggf. auf den *Adjusted Free Cash Flow* abzustellen, der auch Investitionen berücksichtigt.

Zum anderen handelt es sich bei dem Begriff des EBITDA nicht um einen Begriff der Rechnungslegung, sondern um einen Terminus, der sich in der Praxis herausgebildet hat. Weder das deutsche Handelsgesetzbuch noch die IFRS definieren den Begriff des EBITDA.

[3] Diese englischen Begriffe decken im Vergleich zum Deutschen nur die planmäßigen Abschreibungen ab. Anpassungen wegen Goodwill-Wertminderungen sind daher separat in der zusammenfassenden Kaufvertragsformulierung Adjusted EBITDA (siehe → Rn. 128d) enthalten.

a) Deutsches Handelsrecht

Liegen deutsche handelsrechtliche Finanzinformationen vor, wird regelmäßig 15
das Gliederungsschema des § 275 HGB zur Begriffsbestimmung herangezogen. Dabei werden entweder die Bestandteile im Einzelnen bezeichnet, die im EBITDA enthalten sind oder diejenigen, die nicht vom EBITDA umfasst sein sollen. Welche Form gewählt wird, ist Geschmackssache und sollte nichts an der Zuordnung im Einzelfall ändern.

Folgende Darstellung beinhaltet diejenigen Posten, die typischerweise im EBIT- 16
DA enthalten sind:

Gliederung Gewinn- und Verlustrechnung HGB

	Gesamtkostenverfahren, § 275 Abs. 2 HGB	**Nr.**
	Umsatzerlöse	1
+/-	Erhöhung oder Verminderung des Bestandes an fertigen und unfertigen Erzeugnissen	2
+	andere aktivierte Eigenleistungen	3
+	sonstige betriebliche Erträge	4
-	Materialaufwand	5
-	Personalaufwand	6
-	sonstige betriebliche Aufwendungen	8
-	sonstige Steuern	16
=	*Reported EBITDA*	

	Umsatzkostenverfahren, § 275 Abs. 3 HGB	**Nr.**
	Umsatzerlöse	1
-	Herstellungskosten der zur Erzielung der Umsatzerlöse erbrachten Leistungen	2
-	Vertriebskosten	4
-	allgemeine Verwaltungskosten	5
+	sonstige betriebliche Erträge	6
-	sonstige betriebliche Aufwendungen	7
-	sonstige Steuern	15
=	*Reported EBIT*	
+	Abschreibungen auf immaterielle Vermögensgegenstände, Sachanlagen sowie das Umlaufvermögen, die die üblichen Abschreibungen überschreiten	§ 268 Abs. 2 HGB
=	*Reported EBITDA*	

Folgende Darstellung zeigt eine typisierte Rückrechnung vom Jahresüberschuss 17
auf das EBITDA:

	Gesamtkostenverfahren, § 275 Abs. 2 HGB	**Nr.**
	Jahresüberschuss/Jahresfehlbetrag	17
+/-	Steuern von Einkommen und Ertrag	13
+	Zinsen und ähnliche Aufwendungen	13
+	Abschreibungen auf Finanzanlagen und auf Wertpapiere des Anlagevermögens	12
-	Sonstige Zinsen und ähnliche Erträge	11
-	Erträge aus anderen Wertpapieren und Ausleihungen des Finanzanlagevermögens	10
-	Erträge aus Beteiligungen	9
+	Abschreibungen auf immaterielle Vermögensgegenstände, Sachanlagen sowie das Umlaufvermögen, die die üblichen Abschreibungen überschreiten	7
=	*Reported EBITDA*	

	Umsatzkostenverfahren, § 275 Abs. 3 HGB	**Nr.**
	Jahresüberschuss/Jahresfehlbetrag	16
+/-	Steuern von Einkommen und Ertrag	13
+	Zinsen und ähnliche Aufwendungen	12
+	Abschreibungen auf Finanzanlagen und auf Wertpapiere des Anlagevermögens	11
-	Sonstige Zinsen und ähnliche Erträge	10
-	Erträge aus anderen Wertpapieren und Ausleihungen des Finanzanlagevermögens	9
-	Erträge aus Beteiligungen	8
=	*Reported EBIT*	
+	Abschreibungen auf immaterielle Vermögensgegenstände, Sachanlagen sowie das Umlaufvermögen, die die üblichen Abschreibungen überschreiten	§ 284 Abs. 3 HGB
=	*Reported EBITDA*	

18 Außerordentliche Aufwendungen und Erträge wurden nach deutschem Handelsrecht bisher in der Gewinn- und Verlustrechnung gesondert ausgewiesen (§ 275 Abs. 2 Nr. 15 bis 17 HGB a. F. bzw. § 275 Abs. 3 Nr. 14 bis 16 HGB a. F.). Diese Bestimmungen wurden durch das BilRUG gestrichen und durch § 285 Nr. 31 HGB ersetzt (gesonderte Angabe im Anhang). Erträge und Aufwendungen, die einem anderen Geschäftsjahr zuzuordnen sind, werden in § 285 Nr. 32 HGB gesondert erläutert. Ein direkter Vergleich beider Normen ist nur ansatzweise möglich, da sie redaktionell neu gefasst wurden. Die grundsätzliche Verschiebung und Neuformulierung der Angabepflicht resultiert aus der Neustrukturierung und Vereinfachung der Gewinn -und Verlustrechnung. Einerseits wurde die Unterscheidung zwischen gewöhnlicher und außergewöhnlicher Geschäftstätigkeit aufgegeben und andererseits entfällt die Erläuterungspflicht von „außerordentlichen" Aufwendungen und Erträgen.[4]

19 Zu den sonstigen Steuern (§ 275 Abs. 2 Nr. 16 HGB bzw. § 275 Abs. 3 Nr. 15 HGB) gehören Verbrauchssteuern (z. B. KFZ-Steuern), Verkehrssteuern (z. B. Versicherungssteuer) und unter Umständen Ausfuhrzölle[5]. Die sonstigen Steuern werden häufig nicht den Unternehmenssteuern gleichgesetzt, sondern als operative Kosten des laufenden Geschäftsbetriebs betrachtet, deren Höhe nicht vom Geschäftserfolg (d. h. dem Jahresergebnis) abhängt. Daher ist eine Zuordnung zum EBITDA sachgerecht.

b) IFRS

20 Ein vergleichbar detailliertes und strukturiertes Gliederungsschema wie im deutschen Handelsrecht sehen die IFRS nicht vor. Dies liegt nicht zuletzt daran, dass die IFRS nicht aus einem einheitlichen Rechtsraum mit einem einheitlichen Rechtsverständnis heraus entstanden sind. Für die Gesamtergebnisrechnung verlangt IAS 1.82 unabhängig von Umsatz- und Gesamtkostenverfahren eine Mindestgliederung, in, soweit relevant, sieben Positionen, die den Gewinn oder Verlust ausmachen (z. B. Umsatzerlöse und Finanzierungsaufwendungen). Eine weitere Untergliederung sowie die Angabe weiterer Positionen sind für ein besseres Verständnis der Ertragslage ausdrücklich erwünscht (IAS 1.85). Hinsichtlich des sonstigen Ergebnisses sind die nach den jeweiligen Einzelstandards geforderten Positionen getrennt auszuweisen. Diejenigen Positionen, die in späteren Perioden ggf. einer GuV-wirksamen Umklassifizierung (*recycling*) unterliegen, sind dabei wiederum separat von denjenigen Positionen zu zeigen, die keinem *recycling* unterliegen. OCI-Positionen aus der Equity-Bewertung sind ebenfalls gesondert anzugeben (IAS 1.82 A).

---

[4] Grottel in Beck'scher Bilanzkommentar HGB § 285 Rn. 861. Durch das BilRUG wurde außerdem § 268 Abs. 2 HGB aufgehoben. Durch den neu eingeführte § 284 Abs. 3 HGB sind weitere Angaben zu Abschreibungen erforderlich geworden.

[5] Justenhoven/Klien/Müller in Beck'scher Bilanzkommentar HGB § 275 Rn. 246.

Analog zur Bilanz gilt auch für die Gesamtergebnisrechnung der in IAS 1.29 kodifizierte Grundsatz der Wesentlichkeit, wonach Beträge von bedeutendem Umfang separat und art- oder funktionsverwandte Aufwendungen bzw. Erträge von untergeordneter Bedeutung zusammengefasst auszuweisen sind.[6] Diese Informationen können entweder nach dem Gesamtkostenverfahren oder nach dem Umsatzkostenverfahren dargestellt werden, für die die IAS 1.102, 1.103 jeweils eine Beispielsgliederung zeigt: 21

	Beispiel Gesamtkostenverfahren (nature of expense method) (IAS 1.102)		**Beispiel Umsatzkostenverfahren (cost of sales method) (IAS 1.103)**
	Umsatzerlöse (revenue)		Umsatzerlöse (revenue)
+	Sonstige Erträge (*other income*)	-	Umsatzkosten (*cost of sales*)
+/-	Veränderung Vorratsbestand (*changes in inventories*)	=	Bruttogewinn (*gross profit*)
-	Aufwendungen Roh-, Hilfs und Betriebsstoffe (*raw material and consumables used*)	+	Sonstige Erträge (*other income*)
-	Aufwendungen für Leistungen an Arbeitnehmer (*employee benefits expenses*)	-	Vertriebskosten (*distribution cost*)
-	Aufwand für planmäßige Abschreibungen (*depreciation and amortisation expense*)	-	Verwaltungsaufwendungen (*administrative expenses*)
-	Andere Aufwendungen (*other expenses*)	-	Andere Aufwendungen (*other expenses*)
=	Gesamtaufwand (*total expenses*)	=	Gewinn vor Steuern (*profit before tax*)
=	Gewinn vor Steuern (*profit before tax*)		

Die Überleitung auf das *Reported* EBITDA erfolgt entsprechend der HGB-Darstellung, also entweder ausgehend von den Umsatzerlösen oder dem Gewinn vor Steuern. 22

Verglichen mit dem deutschen HGB und dem darauf basierenden Schrifttum geben die IFRS dem Bilanzaufsteller bis auf einige klar definierte Sachverhalte deutlich weniger Leitlinien vor, in welchen Posten der Gewinn- und Verlustrechnung bestimmte Kosten zu berücksichtigen sind. Dies gilt beispielsweise bei der aufwandswirksamen Erfassung bestimmter Finanzinstrumente, bei Pensionsaufwand oder Finanzierungsleasing. Zinskomponenten können sowohl im „operativen" Ergebnis als auch im Zinsergebnis gezeigt werden.[7] Klar definiert ist demgegenüber die Darstellung eines außerordentlichen Aufwands oder Ertrags. Ein Ausweis eines außerordentlichen Ergebnisses wie im HGB in § 275 Abs. 2 Nr. 15–17 a. F. bzw. § 275 Abs. 3 Nr. 14–16 a. F. bisher vorgesehen, ist nach IAS 1.87 ausdrücklich untersagt. Insoweit hat sich das deutsche Handelsrecht den IFRS angenähert (siehe auch → Rn. 18). 23

[6] Pellens/Fülbier/Gassen/Sellhorn, Internationale Rechnungslegung, S. 194.

[7] Auch das „operative" Ergebnis ist kein Begriff, der durch die IFRS definiert ist. Es wird aber festgelegt, dass ein operatives Ergebnis nach IFRS alle operativen Sachverhalte zu umfassen hat (IAS 1 BC 13). Abweichend von IFRS wird hier der Begriff jedoch dazu verwendet, die laufenden betrieblichen Kosten wie Materialkosten oder Personalkosten von Zinsen und Abschreibungen zu unterscheiden.

24 Diese kurze Darstellung der Gliederung der Gewinn- und Verlustrechnung nach deutschem Handelsrecht und nach IFRS zeigt, dass eine Analyse der nachhaltigen Ertragskraft auch und gerade vor dem Hintergrund der anzuwendenden Rechnungslegungsvorschriften erfolgen muss. Das Ergebnis der Analyse wird aber immer eine operative und damit betriebswirtschaftliche Einschätzung sein, die sich im Gegensatz zur reinen Bilanzierung nicht an einem vorgegebenen Rechtsrahmen orientiert. In vielen Fällen wird es kein „richtig" oder „falsch" geben, da es sich bei dem Begriff der nachhaltigen Ertragskraft, die auch als *Adjusted* EBITDA bezeichnet wird, nicht um einen Begriff der Rechnungslegung handelt. Dementsprechend können Rechnungslegungsvorschriften und das sich darauf beziehende Schrifttum allenfalls für die Beurteilung von Teilaspekten unterstützend herangezogen werden (siehe → § 7 Rn. 1 f.).

c) Kategorien von EBITDA-Anpassungen

25 Anpassungen zur Ermittlungen eines nachhaltigen EBITDA werden in der Praxis häufig in zwei Kategorien aufgeteilt, zum einen in EBITDA-Anpassungen (EBITDA *Adjustments*) und zum anderen in die „Pro Forma"-Anpassungen *(„Pro Forma" Adjustments).* Bei den EBITDA-Anpassungen wird das historische Ergebnis um Ereignisse und Bilanzierungsauswirkungen bereinigt, die außergewöhnlich und nicht nachhaltig sind. Hierzu zählen beispielsweise Erträge oder Verluste aus dem Verkauf von Anlagegegenständen oder Erträge aus der Auflösung von Rückstellungen, die für Sachverhalte gebildet wurden, die sich dann nicht oder nicht in voller Höhe materialisiert hatten. EBITDA-Anpassungen werden häufig auch als „Normalisierungen" (*Normalized* EBITDA) bezeichnet. Der Begriff „Normalisierung" impliziert allerdings eine Wertung und suggeriert, dass auf Basis eines nachvollziehbaren und nachprüfbaren Kataloges ein „berichtetes" EBITDA (*Reported* EBITDA) auf ein „richtiges" EBITDA (*Normalized* oder *adjusted* EBITDA) umgerechnet würde. Dies ist jedoch nicht der Fall. Die EBITDA-Anpassungen sollten im Einzelnen und in ihrer Gesamtheit sowohl vom Due Diligence-Berater als auch vom Berichtsadressaten auf ihre Angemessenheit hin beurteilt werden. Dies gilt insbesondere, da es gerade keine Rechnungslegungsstandards zu EBITDA-Anpassungen gibt. Daher ist die Verwendung des Begriffs *Normalized* EBITDA und *Normalization* als kritisch anzusehen.

26 Bei den „Pro Forma"-Anpassungen werden zukünftige Ereignisse oder Ereignisse des laufenden Jahres, die sich noch nicht vollständig in der Zahlenbasis des Beurteilungszeitraums niedergeschlagen haben, so in den Beurteilungszeitraum projeziert, „als ob" sich das Ergebnis bereits für den gesamten Beurteilungszeitraum materialisiert hätte. Ein Beispiel hierfür ist die Eliminierung des (positiven oder negativen) Ergebnisbeitrages aus einer Unternehmenssparte, die im Laufe des Jahres verkauft wurde. Auf „Pro Forma"-Basis würde der Ergebnisbeitrag der Vorjahre sowie des laufenden Jahres bis zum Verkauf eliminiert. Kosten im Zusammenhang

mit dem Verkauf im laufenden Jahr wären bereits als außergewöhnlich und nicht regelmäßig wiederkehrend durch ein EBITDA *Adjustment* eliminiert worden.

Zu beachten ist, dass es sich bei den „Pro Forma“-Anpassungen um das Ergebnis einer betriebswirtschaftlichen Analyse handelt und mithin ebenfalls nicht um einen Begriff der Rechnungslegung. Dieser besondere Hinweis ist deshalb wichtig, da Pro Forma-Anpassungen auch im Rahmen von Kapitalmarkttransaktionen erfolgen können. So hat beispielsweise der IDW als Vertreter des Berufsstandes der Wirtschaftsprüfer in Deutschland mit dem IDW RH HFA 1.004 einen Rechnungslegungshinweis für die Erstellung von Pro Forma-Finanzinformationen herausgegeben. Dieser Rechnungslegungshinweis bezieht sich jedoch ausschließlich auf bestimmte, kapitalmarktorientierte Sachverhalte und soll nicht dazu dienen, ein Unternehmen unter bestimmten betriebswirtschaftlichen Gesichtspunkten zu analysieren. Dieser Hinweis ist wichtig, um Missverständnissen vorzubeugen und nicht versehentlich den Anschein zu erwecken, bestimmte „Pro Forma“-Anpassungen seien typischerweise solche, die auch der Berufsstand der Wirtschaftsprüfer üblicherweise anwendet. Bei „Pro Forma“-Anpassungen fließen in noch viel höherem Maße Ermessen und Wertungen des Due Diligence-Beraters *(Professional Judgement)* ein als bei EBITDA-Anpassungen. Adressaten einer Analyse der nachhaltigen Ertragskraft sollten dies stets beachten.[8] 27

3. Historischer Beurteilungszeitraum

Die Analyse des historischen EBITDA umfasst in der Regel die letzten drei Ganzjahresperioden, die mit einer Abschlusserstellung (und in der Regel Abschlussprüfung) enden. Ausgangspunkt sind dann die letzten beiden geprüften Jahresabschlüsse, wobei der Vorjahresabschluss dann das dritte, am weitesten zurückliegende Jahresende als Vorjahresvergleichsperiode zeigt. In einem weiteren Schritt wird dann auch das laufende Ergebnis des Jahres (einschließlich der Vorjahresvergleichsperiode) Gegenstand der EBITDA-Analyse sein (sog. *Current Trading*). Die Qualität der unterjährigen Finanzinformationen ist in aller Regel nicht so hoch wie zum Jahresende, da Abgrenzungsbuchungen und Rückstellungsanpassungen nicht mit dem gleichen prozessualen Aufwand erfolgen. Die Verlässlichkeit der unterjährigen Finanzinformationen ist zwar regelmäßig geringer als zum Jahresende, allerdings geben sie eine gute Indikation dafür, ob sich das Unternehmen entsprechend den ursprünglichen Erwartungen entwickelt, d. h. im Vergleich zum Budget bzw. dem *Forecast* sowie dem Vorjahr. Dies gilt insbesondere für die Finanzinformationen, die (auch) der operativen Steuerung des Geschäfts dienen. 28

[8] Um Missverständnissen vorzubeugen, sind betriebswirtschaftliche „Pro Forma“-Anpassungen in dieser Abhandlung mit Anführungszeichen versehen, Pro Forma Finanzinformationen bspw. im Sinne des IDW RH HFA 1.004 hingegen ohne Anführungszeichen (siehe → Rn. 62, → Rn. 129 ff. sowie Rn. 161 ff.). In der Praxis werden allerdings auch die betriebswirtschaftlichen „Pro Forma“-Anpassungen regelmäßig ohne Anführungszeichen verwendet.

4. Abgrenzung zu Net Debt

29 EBITDA und *Net Debt* bedingen sich häufig gegenseitig, d. h. das Ergebnis der betriebswirtschaftlichen Analyse der nachhaltigen Ertragskraft kann einen direkten Einfluss auf Ansatz und Bewertung einer konkreten Schuldposition haben.

Beispiel:
Ein Unternehmen hat einen langfristigen Vertrag über die Inanspruchnahme von Satellitentransponderkapazitäten abgeschlossen. Laufzeit des Vertrages soll 20 Jahre sein, Restlaufzeit 2 Jahre. Die Voraussetzungen des IFRS 16.B20 nach neuer Rechtslage bzw. des IAS 17.10 (c) nach alter Rechtslage sind erfüllt, [9] d. h. es handelt sich um einen identifizierbaren Vermögenswert bzw. die Laufzeit des Leasingverhältnisses umfasst den überwiegenden Teil der wirtschaftlichen Nutzungsdauer des Vermögenswertes. Das Unternehmen zeigt das Vertragsverhältnis mithin als *Right-of-use* Vermögenswert bzw. Finanzierungsleasing und weist daher eine Finanzverbindlichkeit auf der Passivseite der Bilanz aus. Die laufenden Zahlungen werden als Rückzahlung auf die Finanzverbindlichkeit (ergebnisneutral) erfasst und der implizite Zinsaufwand wird im Zinsergebnis (ergebniswirksam außerhalb des EBITDA) ausgewiesen.
Die Restlaufzeit des Leasingverhältnisses ist relativ kurz verglichen mit der Gesamtlaufzeit. Im Rahmen der Unternehmensanalyse sollte auf ein fiktives Vergleichsunternehmen abgestellt werden, dass Mietaufwendungen für Transponderkapazitäten EBITDA-mindernd ausweist. Für den Unternehmenswert kann es keinen Unterschied machen, ob das Anmieten der Transponderkapazitäten bilanziell ein Leasing- oder ein Mietvertrag darstellt, solange die zukünftigen Zahlungsmittelabflüsse identisch sind. Das Ergebnis des Vergleichs sollte nicht sein, dass der Unternehmenswert des Unternehmens, das ein Leasingverhältnis bilanziert, höher ist, da lediglich die (vergleichsweise geringe) ausstehende Restverbindlichkeit als Schuldposten in Abzug gebracht wird, das Vergleichsunternehmen aber über die Anwendung eines EBITDA-*Multiple* niedriger bewertet wird. Dies würde nicht der Tatsache Rechnung tragen, dass das Unternehmen über das Ende der Mietzeit hinaus Transponderkapazitäten zur Aufrechterhaltung des Geschäfts benötigen wird.

30 Dieses Beispiel zeigt, dass bei allen Analysen, sowohl bei denen zur nachhaltigen Ertragskraft als auch bei denen zum *Net Debt* stets die jeweils korrespondierenden Auswirkungen zu berücksichtigen sind. Ein sachgerechtes Ergebnis des vorstehenden Beispiels kann nur sein, dass sich eine Berücksichtigung als Aufwand bei den *Quality of Earnings* oder als *Net Debt* durch entsprechende Anpassungskorrekturen so ineinander überleiten lassen, dass der Unternehmenswert im Ergebnis gleich ist.

---

[9] Es wird auf die Ausführungen in → § 7 Rn. 69 ff. zu Leasingverhältnissen verwiesen.

5. Berichterstattung

31 Ein *Financial Due Diligence*-Bericht zu einem Zielunternehmen kann sowohl von dem Verkäufer als auch vom Käufer in Auftrag gegeben werden. Wird der Bericht vom Verkäufer in Auftrag gegeben, handelt es sich um eine sog. *Sell-Side Due Diligence*. In der Regel wird sie in Auftrag gegeben, wenn der Verkäufer einen Auktionsprozess startet und erwartet, dass mehrere potentielle Investoren an dem Verkaufsprozess teilnehmen. Durch eine *Sell-Side Due Diligence* werden die Finanzinformationen über das Zielunternehmen in einer Form dargestellt, die es Interessenten ermöglichen soll, in kurzer Zeit eine (erste) fundierte Einschätzung zum Unternehmenswert und zum Kaufpreis zu treffen. Das Rechnungswesen des Zielunternehmens soll darüber hinaus entlastet werden, da die relevanten Finanzinformationen einmal strukturiert für alle potentiellen Investoren aufbereitet werden.

32 Auch wenn die Begriffe in der Praxis nicht immer einheitlich verwendet werden, so lassen sich alle Formen einer *Sell-Side Due Diligence* in zwei Kategorien einordnen. Bei einem sog. *Financial Factbook* oder *Seller Information Document* werden die Finanzinformationen zu einem Zielunternehmen durch den Transaktionsberater, der in aller Regel eine Wirtschaftsprüfungsgesellschaft ist, strukturiert dargestellt und auf (offensichtliche) Unrichtigkeiten und Inkonsistenzen überprüft. Dazu gehört regelmäßig auch eine Darstellung von EBITDA-Anpassungen durch das Management, durch die Sondersachverhalte korrigiert werden, um ein nachhaltiges EBITDA aus Sicht des Managements darzustellen. Allerdings wird der Due Diligence-Berater im Rahmen der Berichterstattung nur in beschränktem Umfang eine eigene Einschätzung dazu treffen, ob er die EBITDA-Anpassungen für sachgerecht hält. Hieraus ergibt sich, dass der Arbeitsumfang eines *Financial Factbook* von einer einfachen Zusammenstellung relevanter Finanzinformationen bis zu einer detaillierten Aufarbeitung der zugrunde liegenden Datenbasis reichen kann.

33 Bei einer sog. *Vendor Due Diligence* werden zum einen die Finanzinformationen genau wie bei einem *Financial Factbook* strukturiert aufbereitet. Darüber hinaus wird der Due Diligence-Berater weitere eigene Analysen vornehmen und deren Ergebnis darstellen. Am Ende steht in der Regel eine Beurteilung über die Qualität und betriebswirtschaftliche Aussagekraft der Finanzinformationen. Daher dienen *Vendor Due Diligence*-Berichte dann auch dazu, Bankfinanzierungen zu ermöglichen. Für den Due Diligence-Berater hat dies in der Regel zur Folge, dass er den finanzierenden Banken *reliance* auf den *Vendor Due Diligence*-Bericht geben wird. Dies bedeutet, dass er den Banken gegenüber haftbar ist wie gegenüber seinem Auftraggeber. Die Banken werden in die Haftung gegenüber dem Auftraggeber einbezogen, sie bekommen jedoch keinen eigenen Haftungstopf. Dementsprechend ist die Erwartung externer Adressaten an einen *Vendor Due Diligence*-Bericht deutlich höher als an ein *Financial Factbook*.

34 Auch wenn der Verkäufer eine *Sell-Side Due Diligence* durchgeführt hat, wird der Käufer eine eigene Due Diligence durchführen wollen und müssen. Zum einen wird es darum gehen, die Qualität des *Sell-Side*-Produktes zu überprüfen. Darüber hinaus wird jeder Interessent besondere eigene Schwerpunkte für die Due Diligence haben, die gar nicht durch ein *Sell-Side*-Produkt abgedeckt sein können, dass auf den Erwartungshorizont aller potentiellen Investoren abgestimmt ist. Für einige potentielle Investoren mag die Identifizierung und Quantifizierung bestimmter Synergien mit dem eigenen Unternehmen im Vordergrund stehen. Andere Investoren werden das Zielunternehmen unabhängig von anderen Unternehmungen führen wollen. Hier ist eine Vielzahl unterschiedlicher Untersuchungsschwerpunkte denkbar.

35 Genauso wie bei der *Vendor Due Diligence* wird sich bei der *Buy-Side Due Diligence* häufig die Anforderung stellen, dass der *Buy-Side*-Transaktionsberater den finanzierenden Banken gegenüber *reliance* auf seinen Bericht gibt, dass also die Banken in den Haftungsverbund einbezogen werden, der ansonsten nur gegenüber dem Auftraggeber aus dem Auftragsverhältnis besteht.

III. EBITDA-Anpassungen

35a Ausgangspunkt für die Ermittlung der nachhaltigen Ertragskraft ist das vom Unternehmen berichtete EBITDA („*Reported* EBITDA"), dass um solche Umsatzerlöse, Erträge und Aufwendungen bereinigt wird, die dem Grunde oder der Höhe nach außergewöhnlich oder nicht nachhaltig sind oder nicht periodengerecht erfasst wurden. Durch die EBITDA-Anpassungen wird auf das „*Adjusted* EBITDA" übergeleitet.

1. Außerordentliche, nicht nachhaltige oder nicht periodengerecht ausgewiesene Umsatzerlöse, Erträge und Aufwendungen

36 Im deutschen Handelsrecht ist der Begriff der Umsatzerlöse in § 277 Abs. 1 HGB definiert und wurde im Zuge des BilRUG neu gefasst. Es handelt sich um Erlöse aus dem Verkauf und der Vermietung oder Verpachtung von Produkten sowie aus der Erbringung von Dienstleistungen nach Abzug von Erlösschmälerungen und der Umsatzsteuer sowie sonstiger direkt mit dem Umsatz verbundener Steuern. Für die Zuordnung zu den Umsatzerlösen ist es nach den Änderungen in der Definition der Umsatzerlöse durch das BilRUG nunmehr nicht mehr entscheidend, ob die Umsätze im Rahmen der für die gewöhnliche Geschäftstätigkeit eines Unternehmens typischen Leistungsangebote ausgeführt werden.[10] Die Abgrenzung der Umsatzerlöse von den sonstigen betrieblichen Erträgen kann im Einzelfall umstritten sein.[11] Im Hinblick auf die Darstellungsstetigkeit nach § 265 Abs. 1 HGB

[10] Justenhoven/Klien/Müller in Beck'scher Bilanzkommentar HGB § 275 Rn. 48.

[11] Justenhoven/Klien/Müller in Beck'scher Bilanzkommentar HGB § 275 Rn. 45.

ist im Zweifelsfall eine einmal gewählte, zulässige Zuordnung im Interesse der Vergleichbarkeit beizubehalten.[12]

Für die Abgrenzung der Umsatzerlöse von den sonstigen betrieblichen Erträgen kommt der Auslegung der Begriffe „Produkte" und „Dienstleistungen" eine entscheidende Bedeutung zu. Produkte sind grundsätzlich mit dem Begriffspaar „Erzeugnisse" und „Waren" aus der vor dem BilRUG geltenden Definition von Umsatzerlösen gleichzusetzen. Ihr Merkmal ist wiederum der Bezug zum „normalen Absatzprogramm" des bilanzierenden Unternehmens. Die Veräußerung von sonstigen Vermögensgegenständen oder von Anlagevermögen führt dementsprechend in der Regel mangels deren Eigenschaft als Produkt nicht zu Umsatzerlösen, sondern zu sonstigen betrieblichen Aufwendungen oder Erträgen.[13] Erlöse aus der Erbringung von Dienstleistungen sind nach der Definition des § 277 Abs. 1 HGB stets unter den Umsatzerlösen auszuweisen, unabhängig davon, ob das Unternehmen diese Dienstleistungen regelmäßig im Rahmen seines Geschäftsmodells am Markt anbietet.[14] **37**

IFRS behandeln die Erfassung von Umsatzerlösen in IFRS 15 (Erlöse aus Verträgen mit Kunden).[15] Umsatzerlöse sind zu erfassen, wenn eine Leistungsverpflichtung durch die Übertragung der Verfügungsgewalt über Güter oder durch Dienstleistungen an den Kunden erfüllt wird (sog. *control principle*, IFRS 15.31).[16] Im Gegensatz zu IAS 18 ist der Übergang wesentlicher Risiken und Chancen *(risk and rewards)* lediglich als Indikator für die Übertragung von Verfügungsgewalt zu würdigen (IFRS 15.38 (d)). Die Erfassung von Umsatzerlösen folgt branchen- und unternehmensunabhängig einem einheitlichen 5-Schritte-Modell.[17] **37a**

Schritt 1: Identifizierung des/der Vertrags/Verträge mit dem Kunden

Schritt 2: Identifizierung der separaten Leisungsverpflichtung innerhalb des Vertrages bzw. der Verträge

Schritt 3: Bestimmung des Transaktionspreises

Schritt 4: Allokation des Transaktionspreises auf die vertraglich vereinbarten separaten Leistungsverpflichtungen

Schritt 5: Ertragsrealisierung bei Erfüllung einzelner Leistungsverpflichtungen

Aus Sicht einer *Financial Due Diligence* ist diese Darstellung deshalb wichtig, da alle unter den Umsatzerlösen und unter den sonstigen betrieblichen Erträgen **38**

---

[12] Justenhoven/Klien/Müller in Beck'scher Bilanzkommentar HGB § 275 Rn. 53.

[13] Justenhoven/Klien/Müller in Beck'scher Bilanzkommentar HGB § 275 Rn. 48, 49.

[14] Justenhoven/Klien/Müller in Beck'scher Bilanzkommentar HGB § 275 Rn. 52.

[15] Im Mai 2014 hat der IASB den IFRS 15 *Revenue from Contracts with Customers* verabschiedet, der am 22. September 2016 durch Verordnung (EU) Nr. 2016/1905 *endorsed* wurde (siehe hierzu → Rn. 89 ff. und → § 11 Rn. 37). Er ist auf Geschäftsjahre anzuwenden, die am oder nach dem 1. Januar 2018 beginnen.

[16] Nach IAS 18.7 f. war Umsatzerlös der aus der gewöhnlichen Tätigkeit eines Unternehmens resultierende Bruttozufluss wirtschaftlichen Nutzens während der Berichtsperiode, der zu einer Erhöhung des Eigenkapitals führt, soweit er nicht aus Einlagen der Eigentümer stammt.

[17] Hayn/Waldersee, IFRS und HGB im Vergleich, S. 115; WP-Handbuch/Wollmert Kap. K, Rn. 236.

ausgewiesenen Sachverhalte eingehend daraufhin zu untersuchen sind, ob sie tatsächlich nachhaltig sind. Ein Käufer wird dem Verkäufer Umsätze, Erträge und EBITDA-Beiträge nicht gleichwertig vergüten wollen, die nicht ein nachhaltiger Bestandteil des Geschäftsmodells sind. Auch aufgrund der Änderungen durch das BilRUG bzw. durch IFRS 15 gegenüber IAS 18 werden sich die *Financial Due Diligence*-Analysen nicht auf die sonstigen betrieblichen Erträge beschränken können, sondern müssen auch die relevanten Sachverhalte unter den Umsatzerlösen umfassen. Daher wird im Folgenden keine scharfe Trennung zwischen dem Ausweis als Umsatzerlöse und als sonstige betriebliche Erträge gemacht. Zu beachten ist darüber hinaus, dass es Einmaleffekte aus der Umstellung der Umsatzdefinition beispielsweise von HGB auf IFRS geben kann. Auch diese sind im Rahmen der *Financial Due Diligence* zu identifizieren und transparent zu machen.

a) Umsatzerlöse bzw. Erträge aus dem Verkauf „sonstiger" Güter oder der Erbringung von „sonstigen" Leistungen

39 Umsatzerlöse oder Erträge, die nicht in den Kerngeschäftsbereich des Unternehmens fallen, sind stets auf ihre Nachhaltigkeit hin zu untersuchen. Anhaltspunkte für tiefergehende Analysen können sich beispielsweise daraus ergeben, dass ein Unternehmen freie Produktionskapazitäten auslasten möchte oder Leistungen durchführt, um zusätzliche Umsatzerlöse zu generieren und einen stagnierenden oder rückläufigen Absatz nicht offen zeigen zu müssen. Gleichwohl bedeuten derartige Sachverhalte nicht notwendigerweise, dass die entsprechenden EBITDA-Beiträge korrigiert werden müssen. Es kommt vielmehr auf den Einzelfall an sowie auf das Geschäftsmodell des zukünftigen Erwerbers.

Beispiel:
Ein Unternehmen ist aufgrund seiner flexiblen Produktionsstruktur in der Lage, saisonbedingte Unterauslastungen durch Übernahme von Fremdfertigung zu kompensieren und so wichtige produktionsnotwendige Mitarbeiter angemessen bezahlen und damit halten zu können. Diese Fremdfertigungen stehen in keinem direkten Zusammenhang mit der eigentlichen Produktion.

Beispiel:
Ein Unternehmen, das Entwicklungs- und Instandhaltungsdienstleistungen im IT-Umfeld anbietet, hat mit rückläufigen Umsatzerlösen zu kämpfen. Voraussichtlich können nicht die Umsatzziele erreicht werden, die zuvor an Gesellschafter, Banken oder den Kapitalmarkt kommuniziert wurden. Daher beginnt das Unternehmen neben der Dienstleistungstätigkeit mit dem Import und Export technischer Komponenten. Dabei übernimmt es auch eigenes wirtschaftliches Risiko, d. h. Kauf und Verkauf werden nicht nur vermittelt, sondern das Unternehmen handelt als echter Zwischenhändler um nicht nur die Marge als Umsatzerlöse zeigen zu können, sondern den gesamten Verkaufspreis (der Einkaufspreis wird in voller Höhe unter Materialkosten ausgewiesen).

Im ersten Beispiel spricht einiges dafür, dass die Einrichtung einer flexiblen Produktionsstruktur Teil des Geschäftsmodells ist, da es sich um eine Diversifikation von Geschäftsrisiken handelt und die Gesamtbranche gleichermaßen unter den saisonalen Einflüssen leidet. Dies könnte dafür sprechen, dass eine Korrektur der entsprechenden EBITDA-Beiträge eher nicht sachgerecht ist. Im zweiten Beispiel hingegen wird die Handelstätigkeit nur deswegen aufgenommen, um sinkende Umsatzerlöse nicht allzu offen zeigen zu müssen. Unter Umständen geht das Unternehmen hierfür erhebliche wirtschaftliche Risiken ein, da es als Zwischenhändler das volle Insolvenz- und Einrederisiko tragen muss, um die Umsatzerlöse in Höhe des Verkaufspreises und nicht nur in Höhe der Marge zeigen zu können. Dies könnte dafür sprechen, dass eine Eliminierung der entsprechenden EBITDA-Beiträge eher sachgerecht ist. Am Ende wird es aber in beiden Fällen auch auf den Erwerber und dessen Geschäftsmodell ankommen, bevor eine abschließende Einschätzung getroffen werden kann. **40**

b) Erträge und Aufwendungen aus dem Verkauf von Gegenständen des Anlagevermögens

Bei Anlagevermögen handelt es sich um Vermögensgegenstände, die dem Geschäftsbetrieb langfristig dienen sollen. Bei einem Verkauf ergibt sich ein Ertrag, wenn der Restbuchwert geringer ist als der Verkaufserlös. Ist der Restbuchwert hingegen höher, ergibt sich ein Verkaufsverlust. In den meisten Fällen wird der Verkauf von Gegenständen, die eigentlich zur Unterhaltung des Geschäftsbetriebes dienen, nicht nachhaltig sein, da dem Unternehmen Substanz entzogen wird. Das EBITDA ist dann entsprechend zu korrigieren. Hinzu kommt, dass Reinvestitionen auch nicht als Kosten innerhalb des EBITDA gezeigt werden, da es sich um CAPEX-Aktivierungen handeln wird. Bei einer Analyse des *Free Cash Flow* hingegen wird es häufig sachgerecht sein, die Einzahlungen aus dem Verkauf von Anlagegegenständen mindernd von den Auszahlungen für Investitionen in das Anlagevermögen abzusetzen. **41**

c) Erträge aus der Auflösung von Rückstellungen

Zum Abschlussstichtag bewertet der Bilanzaufsteller finanzielle Risiken aus Lebenssachverhalten, deren Eintritt dem Grunde oder der Höhe nach ungewiss ist. Die Ansatz- und Bewertungsvoraussetzungen sind in §§ 249, 253 HGB sowie IAS 37 enthalten. Sofern in den Folgeperioden der Sachverhalt eintritt, für den die Risikovorsorge getroffen wurde, wird die Rückstellung in Anspruch genommen und der Zahlungsmittelabfluss ergebnisneutral gegen die Rückstellung gebucht. Realisiert sich hingegen das Risiko (endgültig) nicht, wird die Rückstellung aufgelöst und führt zu einer Erhöhung des EBITDA im Jahr der Rückstellungsauflösung. **42**

Soweit in Vorjahren gebildete Rückstellungen aufgelöst werden, weil der die Rückstellung begründende Sachverhalt bzw. das entsprechende Risiko wegfällt, ist das laufende Ergebnis des Jahres um den Ertrag aus dieses Rückstellungsauflö- **43** sung zu hoch, wohingegen das Ergebnis der Periode, in dem die Rückstellung gebildet wurde, zu niedrig ist. Beide Perioden sind entsprechend anzupassen (*Phasing*).

Beispiel:
In FY00 wurde eine Rückstellung in Höhe von EUR 100.000 für Prozessrisiken gebildet. In FY02 entscheidet das zuständige Gericht, dass die Klage unbegründet ist und der Kläger legt keine weiteren Rechtsmittel ein.
Das EBITDA ist in der Periode FY00 um EUR 100.000 zu niedrig ausgewiesen, wohingegen das EBITDA der Periode FY02 um EUR 100.000 zu hoch ausgewiesen ist.

44 Nach deutschem Handelsrecht ist eine Auflösung von Rückstellungen unter dem Posten sonstige betriebliche Erträge zu erfassen,[18] wohingegen nach IFRS die Auflösung gegen das Konto gebucht wird, über das die Rückstellung ursprünglich gebildet wurde.[19] Dies bedeutet, dass Effekte aus Rückstellungsauflösungen insbesondere dann schwieriger nachzuhalten sind, wenn kein für die Zwecke einer Due Diligence ausreichend aussagekräftiger Rückstellungsspiegel vorliegt.

45 Die Behandlung von Rückstellungen stellt in der Regel einen Schwerpunkt der Vergangenheitsanalyse bei der Due Diligence dar, da es sich um einen Bereich handelt, in dem nicht selten Bilanzpolitik betrieben wird, beispielsweise um eine Ergebnisglättung herbeizuführen oder ein bestimmtes Wachstum oder eine bestimme Profitabilität zu zeigen. Bei der Analyse von Rückstellungsbildung und Rückstellungsauflösung wird es zudem regelmäßig darum gehen sicherzustellen, dass Bewertungsannahmen nicht willkürlich geändert wurden.

46 Die willkürfreie Bewertung von Rückstellungen gehört auch zum Gegenstand der Jahresabschlussprüfung. Der geprüfte Jahresabschluss stellt mithin eine erste Indikation dar. Es gilt die Regel, dass wertaufhellende Tatsachen, die am Bilanzstichtag begründet waren, zumindest bis zum Zeitpunkt der Bilanzerstellung zu berücksichtigen sind.[20] Wertbeeinflussende Tatsachen sind demgegenüber Ereignisse nach dem Bilanzstichtag, die keinen Rückschluss auf die Verhältnisse an dem Bilanzstichtag zulassen (beispielsweise ein Schadensereignis wie Feuer). Diese wertbeeinflussenden Tatsachen bleiben bei der Bilanzierung außer Betracht. Sofern sie sich wesentlich auf die Vermögens-, Finanz- und Ertragslage auswirken, wird bei Kapitalgesellschaften zu fordern sein, dass Rücklagen zu bilden sind und hierüber im Anhang zu berichten ist.[21] Die Anhangsangabepflicht von Vorgängen von besonderer Bedeutung ergibt sich aus § 285 Nr. 33 HGB. Die IFRS widmen mit dem IAS 10 (Ereignisse nach der Berichtsperiode) einen ganzen Standard dieser Thematik.

---

[18] Justenhoven/Klien/Müller in Beck'scher Bilanzkommentar HGB § 275 Rn. 91.

[19] Diese Auffassung ist nicht unumstritten, da IAS 1 keine klaren Gliederungsvorschriften enthält. Die Gegenauffassung sieht bei dieser Vorgehensweise das Saldierungsverbot verletzt.

[20] Störk/Büssow in Beck'scher Bilanzkommentar HGB § 252 Rn. 52.

[21] Störk/Büssow in Beck'scher Bilanzkommentar HGB § 252 Rn. 52.

Im Gegensatz zur Jahresabschlussprüfung ist die *Financial Due Diligence* in ihrer Rückschau nicht auf den Zeitpunkt der Bilanzaufstellung beschränkt, sondern es geht darum, Aufwendungen und Erträge periodengerecht und wirtschaftlich sinnvoll auf Basis der Erkenntnisse zum Zeitpunkt der Due Diligence zuzuordnen. Unter diesem Gesichtspunkt wird es häufig zu Abweichungen zum geprüften Abschluss kommen. Darüber hinaus unterliegt die Prüfung eines Jahresabschlusses dem Grundsatz der Wesentlichkeit.[22] Bestimmte bilanzpolitische Maßnahmen mögen für die Gesamtheit des Jahresabschlusses nicht wesentlich sein und ihre Bilanzierung wurde daher vom Abschlussprüfer nicht beanstandet. Wenn es jedoch um eine Kaufpreisberechnung oder Kaufpreisabrechnung geht, können auch aus Sicht einer Abschlussprüfung unwesentliche Sachverhalte einen erheblichen Effekt haben, da beispielsweise jede Anpassung Euro für Euro in *Cash* vergütet wird oder das EBITDA über einen *Multiple* mit einem Vielfachen des Nominalwertes in die Wertfindung für einen Unternehmenserwerb einfließt. Dies zu beurteilen ist aber nicht Aufgabe des Abschlussprüfers, sondern desjenigen, der die *Financial Due Diligence* durchführt. **47**

Ein weiteres „technisches" Problem ergibt sich mit dem *Phasing* daraus, dass sich die Rückstellungsauflösung regelmäßig erst im Laufe des folgenden Geschäftsjahres ermitteln lässt. **48**

Beispiel:
Die Geschäftsführung plant jedes Jahr die variablen Vertriebskosten sehr vorsichtig und löst den überschießenden Betrag dann zu Beginn des folgenden Geschäftsjahres oder nach der endgültigen Abrechnung mit dem Zulieferer auf. Zur besseren Nachvollziehbarkeit des Zahlenbeispiels wird von einer jährlich steigenden Rückstellung ausgegangen, auch wenn die tatsächliche EBITDA-Belastung gleich bleibt und EUR 50.000 pro Jahr betragen soll:

Beträge in TEUR	FY00	FY01	FY02
Ausweis GuV:			
Aufwand Rückstellungsbildung für das laufende Jahr	-200	-250	-300
Ertrag aus der Auflösung der Rückstellung aus dem vorangegangenen Geschäftsjahr	+100	+150	+200
EBITDA Auswirkung	-100	-100	-100
EBITDA-Anpassungen:			
Eliminierung des Ertrages aus der Periode, in dem er nicht entstanden ist	-100	-150	-200
Phasing des Ertrages in die Periode, in der der zu hohe Aufwand erfasst wurde	+150	+200	???
Anpassungseffekt	+50	+50	[-200]
Angepasste EBITDA Auswirkung	-50	-50	[-300]

[22] ISA [DE] 200, Tz. 5.

48a Dieses Beispiel zeigt, dass die tatsächliche Belastung in den Jahren FY00 und FY01 jeweils nur EUR 50.000 war. Da die Rückstellungsauflösung im Jahr FY03 noch nicht bekannt ist, ergibt sich „technisch" eine nicht sachgerechte EBITDA-Anpassung. Auf diese Effekte ist im Rahmen der Due Diligence ein wesentliches Augenmerk zu legen und ggf. eine Schätzung auf Basis der Erfahrungen der Vorjahre zu machen. Wichtig ist in jedem Fall, die Basis für die Schätzung und Anpassung klar zu beschreiben, damit der Adressat die Möglichkeit hat, eine eigene Einschätzung zu treffen.

d) Erträge und Aufwendungen aus der Wertberichtigung von Forderungen

49 Zum Abschlussstichtag beurteilt der Bilanzaufsteller die Einbringlichkeit des Forderungsbestandes durch Einzelwertberichtigung, pauschalierte Einzelwertberichtigung und/oder Pauschalwertberichtigungen. Bei der Analyse der Vergangenheitszahlen im Rahmen einer *Financial Due Diligence* sind verschiedene Aspekte zu beurteilen.

50 Zum einen stellt sich die Frage, ob uneinbringliche Forderungen in der Periode ihres Entstehens wertberichtigt wurden und ob es in Folgeperioden nicht doch noch zu einem Zahlungseingang gekommen ist. Ein Zahlungseingang in einer Folgeperiode auf eine bereits wertberichtige oder ausgebuchte Forderung führt zu einer Erhöhung des EBITDA in dieser Periode. In diesem Fall ist das laufende Ergebnis um diesen Ertrag zu hoch, wohingegen das Ergebnis der Periode, in dem die Wertberichtigung vorgenommen wurde, zu niedrig ist. Beide Ergebnisse sind entsprechend anzupassen *(Phasing)*. Insoweit ist die Problematik mit der Behandlung von Erträgen aus der Auflösung von Rückstellungen vergleichbar. Allerdings kommt es auch darauf an, ob es sich um Massengeschäftsvorfälle und pauschalierte Wertberichtigungen bei Massendatenverarbeitung handelt oder um einige wenige Debitoren mit wesentlichen ausstehenden Rechnungen. Bei Massengeschäftsvorfällen wird aufgrund mangelnder Datenverfügbarkeit häufig nur eine pauschalierte Analyse möglich sein.

51 Im Zusammenhang mit verspäteten Zahlungen insbesondere im Massengeschäft kommen häufig noch Erträge aus Mahngebühren hinzu. Auch hier stellt sich die Frage, ob es sich um nachhaltige oder um außergewöhnliche Erträge handelt, die entsprechend zu korrigieren wären. Bei Massengeschäft und standardisierten Mahnstufen, die in allen Jahren in vergleichbarer Höhe anfallen, wird es sich eher um nachhaltige Erträge handeln. Handelt es sich hingegen um einen einmaligen Vorgang, ggf. im Zusammenhang mit der gerichtlichen Geltendmachung einer Forderung, mag dies eher für einen zu eliminierenden außerordentlichen Ertrag sprechen.

52 Zum anderen kann ein erhöhter Forderungsausfall auch ein Indiz dafür sein, dass Produkte ohne angemessene Bonitätsprüfung verkauft werden, um einen

steigenden Umsatz und Absatz zu zeigen. Das hieraus resultierende Risiko lässt sich häufig nicht durch eine reine Vergangenheitsanalyse auf Basis von geprüften Jahresabschlüssen und ungeprüften Monats- oder Quartalsabschlüssen beurteilen, da mit einer solchen Geschäftspolitik ggf. erst im Zusammenhang mit einem geplanten Verkauf begonnen wurde. Dieses Risiko kann sich beispielsweise durch Analysen der offenen Postenliste aus Lieferung und Leistung, der wesentlichen Debitoren und Befragung von Marktteilnehmern reduzieren lassen.

e) Erträge aus Versicherungsentschädigungen

Unternehmen sind regelmäßig gegen eine Reihe möglicher Risiken versichert. **53** Versicherungsentschädigungen können beispielsweise fällig werden, wenn Anlagegegenstände durch einen Unfall zerstört werden, wenn die Produktion aufgrund bestimmter Ereignisse unterbrochen wird oder wenn ein Schuldner mit seinen Zahlungsverpflichtungen ausfällt. Versicherungsentschädigungen erhöhen das Ergebnis regelmäßig in der Periode, in der von der Versicherung das Schadensereignis und die Höhe der Versicherungsentschädigung anerkannt werden. Auch bei diesen Sachverhalten stellt sich die Frage, inwieweit der Ertrag in der Periode des Schadensereignisses berücksichtigt ist.

Beispiel:
In FY00 wird durch ein Gewitter ein Fabrikdach beschädigt. Die Reparaturkosten belaufen sich auf EUR 100.000, der Schaden aus dem Produktionsausfall (einschließlich entgangenem Gewinn) auf weitere EUR 200.000. In FY02 bezahlt die Versicherung die Kosten für die Dachreparatur in voller Höhe sowie den Produktionsausfall zu 50%.

Das nachhaltige EBITDA ist für das FY02 um EUR 200.000 zu verringern **54** (Eliminierung des periodenfremden Ertrages). Für das FY00 ist es um diese EUR 200.000 zu erhöhen (*„phasing-in“* des periodenfremden Ertrages aus FY02). Handelte es sich bei dem Produktionsausfall um ein Ereignis, das ganz außergewöhnlich war und so oder in ähnlicher Form bisher nicht passiert ist, kommt eine EBITDA-Erhöhung um weitere EUR 100.000 in Betracht, d. h. um eine Korrektur des Betrages, der nicht durch die Versicherung entschädigt wurde.

f) Erträge aus der Vereinnahmung von Zuschüssen und Subventionen

Bilanziell sind Zuschüsse insbesondere danach zu unterscheiden, ob sie eine Zu- **55** wendung der öffentlichen Hand sind oder von privater Seite, ob sie rückzahlbar sind, an die Erfüllung bestimmter Auflagen gebunden oder eine Gegenleistung erwartet oder versprochen ist.[23] Bei der Ermittlung der nachhaltigen Ertragskraft kommt es jedoch weniger auf die bilanzielle Behandlung an, sondern vielmehr darauf, wie nachhaltig diese Erträge sind und wie sie sich in Zahlungsmittelzuflüssen

[23] Schubert/Hutzler in Beck'scher Bilanzkommentar HGB § 255 Rn. 113 ff.

manifestieren. Nur soweit derartige Zuwendungen von dritter Seite regelmäßig auch der Höhe nach wiederkehren, sollten sie das nachhaltige EBITDA positiv beeinflussen. Untersucht werden sollte jedoch stets, ob Zuwendungen in bestimmten Jahren besonders hoch oder niedrig waren im Hinblick auf zukünftig erwartete Zahlungen. Sind Zuschüsse oder Zuwendungen von einer Gegenleistung abhängig, sollte sichergestellt werden, dass Aufwand und Zuschuss phasengleich und periodengerecht vereinnahmt werden.

56 Bezüglich der Behandlung öffentlicher Zuwendungen im deutschen Handelsrecht (s. HFA 1/1984) ist das Meinungsbild in der handelsrechtlichen Literatur nicht einheitlich. Es geht um die Frage, ob die Zuwendung die Anschaffungs- oder Herstellungskosten eines bezuschussten Wirtschaftsgutes mindern oder als sonstiger betrieblicher Ertrag ratierlich vereinnahmt werden sollen.[24] Der Unterschied besteht darin, dass geminderte Anschaffungs- oder Herstellungskosten zwar zu geringeren Abschreibungen führen, aber die Höhe des EBITDA nicht beeinflussen. Sofern Zuschüsse als sonstige betriebliche Erträge vereinnahmt werden, führt dies jedoch zu einem höheren EBITDA.[25] Wird ein Zuschuss von privater Seite geleistet (s. HFA 2/1996) ist zu unterscheiden: Wird der Zuschuss mit einer Investitionszweckbestimmung gewährt, besteht ein Wahlrecht zwischen der Minderung der Anschaffungskosten und einer erfolgswirksamen Erfassung. Ist der Zuschuss Teil des Leistungsaustausches, ist er als Gegenleistung zu passivieren und über den Leistungsaustauschzeitraum hinweg zu vereinnahmen.[26]

57 Bei der Beurteilung der Behandlung von öffentlichen Zuschüssen unabhängig von der tatsächlichen Ausübung des Wahlrechts können Erwägungen einfließen wie beispielsweise, ob es eine Art *best practice* in der Branche oder eine gewisse Bilanzierungserwartung durch Dritte (z. B. Kreditgeber, Käufer) gibt. Erscheint nach dieser Beurteilung der EBITDA-erhöhende Ausweis als Ertrag sachgerecht, ist immer noch die Frage zu untersuchen, ob die Erträge dem Grund und der Höhe nach auch nachhaltig sind. Einmalige Zuschüsse wird kein Käufer über einen EBITDA-*Multiple* vielfach vergüten wollen.

Zuschüsse von privater Seite werden häufig mit Gegenleistungen verknüpft sein.

Beispiel:
Ein Kabelfernsehunternehmen der sog. Netzebene 3 (Netzbetreiber von der Empfangsstation in einem Gebiet bis zur Grundstücksgrenze der Endabnehmer) erhöht die Preise für die Zulieferung des Fernsehsignals an ein anderes Kabelunternehmen der sog. Netzebene 4 (Netzbetreiber von der Grundstücksgrenze des Endabnehmers bis zum Endabnehmer selbst). Um die Preiserhöhung abzumil-

---

[24] Schubert/Hutzler in Beck'scher Bilanzkommentar HGB § 255 Rn. 116 ff. mit einer Darstellung der unterschiedlichen Argumente.

[25] IAS 20 regelt die Bilanzierung und Darstellung von Zuwendungen der öffentlichen Hand.

[26] Schubert/Hutzler in Beck'scher Bilanzkommentar HGB § 255 Rn. 118.

dern zahlt es einen einmaligen sog. Werbekostenzuschuss, der helfen soll, den Zeitraum zu überbrücken, bis die Preiserhöhung an die Endabnehmer (Wohnungsbaugesellschaften, private Endabnehmer) weitergegeben werden kann.

Dieser beschriebene Sachverhalt wird bei der *Financial Due Diligence* nur Ausgangspunkt für weitere Analysen sein können. Auf der Umsatzseite wird es wichtig sein zu verstehen, ob und inwieweit Preiserhöhungen tatsächlich weitergegeben werden können und wie hoch der daraus resultierende Verlust von Kunden durch Kündigung ist (sog. *churn*). Auf der Kostenseite wiederum wird zu untersuchen sein, wie wesentlich der Werbekostenzuschuss ist und wie häufig Preiserhöhungen und Werbekostenzuschüsse vorkommen. **58**

g) Aufwendungen für Strafzahlungen und Ersatzleistungen

Die berechtigte Erwartung von Stakeholdern an Unternehmen ist sicherlich, dass sich diese gesetzes- und regelkonform verhalten. Kommt es nun zu Strafzahlungen beispielsweise aufgrund leichter oder mittlerer Fahrlässigkeit durch ein Organ oder durch Mitarbeiter der Gesellschaft, wird es regelmäßig sachgerecht sein, diese Aufwendungen als außergewöhnlich zu eliminieren. **59**

Nehmen Vertreter des Unternehmens, insbesondere deren Organe demgegenüber Strafzahlungen bewusst zu Erreichung eines wirtschaftlichen Vorteils in Kauf, ist eine EBITDA-Anpassung häufig nicht sachgerecht oder kommt allenfalls in Betracht, wenn auch der entsprechende wirtschaftliche Vorteil eliminiert wird. **60**

Beispiel:
Dauer und Form von Werbeunterbrechungen in Fernsehsendungen wird durch den Rundfunkstaatsvertrag geregelt. Ein Kriterium ist dabei die Länge der Sendung, wobei sich die Länge der erlaubten Werbeunterbrechungen nicht dynamisch der Länge der jeweiligen Sendung anpasst, sondern die Sendungen in verschiedenen Töpfen eingeordnet sind.
Ein TV-Sender entscheidet sich dafür, Sendungen künstlich dadurch zu verlängern, dass nach Werbepausen einige Minuten der jeweiligen Sendung wiederholt werden, die bereits vor der Werbepause gesendet wurden. Begründet wird dies damit, dass der Zuschauer wieder besser in die Handlung zurückfindet. Ziel ist eigentlich aber, dass die Fernsehsendung in einen anderen Topf rutscht, der überproportional längere Werbeunterbrechungen erlaubt. Aufgrund dieser Regelüberschreitung kommt es in regelmäßigen Abständen zur Verhängung von Bußgeldern.

In diesem Beispielsfall wäre eine Eliminierung der Bußgeldzahlungen nicht sachgerecht, da das Unternehmen es gerade darauf anlegt, durch die Regelüberschreitung mehr Werbeminuten verkaufen zu können. Eine Eliminierung der Bußgeldzahlung könnte allenfalls einhergehen mit der Eliminierung der zusätzlich generierten Werbeerlöse. Dies allerdings auch nur dann, wenn Wettbewerber **61** nicht ähnlich am Markt agieren und es damit ein typisches branchenimmanentes Fehlerverhalten ist.

h) Aufwendungen für Sonderprojekte

62 Aufwendungen für Sonderprojekte können beispielsweise im Zusammenhang mit Kosten für Unternehmenserwerbe und Unternehmensveräußerungen entstehen oder durch die Einführung einer neuen IT. Es handelt sich um Kosten, die nicht aktivierbar sind und das EBITDA belasten. Hierzu zählen insbesondere Aufwendungen für Berater, aber auch für eigene interne Ressourcen. Die Anpassung von Kosten für Berater kann dann sachgerecht sein, wenn diese Kosten außergewöhnlich hoch sind im Vergleich zu sonstigen Perioden. Ein typisches Beispiel hierfür sind Kosten für externe Berater im Zusammenhang mit dem Verkauf eines Unternehmensteils.[27] Gleiches gilt grundsätzlich für Sonderprojekte im Zusammenhang mit der Einführung einer neuen IT-Infrastruktur oder einer neuen Software. Voraussetzung wird sein, dass die anfallenden Kosten in der oder den Perioden der Implementierung besonders hoch und untypisch für den gewöhnlichen Geschäftsgang sind.

63 Eine Eliminierung von eigenen, internen Kosten im Zusammenhang mit Sonderprojekten ist demgegenüber häufig problematisch. Handelt es sich um eine reine Umwidmung von internen Mitarbeitern, die vom Tagesgeschäft teilweise entbunden werden und liegengebliebene Arbeit ggf. sogar nach Abschluss des Projektes nachholen müssen, wird für eine Anpassung kein Raum sein. Allerdings sind in der Praxis die Übergänge fließend. Bekommen die Mitarbeiter beispielsweise einen Sonderbonus ausschließlich für die erfolgreiche Durchführung des Projekts und ist dieser deutlich höher als der übliche Bonus anderer Jahre, könnte dies für eine Anpassung zumindest in Bezug auf den Bonus sprechen.

64 Generell ist Vorsicht geboten, damit nicht gewöhnliche laufende Kosten auf Sonderprojekte allokiert und dann als EBITDA-Anpassung korrigiert werden. Es besteht die Gefahr, dass die eigentliche nachhaltige Kostenbasis dann nicht mehr im *Adjusted* EBITDA reflektiert ist und die nachhaltige Ertragskraft höher erscheint als sie tatsächlich ist.

i) Aufwendungen für Restrukturierungsmaßnahmen

65 Für diese Kategorie von Aufwendungen gelten grundsätzlich die gleichen Erwägungen wie für die Behandlung von Sonderprojekten. Insbesondere ist darauf zu achten, dass nicht alle Kosten für Arbeitnehmerabfindungen oder für die Suche nach neuen Mitarbeitern der Sache nach außergewöhnlich sind, da in einigen Branchen eine freiwillige oder erzwungene Fluktuation von Mitarbeitern nicht

---

[27] Die Eliminierung eines positiven oder negativen EBITDA-Beitrags des Unternehmensteils fällt hingegen unter Pro Forma-Anpassungen (siehe → Rn. 25 ff., → Rn. 129 ff. sowie → Rn. 161 ff.).

unüblich ist. Ähnliches gilt für Rechtsberatungskosten. Je nach Branche wird es einen regelmäßig wiederkehrenden Beratungsbedarf geben, der von außergewöhnlichen Projekten abzugrenzen ist. Ansonsten besteht die Gefahr, dass die eigentliche Kostenbasis nicht mehr im *Adjusted* EBITDA reflektiert ist und die nachhaltige Ertragskraft höher erscheint als sie tatsächlich ist.

Eine zusätzliche Besonderheit bei Restrukturierungsmaßnahmen ergibt sich aus **66**
Unterschieden zwischen § 249 Abs. 1 S. 1 HGB und IAS 37.70. Eine Restrukturierungsrückstellung ist nach deutschem Handelsrecht zu bilden, wenn die ungewisse Verbindlichkeit hinreichend konkretisiert ist, d. h. es muss mit dem Be- und Entstehen ernsthaft zu rechnen sein.[28] IAS 37.72 verlangt demgegenüber das Vorliegen eines detaillierten, formalen Restrukturierungsplans (lit. (a)). Bei den Betroffenen muss zudem eine gerechtfertigte Erwartung geweckt worden sein, dass die Restrukturierungsmaßnahmen durch den Beginn der Umsetzung des Plans oder die Ankündigung seiner wesentlichen Bestandteile durchgeführt wird (lit. (b)). Es muss als faktisch der *point of no return* überschritten sein.

Die Erfordernisse des IAS 37.70 ff. führen in der Praxis dazu, dass eine Re- **67**
strukturierungsrückstellung aus Anlass oder im Zusammenhang mit einem Unternehmenserwerb nicht gebildet werden darf. Dies gilt selbst dann, wenn die Restrukturierung notwendig und Teil des Übereinkommens zwischen Verkäufer und Käufer ist. Die Regelung des § 249 Abs. 1 S. 1 HGB lässt demgegenüber einen größeren Spielraum zu. Zwar wird auch nach HGB ohne eine Information der Arbeitnehmer bzw. ohne eine ernsthaft beabsichtigte Maßnahme lediglich eine Innenverpflichtung begründet, die nach BilMoG gemäß § 249 Abs. 2 S. 1 HGB als Aufwandsrückstellung nicht mehr zulässig ist. Nach Ansicht des FAB (Sitzung vom 21. März 2019) soll es jedoch in einem Konzern für die Bildung einer Restrukturierungsrückstellung genügen, wenn die zuständigen Organe des Mutterunternehmens bis zum Abschlussstichtag des Tochterunternehmens eine konzernweite Restrukturierungsmaßnahme beschließen, sofern diese faktisch durchsetzbar ist.[29] Dies zeigt, dass es weiterhin Umsetzungsunterschiede zwischen HGB und IFRS gibt. Werden Restrukturierungsmaßnahmen schon vor dem Verkauf vom Verkäufer durchgeführt, beispielsweise um dadurch einen höheren Verkaufspreis zu erzielen, werden diese Restrukturierungsaufwendungen sowohl nach IFRS als auch nach deutschem Handelsrecht das *Reported* EBITDA entsprechend reduzieren.

Restrukturierungsaufwendungen werden regelmäßig nicht als nachhaltige **68**
Aufwendungen anzusehen sein und das *Adjusted* EBITDA wird um sie korrigiert werden. Etwas anderes kann dann gelten, wenn in der Branche Restrukturierungen typischerweise regelmäßig durchgeführt werden (müssen). Auch hier ist darauf zu achten, welche Kosten als außergewöhnlich hoch anzusehen sind. Ansonsten

---

[28] Schubert in Beck'scher Bilanzkommentar HGB § 249 Rn. 62, .

[29] Schubert in Beck'scher Bilanzkommentar HGB § 249 Rn. 130 „Sozialplan".

besteht auch hier die Gefahr, dass die nachhaltige Ertragskraft nicht sachgemäß ausgewiesen wird.[30]

j) Effekte aus Währungskursschwankungen

69 Viele Unternehmen beziehen Anlagegüter, Waren und Dienstleistungen aus Staaten außerhalb des Euro-Raums bzw. liefern Waren und Dienstleistungen aus dem Euro-Raum hinaus. Die entsprechenden Eingangs- und Ausgangsrechnungen lauten dann ggf. auf eine Fremdwährung.

70 Die Zugangsbewertung der entsprechenden Vermögenswerte und Schulden erfolgt erfolgsneutral zum Stichtagskurs und hat somit keine Auswirkungen auf das EBITDA. Zum Bilanzstichtag erfolgt dann aber die Folgebewertung von finanziellen Fremdwährungsposten (d. h. Forderungen oder Verbindlichkeiten). Nach deutschem Handelsrecht ist dies der Devisenkassamittelkurs (§ 256a HGB). Aufwendungen und Erträge aus der Währungsumrechnung von Vermögensgegenständen und Schulden sind gemäß § 277 Abs. 5 S. 2 HGB grundsätzlich gesondert unter den sonstigen betrieblichen Erträgen oder sonstigen betrieblichen Aufwendungen auszuweisen.[31] Für bestimmte Umrechnungsdifferenzen – insbesondere solche, die bei der unterjährigen Liquidierung entstehen – ist ein Ausweis in anderen Posten vertretbar, beispielsweise bei den Umsatzerlösen, Materialaufwendungen oder Herstellungskosten.[32] Effekte aus diesen Umrechnungsdifferenzen haben damit einen direkten Einfluss auf das EBITDA.

71 IAS 21 enthält die maßgeblichen Regelungen für die IFRS. Für die Währungsumrechnung ist das Konzept der funktionalen Währung von zentraler Bedeutung. Im Ergebnis besteht hinsichtlich der Zugangsbewertung (erstmaliger Ansatz eines Geschäftsvorfalls) im Wesentlichen Übereinstimmung zwischen HGB und IFRS.[33] Bei der Folgebewertung wird gemäß IAS 21.23 grundsätzlich zwischen monetären und nicht monetären Posten unterschieden.[34] Monetäre Posten sind an jedem Bilanzstichtag umzurechnen. Anders als im deutschen Handelsrecht gilt dabei keine Begrenzung nach oben auf die fortgeführten Anschaffungskosten bzw. nach unten auf den Erfüllungsbetrag.[35] Lediglich für Vermögensgegenstände und Schulden mit einer Restlaufzeit von einem Jahr oder weniger gelten diese sich aus dem Realisations- und Anschaffungskostenprinzip ergebenen Restriktionen nicht.[36] Bei nicht

---

[30] Bezüglich der Auswirkungen auf *Net Debt* siehe → § 7 Rn. 213 ff.

[31] Grottel/Koeplin in Beck'scher Bilanzkommentar HGB § 256a Rn. 231.

[32] Grottel/Koeplin in Beck'scher Bilanzkommentar HGB § 256a Rn. 232.

[33] Grottel/Leistner in Beck'scher Bilanzkommentar, 9. Auflage, HGB § 256a Rn. 291.

[34] Monetäre Posten sind im Besitz befindliche Währungseinheiten sowie Vermögenswerte und Schulden, für die das Unternehmen eine feste oder bestimmbare Anzahl von Währungseinheiten erhält oder zahlen muss, IAS 21.8.

[35] Grottel/Leistner in Beck'scher Bilanzkommentar, 9. Auflage, HGB § 256a Rn. 292.

[36] Grottel/Leistner in Beck'scher Bilanzkommentar, 9. Auflage, § 256a Rn. 50 und insoweit gleichlautend mit der 10. Auflage.

monetären Posten ist zu unterscheiden, ob sie zu historischen Anschaffungs- oder Herstellungskosten oder zum beizulegenden Zeitwert in einer Fremdwährung zu bewerten sind.[37] Unabhängig von den konzeptionellen Unterschieden zwischen deutschem Handelsrecht und IFRS lassen auch die IFRS dem Anwender einen Spielraum, in welchem Posten der Gewinn- und Verlustrechnung Effekte aus Währungskursveränderungen zu erfassen sind.

Bei der *Financial Due Diligence* wird der erste Schritt stets sein müssen, Effekte aus Währungskursveränderungen transparent zu machen und deren buchhalterische Erfassung zu verstehen. Der zweite Schritt wird dann darin bestehen zu analysieren, ob und inwieweit Währungskurseffekte Teil des Geschäftsmodells sind, wie sensitiv das Geschäftsmodell und das Ergebnis des Geschäfts zu Währungskursschwankungen sind und wie mögliche Risiken aus Währungskursschwankungen begrenzt werden können. 72

Im Mittelpunkt der *Financial Due Diligence* wird regelmäßig die Überlegung stehen, dass (zufällige) Wechselkursschwankungen weder in positiver noch in negativer Hinsicht die nachhaltige Ertragskraft eines Unternehmens beeinflussen sollten. Daher sollten Währungskurseffekte entsprechend aus dem *Adjusted* EBITDA eliminiert werden. Je nachdem wie gut die zur Verfügung gestellte Datenbasis ist, kann dies recht komplex sein und der Transaktionsberater wird sich mit vereinfachenden Annahmen behelfen müssen. Die Berücksichtigung von Währungskursschwankungen im EBITDA ist dann sachgerecht, wenn im Einzelfall das Eingehen von Währungsrisiken Teil des Geschäftsmodells ist. Dies dürfte aber bei den meisten Industrie- und Dienstleistungsunternehmen nicht der Fall sein.

Die Bedeutung der Analyse von Währungskursschwankungen hat sich in jüngster Zeit deutlich erhöht und hängt stark mit politischen und wirtschaftlichen Unsicherheiten zusammen. So hatte beispielsweise der Brexit einen wesentlichen Einfluss auf die Wertfindung von international tätigen Unternehmen. 73

> Beispiel:
> Ein in Deutschland in Euro bilanzierendes Unternehmen hat eine wesentliche Tochtergesellschaft, die in England ihren Geschäftsbetrieb hat. Allein aufgrund der Abwertung des britischen Pfunds im Zuge des Ergebnisses des Brexitreferendums war der Wert des Gesamtunternehmens deutlich gesunken.

Um den Volljahres- oder *Run Rate*-Effekt aus einem unterjährigen einschneidenden Ereignis wie dem Brexit beurteilen zu können, darf sich die Analyse im Rahmen der *Financial Due Diligence* jedoch nicht nur auf die reine Umrechnung historischer Ergebnisbeiträge zum neuen Wechselkurs beschränken. Vielmehr ist zwischen *transactional effects* und *translational effects* zu unterscheiden. Die *transactional effects* bilden z. B. ab, wie sich der Brexit auf die Umsatz- und Kostenstruktur des Unternehmens auf Basis des britischen Pfundes auswirkt. Verkauft das Unternehmen beispielsweise ausschließlich in britischen Pfund, muss aber in Euro oder 73a

[37] Grottel/Leistner in Beck'scher Bilanzkommentar, 9. Auflage, § 256a Rn. 292.

US-Dollar einkaufen, wird sich entsprechend das Ergebnis in britischen Pfund verschlechtern, sofern die höheren Kosten nicht auf die Kunden umgelegt werden können oder es gelingt, zu niedrigeren Kosten in britischen Pfund einzukaufen. Dieses im Rahmen der *Financial Due Diligence* ermittlelte geänderte Geschäftsergebnis ist dann mit dem neuen (hier niedrigeren) Kurs in Euro umzurechnen *(translational effect)*. Im Ergebnis ist in diesem Beispiel das Unternehmen durch den Brexit doppelt betroffen. Zum einen ist die Profitabilität in britischen Pfund gesunken, da der Einkauf in Euro oder Dollar erfolgt. Zum anderen werden diese niedrigeren Ergebnisbeiträge für das deutsche Mutterunternehmen zu einem niedrigeren Kurs in das Konzernergebnis übernommen.

k) Vergütung für Geschäftsführung, leitende Angestellte und sonstige Mitarbeiter

74 Die Beurteilung der Vergütung für die Geschäftsführung, leitende Mitarbeiter und sonstige Mitarbeiter sollte aus verschiedenen Blickwinkeln erfolgen. Bei den EBITDA-Anpassungen wird zunächst zu untersuchen sein, ob die Vergütung marktgerecht ist und ob sie durch abgrenzbare Einmaleffekte beeinflusst ist. Bei den später in diesem Kapitel behandelten „Pro Forma"-Anpassungen geht es darum zu untersuchen, ob die Vergütungsstruktur auf *Stand alone*-Basis, unter Ägide eines strategischen Investors oder eines Finanzinvestors und unter Berücksichtigung der zukünftigen Geschäftsplanung angemessen ist.[38]

75 Folgende Umstände können beispielsweise dazu führen, dass die Vergütung nicht marktgerecht ist oder durch Einmaleffekte beeinflusst wurde:

- Der Geschäftsführer einer Gesellschaft ist außerhalb des Zielunternehmens angestellt, dass erworben werden soll und der entsprechende Aufwand wurde nicht in das Zielunternehmen weiterbelastet.
- Ein Eigentümer arbeitet nur für einen symbolischen Betrag und seine „Vergütung" erfolgt durch einen späteren Verkaufserlös.
- (Leitende) Angestellte haben einen hohen Sonderbonus für einen Sachverhalt erhalten, der so nicht wiederkehrend sein wird (z. B. Erstellung eines Bond-Prospekts oder der erfolgreiche Verkauf eines Tochterunternehmens).

76 Ein Diskussionspunkt in vielen Transaktionen ist die Abgrenzung zu *Net Debt* und die Frage, ob die Berücksichtigung von Personalaufwendungen im EBITDA nicht dazu führen müsste, dass eine Berücksichtigung von zukünftigen Zahlungsmittelabflüssen als *Net Debt* ausscheidet. Ansonsten würden diese Kosten zum einen über einen EBITDA-*Multiple* unternehmenswertmindernd berücksichtigt und zum anderen als *Net Debt*-Abzug. Es bestünde also die Gefahr eines *double dip*.

---

[38] Siehe hierzu → § 2 Rn. 136.

Grundsätzlich verfolgen EBITDA-Analyse und der *Net Debt*-Abzug unterschiedliche Zwecksetzungen. Durch das EBITDA soll die nachhaltige Ertragskraft dargestellt werden, d. h. es sind alle Vergügungsaufwendungen für das spezifische Geschäft und das spezifische Geschäftsvolumen des Zielunternehmens in erwartbarer marktgerechter Höhe zu berücksichtigen. *Net Debt* hingegen schafft einen Ausgleich für bestimmte zukünftige Zahlungsmittelabflüsse.[39] Es soll für den wirtschaftlich zu entrichtenden Kaufpreis gerade keinen Unterschied machen, ob bestimmte Zahlungsmittelabflüsse (z. B. aufgrund eines Sonderbonuses) durch einen Zahlungslauf des Unternehmens vor dem wirtschaftlichen Übergang stattgefunden haben oder nicht. Daher lässt sich auch die Frage des *double dip* nicht aus EBITDA-Sicht allein erfassen, sondern nur im Zusammenhang mit der transaktionsspezifischen*Net Debt*-Definition. 77

Die folgende Tabelle zeigt eine vereinfachende EBITDA/*Net Debt*-Abgrenzung: 78

	Adjusted EBITDA/ Free Cash Flow (→ Rn. 74 ff.)	Pro-forma EBITDA/ Free Cash Flow, siehe (→ Rn. 136, 149 f.)	Berücksichtigung als Net Debt (→ § 7 Rn. 156 f., 158 ff.)
Fixe Vergütung Geschäftsleitung	keine Anpassung sofern marktgerecht	ggf. Anpassung auf Erwerberstruktur	überfällig oder länger ausstehend
Variable Vergütung Geschäftsleitung	keine Anpassung sofern marktgerecht (Ausnahme Sondereffekte)	ggf. Anpassung auf Erwerberstruktur	überfällig oder länger ausstehend
Beteiligungsprogramm (wirksame CoC-Klausel)	keine Anpassung sofern marktgerecht	ggf. Anpassung auf Erwerberstruktur	soweit Zielunternehmen wirtschaftlich belastet
Transaktionsbonus	Eliminierung des Aufwandes	bereits im *Adjusted* EBITDA korrigiert	soweit Zielunternehmen wirtschaftlich belastet
Beteiligungsprogramm (keine wirksame CoC-Klausel)	keine Anpassung sofern marktgerecht (Ausnahme Sondereffekte)	ggf. Anpassung auf Erwerberstruktur	in Höhe der aufgelaufenen Belastung zum wirtschaftlichen Übergangszeitpunkt (*fair value*)

[39] Siehe hierzu → § 7 Rn. 5.

	Adjusted EBITDA/ Free Cash Flow (→ Rn. 74 ff.)	Pro-forma EBITDA/ Free Cash Flow, siehe (→ Rn. 136, 149 f.)	Berücksichtigung als Net Debt (→ § 7 Rn. 156 f., 158 ff.)
Fixe und variable Vergütung Mitarbeiter	keine Anpassung sofern marktgerecht (Ausnahme Sondereffekte)	ggf. Anpassung an Businessplan	überfällig oder länger ausstehend
13./14. Monatsgehalt, Urlaubsgeld, Weihnachtsgeld etc.	keine Anpassung	ggf. Anpassung an Businessplan	überfällig oder länger ausstehend
Urlaubsrückstellung, Überstunden/ Arbeitszeitkonten	keine Anpassung	keine Anpassung	überfällig oder länger ausstehend
Mitarbeiterdarlehen	EBITDA Auswirkung nur bei Wertberichtigung, die idR. zu korrigieren sind	bereits im *Adjusted* EBITDA korrigiert	kein Ansatz als Vermögenswert, sofern nicht „hochliquide"

79 Der Zusatz zur wirksamen oder nicht wirksamen CoC-Klausel bei Beteiligungsprogrammen in der vorstehenden Tabelle zielt auf die Frage, ob aufgrund der Spezifika der vorliegenden Transaktion die wirtschaftlichen Folgen eines Beteiligungsprogramms unmittelbar eintreten oder ob die Transaktion das Beteiligungsprogramm unberührt lässt.

l) Pensionsrückstellungen und ähnliche Leistungen

80 Bei einer Vielzahl von Transaktionen wird kontrovers diskutiert, inwieweit (EBITDA wirksamer) Aufwand im Zusammenhang mit Pensionsrückstellungen bei der Berechnung des nachhaltigen EBITDA zu berücksichtigen ist. Meist geht es um folgende Fragestellungen:

- Was beinhaltet der Personalaufwand? Nur den Aufwand für Versorgungsansprüche oder auch den Zinseffekt aus der Pensionszusage? Nach IAS 19 ist ein Ausweis des Zinseffekts im Zinsergebnis nicht zwingend.[40]

[40] Es bleibt aus der Praxis festzuhalten, dass der Ausweis des Zinseffekts (nunmehr Nettozinsen) im Zinsergebnis üblich ist, schon um das operative Ergebnis zu entlasten.

- Kommt es zu einem *double dip*, wenn einerseits der Pensionsaufwand das EBITDA mindert und andererseits die Pensionsrückstellung als *Net Debt* abgezogen wird?
- Handelt es sich bei Pensionsrückstellungen überhaupt um *Net Debt* und wie wird die Höhe der tatsächlich zu erwartenden zukünftigen Zahlungsmittelabflüsse berechnet (insbesondere Diskontierungszinssatz, erwartete Gehaltssteigerung, erwartete Fluktuation sowie Altersstruktur der Belegschaft)?

Folgendes Zahlenbeispiel demonstriert, welche Auswirkung die Beantwortung dieser Fragen auf den *Equity Value* haben kann: 81

Entwicklung Pensionsrückstellung	**FY02**
Pensionsrückstellung 1.1.	-100
Aufwand für Versorgungsansprüche	-10
Zinsaufwand	-4
Pensionszahlungen	12
Pensionsrückstellung 31.12.	-102

Das EBITDA (vor Personalaufwand) von 200, der EBITDA-*Multiple* von 12 und das sonstige *Net Debt* von 300 sind zur Illustration vorgegeben. 82

Ermittlung Equity value FY02	**Alt. 1**	**Alt. 2**	**Alt. 3**	**Alt. 4**
EBITDA (vor Personalaufwand)	200	200	200	200
Personalaufwand	-14	-10	-10	-10
Reported EBITDA FY02	186	190	190	190
EBITDA Adjustment	-	-	10	10
Adjusted EBITDA FY02	186	190	200	200
EBITDA Mutiple (illustrativ)	12	12	12	12
Enterprise Value	2.232	2.280	2.400	2.400
Pensionsrückstellung per Net Debt	-102	-102	-102	0
Sonstiges Debt	-300	-300	-300	-300
Equity value	1.830	1.878	1.998	2.100

Anmerkungen:
Alt. 1 – Aufwand für Versorgungsansprüche und Zinsen sind in den Personalaufwand gebucht
Alt. 2,3,4 – Aufwand für Versorgungsansprüche im Personalaufwand und Zinsen im Zinsaufwand gebucht
Alt. 3,4 – Eliminierung des Aufwandes für Versorgungsansprüche aus dem Personalaufwand
Alt. 4 – Keine Berücksichtigung der Pensionsrückstellungen im Net Debt

83 Die Höhe der unterschiedlich berechneten *Equity Values* in der Beispielrechnung zeigt, dass Alternative 1 eher der Käuferseite (niedriger Kaufpreis) entgegen kommt und Alternative 4 eher der Verkäuferseite (höherer Kaufpreis).

84 Im Ergebnis vermag jedoch nur Alternative 2 zu überzeugen. Die Zinskomponente ist dem Zinsergebnis zugeordnet und entspricht mithin der dargestellten EBITDA-Definition. Sofern die Zuführung zur Personalrückstellung (Aufwand für Versorgungsansprüche) auch nachhaltig ist, wird das EBITDA auch nachhaltig belastet. Dies sollte sich dann im *Equity Value* entsprechend widerspiegeln. Unabhängig davon ist die Behandlung als *Net Debt*. Es handelt sich bei Pensionsrückstellungen um eine Form der Unternehmensinnenfinanzierung. Erdiente Lohn- und Gehaltsansprüche kommen aufgrund vertraglicher Vereinbarung nicht direkt zur Auszahlung, sondern sind ein Baustein der Altersfinanzierung der Mitarbeiter. Bis dahin allerdings stehen diese Mittel dem Unternehmen zur Verfügung. Hieraus ergibt sich der Finanzierungscharakter. Damit stellt die gleichzeitige Berücksichtigung von Versorgungsaufwand im EBITDA und der Abzug als Net Debt auch keinen *double dip* dar.

85 Ähnliche Leistungen, insbesondere solche nach oder im Zusammenhang mit der Beendigung des Arbeitsverhältnisses werden eingehend im Kapitel *Net Debt* → § 7 Rn. 111 ff., behandelt. Die folgende Tabelle zeigt eine vereinfachende EBITDA/*Net Debt*-Abgrenzung:

	Adjusted EBITDA/ Cash Flow	Pro-forma EBITDA/ Cash Flow (→ § 2 Rn. 136, 149 f.)	Berücksichtigung als Net Debt (→ § 7 Rn. 142)
Pensionsverpflichtungen, (→ § 7 Rn. 111 ff.)	keine Anpassung des gebuchten Versorgungsaufwandes (ggf. Eliminierung der Zinskomponente)	ggf. Anpassung an Businessplan	in Höhe der aufgelaufenen Belastung zum wirtschaftlichen Übergangszeitpunkt (*fair value*)
Sonstige Pensionszusagen (→ § 7 Rn. 135 ff.)	keine Anpassung sofern marktgerecht	ggf. Anpassung an Businessplan	insb. bei Unterfinanzierung oder Nichterfüllung von Melde- oder Zahlungsverpflichtungen

	Adjusted EBITDA/ Cash Flow	Pro-forma EBITDA/ Cash Flow (→ § 2 Rn. 136, 149 f.)	Berücksichtigung als Net Debt (→ § 7 Rn. 142)
Altersteilzeit (→ § 7 Rn. 138 f.)	Anpassung ggf. bei wesentlichem Einmaleffekt	ggf. Anpassung an Businessplan	soweit zukünftigen Zahlungsmittelabflüssen keine Arbeitsleistung entgegensteht
Jubiläumsrückstellung (→ § 7 Rn. 140 f.)	keine Anpassung	ggf. Anpassung an Businessplan → § 7 Rn. 140 f.	in Höhe der aufgelaufenen Belastung zum wirtschaftlichen Übergangszeitpunkt (*fair value*)

m) Steuern

86 Die sonstigen Steuern werden in der Praxis häufig aufgrund ihres betrieblichen operativen Charakters nicht mit den Unternehmenssteuern gleichgesetzt und EBITDA-mindernd berücksichtigt. Zu den sonstige Steuern (§ 275 Abs. 2 Nr. 18 HGB bzw. § 275 Abs. 3 Nr. 19 HGB) gehören Verbrauchssteuern (z. B. KFZ-Steuern), Verkehrssteuern (z. B. Versicherungssteuer), u. U. Ausfuhrzölle und auch die selbst zu tragende Umsatzsteuer.[41]

2. Rechnungslegungsbezogene EBITDA-Anpassungen

87 Bei den rechnungslegungsbezogenen EBITDA-Anpassungen geht es um eine Beurteilung der Qualität der Bilanzierung des Zielunternehmens. Während es bei den unter → Rn. 36 ff. dargestellten möglichen EBITDA-Anpassungen in erster Linie darum geht, Sondersachverhalte zu identifizieren und die Auswirkungen auf die Ertragslage zu beurteilen, geht es in diesem Unterpunkt darum, eine eigene Einschätzung über die Qualität der Rechnungslegung und die Anwendung kritischer Rechnungslegungsvorschriften zu treffen. Dies gilt im Übrigen unabhängig davon, ob die Jahresabschlüsse des Zielunternehmens geprüft wurden oder nicht. Eine Jahresabschlussprüfung gibt zwar einen guten Anhaltspunkt dafür, dass kritische Rechnungslegungsvorschriften korrekt angewendet wurden. Eine Garantie ist dies jedoch nicht.

[41] Justenhoven/Kliem/Müller in Beck'scher Bilanzkommentar HGB § 255 Rn. 246.

88 Nachfolgend werden einige kritische Themenbereiche beispielhaft beschrieben, die sich im Wesentlichen um die Realisierung von Umsatzerlösen und die Aktivierung von Kosten drehen. Hingewiesen sei darauf, dass es sich hierbei um komplexe Fragen der Rechnungslegung handelt. Die nachfolgenden Ausführungen können lediglich eine Einführung in die Problematik sein.

a) Ertragsrealisation

89 Die IFRS behandeln die Ertragsrealisation in IFRS 15 (Erlöse aus Verträgen mit Kunden).[42] Umsatzerlöse sind demnach dann zu erfassen, wenn eine Leistungsverpflichtung durch Übertragung von Verfügungsgewalt über Güter oder Dienstleistungen an den Kunden erfüllt wird (sog. *control principle*, IFRS 15.31). Im Gegensatz zu IAS 18 ist der Übergang wesentlicher Risiken und Chancen (*risk and rewards*) lediglich als Indikator für die Übertragung von Verfügungsgewalt zu würdigen (IFRS 15.38d). Die Erfassung von Umsatzerlösen folgt branchen- und unternehmensunabhängig in einem einheitlichen 5-Schritte-Modell.[43]

89a Die korrekte Erfassung von Umsatzerlösen und Erträgen ist aus Sicht der *Financial Due Diligence* deshalb so wichtig, weil sichergestellt sein muss, dass nicht Erträge (fälschlicherweise) in der Periode realisiert werden, die für die *Financial Due Diligence* und die Bestimmung des nachhaltigen EBITDA maßgeblich sind. Das EBITDA könnte dadurch höher erscheinen als es tatsächlich ist und es wird gegebenenfalls ein Kaufpreis vereinbart, der der tatsächlichen Geschäftsentwicklung nicht Rechnung trägt. Für die Zeit der Umstellung auf IFRS 15 werden insbesondere die Umstellungseffekte und Verwerfungen transparent zu machen sein.

90 Einige typische Fragestellungen im Rahmen einer *Financial Due Diligence* sind:

- **(Rückgaberechte, Negativoptionen)** Kunden haben häufig aus Marketinggründen vertragliche Rückgaberechte eingeräumt bekommen, die über das gesetzliche Rücktrittsrecht hinausgeht. Eine Umsatzrealisation kommt grundsätzlich nur in der Höhe in Betracht, bei der die zu erwartende Ausübung der Rücktrittsrechte angemessen berücksichtigt ist (IFRS 15.B20 ff., 15.B28 ff.).
- **(Mehrkomponentenvereinbarung/*Multiple Element Contracts*)** Bei *Bundle*-Angeboten wird Kunden bspw. ein verbilligtes Endgerät (z. B. Mobilfunkgerät) mit einem langlaufenden Telekommunikationsleistungsbezugsvertrag (z. B. Mobilfunkvertrag) angeboten. Der IFRS 15 schließt die bisherige Regelungslücke zu Mehrkomponentengeschäften im IAS 18.[44] Die Allokation des Trans-

[42] Im Mai 2014 hat der IASB den IFRS 15 *Revenue from Contracts with Customers* verabschiedet, der am 22. September 2016 durch Verordnung (EU) Nr. 2016/1905 *endorsed* wurde (siehe hierzu → Rn. 37a und → § 11 Rn. 37). Er ist auf Geschäftsjahre anzuwenden, die am oder nach dem 1.1.2018 beginnen, eine frühere Anwendung ist zulässig. Um Kohärenz zwischen den IFRS zu gewährleisten, wurden u. a. IAS 18 (revenue recognition) und IAS 11 (construction contracts) aufgehoben.

[43] Hayn/Waldersee, IFRS und HGB im Vergleich, S. 115; siehe auch → Rn. 37a.

[44] Hayn/Waldersee, IFRS und HGB im Vergleich, S. 129.

aktionspreises auf identifizierbare Leistungsverpflichtungen erfolgt nach IFRS 15.74 auf Basis relativer Einzelveräußerungspreise. Die insbesondere in der Telekommunikationsindustrie praktizierte *„cash restriction"* ist nicht mehr zulässig.[45] Die hatte dazu geführt, dass Umsatzerlöse erst dann gezeigt werden, wenn auch die Zahlungen für das *Bundle*-Angebot sukzessive erfolgt sind. Demgegenüber dürfte im Beispiel mit dem Mobilfunkvertrag die Erfassung eines wesentlichen Teiles der Umsatzerlöse mit Übergabe des Mobilfunkgeräts zu Vertragsbeginn erfolgen und nicht erst über das erhöhte monatliche Mobilfunkentgelt.

- **(Lizenzerträge, Einmalentgelte wie Anschluss- und Installationsgebühren)** Im Zusammenhang mit Dauerschuldverhältnissen werden häufig Lizenzgebühren (z. B. Software) oder Einrichtungsgebühren (z. B. Internetanschluss) in Rechnung gestellt. Eine sofortige Umsatzrealisierung bei Lizenzentgelten kommt nach IFRS 15.B52 ff. nur dann in Betracht, wenn die Leistungsverpflichtung zu einem bestimmten Zeitpunkt zu erfüllen ist und dem Lizenznehmer die Nutzung von Rechten zugesichert wird, die über die Lizenzlaufzeit im Wesentlichen unverändert bleibt (z. B. Recht zum Vertrieb von Generica). [46] Ob Einrichtungsgebühren sofort zu erfassen sind, richtet sich danach, ob sie eine separate Leisungsverpflichtung nach IFRS 15.B50 iVm. IFRS 15.22 ff. darstellen.
- **(Brutto- vs. Nettomarge)** Der Ausweis des Verkaufspreises als Umsatzerlöse und des Einkaufspreises als Materialaufwand kommt grundsätzlich nur dann in Betracht, wenn das Unternehmen für die Leistung eigenes wirtschaftliches Risiko eingeht (Insolvenz- und Einrederisiko) und Verfügungsmacht über das Produkt erlangt hat (IFRS 15.B 77 f.). Ansonsten kann nur die Marge aus beiden Geschäften als Umsatzerlöse gezeigt werden (kein EBITDA-Einfluss, aber das maßgebliche Geschäftsvolumen kann sich als deutlich geringer darstellen).
- **(Dienstleistungsverträge)** IFRS 15 unterscheidet nicht zwischen Umsatzerlösen aus dem Verkauf von Gütern und Dienstleistungen. Wird die Leistungsverpflichtung aus einem Dienstleistungsverhältnis zu einem bestimmten Zeitpunkt erfüllt, so gelten die Vorschriften für den Verkauf von Gütern entsprechend. Werden die Leistungsverpflichtungen hingegen über einen bestimmten Zeitraum erfüllt, ist der Umsatz nach IFRS 15.35 über diesen Zeitraum zu erfassen, also beispielsweise, wenn der Kunde den Nutzen aus der Dienstleistung zieht, während sie erbracht wird.[47]
- **(Langfristige Fertigungsaufträge)** IFRS 15 unterscheidet nicht zwischen langfristiger Auftragsfertigung und anderen Verträgen. Nach IFRS 15.32 hängt die bilanzielle Behandlung davon ab, ob die dem Vertrag zu Grunde liegenden Leistungsverpflichtungen über einen bestimmten Zeitraum oder zu einem bestimmten Zeitpunkt zu erfüllen sind. Die Umsatzrealisierung erfolgt nach

---

[45] Hayn/Waldersee, IFRS und HGB im Vergleich, S. 131.
[46] Hayn/Waldersee, IFRS und HGB im Vergleich, S. 121.
[47] Hayn/Waldersee, IFRS und HGB im Vergleich, S. 117 ff.

Leistungsfortschritt, wenn eine Leistungsverpflichtung über einen bestimmten Zeitraum erfüllt wird (IFRS 15.35 ff.) und der Leistungsfortschritt hinreichend sicher bestimmt werden kann (IFRS 15.44).[48]

91 Auch wenn das HGB keine vergleichbar detaillierten Regeln für die Ertragsrealisation bereithält, hat sich in den Grundsätzen ordnungsmäßiger Buchführung (GoB) eine grundsätzlich ähnliche Vorgehensweise herausgebildet.[49] Wesentliche Unterschiede sind jedoch, dass das HGB keine Teilgewinnrealisierung bei langfristigen Fertigungsaufträgen zulässt (sog. *Completed Contract Method* im Gegensatz zur *Percentage of Completion Method*). Bei dieser Methode erfolgt die Umsatzrealisierung erst mit Abnahme und Gefahrenübergang. Auch nach dem BilMoG gibt es keine Sonderregelung für Fertigungsaufträge. Die Begründung des Gesetzgebers liegt in dem Verstoß der *Percentage of completion Method* gegen das Realisationsprinzip.[50] Schließlich ist gemäß den Grundsätzen ordnungsmäßiger Buchführung ein Ertrag aus der Lieferung eines Gutes erst zu realisieren, wenn der korrespondierende Zufluss quasi sicher ist. Die Anwendung unterschiedlicher Methoden nach IFRS und Steuerbilanz, die insoweit der Handelsbilanz folgt, führt zu einem Auseinanderfallen von IFRS Gewinnrealisierung und Besteuerung und damit zu der Frage, inwieweit dieser Steuereffekt in der Equity Bridge zu berücksichtigen ist (siehe → § 7 Rn. 242 d ff.).

b) Aktivierte Eigenleistungen

92 Hierunter werden die im Anlagevermögen zu aktivierenden Eigenleistungen erfasst, wie z. B. Großreparaturen, selbst erstellte Gebäude, Maschinen, Anlagen, Werkzeuge und bei Inanspruchnahme des Aktivierungswahlrechts nach § 248 Abs. 2 S. 1 HGB die aktivierten selbst erstellten immateriellen Vermögensgegenstände des Anlagevermögens.[51] Im Wesentlichen dürften die Eigenleistungen insbesondere eigene Personal-, aber auch Materialkosten des Unternehmens beinhalten. Insoweit gelten für die IFRS die gleichen Grundsätze.

93 Im Zusammenhang mit den aktivierten Eigenleistungen gibt es zwei regelmäßig wiederkehrende Fragestellungen:

- Wie ist sichergestellt, dass lediglich diejenigen Personalkosten (und ggf. Materialkosten) aktiviert wurden, die aktivierungsfähig sind?
- Sollten aktivierte Eigenleistungen nicht schon deshalb wieder zurückgerechnet werden, weil die Kosten liquiditätsmäßig auch tatsächlich entstanden sind?

94 Die Antwort des Verkäufers bzw. des Zielunternehmens auf die erste Frage wird häufig lauten, dass die Mitarbeiter ihre Stunden entsprechend der Tätigkeit

[48] Hayn/Waldersee, IFRS und HGB im Vergleich, S. 121.
[49] Pellens/Fülbier/Gassen, Internationale Rechnungslegung, S. 278 m. w. N.
[50] Vgl. BilMoG-RegE, S. 38.
[51] Justenhoven/Kliem/Müller in Beck'scher Bilanzkommentar HGB § 275 Rn. 85.

kontieren und der Prozess vom Abschlussprüfer abgenommen ist. Und tatsächlich ist dies auch ein guter erster Ansatzpunkt. Allerdings sollte die Analyse hier nicht stehenbleiben. Einen guten Einblick bietet häufig ein Vergleich der absoluten Aktivierungshöhe über die Jahre hinweg sowie ein Vergleich der aktivierten Personalkosten im Vergleich zu den nichtaktivierten Personalkosten, allerdings nur bezogen auf die Unternehmensabteilungen, die überhaupt aktivierungsfähige Leistungen erbringen. Wenn 90% der Personalkosten im Bereich Technik aktiviert sind, aber ein Aufwand auch im Unterhalt technischer Anlagen bestand, könnte dies ein Indiz dafür sein, dass die Aktivierungshöhe nicht zutreffend ist. Die Beantwortung der zweiten Frage scheint eher vom Käufer getrieben, um das EBITDA zu reduzieren. Dies ist aber nicht zwingend. Es gibt auch vom Verkäufer in Auftrag gegebene *Vendor Due Diligence*-Berichte, die aktivierte Eigenleistungen wieder EBITDA-mindernd zurückrechnen (siehe auch die Ausführungen zum Cash EBITDA → Rn. 128l).

Eine pauschale Rückrechnung wird häufig nicht sachgerecht sein. Hätte das Unternehmen beispielsweise anstatt eigene Mitarbeiter für eine Ausbauleistung zu verwenden, eine Fremdfirma beauftragt, wäre deren Eingangsrechnung aktiviert worden. Die Bezahlung hätte die Liquidität genauso belastet wie die Zahlungen für Lohn und Gehalt. Der Einsatz eigener Mitarbeiter sollte nicht *per se* Auswirkungen auf das nachhaltige EBITDA haben. Kritisch könnte sich der Sachverhalt jedoch darstellen, wenn Mitarbeiter eines Unternehmens nur noch aktivierungsfähige Tätigkeiten ausführen, um das EBITDA der laufenden Periode zu verbessern. Daher ist eine Gesamteinschätzung der tatsächlich notwendigen und anfallenden aktivierten Eigenleistungen über mehrere Perioden im Rahmen der Due Diligence unabdingbar. 95

c) Aktivierung von Entwicklungskosten

Nach IAS 38.51 ff. dürfen Forschungsausgaben nicht aktiviert werden, wohingegen Entwicklungsaufwendungen bei Vorliegen bestimmter Voraussetzungen zu aktivieren sind. Forschung ist die eigenständige und planmäßige Suche mit der Aussicht, zu neuen wissenschaftlichen oder technischen Erkenntnissen zu gelangen, wohingegen Entwicklung die Anwendung dieser Forschungsergebnisse auf Produktion oder Dienstleistung darstellt (IAS 38.8). Die Bedingungen, die kumulativ für die Aktivierung erfüllt sein müssen, sind restriktiv und in IAS 38.57 im Detail dargelegt. So kommt es unter anderem darauf an, dass die Existenz eines Marktes für die Produkte nachgewiesen werden kann. 96

Die Problematik ist vergleichbar zu der, die unter aktivierte Eigenleistungen beschrieben ist. Es gibt Branchen, in denen eine Aktivierung unüblich ist, da die Marktfähigkeit erst sehr spät nachgewiesen werden kann. Hierzu gehört beispielsweise die Pharmabranche. In anderen Branchen wiederum ist eine Aktivierung nicht unüblich, wird aber von wesentlichen Akteuren in der Branche ebenfalls auf- 97 grund des notwendigen Nachweises der Marktfähigkeit teilweise kritisch gesehen. Hierzu gehören bspw. Softwareentwicklungsunternehmen.

d) Kundengewinnungskosten (Subscriber Acquisition Cost)

98 Die Aktivierung von Kundengewinnungskosten ist ein bedeutsames Thema für alle Unternehmen, die (End-)Kundenverträge mit Abonnementmodell anbieten. Dies ist beispielsweise bei Mobilfunk-, Glasfaser-/Kabelfernseh- oder Streaming-Anbietern der Fall. Nach IFRS 15.91 ff. sind die bei Anbahnung eines Vertrags mit einem Kunden anfallenden zusätzlichen Kosten als Vermögenswert zu aktivieren, wenn das Unternehmen davon ausgeht, dass es diese Kosten über die Laufzeit des Vertrages zurückerlangen wird. Diese Kundengewinnungskosten sind zu aktivieren, wenn sie direkt und identifizierbar dem erfolgreichen Abschluss eines individuellen Vertragsverhältnisses zugerechnet werden können. Es darf sich dabei nicht um die laufenden Kosten des Unternehmens handeln, da dann das Kriterium der direkten Zurechenbarkeit auf den Gewinn eines Kundenvertrages nicht erfüllt ist. Mit anderen Worten: Setzt ein Unternehmen Personal für die Akquisition neuer Kunden ein, sind die Personalkosten nicht aktivierbar. Ansonsten würden auch Kosten für vergebliche Akquisitionsbemühungen aktiviert. Werden demgegenüber Boni bezahlt für den erfolgreichen Abschluss von Kundenverträgen, sind diese direkt zurechenbar und mithin zu aktivieren.

99 Die Aktivierungsplicht von Kundengewinnungskosten hat einen wechselvollen Hintergrund. Nach IAS 38, der Vorgängervorschrift des IFRS 15 war eine Aktivierung von Kundengewinnungskosten möglich, aber nicht zwingend. Dies hat dazu geführt, dass beispielsweise Glasfaser- und Kabelfernsehunternehmen, die von Finanzinvestoren gehalten wurden, Kundengewinnungskosten aktiviert und entsprechend der Vertragslaufzeit oder der längeren erwarteten Kundenbeziehung mit einer entlastenden Wirkung auf das EBITDA abgeschrieben haben. Um eine Identifizierbarkeit besser nachzuweisen zu können, wurden häufig unabhängige Medienvertreter für die Kundenakquisition eingesetzt, die ausschließlich erfolgsbasiert vergütet wurden. Demgegenüber sahen die großen globalen Telekommunikationsunternehmen – um bei dem Vergleich mit Glasfaser- und Kabelfernsehunternehmen zu bleiben – dies nicht als angemessene Rechnungslegung an und haben diese Kosten nicht aktiviert. Dies führte dazu, dass die Unternehmen nicht direkt vergleichbar waren und dass die globalen Telekommunikationsunternehmen beim Kauf eines Unternehmens nur auf ein durchgerechnetes niedrigeres EBITDA bieten konnten.

100 Der ursprüngliche *Exposure Draft* des IFRS 15 *Revenue from contracts with customers* vom Juni 2010[52] als Nachfolgevorschrift des IAS 38 sah vor, eine Aktivierung nicht zu gestatten. Allerdings hat sich die Auffassung im IASB sodann gewandelt. Die

[52] ED/2010/6.57 ff.

Fassung des *Revised Exposure Draft Revenue from contracts with customers*[53] beinhaltete dann schon eine ausdrückliche Aktivierungspflicht, genauso wie der dann im Mai 2014 vom IASB verabschiedete IFRS 15 *Revenue from Contracts with Customer* (IFRS 15.91 ff.).

100a Diese Fassung des IFRS 15 hat dazu geführt, dass auch die globalen Telekommunikationsunternehmen Kundengewinnungskosten aktivieren müssen. Da sich die Auffassung, dass dies keine angemessene Rechnungslegung sei, nicht gewandelt hatte, gingen die Unternehmen in der Regel dazu über, die Abschreibung innerhalb des EBITDA zu buchen. Der aktivierte Aufwand eines Jahres wird dann beispielsweise über 2 Jahre EBITDA mindernd gebucht. Sofern der aktivierte Aufwand über die Jahre in einem eingeschwungenen Zustand die gleiche Höhe hat, ist der Effekt auf das EBITDA der gleiche wie unter der damaligen Auslegung von IAS 38. Die Unternehmen, die nach IAS 38 die Kosten unterhalb des EBITDA abgeschrieben hatten, blieben in aller Regel bei diesem Vorgehen auch nach IFRS 15. Im Ergebnis sind die Unternehmen trotz Aktivierungspflicht weiterhin nicht direkt vergleichbar, weil IFRS 15 keine klare Vorgabe trifft, wie der Vermögenswert der aktivierten Kundengewinnungskosten aufzulösen bzw. abzuschreiben ist.

e) Aktivierung von Endkundengeräten bei Vermietung (Rückwärtslogistik)

101 Auch hierbei handelt es sich um eine Thematik, die ihren Ursprung in der Telekommunikationsbranche hat. Kunden mit langlaufenden Telekommunikationsverträgen (z. B. Breitband/KabelTV) haben die Möglichkeit, Endgeräte entweder bei Vertragsabschluss zu kaufen oder diese zu mieten. Entscheidet sich der Endkunde für einen Mietvertrag, stellt sich die Frage, ob die Geräte im Anlagevermögen aktiviert werden können (Mieterträge wirken positiv auf das EBITDA, Abschreibungen auf Endgeräte haben keinen EBITDA-Einfluss).

102 Eine Aktivierung ist nur dann möglich, wenn es sich auch in tatsächlicher Hinsicht um einen Mietvertrag handelt und nicht um einen (verschleierten) Ratenkaufvertrag. Voraussetzung hierfür ist, dass das Telekommunikationsunternehmen nach Vertragsabschluss das Endgerät zurückfordert und auch zurückerhält, es dann gegebenenfalls aufarbeitet und wiederverwendet. Es bedarf also einer funktionierenden Rückwärtslogistik, die als solche auch dokumentiert ist. Gibt es eine solche Rückwärtslogistik nicht, ist das wirtschaftliche Eigentum am Endgerät bereits bei Vertragsbeginn mit Auslieferung übergegangen und eine Aktivierung dieses Endgeräts als Anlagevermögen scheidet zutreffenderweise aus.

---

[53] ED/2011/6.94 ff.

f) Sonstige kritische rechnungslegungsrelevante Sachverhalte

103 Neben den vorgenannten Beispielen gibt es eine ganze Reihe von rechnungslegungsrelevanten Sachverhalten, die kritisch im Rahmen einer *Financial Due Diligence* gewürdigt werden sollten. Hierzu zählt beispielsweise:

- **(*Finance lease* in Abgrenzung zum *Operating lease*)** Diese Problematik ist einleitend in diesem Kapitel unter → § 2 Rn. 29 f. sowie in *Net Debt* unter → § 7 Rn. 69 ff. erläutert.
- **(Behandlung von Zuschüssen)** Insoweit wird auf → § 2 Rn. 55 ff., verwiesen.

3. Rechnungslegungsmethoden, Änderungen von rechnungslegungsbezogenen Schätzungen und Fehler

104 Die Beurteilung der nachhaltigen Ertragskraft erfolgt nicht nur auf Basis eines Jahres, sondern durch Zeitreihenvergleich über mehrere Jahre hinweg. Eine *Financial Due Diligence* nur auf Basis einer Periode wäre nicht besonders aussagekräftig, da eine Abschätzung von Entwicklungen und die Identifizierung von nicht nachhaltigen Einmaleffekten sowie eine analytische Beurteilung von Auswirkungen aktiver Bilanzpolitik nicht ohne weiteres möglich wären.

105 Bei der Analyse einer Zeitreihe ist jedoch unabdingbar, dass Gleiches mit Gleichem verglichen wird. Sofern Bilanzierungs- und Bewertungsgrundsätze geändert wurden, sollte durch entsprechende Anpassungen die Vergleichbarkeit der Zahlenreihen wiederhergestellt werden. Ist die Anpassung aufgrund neuer Regelungen oder neuer Erkenntnisse notwendig geworden oder aufgrund der rechtmäßigen Ausübung bilanzieller Spielräume erfolgt, sollten die historischen Vergleichszahlen korrigiert werden. Ist die Anwendung geänderter Bilanzierungs- und Bewertungsgrundsätze fehlerhaft, sollte dieser Fehler ab seiner Entstehung korrigiert werden.

106 Die Vergleichbarkeit von Abschlussinformationen über verschiedene Perioden ist von wesentlicher Bedeutung nicht nur für die *Financial Due Diligence*, sondern für alle Abschlussadressaten von Jahresabschlüssen. Ansatz- und Bewertungsstetigkeit sind sowohl in den IFRS (Framework 39 ff., IAS 1.38 ff.) als auch im HGB (§§ 243 Abs. 2, 246 Abs. 3, 252 Abs. 1 Nr. 1, 6) verankert. Es gibt aber begründete Ausnahmefälle, die eine Durchbrechung zulassen.

a) Änderung der Bilanzierungsvorschriften durch Gesetzgeber oder Standardsetter

107 Zu den wesentlichen Projekten des IASB, die zu einer wesentlichen Änderung der bisher geltenden Rechnungslegungsstandards führen werden, gehören Finanz-

instrumente *(Financial Instruments)*,[54] Erlöse aus Verträgen mit Kunden *(Revenue from Contracts with Customers)*[55] und Leasingverhältnisse *(Leases)*[56].

Beispiele für weitere Änderungen der IFRS, die in der Vergangenheit zu Anpassungsbedarf geführt haben können: **108**

- **(Konsolidierungsvorschriften)** Änderung von Konsolidierungsvorschriften (Vollkonsolidierung, Gemeinschaftsunternehmen, Anteile an anderen Unternehmen) durch die Einführung des IFRS 10 und IFRS 11. Dies hat beispielsweise Auswirkungen auf die Bilanzierung von Joint Venture Unternehmen (Vollkonsolidierung oder Ansatz der Beteiligung). Darüber hinaus entfällt beispielsweise auch die Möglichkeit der Quotenkonsolidierung für *Joint Ventures.*
- **(Pensionen)** Wegfall von Vereinfachungsvorschriften und Wahlrechten, die dazu führen konnten, dass Rückstellungen nicht den tatsächlichen Verpflichtungen entsprachen (Korridor-Ansatz, IAS 19.92 ff. a. F. und die Möglichkeit, *past service costs* über mehrere Geschäftsjahre zu verteilen, IAS 19.96 ff. a. F.).
- **(Anschaffungsnebenkosten)** Abschaffung der Aktivierung von Anschaffungsnebenkosten bei Unternehmenszusammenschlüssen (IFRS 3.53).

Im Rahmen der erstmaligen Anwendung neuer IFRS sind vielfach gesonderte Übergangsvorschriften zu beachten. Die Umstellung der Rechnungslegung auf IFRS erfordert die retrospektive, erfolgsneutrale Anpassung der Eröffnungsbilanzwerte der Gewinnrücklagen, soweit nicht einzelne spezifische Übergangsregelungen eine abweichende Vorgehensweise vorsehen. **109**

Der deutsche Gesetzgeber hat mit Veröffentlichung des BilMoG im Bundesgesetzblatt am 28. Mai 2009 die umfassendste Änderung des HGB seit Veröffentlichung des Bilanzrichtliniengesetzes im Jahr 1985 initiiert und das deutsche Handelsrecht damit an internationale Rechnungslegungsgrundsätze angelehnt.[57] Im Mai 2015 ist dann das BilRUG zur Umsetzung der neuen EU-Bilanzrichtlinie in Kraft getreten. Relevant sind insbesondere die Neudefinition der Umsatzerlöse und der Wegfall der außerordentlichen Erträge und Aufwendungen in der GuV sowie zusätzliche Pflichtangaben in Anhang und Lagebericht. Trotz Anlehnung an die internationale Rechnungslegung wird es regelmäßig zu komplexen Frage- **110**

[54] IFRS 9 wurde im Juli 2014 vom IASB verabschiedet und ist auf Berichtsperioden anzuwenden, die am oder nach dem 1.1.2018 beginnen. Die Regelung wurde am 22. November 2016 von der EU durch Verordnung Nr. 2016/2067 *endorsed.*

[55] Im Mai 2014 hat der IASB den neuen Standard IFRS 15 verabschiedet, der am 22. September 2016 durch Verordnung (EU) Nr. 2016/1905 *endorsed* wurde (siehe hierzu → § 2 Rn. 89 ff. und → § 11 Rn. 37). Er ist auf Geschäftsjahre anzuwenden, die am oder nach dem 1. Januar 2018 beginnen, eine frühere Anwendung ist zulässig. Um Kohärenz zwischen den IFRS zu gewährleisten, werden u. a. IAS 18 (*revenue recognition*) und IAS 11 (*construction contracts*) aufgehoben.

[56] IFRS 16 wurde im Januar 2016 vom IASB veröffentlicht und ist (vorbehaltlich des EU-*Endorsements*) spätestens für Geschäftsjahre ab dem 1. Januar 2019 anwendbar und wird dann die bisherigen Leasingvorschriften ersetzen, insbesondere den IAS 17, IFRIC 4, SIC-12 und SIC-27.

[57] Hayn/Graf Waldersee/Benzel, HGB/HGB-BilMoG/Steuerbilanz im Vergleich, Vorwort S. V.

stellungen bei der Umstellung von einem HGB-Konzernabschluss auf einen IFRS Konzernabschluss kommen.

b) Änderung angewandter Bilanzierungs- und Bewertungsgrundsätze (accounting policies)

111 Nach IAS 1.45 ist eine Durchbrechung der Stetigkeit nur zulässig, wenn aufgrund einer wesentlichen Änderung des Tätigkeitsfelds des Unternehmens oder eine Überprüfung der Darstellung des Abschlusses zeigt, dass eine Änderung der Darstellung oder der Gliederung unter Berücksichtigung der in IAS 8 enthaltenen Kriterien zur Auswahl bzw. zur Anwendung der Rechnungslegungsmethoden zu einer besser geeigneten Darstellungsform führt. Bei einem Wechsel der Rechnungslegungspolitik sind die Gewinnrücklagen und die entsprechenden Bilanzposten gemäß IAS 8.22 ff. grundsätzlich retrospektiv anzupassen. Ist die Ermittlung der periodenspezifischen Effekte oder der kumulierten Auswirkung des Fehlers undurchführbar, dürfen die Eröffnungssalden ab dem Zeitpunkt angepasst werden, für die eine rückwirkende Anpassung durchführbar ist.

112 Im deutschen Handelsrecht ist eine rückwirkende Änderung festgestellter bzw. gebilligter fehlerfreier Jahres- und Konzernabschlüsse nur möglich, wenn gewichtige rechtliche, wirtschaftliche oder steuerrechtliche Gründe vorliegen und entstandene Gewinnansprüche von Anteilseignern gemindert würden (vorbehaltlich ihres Einverständnisses).[58] DRS 13 sieht für eine rückwirkende Erfassung der Effekte von Methodenänderungen aus Vorperioden einen Sonderposten „Auswirkungen aus der Änderung der angewandten Bilanzierungsgrundsätze" in der GuV der Berichtsperiode und die Angabe von Pro Forma-Zahlen für die wesentlichen Posten der Abschlüsse der Vorjahre vor. Die Auswirkungen der laufenden Berichtsperiode werden hingegen in den entsprechenden GuV-Posten des aktuellen Abschlusses erfasst (DRS 13.8 ff.).[59]

c) Änderungen von bilanziellen Schätzungen und Annahmen (judgements and estimates)

113 Bilanzielle Schätzungen und Annahmen sind stetig und auf vergleichbarer Grundlage auszuüben. Da sich das wirtschaftliche und geschäftliche Umfeld allerdings laufend ändert, unterliegen die daraus folgenden Beurteilungen auch einem Wandel. Wichtig für die *Financial Due Diligence* ist die Einschätzung, dass geänderte Beurteilungen nicht zur Umsetzung aktiver Bilanzpolitik genutzt werden. Typische Felder für Schätzungen und Ermessensentscheidungen sind u. a.:

- Wahrscheinlichkeit der Inanspruchnahme von Rückstellungen (bspw. Rechtsstreitigkeiten, Rückbauverpflichtungen).

---

[58] IDW RS HFA 6.15 f.

[59] Pellens/Fülbier/Gassen/Sellhorn, Internationale Rechnungslegung, S. 239 ff.

- Anpassung von Bewertungsparametern bei der Berechnung von Pensionsrückstellungen (bspw. Zinssatz, zukünftige Lohnsteigerungen, Mitarbeiterfluktuation).
- Verlustfreie Bewertung und Drohverlustrückstellungen.
- Anpassung der Nutzungsdauer von Anlagegegenständen.

Nach IAS 8.36 sind Änderungen von Annahmen und Schätzungen prospektiv **114** und erfolgswirksam in der Periode der Änderung zu berücksichtigen. Diese Vorgehensweise entspricht auch den Regelungen des DRS 13 zur Behandlung von Schätzungsänderungen. Schätzungen aus Vorperioden sind hiernach zu ändern, um zwischenzeitlich eingetretene Ereignisse, bessere und zusätzliche Informationen zu berücksichtigen (DRS 13.19 f.).[60]

Keine Änderung von Bilanzierungs- und Bewertungsgrundsätzen oder bilanzi- **115** eller Schätzungen und Ermessensentscheidungen liegt vor, wenn sich der zugrunde liegende Sachverhalt ändert oder geändert wird. Unter → § 2 Rn. 101 f. wurde die Problematik der Rückwärtslogistik thematisiert, ohne die eine Aktivierung von vermieteten Kundenendgeräten im Anlagevermögen nicht zulässig ist. Ändert sich der zugrundeliegende Sachverhalt in der Art, dass eine Rückwärtslogistik beispielsweise durch einen externen Dienstleister implementiert und auch durchgeführt wird, wäre es falsch, die Endkundengeräte weiterhin nicht zu aktivieren.

d) Fehler

Ein Abschluss steht nicht im Einklang mit den IFRS, wenn er entweder wesent- **116** liche Fehler oder aber absichtlich herbeigeführte, für sich unwesentliche Fehler enthält, um eine bestimmte Darstellung im Abschluss zu erreichen (IAS 8.41). Grundsätzlich sind Fehler retrospektiv zu korrigieren. Die Eröffnungsbilanzwerte einschließlich die der Vorjahre und die Gewinnrücklagen sind gemäß IAS 8.42 anzupassen. Ist die Ermittlung der periodenspezifischen Effekte oder der kumulierten Auswirkungen des Fehlers undurchführbar, dürfen die Eröffnungssalden ab dem Zeitpunkt angepasst werden, für den eine rückwirkende Anpassung durchführbar ist (IAS 8.43 ff.).

Im deutschen Handelsrecht besteht eine Pflicht zur Fehlerkorrektur bei nich- **117** tigen Jahresabschlüssen im Sinne des § 256 AktG, sofern der Mangel nicht durch Zeitablauf geheilt wurde.[61] Im Übrigen ist eine Korrektur fehlerhafter Abschlüsse möglich, sofern die Auswirkungen des Fehlers wesentlich sind und der Abschlussersteller den Verstoß gegen die gesetzliche Bilanzierungsverpflichtung bei gewissenhafter Prüfung hätte erkennen können (keine Berücksichtigung wertaufhellender Ereignisse).[62]

---

[60] Pellens/Fülbier/Gassen/Sellhorn, Internationale Rechnungslegung, S. 239 ff.

[61] IDW RS HFA 6.15.

[62] IDW RS HFA 6.14.

118 Da deutsche Konzernabschlüsse aufgrund der fehlenden unmittelbaren rechtlichen Bindungswirkung nicht festgestellt werden müssen, beinhaltet die IDW-Stellungnahme separate Vorgaben zur Änderung von Konzernabschlüssen.[63] Eine Pflicht zur Rückwärtsberichtigung besteht nur unter bestimmten Bedingungen. Zusammenfassend kann festgestellt werden, dass Fehler in HGB-Abschlüssen zumeist GuV-wirksam prospektiv, d. h. in laufender Rechnung geändert werden.[64]

4. Prozess der Abschlusserstellung

119 Ausgangspunkt für die *Financial Due Diligence* sind in der Regel die Jahresabschlüsse der letzten Jahre, die durch einen Abschlussprüfer geprüft und mit einem uneingeschränkten Bestätigungsvermerk versehen sind. Diese Jahresabschlüsse für sich alleine können jedoch nicht ausreichend sein, da der Zweck der Aufstellung dieser Jahresabschlüsse nicht ist, einen Kaufpreis zwischen unabhängigen Dritten zu finden. Ziel einer Abschlussprüfung ist auch nicht, dass alle Geschäftsvorfälle „richtig", d. h. Euro für Euro bilanziert sind. Insoweit folgt eine Abschlussprüfung den Geboten der Wesentlichkeit und Wirtschaftlichkeit.

120 Geprüfte Abschlüsse beziehen sich auf Geschäftsvorfälle der Vergangenheit, der Kaufpreis für ein Unternehmen spiegelt hingegen die Erwartung auf zukünftige Zahlungsmittelzuflüsse wider. Daher wird im Rahmen der *Financial Due Diligence* eine Analyse der aktuellen Geschäftsentwicklung seit dem letzten Jahresabschluss stets ein Schwerpunkt der Tätigkeit sein.

121 Der Prozess der Abschlusserstellung ist bei den meisten Unternehmen bei Monats- oder Quartalsabschlüssen weniger genau als bei Jahresabschlüssen, die dann noch einer Jahresabschlussprüfung unterzogen werden. Dies liegt daran, dass der Prozess der Abschlusserstellung zum Jahresende meist sehr aufwendig ist und die meisten Unternehmen personell nicht dafür ausgestattet sind und aus Kostengründen auch gar nicht sein wollen, um kontinuierlich ein gleichbleibend hohes Abschlussniveau aufrecht zu erhalten. Zudem ist aus Sicht der Unternehmenssteuerung ein solcher Aufwand auch gar nicht notwendig. Eine Fokussierung auf bestimmte operative *Key Performance Indicator* (*KPI*) ist zum Zwecke der Unternehmenssteuerung zielführender.

122 Diese regelmäßig weniger aufwendige Abschlusserstellung bei Monats- und Quartalsabschlüssen kann beispielsweise folgende Auswirkungen haben:

- **(Umsatzerlöse)** werden unterjährig häufig entsprechend der Fakturierung gebucht. Rückgaberechte, Negativoptionen oder ähnliches, die als Erlösschmälerungen den Bruttoumsatz reduzieren, werden häufig nur zum Jahresende detailliert erfasst. Unterjährig werden häufig pauschalierte Korrekturen vorgenommen.

---

[63] Pellens/Fülbier/Gassen/Sellhorn, Internationale Rechnungslegung, S. 240.
[64] Pellens/Fülbier/Gassen/Sellhorn, Internationale Rechnungslegung, S. 241.

- **(*Cut-off* Abgrenzungsbuchungen)** Periodengerechte Zuordnung von Erträgen (Ausgangsrechnungen) und Aufwand (Eingangsrechnungen) erfolgt häufig unterjährig nicht mit derselben Genauigkeit wie zum Jahresabschluss.
- **(Rückstellungen, Wertberichtigungen)** Zu den Abschlussstichtagen sollten Rückstellungen sowie Wertberichtigungen auf Vorräte und Forderungen auf Basis neuester Erkenntnisse aktualisiert werden. Rückstellungen für ausstehende Eingangsrechnungen (WE/RE-Konto), Pauschalwertberichtigungen auf Forderungen und Abwertungsroutinen auf das Vorratsvermögen sind häufig automatisiert. Aber gerade bei Risikorückstellungen (z. B. Prozessrisiko, Gewährleistung), sonstigen Eingangsrechnungen oder Einzelwertberichtigungen auf Forderungen ist die qualitative Einschätzung der zuständigen Fachabteilung notwendig.

Die Erfahrung zeigt, dass unterjährige Abschlüsse weniger robust sind. Daher **123** wird Teil der *Financial Due Diligence* auch sein müssen, zum einen die Qualität unterjähriger Finanzinformationen zu beurteilen und zum anderen, durch entsprechende Analysen eine eigene, aktualisierte Einschätzung der nachhaltigen Ertragskraft sowie der relevanten Bilanzpositionen insbesondere im Hinblick auf *Net Debt* und *Working Capital* zu treffen.

Die Abschätzung von Risikopositionen kann häufig einfacher sein, da diese **124** auch durch andere Workstreams beurteilt werden (z. B. Prozessrisiken durch die *Legal Due Diligence*, Steuerrisiken durch die *Tax Due Diligence*, Umweltrisiken durch die *Environmental Due Diligence*). Eine Beurteilung der Richtigkeit und Vollständigkeit von Abgrenzungsbuchungen ist demgegenüber häufig nicht möglich, da die Datenbasis vom Zielunternehmen unterjährig sowie für die entsprechenden Vergleichsperioden der Vorjahre häufig nicht umfänglich aufbereitet wird. Die Aussagekraft der unterjährigen Abschlüsse kann dann nur analytisch beurteilt werden:

- Wie gut ist der Prozess für die unterjährige Abschlusserstellung im Vergleich zum Prozess am Jahresende?
- Kommt es zum Jahresende regelmäßig zu (wesentlichen) Nachbuchungen?
- Werden Einschätzungen von Fachabteilungen regelmäßig aktualisiert?
- Inwieweit sind Prozesse automatisiert?
- Welche saisonalen Schwanken sind typisch für die Branche des Zielunternehmens?
- Wie gut ist das unterjährige Budget (Ganzjahresbudget geteilt durch 12 gleich Monatsbudget oder entsprechend der erwarteten saisonalen Entwicklung individuell für die einzelnen Monate)? Wie gut war die unterjährige Budgeterreichung historisch?

5. Berücksichtigung anderer Gesellschafter

125 Andere Gesellschafter sind solche, deren Anteile an dem oder einem der Zielunternehmen nicht Teil der Transaktion werden sollen. Im Kapitel *Net Debt* wird unter → § 7 Rn. 94 ff. erläutert, wie andere Gesellschafter im Rahmen der *Financial Due Diligence* behandelt werden können. Insoweit wird auf die Ausführungen dort verwiesen. Zusammenfassend lässt sich unter dem Gesichtspunkt der nachhaltigen Ertragskraft Folgendes festhalten:

a) Gesellschafter ohne „beherrschenden Einfluss"

126 Bei Aufstellung eines Konzernabschlusses wird auch der Anteil der Minderheitsgesellschafter im Wege der Vollkonsolidierung erfasst. Dies bedeutet, dass alle Vermögenswerte und Schulden unabhängig von der Beteiligungsquote, sowie die damit zusammenhängenden Erträge und Aufwendungen so erfasst und ausgewiesen werden, als ob der Mehrheitsgesellschafter 100 % der Anteile halten würde. Erträge und Aufwendungen werden bis einschließlich des EBITDA so in der Gewinn- und Verlustrechnung gezeigt, als würde es keine Minderheitsgesellschafter geben.

127 Der Anteil der Minderheitsgesellschafter wird dadurch berücksichtigt, dass die (fiktiven) Kosten für eine Abfindung als *Debt*-Position in der *Equity Bridge* berücksichtigt werden. Investmentbanken bezeichnen das vollkonsolidierte EBITDA zuweilen auch als *Accounting* EBITDA oder IFRS-EBITDA. Für Bankenüberleitungen wird dann gerne auch auf ein *Economic* EBITDA abgestellt, aus dem die Beteiligungsquote anderer Gesellschafter prozentual herausgerechnet wird. Dann entfällt die Berechnung der (fiktiven) *Debt*-Position. Diese Darstellung sollte jedoch nur für illustrative Zwecke verwendet werden, da sie sich von Rechnungslegungsgedanken vollständig löst. Der Vorteil ist, dass sich der Equity Value vereinfacht ermitteln lässt. Der Nachteil ist hingegen, dass unterschiedliche zukünftig erwartete Wertbeiträge der unterschiedlichen Konzerngesellschaften nicht angemessen gewichtet werden.

b) Gesellschafter mit „beherrschendem Einfluss" auf eine Gruppengesellschaft sowie Joint Venture

128 Hierunter fallen Konstellationen, in denen Gesellschaften miterworben werden, an denen die Zielgesellschaften nur Minderheitsanteile halten. Erträge und Aufwendungen werden dann nicht in den konsolidierten Konzernabschluss einbezogen. Gleichwohl leistet auch diese Beteiligung einen Wertbeitrag. Daher ist es sachgerecht, diesen positiven Wertbeitrag dem *Debt* werterhöhend wieder hinzuzurechnen.

6. Zusammenfassende Kaufvertragsformulierung Adjusted EBITDA

Zunehmend finden sich Formeln für die Berechnung eines Adjusted EBITDA in Unternehmenskaufverträgen, Finanzierungsdokumenten oder Gesellschaftervereinbarungen. Der häufigste Anwendungsfall ist die Vereinbarung eines *Earn Out*.[65] Zeigen die relevanten Finanzkennzahlen, insbesondere das *Adjusted* EBITDA, eine bestimmte Entwicklung in den Jahren nach Abschluss des Kaufvertrages, werden weitere Kaufpreiszahlungen fällig.[66] **128a**

Darüber hinaus finden sich *Adjusted* EBITDA-Definitionen auch in Kreditvereinbarungsklauseln, den sog. *financial covenants*, bei deren Nichteinhaltung eine Finanzierung fällig gestellt werden kann. Gesellschaftervereinbarungen können gewisse Rechte oder Rechtsfolgen an die Erreichung von Finanzkennzahlen knüpfen wie beispielsweise das Recht, ein IPO zu initiieren oder einen *trade sale* zu veranlassen. Zuletzt finden sich unter besonderen Umständen *Adjusted* EBITDA-Definitionen auch in Kaufpreisanpassungsklauseln im Unternehmenskaufvertrag. Solche Umstände können bspw. vorliegen, wenn der Transaktionsumfang bei Vertragsabschluss noch nicht feststeht, weil erhebliche kartellrechtliche Auflagen zu erwarten sind oder es bezüglich einzelner Gesellschaften der Zustimmung anderer Gesellschafter bedarf. **128b**

Die Definition des *Adjusted* EBITDA wird in aller Regel den Besonderheiten der Branche und der Unternehmung selbst Rechnung tragen müssen. Gleichwohl gibt es einige wesentliche Punkte, die stets berücksichtigt werden sollten. **128c**

- **(Relevanter Bezugsrahmen)** Bilanzierungs- und Bewertungsgrundsätze sowie bilanzielle Schätzungen und Annahmen sollten stetig angewendet werde. Insoweit wird auf die Ausführungen in → § 12 Rn. 3 ff. verwiesen. Oft wird ein sogenannter *GAAP freeze* vereinbart, d. h. die Berechnung des *Earn outs* oder der *financial covenants* erfolgt weiterhin nach HGB in der der Regelung zugrundeliegenden Fassung, unabhängig davon, ob der Konzern auf IFRS umstellt. Gegebenenfalls ist der HGB Konzern dann für eine Übergangszeit weiterzuführen.
- **(Umstrukturierungen)** Es sollte sichergestellt werden, dass die Finanzkennzahlen des Transaktionsobjekts auch wirklich vergleichbar sind mit der zukünftigen Unternehmung, auf deren Finanzkennzahlen beispielsweise der *Earn Out* berechnet wird. Dafür bietet sich an, eine klarstellende Formulierung aufzunehmen.
- **(Transaktionen)** Es sollte ggf. eine Vereinbarung getroffen werden, wie mit Unternehmenserwerben und -verkäufen bei der Berechnung der Finanzkenn-

---

[65] Ein Formulierungsbeispiel basierend auf dem *Cashflow* des Unternehmens ist in → § 14 Rn. 21 dargestellt.

[66] Dieses variable Kaufpreiselement wird eingehend in → § 5 Rn. 16 ff., → § 7 Rn. 110a f. und → § 14 Rn. 6 ff. unter verschiedenen Aspekten erörtert.

zahlen umzugehen ist. Ein Weg könnte sein, sie genauso wenig zu berücksichtigen wie Umstrukturierungen. Handelt es sich jedoch um einen *buy and built business case*, soll unter Umständen gerade auch die erfolgreiche Durchführung von nichtorganischem Wachstum vergolten werden.

- **(Variable Vergütung, insb. für die Geschäftsvergütung)** Gerade bei *Earn Out*-Komponenten kann dies ein Fallstrick sein. Hierzu folgendes Beispiel: Die Erreichung eines bestimmten EBITDA führt dazu, dass eine hohe *Earn Out*-Zahlung fällig wird. Unterhalb dieser Schwelle kommt es zu keiner Zahlung. Die Unternehmensentwicklung verläuft ungünstig, so dass das Management für das in Frage stehende Jahr keine variable Vergütung bekommt und sich dadurch das EBITDA so verbessert, dass die *Earn out*-Voraussetzungen erfüllt sind. Ein solches Ergebnis wird bei Aufsetzen eines *Earn Out* sicher nicht gewollt sein.

128d Die folgende *Adjusted* EBITDA Definition kann einen guten Ausgangspunkt für weitere Überlegungen darstellen:

Adjusted EBITDA needs to be determined consistent with past accounting policies and practices including the presentation format as shown in the latest audited [consolidated] financial statements and shall mean:[67]

The profit or loss for the period as defined in the audited [consolidated] financial statements

plus the amount of depreciation and amortization as defined in the audited [consolidated] financial statements

plus/minus the financial result as defined in audited [consolidated] financial statements

plus/minus any adjustment from impairment test as defined in the audited [consolidated] financial statements

plus/minus taxes (corporate income tax and trade tax only, excluding other taxes) as defined in the audited [consolidated] financial statements

plus *the amount of any variable management compensation or any other variable employee renumeration calculated based on EBITDA achieved as presented in the income statement of the audited [consolidated] financial statements*

plus/minus *negative/positive EBITDA contribution from M&A transactions (divestments/acquisition of participation interests including Due Diligence and structuring) as presented in the income statement of the audited [consolidated] financial statements.*

in each case not including of any

i) Income and expense items outside the "ordinary course of business";

ii) One-time/non-recurring and/or exceptional/extraordinary income and expense items including, (e.g. without limitation income from insurance reimbursements, restructuring expenses, penalties);

iii) Out of period income or expense items (e.g. without limitation income from the release of provisions, payments for already written-off accounts receivables, discounts relating to prior period, backwards handling costs for returns of goods sold in prior period);

iv) Accounting impacts,[68] in particular resulting from

[67] Es wird auf die Ausführungen in → § 12 Rn. 3 ff. verwiesen.

[68] Es wird auf die Ausführungen in → § 12 Rn. 3 ff. verwiesen.

– changes of accounting policies, practices, estimates or presentations compared to the last audited [consolidated] financial statements;
– implementation of new IFRS standards; or
– accounting mistakes or erroneously application of IFRS standards, which shall always be corrected.

v) Foreign exchange effects not considered within financial result; or

vi) Changes of the perimeters for capitalized costs (e. g. own work capitalized, capitalization of development cost).

Structurings and reorganisations of any kind shall not have any impact on the Adjusted EBITDA, i. e. the EBITDA shall be adjusted, "as if" the impacting structuring or reorganization had not been taken place. All positive and negative EBITDA impacts shall be eliminated accordingly.

Häufig werden *Earn Outs* auch an die Erreichung von Umsatzzielen geknüpft. Hierfür gelten dieselben Grundsätze, insbesondere vor dem Hintergrund, dass sich mit dem IFRS 15 und dem BilRUG die Umsatzdefinition sowohl unter IFRS als auch unter HGB geändert hat. **128e**

7. Cash EBITDA

In den letzten Jahren hat der Begriff des *Cash* EBITDA Bedeutung gewonnen und ersetzt in einigen Transaktionen das EBITDA. Ziel des *Cash* EBITDA ist es, Liquidität bereits dem EBITDA des Jahres zuzurechnen, in dem sie zu- oder abließt. Insoweit ist *Cash* EBITDA eine noch größere Annährung an den operativen *Cash Flow* als das EBITDA (siehe → Rn. 12). **128f**

Es gibt keine Definition von *Cash* EBITDA, die einheitlich über Industrien und Transaktionen hinweg verwendet wird. Grund hierfür ist, dass die Einfachheit der Ermittlung eines EBITDA nicht aufgegeben, bestimmte Liquiditätseffekte gleichwohl gezeigt werden sollen. Im Folgenden werden einige dieser Effekte beschrieben. In der Praxis findet sich häufig eine Kombination, abhängig von der jeweiligen Industrie und der Transaktion. **128g**

a) Deferred revenue

Bei Software-Unternehmen oder Unternehmen mit regelmäßigen Kundenvorauszahlungen wird häufig auf ein *Cash* EBITDA abgestellt, das Kundenzahlungen bereits berücksichtigt. Grund hierfür ist, dass Kunden häufig eine Lizenz für ein oder mehrere Jahre erwerben oder sogar für eine unbeschränkte Nutzungsdauer. Der Liquiditätseffekt der Zahlung wird dann schon dem EBITDA des Jahres zugerechnet, in dem sie generiert wird und nicht über die Laufzeit des Vertrages abgegrenzt. Dies hat auch den Vorteil, dass das EBITDA des Jahres *Cash*-äquivalent gezeigt wird und nicht in anderen Jahren, in denen keine Liquidität aus dem EBITDA-Beitrag (mehr) generiert wird. Um Effekte nicht doppelt zu berücksichtigen wird das EBITDA um die Veränderung der Kundenvorauszahlungen in der Bilanz korrigiert (*Deferred revenue* oder Kundenvorauszahlungen, siehe auch → § 7 **128h**

Rn. 166 ff.), also EBITDA plus Kundenvorauszahlungen am Ende des Jahres minus Kundenvorauszahlungen am Ende des letzten Jahres. Sofern die Kundenvorauszahlungen berücksichtigt werden, sollten auch die geleisteten Zahlungen Berücksichtigung finden, sofern wesentlich.

b) Lease payments

128i Mit der Einführung von IFRS 16 werden viele frühere Miet-/Pachtverhältnisse bzw. *operating lease* Verträge als *Right-of-Use* Verträge qualifiziert mit der Folge, dass Mietaufwand nunmehr als Zinsaufwand, Abschreibung und Rückzahlung auf eine Finanzverbindlichkeit gezeigt wird. Dies führt dazu, dass das EBITDA entlastet wird und damit ansteigt. Im Gegenzug zur Entlastung des EBITDA wird auch eine Verbindlichkeit gezeigt, die als Finanzverbindlichkeit in der *Equity Bridge* in Abzug gebracht wird (siehe → § 7 Rn. 69 ff.). Der Unternehmenswert ändert sich durch eine Anwendung von IFRS 16 nicht, da es sich um einen reinen Effekt der Rechnungslegung handelt. Liquiditätszu- oder abflüsse ändern sich nicht und entsprechend auch kein durch ein DCF Modell ermittelter Unternehmenswert.

128j In den meisten Fällen wird die Finanzverbindlichkeit niedriger sein als der EBITDA-Effekt multipliziert mit dem Transaktionsmultiple. Grund hierfür kann insbesondere sein, dass die Restlaufzeit des Vertrages relativ kurz und damit nicht äquivalent zum EBITDA-Effekt ist (siehe → Rn. 29 f.). Hinzu kommt, dass es bei der Berechnung der Höhe der Finanzverbindlichkeit Parameter gibt, die einer aktiven Bilanzpolitik unterliegen. Dies gilt insbesondere für den Diskontierungszins sowie die Ausübung von Verlängerungsoptionen. Ein angemessener Diskontierungszins könnte beispielsweise der Zins sein, der für eine weitere externe Finanzierung von einer Bank angeboten würde. Dies wird in der Regel nur in Bandbreiten überprüfbar sein. Verlängerungsoptionen mit den entsprechenden Laufzeitverlängerungen fließen bei der Berechnung der Rückstellungshöhe ein. Dies gilt allerdings nur dann, wenn die Geschäftsführung plant, einen Miet- oder Pachtvertrag auch tatsächlich zu verlängern. Auch dies wir nur in Grenzen überprüfbar sein.

128k In vielen Transaktionen in den letzten Jahren wurden in der *Financial Due Diligence* daher die früher als Miete/Pacht gezeigten Aufwendungen wieder dem EBITDA belastet. Ein Abzug der Finanzverbindlichkeit als *Debt* erfolgt dann natürlich nicht. Eine Alternative wäre, die Finanzverbindlichkeit soweit zu erhöhen, dass sie durchgerechnet dem EBITDA-Effekt mal vereinbartem Multiple entspricht. Nachteil ist, dass der Multiple schon feststehen muss und damit die Ermittlung komplexer ist. Vorteil ist aber, dass ein höherer Enterprise Value (Gesamtunternehmenswert vor Abzug von Verbindlichkeiten) gezeigt werden kann, was Vorteile für eine Kapitalmarktkommunikation oder Finanzierung haben kann.

c) Capitalized Cost

Häufig werden aktivierte Kosten dem EBITDA wieder belastet. Dies gilt insbesondere für aktivierte Eigenleistungen (siehe → Rn. 92 ff.), aber auch für aktivierte Entwicklungskosten (siehe → Rn. 96 f.) und aktivierte Kundengewinnungskosten (siehe → Rn. 98 ff.). **128l**

d) Beteiligungsprogramme

Oft werden auch Belastungen von langfristigen Beteiligungsprogrammen aus dem EBITDA herausgerechnet, wenn sie keinen *Cash*-Effekt hatten und/oder ein operatives Ergebnis gezeigt werden soll, auf das ein möglicher Erwerber seine eigenen Überlegungen zu einer langfristigen Managementinzentivierung anwenden soll (siehe → § 7 Rn. 146 ff.). **128m**

e) CAPEX

EBITDA stellt einen vereinfachten operativen *Cash Flow* dar, der keine Abschreibungen enthält, aber auch keine Investitionen, die ja im *Cash Flow* aus der Investitionstätigkeit gezeigt werden. Um sich stärker einem *Free Cash Flow* anzunähern, werden teilweise auch Investitionen bzw. CAPEX Ausgaben von einem *Cash* EBITDA abgezogen. Um das gegenwärtige *Cash* EBITDA nicht mit Erweiterungen zu belasten, die Investitionen auf die Zukunft darstellen und erst in Zukunft positive Beiträge für das EBITDA generieren, werden häufig nur Unterhaltinvestitionen berücksichtigt, nicht aber Erweiterungsinvestitionen. **128n**

IV. „Pro Forma“-Anpassungen

1. Anpassung an die Bilanzierungs- und Bewertungsgrundsätze des Erwerbers

Diese Kategorie von „Pro Forma“-Anpassung passt die Bilanzierungs- und Bewertungsgrundsätze des Zielunternehmens an die des potentiellen Erwerbers an.[69] Diese Art von Anpassungen ist insbesondere bei strategischen Käufern von Bedeutung. Es gibt eine Reihe von Unternehmen, die aus unterschiedlichen Gründen bestimmte Bilanzierungs- und Bewertungswahlrechte nicht ausüben können oder möchten. Manchmal liegt dies daran, dass systemseitig gar nicht die Voraussetzungen vorliegen, bestimmte Kosten nachzuhalten. Manchmal ist es aber auch so, dass auf Basis guter Unternehmensführung bestimmte Wahlrechte in eine bestimmte Richtung ausgeübt werden sollen. **129**

[69] Siehe → Rn. 25 ff., → Rn. 62 sowie → Rn. 161 ff.

130 Beispiele für typische Anpassungsbuchungen können sein:

- **(Entwicklungskosten)** Einige Unternehmen sehen in ihrem Industriesektor den Nachweis für einen existierenden Markt stets problematisch (z. B. Pharmaunternehmen, Software).
- **(Aktivierte Eigenleistungen)** Nachweiskriterien für die Aktivierungsfähigkeit können bei großen Industrieunternehmen strikter (aber natürlich auch weniger strikt) sein.
- **(*Operating* vs. *Finance Lease*)** Eine unterschiedliche Einschätzung beispielsweise von betriebsgewöhnlicher Nutzungsdauer oder Restwert.[70]
- **(Rückwärtslogistik bei Endgerätevermietung)** Das Zielunternehmen hat möglicherweise keine Rückwärtslogistik, aber der potentielle Erwerber unterhält eine solche. Diese ist außerdem so organisiert, dass das Zielunternehmen mit zusätzlichem Aufwand ebenfalls einbezogen werden könnte.
- ***(Subscriber acquisition cost)*** Kundengewinnungskosten sind seit der Einführung von IFRS 15 zu aktivieren, es gibt jedoch keine bindende Vorschrift bezüglich der Frage, ob die Auflösung des Vermögenswertes innerhalb oder unterhalb des EBITDA zu erfolgen hat.[71]

2. Run Rate-Anpassungen

131 Bei Anpassungen für *Run Rate*-Effekte werden Ereignisse des Geschäftsjahres oder des Gesamtbetrachtungszeitraums der *Financial Due Diligence* so berücksichtigt als wäre das Ereignis nicht erst im Laufe des Betrachtungszeitraums eingetreten, sondern bereits zu Beginn des Betrachtungszeitraums.

a) Erwerb von Unternehmen, Betriebsgründungen sowie Verkauf oder Stilllegung von Betriebsteilen

132 Mit diesen Anpassungen werden insbesondere wesentliche Unternehmenserwerbe oder -veräußerungen so berücksichtigt, „als ob“ die Ereignisse bereits zu Beginn des Betrachtungszeitraums der *Financial Due Diligence* eingetreten wären. Ziel dieser Analyse ist, die organische und die anorganische Entwicklung transparent darzustellen. Technisch erfolgt die Einbeziehung auf der Basis von Ist-Daten. Liegen diese nicht vor oder sind sie nicht aussagekräftig, werden meist die laufenden Ergebnisbeiträge annahmebasiert hochgerechnet.

[70] Siehe → Rn. 29 und → § 7 Rn. 69 ff.
[71] Siehe → Rn. 89 ff., 99 ff.

b) Neue gewonnene oder verlorene Kundenverträge

Bei „Pro Forma"-Anpassungen auf der Umsatzseite ist Vorsicht geboten, da sich ein Investor sonst auch schnell den Business Case „schönrechnen" kann. Eine *Run Rate*-Anpassung auf wesentliche neu gewonnene oder verlorene Kundenverträge ist aber durchaus sachgerecht, wenn es sich um regelmäßig wiederkehrende (insbesondere monatliche) Umsatzbeiträge handelt. Hierunter fallen nicht nur komplett neu gewonnene oder verlorene Verträge, sondern auch wesentliche Preis- oder Volumenanpassungen. **133**

Die Analyse von langlaufenden wesentlichen Kundenverträgen mit erheblichen monatlichen Volumina sollte stets einen Schwerpunkt der *Financial Due Diligence* bilden. Je nach Branche und Bedeutung stellen sich regelmäßig folgende Fragen: **134**

- **(Analyse der Top-Kunden (z.B. Top 10))** Wie ist die Beziehung zu diesen Kunden? Gibt es Anzeichen, dass die Kunden verloren gehen könnten oder dass die Kunden das Abnahmevolumen reduzieren oder erhöhen?
- ***(Contractual Waterfall)*** Welche zukünftigen Umsatzerlöse sind faktisch per Untersuchungsstichtag schon sicher?
- **(Kohortenanalyse)** Wie entwickeln sich Kundengruppen im Zeitablauf? Wie lange bleiben sie Kunden (*Churn*-Analyse)? Wie hoch ist der *Life Time Value* eines Kunden?
- **(Neukunden)** Wie konkret sind Vertragsverhandlungen mit Neukunden? Gibt es unterschriftsreife Vereinbarungen? Mit welchen Volumina und zu welchen Konditionen?

c) Run Rate-Anpassungen für die Preis- und Kostenbasis

Bei wesentlichen Kostenerhöhungen können *Run Rate*-Anpassungen sachgerecht sein, insbesondere dann, wenn die Kosten nicht auf die Kunden umgelegt werden können. Hierzu zählen beispielsweise **135**

- Wesentliche Preiserhöhungen und geänderte Liefervereinbarungen und -bedingungen von Zulieferern.
- Wesentliche Lohn- und Gehaltssteigerungen der Mitarbeiter.
- Wesentliche Mietanpassungen.
- Wesentliche Restrukturierungen und Rationalisierungen.
- Wesentliche Produktions- und Kapazitätsanpassungen.

3. Stand alone-Betrachtung des Zielunternehmens sowie Umsatz- und Kostensynergien mit dem Erwerber

Diese Kategorie von „Pro Forma"-Anpassungen dient dazu, dass Zielunternehmen entweder nach dem Verkauf aus einer Gruppe als unabhängiges, allein- **136** stehendes Unternehmen darzustellen oder das Zielunternehmen schon so in die Erwerbsgesellschaft einzubeziehen, „als ob" es bereits ein Gruppenunternehmen ist. Die erste Gruppe von Anpassungen wird im Folgenden im Rahmen der *Carve Out*-Betrachtungen tiefer analysiert. Die zweite Gruppe von Anpassungen nimmt schon erwartete Umsatz- und Kostensynergien vorweg. Diese können von der Erschließung weiterer Vertriebskanäle und einer gemeinsamen Vermarktung bis zu Kostendegressionseffekten, Einkaufssynergien und Kostenreduktionen von Overhead-Funktionen reichen (z. B. *Accounting, Tax, Legal, Treasury, Controlling*). Auch eine Anpassung auf die zu erwartende Vergütungsstruktur für die Geschäftsführung, leitende Angestellte und Mitarbeiter (→ § 2 Rn. 74 ff.) sowie Leistungen nach Beendigung des Arbeitsverhältnisses (→ § 2 Rn. 80 ff.) können hierzu gehören.

4. Financing EBITDA

136a Der in den letzten Jahren sehr aktive Transaktionsmarkt, die hohe und preiswerte Verfügbarkeit von Liquidität sowie knappe Investitionsalternativen haben dazu geführt, dass Kaufangebote nicht mehr nur auf Basis des aktuellen *Adjusted* EBITDA zum letzten geprüften Jahresabschluss erfolgen. Häufig ist die Basis das (unterjährige) EBITDA der letzten 12 Monate (sog. LTM EBITDA) oder das EBITDA wie es sich voraussichtlich zum Ende des gerade laufenden Geschäftsjahres darstellen wird. Dafür wird der Schwung aus einer positiven Geschäftsentwicklung zum Jahresende bereits prognostiziert.

In Ergänzung dazu werden häufig noch Effekte aus Umsatz- oder Kostensynergien berücksichtigt, die kurz- bis mittelfristig realisierbar sind. Als Faustformel hat sich momentan herausgebildet, dass solche Synergien für Transaktionsfinanzierungen von Banken annualisiert berücksichtigt werden, die innerhalb der nächsten 12 Monate eintreten. Gelingt es beispielsweise einem Unternehmen einen Vertrag mit einem neuen Zulieferer für einen austauschbaren Service zu verhandeln, der signifikant preiswerter ist und in den nächsten Monaten in Kraft tritt, wird der Käufer ggf. diesen Effekt bei der Transaktionsfinanzierung zu berücksichtigen suchen, als ob dieser Service bereits zu Beginn der maßgeblichen EBITDA Berechnungsperiode von dem neue Zulieferer zum neuen Preis erbracht würde.

Der Effekt aus kurzfristig prognostizierter EBITDA-Fortschreibung und die Berücksichtigung von kurzfristig realisierbaren Synergien auf annualisierter Basis stellen das sog. *Financing* EBITDA dar, d. h. das EBITDA, auf dem die Banken eine Transaktion oder eine andere Kapitalmaßnahme wie beispielsweise eine Refinanzierung finanzieren.

V. Carve Out

1. Ausgangspunkt

Die bisherigen Ausführungen zur nachhaltigen Ertragskraft setzen Abschlüsse und Finanzinformationen voraus, die als solche den Transaktionsgegenstand (im Wesentlichen) widerspiegeln. Es handelt sich um Unternehmenstransaktionen, durch die das Geschäft eines Unternehmens oder einer Unternehmensgruppe als Ganzes verkauft wird. Darüber hinaus gibt es eine ganze Reihe von Transaktionen, bei denen es nur zu einer Veräußerung eines Teils des Geschäfts, meist eines Geschäftsfeldes (*Business Unit* oder *Segment*) kommt. Sofern der Transaktionsgegenstand rechtlich und organisatorisch gemeinsam mit anderen Geschäftsfeldern in einer rechtlichen Einheit oder einer Unternehmensgruppe verbunden ist, existieren für diesen Transaktionsgegenstand in aller Regel keine Abschlüsse und Finanzinformationen, die die Vermögens-, Finanz- und Ertragslage sachgerecht darstellen. 137

Folgendes Beispiel soll die Problematik veranschaulichen. Eine Unternehmensgruppe aus dem Bereich *Life Science* möchte sich von ihrer *Business Unit* Spezialchemie trennen. Die Struktur der Gruppe sieht wie folgt aus (vereinfacht): 138

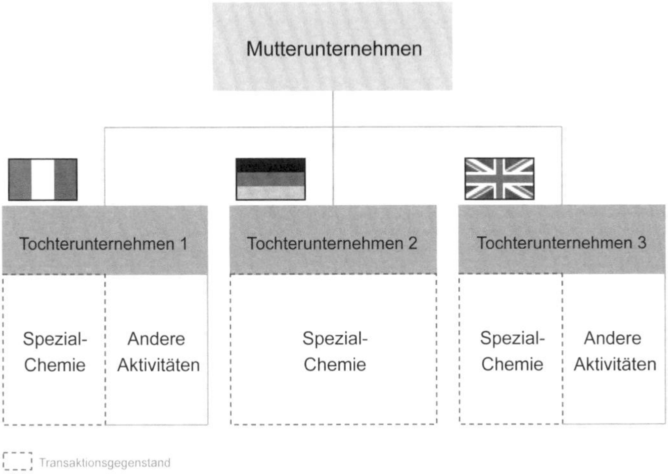

Abbildung 12: Struktur einer Unternehmensgruppe

Die Unternehmensgruppe und insbesondere ihre *Business Unit* Spezialchemie ist wie folgt operativ organisiert:

- Präsenz in über 30 Ländern.
- Gegenseitige Belieferung mit Zwischenprodukten.
- Integrierte Standorte mit anderen *Business Units* (Produktion, Lager, Veredelung usw.).

- Gruppenweite *Shared Services* und eine globale IT-Struktur.
- Meistens nur eine rechtliche Einheit (Gesellschaft) pro Land.

Hieraus ergeben sich insbesondere folgende operativen Herausforderungen beim *Carve Out*:

- Auftrennung der globalen *Business Unit* Struktur.
- Separierung der Produktions- und Vertriebsstandorte.
- Auftrennung der *Shared Services* und der IT.
- Anpassung der Verträge mit Dritten.
- Schaffung neuer bzw. zusätzlicher rechtlicher Einheiten und Steuerstrukturen.
- Zuordnung und Übergang der Mitarbeiter.
- Anpassung bzw. Schaffung einer vertraglichen Grundlage für die gegenseitige Belieferung sowie für sonstige Intercompany-Leistungen.

139 Gründe und Ziele für einen *Carve Out* können vielfältig sein. Sie haben regelmäßig eine strategische Komponente, so beispielsweise eine Fokussierung auf Kerngeschäftsfelder, die Beteiligung von Partnern zur Fortentwicklung eines *Business Unit*-Geschäftsmodells oder die Separierung riskanter Geschäfte vom Kerngeschäft. Darüber hinaus werden regelmäßig auch Ziele bei der Finanzierung verfolgt, sei es, dass zusätzliche Liquidität durch einen Verkauf erzielt werden soll oder durch eine höhere Transparenz der einzelnen *Business Units*, ihrer Geschäftsmodelle und ihrer Risiken eine günstigere Finanzierungsstruktur aufgesetzt werden soll.

140 Zu Beginn des *Carve Out*-Prozesses steht häufig die Konzeption einer neuen rechtlichen und steuerlichen Struktur. Sie wird regelmäßig Gegenstand einer *Legal* und einer *Tax Due Diligence* beim späteren Verkaufsprozess sein. Häufig wird die im *Carve Out* geschaffene Struktur über Zusicherungen im Unternehmenskaufvertrag abgesichert werden.

2. Die Erstellung der Finanzinformationen

141 Bei komplexen *Carve Out*-Transaktionen wird die Struktur der Unternehmensgruppe und des Transaktionsgegenstandes derart verändert, dass die historischen Finanzinformationen in Form von Konzern- und Einzelabschlüssen nicht ausreichen, um die relevante operative Geschäftstätigkeit adäquat abzubilden. Der Transaktionsgegenstand hat dabei innerhalb der Unternehmensgruppe meist eine weitgehend eigenständige wirtschaftliche Einheit, jedoch keine rechtlich eigenständige Einheit gebildet.

142 Der Transaktionsgegenstand wird durch den *Carve Out* erst geschaffen. Dies bedeutet, dass auch die Finanzinformationen über den Transaktionsgegenstand erst durch den *Carve Out* noch geschaffen werden müssen. Diese Finanzinformationen wiederum sind Grundlage für die *Financial Due Diligence*, die Unternehmensbewertung und die Kaufpreisfindung. Damit kommt der Erstellung dieser Finanzinformationen und ihrer Qualität eine besondere Bedeutung zu.

143 Die Ableitung der relevanten Finanzinformationen erfolgt mehrstufig und verfolgt unterschiedliche bzw. aufeinander aufbauende Zielsetzungen. Ist ein Unternehmensverkauf das primäre Ziel des *Carve Out*, sollen die Finanzinformationen erst dem Veräußerer und dann dem Erwerber ermöglichen, die nachhaltige Ertragskraft sowie die Vermögens- und Finanzlage angemessen einschätzen zu können. Kommt neben einem Verkauf *(trade sale)* auch ein Börsengang (*Initial Public Offering* oder *IPO*) in Betracht, sollten die im Rahmen des *Carve Out* erzeugten Finanzinformationen bereits diese Flexibilität erlauben. Schließlich kann auch in Folge des Verkaufs aus Sicht des späteren Käufers eine Finanz- oder Kapitalmarkttransaktion zur (Teil-)Finanzierung des Kaufes in Betracht kommen, sei es über eine strukturierte Finanzierung, die Begebung eines Bonds oder auch durch einen *IPO*.

a) Historische und hypothetische Finanzinformationen

144 Die relevanten Finanzinformationen können in historische bzw. retrospektive sowie in prospektive bzw. hypothetische Finanzinformationen unterteilt werden.[72]

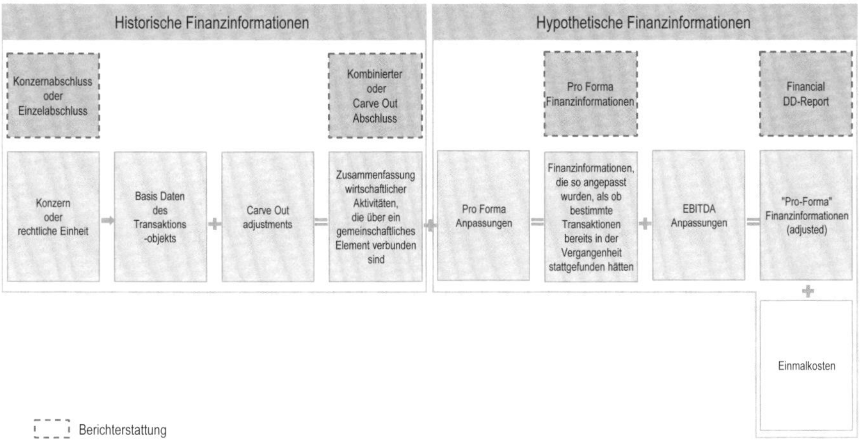

Abbildung 13: Systematik der Finanzinformationen

145 Historische Finanzinformationen bilden Geschäftsvorfälle der Vergangenheit ab, d. h. es handelt sich um zu einem bestimmten Zeitpunkt tatsächlich stattgefundene Transaktionen innerhalb eines bestimmten Betrachtungszeitraumes.[73] Ihre

[72] In der Praxis finden sich verschiedene Terminologien. Die hier verwendeten Begriffe orientieren sich weitgehende an der Terminologie, wie sie von Pföhler/Erchinger/Doleczik/Küster/Feldmüller, WPg 2014, 475 ff. verwendet wird.

[73] Pföhler/Erchinger/Doleczik/Küster/Feldmüller, WPg 2014, 475, 477.

Darstellung kann als Konzernabschluss oder Einzelabschluss entsprechend der geltenden Konsolidierungs- und sonstigen Rechnungslegungsvorschriften erfolgen oder in einem sogenannten kombinierten oder *Carve Out*-Abschluss, in dem der Transaktionsgegenstand entsprechend der relevanten operativen Geschäftstätigkeit zusammengesetzt ist.

146 Demgegenüber bilden Pro Forma-Finanzinformationen Transaktionen – beispielsweise Unternehmenszusammenschlüsse, die zu einem bestimmten Zeitpunkt in der Vergangenheit stattgefunden haben oder noch bevorstehen – so ab, als ob diese bereits zu einem im Vergleich zum tatsächlichen Transaktionszeitpunkt früheren, in der Vergangenheit liegenden Zeitpunkt stattgefunden hätten.[74]

147 Kombinierte oder *Carve Out*-Abschlüsse bzw. die Pro Forma-Finanzinformationen bilden dann die Grundlage für weitere betriebswirtschaftliche Analysen im Rahmen einer *Vendor* bzw. *Buy Side Due Diligence*. Es wird dann beispielsweise darum gehen, die nachhaltige Ertragskraft zu beurteilen. Für diese Analysen gelten die in → § 2 Rn. 6 ff. dargestellten Grundsätze gleichermaßen. Einzige Besonderheit ist, dass es auch zu einer Beurteilung der zu erwartenden Einmalkosten kommen sollte, die nötig sind, um die Zielstruktur zu implementieren und in einen eingeschwungenen Zustand zu bringen. Diese Einmalkosten haben einen *Net Debt*-ähnlichen Charakter, da sie zu Zahlungsmittelabflüssen führen, aber nicht dauerhaft die nachhaltige Ertragskraft mindern (siehe hierzu → § 7 Rn. 255 ff.).

b) Carve Out Adjustments

148 Im deutschen und kontinentaleuropäischen Rechtsraum mangelt es an spezifischen Regelungen für die Erstellung und Prüfung von *Carve Out*-Abschlüssen, auch wenn mit Blick auf die EU-Prospektverordnung spezifische Vorgaben für *Carve Out*-Abschlüsse bestehen, die einer europäischen Aktienemission zugrunde liegen sollen. [75] Gleiches gilt für das IFRS-Normensystem. Das im Jahre 2018 beschlossene IFRS Rahmenkonzept *(„Conceptual Framework“[76])* hat nunmehr den Begriff der kombinierten Abschlüsse in 3.12 aufgenommen. In der Praxis werden die Begriffe kombinierte Abschlüsse und *Carve Out*-Abschlüsse häufig inhaltsgleich verwendet.

148a Im US-Kapitalmarktumfeld sind die Anforderungen klarer umrissen. Das SEC Accounting Bulletin 1.B enthält spezifische Vorgaben, welche Aufwendungen und Erträge in den historischen Abschlüssen eines Emittenten, der zuvor als Geschäftsbereich eines anderen Unternehmens existiert hat, enthalten sein müssen. Wurden z. B. in der Zeit vor der Ausgliederung des Geschäftsbereichs von der Muttergesellschaft Aufwendungen getragen und nicht weiterbelastet, so sind diese Aufwendun-

---

[74] Pföhler/Erchinger/Doleczik/Küster/Feldmüller, WPg 2014, 475, 477 m. w. N.

[75] Geisler/Winterling, KoR 2016, 149, 150.

[76] Conceptual Framework for Financial Reporting (ifrs.org), abrufbar unter https://www.ifrs.org/content/dam/ifrs/publications/pdf-standards/english/2021/issued/part-a/conceptual-framework-for-financial-reporting.pdf.

gen (z. B. Löhne und Gehälter, Abschreibungen, Miet- und Leasingaufwendungen etc.) in dem *Carve Out*-Abschluss dem ausgegliederten Geschäftsbereich entweder direkt oder mittels plausibler Allokationsschlüssel zuzuordnen.[77] Unberücksichtigt bleibt demgegenüber, dass die andere Einheit möglicherweise andere Kosten gehabt hätte (z. B. fiktive Aufsichtsratskosten).

Über die letzten Jahre haben die „Big 4" Wirtschaftsprüfungsgesellschaften Leitlinien für kombinierte oder *Carve Out*-Abschlüsse veröffentlicht.[78] Die von Deloitte, EY und PwC und KPMG herausgebrachten Leitlinien beziehen sich in erster Linie auf die *US-GAAP* und die relevanten Publikationen der *SEC*. Sie unterscheiden sich eher in Nuancen und haben teils unterschiedliche Schwerpunkte. Die *US-GAAP Guidance* werden regelmäßig auch als Rahmen für IFRS genutzt, da es keine IFRS Standards für kombinierte oder *Carve Out*-Abschlüsse gibt. Die KPMG-Broschüre ist die Einzige, die kombinierte oder *Carve Out* Abschlüsse unter IFRS behandelt und neben grundlegenden Prinzipien der Aufstellung auch IFRS Spezifika aufnimmt. **148b**

c) Pro Forma-Anpassungen und EBITDA-Anpassungen

Diese Anpassungen fallen in den Bereich der hypothetischen Finanzinformationen. Sie sind Ergebnis einer betriebswirtschaftlichen Analyse, die das Ziel verfolgt, das Unternehmen so darzustellen, als ob es nicht mehr zur Unternehmensgruppe gehört und auch über den historischen Betrachtungszeitraum nicht gehört hat. **149**

Die Annahmen, die diesen Anpassungen zugrunde gelegt werden, werden regelmäßig vom Veräußerer getroffen. Nur der Erwerber hingegen kann beurteilen, wie hypothetische Finanzinformationen darüber hinaus auf die Erwerbsstrukur anzupassen sind. So macht es einen erheblichen Unterschied, ob eine Einheit in einen existierenden Konzern integriert wird oder ob eine eigenständig lebensfähige Struktur aufgebaut werden muss. Typische Beispiele für derartige Anpassungen sind: **150**

- **(Personal)** Wie soll die zukünftige Organisationsstruktur aussehen und welches Personal ist notwendig (z. B. Rechnungswesen, Controlling, HR, Rechtsabteilung)?
- **(IT)** Welche IT-Funktionen waren bisher zentralisiert? Welche IT-Funktionen sind zukünftig notwendig?

---

[77] Geisler/Winterling, KoR 2016, 149, 150 m. w. N.

[78] Deloitte abrufbar unter https://dart.deloitte.com/USDART/pdf/90d43b58-3f6a-11e6-95db-a3a5f13a9e78 (Stand 2021), EY abrufbar unter https://www.ey.com/en_us/assurance/accountinglink/guide-to-preparing-carve-out-financial-statements (Stand 2022), KPMG abrufbar unter https://home.kpmg/xx/en/home/insights/2022/02/ifrs-handbook-combined-carve-out-financial-statements-updated.html (Stand 2022) sowie PwC abrufbar unter https://viewpoint.pwc.com/dt/us/en/pwc/accounting_guides/carve-out-financial-statements/assets--co/cosept2021v3.pdf (Stand 2021).

- **(Einkauf)** Haben die Gruppengesellschaften bisher besonders gute Einkaufskonditionen von Dritten aufgrund der Größe der Unternehmensgruppe bekommen können? Wie werden sich diese Konditionen *stand alone* entwickeln?

d) Einmalkosten

151 Einmalkosten zählen ebenfalls zu den hypothetischen Finanzinformationen. Es sind erwartete Kosten, die nötig sind, die Zielstruktur zu implementieren und in einen eingeschwungenen Zustand zu bringen. Typische Beispiele für Einmalkosten sind:

- Kosten der physischen Bereichstrennung (z. B. Produktion, Lagerhaltung, getrennte Mitarbeiterzugänge, Logistik).
- Kosten für zusätzliche IT und Büroausstattung.
- Kosten der Datentrennung und Datenspeicherung.
- Notwendige Lizenzen und Zertifikate.
- Kosten für die Suche und Einstellung von Personal.

In der Praxis hat sich die Faustregel etabliert, dass der Verkäufer die Kosten bis zur Übergabe trägt und der Käufer die Kosten der Integration. Bildlich gesprochen stellt der Verkäufer dem Käufer das Zielobjekt „auf den Hof".

e) Auswirkung auf Bilanz und GuV

152 Die *Carve Out*- und sonstigen Anpassungen können sehr komplex sein und haben regelmäßig Auswirkung auf alle Posten der Bilanz und der GuV. Es würde zu weit führen, alle Fragestellungen darzustellen, die sich regelmäßig im Rahmen von *Carve Out*-Prozessen stellen. Am Ende dieses Unterabschnitts werden in → Rn. 169 einige typische Fragestellungen beispielhaft aufgeworfen und ihre Auswirkung auf Bilanz und GuV gezeigt, um zu verdeutlichen, welche Komplexitätstiefe *Carve Out*-Prozesse erreichen können.

3. Berichterstattung

153 Planung, Organisation und Durchführung des *Carve Out* sind Grundlage für eine sachgerechte Berichterstattung und stellen bei so komplexen *Carve Out*-Situationen wie im Eingangsbeispiel in → Rn. 138 beschrieben, eine große Herausforderung an die betroffene Unternehmensgruppe dar.

a) Kombinierte oder Carve Out-Abschlüsse

154 Unter *Carve Out*-Abschlüssen werden sowohl Abschlüsse für einen Teil einer rechtlichen Einheit verstanden als auch Abschlüsse, in denen eine oder mehrere Teileinheiten und/oder mit einer oder mehreren rechtlichen Einheiten erfasst werden.

Im Eingangsbeispiel wäre dies der Fall, wenn die Spezialchemie-*Business Units* der Tochterunternehmen 1, 2 und 3 zusammengefasst werden. Als kombinierte Abschlüsse (im engeren Sinne) werden Abschlüsse bezeichnet, in denen ausschließlich rechtlich selbständige Gesellschaften kombiniert werden.[79]

Kombinierte oder *Carve Out*-Abschlüsse können in Übereinstimmung mit den IFRS (gegebenenfalls wie sie in der EU anzuwenden sind) für historische Perioden erstellt werden. Die operative Geschäftstätigkeit wird dann im Zeitablauf über meist 3 Jahre dargestellt. Voraussetzung für die Anwendung der IFRS ist allerdings, dass alle kombinierten Teileinheiten über den gesamten Betrachtungszeitraum als Verknüpfungselement unter einer gemeinsamen Kontrolle *(common control approach)* standen.[80] Die tatsächlich stattgefundenen Transaktionen bzw. Geschäftsvorfälle der Vergangenheit müssen zudem verursachungsgerecht den jeweiligen Geschäftsbereichen bzw. Teileinheiten zugeordnet sein. **155**

In der Praxis sind die sogenannten *„Note 1 – Abschlüsse“*, *„Note 1 financial statements“* oder *„Basis of preparation – Abschlüsse“* weit verbreitet. Diese lehnen sich weitgehend an IFRS (oder andere relevante Rechnungslegungsvorschriften) an, beschreiben in der *Note 1* des Anhangs jedoch zusätzlich, welche (IFRS) Rechnungslegungsvorschriften Anwendung gefunden haben und unter welchen Annahmen der Abschluss aufgestellt wurde (z. B. verwendete Kostenallokationen, Verteilung des Ertragsteueraufwands, anteilige aktienbasierte Vergütung, usw.). **156**

Kombinierte oder *Carve Out*-Abschlüsse können einer Abschlussprüfung unterzogen werden. Dies gilt sowohl für IFRS-Abschlüsse als vom Grundsatz her auch für die *„Note 1 financial statements“*. Insoweit wird auf die Ausführungen in → § 11 Rn. 39 ff. verwiesen. Voraussetzung hierfür ist allerdings, dass der Abschluss vollständig ist und er somit insbesondere alle erforderlichen Anhangsangaben und Darstellungen enthält. **157**

Kombinierte oder *Carve Out*-Abschlüsse, die ein den tatsächlichen Verhältnissen entsprechendes Bild des Transaktionsgegenstandes widerspiegeln, sollten regelmäßig ein guter Aufsatzpunkt für die *Financial Due Diligence* sein. Darüber hinaus eröffnen sie dem Veräußerer vor bzw. dem Käufer nach dem Kauf die Möglichkeit, den Transaktionsgegenstand über den Kapitalmarkt zu refinanzieren, insbesondere durch einen *IPO*. Nach Auffassung der deutschen Billigungsbehörde, der BaFin, ist die Aufnahme eines kombinierten Abschlusses aus Gründen der Übersichtlichkeit und Verständlichkeit unter Umständen der Aufnahme gegebenenfalls **158**

---

[79] Pföhler/Erchinger/Doleczik/Küster/Feldmüller, WPg 2014, 475, 478. Dort wird „kombinierte Abschlüsse“ als Oberbegriff für *Carve Out*-Abschlüsse und andere kombinierte Abschlüsse, also kombinierte Abschlüsse (im engeren Sinn) verwendet.

[80] Als alternative Verknüpfungselemente zum führenden *„common control approach“* für die Zusammenfassung von Geschäftsbereichen für *Carve Out*-Abschlüsse werden der *„common management approach“* und der *„common business approach“* diskutiert, Geisler/Winterling, Kor 2016, 149, 151. Es wird sich zeigen, ob sich dies in der Praxis durchsetzen wird.

einer Vielzahl von historischen Einzelabschlüssen vorzuziehen.[81] Für das Eingangsbeispiel bedeutet dies, dass ein (geprüfter) kombinierter IFRS-Abschluss der Spezialchemiesparte der Tochterunternehmen 1, 2 und 3 aufgrund der komplexen finanztechnischen Vorgeschichte im Sinne der EU-ProspektVO[82] als historische Finanzinformationen Eingang in den *IPO* Prospekt finden könnte. Eine Veröffentlichung der wenig aussagekräftigen Einzelabschlüsse, in denen zumeist noch andere *Business Units* enthalten sind, könnte dann entfallen.

159 Kommt es auf die Kapitalmarktfähigkeit des Abschlusses nicht an, sondern kann eine Finanzierung auch als strukturierte Finanzierung oder durch bereits vorhandene Mittel erfolgen, kommen andere Formen der Berichterstattung in Betracht, die weniger aufwendig und ggf. sogar aussagekräftiger sein können. Hier bietet sich insbesondere an:

- Erstellung eines kombinierten oder *Carve Out*-Abschlusses lediglich auf den Stichtag des *Carve Out* verbunden mit einer Prüfung oder prüferischen Durchsicht. Insbesondere bei einer prüferischen Durchsicht kann es sachgerecht sein, zusätzlich noch bestimmte vereinbarte Untersuchungshandlungen *(„Agreed upon Procedures")* nach ISRS 4400[83] in kritischen Bereichen durchzuführen;
- eine Prüfung nach IDW PS 480[84] oder eine Bescheinigung nach ISAE 3000;[85]
- Dokumentation der Erstellung und Herleitung der Finanzinformationen im Rahmen eines (*Sell-Side* und *Buy-Side*) *Financial Due Diligence* Berichtes.

160 Die Entscheidung wird im Ergebnis im Wesentlichen von der Komplexität der Transaktion sowie den Erfordernissen der Finanzierung (IPO/*Bond*, *leverage financing* oder Eigenkapital) getrieben werden.

b) Pro Forma-Finanzinformationen

161 In → Rn. 25 ff., → Rn. 62 sowie → Rn. 129 ff. wurde schon verschiedentlich auf Pro Forma-Finanzinformationen eingegangen, allerdings mit einer Fokussierung auf betriebswirtschaftliche Analysen bei der *Financial Due Diligence.*

162 Es können drei Arten von Pro Forma-Finanzinformationen unterschieden werden. Sie lassen sich klassifizieren entsprechend des regulatorischen Umfelds, dem sie unterworfen sind. Es handelt sich um Pro Forma-Finanzinformationen

- zur Aufnahme in einen (Börsen-) Prospekt,

---

[81] Pföhler/Erchinger/Doleczik/Küster/Feldmüller, WPg 2014, 475, 480, mit Verweis auf nicht öffentlich zugängliche Fundstelle.

[82] Verordnung (EU) 2017/1129 des europäischen Parlaments und des Rates vom 14. Juni 2017 über den Prospekt, der beim öffentlichen Angebot von Wertpapieren oder bei deren Zulassung zum Handel an einem geregelten Markt zu veröffentlichen ist und zur Aufhebung der Richtlinie 2003/71/EG.

[83] Siehe hierzu die Ausführungen in → § 11 Rn. 62 f.

[84] Siehe hierzu die Ausführungen in → § 11 Rn. 56 f.

[85] Siehe hierzu die Ausführungen in → § 11 Rn. 63a f.

- als Gegenstand einer Prüfung oder prüferischen Durchsicht beispielsweise zur Verwendung im Rahmen einer Unternehmenstransaktion, aber nicht zur Aufnahme in einen Prospekt, sowie
- Anpassungen im Rahmen der *Financial Due Diligence*, die sich an betriebswirtschaftlichen, nicht aber an Erwägungen der Rechnungslegung orientieren (→ Rn. 129 ff.).

Pro Forma-Finanzinformationen im engeren Sinne sind im Prospekt aufzunehmen, soweit der Emittent in den vergangenen Jahren eine wesentliche Transaktion durchgeführt hat und bestimmte Größenkriterien hinsichtlich der Aktiva und Passiva sowie der Erträge des Emittenten erfüllt sind. **163**

Das IDW hat einen Rechnungslegungshinweis zur Erstellung[86] sowie einen Prüfungshinweis hinsichtlich der Prüfung von Pro Forma-Informationen[87] erlassen. Pro Forma-Finanzinformationen sind nach den Vorgaben der ProspektVO zu erstellen und zusammen mit einem Prüfungsurteil eines Wirtschaftsprüfers im Prospekt abzudrucken. Von relevanten Unternehmenstransaktionen ist auszugehen, wenn mindestens eines der nachfolgend genannten Kriterien erfüllt ist:[88] **164**

- Die Bilanzsumme am Abschlussstichtag des jüngsten abgelaufenen Geschäftsjahres des zugehenden/abgehenden bzw. mit hinreichender Wahrscheinlichkeit zugehenden/abgehenden Tochterunternehmens, Teilkonzerns oder Unternehmensteils überschreitet die Grenze von 25 % der Bilanzsumme des jüngsten abgelaufenen Geschäftsjahres des rechnunglegenden Unternehmens vor der Unternehmenstransaktion.
- Die Umsatzerlöse des letzten vollen, d. h. 12 Monate umfassenden Geschäftsjahrs des zugehenden/abgehenden bzw. mit hinreichender Wahrscheinlichkeit zugehenden/abgehenden Tochterunternehmens, Teilkonzerns oder Unternehmensteils überschreiten die Grenze von 25 % der Umsatzerlöse des letzten vollen Geschäftsjahrs des rechnunglegenden Unternehmens vor der Unternehmenstransaktion.
- Das Jahresergebnis (Jahresüberschuss, Jahresfehlbetrag) des letzten vollen Geschäftsjahres des zugehenden/abgehenden bzw. mit hinreichender Wahrscheinlichkeit zugehenden/abgehenden Tochterunternehmens, Teilkonzerns oder Unternehmensteils überschreitet die Grenze von 25 % des Jahresergebnisses des rechnunglegenden Unternehmens vor der Unternehmenstransaktion.

---

[86] IDW Rechnungslegungshinweis: Erstellung von Pro-Forma-Finanzinformationen (IDW RH HFA 1.004), in IDW, Prüfungsstandards, Stellungnahmen zur Rechnungslegung, Standards, Loseblattsammlung Band II.

[87] IDW Prüfungshinweis: Prüfung von Pro-Forma-Finanzinformationen (IDW PH 9.960.1) in IDW, Prüfungsstandards, Stellungnahmen zur Rechnungslegung, Standards, Loseblattsammlung Band II.

[88] IDW RH HFA 1.004, Tz. 7.

165 Über das Ergebnis der Prüfung von Pro Forma-Finanzinformationen kann eine Bescheinigung erteilt werden.[89] Insoweit wird auf die Ausführungen in → § 11 Rn. 54 verwiesen.

166 Sofern die Pro Forma-Finanzinformationen nicht die Voraussetzung der ProspektVO sowie der IDW-Verlautbarungen erfüllen, können sie gleichwohl unter bestimmten Voraussetzungen Gegenstand einer Prüfung oder prüferischen Durchsicht sein. Sie können auch einen wesentlichen Mehrwert für eine *Financial Due Diligence* bieten.

c) Financial Due Diligence Report

167 Vendor bzw. *Buy Side Financial Due Diligence*-Berichte setzen auf den kombinierten oder *Carve Out*-Abschlüssen, ggf. einschließlich Pro Forma-Anpassungen auf. Inhalt der *Financial Due Diligence* ist dann zum einen, eine Einschätzung zu treffen, ob die Abschlüsse überhaupt eine solide Basis zur Beurteilung des Geschäfts darstellen. Zum anderen erfolgt eine betriebswirtschaftliche Analyse, welche Auswirkungen die (geplante) Unternehmenstransaktion auf das (zukünftige) Geschäft hat.

168 Ein Vorteil des *Financial Due Diligence*-Reports besteht darin, dass die Ausgestaltung und Darstellungsmöglichkeiten sehr viel flexibler sind als bei Abschlüssen, die dann durch den Abschlussprüfer beurteilt werden. Die Kombination aus (geprüften) kombinierten oder *Carve Out*-Abschlüssen, Pro Forma-Finanzinformationen und *Financial Due Diligence* bringt dann meist den Mehrwert für Veräußerer und Käufer, das *Carve Out*-Geschäftsfeld sachgerecht dargestellt zu bekommen.

4. Typische Carve Out-Fragestellungen und ihre Auswirkungen auf Bilanz und GuV

	Bilanz	Fragestellungen (Beispiele)
169	Immaterielle Vermögensgegenstände	• Ist weiterhin die Nutzung der *Brand* vorgesehen? Wird die *Brand* übertragen oder auslizensiert? Sind Kosten hierfür berücksichtigt? Ist die Berechnung *at arm's length*? • Wem sollen Lizenzen (z. B. Software) und Patente zustehen? • Ist eine Unterlizensierung möglich, solange die *Carve Out*-Einheit noch zur Gruppe gehört? Ist sie auch noch nach einem Verkauf möglich? Sind die entsprechenden Kosten berücksichtigt?

[89] IDW PH 9.960.1, Tz. 26.

Bilanz	Fragestellungen (Beispiele)
Sachanlagen	• Sollen Grundstücke und Bauten sowie Anlagen und Maschinen mit übergehen? • Was soll mit gemeinsam genutzten Standorten passieren? Sollen langfristige Mietverträge abgeschlossen werden?
Vorräte	• Ist eine physische Trennung zwischen *Carve Out*-Einheit und Gruppe notwendig sowie eine Neuorganisation der Lagerhaltung? • Lässt die IT eine Trennung der Nebenbücher zu? Funktioniert dann noch die Schnittstelle zum Hauptbuch?
Forderungen aus LuL	• Ist eine Trennung der Debitorenbuchhaltung erforderlich (Forderungen sollen der *Carve Out*-Einheit zuzurechnen sein)?
Pensionsrückstellung	• Gibt es ein versicherungsmathematisches Gutachten für die übergehenden Pensionsrückstellungen der Mitarbeiter?
Steuerrückstellungen	• Wie würden die Steuerrückstellungen aussehen, wenn das *Carve Out*-Objekt ein eigenständiges Steuerobjekt wäre? • Welche Auswirkungen gibt es auf die Steuerlatenzen *(deferred taxes)?*
Sonstige Rückstellungen	• Sind die gebuchten Personalrückstellungen vollständig? • Sind Gewährleistungsrückstellungen separat gebucht?
Anleihen, Verbindlichkeiten gegenüber Kreditinstituten	• Wie werden Anleihen, Verbindlichkeiten gegenüber Kreditinstituten oder sonstiges *Financial Debt* berücksichtigt? • Ist es nach den Finanzierungsverträgen möglich oder sogar erforderlich, das *Financial Debt* zwischen *Carve Out*-Einheit und Gruppe aufzuteilen?
Verbindlichkeiten aus LuL	• Ist eine Trennung der Kreditorenbuchhaltung erforderlich (Verbindlichkeiten sollen ausschließlich der *Carve Out*-Einheit zuzurechnen sein)?

Gewinn- und Verlustrechnung	Fragestellungen (Beispiele)	
Umsatzerlöse	• Beziehen sich die Umsatzerlöse ausschließlich auf Umsätze der *Carve Out*-Einheit? • Welche Intercompany Umsätze gibt es? Sind diese *at arm's length?* • Lassen sich die Kunden (-Verträge) zwischen *Carve Out*-Einheit und Gruppe aufteilen?	**170**

Gewinn- und Verlustrechnung	Fragestellungen (Beispiele)
Materialaufwand	• Wie verändern sich die Kosten in Abhängigkeit von geänderten Umsatzerlösen? • Welche Intercompany-Materialaufwendungen gibt es? Sind diese *at arm's length?*
Personalaufwand	• Sind die Kosten sämtlicher Mitarbeiter enthalten? • Werden zusätzliche Mitarbeiter im *Stand alone Case* benötigt?
Intercompany-Allokationen und zentralisierte Funktionen	• Wurden historisch für alle IC-Leistungen auch IC-Erträge und Aufwendungen gebucht? • Welche zentralisierten Funktionen werden zukünftig benötigt? Welche Funktionen werden *in-house* erbracht und welche Funktionen werden ausgegliedert? • Wie angemessen sind die Allokationsschlüssel (Drittvergleich)? • Welche Kosten fallen zukünftig an?
Andere indirekte Kosten	• Welche Kosten sind nicht direkt auf *Carve Out*-Einheit und Gruppe zuzuordnen? • Werden diese Kosten verursachungsgerecht umgelegt? • Nach welchem Schlüssel?
Abschreibungen	• Gehen alle Vermögenswerte über oder steigen die Mietaufwendungen?
Steuern	• Wie verändert sich die Steuerbelastung im *Stand alone*-Fall? • Wie sind die Auswirkungen der Steuerlatenzen *(deferred taxes)?*

VI. Outsourcing

1. Ausgangspunkt

171 Outsourcing-Transaktionen sind ein Unterfall des *Carve Out*, da in der Regel bestimmte Vermögensgegenstände und Mitarbeiter übertragen werden sollen. Outsourcing-Transaktionen können als *Asset* oder als *Share Deal* strukturiert sein. Dies hängt meist davon ab, wie komplex die Transaktion ist, d. h. wie technologieabhängig die zu übertragenden Aktivitäten sind, inwieweit Dritte betroffen sein werden und wie viele rechtliche Einheiten und Länder involviert sind. Je höher der Grad der Komplexität, desto eher bietet es sich an, den zu übertragenden Unter-

nehmensteil in eine oder mehrere rechtliche Einheiten auszugliedern und die Outsourcing-Transaktion als *Share Deal* zu strukturieren.

Bei einem Outsourcing gliedert ein Unternehmen (Kunde) einen Unternehmensteil aus, der bis dahin Leistungen an andere Unternehmensteile erbracht hat und überträgt ihn an einen Outsourcing-Partner (Service Provider). Dieser erbringt dann zukünftig die Leistung für den Kunden und stellt diese in Rechnung. In der Regel übernimmt der Service Provider Personal des Kunden sowie bestimmte Gegenstände des Anlagevermögens und gegebenenfalls auch des Vorratsvermögens. Unternehmensteile, die sich für ein Outsourcing anbieten, sind beispielsweise die IT eines Unternehmens, Wartungs- und Infrastrukturdienstleistungen *(Managed Services),* Betrieb und Logistik von Vorratslagern oder auch Buchhaltung mit Massendatenverarbeitung. **172**

Der Kunde wird in der Regel bei einem Outsourcing eine (oder mehrere) der folgende Ziele verfolgen: **173**

- Kosteneinsparung durch die Erzielung von Effizienzgewinnen beim Service Provider.
- Stärkere Fokussierung auf die Kerngeschäftsfelder.
- Verbesserung der in Anspruch genommenen Dienstleistung.
- Konzerninterne Reorganisation und Verschlankung der Strukturen.

Der Service Provider wiederum wird seine Profitabilitätserwartungen auf folgende Überlegungen stützen: **174**

- Die Erzielung von Effizienzgewinnen im Vergleich zum Kunden, insbesondere aufgrund einer effizienteren Unternehmens- und Dienstleistungsstruktur.
- Der Service Provider wird die gleichen oder vergleichbare Dienstleistungen für andere Unternehmen erbringen. Dadurch sollen Skaleneffekte (*economies of scale*) realisiert werden. Außerdem ergeben sich Kostenvorteile bei einem zentralisierten Einkauf.
- Durch zusätzliche Angebote soll gegebenenfalls weiteres Geschäft generiert werden wie beispielsweise durch den Verkauf von Anlagegegenständen (z. B. Maschinen oder Netzwerkkomponenten) oder durch das Anbieten weiterer Dienstleistungen.

Bei großen Outsourcing-Transaktionen kommt es in der Regel zu einem Ausschreibungsprozess (*Request for Proposal* oder *RfP*), an dem sich die interessierten Service Provider beteiligen. Ein typisches *RfP* bei *Managed Services* oder IT beinhaltet häufig folgende Anforderungen: **175**

- Im ersten Jahr des Outsourcing soll eine Kosteneinsparung von mindestens 25 % erzielt werden; weitere Einsparungen erfolgen über die nächsten Jahre und werden bei Vertragsabschluss regelmäßig schon beziffert.

- Dafür verpflichtet sich der Kunde auf eine Mindestvertragslaufzeit von 5 Jahren sowie auf garantierte Minimumzahlungen an den Service Provider (Mindestumsatzgarantie).

176 Die folgende Brücke zeigt illustrativ, auf welcher Basis Kosteneinsparungen von 25 % gerechnet werden können:

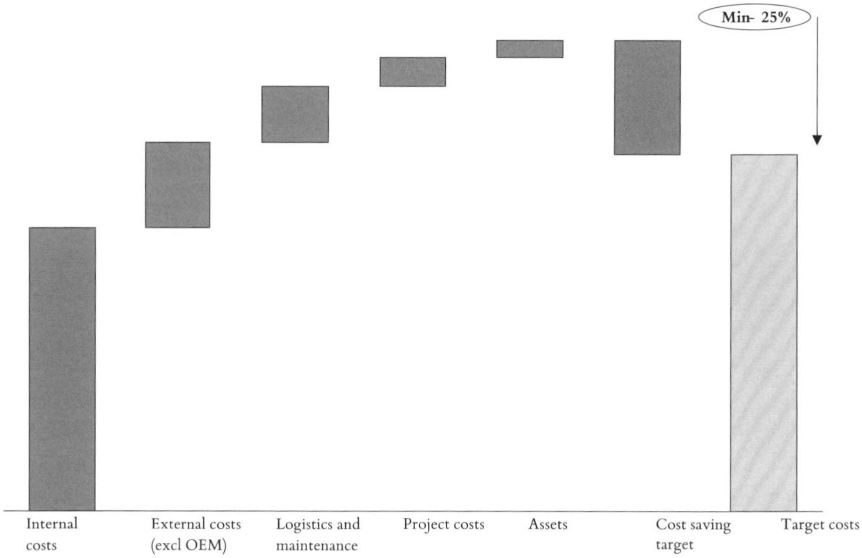

Abbildung 14: Brücke der Kosteneinsparungen

177 Die in die Berechnung einbezogenen Kostenblöcke sind deshalb von besonderer Bedeutung, da sie für den Service Provider unterschiedlich beeinflussbar sind. In der Regel können Effizienzeinsparungen in größerem Umfang nur bei den bisherigen internen Kosten *(internal costs)* erzielt werden. Bei den externen Kosten dagegen sind die Einsparungspotentiale häufig deswegen gering, da ein gut organisierter zentraler Einkauf schon die wesentlichen Einsparungen erzielt haben sollte.

178 Die Interessenlage beim Outsourcing ist schon deshalb anders als bei einem Unternehmenskauf, weil die beiden Parteien hinterher gut und einvernehmlich weiter zusammenarbeiten wollen. Ansonsten sind die geplanten Kosteneinsparungen und Serviceverbesserungen kaum erzielbar. Daran orientiert sich auch der eigentliche Due Diligence-Prozess, der in folgendem Schaubild typisiert dargestellt ist:

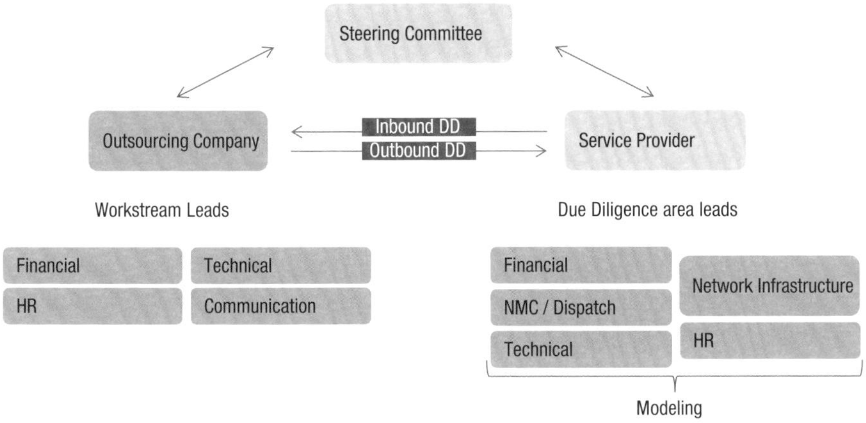

Abbildung 15: Due Diligence-Prozess

Die größte Besonderheit ist, dass auch der Kunde häufig eine Due Diligence-Prüfung beim Service Provider durchführen wird, um sicherzustellen, dass dieser tatsächlich auch die angeforderte Leistung erbringen kann (sog. *Outbound Due Diligence*). **179**

2. Transaktionsstruktur

Outsourcing Transaktionen werden häufig als *Asset Deal* strukturiert, das heißt einzelne Vermögensgegenstände und Verträge bspw. mit Mitarbeitern werden übertragen. Die Mitarbeiter haben dabei regelmäßig ein Widerspruchsrecht. Sofern die Mitarbeiterverträge nicht mit übertragen werden, stellt sich die Frage, ob sie im Sinne des § 613a BGB zum Betrieb gehören. Bei größeren und komplexeren Transaktionen wird der Unternehmensteil, der ausgelagert werden soll, häufig zunächst in eine eigenständige rechtliche Einheit ausgegliedert. Dies liegt nicht zuletzt auch daran, dass ansonsten eine im Rahmen einer *Financial Due Diligence* überprüfbare Datenbasis gar nicht erzeugt werden könnte. In diesen Fällen wird das Outsourcing dann als Share Deal strukturiert werden (sog. *M&A deal*). Diese Unterscheidung ist auch deshalb von Bedeutung, da *Asset Deals* häufig durch die Fachabteilungen geleitet werden und *Share Deals* durch die zentrale M&A-Abteilung. **180**

3. Ziel der Financial Due Diligence

Der *RfP* wird in der Regel bereits eine Darstellung enthalten, wie sich die Kosten zusammensetzen, auf deren Basis die Zieleinsparungen von mindestens 25 % erfolgen sollen. Dies ist die sog. *RfP baseline*. Die Due Diligence des Service Providers wird regelmäßig folgende Ziele verfolgen: **181**

- Analyse der *RfP baseline* um zu bestimmen, wie die tatsächliche nachhaltige Kostenstruktur des Geschäfts ist. Häufig wird der Ausschreibung nämlich nur ein Auszug des Kostenstellenreports der letzten Periode (beispielsweise des letzten Geschäftsjahres) beigefügt und als *RfP baseline* verwendet.
- Anpassung der *RfP baseline*, z. B. wenn die *baseline* nicht alle relevanten Kosten enthält oder nicht die aktuellen Kostensätze (z. B. sind nicht alle relevanten Kosten auf die zur Verfügung gestellten Kostenstellen gebucht oder Gehaltssteigerungen und Mietsteigerungen sind nicht berücksichtigt).
- Adressierung von Risikofaktoren, die die *baseline* oder die Liquidität durch Einmaleffekte negativ beeinflussen könnten durch eine entsprechende Risikovorsorge im Angebot und im Outsourcingvertrag. Hierzu gehört beispielsweise auch, dass der Kunde auch outsourcingfähig und outsourcingbereit ist (Organisation, Prozesse, Systeme).
- Implementierung einer effizienten Überwachung, um Garantien und Zusagen nach Vertragsabschluss nachhalten zu können.
- Ermittlung einer überprüfbaren Definition, wie die vom Service Provider durch den Outsourcingvertrag geschuldete Dienstleistung gemessen werden soll.

4. Anpassungen der RfP baseline

182 Ziel der *Financial Due Diligence* ist es, das aktuelle und nachhaltige Kostenniveau der zu übernehmenden Aktivität zu ermitteln. Auf dieses Kostenniveau werden dann die zu erzielenden Einsparungen vereinbart, in der Regel mindestens 25 %. Insoweit unterscheidet sich die *Financial Due Diligence*-Untersuchung im Rahmen eines Outsourcings von der im Rahmen einer Unternehmenstransaktion. Bei der Unternehmenstransaktion werden Kosten analysiert im Zusammenspiel mit Umsatzerlösen und einer Fortentwicklung des Geschäftsmodells. Beim Outsourcing geht es um Kostenoptimierung. Ist die Ausgangsgröße falsch ermittelt, ist das Outsourcingziel für einen der beiden Vertragspartner kaum mehr erreichbar. Mit anderen Worten: Ist die Kostenbasis deutlich zu niedrig angesetzt, wird es für den Service Provider faktisch unmöglich sein, die Kosteneinsparung zu realisieren. Das Outsourcing kann dann für ihn nicht mehr profitabel durchgeführt werden. Ist die Kostenbasis deutlich zu hoch angesetzt, erzielt der Kunde nicht die von ihm erhofften Einsparungen.

183 In der Praxis kommt der erste Fall allerdings deutlich häufiger vor. Dies hat verschiedene Gründe. Zum einen liegt es an der Informationsasymmetrie zwischen Kunde und Service Provider. Der Kunde kennt bzw. sollte sein Unternehmen und seine Kostenstruktur kennen und damit auch mögliche versteckte Kostenrisiken. Zum anderen sind Outsourcing-Transaktionen, zumindest wenn es sich um *Asset Deals* handelt, häufig nicht so professionell vorbereitet wie Unternehmenstransaktionen. Teilweise finden Teilnehmer einer Outsourcing-Ausschreibung lediglich einen Kostenstellenreport vor, der sich in der Regel nicht ohne weiteres zu geprüften Jahresabschlüssen überleiten lässt. Eine detaillierte Überleitung soll auch gar nicht ermöglicht werden, da ansonsten Unternehmensinformationen offengelegt würden, die vertraulich sind und keine Bedeutung für das Outsourcing selbst haben. Die Überprüfung der Qualität und Aussagekraft des Kostenstellenreports ist dann eine der Hauptaufgaben der *Financial Due Diligence.*

Bei der Überprüfung der Kostenbasis kommt es zum einen darauf an festzustellen, ob die Kostenbasis der Höhe nach richtig ist. Zum anderen kommt es aber auch darauf an zu überprüfen, ob überhaupt alle Kosten enthalten sind. Dies ist das größere Risiko. Es kommt immer wieder vor, dass Kosten im Zusammenhang mit den zu übertragenden Aktivitäten gar nicht auf den Kostenstellen gebucht werden, die den potentiellen Service Providern bei der Due Diligence vorgelegt werden. Fehlende Kosten sind natürlich deutlich schwerer zu identifizieren als eine Einschätzung der Höhe von Kosten zu treffen, die zumindest ausgewiesen wurden. **184**

Bezogen auf die *RfP baseline* gibt es üblicherweise drei Gruppen von Anpassungen. **185**

a) Personalkosten

Im Rahmen eines Outsourcings stellt das zu übernehmende Personal einen erheblichen Kostenblock dar, aus dem in der Regel die meisten Einsparungen erzielt werden sollen. Entscheidend ist, dass die zugrunde gelegten Kosten alle direkten und indirekten Kostenbestandteile enthalten (*Fully loaded personnel cost* oder *FLPC*). Typische Anpassungen ergeben sich häufig aus folgenden Sachverhalten: **186**

- **(Berücksichtigung von unterjährigen oder bereits vereinbarten Lohn- und Gehaltserhöhungen)** Diese Kostenerhöhungen spiegeln sich regelmäßig noch nicht in voller Höhe im Kostenstellenreport wider. Die Kostenbasis ist um den Volljahreseffekt anzupassen. Dies heißt, es sind als „Pro Forma"-Anpassungen die Kosten zu ermitteln, die der Kostenstellenreport zeigen würde, wenn die unterjährigen oder vereinbarten Kostenerhöhungen bereits zu Beginn der Periode voll wirksam gewesen wären. Dies wird häufig als *run rate* bezeichnet.
- **(Aktivierte Eigenleistungen)** Teile der Personalkosten sind möglicherweise aktiviert worden, sofern die entsprechenden Voraussetzungen vorlagen. Damit erscheinen sie unter Umständen nicht mehr im Kostenstellenreport. Gleichwohl handelt es sich um zukünftige regelmäßige Zahlungsmittelabflüsse, die vom Service Provider getragen werden müssen. Daher sind diese Kosten in tatsächlich anfallender liquiditätswirksamer Höhe zu berücksichtigen.
- **(Trainings- und Fortbildungskosten)** Diese Kosten werden häufig auf zentralen Kostenstellen erfasst und sind daher möglicherweise nicht im Kostenstellenreport enthalten, die Grundlage der Due Diligence ist. Sofern diese Kosten auch zukünftig anfallen, sind sie der *RfP baseline* hinzuzurechnen.

- **(Kosteneinsparungsprogramme)** Im Vorfeld eines Outsourcings führt der Kunde gegebenenfalls schon Kosteneinsparungsprogramme durch, die beispielsweise beinhalten können, dass Stellen für Mitarbeiter nicht neu besetzt werden. Zu untersuchen ist dann im Rahmen der Due Diligence, ob mit dem bestehenden Personal dauerhaft und nachhaltig die zu erwarteten Dienstleistungen erbracht werden können.
- **(Sonstige)** Darüber hinaus gibt es eine Reihe möglicher weiterer Personalkosten, die nicht oder nicht in voller Höhe im Kostenstellenreport erfasst sind (Kosten der Altersversorgung, Kosten der medizinischen Betreuung, Kosten für Zeitarbeitskräfte, Kosten des Arbeitsplatzes/Miete usw.).

b) Kosten für Drittleistungen

187 Für erste Überlegungen, welche Einsparungen erzielt werden können, spielen Kosten für den Bezug von Drittleistungen meist eine untergeordnete Rolle. Dies liegt daran, dass unter der Annahme eines bereits gut funktionierenden Einkaufs beim Kunden kaum noch Synergien realisiert werden dürften. Gleichwohl gibt es eine Reihe von Untersuchungen, die mögliche Potentiale oder aber zusätzliche Risiken aufzeigen kann.

- ***(Cost of contractors vs. Cost of employees)*** Bestimmte Drittleistungen sind vom Kunden bisher schon eingekauft worden, können aber gegebenenfalls durch eigene Mitarbeiter des Service Provider kostengünstiger durchgeführt werden. Dies könnte ein mögliches Upside für den Business Plan darstellen.
- **(Anstieg der Kosten für Drittverträge)** Ähnlich wie bei den Personalkosten sollte untersucht werden, ob und wie unterjährige oder bereits feststehende Preiserhöhungen in der Kostenbasis berücksichtigt sind. Ist der Volljahreseffekt noch nicht berücksichtigt, sollte die *run rate* entsprechend angepasst werden.
- **(Einkaufssynergien)** Nach der Übernahme von Unternehmensteilen oder Vermögenswerten kann der Service Provider in der Regel nicht mehr die zentral verhandelten Einkaufskonditionen des Kunden in Anspruch nehmen. Sind seine eigenen Einkaufskonditionen besser, könnte dies ein Upside auf den Business Plan darstellen. Sind sie demgegenüber schlechter, besteht die Gefahr eines Downsides. Im Einzelfall kann der Service Provider aber auch an langfristige Drittverträge gebunden sein.
- **(Änderungen in den Ousourcing-Spezifikationen)** Die von Dritten bezogenen Leistungen sollten auf die gegenwärtigen Leistungsspezifikationen passen. Möglicherweise ändern diese sich aber schon kurz- bis mittelfristig und sind im groben Rahmen auch schon in der Ausschreibung niedergelegt (*Scope Drift*). In diesem Fall sollte untersucht werden, was die erwarteten Spezifikationen für Auswirkungen auf die Kostenbasis haben.

- **(Vollständigkeit des Leistungsbezugs)** Hierunter fällt die Beurteilung, ob alle Leistungen dem Grunde und der Höhe nach korrekt in der Kostenbasis berücksichtigt sind, die Grundlage der Angebotskalkulation sind.

c) Overhead

Kosten für den Overhead fallen zumeist zentral an und werden daher häufig nicht verursachungsgerecht auf einzelne Kostenstellen belastet. Im Rahmen der Due Diligence sollte sichergestellt werden, dass Kosten in angemessener Höhe in der *RfP baseline* enthalten sind. **188**

- **(Direkt zurechenbare Overhead-Kosten)** Bestimmte Overhead-Kosten können individuell zugeordnet werden, da sie beispielsweise pro Mitarbeiter anfallen. Hierzu gehören Kosten für technische Ausrüstung, PC, Helpdesk, Mietkosten für Büro-, Lager- oder Produktionsfläche, Kosten für Fahrzeuge usw.
- **(Wartungsaufwand)** Weiterhin sollte sichergestellt werden, dass der Aufwand für den Unterhalt und die Wartung von übernommener technischer Ausrüstung in der *RfP baseline* berücksichtigt ist. Zum einen besteht das Risiko, dass die Kosten nicht verursachungsgerecht umgelegt wurden. Zum anderen sollte sichergestellt werden, dass der Kunde notwendige Wartungsarbeiten nicht hinausgeschoben hat.
- **(Sonstige)** Darüber hinaus gibt es noch zentral anfallende Kosten wie beispielsweise für das Rechnungswesen, Steuern, Rechtsberatung usw. Bei diesen Kosten sollte der Service Provider überlegen, welche Kosten zusätzlich bei ihm anfallen werden, da er regelmäßig die Vermögenswerte in eine bestehende Struktur eingliedern wird.

5. Anpassungen des Bilanzansatzes und des CAPEX

Neben den Anpassungen der Kostenbasis in der *RfP baseline* gibt es noch eine ganze Reihe von möglichen liquiditätswirksamen Einmaleffekten, die bei der Berechnung der Outsourcingkonditionen berücksichtigt werden sollten. Die nachfolgend beispielhaft aufgeführten Risiken materialisieren sich zwar auch in Unternehmenstransaktionen, sind aber für ein Outsourcing besonders typisch. **189**

a) Vermögenswerte und Verbindlichkeiten

Bei einem Outsourcing sind die finanziellen Konsequenzen aus der Übernahme von Mitarbeitern und einzelnen Vermögenswerten regelmäßig wesentlich für die Gesamttransaktion. **190**

- **(Übernahmekosten)** Bei der Übernahme fallen regelmäßig Einmalkosten durch einen Wechsel der Eigentümerstellung an. Hierzu gehören insbesondere Kosten für Datenmigration auf die EDV-Systeme des Service Providers, Lizenzkosten für die Übernahme von Software oder anderen Rechten, Transaktionssteuern (z. B. Grunderwerbsteuer) usw.

- **(Abfindungszahlungen, Restrukturierungskosten)** Häufig werden nach einem Outsourcing Mitarbeiter abgebaut, da der Service Provider mit seiner bestehenden Struktur so Synergien erzielen kann.
- **(Leistungen nach Beendigung des Arbeitsverhältnisses)** Bei der Übernahme von Verpflichtungen aus Pensionen, Altersteilzeit, Jubiläum usw. sollte die tatsächliche Gegenwartsverpflichtung in Ansatz gebracht werden.
- **(Sonstige mitarbeiterbezogene Verpflichtungen)** Ausstehende Boni, Urlaubsansprüche, Überstunden, Auswirkungen langfristiger Inzentivierungsprogramme usw.
- **(Vorratsvermögen)** Beurteilung der Werthaltigkeit des zu übernehmenden Vorrats- und Ersatzteilvermögens für die Zwecke des Outsourcings.

b) CAPEX

191 Eine Beurteilung von CAPEX-relevanten Risiken wird häufig sinnvoll nur möglich sein durch eine Zusammenarbeit mehrerer Workstreams (insb. *Technical, IT/Infrastructure, Finance, Commercial*).

- **(Aktivierungen von Kosten)** Laufende Kosten wurden in der Vergangenheit fälschlicherweise als CAPEX behandelt, d. h. sie wurden aktiviert. Die laufende Kostenbasis könnte damit zu niedrig sein.
- **(CAPEX *underspending oder backlog*)** Notwendige Investitionen z. B. in die Infrastruktur oder die Hardware sind in vergangenen Jahren reduziert worden. Gründe hierfür können vielfältig sein, haben ihre Ursache aber häufig in Liquiditätsengpässen.
- ***(Performance improvement measures)*** Um in der Ausschreibung niedergelegte zukünftige Spezifikationen erfüllen zu können, sind Upgrades der übernommenen Infrastruktur notwendig, die zu weiteren Einmalkosten führen können.
- **(Investitionen zur Realisierung von Synergien)** Um Kostensynergien realisieren zu können, bedarf es Investitionen in übernommene oder eigene Infrastruktur (z. B. Harmonisierung der Systemlandschaft oder System Upgrades).

c) Other risks

192 Darüber hinaus gibt es noch eine ganze Reihe weiterer Risiken, deren quantitative Ermittlung wichtig sein kann, die erwartete Gesamtprofitabilität einzuschätzen.

- ***(Business default risks)*** Eine Outsourcing-Ausschreibung enthält einen Katalog von qualitativen und quantitativen Spezifikationen, deren Einhaltung vom

Service Provider erwartet wird. Die Nicht-Einhaltung wird regelmäßig mit gegebenenfalls pauschalisierten Pönalen verbunden sein. Der Service Provider muss eine Einschätzung treffen, wie hoch das Risiko der Nichteinhaltung ist (bspw. Aufgrund veralteter Infrastruktur, höherer Gewalt usw.) und was die Folgen hieraus sind. Diese können von verminderter Profitabilität über Reputationsverlust beim Kunden und im Markt bis zur Bestandsgefährdung des Unternehmens reichen.

- ***(Scope Drift)*** Auswirkungen von Änderungen der Outsourcing-Spezifikationen.
- ***(IFRS reporting vs. Local GAAP)*** Beurteilung der Auswirkungen von einer Umstellung der Rechnungslegung des Kunden auf die des Service Providers.
- ***(Working capital requirements)*** Einschätzung des zukünftigen *Working Capital*-Finanzierungsbedarfs.

6. Berichterstattung

Für die Berichterstattung im Rahmen einer *Outsourcing Due Diligence* gelten die gleichen Grundsätze wie bei einer *Financial Due Diligence* im Rahmen eines Unternehmenserwerbes. Von besonderer Bedeutung ist, eine möglichst hohe Transparenz der Due Diligence-Anpassungen zu schaffen und von der *Baseline* aus der Ausschreibung auf die *RfP baseline* überzuleiten. Typischerweise werden alle Anpassungen im Detail zwischen Kunden und Service Provider diskutiert werden. **193**

Eine Überleitung könnte wie folgt aussehen (Zahlen illustrativ): **194**

Currency: TEUR	Initial baseline (acc. to cc-report)	Operator adjustm.	Revised (RfP)	Due Diligence adjustm.	Baseline adjusted	Client adjustm.	Final baseline adjusted
Personnel cost	14.600	1.000	15.600	2.400	18.000	300	18.300
Vehicle cost	1.300	250	1.550	400	1.950	-	1.950
Repairs & Maint.	1.900	-400	1.500	1.000	2.500	-	2.500
Facilities cost	550	-	550	300	850	-	850
Admin expenses	300	-50	250	350	600	-	600
Other operating income/expenses	250	-	250	300	550	-	550
Total cost baseline	18.900	800	19.700	4750	24.450	300	24.750

Ausgangspunkt ist die sogenannte *Initial Baseline* wie sie sich direkt aus dem Kostenstellenreport ergibt. Diese ist unter Umständen bereits durch den Kunden angepasst worden (z. B. weil bestimmte Mitarbeiter nicht in den Kostenstellen erfasst sind). Hieraus ergibt sich die *Revised (RfP) Baseline*, die Grundlage für die Ausschreibung ist. Diese wiederum wird durch die Due Diligence-Anpassungen korrigiert sowie gegebenenfalls durch weitere Anpassungen des Service Providers (z. B. Anpassung auf den eigenen Business Plan). **195**

§ 3. Instrumente der kaufvertraglichen Absicherung der Bewertungsannahmen

I. Überblick über die typischen Risiken

1 Die in einem Unternehmenskaufvertrag abzusichernden wertbeeinflussenden Faktoren sind vielgestaltig. Das Unternehmen kann zum Übertragungsstichtag den vereinbarten Zustand noch nicht oder nicht mehr aufweisen. Der Unternehmenswert kann sich in der Zwischenzeit aufgrund allgemeiner Marktentwicklungen vermindert, aber auch erhöht haben. Bestimmte Entwicklungen, deren Eintreten der Käufer im Rahmen der Bewertung des Unternehmens zugrunde gelegt hat, können sich anders als ursprünglich angenommen einstellen. Im Einzelnen ergibt sich dazu Folgendes:

2 Der Kaufpreis, auf den sich Verkäufer und Käufer verständigt haben, basiert auf einer bestimmten Wertvorstellung für das zu erwerbende Unternehmen. Dieser Wert soll aus dem Blickwinkel des Käufers zum Zeitpunkt des tatsächlichen Übergangs des Unternehmens mindestens noch vorhanden sein. Etwaige Wertminderungen sollen entweder zu einer Herabsetzung des Kaufpreises führen oder den Käufer dazu berechtigen, ganz vom Kauf Abstand zu nehmen. Umgekehrt kann dem Verkäufer daran gelegen sein, dass eine etwaige Werterhöhung sich in einem höheren Kaufpreis niederschlägt. Da zwischen dem Abschluss des Kaufvertrags und dessen Vollzug regelmäßig ein bestimmter Zeitraum liegt, besteht die Gefahr – ja, ist es sogar wahrscheinlich – dass der Unternehmenswert sich bis zum tatsächlichen, dinglichen Erwerb des Unternehmens verändert haben wird.

3 Aber nicht nur der Wert des Zielunternehmens zum Zeitpunkt des Übergangs auf den Käufer ist von Belang. Bewertungsannahmen des Käufers können, und werden häufig, auf künftige Entwicklungen abstellen. Da manche dieser Entwicklungen durchaus vom Verkäufer beeinflusst werden können, liegt es nahe, insoweit zum Zwecke der Bewertungsabsicherung vertragliche Vorsorge zu treffen. Beispielhaft sei in diesem Zusammenhang das nachvertragliche Wettbewerbsverbot des Verkäufers genannt. Andere künftige Entwicklungen, wie die allgemeine Marktentwicklung, sind demgegenüber dem Einfluss des Verkäufers entzogen und eignen sich grundsätzlich nicht für eine kaufvertragliche Regelung zur Wertabsicherung. Das gilt grundsätzlich auch für die künftige wirtschaftliche Entwicklung des erworbenen Unternehmens. Anderes gilt, wenn sich die Parteien zur Überbrückung von Bewertungsdifferenzen auf eine *Earn Out*-Regelung (manchmal

auch als „Besserungsschein" bezeichnet[1]) verständigt haben. Dann partizipiert der Verkäufer am wirtschaftlichen Erfolg (oder Misserfolg) des Zielunternehmens auch noch nach dem Übergang auf den Käufer.[2]

Schließlich ist der Käufer auch von einer wesentlichen Veränderung der Vermögensstruktur – also der Summe der Wirtschaftsgüter und Verbindlichkeiten in ihrer konkreten Zusammensetzung – zu schützen. Zwischen Vertragsabschluss *(Signing)* und Vertragsvollzug *(Closing)* sollen solche Veränderungen außerhalb des gewöhnlichen Geschäftsgangs nur mit Zustimmung des Käufers erfolgen. 4

II. Überblick über die vertraglichen Absicherungsinstrumentarien

In der Praxis hat sich eine Vielzahl von verschiedenen Instrumenten zur Absicherung gegen Wertveränderungen etabliert. Nicht alle dieser Instrumente haben einen unmittelbaren Bezug zum Kaufpreis. Letztlich schützt aber jedes dieser nachfolgend im Überblick dargestellten Instrumente die Parteien eines Unternehmenskaufvertrags vor Veränderungen des Unternehmenswerts bis zum Zeitpunkt des Übergangs des Unternehmens auf den neuen Eigentümer. 5

1. Vollzugsbedingungen (Conditions Precedent)

Der Vollzug eines Unternehmenskaufvertrags wird regelmäßig (aber keineswegs zwingend in jedem Fall) an bestimmte Voraussetzungen geknüpft, so genannte Vollzugsbedingungen (**„*Conditions Precedent*"**, oder schlicht **„CPs"**).[3] Rechtstechnisch handelt es sich dabei um aufschiebende Bedingungen im Sinne des § 158 Abs. 1 BGB. Wichtig ist dabei, dass nicht der Kaufvertrag als solcher, sondern allein dessen Vollzug, also die Eigentumsverschaffung und Zahlung des Kaufpreises, an die Erfüllung der Vollzugsbedingungen geknüpft wird.[4] Die Parteien sollen mit dem Abschluss des Kaufvertrags bereits gebunden und verpflichtet sein, auf den Vertragsvollzug hinzuarbeiten, was nicht bzw. nur abgeschwächt der Fall wäre, wenn dieser insgesamt unter eine aufschiebende Bedingung gestellt würde. Steht der Kaufvertrag insgesamt unter einer aufschiebenden Bedingung, gelten im Hinblick auf den Bedingungseintritt nur die Schutzvorschriften der §§ 160 ff. BGB. Damit ist die andere Vertragspartei nur vor einer treuwidrigen Vereitelung des Bedingungseintritts geschützt (§ 162 Abs. 1 BGB). Gewollt ist aber in der Regel eine Verpflichtung der anderen Seite, den Vollzug des unbedingt abgeschlossenen 6

[1] Zur genauen Unterscheidung der beiden Begriffe, siehe → § 14 Rn. 2 ff.

[2] Zum *Earn Out* siehe ausführlich → § 14 Rn. 1 ff.

[3] Siehe dazu etwa Holzapfel/Pöllath, Unternehmenskauf, Rn. 1199 ff.; Kästle/Oberbracht, Unternehmenskauf, S. 116 ff.

[4] Gleichsinnig: Mueller-Thuns in Rödder/Hötzel/Mueller-Thuns, Unternehmenskauf § 8 Rn. 32; *Kogge* in Seibt, M&A D. I. Anm. 26.

Vertrags nach Kräften zu fördern. Diese Verpflichtung wird üblicherweise auch ausdrücklich geregelt.

7 Regelmäßig ist die Abkoppelung von Kaufvertragsabschluss (*Signing*) und dessen Vollzug *(Closing)* bereits dem kartellrechtlichen Vollzugsverbot geschuldet: Der Kaufvertrag darf erst vollzogen werden, wenn die kartellrechtlich erforderlichen Voraussetzungen – Kartellfreigabe oder Fristablauf – erfüllt sind.[5] Ein weiterer Grund für die Vereinbarung einer Vollzugsbedingung kann in der Wahrung der Entscheidungszuständigkeit interner Gremien (Aufsichtsrat, Beirat etc.) liegen (sog. Gremienvorbehalt).[6] Außerdem kommen sonstige interne oder externe Genehmigungserfordernisse in Betracht.[7] Daneben werden teilweise negative Vollzugsbedingungen, die Compliance-Aspekte absichern, in Kaufverträge aufgenommen.[8] Auch Vollzugsbedingungen, die das Closing zugunsten des Käufers unter einen Finanzierungsvorbehalt stellen, sind denkbar: Danach kommt es nur zum Vollzug, wenn es dem Käufer gelingt, eine Fremdfinanzierung sicherzustellen.[9]

8 Liegt zwischen dem Abschluss des Vertrags und dessen Vollzug ein bestimmter Zeitraum, stellt sich die Frage, wie die Parteien gegen Wertschwankungen oder unvorhergesehene Ereignisse geschützt werden können. Dabei sind Vollzugsbedingungen einerseits der Grund für ein Auseinanderfallen von Vertragsschluss und Vertragsvollzug. Sie sind aber auch ein Mittel zur vertragstechnischen Absicherung der sich daraus ergebenden Risiken.

a) MAC-Klauseln

9 Namentlich Vollzugsbedingungen können zielgerichtet zur Absicherung der Bewertungsannahmen des Käufers eingesetzt werden. Bekanntestes Beispiel sind die Regelungen, die eine wesentliche nachteilige Veränderung des Zielunternehmens zum Gegenstand haben (***„Material Adverse Change“***, **„MAC“**).[10] Solche MAC-Klauseln können entweder als Vollzugsbedingung oder als Rücktrittsrecht

---

[5] Für dem deutschen GWB unterfallende Zusammenschlüsse ergibt sich dies aus § 41 Abs. 1 S. 1 GWB. Nach Art. 7 Abs. 1 EG-Fusionskontrollverordnung (VO [EG] 139/2004) darf ein Zusammenschluss von gemeinschaftsweiter Bedeutung i. S. d. Art. 1 oder ein Zusammenschluss, der von der Kommission gemäß Art. 4 Abs. 5 geprüft werden soll, weder vor der Anmeldung noch so lange vollzogen werden, bis er aufgrund einer Entscheidung gemäß Art. 6 Abs. 1 Buchstabe b) oder Art. 8 Abs. 1 oder 2 oder einer Vermutung gemäß Art. 10 Abs. 6 für vereinbar mit dem Gemeinsamen Markt erklärt worden ist.

[6] Dazu etwa Kästle/Oberbracht, Unternehmenskauf, S. 132; *Meyer-Sparenberg* in Gebele/Scholz, Formularbuch III. A. 16 Anmerkung 18.

[7] Vgl. etwa zu den im Außenwirtschaftsrecht fußenden Genehmigungserfordernissen: Meyer-Sparenberg in Gebele/Scholz, Formularbuch III. A. 16 Anmerkung 17.

[8] Vgl. dazu etwa Liese/Theusinger in Hauschka/Moosmayer/Lösler, Corporate Compliance § 27 Rn. 83 f.

[9] Vgl. hierzu Weitnauer in Weitnauer, Handbuch Venture Capital Teil I Rn. 61 ff.

[10] Siehe dazu bspw. Meyer-Sparenberg in Beck'sches M&A-Handbuch § 46 Rn. 36 ff.; Duggal/Picot DB 2003, 2635.

des Käufers ausgestaltet sein.[11] Ist dem Käufer das Recht eingeräumt, im Fall des Vorliegens eines *Material Adverse Change* auf den Eintritt der entsprechenden Vollzugsbedingung zu verzichten, führt dies praktisch zum selben Ergebnis wie ein für diesen Fall gewährtes Rücktrittsrecht. Lediglich die „Handlungslast" ist unterschiedlich verteilt. Bei einem bestehenden Rücktrittsrecht muss der Käufer aktiv werden, wenn er wegen der nachteiligen Wertveränderung des erworbenen Unternehmens vom Kauf Abstand nehmen möchte. Bei einer verzichtbar gestellten Vollzugsbedingung muss der Käufer demgegenüber nur handeln, wenn er trotz der nachteiligen Wertveränderung am Kauf festhalten möchte. Neben der Möglichkeit zur Befreiung von den Vertragspflichten sehen MAC-Klauseln teilweise pauschale Strafzahlungen der Partei, die durch ihr Verhalten die Abstandnahme der anderen Partei vom Vertrag ausgelöst hat, vor (sog. *broken deal fee*).[12]

Ungeachtet dieser Ausgestaltungen ist grundsätzlich zwischen markt- und **10**
unternehmensbezogenen MAC-Klauseln zu unterscheiden.

aa) Marktbezogener MAC

Bei **marktbezogenen** MAC-Klauseln setzt die Definition der wesentlichen **11**
nachteiligen Veränderung bei objektiv feststellbaren Marktkennzahlen an.[13] In der Praxis gebräuchlich ist das Anknüpfen an Kapitalmarktindizes (z. B. DAX 40, EuroSTOXX etc.). Es kann für die Feststellung eines *Material Adverse Change* aber auch auf bestimmte volkswirtschaftliche Messgrößen (Basiszinssatz der Europäischen Zentralbank, Währungskurse, Rohölpreise, Arbeitslosenrate etc.) abgestellt werden, auch wenn dies in der Praxis seltener zu beobachten ist. In Betracht kommen schließlich auch industriebezogene Kennzahlen (Exportgüterindex oder Auftragseingang einer bestimmten Industrie etc.), sowie jede sonstige marktbezogene, objektiv feststellbare Kenngröße. Dabei wird unterstellt, dass die allgemeine nachteilige Marktveränderung auch den Wert des zu erwerbenden Unternehmens wesentlich beeinträchtigt.[14] Der Käufer soll dann berechtigt sein, vom Kauf Abstand zu nehmen, oder die Transaktion soll von vornherein nicht mehr vollzogen werden müssen, falls die Parteien sich nicht trotz der Wertverschiebung auf eine Durchführung verständigen.

bb) Unternehmensbezogener MAC

Davon zu unterscheiden sind die **unternehmensbezogenen** Wertsicherungs- **12**
klauseln. Hier setzt die Definition der wesentlichen nachteiligen Wertveränderung

[11] Zu den unterschiedlichen Rechtsfolgen etwa Lange NZG 2005, 454, 454 f.

[12] Vgl. hierzu etwa Beisel in Beisel/Klumpp, Unternehmenskauf Kap. 9 Rn. 144.

[13] Kästle/Oberbracht, Unternehmenskauf, S. 123; Holzapfel/Pöllath, Unternehmenskauf, Rn. 1238 f.

[14] Küting, DStR 2009, 1863.

an objektiv feststellbaren Kennzahlen des Unternehmens selbst an.[15] In der Praxis gebräuchlich sind das Abstellen auf ein bestimmtes Umsatzniveau, bestimmte EBIT- bzw. EBITDA-Zahlen, den Fortbestand bestimmter wesentlicher Kundenbeziehungen oder Verträge (die für sich genommen eine wesentliche Wertauswirkung haben können), den Auftragseingang bzw. -bestand des Unternehmens, den Nichteintritt signifikanter Schadensfälle etc. Theoretisch lässt sich auf jede objektiv feststellbare Unternehmenskenngröße abstellen, sofern ihr vernünftigerweise die Eignung zur nachteiligen Wertveränderung beigemessen werden kann. Nur teilweise unternehmensbezogen ist eine Vollzugsbedingung, die auf den Börsenkurs des Zielunternehmens abstellt, da sich im Börsenkurs auch die Marktentwicklung insgesamt widerspiegelt. Teilweise werden auch Klauseln, die auf den Nichteintritt bestimmter besonders wertrelevanter Ereignisse abstellen, zu den MAC-Klauseln gezählt. So hat beispielsweise der Entzug der Bankerlaubnis für ein Kreditinstitut existenzielle Bedeutung. Betreibt das Zielunternehmen ein Bankgeschäft kann mithin der Fortbestand der Banklizenz als Vollzugsbedingung vorgesehen werden (siehe Beispiel unten → Rn. 16).

cc) Kundenschwund

13 Wenn sich der Wert des Zielunternehmens in erster Linie von dessen Kundenstamm ableitet und im Zusammenhang mit dem Eigentümerwechsel das **Risiko von Kundenverlusten** besteht, kommt zusätzlich zu einer kundenbezogenen Kaufpreisanpassung (vgl. hierzu → § 10 Rn. 5 ff.) die Vereinbarung einer entsprechenden Vollzugsbedingung in Betracht. Danach ließe sich beispielsweise regeln, dass der Vollzug des Kaufvertrags (auch) davon abhängen soll, dass die bis zu einem Zeitpunkt vor dem Übertragungsstichtag *(Closing)* insgesamt eingetretenen Kundenverluste nicht einen bestimmten, in Prozent ausgedrückten Schwellenwert überstiegen haben. Bezugspunkt für die Feststellung des quantitativen Kundenverlusts kann entweder die Anzahl oder das mit dem betreffenden Kunden zusammenhängende Geschäftsvolumen sein. Ersteres ist der zutreffende Ansatz, wenn der Wertbeitrag jedes Kunden gleich ist. Das ist regelmäßig im so genannten *Subscriber*-Geschäft der Fall, also beispielsweise im Hinblick auf die Kunden von Kabelnetzbetreibern oder Anbietern von Bezahlfernsehen *(Pay TV)*. Hängt der Wertbeitrag hingegen vom betreffenden Geschäftsvolumen des jeweiligen Kunden ab, ist ein geeigneter Referenzmaßstab zu definieren. Das sind beispielsweise das verwaltete Kundenvermögen bei Kapitalanlagegesellschaften oder der in einem Zeitraum generierte Kundenumsatz. Die Vereinbarung einer entsprechenden Vollzugsbedingung empfiehlt sich jedenfalls dann, wenn aufgrund der Kostenbasis des Zielunternehmens eine Übernahme durch den Erwerber wirtschaftlich nur sinnvoll ist, wenn eine Mindestzahl an Kunden verbleibt.

---

[15] Siehe nur Holzapfel/Pöllath, Unternehmenskauf, Rn. 1235 ff.

Als **Formulierungsbeispiel** für eine Vollzugsbedingung zum Schutz gegen einen (signifikanten) zwischen Vertragsabschluss und Vertragsvollzug eintretenden Kundenschwund bietet sich an: 14

Closing Conditions

The obligations of the Parties to perform the actions at Closing pursuant to Clause [...] shall be subject to the following conditions precedent *(aufschiebende Bedingungen)* (the **"Closing Conditions"** and each of them a **"Closing Condition"**):

a) [...];

b) Until the end of the month in which all CP's (except this MAC) have occurred (**"Closing Reference Month"**), no such number of Client Contracts has been Economically Terminated as to cause the Closing Reference Fee Volume (as defined below) to be more than *[number]*% (in words: *[same number in words]*) lower than the overall fee volume generated by the Target Business in the year *[year]* (**"Overall Fee Volume *[Year]*").** The Overall Fee Volume *[Year]* is set out in Schedule [...] which also contains an example of how the fulfilment of the Closing Condition specified in this Clause [...] is to be verified.

The **"Closing Reference Fee Volume"** is to be calculated as follows:

a) Identification of the overall Net Revenues generated from Clients of the Target Business in the Closing Reference Month;

b) Subtraction from the figure derived under a) of the Net Revenues generated in the Closing Reference Month from Client Contracts which have been Economically Terminated until the end of the Closing Reference Month;

c) Division of the figure derived under b) by the number of days of the Closing Reference Month and multiplied by 365 (in words: three hundred and sixty five).

Das vorstehende Formulierungsbeispiel ist bezogen auf eine Zielgesellschaft, bei der eine Sparte zum Zwecke des Verkaufs herausgelöst werden soll; daher wird auf die Einnahmen des *„Target Business"* (und nicht auf die der Zielgesellschaft insgesamt) Bezug genommen. Als Referenzgröße für die Ermittlung der maximal zulässigen Kundenverluste wird auf die Einnahmen des *„Target Business"* aus dem Vorjahr Bezug genommen (*„Overall Fee Volume* [Year]"). Schwankt die Kundenbasis saisonal, ist auf den betreffenden Monat des Vorjahres abzustellen. Vergleichsmaßstab für die Feststellung eines etwaigen Kundenverlustes in dem Zeitraum vor dem Übertragungsstichtag sind die im letzten vollen Monat vor dem Übertragungsstichtag *(„Closing Reference Month")* im *„Target Business"* erzielten Einnahmen auf Nettobasis *(„Net Revenues")*. Um die Vorjahreseinnahmen mit denen des Referenzmonats in das Verhältnis zu setzen, werden die Einnahmen dieses Monats durch die Tage des Monats geteilt und dann mit der Anzahl der Tage eines Jahres multipliziert. Abgestellt wird im Übrigen auf die „wirtschaftlich beendeten" Kundenverträge *(„Economically Terminated")*. Damit wird dem Umstand Rechnung getragen, dass gekündigte Verträge teilweise durch Neuabschlüsse mit demselben Kunden kompensiert werden. 15

Wesentlich gradliniger adressiert das folgende **Formulierungsbeispiel** die Gefahr eines Abschmelzens des verwalteten Kundenvermögens (*„Assets under Administration"* oder *„Assets under Management"*) einer Bank. Die Klausel definiert das Absinken des an einem bestimmten Stichtag verwalteten Kundenvermögens unter 16 eine festgelegte Betragsgrenze als wesentliche nachteilige Wertveränderung *(„Material Adverse Change Event“)*. Außerdem werden bestimmte, für den Bankbetrieb existentielle Ereignisse jeweils als ein *„Material Adverse Change Event“* klassifiziert:

Annex [...] – Material Adverse Change Event

“Material Adverse Change Event” shall mean occurrence of one or more of the following events prior to Closing:

1. the Assets under Administration of Target have, as of the last day of the month preceding the Effective Date, fallen below the threshold of EUR [...] (in words: [...] Euros); or
2. BaFin has revoked the banking license of Target with effect prior to the intended date of Closing; or
3. BaFin has formally ordered measures pursuant to Section 45 through 46b KWG or Section 47 KWG.

dd) MAC-Klauseln als Spiegelbild der Verhandlungssituation

17 Ob sich eine MAC-Klausel zum Schutz vor Wertveränderungen im Kaufvertrag durchsetzen lassen wird, hängt im Wesentlichen von der konkreten Verhandlungssituation ab. Erfahrungsgemäß wird sich ein Verkäufer nur in Ausnahmefällen auf eine marktbezogene MAC-Klausel einlassen, da ihm dadurch das allgemeine Marktrisiko aufgebürdet wird. Auch bei unternehmensbezogenen MAC-Klauseln hängt deren Durchsetzbarkeit ganz entscheidend von der konkreten Verhandlungssituation ab. In jedem Fall empfiehlt es sich, die Begriffsbestimmung einer wesentlichen nachteiligen Wertveränderung sehr präzise zu fassen.[16] Auch ist darauf zu achten, dass innerhalb relativ kurzer Zeit verbindlich festgestellt werden kann, ob eine wesentliche nachteilige Wertveränderung eingetreten ist. In jedem Fall ist zu vermeiden, dass sich Streitigkeiten über das Vorliegen einer wesentlichen nachteiligen Wertveränderung über einen längeren Zeitraum hinziehen und der Vertragsvollzug in der Schwebe bleibt. Dazu kann es sich auch empfehlen, das konkrete Verfahren zur Feststellung des Vorliegens einer nachteiligen Wertveränderung im Kaufvertrag ausführlich zu regeln (siehe auch unten → Rn. 24 f.).

ee) Den Verkäufer berechtigende MAC-Klauseln

18 Die Vereinbarung einer MAC-Klausel sichert typischerweise die Bewertungsannahmen des Käufers – sie wird regelmäßig zu dessen Schutz eingesetzt. Dementsprechend ist im Regelfall auch nur der Käufer berechtigt, im Fall des Vorliegens eines *Material Adverse Change* vom Kauf Abstand zu nehmen – sei es durch Ausübung eines Rücktrittsrechts oder durch Unterlassen der Erklärung eines Verzichts auf die ausgefallene Vollzugsbedingung *(Condition Precedent)*. In einigen seltenen Fällen wird aber auch der Verkäufer ein Interesse daran haben, sich im Fall einer wesentlichen Verschlechterung der Vermögenssituation der Zielgesellschaft von dem Kaufvertrag wieder lösen zu können. Hat sich der Verkäufer einen bestimmten

---

[16] Vgl. Lange NZG 2005, 454, 457; Duggal/Picot DB 2003, 2635, 2639.

Mindestkaufpreis ausbedungen und würde dieser Kaufpreis infolge einer Kaufpreisanpassung unterschritten, kann ihn eine MAC-Klausel vor einem Verkauf „unter Wert" schützen, wenn die Kaufpreisanpassung unmittelbar auf die Vermögensverschlechterung bei der Zielgesellschaft zurückzuführen ist. Der Verkäufer muss sich dazu ausbedingen, dass (auch) er im Fall des Vorliegens einer wesentlichen Verschlechterung der Vermögensverhältnisse der Zielgesellschaft vom Kaufvertrag zurücktreten kann. Sonst dient die Klausel allein dem Käufer als Hebel für eine Kaufpreisreduzierung.

b) Zustandsbezogene Vollzugsbedingungen

19 Ebenfalls der (mittelbaren) Absicherung der subjektiven Wertvorstellungen des Käufers dienen Vollzugsbedingungen, die auf das Erreichen eines bestimmten tatsächlichen oder rechtlichen Zustands beim Zielunternehmen abstellen (**zustandsbezogene Vollzugsbedingung**). Hierunter sind Regelungen zu verstehen, nach denen der Vollzug des Kaufvertrags davon abhängig gemacht wird, dass das Unternehmen einen bestimmten tatsächlichen oder rechtlichen Zustand aufweist, den es zum Zeitpunkt des Vertragsabschlusses noch nicht hat.

aa) Typische Anwendungsfälle

20 Dabei kann es sich um die vorherige **Herauslösung von Unternehmensteilen** ***(Carve Out)*** im Wege einer Abspaltung oder eines Verkaufs an Dritte handeln.[17] Auch kann der Vertragsvollzug davon abhängig gemacht werden, dass das Verkaufsobjekt überhaupt erst geschaffen wird. Das ist beispielsweise der Fall, wenn der Käufer einen Betriebsteil des Verkäufers in rechtlich verselbständigter Form (und damit als *Share Deal* und nicht in der Form eines *Asset Deal*) erwerben will. Umgekehrt ist auch denkbar, dass der Vollzug des Kaufvertrags davon abhängig gemacht werden soll, dass das Zielunternehmen zuvor bestimmte Rechts- oder Vermögenspositionen erwirbt oder der Verkäufer es damit ausstattet. Dabei kann es sich um gewerbliche Schutzrechte, staatliche Genehmigungen, sonstige Rechtspositionen (Nutzungsrechte, Lizenzen, Gestattungen, Abwehrrechte etc.), aber auch schlicht um die Eigentümerstellung in Bezug auf bestimmte Wirtschaftsgüter handeln.

21 Auch kann es vorkommen, dass der Käufer die Klärung bestimmter für den Wert des zu erwerbenden Unternehmens wichtiger Umstände bis zum Vertragsvollzug verlangt und der positive Ausgang der Klärung zur Vollzugsbedingung erklärt wird. So wird nicht selten die Vorlage einer Verzichtserklärung im Hinblick auf die Nichtausübung des Kündigungsrechts unter einer **Kontrollwechselklausel** ***(„Change of Control")*** als eine Bedingung für den Vollzug des Unternehmenskaufvertrags vorgesehen. Dies empfiehlt sich immer dann, wenn eine Kontrollwech-

---

[17] Seibt in Seibt, M&A K. II. 2. Anm. 3.

selklausel in einem Vertrag enthalten ist, dessen unveränderte Fortführung für das Zielunternehmen (und den Käufer) von erheblicher Bedeutung ist. Auch ist vorstellbar, dass die (vergleichsweise) Beendigung eines gegen das Zielunternehmen geführten Rechtsstreits zur Vollzugsbedingung erhoben wird. Dies jedenfalls dann, wenn die Beendigung des Rechtsstreits für den Käufer von elementarer Bedeutung ist. Anderenfalls kann sich auch eine Freistellung von den sich aus dem Ausgang des Prozesses für die Zielgesellschaft ergebenden Nachteilen anbieten. Zwar läuft der Verkäufer in solchen Fällen Gefahr, den Vertragsvollzug vom Verhalten Dritter abhängig und sich in gewisser Weise erpressbar zu machen. Allerdings lässt sich nicht bestreiten, dass der Wegfall eines oder mehrerer wichtiger Verträge oder ein ungünstiger Prozessausgang ganz erhebliche Auswirkungen auf den Wert des Zielunternehmens haben können. Insofern kann das Verlangen des Käufers nach einer vertraglichen Absicherung in solchen Fällen legitim sein. In der Praxis häufig anzutreffen ist auch eine Regelung, wonach eine Bankenfinanzierung des Zielunternehmens vor bzw. zeitgleich mit dem Vertragsvollzug zurückgeführt werden muss. Schließlich kommt auch in Betracht, dass das Unternehmen zum Zeitpunkt des Erwerbs durch den Käufer eine bestimmte Rechtsform aufzuweisen hat. In diesem Fall ist der Verkäufer verpflichtet, noch innerhalb seiner Ägide einen Formwechsel in die Zielrechtsform herbeizuführen.

bb) Insbesondere: Durchführung einer vorherigen Restrukturierung der Zielgesellschaft

22 Basiert das unternehmerische Konzept des Erwerbers darauf, den Geschäftsbetrieb des Zielunternehmens nur in Teilen fortzuführen, ist das Unternehmen entsprechend zu restrukturieren. Der Erwerber kann gute Gründe dafür haben, dass die Restrukturierung vor der Übernahme der Zielgesellschaft – also noch vom Verkäufer – durchgeführt wird. Ist beispielsweise ein nennenswerter Mitarbeiterabbau bei dem erworbenen Zielunternehmen geplant, kann der Erwerber ein Interesse daran haben, dass die Sozialauswahl auf die Mitarbeiter der Zielgesellschaft beschränkt bleibt. Das lässt sich im Falle eines *Asset Deal*, bei dem es mit dem Vertragsvollzug zu einer Zusammenlegung der Betriebe von Zielgesellschaft und Erwerber kommt, nur erreichen, wenn eine Restrukturierung bereits vor dem Vertragsvollzug durchgeführt wird. Denn nach einer erfolgten Zusammenlegung der Betriebe hat eine Sozialauswahl zwingend alle Mitarbeiter des Betriebs einzubeziehen, also auch diejenigen des Erwerbers. Damit wird sich der Erwerber aber häufig unwohl fühlen, weil er ungern „seine" Mitarbeiter zugunsten von Mitarbeitern verlieren möchte, deren Leistungsverhalten er noch nicht nach eigener Einschätzung beurteilen kann. In einem solchen Fall wird der Erwerber die vollständige Durchführung der Restrukturierung als Bedingung für den Vollzug des Unternehmenskaufvertrags festschreiben wollen.[18] Sofern sich der Veräußerer überhaupt auf die vorherige Restrukturierung einlässt, besteht die Schwierigkeit

[18] Vgl. etwa Morshäuser/Falkner NZG 2010, 881, 888.

in der exakten Beschreibung der Restrukturierungsschritte, die abgeschlossen sein müssen bis der Kaufvertrag vollzogen werden kann. So würde es zu kurz greifen, lediglich die Anzahl der abzubauenden Mitarbeiter festzulegen. Der Käufer ist auch an der Zusammensetzung der Belegschaft des Zielunternehmens interessiert.

Das folgende **Formulierungsbeispiel** veranschaulicht die verschiedenen Kriterien, die bei einer vereinbarten Restrukturierung eine Rolle spielen können: **23**

Annex […] – Pre-Closing Integration Plan

1. **Purpose of Document**

The purpose of this document is to set forth:

(a) the outline for the target organisation as further set out in **Annex** […] (the **"Target Organisation"**);

(b) the crucial functions that should in any case be part of the Target Organisation (the **"Crucial Functions"**); and

(c) the definition for achieving the reduction of Target Company employees.

2. **Crucial Functions**

The following functions and individuals are deemed crucial for the Target Organisation **("Crucial Functions FTE"):**

(a) relationship managers (with the exception of employee no. […], […] and […]);

(b) branch managers; and

(c) each of the following employees: […]

The Sellers shall ensure that the Target Company shall

(d) abstain from actively making any Crucial Functions FTE redundant without the prior written consent of the Purchaser's representatives in the Transition Team, which consent shall not be unreasonably withheld or regarding the Crucial Functions FTEs pursuant to a) and b) if such redundancy of a Crucial Functions FTE is the result of a social selection process *(Sozialauswahl)*. If such consent is given, Seller and Purchaser shall liaise in good faith in order to replace the respective Crucial Functions FTE, if necessary, and to amend the list of Crucial Functions respectively; the same applies in case a Crucial Functions FTE issues a notice letter *(Eigenkündigung);* and

(e) inform the Transition Team as soon as it becomes aware of the intention of any Crucial Functions FTE to leave Target Company.

3. **Criteria for achievement of Target Company FTE Reduction**

Reduction of Target Company FTE shall have occurred, if an employee, who is in-scope for reduction on the basis of Exhibit […], it being understood that employees categorized as crucial functions under Sections 2(a) and (b) above are disregarded,

(a) has issued a written notice letter to Target Company *(Eigenkündigung);*

(b) has entered into a written cancellation agreement *(Aufhebungs-/Abwicklungsvereinbarung)* or confirmed in writing that he (or she) will accept a judicial settlement proposal *(gerichtlicher Vergleich);*

(c) entered into a written agreement on the transfer to or on the cancellation and the establishment of a new employment relationship with another Target Company entity or a third party *(Übernahmevereinbarung);*

(d) entered into a written early or partial retirement agreement *(Vorruhestands- oder Altersteilzeitvereinbarung),* it being understood that Target Company shall enter into no more than […] such early or partial retirement agreements;

(e) entered into a written fixed term employment agreement *(befristetes Arbeitsverhältnis);* or

(f) did not file (or waived his right to file) a lawsuit against unfair dismissals within the time period as set out in Section 4 of the German Dismissal Protection Act *(Kündigungsschutzgesetz –*

„KSchG“) (unless there is a specific indication that the requirements pursuant to Section 5 of the KschG for a prolongation of this period are fulfilled) following receipt of a notice letter issued by Target Company *(Hinnahme einer Arbeitgeberkündigung);*

(each such employee a **“Reduced FTE”**).

c) Feststellung des Bedingungseintritts

24 Vollzugsbedingungen sind sehr sorgfältig zu formulieren. Ob eine Bedingung eingetreten ist oder nicht, muss zweifelsfrei feststehen. Da von dem Eintritt der Bedingung abhängt, ob der Unternehmenskaufvertrag vollzogen wird, darf keine Unklarheit über den Eintritt der Bedingung bestehen. Bedingungen können von vorneherein nur auf den Eintritt eines **ungewissen Ereignisses** bezogen sein.[19] Ein Abstellen auf das reine Werturteil einer Vertragspartei oder eines Dritten wäre in der Form einer echten Bedingung mithin nicht möglich. Allerdings können Bedingungen mit subjektiven Elementen verknüpft sein. Das ist aus den genannten Gründen unbedingt zu vermeiden. Vielmehr sollten Vollzugsbedingungen nur auf **objektiv feststellbare Tatsachen** bezogen sein. Es sollte auch vertraglich geregelt sein, auf welche Weise der Bedingungseintritt nachgewiesen wird. Verlangt die Feststellung des Bedingungseintritts eine oder mehrere Rechenoperationen, empfiehlt sich die Hinzufügung einer Beispielsrechnung.

25 Für die Feststellung des Bedingungseintritts bietet sich beispielsweise folgende Formulierung an:

The Parties shall without undue delay inform each other in writing and provide evidence if reasonably available as soon as any of the Closing Conditions set forth in [...] has been fulfilled, or in case they become aware that any of the Closing Conditions will not occur at all.

25a Zunehmend versuchen die Vertragsparteien auch für den Fall vertraglich vorzusorgen, dass zwischen ihnen ein nicht einvernehmlich zu lösender Streit über den Eintritt von Vollzugsbedingungen entbrennt. Hierzu bietet es sich unter anderem an, entsprechende Schiedsverfahren vorzusehen.[20] Insbesondere durch *„Fast-Track“* Schiedsverfahren, bei denen *Ad hoc* Schiedsgerichte zur Entscheidung entsprechender Streitigkeiten berufen werden, kann versucht werden, langwierige und kostenintensive Streitigkeiten zu vermeiden.[21]

2. Verhaltenspflichten (Covenants)

26 Ein weiteres Instrument zur Wertsicherung ist die Vereinbarung von Verhaltenspflichten des Verkäufers (sog. ***„Covenants“***).[22] In zeitlicher Hinsicht betreffen sie im hier interessierenden Kontext den Zeitraum zwischen Vertragsabschluss

---

[19] Ellenberger in Grüneberg, BGB Einführung vor § 158 Rn. 1.

[20] Auführlich hierzu Kästle/Haller NZG 2016, 926.

[21] Vgl. hierzu auch Meyer-Sparenberg in Beck'sches M&A-Handbuch § 46 Rn. 58 ff., vgl. ausführlich zu Schiedsverfahren unter → § 13 Rn. 5 ff.

[22] Siehe dazu etwa Kästle/Oberbracht, Unternehmenskauf, S. 241 ff.

und Vertragsvollzug. Mit ihnen wird zweierlei bezweckt: Zum einen soll einem Wertverzehr des Unternehmens durch Handlungen des Verkäufers oder des Managements des Zielunternehmens entgegen gewirkt werden (Wahrung des Unternehmenswerts). So soll beispielsweise die Realisierung von „mitgekauften" stillen Reserven durch den Verkäufer zulasten des Käufers verhindert werden. Zum anderen soll die konkrete Zusammensetzung der das Zielunternehmen ausmachenden wesentlichen Wirtschaftsgüter nicht ohne Zustimmung des Käufers verändert werden (Bestandswahrung).[23] So wird unter anderem sichergestellt, dass die Vermögenswerte, auf die es dem Käufer wirklich ankommt, nicht vor Vollzug des Vertrages veräußert werden. Verhaltenspflichten sind **Nebenleistungspflichten**, die einzeln und unabhängig von der Hauptpflicht eingeklagt werden können.[24] Ihre Verletzung führt zum Schadensersatz.[25]

Die einzelne Ausgestaltung der Verhaltenspflichten ist stark von den konkreten 27
Verhältnissen des Einzelfalles abhängig.[26] In der Praxis üblich ist die Vereinbarung eines konkreten **Verhaltenskatalogs**, der es dem Verkäufer im Ergebnis verbietet, wesentliche Geschäfte (Zuerwerbe, Belastungen und Veräußerungen oberhalb bestimmter festgelegter Schwellenwerte) sowie Geschäfte außerhalb des ordentlichen Geschäftsgangs *(ordinary course of business)* ohne Zustimmung des Käufers (siehe jedoch → Rn. 28 zu den Beschränkungen) zu tätigen.[27] Weitere Geschäfte, die regelmäßig der vorherigen Zustimmung des Käufers unterliegen, sind die Veräußerung von Vermögensgegenständen ab einer bestimmten Größenordnung, der Erwerb oder die Veräußerung von Grundstücken, die Aufnahme von Darlehensverbindlichkeiten ab einer bestimmten Größenordnung, das Eingehen von Verpflichtungen außerhalb des üblichen Geschäftsverkehrs, die Kündigung oder Veränderung wesentlicher Rechtsbeziehungen und Verträge des Zielunternehmens mit Dritten (Lieferverträge, Mietverträge, Dienstverträge etc.) sowie das Gewähren von Boni und Gratifikationen usw.

Mit der Vereinbarung von Verhaltenspflichten wird mithin sichergestellt, dass 28
der Käufer zum Zeitpunkt des Vertragsvollzugs das Zielunternehmen noch im Wesentlichen in dem Zustand vorfindet, in dem es sich zum Zeitpunkt der Vertragsunterzeichnung befunden hat.[28] Außer Betracht bleiben die Veränderungen im üblichen Geschäftsverkehr sowie solche Geschäftsvorfälle, denen der Käufer zuge-

[23] Vgl. Henrich in Hölters, Unternehmenskauf Teil II Kap. 10 Rn. 10.179.

[24] Mansel in Jauernig, BGB § 241 Rn. 9.

[25] Vgl. Stadler in Jauernig BGB § 280 Rn. 8.

[26] Zu den Gestaltungsmöglichkeiten vgl. Kästle/Oberbracht, Unternehmenskauf, S. 242 ff.; vgl. ferner die Musterklauseln bei Meyer-Sparenberg in Gebele/Scholz, Formularbuch. III. A.19 § 9 (Verhaltenskatalog) beziehungsweise III. A.16 § 7 (Verhaltenskatalog) und Pfisterer in Beck'sche Online-Formulare Vertrag 20.3 § 8 (Generalklausel).

[27] Vgl. in diese Richtung etwa das Muster bei Meyer-Sparenberg in Gebele/Scholz, Formularbuch III. A.19 § 9.

[28] Mielke/Welling BB 2007, 277, 278; Meyer-Sparenberg in Gebele/Scholz, Formularbuch III. A.16 Anm. 57.

stimmt hat. Im Grundsatz können Verhaltenspflichten beliebig vereinbart werden. Dabei sind indessen zwei **Beschränkungen** zu beachten: Zum einen darf das Tagesgeschäft des Unternehmens durch die Vereinbarung von Verhaltenspflichten nicht so sehr beeinträchtigt werden, dass der wirtschaftliche Erfolg des Unternehmens gefährdet wird. Zum anderen darf die Vereinbarung von Verhaltenspflichten nicht dazu führen, dass der Käufer bereits vor dem Vollzug des Kaufvertrags – und damit möglicherweise vor der erforderlichen Kartellfreigabe – faktisch Kontrolle über das Unternehmen erlangt. Damit würde gegen das kartellrechtliche Vollzugsverbot verstoßen.[29] In der Praxis besteht mithin die Kunst darin, einen Katalog von Verhaltenspflichten des Verkäufers zu vereinbaren, der einerseits engmaschig genug ist, um einen Wertverzehr und eine Substanzveränderung zuverlässig zu vermeiden, und der andererseits nicht gegen die kartellrechtlichen Vorgaben verstößt.

29 Besondere Bedeutung hat der Verhaltenskatalog bei der Vereinbarung eines Festkaufpreises mit dem Rückbezug auf einen zurückliegenden Stichtag (so genanntes ***Locked Box***-Konzept, vgl. hierzu → § 6 Rn. 1 ff.). Hier verspricht der Verkäufer, dass das Zielunternehmen ab dem Referenzstichtag keinerlei Vermögenstransfers mehr in seine Richtung (einschließlich nahestehender Personen) tätigt, das Unternehmen also quasi vermögensmäßig abgeschottet wird (daher der Begriff *„Locked Box"*).[30] Dies erfordert einen Verhaltenskatalog, der wesentlich engmaschiger ausgestaltet ist, als das üblicherweise der Fall ist. Erfasst werden müssen nicht nur direkte Zahlungen des Zielunternehmens an den Verkäufer in dessen Funktion als Gesellschafter (Dividenden, Entnahmen, Gewinnausschüttungen etc.), sondern auch alle sonstigen Vermögensvorteile, die dem Verkäufer gewährt werden.[31] Davon abzugrenzen ist der Leistungsaustausch zwischen Zielunternehmen und Verkäufer wie zwischen fremden Dritten. Zur Vermeidung von Auslegungsschwierigkeiten neigt die Praxis dazu, die Verhaltenspflichten des Verkäufers nicht abstrakt zu beschreiben, sondern (nach Möglichkeit) sämtliche in Betracht kommenden Geschäftsvorfälle ausdrücklich zu benennen. Das führt mitunter zu relativ umfangreichen Katalogtatbeständen.

3. Kaufpreisanpassungsmechanismen

30 Klassische Instrumente zur Absicherung von Bewertungsannahmen sind Kaufpreisanpassungsregeln. Allerdings stellen diese nicht auf den Unternehmenswert als solchen, sondern auf bestimmte unternehmenswertbeeinflussende Bilanzkennzahlen ab. Auf der Basis eines zum Vertragsvollzugsstichtag (*Closing*) aufgestellten Finanzstatus wird dann der Kaufpreis nachträglich angepasst. Auf die einzelnen Spielarten von Kaufpreisanpassungsmechanismen wird ausführlich an anderer

---

[29] Henrich in Hölters, Unternehmenskauf Teil II Kap. 10 Rn. 10.180; Mielke/Welling BB 2007, 277.

[30] Siehe zum *Locked Box*-Konzept die Ausführungen in → § 6.

[31] Siehe dazu etwa Schrader/Seibt in Seibt, M&A, C. II. 3 Anm. 25, 37.

Stelle eingegangen (siehe → § 5 Rn. 12ff. als Überblick und im Einzelnen → § 7 Rn. 259ff.).

4. Gewährleistungen/Garantieversprechen

Ebenfalls zu den klassischen Instrumenten zur Absicherung von Bewertungsannahmen sind die Gewährleistungen *(Reps and Warranties)* des Verkäufers zu zählen.[32] Rechtstechnisch werden sie nach deutschem Recht in der Form von selbstständigen Garantieversprechen im Sinne von § 311 Abs. 1 BGB abgegeben.[33] Damit wird die verschuldungsunabhängige Haftung des Verkäufers für eine Garantieverletzung begründet. Das ist auch sachgerecht. Der Käufer will sich darauf verlassen können, dass die Haftung für die Unrichtigkeit der vom Verkäufer gegebenen Gewährleistungen nicht von einem etwaigen Verschulden des Verkäufers abhängt. Im Grundsatz ist davon auszugehen, dass jede Bewertung eines Unternehmens unterstellt, dass das betreffende Unternehmen ohne wesentliche rechtliche und tatsächliche Unzulänglichkeiten betrieben wird. Auch ist davon auszugehen, dass die Jahresabschlüsse des betreffenden Unternehmens den Vermögens- und Finanzstatus zutreffend wiedergeben. Damit ist der Kreis von potentiellen Gewährleistungen umrissen. Neben einer Bilanzgarantie[34] kommen sämtliche Zusicherungen in Betracht, deren Richtigkeit eine Auswirkung auf den Unternehmenswert haben kann. Üblich und aus Gründen der rechtlichen Vorsorge unverzichtbar sind Gewährleistungen über das Eigentumsrecht an den erworbenen Anteilen an dem Zielunternehmen, die Freiheit von (belastenden) Rechten Dritter an diesen Anteilen sowie die vollständige Offenbarung sämtlicher satzungsgleicher und satzungsähnlicher Abreden.[35] **31**

In der Praxis üblich ist die Gewährleistung der in einem Finanzstatus ausgewiesenen Finanzkennzahlen **(Bilanzgarantie).**[36] Hier richtet sich die Gewährleistung nicht auf die Richtigkeit der einzelnen betreffenden Bilanzkennzahl, sondern üblicherweise auf (i) die Einhaltung gesetzlicher Bilanzaufstellungsgrundsätze sowie (ii) die Vermittlung eines insgesamt zutreffenden Finanz- und Vermögensstatus **31a**

[32] Siehe zu den Gewährleistungsregelungen in Unternehmenskaufverträgen ausführlich etwa: Holzapfel/Pöllath, Unternehmenskauf Rn. 880ff.; zur Abgabe von sogenannten „Erklärungen ins Blaue hinein" vgl. ferner Weyland NZG 2022, 103.

[33] Meyer-Sparenberg in Beck'sches M&A-Handbuch § 47 Rn. 7; Holzapfel/Pöllath, Unternehmenskauf Rn. 888; Picot DB 2009, 2587, 2594.

[34] Henrich in Hölters, Unternehmenskauf Teil II Kap. 10 Rn. 10.130ff.; Weber in Hölters, Unternehmenskauf Teil II Kap. 9 Rn. 9.257ff.; zu den Unterschieden zwischen objektiver („harter") und subjektiver („weicher") Bilanzgarantie vgl. Louven/Mehrbrey NZG 2014, 1321, 1326; Widder/Koffka NZG 2020, 1284; zur Auslegung einer Bilanzgarantie und den Haftungsfolgen vgl. ferner OLG Frankfurt a. M., Urteil vom 7.5.2015 – 26 U 35/12, BeckRS 2016, 2133; OLG München, Urteil vom 30.3.2011 – 7 U 4226/10, BeckRS 2011, 7200.

[35] Henrich in Hölters, Unternehmenskauf Teil II Kap. 10 Rn. 10.118.

[36] Siehe dazu auch → § 12 Rn. 4ff.; Becker/Voß in Knott, Unternehmenskauf Rn. 1466ff.

der Zielgesellschaft zum relevanten Stichtag (§ 264 Abs. 2 Satz 1 HGB).[37] Während die Ausgestaltung von Bilanzgarantien in der Praxis vielfältig ist, lässt sich terminologisch zwischen sogenannten „harten" bzw. objektiven und „weichen" bzw. subjektiven Bilanzgarantien differenzieren. Die Zusicherung der Einhaltung gesetzlicher Bilanzaufstellungsgrundsätze wird regelmäßig als subjektive Garantie verstanden.[38] Uneinigkeit zwischen Rechtsprechung und Literatur besteht hingegen hinsichtlich des zweiten Teils der Garantie, namentlich der Aussage, dass der Jahresabschluss ein den tatsächlichen Verhältnissen entsprechendes Bild der Vermögens-, Finanz- und Ertragslage vermittelt. In Anbetracht des (vermeintlichen) Fehlens einer subjektiven Komponente sehen sowohl das OLG Frankfurt am Main[39] als auch das OLG München[40] hierin eine objektive bzw. „harte" Garantie. Beide Entscheidungen haben in der Literatur – zu Recht – heftige Kritik erfahren.[41] Gleichwohl empfiehlt es sich, in Zukunft einen entsprechenden klarstellenden Zusatz in die Klausel aufzunehmen.[42]

32 Hinsichtlich der weiteren Gewährleistungen hängt das potentiell in Betracht kommende Spektrum stark von den jeweiligen Verhältnissen des Zielunternehmens ab. Gegenstand von Gewährleistungen können sämtliche Vermögens- und Rechtspositionen der Zielgesellschaft sein, als da wären Liefer- und Bezugsverträge, gewerbliche Schutzrechte, behördliche Genehmigungen,[43] Immobilien, sonstige Vermögensgegenstände, Miet- und Pachtverträge, Kooperationsverträge, *Joint Venture*-Verträge, Unternehmensverträge, Beteiligungen usw. Weiterhin üblich sind Gewährleistungen auf die Richtigkeit der Angaben zu den beschäftigten Mitarbeitern. Auch eine Offenlegung sämtlicher Rechtsstreitigkeiten und behördlicher Verfahren ist praxisüblich.

33 Besondere Bedeutung kommt in der Praxis der Vereinbarung von Gewährleistungen auf den Zustand und die Vollständigkeit der vom Zielunternehmen eingesetzten Vermögensgegenstände zu. Damit wird eine Lücke geschlossen, die im *Net Debt/Net Cash*-Mechanismus zur Kaufpreisanpassung typischerweise besteht (siehe dazu → § 7 Rn. 182 ff.). Das betrifft zunächst den Zustand der Produktionsmittel.

---

[37] Becker/Voß in Knott, Unternehmenskauf Rn. 1466; Henrich in Hölters, Unternehmenskauf Teil II Kap. 10 Rn. 10.130 ff.; Kästle/Oberbracht, Unternehmenskauf, S. 159.

[38] Henrich in Hölters, Unternehmenskauf Teil II Kap. 10 Rn. 10.135; Ziegenhain in Beck'sches M&A-Handbuch § 16 Rn. 20; Widder/Koffka NZG 2020, 1284.

[39] OLG Frankfurt a. M., Urteil vom 7.5.2015 – 26 U 35/12, BeckRS 2016, 2133.

[40] OLG München, Urteil vom 30.3.2011 – 7 U 4226/10, BeckRS 2011, 7200.

[41] Vgl. etwa Ziegenhain in Beck'sches M&A-Handbuch § 16 Rn. 21; Widder/Koffka NZG 2020, 1284, 1287 f.; Wächter BB 2016, 711, 712; Mehrbrey/Hofmeister NZG 2016, 419, 420; Korch WM 2018, 700; Louven/Mehrbrey NZG 2014, 1321, 1327.

[42] Vgl. zu einer entsprechenden Klausel bzw. Formulierung etwa Kästle/Oberbracht, Unternehmenskauf, S. 157 f.; Weber in Hölters, Unternehmenskauf Teil II Kap. 9 Rn. 9.261.

[43] Vgl. zu einer entsprechenden Klausel etwa LG Hamburg, Urteil vom 13.3.2015 – 315 O 89/13, BeckRS 2015, 07608 (werden behördliche Genehmigungen garantiert, so sind privatrechtliche Lizenzen in Bezug auf für den Vertrieb erforderliche Patente hiervon nicht erfasst).

Der Verkäufer kann versucht sein, vor einem anstehenden Verkauf der Zielgesellschaft die Wartungsintervalle auszudehnen, nötige Reparaturen aufzuschieben und Ersatzinvestitionen zu unterlassen. Dadurch erhöht sich der *Cash*-Bestand der Zielgesellschaft, was bei der Vereinbarung eines *Net Debt/Net Cash*-Mechanismus kaufpreiserhöhend wirkt. Umgekehrt ist der Käufer mit den in der Zukunft über Gebühr anstehenden Abflüssen an Liquidität belastet. Davor schützt sich der Käufer durch eine Gewährleistung des Verkäufers, dass die Produktionsmittel einen normalen Gebrauchszustand aufweisen *(normal wear and tear)*, die historischen Wartungsintervalle bis zum *Closing* eingehalten wurden und alle notwendigen Reparaturen durchgeführt wurden. Bei CAPEX-intensiven Zielunternehmen kommt auch die Gewährleistung bestimmter durchschnittlicher Investitionen in die Produktionsanlagen in Betracht, um den Käufer vor einem Investitionsstau zu schützen. Schließlich ist auch denkbar, dass sich der Käufer vom Verkäufer zusichern lässt, dass die Zielgesellschaft alle zur Aufrechterhaltung des Geschäftsbetriebs – so wie in der Vergangenheit betrieben – notwendigen Vermögensgegenstände und Rechtspositionen innehat (so genannte *„All Assets"*-Klausel).

Eine Sonderstellung nehmen Gewährleistungen auf den Steuerstatus der Ziel- 34
gesellschaft ein. Die Gewährleistungen im Rechtssinne – hier in der Form eines selbstständigen Garantieversprechens – beschränken sich zumeist auf verhaltensbezogene Zusicherungen des Verkäufers. Das betrifft beispielsweise die fristgerechte Einreichung aller erforderlichen Steuererklärungen, die fristgerechte Zahlung aller festgesetzten Steuern, die Offenlegung durchgeführter Betriebsprüfungen, gestellter Stundungsanträge und vergleichbarer Angaben. Demgegenüber erfolgt die Zuordnung der Steuertragungslast zwischen Verkäufer und Käufer typischerweise in Form einer Freistellung (siehe dazu allgemein unten → Rn. 36 ff.). Danach hat der Verkäufer den Käufer von allen Steuern freizustellen, die sich auf den Zeitraum vor einem festzulegenden Abgrenzungsstichtag – etwa *Closing* oder Geschäftsjahresende – beziehen.[44]

Gewährleistungen werden in der M&A-Praxis indessen regelmäßig überschätzt. 35
Ihre Durchsetzung in Vertragsverhandlungen ist oft schwierig und Gegenstand kontroverser Diskussionen. Der praktische Nutzen ist hingegen häufig dadurch stark abgeschwächt, dass im Fall einer Gewährleistungsverletzung diverse Beschränkungen bei der Schadenskompensation greifen. So ist ihre Geltendmachung in aller Regel betragsmäßig begrenzt (*Cap, de minimis, Basket* etc.).[45] Hinzu kommen Anrechnungsregelungen tatsächlicher oder vermeintlicher mit der Gewährleistungsverletzung einhergehender Vorteile. Daneben enthalten Unternehmenskaufverträge häufig sehr ausführliche Regelungen zur konkreten Geltendmachung von Gewährleistungsansprüchen. So sind Regelungen verbreitet, wonach der Käufer den Verkäufer innerhalb einer (relativ kurzen) Frist über das (mögliche) Entstehen

[44] Vgl. hierzu etwa die Musterklausel bei Meyer-Sparenberg in Gebele/Scholz, Formularbuch III. A. 16 § 10.

[45] Siehe etwa Schrader/Seibt in Seibt, M&A C. II. 1 Anm. 124 f.

eines Gewährleistungsanspruchs informiert haben muss, um diesen geltend machen zu können. Solche Klauseln gehen häufig an der Lebenswirklichkeit vorbei, weil es nicht praktisch ist, die andere Vertragsseite von jedem möglichen Gewährleistungssachverhalt zu unterrichten, bevor die Klärung der Sach- und Rechtslage abgeschlossen ist, und Unternehmen selten so organisiert sind, dass ein Vorgang binnen Tagen als Gewährleistungsfall qualifiziert werden könnte. Im Ergebnis schwächen sie die Durchsetzbarkeit von Gewährleistungsansprüchen erheblich.

35a Regelmäßig werden in M&A-Transaktionen inzwischen Gewährleistungsversicherungen, sog. *Warranty & Indemnity Insurances* (W&I-Versicherungen) abgeschlossen.[46] Dieses aus der *Private Equity*-Praxis stammende Konzept *(Clean Exit)* ermöglicht es, das Haftungsrisiko gegen Zahlung einer Versicherungsprämie auf einen Versicherer zu verlagern. Die spätestens in den Vertragsverhandlungen aufkommenden Interessengegensätze zwischen Käufer und Verkäufer im Bereich des Haftungsregimes – das Interesse des Käufers an einem möglichst umfangreichen Gewährleistungskatalog versus das Interesse des Verkäufers an einer möglichst weitgehenden Haftungsbeschränkung – lassen sich durch den Abschluss einer W&I-Versicherung regelmäßig reduzieren. Sowohl Käufer als auch Verkäufer können Versicherungsnehmer einer W&I-Versicherung sein. In den letzten Jahren überwiegt jedoch deutlich die Käuferversicherung.[47] Der Versicherer haftet in diesem Fall dem Käufer für Ansprüche auf Grund von Garantieverletzungen des Verkäufers. Diese Haftung tritt grundsätzlich neben die – typischerweise betragsmäßig begrenzten – direkten Ansprüche des Käufers aus dem Unternehmenskaufvertrag. In rechtlicher Hinsicht lässt sich die Käuferversicherung entweder als Betriebsunterbrechungsversicherung[48] oder als Versicherungsvertrag sui generis[49] einordnen.

5. Freistellungen

36 Eine elegante Art der Wertabsicherung lässt sich mit der Vereinbarung von Freistellungen erreichen.[50] Mit der Freistellung verpflichtet sich der Verkäufer, den Käufer von sämtlichen aus einem bestimmten Sachverhalt resultierenden, monetären Nachteilen freizuhalten. Eine Freistellung reicht also insoweit weiter als eine Gewährleistung (Garantie), als dem Käufer kein Schaden im Rechtssinne entstanden sein muss.[51] Auch Vermögensnachteile, die unter dem gesetzlichen Scha-

---

[46] Wiegand in Beck'sches M&A-Handbuch § 94 Rn. 1; Becker/Voß in Knott, Unternehmenskauf Rn. 171; Hoenig/Klingen NZG 2016, 1244; Kränzlin/Otte/Fassbach BB 2013, 2314; zu den Kernbestandteilen einer W&I-Versicherung vgl. z. B. Herwig in Jaletzke/Henle, M&A Agreements in Germany, S. 355 f.

[47] Wiegand in Beck'sches M&A-Handbuch § 94 Rn. 1; Herwig in Jaletzke/Henle, M&A Agreements in Germany, S. 353; Hoger/Baumann NZG 2017, 811; Hoenig/Klingen NZG 2016, 1244.

[48] So Hasselbach/Reichel ZIP 2005, 377.

[49] Wiegand in Beck'sches M&A-Handbuch § 94 Rn. 7.

[50] Ausführlich hierzu Hilgard BB 2016, 1218 ff. sowie Schütt NJW 2016, 980 ff.

[51] Schrader/Seibt in Seibt, M&A C. II. 1 Anm. 101; Hilgard BB 2016, 1218, 1222.

densbegriff nicht ausgleichspflichtig wären, sind bei einer Freistellung auszugleichen.[52] Außerdem wird die Geltendmachung von Freistellungen im Regelfall nicht an weitere Voraussetzungen geknüpft. Vielmehr ist es regelmäßig ausreichend, dass der Käufer schlicht den ihm entstandenen Nachteil nachweist. Mit Ausnahme einer Betragsobergrenze *(Cap)* sind Freistellungsansprüche üblicherweise auch nicht weiter betragsmäßig qualifiziert. Das heißt, die bei Gewährleistungen häufig vorzufindenden Mindestschwellen *(de minimis, Basket)* werden in aller Regel bei einem Freistellungsanspruch nicht vereinbart. Die Vereinbarung einer Freistellung ist daher ein zweckmäßiges Mittel, um die vom Käufer festgestellte potentielle Wertminderung vertragstechnisch zu neutralisieren. Der Verkäufer vermeidet dadurch, dass der Käufer einen Risikoabschlag vom Kaufpreis für den Eintritt eines ungewissen Ereignisses vornimmt.

Weithin gebräuchlich sind Freistellungen im Bereich von Umweltaltlasten.[53] **37**
Auch wird die Steuerabgrenzung zumeist in der Form einer Freistellung geregelt.[54] Danach stellt der Verkäufer den Käufer von sämtlichen Steuern frei, die vor einem festzulegenden Stichtag entstanden sind oder sich auf den Zeitraum davor beziehen. Eine Freistellung bietet sich auch an für die Neutralisierung etwaiger Prozessrisiken aus schwebenden Rechtsstreitigkeiten. Das Gleiche gilt für das Inanspruchnahmerisiko aus angedrohten, aber noch nicht rechtshängig gemachten Ansprüchen Dritter.

Schließlich erfolgt eine Freistellung des Käufers bzw. der Zielgesellschaft re- **38**
gelmäßig dann, wenn diese an einer Spaltung beteiligt war und deshalb aufgrund der gesetzlichen Anordnung in § 133 Abs. 1 UmwG gesamtschuldnerisch für die vor dem Wirksamwerden der Spaltung begründeten Verbindlichkeiten des übertragenden Rechtsträgers haftet.

6. Wertsicherungsklauseln

In bestimmten Konstellationen kann es erforderlich werden, dass eine Absi- **38a**
cherung der (relativen) Unternehmenswerte dergestalt erfolgt, dass etwaige Wertschwankungen bereits vor dem Vertragsvollzug ausgeglichen werden. Hierin liegt der grundlegende Unterschied zu den sonstigen Ausgleichsmechanismen für eingetretene Wertveränderungen wie die (nachträgliche) Kaufpreisanpassung oder die Freistellung, die allesamt nach dem Vertragsvollzug eingreifen.

So ist es im Kontext von Unternehmensakquisitionen unter Beteiligung von **38b**
börsennotierten Gesellschaften üblich, etwaige Veränderungen des Unternehmenswerts bereits vor dem Vertragsvollzug auszugleichen. Eine Anpassung der Gegenleistung nach dem Vertragsvollzug *(Closing)* scheidet hier in aller Regel aus,

[52] Siehe hierzu: Rohlfing MDR 2012, 257.

[53] Rotthege/Wassermann, Unternehmenskauf Kap. 9 B. II. 4 Rn. 78; Hilgard BB 2016, 1218, 1222f.

[54] Siehe hierzu: Stange in Knott, Unternehmenskauf Rn. 1573ff.; ferner Hilgard BB 2016, 1218, 1222

weil aufgrund der breit gestreuten Aktionärsbasis keine Vertragsgegenseite greifbar wäre, die für den Ausgleich der Wertveränderungen einstehen könnte. Ein weiterer Grund für die Vereinbarung einer vor dem Vertragsvollzug erfolgenden Wertabsicherung kann in den bei der übernehmenden Gesellschaft bestehenden Finanzierungsverträgen liegen. In den dort vereinbarten *Financial Covenants* werden regelmäßig bestimmte Eigenkapital-/Fremdkapital-Relationen oder auch ein Mindest-*Cash*-Bestand vorgeschrieben. Mit einer Wertsicherungsabrede vermeidet es die übernehmende Gesellschaft, dass aufgrund einer vor dem Vertragsvollzug eingetretenen Verschlechterung der Bilanzkennzahlen der übernommenen Gesellschaft die *Financial Covenants* unter den bestehenden Finanzierungsverträgen verletzt werden.

38c Mit so genannten Wertsicherungsklauseln wird sichergestellt, dass bestimmte Bilanzkennzahlen an festgelegten Zeitpunkten nicht unterschritten werden. So wird in diesem Zusammenhang häufig vereinbart, dass zu einem bestimmten Stichtag ein vereinbartes Mindesteigenkapital vorhanden sein muss. Denkbar ist auch, dass ein bestimmter Schuldenstand nicht überschritten werden darf. Schließlich kann auch vereinbart werden, dass zu einem festgelegten Stichtag ein Mindestbestand an Liquidität ***(Cash)*** vorhanden sein muss. Durch die Wertsicherungsabrede verpflichtet sich die jeweilige Vertragspartei dafür zu sorgen, dass die zugesagten Bilanzkennzahlen zum betreffenden Stichtag erreicht werden. Werden Sie verfehlt, ist die betreffende Vertragspartei verpflichtet, den Minderbetrag auszugleichen. Dies geschieht durch Kapitalzuschüsse der Gesellschafter der betreffenden Vertragspartei, entweder in Form einer offenen Kapitalerhöhung oder einer schlichten Kapitalzuzahlung der Gesellschafter. Ist die betreffende Vertragspartei börsennotiert, steht ihr praktisch nur der Weg über die offene Kapitalerhöhung zur Verfügung.

7. Rücktrittsrechte

39 Nicht unmittelbar mit der Absicherung der Bewertungsannahmen verknüpft ist das Recht, vom abgeschlossenen Kaufvertrag zurückzutreten (Rücktrittsrecht). Im Ergebnis schützt es indessen den Käufer, wenn er sich im Fall einer Wertveränderung wieder vom Vertrag lösen kann. Allerdings finden sich in der Praxis selten bis nie Fälle, in denen dem Käufer ein Rücktrittsrecht für den Fall einer Wertverschlechterung eingeräumt wurde.[55] Grundsätzlich haben nämlich beide Seiten ein hohes Interesse daran, dass ein abgeschlossener Unternehmenskaufvertrag auch vollzogen wird. Jedoch haben die am Markt durchaus verwendeten MAC-Klauseln (siehe oben → Rn. 9 ff.) einen ähnlichen Effekt wie ein Rücktrittsrecht für den Fall der Wertverschlechterung: Bei Eintritt einer signifikanten Wertverschlechterung ist der Käufer frei, den Kaufvertrag nicht zu vollziehen.

[55] Vgl. Lips in Hettler/Stratz/Hörtnagl, Unternehmenskauf § 3 Rn. 194, 292 f.

8. Sonstige Vertragsbestimmungen

a) Nachvertragliche Verhaltenspflichten des Verkäufers

Daneben bestehen mannigfache Möglichkeiten, mittels vertraglicher Regelungen spezifische Bewertungsannahmen des Käufers abzusichern. Besteht die Möglichkeit, dass der Verkäufer nach der Veräußerung des Zielunternehmens mit diesem in Wettbewerb tritt, ist dieser Umstand bewertungsrelevant. Die Bewertungsannahme des Käufers, dass der Verkäufer nach dem Verkauf Wettbewerb unterlassen wird, lässt sich durch ein **nachvertragliches Wettbewerbsverbot** absichern.[56] Ohne eine solche vertragliche Absicherung müsste der Käufer einen Bewertungsabschlag vornehmen, so dass auch der an einem hohen Kaufpreis interessierte Verkäufer geneigt sein dürfte, ein nachvertragliches Wettbewerbsverbot zu akzeptieren. Ähnliches gilt, wenn der Wert des Zielunternehmens in nennenswerter Weise von der Weiterbeschäftigung bestimmter Schlüsselmitarbeiter beeinflusst wird. Hier kann sich die Vereinbarung eines **Abwerbungsverbots** *(Non Solicitation)* zu Lasten des Verkäufers anbieten. Damit sichert der Verkäufer zu, die aktive Ansprache von Mitarbeitern des Zielunternehmens für einen bestimmten Zeitraum zu unterlassen.[57] 40

Seltener zu beobachten sind nachvertragliche Förderpflichten des Verkäufers. Will sich der Käufer die Unterstützung des Verkäufers auch nach dem Vollzug des Kaufvertrags sichern, weil dadurch der Wert der Zielgesellschaft erhalten oder gar gesteigert werden kann, wird er versuchen, diesen mit einem Beratervertrag an das Unternehmen zu binden. Ist der Verkäufer gar im **Management der Zielgesellschaft** tätig oder hat er in Bezug auf das Unternehmen sonst eine exponierte Stellung (Unternehmensgründer, „Kopf des Unternehmens"), ist sein weiterer Verbleib im Unternehmen häufig entscheidend für den Erhalt des Unternehmenswerts. In solchen Fällen kann die Zahlung eines Teils des Kaufpreises an eine weitere Mitarbeit des Verkäufers in dem verkauften Unternehmen geknüpft werden. Wichtig ist bei einer solchen Gestaltung die exakte Rollen- bzw. Funktionsbeschreibung für die Tätigkeit des Verkäufers: Es muss eindeutig geregelt sein, welche Tätigkeit bzw. welchen Erfolg der Verkäufer schuldet, um sein Beraterentgelt bzw. den zurückbehaltenen Kaufpreisanteil zu erhalten. 41

b) Absicherung der Leistungsbeziehung mit dem Verkäufer

In nicht wenigen Fällen hängt der Wert eines Unternehmens ganz entscheidend davon ab, ob der Verkäufer auch nach dem erfolgten Verkauf die Produkte oder 42

---

[56] Dazu etwa Henrich in Hölters, Unternehmenskauf Teil II Kap. 10 Rn. 10.182 ff.; Schrader/Seibt in Seibt, M&A C. II. 1 Anm. 128; vgl. ferner Beisel in Beisel/Klumpp, Unternehmenskauf 12. Kap. Rn. 53 ff.

[57] Beisel in Beisel/Klumpp, Unternehmenskauf 12. Kap. Rn. 72 ff. auch zu den insoweit zu beachtenden Gestaltungsgrenzen.

Dienstleistungen des verkauften Unternehmens weiter bezieht. Wird beispielsweise eine Serviceeinheit des Verkäufers veräußert, die in der Vergangenheit zwar nicht ausschließlich, aber vornehmlich Dienstleistungen für den Verkäufer erbracht hat, wird der Erwerber die Fortsetzung des Leistungsbezugs durch den Verkäufer abgesichert sehen wollen. Nur so ist aus Sicht des Käufers eine Grundauslastung des erworbenen Unternehmens gewährleistet und damit ein Ausgleich für die übernommene Kostenbasis gegeben. Dabei spielt es keine Rolle, ob die Zielgesellschaft überhaupt erst zum Zwecke des Verkaufs rechtlich verselbständigt wurde oder als Konzerngesellschaft bereits zuvor bestand. In diesen Fällen liegt der wirtschaftliche Schwerpunkt der Transaktion eindeutig in der künftigen Leistungsbeziehung des Zielunternehmens zum vormaligen Eigentümer und Verkäufer. Die Aussicht, eine funktionierende Dienstleistungsplattform zu erwerben und damit Drittgeschäft aufbauen zu können, ist unter Bewertungsaspekten nur von untergeordneter Bedeutung.

43 In der Bewertung des Zielunternehmens und damit in dem Kaufpreis drückt sich regelmäßig die Erwartung des Käufers aus, dass der Verkäufer langfristig Waren oder Dienstleistungen von dem Zielunternehmen beziehen wird. In diesen Fallkonstellationen wird üblicherweise im Zusammenhang mit dem Unternehmensverkauf ein langjährig laufender Leistungsbezugsvertrag abgeschlossen. Dessen Bezugskonditionen spiegeln sich unmittelbar in dem Kaufpreis für das Zielunternehmen wider: Sind die zwischen dem Verkäufer und dem Käufer ausgehandelten Bezugskonditionen für den Verkäufer attraktiv (weil vergleichsweise niedrig bemessen), reduziert das den Kaufpreis für das Zielunternehmen. Umgekehrt mag der Verkäufer ein Interesse daran haben, einen relativ hohen Kaufpreis zu vereinnahmen und ist deshalb bereit, für ihn ungünstige Bezugskonditionen zu akzeptieren.

44 In jedem Fall ist aus Sicht des Käufers sicherzustellen, dass der Leistungsbezugsvertrag nicht vor Ablauf der seinen Kalkulationen zugrunde gelegten regulären Vertragslaufzeit endet. Der Leistungsbezugsvertrag wird deshalb mit einer festen (Mindest-)Laufzeit abgeschlossen. Die ordentliche Kündigung des Vertrags vor Ablauf der regulären Vertragslaufzeit wird ausgeschlossen. Da sich die Kündigung aus wichtigem Grund nicht ausschließen lässt, kann der Leistungsbezugsvertrag dennoch vor Ablauf der regulären Laufzeit enden. Soweit der wichtige Grund für die Kündigung des Leistungsbezugsvertrages in der Sphäre des Verkäufers liegt, wird üblicherweise durch die Kündigung eine Kompensationszahlung zugunsten des Käufers ausgelöst. Das ist beispielsweise der Fall, wenn auf der Ebene des Verkäufers ein Kontrollwechsel *(Change of Control)* stattfindet, und der Käufer vertraglich berechtigt ist, deswegen den Leistungsbezugsvertrag aus wichtigem Grund zu kündigen. Ist ausnahmsweise die ordentliche Kündigung vor Ablauf der regulären Vertragslaufzeit gestattet *(Termination for Convenience),* löst dies regelmäßig eine Abstandszahlung des Verkäufers an die Zielgesellschaft aus, mit dem

der durch die vorzeitige Vertragsbeendigung ausgelöste wirtschaftliche Schaden kompensiert wird.

Bei wirtschaftlicher Betrachtung stellen sich diese Zahlungen als eine **nachträgliche Anpassung des Kaufpreises** dar. Denn der Ausgleich zugunsten des Käufers erfolgt deshalb, weil er aufgrund der vorzeitigen Beendigung des Leistungsbezugsvertrags einen zu hohen Kaufpreis für die Zielgesellschaft entrichtet hat. Häufig werden die bei einer vorzeitigen Vertragsbeendigung geschuldeten Zahlungen deswegen im Unternehmenskaufvertrag auch ausdrücklich als nachträgliche Kaufpreisanpassung kategorisiert. 45

c) Umstrukturierung des Zielunternehmens vor Vertragsvollzug

Schließlich kommt in Betracht, dass der Verkäufer sich verpflichtet, das verkaufte Unternehmen noch vor dem Vollzug des Unternehmenskaufvertrags umzustrukturieren, damit es den Zustand aufweist, der den Vorstellungen des Erwerbers entspricht. So kann dem Käufer daran gelegen sein, bestimmte Unternehmensteile nicht zu erwerben. Diese müssten dann vor dem Vertragsvollzug aus dem Unternehmen herausgelöst und abgetrennt werden. Umgekehrt ist auch denkbar, dass der Verkäufer bestimmte Vermögensgegenstände oder Unternehmensteile behalten möchte und diese von dem Verkauf ausnimmt. In solchen Fällen enthält der Unternehmenskaufvertrag die Pflicht – oder das Recht – des Verkäufers, vor dem Vertragsvollzug genau beschriebene Umstrukturierungsmaßnahmen durchzuführen. Üblicherweise werden solche Regelungen mit einer Vollzugsbedingung verknüpft (siehe oben → Rn. 19 ff.). 46

III. Sonderkonstellationen

1. Besonderheiten bei Bestehen eines Unternehmensvertrags

a) Ausgangslage

Besteht zwischen dem Verkäufer und der Zielgesellschaft ein Unternehmensvertrag i. S. d. §§ 291 ff. AktG, also im Wesentlichen ein Beherrschungsvertrag, ein Gewinnabführungsvertrag oder (wie auch häufig in der Praxis) eine Kombination von beiden, ist im Unternehmenskaufvertrag besondere vertragliche Vorsorge zu treffen.[58] Während ein Beherrschungsvertrag die Leitung des abhängigen Unternehmens dem herrschenden Unternehmen unterstellt, erlaubt ein Gewinnabführungsvertrag die Konsolidierung von Gewinnen und Verlusten über die betreffenden Gesellschaften (Organträger und Organgesellschaft) hinweg (*Pooling*-Effekt). Letzteres ist vornehmlich aus steuerlichen Gründen attraktiv, da die steuermin- 47

[58] Zu den Auswirkungen eines Ergebnisabführungsvertrags auf die Equity Bridge siehe auch → § 7 Rn. 53 ff.

dernde Anrechnung etwaig angelaufener Verluste noch im selben Geschäftsjahr und in voller Höhe erfolgt (sog. steuerliche Organschaft, § 14 i. V. m. § 17 KStG). Demgegenüber können ohne einen Gewinnabführungsvertrag nur die in der betreffenden Gesellschaft angefallenen Verluste mit künftigen Gewinnen – und das auch nur teilweise[59] – verrechnet werden.

48 Die Vorschriften der §§ 291 ff. AktG sind unmittelbar nur auf solche Unternehmensverträge anwendbar, bei denen eine AG oder KGaA abhängiges Unternehmen ist. Nach allgemeiner Ansicht finden die Vorschriften, wenngleich mit einzelnen Anpassungen, entsprechende Anwendung auf solche Unternehmensverträge, bei denen eine GmbH abhängiges Unternehmen ist.[60]

49 Der infolge der Veräußerung der Anteile an der Zielgesellschaft eintretende Eigentümerwechsel macht aus Sicht beider Vertragsparteien gleich eine Reihe unterschiedlicher Regelungen im Unternehmenskaufvertrag erforderlich. Der Wechsel in der Stellung des Allein- oder Mehrheitsgesellschafters hat grundsätzlich, je nach Ausgestaltung im Einzelfall, keine Auswirkungen auf den Bestand des Unternehmensvertrags; dieser wird unverändert fortgeführt, bis er durch einen gesonderten Rechtsakt beendet wird.[61] Eine Fortführung des Unternehmensvertrags nach dem *Closing* entspricht aber nicht dem Interesse von Verkäufer und Käufer; vielmehr sollte dieser spätestens mit dem *Closing* enden: Denn der Käufer will weder, dass der Verkäufer nach diesem Zeitpunkt noch aufgrund eines bestehenden Beherrschungsvertrags in die Zielgesellschaft „hineinregieren" kann, noch, dass der nach dem *Closing* etwaig angefallene Gewinn an den Verkäufer ausgekehrt wird. Da der Verkäufer spiegelbildlich etwaige Verluste auszugleichen hat, solange ein Beherrschungs- oder ein Gewinnabführungsvertrag besteht (§ 302 Abs. 1 AktG), ist auch dieser daran interessiert, dass der Unternehmensvertrag spätestens mit dem *Closing* endet. Wesentlich ist auch, dass die Zielgesellschaft in den ersten drei Jahren nach Bekanntmachung der Beendigung des Unternehmensvertrags weder auf den Ausgleichsanspruch gegen das herrschende Unternehmen verzichten noch sich darüber vergleichen kann (§ 302 Abs. 3 AktG).

b) Beendigung von Unternehmensverträgen

50 Vor dem Hintergrund dieser Interessenlage wird den Parteien daran gelegen sein, im Unternehmenskaufvertrag die Beendigung des Unternehmensvertrags

[59] Durch die sog. Mindestbesteuerung des § 10d EStG i. V. m. § 8 Abs. 4 S. 1 KStG und die teilweise überschießenden Verlustbeschränkungen des § 8c KStG ist ein Untergang ungenutzter Verlustvorträge möglich. Zur noch offenen Frage der Verfassungsmäßigkeit Altvater in Kessler/Kröner/Köhler, Konzernsteuerrecht § 11 Rn. 18–27.

[60] Vgl. statt vieler: Emmerich in Emmerich/Habersack, Aktien- und GmbH-Konzernrecht AktG § 291 Rn. 41 ff.

[61] Anders aber in den Fällen des § 307 AktG: Hier führt die Beteiligung eines außenstehenden Aktionärs bei einer Gesellschaft, die zuvor im Alleineigentum stand, zur Beendigung spätestens zum Ende des Geschäftsjahres, in dem die Beteiligung erfolgte.

spätestens bis zum *Closing* vorzusehen und die daraus folgenden Verhaltenspflichten der Parteien festzuschreiben.[62] Das Gesetz kennt grundsätzlich drei Beendigungstatbestände: Die Aufhebung (§ 296 AktG) und Kündigung eines Unternehmensvertrags (§ 297 AktG) sowie eine automatische Beendigung im Fall des Hinzutretens eines außenstehenden Aktionärs nach Abschluss eines Unternehmensvertrags mit einer hundertprozentigen Tochtergesellschaft (§ 307 AktG). Im Folgenden sollen die beiden in der Praxis bedeutsameren Tatbestände der Aufhebung und Kündigung dargestellt werden.

Die Aufhebung von Unternehmensverträgen ist in der Transaktionspraxis der Regelfall zur Beendigung von Unternehmensverträgen. Sie erfolgt durch Aufhebungsvertrag (§ 311 Abs. 1 BGB) zwischen herrschendem und abhängigem Unternehmen. Der Aufhebungsvertrag bedarf gemäß § 296 Abs. 1 S. 3 AktG der Schriftform (gem. § 126 BGB).[63] Die Vorschrift des § 296 AktG ist nicht disponibel, so dass Abweichungen durch Satzung oder Parteivereinbarung nicht möglich sind (vgl. § 23 Abs. 5 S. 1 AktG).[64] Das abhängige Unternehmen unterliegt gemäß § 299 AktG keinen Weisungen des herrschenden Unternehmens hinsichtlich der Beendigung von Unternehmensverträgen. Ein zustimmender Hauptversammlungsbeschluss ist für die Aufhebung eines Unternehmensvertrags vorbehaltlich anderer Regelungen in der Satzung weder bei der herrschenden noch bei der abhängigen Aktiengesellschaft erforderlich.[65] Allerdings bedarf es auch im Rahmen der Aufhebung nach § 296 Abs. 2 AktG eines Sonderbeschlusses außenstehender Aktionäre, wenn der Unternehmensvertrag Ausgleichsleistungen oder Abfindungsrechte vorsieht. 51

Nach langer Kontroverse in Literatur und Rechtsprechung dürfte heute aufgrund des Urteils BGHZ 190, 45, 50 für Praxiszwecke davon auszugehen sein, dass bei einer abhängigen GmbH die Zustimmung der Gesellschafterversammlung für die Aufhebung eines Unternehmensvertrages erforderlich ist.[66] Für diesen ist 52

---

[62] Dazu Schrader/Seibt in Seibt, M&A C. II. 1 Anm. 15 ff.

[63] Nach BGHZ 190, 45, 50 = NJW-RR 2011, 1117 finden auf die Vertragsaufhebung bei der GmbH ebenso wie auf den Vertragsschluss die §§ 53, 54 GmbHG Anwendung.

[64] Altmeppen in MüKoAktG § 296 Rn. 4; Emmerich in Emmerich/Habersack, Aktien- und GmbH-Konzernrecht AktG § 296 Rn. 3a; Veil/Walla in Spindler/Stilz, AktG § 296 Rn. 4.

[65] Emmerich in Emmerich/Habersack, Aktien- und GmbH-Konzernrecht AktG § 296 Rn. 9; Koch, AktG § 296 Rn. 5; Altmeppen in MüKoAktG § 296 Rn. 8; Veil/Walla in Spindler/Stilz, AktG § 296 Rn. 10; Mues, RNotZ 2005, 1, 25. Bei der GmbH bedarf es auf Ebene der beherrschten Gesellschaft eines notariell beurkundeten Zustimmungsbeschlusses (vgl. BGH NJW-RR 2011, 1117 ff.; Schnorbus in Rowedder/Schmidt-Leithoff, GmbHG Anh. zu § 52 Rn. 125; Verse in Henssler/Strohn GmbHG Anh. zu § 13 Rn. 114a). Dagegen ist bei Abschluss oder Änderung eines Unternehmensvertrags ein Zustimmungsbeschluss der Hauptversammlung erforderlich (§§ 293 Abs. 1 und 2, 295 Abs. 1 AktG).

[66] Dafür: BGH NJW-RR 2011, 1117 Rn. 18 ff.; OLG Oldenburg NZG 2000, 1138, 1139 f., aufgehoben aus anderen Gründen durch BGH NJW 2002, 822; LG Konstanz AG 1993, 237, 237; Inhester/Tönnies in FS Pöllath + Partners, 2008, 69, 80; Müller-Eising/Schmitt NZG 2011, 1100, 1101; Derlin BB 2011, 2066, 2068; Theiselmann BB 2011, 2819, 2820 (nur in Bezug auf die Kündigung); Peters/

daher auch notarielle Form zu fordern.[67] Streitig ist auch, ob ein zustimmender Gesellschafterbeschluss auch bei der herrschenden GmbH erforderlich ist.[68] Aus Gründen der Vorsicht ist jedenfalls anzuraten, vorsorglich einen entsprechenden Gesellschafterbeschluss auch bei der herrschenden GmbH zu fassen.[69] Der Gesellschafterbeschluss einer abhängigen GmbH sollte darüber hinaus möglichst einstimmig gefasst sein.

53 Nach § 296 Abs. 1 S. 1 AktG kann ein Unternehmensvertrag nur zum Ende des Geschäftsjahres und nicht rückwirkend aufgehoben werden. Allerdings ist in diesem Zusammenhang die Möglichkeit der Änderung des Geschäftsjahres zu berücksichtigen (vgl. nachstehend → Rn. 58).

54 Unternehmensverträge können auch im Wege einer ordentlichen Kündigung beendet werden, wenn ein entsprechendes Kündigungsrecht vertraglich vorgesehen ist.[70] Mangels ausdrücklicher Regelung im AktG richten sich Kündigungsfrist und Kündigungszeitpunkt grds. nach den vertraglichen Vorgaben; haben die Parteien keine Regelung getroffen, so ist die Kündigung analog § 132 HGB lediglich mit halbjähriger Frist zum Ende des Geschäftsjahres möglich, denn nur so hat der Vertragspartner die Möglichkeit, sich rechtzeitig auf die Beendigung des Unternehmensvertrags einzustellen.[71] Zur Vermeidung von Unsicherheiten ist den Parteien jedoch zu raten, bei Abschluss des Unternehmensvertrags geeignete Fristen für die ordentliche Kündigung zu vereinbaren.[72] Ein Kündigungstermin ist für eine ordentliche Kündigung nicht einzuhalten. Demzufolge können Unternehmensverträge auch unterjährig, d. h. während eines laufenden Geschäftsjahres wirksam

---

Hecker DStR 2012, 86, 87 (nur in Bezug auf die Kündigung); Bauschatz DStZ 2005, 442, 443; Mues RNotZ 2005, 1, 25; Hoffmann-Becking WiB 1994, 57, 63; Priester ZGR 1996, 189, 204 ff.; Ehlke ZIP 1995, 355 358; Göhmann/Winnen RNotZ 2015, 53, 58. Dagegen: OLG Frankfurt a. M. NJW-RR 1994, 296, 297; OLG Karlsruhe ZIP 1994, 1022, 1023; Ulrich GmbHR 2004, 1000, 1004; Timm/Geuting GmbHR 1996, 229, 230; Kallmeyer GmbHR 1995, 578, 579; Vetter ZIP 1995, 345, 350 ff.

[67] OLG Oldenburg NZG 2000, 1138, 1139; LG Konstanz AG 1993, 237, 238; Bauschatz DStZ 2005, 442, 443; Beurskens in Noack/Servatius/Haas GmbHG, SchlAnh KonzernR Rn. 133; Ehlke ZIP 1995, 355, 358; Göhmann/Winnen RNotZ 2015, 53, 59.; Mues RNotZ 2005, 1, 25; Priester ZGR 1996, 189, 206.

[68] Dafür: LG Konstanz AG 1993, 237, 237; Ehlke ZIP 1995, 355, 358; Krieger/Jannot DStR 1995, 1473, 1477; Priester ZGR 1996, 189, 207; Schlögell GmbHR 1995, 401, 407. Dagegen: OLG Karlsruhe ZIP 1994, 1022, 1024; Göhmann/Winnen RNotZ 2015, 53, 60; Liebscher in MüKoGmbHG Anh. zu § 13 Rn. 1008; Timm/Geuting GmbHR 1996, 229, 233 ff.; Verse in Henssler/Strohn GmbHG Anh. zu § 13 Rn. 114b.

[69] Liebscher in MüKoGmbHG Anh. zu § 13 Rn. 1008.

[70] Die Zulässigkeit einer solchen Vereinbarung wird von § 297 Abs. 2 AktG vorausgesetzt.

[71] Altmeppen in MüKoAktG § 297 Rn. 75 f.; Emmerich in Emmerich/Habersack, Aktien- und GmbH-Konzernrecht AktG § 297 Rn. 11; Koch, AktG § 297 Rn. 15 f.; Krieger in MünchHdB AG § 71 Rn. 199; Veil/Walla in Spindler/Stilz, AktG § 297 Rn. 25.

[72] Ulrich GmbHR 2004, 1000, 1001.

ordentlich gekündigt werden, wenn die Parteien eine entsprechende vertragliche Regelung getroffen haben.[73]

In den Fällen der Aufhebung des Gewinnabführungsvertrages sowie der ordentlichen Kündigung (also ohne Vorliegen eines wichtigen Grundes) eines Gewinnabführungsvertrages ist die Vorschrift des § 14 Abs. 1 S. 1 Nr. 3 S. 1 KStG zu beachten, wonach ein Gewinnabführungsvertrag für die Annahme einer steuerlichen Organschaft für eine Dauer von mindestens fünf Kalenderjahren geschlossen und auch grds. für die gesamte Geltungsdauer durchgeführt werden muss. Unschädlich ist dagegen eine Kündigung aus wichtigem Grund, vgl. § 14 Abs. 1 S. 1 Nr. 3 S. 2 KStG. 55

Gemäß § 297 Abs. 1 S. 1 AktG[74] kann ein Unternehmensvertrag aus wichtigem Grund auch ohne Einhaltung einer Kündigungsfrist gekündigt werden. Dadurch bietet sich die Möglichkeit einer unterjährigen Beendigung eines Unternehmensvertrags ohne Umstellung des Wirtschaftsjahres schon vor Ablauf der üblichen fünfjährigen Mindestlaufzeit und ohne entsprechende Regelung im Unternehmensvertrag.[75] Nach § 297 Abs. 1 S. 2 AktG liegt ein wichtiger Grund namentlich dann vor, wenn der andere Vertragsteil voraussichtlich nicht in der Lage sein wird, seine aufgrund des Vertrags bestehenden Verpflichtungen zu erfüllen. Mangels Definition des wichtigen Grundes im Aktiengesetz ist zur weiteren Präzisierung des Begriffs auf § 314 Abs. 1 S. 2 BGB zurückzugreifen.[76] In der Literatur werden zahlreiche Einzelfälle diskutiert, in denen eine außerordentliche Kündigung aus wichtigem Grund gerechtfertigt sein soll.[77] Bei der Beurteilung der Frage, ob die Veräußerung der Anteile am abhängigen Unternehmen durch das herrschende Unternehmen einen wichtigen Grund darstellt, ist zu differenzieren: Die Veräußerung der Geschäftsanteile der abhängigen Gesellschaft durch das herrschende 56

[73] BGH NJW 1993, 1976, 1980f.; Altmeppen in MüKoAktG § 297 Rn. 77ff.; Emmerich in Emmerich/Habersack, Aktien- und GmbH-Konzernrecht AktG § 297 Rn. 12; Veil in Spindler/Stilz AktG § 297 Rn. 24; Kästle/Oberbracht, Unternehmenskauf, S. 49; Krieger in MünchHdB AG § 71 Rn. 199; Ulrich GmbHR 2004, 1000, 1001. Anders: Koppensteiner in KölnKomm AktG § 297 Rn. 5 (Kündigung analog § 296 Abs. 1 S. 1 AktG grundsätzlich nur zum Ende des Geschäftsjahres möglich. Dagegen spricht jedoch, dass die Analogievoraussetzungen mangels Vorliegen einer Regelungslücke nicht erfüllt sind, vgl. BGH NJW 1993, 1976, 1980f.).

[74] Nach allgemeiner Ansicht analog auch auf Unternehmensverträge mit einer abhängigen GmbH anwendbar: BGH NJW-RR 2011, 1117 Rn. 20; OLG Düsseldorf NJW-RR 1995, 233, 234; Altmeppen, GmbHG § 13 Anh. Rn. 90–103; Casper in Ulmer/Habersack/Löbbe, GmbHG Anh. nach § 77 Rn. 215; Emmerich in Emmerich/Habersack, Aktien- und GmbH-Konzernrecht AktG § 297 Rn. 3a; Inhester/Tönnies in FS Pöllath + Partners, 2008, 69, 84; Krieger/Jannot DStR 1995, 1473, 1475; Liebscher in MüKoGmbHG Anh. § 13 Rn. 1042; Ulrich GmbHR 2004, 1000, 1001.

[75] Link/Greven M&A Review 2010, 285, 290.

[76] Danach liegt ein wichtiger Grund vor, wenn der kündigenden Vertragspartei die Fortsetzung des Vertrages unter Berücksichtigung der Umstände des Falles und unter Abwägung der beiderseitigen Interessen bis zum Ablauf der ordentlichen Kündigungsfrist oder bis zum vereinbarten Beendigungstermin nicht mehr zuzumuten ist.

[77] Vgl. die ausführliche Darstellung bei Philippi/Neveling BB 2003, 1685, 1686ff.

Unternehmen soll nach überwiegender Ansicht für dieses grundsätzlich keinen wichtigen Grund für eine außerordentliche Kündigung darstellen, weil es dem herrschenden Unternehmen nicht gestattet sein soll, sich durch die Veräußerung der Geschäftsanteile an der abhängigen Gesellschaft und einer anschließenden Kündigung seiner Verpflichtungen aus dem Unternehmensvertrag zu entziehen.[78] In der Praxis machen die Parteien eines Unternehmensvertrags daher häufig von der Möglichkeit Gebrauch, die Veräußerung der Geschäftsanteile an dem abhängigen Unternehmen als wichtigen, zur Kündigung berechtigenden Grund zu vereinbaren.[79] Demgegenüber kann die Veräußerung der Geschäftsanteile durch das herrschende Unternehmen für die abhängige Gesellschaft einen wichtigen Grund zur Kündigung des Unternehmensvertrags darstellen, insbesondere, wenn die Durchführung des Unternehmensvertrags gefährdet ist.[80]

57 Die außerordentliche Kündigung aus wichtigem Grund bedarf gemäß § 297 Abs. 3 AktG der Schriftform (gem. § 126 BGB) und ist nach § 298 AktG in das Handelsregister einzutragen. § 297 Abs. 1 AktG enthält zwingendes Recht (vgl. § 23 Abs. 5 S. 1 AktG) mit der Folge, dass weder der vertragliche Ausschluss des außerordentlichen Kündigungsrechts noch eine etwaige vertragliche Einschränkung zur Disposition der Parteien steht.[81]

58 Eine Kündigung des Unternehmensvertrags aus Anlass des Unternehmensverkaufs mit Wirkung zum *Closing* kann, falls das *Closing* nicht zufälligerweise mit dem Ende des Geschäftsjahres zusammenfällt, als Fall einer unterjährigen Kündigung steuerliche Nachteile in Form des Verlustes der Anerkennung der Organschaft jedenfalls für das in Rede stehende Geschäftsjahr nach sich ziehen. Um diese steuerlichen Nachteile zu vermeiden, muss der Unternehmensvertrag zum Ende eines Geschäftsjahres der Zielgesellschaft beendet werden. Das bedeutet, dass falls eine unterjährige Beendigung eines Unternehmensvertrags beabsichtigt ist, bei der Zielgesellschaft das Geschäftsjahr durch entsprechenden notariell beurkundeten, satzungsändernden Beschluss der Gesellschafterversammlung (vgl. §§ 171, 181 AktG bzw. §§ 53 ff. GmbHG) auf das gewünschte Datum abzuändern und dementsprechend ein Rumpfgeschäftsjahr zu bilden ist. Dies macht es möglich,

---

[78] OLG Düsseldorf NJW-RR 1995, 233, 234; OLG Oldenburg NZG 2000, 1138, 1140; LG Duisburg AG 1994, 379, 379 f.; Altmeppen in MüKoAktG § 297 Rn. 37 ff.; Emmerich in Emmerich/Habersack, Aktien- und GmbH-Konzernrecht AktG § 297 Rn. 24a; Schrader/Seibt in Seibt, M&A C. II. 1 Anm. 14; Veil/Walla in Spindler/Stilz, AktG § 297 Rn. 11. Anders: LG Bochum, GmbHR 1987, 24, 24; Krieger in MünchHdB AG § 71 Rn. 202; Krieger/Jannot DStR 1995, 1473, 1476. Der BGH hat dies bislang offen gelassen, BGH NZG 2015, 912 Rn. 19. Aus steuerrechtlicher Sicht wird die Veräußerung der Geschäftsanteile an der abhängigen Gesellschaft vom Gesetz als wichtiger Grund zur Kündigung eines Unternehmensvertrags anerkannt, vgl. R 60 Abs. 6 Satz 2 KStR.

[79] BGH NJW 1993, 1976, 1980; Bauschatz DStZ 2005, 442, 444; Koch AktG § 297 Rn. 8; Knott/Rodewald BB 1996, 472, 475 f.; Ulrich GmbHR 2004, 1000, 1002.

[80] Emmerich in Emmerich/Habersack, Aktien- und GmbH-Konzernrecht AktG § 297 Rn. 24a.

[81] BGH NJW 1993, 1976, 1980; Emmerich in Emmerich/Habersack, Aktien- und GmbH-Konzernrecht AktG § 297 Rn. 16; Krieger in MünchHdB AG § 71 Rn. 201.

den Unternehmensvertrag mittels Aufhebungsvertrag auf das Ende des Rumpfgeschäftsjahres zu beenden bzw. soweit die relevante Kündigungsfrist für eine ordentliche Kündigung eingehalten werden kann, den Unternehmensvertrag auf das Ende des Rumpfgeschäftsjahres zu kündigen. Das Ende des Rumpfgeschäftsjahres sollte aus Gründen der Praktikabilität im Rahmen der Rechnungslegung möglichst auf den letzten Tag eines Kalendermonats gelegt werden.[82] Gemäß § 7 Abs. 4 S. 3 KStG bedarf die Umstellung auf ein vom Kalenderjahr abweichendes Geschäftsjahr zudem des Einvernehmens der Finanzbehörde. Diese muss ihre Zustimmung jedoch erteilen, wenn die Umstellung im Zusammenhang mit der Begründung oder Beendigung eines Organschaftsverhältnisses im Sinne des § 14 KStG erfolgt (vgl. R 59 Abs. 3 KStR 2004).

Besonderes Augenmerk ist aus Transaktionssicht auf die Frage zu legen, ob der Unternehmensvertrag entweder zwischen *Signing* und *Closing* so zeitig beendet werden soll, dass die Zielgesellschaft den auf den Beendigungstermin aufzustellenden Jahresabschluss zwecks Ermittlung des abzuführenden Gewinns bzw. eines etwaigen Verlustausgleichs noch zu einem Zeitpunkt erstellen kann und dieser auch festgestellt wird, zu dem der Verkäufer noch Eigentümer der verkauften Gesellschaftsanteile an der Zielgesellschaft ist oder ob der Beendigungstermin später liegt (spätestens der Tag des *Closing*), so dass der relevante Abschluss letztlich unter der Kontrolle des Käufers über die Zielgesellschaft erstellt wird. Dem Kern nach geht es also um die Frage, wer die Kontrolle über die Aufstellung und Feststellung des Jahresabschlusses innehaben soll. Gleich ob der Jahresabschluss letztlich unter der Kontrolle des Verkäufers oder des Käufers über die Zielgesellschaft aufgestellt wird, der Unternehmenskaufvertrag wird in diesem Fall umfassende Schutzvorkehrungen zu treffen haben, um möglichst zu vermeiden, dass die jeweils kontrollierende Partei den etwaig abzuführenden Gewinn bzw. den Betrag des etwaigen Verlustausgleichs beeinflusst. In der Regel wird daher zumindest eine Pflicht zur Fortführung der Bilanzierungsansätze bzw. Ausübung von Bilanzierungswahlrechten im Einklang mit dem vorherigen Jahresabschluss bestimmt. **59**

Seine Grenze erfährt diese Pflicht dort, wo zwingende Bilanzierungsregeln berührt werden; diese sind selbstverständlich zu beachten. Des Weiteren wird im Falle einer Aufstellung, aber mangelnden Feststellung des Jahresabschlusses vor dem *Closing* der Käufer zu verpflichten sein, sein Stimmrecht so auszuüben, dass der entsprechende Jahresabschluss durch die Gesellschafterversammlung der Zielgesellschaft ohne Änderungen festgestellt wird. Hat die Zielgesellschaft die Rechtsform der Aktiengesellschaft gilt dies entsprechend für sein Hinwirken darauf, dass der Aufsichtsrat den entsprechenden Jahresabschluss ohne Änderungen feststellt. Zusätzlich sollte der Verkäufer in Erwägung ziehen, sich gegen nachträgliche Änderungen historischer Jahresabschlüsse (einschließlich des letzten Rumpfgeschäftsjahresabschlusses) nach dem *Closing* im Unternehmenskaufver- **60**

[82] Schrader/Seibt in Seibt, M&A C.II.1 Anm. 14.

trag durch entsprechende Verhaltenspflichten zu schützen. Anderenfalls könnte sich der Verkäufer im Hinblick auf historische Jahre gegebenenfalls einer Rückforderung von vorgeblich zuviel abgeführtem Gewinn bzw. einer nachträglichen Verpflichtung zum Verlustausgleich ausgesetzt sehen. In diesem Zusammenhang kommt zunächst die Aufnahme einer Verhaltenspflicht des Käufers in Betracht, soweit rechtlich möglich dafür Sorge zu tragen, dass historische Abschlüsse nach dem *Closing* durch die Zielgesellschaft nicht mehr geändert bzw. neu aufgestellt werden. Soweit dies durch die Zielgesellschaft dennoch erfolgt, wäre der Käufer zu einer entsprechenden Freistellung des Verkäufers im Hinblick auf etwaige Zahlungsansprüche der Zielgesellschaft sowie mögliche folgliche Steuernachteile des Verkäufers zu verpflichten.

61 Jenseits von diesen Aspekten rund um die rechtstechnisch ordnungsgemäße Abwicklung des Unternehmensvertrages sind die Auswirkungen einer etwaigen Gewinnabführung an den Verkäufer bzw. eine etwaige Verpflichtung zum Verlustausgleich jeweils auf der Basis des Rumpfgeschäftsjahresabschlusses im Unternehmenskaufvertrag so abzubilden, dass sie sich systematisch zutreffend in die Einigung über den Kaufpreis einfügen. Hierbei ist zu differenzieren, ob der Kaufvertrag so ausgestaltet ist, dass die Chancen und Risiken des Rumpfgeschäftsjahres bereits dem Käufer wirtschaftlich zustehen sollen, da als wirtschaftlicher Abgrenzungsstichtag *(Effective Date)* der letzte Tag vor Beginn des Rumpfgeschäftsjahres unter Anwendung des *Locked Box*-Konzeptes vereinbart wurde, oder ob die Chancen und Risiken des Rumpfgeschäftsjahres noch dem Verkäufer zustehen sollen, da der Tag des *Closing* als wirtschaftlicher Abgrenzungsstichtag (*Effective Date*) mit entsprechender Kaufpreisanpassung zu diesem Tag vorgesehen wurde.

62 In der ersten Alternative muss es daher darum gehen, die wirtschaftlichen Effekte der steuerlich gebotenen letztmaligen Durchführung des Unternehmensvertrages zwischen Zielgesellschaft und Verkäufer bis zum Vertragsende im Verhältnis zwischen dem Verkäufer und dem Käufer zu neutralisieren. Zu diesem Zweck sollte vereinbart werden, dass sich der Verkäufer verpflichtet, etwaige von der Zielgesellschaft bezogene Gewinne ggfs. bereinigt um etwaige Steuereffekte unverzüglich nach deren Erhalt an den Käufer herauszugeben. Alternativ kann auch eine Zahlung im abgekürzten Wege an den Käufer geregelt werden. Spiegelbildlich wird sich der Käufer verpflichten müssen, den Verkäufer unverzüglich im Hinblick auf etwaige Verlustausgleichsansprüche der Zielgesellschaft ggfs. bereinigt um etwaige Steuereffekte freizustellen.

63 In der zweiten Alternative, d. h. soweit der wirtschaftliche Abgrenzungsstichtag dem Tage des *Closing* entspricht, stehen die Chancen und Risiken aus dem Rumpfgeschäftsjahr noch dem Verkäufer zu. Dementsprechend wird ein noch ausstehender Anspruch des Verkäufers auf Gewinnabführung wohl im Rahmen der Nettofinanzverbindlichkeiten zum *Closing* ebenso zu berücksichtigen sein, wie ein Anspruch der Zielgesellschaft auf Verlustausgleich gegenüber dem Verkäufer positiv im Rahmen der Bestimmung der Nettobarmittel zu berücksichtigen sein wird.[83] Siehe im Übrigen auch die Ausführungen in → § 7 Rn. 53 ff.

2. Beendigung eines Cash Pool

Regelmäßig sind die operativen Gesellschaften im Konzern durch konzerninterne Darlehensverträge und *Cash Pool*-Vereinbarungen verbunden. Soweit derartige *Cash Pool*-Vertragsbeziehungen zwischen der Zielgesellschaft und dem Verkäufer (oder einer anderen Gesellschaft des Verkäuferkonzerns) als *Cash Pool Leader* bestehen, sollen diese im Hinblick auf die Zielgesellschaft im Rahmen der Transaktion regelmäßig beendet werden, da die Zielgesellschaft zukünftig nicht mehr dem Finanzierungskreis des Verkäufers, sondern vielmehr dem des Käufers zugehört. Die Beendigung der Konzerninnenfinanzierung erfolgt in der Regel auf einen Zeitpunkt erst kurz vor dem *Closing,* da die Zielgesellschaft häufig auf die laufende Versorgung mit Finanzmitteln bis zu diesem Zeitpunkt angewiesen ist.[84] 64

In rechtlicher Hinsicht erfolgt der Austritt der Zielgesellschaft aus dem *Cash Pool* durch Beendigung im Wege der Kündigung oder Aufhebung der relevanten *Cash Pool*-Vereinbarung im Hinblick auf die Zielgesellschaft. Für den Fall, dass eine Bank in Durchführung des *Cash Pool* damit betraut wurde, automatisch die Saldi der am *Cash Pool* teilnehmenden Gesellschaften auszugleichen, muss dieser Automatismus hinsichtlich der Zielgesellschaft ebenfalls beendet werden.[85] Der *Cash Pool* wird nach Beendigung der Teilnahme der Zielgesellschaft von dem Verkäufer (oder einer anderen Gesellschaft des Verkäuferkonzerns) als *Cash Pool Leader* mit den übrigen Verkäuferkonzerngesellschaften grundsätzlich unverändert fortgesetzt. 65

Bei der Beendigung der Teilnahme der Zielgesellschaft am *Cash Pool* sind zunächst die zum Beendigungszeitpunkt bestehenden Saldi zu ermitteln und nachfolgend auszugleichen, damit die Zielgesellschaft beim *Closing* keine Forderungen oder Verbindlichkeiten mehr gegenüber dem Verkäufer (oder einer anderen Gesellschaft des Verkäuferkonzerns) als *Cash Pool Leader* hat. Die Ermittlung der Saldi sollte bilateral zwischen dem *Cash Pool Leader* einerseits und der Zielgesellschaft andererseits erfolgen, um das Risiko der Verletzung von Kapitalerhaltungsvorschriften im Falle einer etwaigen Quer-Saldierung mit anderen Konzerngesellschaften zu vermeiden.[86] Diese Saldierung führt im Ergebnis entweder zu Ansprüchen des Verkäufers (oder einer anderen Gesellschaft des Verkäuferkonzerns) als *Cash Pool Leader* gegen die Zielgesellschaft oder zu Ansprüchen der Zielgesellschaft gegen den *Cash Pool Leader.* 66

Die Gestaltungsmöglichkeiten im Hinblick auf die exakte Umsetzung der Abrechnung sind vielfältig und sollen im Folgenden im Überblick dargestellt 67

[83] Meyding/Adolphs BB 2012, 2383, 2387.
[84] Kirchner/Helmreich CFL 2010, 487, 494.
[85] Koch in Jaletzke/Henle, M&A Agreements in Germany, S. 242.
[86] Kästle/Oberbracht, Unternehmenskauf S. 48.

werden.[87] Zunächst kommt eine Rückzahlung durch die Zielgesellschaft an den Verkäufer (oder eine andere Gesellschaft des Verkäuferkonzerns) als *Cash Pool Leader* in Betracht. Jedoch würde diese Rückzahlung die Befriedigung eines auf Rückgewähr eines Gesellschafterdarlehen gerichteten Anspruchs und damit eine anfechtbare Rechtshandlung i. S. v. § 135 Abs. 1 Nr. 2 InsO darstellen, so dass im Falle der Eröffnung eines Insolvenzverfahrens über das Vermögen der Zielgesellschaft während eines Zeitraums von jedenfalls einem Jahr nach der Rückzahlung die Gefahr einer Erstattungspflicht gem. § 143 Abs. 1 S. 1 InsO als Folge einer (erfolgreichen) Insolvenzanfechtung bestünde.[88] Die Gefahr eines (endgültigen) Vermögensverlustes lässt sich für den Verkäufer jedoch dadurch reduzieren, dass dieser das Risiko vertraglich auf den Käufer oder einen Dritten abwälzt. In Betracht kommen hierfür z. B. die Zahlung eines Sicherungsbetrags durch den Käufer auf ein Treuhandkonto sowie eine selbstschuldnerische Bankbürgschaft. Eine solche Absicherung des Verkäufers wird sich allerdings nachteilig auf den Kaufpreis auswirken.

68 Weiter besteht die Möglichkeit, dass der Käufer das Darlehen der Zielgesellschaft am *Closing* mit schuldbefreiender Wirkung für diese zurückzahlt. Dies kann dadurch erfolgen, dass er der Zielgesellschaft gleichzeitig ein Darlehen gewährt oder eine Einlage in die freien Rücklagen in entsprechender Höhe in diese leistet. Mangels vorherigen Bestehens einer Schuld des Käufers gegenüber der Zielgesellschaft handelt es sich bei der Zahlung an den Verkäufer aufgrund eines Darlehensvertrags mit der Zielgesellschaft um einen Fall der Anweisung auf Kredit, wenn die Zielgesellschaft durch das Darlehen des Käufers nicht stärker belastet ist als durch die Forderung des Verkäufers.[89] Es liegt dann keine mittelbare Gläubigerbenachteiligung i. S. v. § 129 Abs. 1 InsO vor,[90] sodass eine Anfechtung ausscheidet und für den Verkäufer nicht die Gefahr einer Rückzahlungspflicht nach § 143 Abs. 1 S. 1 InsO besteht. Bei einer Einlage kommt es ebenfalls zu keiner Benachteiligung der Insolvenzgläubiger.

69 Zum gleichen Ergebnis gelangt man, wenn – wie in der Praxis wohl der Regelfall – der Verkäufer dem Käufer die entsprechende Darlehensforderung verkauft und abtritt.[91]

70 Der Käufer kann das Darlehen auch an den Verkäufer zurückzahlen und sich den Betrag auf den Kaufpreis anrechnen lassen. Da als Befriedigung i. S. d. § 135 Abs. 1 Nr. 2 InsO nur eine solche Tilgung von Finanzierungshilfen gilt, die zulasten des Gesellschaftsvermögens erfolgt, das Gesellschaftsvermögen sich jedoch durch den Wegfall der Darlehensverbindlichkeit erhöht, scheidet eine Anfechtung

[87] Vgl. zum Ganzen Kästle/Oberbracht, Unternehmenskauf, S. 45 ff.

[88] Dazu auch Hoger in Beck'sches M&A-Handbuch § 52 Rn. 21.

[89] Vgl. Jacobi/Böhme NZI 2012, 865, 868; Keyser/Freudenberg in MüKoInsO § 129 Rn. 144.

[90] Vgl. Jacobi/Böhme NZI 2012, 865, 868.

[91] Vgl. Becker/Haas M&A Review 2009, 239, 242; Heckschen DStR 2007, 1442, 1448; Kirchner/Helmreich CFL 2010, 487, 494; Koch in Jaletzke/Henle, M&A Agreements in Germany IV.3; Wälzholz DStR 2007, 1914, 1920.

in diesem Fall aus. Aus diesem Grund fehlt es auch an der gem. § 129 Abs. 1 InsO vorausgesetzten drohenden Benachteiligung von Gesellschaftsgläubigern. Mangels anfechtbarer Rechtshandlung besteht für den Käufer daher auch nicht die Gefahr einer Rückzahlungspflicht nach § 143 Abs. 1 S. 1 InsO. Ebenso kann der Verkäufer der Zielgesellschaft die Forderung erlassen oder sie als Einlage in die Kapitalrücklage der Zielgesellschaft (§ 272 Abs. 2 Nr. 4 HGB) leisten. Auch in diesen Fällen verbessert sich die Kapitalausstattung der Zielgesellschaft, sodass eine Anfechtung ausscheidet.[92] Die letztere Gestaltungsvariante scheitert aber regelmäßig an ihren steuerlichen Auswirkungen.

Ist die Zielgesellschaft an einem *Cash Pool* beteiligt, müssen die daraus resultie- 71
renden Forderungen und Verbindlichkeiten gegenüber verbundenen Unternehmen bei der Definition der Nettofinanzverbindlichkeiten am *Closing* berücksichtigt werden.[93] Bei der Ermittlung des Kaufpreises sind dann etwaige Verbindlichkeiten des Verkäufers gegenüber der Zielgesellschaft am *Closing* im Rahmen der Kaufpreisanpassung kaufpreiserhöhend zu berücksichtigen, während etwaige Forderungen des Verkäufers gegenüber der Zielgesellschaft kaufpreismindernd zu berücksichtigen sind.[94] Soweit bis zum Closing tatsächlich ein Ausgleich stattgefunden hat, wird dies bei der Berechnung des Kaufpreises entsprechend berücksichtigt. Siehe im Übrigen auch die Ausführungen in → § 7 Rn. 49 ff.

3. Verkauf von weniger als hundert Prozent der Anteile

Erwirbt der Käufer weniger als 100 Prozent der Anteile an der Zielgesellschaft, 72
ist der Kaufpreis entsprechend anzupassen. Rein technisch sind daher der Kaufpreisgrundbetrag und die jeweiligen Kaufpreisanpassungsposten nur *pro ratarisch* entsprechend der Beteiligungshöhe anzusetzen.[95] In Abhängigkeit von der Veräußerung einer Mehrheitsbeteiligung bzw. einer Minderheitsbeteiligung wird es regelmäßig Gegenstand der Verhandlungen zwischen Käufer und Verkäufer sein, ob eine sogenannte Prämie für die Mehrheitsposition auf den rein rechnerischen anteiligen Kaufpreisgrundbetrag seitens des Käufers zu leisten ist oder ob im Rahmen der Veräußerung einer Minderheitsposition ein Abschlag durch den Verkäufer hinzunehmen ist.[96]

Einen wesentlichen Einzelaspekt stellen im Zusammenhang mit den grund- 73
sätzlich nur anteilig anzusetzenden Kaufpreisanpassungsposten die vorstehend beschriebenen etwaigen konzerninternen Finanzierungsbeziehungen dar. Bestehen entsprechende Verbindlichkeiten der Zielgesellschaft so sind diese anteilig kauf-

[92] Becker/Haas M&A Review 2009, 239, 243.

[93] Kästle/Oberbracht Unternehmenskauf, S. 45.

[94] Kirchner/Helmreich CFL 2010, 487, 495.

[95] Kästle/Oberbracht, Unternehmenskauf, S. 84.

[96] Born, Unternehmensanalyse und Unternehmensbewertung, S. 165 f.; Piltz, Die Unternehmensbewertung in der Rechtsprechung, S. 236.

preismindernd zu berücksichtigen. Gegenstand der Verhandlungen wird dann regelmäßig sein, ob der Erwerber 100 Prozent der konzerninternen Finanzierungsforderung gegen die Zielgesellschaft vom Verkäufer zu erwerben hat oder nur einen Anteil daran entsprechend der erworbenen Beteiligungshöhe an der Zielgesellschaft.

74 Manche vertreten in diesem Zusammenhang, dass konzerninterne Finanzierungsverbindlichkeiten bei einem nur anteiligen Erwerb von der Definition der Finanzverbindlichkeiten ausgenommen werden sollten, wenn der Erwerber zugleich 100 Prozent der konzerninternen Finanzierungsforderung gegen die Zielgesellschaft vom Verkäufer erwirbt. Begründet wird dies damit, dass sich die übernommenen Darlehensansprüche ansonsten nur *pro rata* im Kaufpreis niederschlagen würden; anders solle sich dies nur verhalten, wenn es sich bei dem vom Verkäufer seitens der Zielgesellschaft erhaltenen Darlehen um eine bloße Weiterleitung von Fremdkapital handele.[97] Es mag zweifelhaft erscheinen, ob diese Differenzierung den wirtschaftlichen Gegebenheiten gerecht wird.

IV. Interdependenzen zwischen den verschiedenen vertraglichen Absicherungsinstrumenten

75 Die hier überblickartig vorgestellten Vertragsinstrumentarien zur Absicherung der Bewertungsannahmen des Käufers sind zwar regelungstechnisch eigenständig; sie können mithin im Grundsatz ohne weiteres „nebeneinander“ und unabhängig voneinander vereinbart werden. Indessen regeln die Instrumente – wenn auch jeweils aus einem anderen Blickwinkel – bei wirtschaftlicher Betrachtung häufig denselben Sachverhalt. Deshalb ist in einigen Fällen eine Verzahnung der einzelnen Instrumente erforderlich, um wirtschaftlich zutreffende Ergebnisse zu erreichen.

1. Vermeidung der Mehrfachberücksichtigung desselben Sachverhalts

76 Das wichtigste Verzahnungserfordernis ergibt sich daraus, dass die etwaige mehrfache Berücksichtigung eines **wirtschaftlich identischen Sachverhalts** ausgeschlossen werden soll. Ein Vorfall kann den Käufer unter dem Unternehmenskaufvertrag gleich mehrfach zu Ansprüchen berechtigten. So kann ein Schadensereignis sowohl einen Freistellungsanspruch des Käufers auslösen als auch die Verletzung einer Gewährleistung darstellen, die den Käufer zum Ersatz des entstandenen Schadens berechtigt. Wurde der Käufer vom Verkäufer indessen bereits vertragsgemäß freigestellt, soll er denselben Sachverhalt nicht nochmals als Verletzung einer Gewährleistung geltend machen können. In den meisten Sachverhaltskonstellationen ergibt sich dies bereits aus der schlichten Anwendung des Gesetzes. Mit erfolgter

[97] Kästle/Oberbracht, Unternehmenskauf, S. 75 f.

Freistellung ist regelmäßig auch ein entstandener Schaden ausgeglichen. Dabei kann an dieser Stelle offen bleiben, ob insoweit bereits gar kein Schaden entstanden ist oder ob nach dem Grundsatz der Vorteilsausgleichung[98] die erfolgte Freistellung zu berücksichtigen ist. Gleichwohl wird in Unternehmenskaufverträgen die mehrfache Berücksichtigung desselben Sachverhalts regelmäßig ausdrücklich ausgeschlossen.

Folgende **Formulierung** bietet sich an: 77

If one and the same set of facts *(Sachverhalt)* qualifies under more than one provision as a Breach or entitles the Purchaser to a claim or remedy under more than one provision of this Agreement, there shall in any event be only one claim or remedy.

Der Ausschluss der mehrfachen Berücksichtigung ein und desselben Sachver- 78
halts soll indessen nicht die Wahlfreiheit des Käufers hinsichtlich der Geltendmachung der Ansprüche einschränken: Er ist nach wie vor frei, welchen von mehreren Ansprüchen er geltend machen will. Auch ein anderer, auf denselben Sachverhalt gestützter Anspruch des Käufers ist erst ab dem Zeitpunkt ausgeschlossen, ab dem der andere Anspruch vom Verkäufer tatsächlich erfüllt wurde.

Die Gefahr der Mehrfachberücksichtigung besteht grundsätzlich auch bei dem 79
Zusammentreffen von Kaufpreisanpassungsklauseln mit Gewährleistungs- und Freistellungsansprüchen. Findet ein Sachverhalt bereits im Rahmen der Kaufpreisanpassung Berücksichtigung, soll er nicht mehr für Gewährleistungs- oder Freistellungsansprüche herangezogen werden können. Das betrifft im Wesentlichen den Fall der Rückstellungsbildung. Wurde hinsichtlich eines Sachverhalts in der zum Zwecke der Kaufpreisanpassung aufgestellten Abgrenzungsbilanz eine Rückstellungsposition gebildet, ist insoweit wirtschaftlich die Auswirkung auf die Vermögenslage der Zielgesellschaft kompensiert: Der Kaufpreis vermindert sich in Höhe der Rückstellung. Indessen ist darauf zu achten, dass lediglich für spezifische Sachverhalte gebildete Rückstellungen zur Anrechnung herangezogen werden. Sind Rückstellungen für allgemeine Inanspruchnahmerisiken beispielsweise für eine Vielzahl (potentieller) Klagerisiken gebildet, wäre es nicht angemessen, eine solche Rückstellung bei einem Gewährleistungsanspruch wegen eines konkreten – aufgrund nicht erfolgter Offenlegung gewährleistungsrelevanten – Klageverfahrens zu berücksichtigen.

Das folgende **Formulierungsbeispiel** sieht den Ausschluss von Gewährleis- 80
tungsansprüchen sofern und insoweit *(„... if and to the extent ...")* vor, als diesen Umstände zugrunde liegen, die in dem letzten verfügbaren (oder einem sonstigen referenzierten) Jahresabschluss der Zielgesellschaft *(„Target Financial Statements")* oder der im Rahmen der Abgrenzungsbilanz ermittelten Nettoschuldenposition bzw. dem Nettoumlaufvermögen berücksichtigt wurden:

[98] Siehe dazu nur Grüneberg/Grüneberg, BGB Vorb. § 249 Rn. 67 ff.

Unless otherwise provided for in this Agreement, the Purchaser shall not be entitled to bring any claim if and to the extent

a) the underlying facts or circumstances have been taken into account by way of a specific provision (*Rückstellung*), depreciation *(Abschreibung)*, value adjustment or otherwise in the Target Financial Statements and as such already reduced the Purchase Price; or
b) have been specifically taken into account as part of the Net Debt Position or as part of the liability items (*Passivposten*) of the Net Working Capital in the Closing Date Financials and resulted directly, pursuant to the adjustment mechanisms provided in [...], in a reduction of the Purchase Price; or
c) [...].

81 Entsprechendes gilt im Falle von **Steuerrückstellungen**. Werden etwaige Steuerverbindlichkeiten – wie üblich – von der Steuerfreistellung erfasst, sollen sie nicht als Rückstellungsposition im Rahmen des *Financial Debt* bei der Kaufpreisermittlung bereits abgezogen und mithin letztlich mehrfach berücksichtigt werden.

2. Die Abstimmung verschiedener Rechtsbehelfe aufeinander

82 Üblicherweise enthält der Unternehmenskaufvertrag eine Vielzahl von vertraglichen Rechtsbehelfen, die eine wirtschaftliche Auswirkung auf den Kaufpreis haben können. Um sachgerechte Ergebnisse zu erzielen, ist eine sorgfältige Abstimmung der einzelnen Rechtsbehelfe aufeinander erforderlich. Das gilt im Übrigen und insbesondere auch für Rechtsbehelfe, die der Zielgesellschaft gegenüber dem Verkäufer oder Repräsentanten des Verkäufers zustehen. So ist im Unternehmenskaufvertrag zu regeln, dass etwaige **Ausgleichsansprüche der Zielgesellschaft** gegen den Verkäufer für vor dem Übertragungsstichtag liegende Sachverhalte wenn nicht ausgeschlossen, dann zumindest wirtschaftlich neutralisiert werden. Der zwischen den Parteien vereinbarte Kaufpreis reflektiert den Wert des Unternehmens, den die Parteien ihm zum Übertragungsstichtag beimessen. Zu dessen Absicherung treffen die Parteien im Unternehmenskaufvertrag umfangreiche – und abschließende – Regelungen. Diese würden unterlaufen, wenn die Zielgesellschaft sich bei dem Verkäufer schadlos halten könnte. Zu denken ist hier zunächst an konzernrechtliche Ausgleichsansprüche der Zielgesellschaft gegen den Verkäufer als (ehemaligen) Gesellschafter wegen vermeintlicher oder tatsächlicher Schädigungen (zu Ansprüchen aus einem Unternehmensvertrag siehe bereits oben → Rn. 61). In die gleiche Richtung gehen Schadenersatzansprüche gegen Repräsentanten des Verkäufers, die Organfunktionen bei der Zielgesellschaft (Vorstand, Geschäftsführung, Aufsichtsrat etc.) innehatten. Hier sollte im Unternehmenskaufvertrag geregelt werden, dass der Käufer sicherstellt, dass die Zielgesellschaft solche Ansprüche nicht geltend machen wird. Hat die Zielgesellschaft die Rechtsform einer Aktiengesellschaft ist ein Verzicht auf Schadensersatzansprüche gegen Organmitglieder nicht bzw. nur unter Beachtung der Regularien des § 93 Abs. 4 AktG möglich. Schon deshalb empfiehlt es sich, dass der Käufer (und neue Gesellschafter) solche Schäden ausgleicht. Im Verhältnis zum Verkäufer sollte geregelt werden, dass der Käufer diesen im Fall einer Inanspruchnahme durch die Zielgesellschaft freistellt.

Eine vergleichbare Konstellation ergibt sich im Fall einer vor dem Übertragungsstichtag erfolgenden Herauslösung von Unternehmensteilen der Zielgesellschaft (*Carve Out*, siehe dazu → § 2 Rn. 137 ff.). Unter der betreffenden Vertragsdokumentation (Ausgliederungsvertrag, Übertragungsvertrag etc.) ist die Zielgesellschaft in aller Regel berechtigt, irrtümlich übertragene Vermögensgegenstände zurück zu verlangen. Die Verfolgung solcher Ansprüche kann ebenfalls zu wirtschaftlich ungewollten Ergebnissen führen, weil die im Kaufpreis reflektierten Bewertungsannahmen unterlaufen werden. Es ist daher darauf zu achten, dass die Geltendmachung solcher Ansprüche entweder zu einer Anpassung des Kaufpreises führt oder nur bis zum Übertragungsstichtag möglich ist. **83**

3. Sonstiges Zusammenspiel der vertraglichen Absicherungsinstrumente

Im Grundsatz lassen sich die einzelnen Instrumente zur Absicherung des Unternehmenswertes beliebig miteinander kombinieren. Indessen kann die Verknüpfung einzelner Regelungen miteinander auch zu unangemessenen Ergebnissen führen oder dem Missbrauch Tür und Tor öffnen. Das ist zu vermeiden, wie die nachfolgenden Beispiele illustrieren. **84**

Die Vereinbarung einer **Bilanzgarantie**[99] zählt mittlerweile zum Marktstandard. Danach gewährleistet der Verkäufer verkürzt gesagt die inhaltliche Richtigkeit bestimmter Jahresabschlüsse und in manchen Fällen zusätzlich die so genannter *Management Accounts* (siehe → Rn. 32). Je nach Ausgestaltung wird dabei auf den Kenntnisstand des Bilanzaufstellers in der konkreten Situation (Verkäufer, Management der Zielgesellschaft) oder einen objektiven Dritten abgestellt (subjektive oder objektive Bilanzgarantie).[100] Üblich ist die Erstreckung auf die Jahresabschlüsse der letzten zwei bis drei Jahre vor dem *Closing*. Teilweise wird die Bilanzgarantie auch auf die zum Vollzugsstichtag aufzustellende Abgrenzungsbilanz *(Closing Date Financials)* erstreckt. Das ist abzulehnen. Zwar werden die *Closing Date Financials* in aller Regel vom Verkäufer bzw. unter seiner Leitung aufgestellt. Der vom Verkäufer vorgelegte Entwurf der *Closing Date Financials* wird indessen dem Käufer zur Überprüfung vorgelegt. Zumeist schließt sich eine Verhandlung oder gar die Befassung eines Schiedsgutachters über die Beanstandungen des Käufers an. Das Ergebnis ist regelmäßig eine finale Abgrenzungsbilanz, die vom Geben und Nehmen der Parteien geprägt ist. Es wäre schlichtweg nicht angemessen, wenn der Käufer sich mit denjenigen Beanstandungen, mit denen er sich nicht durchsetzen konnte, nunmehr durch die Geltendmachung einer vermeintlich verletzten Bilanzgarantie schadlos halten könnte. **85**

Auch im Übrigen ist darauf zu achten, dass die im Einzelnen gewählten Regelungen miteinander verzahnt bzw. die verwendeten Klauseln auf einander **86**

---

[99] Siehe dazu → § 12 Rn. 4 ff.

[100] Becker/Voß in Knott, Unternehmenskauf Rn. 1471.

abgestimmt werden: Wird beispielsweise ein zwischen dem Verkäufer und der Zielgesellschaft bestehendes **Gesellschafterdarlehen** nicht zum *Closing* abgelöst, sondern vom Verkäufer an den Käufer abgetreten und erhält der Verkäufer vom Käufer den hierunter ausstehenden Darlehensbetrag als Kaufpreis bzw. wird der im Unternehmenskaufvertrag vereinbarte *Purchase Price* entsprechend erhöht, ist in den kaufvertraglichen Nebenpflichten des Verkäufers *(Covenants)* festzulegen, dass dem Verkäufer kein Recht zur Erhöhung des Gesellschafterdarlehensbetrags zusteht. Hierdurch soll aus Sicht des Käufers eine ungewollte – in der Hand des Verkäufers liegende – Erhöhung des Kaufpreises verhindert werden. Darüber hinaus sollte der Verkäufer in den kaufvertraglichen Gewährleistungen die Richtigkeit des dem Käufer offengelegten Status mit Blick auf das Gesellschafterdarlehen garantieren. Soll ein Gesellschafterdarlehen andererseits zurückgeführt werden, wird dies regelmäßig als Vollzugsbedingung *(Closing Condition)* formuliert werden.

87 Werden **externe Finanzierungen** zum *Closing* zurückgeführt, sind diese bei der Kaufpreisermittlung als Finanzverbindlichkeiten nicht (noch mal) abzuziehen (siehe zuvor → Rn. 76 ff. – Mehrfachberücksichtigung). Im Rahmen der *Closing Conditions* sind die Rückführung und auch die Freigabe etwaiger Sicherheiten als Bedingungen für den Vollzug festzulegen. Auch kann sich eine Regelung zur Sicherstellung einer etwaigen Refinanzierung anbieten.

88 Sollen mit dem Verkäufer (u. a. für den Fall der Absicherung von Leistungsbeziehungen – siehe → Rn. 42 ff.) zum *Closing* weitere Verträge abgeschlossen werden, wäre auch ein solcher Vertragsabschluss als *Closing Condition* auszugestalten (bei *Signing* sollte, sofern möglich, dem Unternehmenskaufvertrag ein Entwurf des Vertrags bzw. ein entsprechendes Eckpunktepapier als Anlage beigefügt werden). Bei den *Representations and Warranties* muss in diesem Fall bei der entsprechenden Garantie zu den zwischen dem Verkäufer und der Zielgesellschaft zum *Closing* bestehenden Verträgen dieser neue Vertrag mit berücksichtigt werden.

89 Naturgemäß gibt es darüber hinaus eine Vielzahl weiterer Konstellationen, die bei der Ausgestaltung und Verzahnung der vertraglichen Elemente – einzelfallspezifisch – in Form ergänzender Bestimmungen oder einer Einschränkung bestehender Bestimmungen berücksichtigt werden müssen.

§ 4. Grundelemente einer Kaufpreisregelung

I. Überblick

1 Jede Kaufpreisregelung ist das Ergebnis der Verhandlungen der Parteien des Unternehmenskaufvertrages. Dementsprechend unterschiedlich fällt ihr Inhalt, aber auch ihr Aufbau aus. Indessen enthalten Kaufpreisregelungen immer auch bestimmte Regelungselemente, die für eine Kaufpreisbestimmung schlicht konstitutiv sind. Außerdem gibt es bestimmte weitere üblicherweise in einer Kaufpreisregelung zu treffende Bestimmungen. Diese sollen im Folgenden näher dargestellt werden.

II. Kaufabrede

2 Konstitutiv für jede Kaufpreisregelung ist die Kaufabrede als solche, also die Verpflichtung des Verkäufers zur Eigentumsverschaffung am Kaufgegenstand einerseits und die Verpflichtung des Käufers zur Zahlung des Kaufpreises andererseits (§ 433 BGB). Zur Kaufabrede als solcher treten zwei weitere Regelungsbereiche: Zum einen eine Regelung zur Bestimmung des Kaufpreises bzw. zu seiner Herleitung und zum anderen die Verknüpfung der Kaufpreiszahlung mit der Gegenleistung, also der Anteilsübertragung beim *Share Deal* und der Übertragung einer Vielheit von Vermögensgegenständen und Verbindlichkeiten beim *Asset Deal.*

1. Bezeichnung des Kaufgegenstandes

3 Die konkrete Bezeichnung des Kaufgegenstands ist nicht Teil der Kaufpreisregelung im engeren Sinne. Sie ist aber unverzichtbarer Teil der Kaufabrede als solcher.[1] Werden Gesellschaftsanteile verkauft *(Share Deal)*, sind diese genau zu bezeichnen. Hierfür kann, wo vorhanden, auf ein Aktienregister oder die Gesellschafterliste Bezug genommen werden.[2]

4 Höhere Anforderungen stellen sich beim Verkauf von Sach- und Rechtsgesamtheiten *(Asset Deal)*. Während der Verkauf eines Unternehmens bzw. Unternehmensteils (Verkauf eines Geschäftsbereichs) als Einheit schuldrechtlich möglich ist, können die veräußerten Vermögensbestandteile sachenrechtlich nur einzeln durch

[1] Vgl. Picot in Römermann, MAH GmbH-Recht § 21 Rn. 80 ff.

[2] Vgl. Schrader/Seibt in Seibt, M&A C.II.1 Anm. 6; C. III. 2 Anm. 6.

Rechtsgeschäft wirksam übertragen werden.[3] Daraus folgt für die Vertragsgestaltung, dass eine Konkretisierung des Kaufgegenstands und eine möglichst eindeutige Zuordnung der zu veräußernden Vermögensgegenstände notwendig ist, die den Anforderungen des sachenrechtlichen Bestimmtheitsgrundsatzes Rechnung trägt.[4]

5 Hat das zu übertragende Unternehmen selbständig bilanziert, lässt sich diese Erfassung und Abgrenzung der dem Unternehmen zuzuordnenden Vermögenswerte für die Bestimmung der zu übertragenden *Assets* fruchtbar machen.[5] So kann etwa in geeigneter Weise auf das auf den relevanten Stichtag fortgeführte Anlagenverzeichnis oder auf die im Rahmen der Aufstellung der Bilanz zu erstellenden Vermögensverzeichnisse referenziert werden.[6] Trotz dieser Erleichterungen sind jedoch zusätzlich einzelne nicht in der Bilanz geführte Vermögensgegenstände und Wirtschaftsgüter sowie Verträge und Forderungen zu ihrer Bestimmung regelmäßig gesondert zu spezifizieren. Dies gilt etwa für selbstgeschaffene immaterielle Wirtschaftsgüter, schwebende Geschäfte, geringwerte Wirtschaftsgüter oder schuldrechtliche Nutzungsverhältnisse. Soweit nicht von einer Bezugnahme Gebrauch gemacht wird bzw. werden kann, richten sich die Anforderungen an die Bestimmung jeweils nach den betroffenen *Assets* bzw. *Asset*-Klassen.[7]

6 Ist ein Geschäftsbereich, der nicht vollständig in Tochter- und Beteiligungsunternehmen rechtlich verselbständigt ist, sondern partiell als Teil des Gesamtunternehmens geführt wird, Gegenstand des Unternehmenskaufs *(gemischter Asset- und Anteilskauf)*, sind bei der Beschreibung des Kaufgegenstands die Anforderungen hinsichtlich eines *Asset Deal* und eines *Share Deal* nebeneinander zu berücksichtigen.[8]

2. Bestimmung des Kaufpreises

7 Kernelement jeder Kaufpreisregelung ist die Festlegung des Kaufpreises selbst. Dabei kommen mehrere Regelungsansätze in Betracht:

- Die Regelung kann ganz einfach einen bestimmten – unveränderbaren – Betrag als Kaufpreis ausweisen. Dieser wird dann zumeist mit einer Verzinsungsregelung verbunden, jedenfalls dann, wenn, wie zumeist der Vertragsabschluss *(Sig-*

---

[3] Decker in Knott, Unternehmenskauf Rn. 2071; Beisel in Beisel/Klumpp, Unternehmenskauf Kap. 4 Rn. 3.

[4] BGH BB 2002, 428, 429; Decker in Knott, Unternehmenskauf Rn. 2071; vgl. auch Heckschen in Beck'sches Notar-Handbuch § 25 D. I. Rn. 9; Thiessen in MüKoHGB § 25 Anh Rn. 4.

[5] Rosengarten/Burmeister/Klein, M&A in Germany, S. 53 f.

[6] Zu den Gefahren etwa Heckschen in Beck'sches Notar-Handbuch § 25 D. III Rn. 16; vgl. ferner etwa Beisel in Beisel/Klumpp, Unternehmenskauf Kap. 4 Rn. 47 ff.

[7] Siehe hierzu im Einzelnen etwa: Kogge in Seibt, M&A D. I. Anm. 3 ff.; Decker in Knott, Unternehmenskauf Rn. 2071 ff.; sowie Beisel in Beisel/Klumpp, Unternehmenskauf Kap. 4 Rn. 33 ff. jeweils m. w. N.

[8] Kogge in Seibt, M&A D. I Anm. 2.

ning) und der Vollzug des Vertrages *(Closing)* auseinanderfallen. Eine solche Festkaufpreisregelung ist bei Unternehmenskäufen indessen eher selten (Variante 1).

- Die Regelung kann auch einen festen am *Closing* zahlbaren Betrag als Kaufpreis bestimmen, der aber einer nachträglichen Kaufpreisanpassung unterliegt. Der Kaufpreis ist hier nur vorläufig festgesetzt. Erst nach Abschluss der Kaufpreisanpassung steht er definitiv fest. Auch hier kommt eine Verzinsung in Betracht (Variante 2).
- Statt der Festsetzung eines fixen Geldbetrages kann die Kaufpreisregelung aber auch lediglich die Kriterien für die Ermittlung des Kaufpreises enthalten. Der so ermittelte Kaufpreis bleibt dann unverändert und ist nicht Gegenstand einer späteren Anpassung. Auch hier kann eine Verzinsung vorgesehen werden (Variante 3).
- Schließlich kann die Kaufpreisregelung die Formel für die Ermittlung des – nur vorläufigen – Kaufpreises vorgeben, der dann noch einer späteren Anpassung unterliegt. Eine Verzinsung kann auch hier vorgesehen werden (Variante 4).

Die Kaufpreisregelung in den Varianten 1 und 3 sieht einen Festkaufpreis vor, während in den Varianten 2 und 4 der Kaufpreis variabel ausgestaltet ist. Welcher Anpassungsmechanismus gewählt wird, steht im Belieben der Parteien.

Ein **Formulierungsbeispiel** für eine Kaufpreisregelung in der Variante 4 könnte 8
etwa wie folgt aussehen:

1. **Final Purchase Price**
   In consideration for the sale and transfer of the Target Shares in accordance with the provisions of this Agreement, the Purchaser shall pay:

1.1 the Preliminary Purchase Price (as defined below),
1.2 as adjusted by the Purchase Price Adjustment Amount (as defined below),

(the **"Final Purchase Price"**).

2. **Preliminary Purchase Price**
   At the Closing Date, the Purchaser shall pay as set forth in Article [...] an amount equal to:

2.1 EUR [...] (in words: Euro [...]) (the **"Base Purchase Price"**),
2.2 less any Estimate Net Debt Position (as determined in accordance with Article [...]),
2.3 less any amount by which the Estimate Working Capital falls short of the Target Working Capital (as determined in accordance with Articles [...] and [...]), or
2.4 plus any amount by which the Estimate Working Capital exceeds the Target Working Capital.

The aggregate amount resulting therefrom shall, subject to the provisions of Articles [...] and [...] below, be the preliminary purchase price (the **"Preliminary Purchase Price"**).

Ziffer 1 enthält die Verpflichtung des Käufers zur Zahlung des finalen Kauf- 9
preises *(„Final Purchase Price"),* der sich aus dem vorläufigen Kaufpreis *(„Preliminary Purchase Price")* nach erfolgter etwaiger Kaufpreisanpassung ergibt. Der Ziffer 2 ist zu entnehmen, wie sich der vorläufige Kaufpreis ermitteln lässt. Ein zwischen den Parteien festgesetzter Ausgangsbetrag *(„Base Purchase Price")* wird anhand bestimmter Finanzkennzahlen angepasst. Und zwar werden zunächst die Nettofinanzschulden *(„Estimate Net Debt Position")* in Abzug gebracht. In einem weiteren

Schritt wird dann der Differenzbetrag von tatsächlichem Umlaufvermögen *(„Estimate Working Capital")* und dem vereinbarten Zielwert für das Umlaufvermögen *(„Target Working Capital")* entweder abgesetzt oder addiert, je nachdem, ob das tatsächliche Umlaufvermögen nach unten oder nach oben vom Zielwert abweicht. Sowohl bei dem Status der Nettofinanzschulden als auch dem Umlaufvermögen handelt es sich um vorläufige aus den *Management Accounts* der Zielgesellschaft abgeleitete (und damit dem Einflussbereich des Verkäufers stammende) Zahlen. Trotz der gewählten Formulierung *(„Estimate")* braucht sich der Käufer indessen nicht mit reinen Schätzwerten zufrieden zu geben. Gemäß dem Klauselbeispiel[9] ist in dem Vertrag auch das Verfahren zur Erhebung des Status der Nettofinanzschulden und des Umlaufvermögens festgelegt. Nach der Kaufpreisregelung basiert bereits der am *Closing* zu zahlende Vorläufige Kaufpreis auf aktuellen Unternehmenskennzahlen. Der so ermittelte Vorläufige Kaufpreis wird zwar nochmals anhand der *Closing Date Accounts* final angepasst.[10] Die Kaufpreisanpassung dürfte sich indessen im überschaubaren Rahmen halten, da bereits der vorläufige Kaufpreis anhand der aktuellen Unternehmenskennzahlen ermittelt wurde. Darin liegt ein entscheidender Vorzug dieser Verfahrensweise.

3. Verknüpfung mit der Gegenleistung

10 Der Unternehmenskaufvertrag ist wie jeder Kauf ein typischer gegenseitiger Vertrag. Mithin wäre der Käufer verpflichtet, den Kaufpreis Zug um Zug gegen Übergabe und Übereignung des Kaufgegenstands zu leisten.[11] Das geht an den Bedürfnissen der Parteien eines Unternehmenskaufvertrages vorbei bzw. bedarf weiterer vertraglicher Konkretisierung. Deshalb wird in einem Unternehmenskaufvertrag typischerweise ein eigenes Regime für die Abwicklung von Leistung und Gegenleistung entwickelt. Im Hinblick auf die Eigentumsverschaffung am Kaufgegenstand ist dabei entscheidend, dass der Verkäufer sein Eigentum erst in dem Moment verliert, in dem er den Kaufpreis erhält. Die Interessenlage des Käufers ist gleich gelagert, nur in umgekehrter Richtung. Er will nicht den Kaufpreis leisten, ohne im Gegenzug den Kaufgegenstand zu erhalten.

11 In der Praxis haben sich zwei Wege etabliert, um Leistung und Gegenleistung reibungsfrei abzuwickeln. Bei einer Variante vereinbaren die Vertragsparteien, Leistung und Gegenleistung am Tag des Vertragsvollzugs *(Closing Date)* mehr oder weniger zeitgleich zu erbringen. Das entspricht der gesetzlich vorgesehenen Erfüllung der vertraglichen Hauptpflichten Zug um Zug. Vertragstechnisch werden die Übereignung – und gegebenenfalls die Übergabe – des Kaufgegenstands sowie die Zahlung des Kaufpreises als *Closing Actions* ausgestaltet. Danach sind die Vertragsparteien verpflichtet, diese Handlungen am *Closing Date* in einer im Ver-

[9] Insoweit an dieser Stelle nicht abgedruckt; siehe Formulierungsvorschlag im → Anhang Rn. 5.
[10] Insoweit an dieser Stelle nicht abgedruckt; siehe Formulierungsvorschlag im → Anhang Rn. 1.
[11] Vgl. nur Weidenkaff in Grüneberg, BGB § 433 Rn. 38.

trag festlegten zeitlichen Abfolge vorzunehmen. Dies geschieht im Rahmen eines Präsenztermins, bei dem die Vertreter von Verkäufer und Käufer anwesend sind, und von dem häufig schlicht als dem eigentlichen *„Closing“* gesprochen wird. Die Übertragung der verkauften Gesellschaftsanteile erfolgt zumeist in einer separaten Urkunde, dem *„Transfer Deed“*. Werden GmbH-Anteile übertragen, handelt es sich dabei um eine notarielle Urkunde. Neben der Zahlung des Kaufpreises und der Eigentumsübertragung tauschen die Parteien in aller Regel noch verschiedene Unterlagen und Urkunden aus. Vor allem bei Beteiligung einer US-amerikanischen Partei wird häufig ein solches Verfahren des Vertragsvollzugs verabredet.

Das Gegenmodell zu dem vorstehend beschriebenen Verfahren besteht in der **12** Verknüpfung der Eigentumsübertragung mit dem Erhalt des Kaufpreises im Wege einer aufschiebenden Bedingung gemäß § 158 Abs. 1 BGB. Der entscheidende Vorteil dieses Verfahrens liegt in der Art und Weise der Verknüpfung: Mit dem Erhalt des Kaufpreises geht das Eigentum am Kaufgegenstand über, ohne dass es weiterer Schritte der Parteien bedürfte. Es ist daher einem physischen *Closing* mit eigenen Closinghandlungen der Parteien überlegen. Indessen macht die Verwendung einer rechtstechnischen Bedingung eine präzise Vertragsformulierung erforderlich. So ist der Eigentumsübergang an zwei Bedingungen zu knüpfen: An den Eintritt sämtlicher Vertragsvollzugsbedingungen *(„Conditions Precedent to Closing“)* und an die Zahlung des Kaufpreises. Andernfalls könnte eine verfrühte Kaufpreiszahlung ein vorzeitiges *Closing* auslösen. Das ist nicht zuletzt vor dem Hintergrund des kartellrechtlichen Vollzugsverbots nicht erwünscht. Außerdem ist der Eigentumsübergang an die Zahlung des vorläufigen, nicht etwa definitiven Kaufpreises zu knüpfen. Nur der erste steht am *Closing* bereits fest. Der definitive Kaufpreis wird demgegenüber erst im Rahmen der Kaufpreisanpassung ermittelt. Trotz der unverkennbaren Vorzüge dieses Verfahrens stößt es bei internationalen Transaktionen zum Teil auf Widerstand, zumeist weil im angelsächsischen Rechtskreis ein anderes Verfahren üblich ist (siehe oben → Rn. 11).

In dem folgenden **Formulierungsbeispiel** ist die Eigentumsübertragung an **13** den verkauften Gesellschaftsanteilen an den Erhalt des (vorläufigen) Kaufpreises geknüpft:

2.1 Sale and Transfer of the Target Shares

2.1.1 The Seller hereby sells *(verkauft)* the Target Shares to the Purchaser, and the Purchaser hereby accepts such sale of the Target Shares.

2.1.2 The Seller hereby transfers and assigns *(überträgt)* the Target Shares with effect to the Closing Date as defined in Article 2.3 and subject to the conditions precedent referred to in Article 2.2 below, and the Purchaser hereby accepts such transfer and assignment of the Target Shares.

2.1.3 The Target Shares shall be sold and transferred to the Purchaser with all ancillary rights pertaining thereto *(Nebenrechte)*, including the rights to any undistributed but distributable profits *(nicht ausgeschüttete Jahresüberschüsse)*.

2.2 Conditions Precedent

The transfer and assignment *(dingliche Übertragung)* of the Target Shares to the Purchaser is subject to the following conditions precedent *(aufschiebende Bedingungen)* within the meaning of Section 158 para. 1 BGB:

2.2.1 The Closing Conditions set forth in Article [...] have been fulfilled or waived in accordance with Article [...];
2.2.2 The Seller has received the Preliminary Purchase Price in full.

III. Zahlungsmodalitäten

14 Im Hinblick auf die Kaufpreiszahlung sollten von den Parteien die Modalitäten der Leistung im Einzelnen geregelt werden. Das sind namentlich die Leistungszeit, der Leistungsort und die Art und Weise der Leistung. Die gesetzlichen Regelungen entsprechen regelmäßig nicht den Parteiinteressen.

1. Fälligkeit

a) Gesetzliche Regelung

15 Sofern die Parteien keine anderweitigen Vereinbarungen getroffen haben, ist der Kaufpreis gemäß § 271 Abs. 1 BGB bei Abschluss des Unternehmenskaufvertrages (*Signing*) sofort fällig und gemäß § 266 BGB in einem einzigen Betrag zu zahlen. Der Käufer hat jedoch die Möglichkeit, die Zahlung des Kaufpreises gemäß §§ 320 Abs. 1, 322 BGB zu verweigern, solange der Verkäufer die Gegenleistung nicht bewirkt. Die gesetzliche Regelung ist jedoch häufig nicht sachgerecht, so dass die Parteien regelmäßig eine abweichende Vereinbarung treffen.[12]

b) Vertragliche Fälligkeitsregelungen

16 Nur ganz ausnahmsweise belassen es die Parteien bei der gesetzlichen Anordnung der sofortigen Fälligkeit, sondern meist vereinbaren sie eine abweichende Fälligkeitsabrede. In der Praxis wird die Fälligkeit des Kaufpreises ebenso wie die Pflicht zur Übertragung der relevanten Geschäftsanteile oder des Unternehmens regelmäßig von dem Eintritt oder dem Verzicht auf bestimmte aufschiebende Vollzugsbedingungen (vgl. § 158 Abs. 1 BGB), wie z. B. Eintritt der fusionskontrollrechtlichen Vollziehbarkeit der Transaktion oder Nichteintritt von sog. *Material Adverse Changes („MAC")*,[13] abhängig gemacht *(Closing Conditions)*. Darüber hinaus wird die Leistung des Kaufpreises häufig nur Zug-um-Zug gegen die Übergabe bestimmter Dokumente (z. B. Aktienurkunden) oder die Vornahme gewisser Maßnahmen und Handlungen seitens des Verkäufers zu erbringen sein. Damit die Fälligkeit des Kaufpreises für den Käufer nicht überraschend eintritt, sollten die Parteien sich verpflichten, einander unverzüglich zu unterrichten, sobald einzelne Vollzugsbedingungen eingetreten sind oder auf sie verzichtet wurde. Weiter wird

[12] Klumpp in Beisel/Klumpp, Unternehmenskauf Kap. 11 Rn. 38 f.; Mueller-Thuns in Rödder/Hötzel/Mueller-Thuns, Unternehmenskauf § 8 Rn. 46.

[13] Zur Ausgestaltung von sog. MAC-Klauseln als Vollzugsbedingung, vgl. Meyer-Sparenberg in Beck'sches M&A-Handbuch, § 46 Rn. 43.

regelmäßig vereinbart, dass das sog. *Closing* und damit die Fälligkeit des Kaufpreises erst drei bis fünf Arbeitstage nach Eintritt der letzten Vollzugsbedingung bzw. dem Verzicht auf sie eintritt.

2. Zahlungsweise

a) Erfüllungsort

Zur Vermeidung von Streitigkeiten bei der Abwicklung des Unternehmenskaufvertrages ist es ratsam, eine Vereinbarung über den Erfüllungsort zu treffen. Die Parteien sollten insbesondere regeln, auf welches Konto bzw. auf welche Konten die Zahlung des Kaufpreises zu erfolgen hat. Dies ist insbesondere dann von Bedeutung, wenn mehrere Personen auf Verkäuferseite oder auf Käuferseite stehen. Hat eine der Parteien das Konto, auf dem die Zahlung eingehen soll, bei Abschluss des Unternehmenskaufvertrages *(Signing)* noch nicht eröffnet, muss die Regelung dahingehend ergänzt werden, dass die betroffene Partei die zahlende Partei mit angemessenem Vorlauf vor der Fälligkeit der Zahlung über die Kontodaten zu informieren hat. Bei einer Personenmehrheit auf Verkäuferseite kann der Käufer gemäß § 432 Abs. 1 BGB nur an alle Verkäufer gemeinschaftlich leisten und jeder Verkäufer kann nur die Leistung an alle fordern, es sei denn, die Parteien haben eine abweichende Vereinbarung getroffen. Bei Verkäufermehrheit ist es aus Käufersicht empfehlenswert zu regeln, dass der Käufer mit schuldbefreiender Wirkung auf ein einziges Konto der Verkäufer leisten kann (§§ 362 Abs. 2, 185 BGB) und die Verkäufer im Innenverhältnis für die zutreffende Verteilung des Kaufpreises Sorge tragen. 17

Zudem sind auch Fragen der Kosten- und Gefahrtragung für die Zahlung des Kaufpreises von den Parteien zu beachten (siehe dazu sogleich unter Rn. 22 f.).[14] 18

b) Internationale Transaktionen

Bei grenzüberschreitenden Transaktionen müssen die Parteien Regelungen hinsichtlich der Schuldwährung *(Money of Account)* und der Zahlungswährung *(Money of Payment)* treffen. Unter Schuldwährung versteht man die Währung, in der geschuldet wird und in der die Leistungsverpflichtung beziffert ist. Die Zahlungswährung legt fest, in welcher Währung der Schuldner schuldbefreiend leisten darf oder muss.[15] Beide Währungen müssen sich nicht zwangsläufig decken. 19

Bei den Fremdwährungsverbindlichkeiten unterscheidet man zwischen echter und unechter Valutaschuld. Die echte Valutaschuld ist in ausländischer Währung 20

[14] Klumpp in Beisel/Klumpp, Unternehmenskauf Kap. 11 Rn. 53.

[15] Vgl. zu den währungsrechtlichen Aspekten Martiny in MüKoBGB Rom I-VO Anhang I zu Art. 9 Rn. 3.

ausgedrückt und durch Zahlung in ausländischer Währung zu erfüllen;[16] Schuldwährung und Zahlungswährung stimmen überein.[17] Die unechte Valutaschuld lautet auf ausländische Währung, kann aber vom Schuldner wahlweise in Euro oder ausländischer Währung getilgt werden.[18] Haben sich die Parteien auf die Zahlungswährung nicht geeinigt, ergibt sich diese Rechtsfolge aus § 244 Abs. 1 BGB, wenn die Geldschuld im Währungsgebiet der EU zu zahlen ist.[19] Liegt der Erfüllungsort außerhalb dieses Gebiets, kann eine unechte Valutaschuld nur angenommen werden, wenn eine vergleichbare Regelung im einschlägigen Währungsstatut existiert.[20]

21 Für eine deutsche Vertragspartei ist regelmäßig bedeutsam, sich vor nachteiligen Wechselkursveränderungen zu schützen, wenn im Unternehmenskaufvertrag eine andere Währung als Euro festgelegt wurde.[21] Ein solcher Schutz ist insbesondere dann von Bedeutung, wenn zwischen *Signing* und dem Vollzug der Transaktion (*Closing*) ein längerer Zeitraum liegt oder der Kaufpreis über einen längeren Zeitraum gestundet oder in Raten gezahlt wird, und kann durch eine Wertsicherungsklausel erreicht werden.[22] Diese hat das Ziel, Inflationsgewinne oder -verluste auszuschließen, d. h. sie sollen das Gleichgewicht der vertraglichen Verpflichtungen sichern.[23] Die Zulässigkeit einer solchen Wertsicherungsklausel bestimmt sich nach dem Preisklauselgesetz.[24]

c) Zahlungsabwicklung

22 Insbesondere im internationalen Kontext sind Vereinbarungen zur Zahlungsabwicklung unerlässlich. Dies beginnt mit der Art und Weise der Zahlung. Vereinbart wird durchweg der *„Wire Transfer"*, also die automatisierte, unbare Zahlung, und mithin eine Selbstverständlichkeit. Ebenso regelmäßig wird die für den Zahlungsempfänger kosten- und spesenfreie Zahlung des Kaufpreises vereinbart. Die Frage der Kostentragung erscheint als Detail, ist aber von erheblicher wirtschaftlicher Bedeutung. Angesichts der Höhe der Kaufpreisbeträge und der im grenzüberschrei-

---

[16] Grüneberg in Grüneberg, BGB § 245 Rn. 22; Schefold in Schimansky/Bunte/Lwowski, Bankrechts-Handbuch § 115 Rn. 131.

[17] Schefold in Schimansky/Bunte/Lwowski, Bankrechts-Handbuch § 115 Rn. 133.

[18] Grüneberg in Grüneberg, BGB § 245 Rn. 18; Schefold in Schimansky/Bunte/Lwowski, Bankrechts-Handbuch § 115 Rn. 131.

[19] Grundmann in MüKoBGB § 245 Rn. 95; Grüneberg in Grüneberg, BGB § 245 Rn. 19; Schefold in Schimansky/Bunte/Lwowski, Bankrechts-Handbuch § 115 Rn. 137; eine ausführliche Darstellung der Auslegung des Inlandsbegriffs findet sich bei Grothe, ZBB 2002, 1.

[20] Schefold in Schimansky/Bunte/Lwowski, Bankrechts-Handbuch § 115 Rn. 139 f.

[21] Göthel in Göthel, Grenzüberschreitende M&A-Transaktionen § 2 Rn. 185.

[22] Czajka in Schalast, Aktuelle Aspekte des M&A-Geschäfts, S. 76; Göthel in Göthel, Grenzüberschreitende M&A-Transaktionen § 2 Rn. 185; Klumpp in Beisel/Klumpp, Unternehmenskauf Kap. 11 Rn. 53 ff.

[23] Martiny in MüKoBGB Rom I-VO Anhang I zu Art. 9 Rn. 41.

[24] BGBl. 2007 I 2247, 2248 in der Fassung vom 29. Juli 2009 (BGBl. I 2355).

tenden Zahlungsverkehr üblichen Bankspesen können erhebliche Gebührenbeträge entstehen, die der Verkäufer naturgemäß nicht zu tragen bereit sein wird.

Unterschiedlich gehandhabt wird die vertragliche Ausgestaltung der eigentlichen Zahlungsabwicklung als solcher. Auch in unserer hochtechnisierten Welt erweist sich die Abwicklung einer Banküberweisung eines – zugegebenermaßen häufig sehr hohen – Zahlbetrages immer noch als erstaunlich fehleranfällig. Zur Planung (und gegebenenfalls entsprechenden vertraglichen Fixierung) der Zahlungsabwicklung ist eine solide Kenntnis der bankinternen Abläufe unverzichtbar. Zwischen Banken werden Zahlungsvorgänge untertags in Sammelzahlläufen zu bestimmten Uhrzeiten durchgeführt. Ab einem bestimmten Zeitpunkt im Laufe des Tages können Zahlungen taggleich nicht mehr durchgeführt werden. Im internationalen Bankverkehr – häufig erschwert durch die Berührung unterschiedlicher Zeitzonen – liegen die Dinge dann noch mal komplizierter. Bei der Vertragsgestaltung sind unterschiedliche Ansätze denkbar und auch in der Praxis verbreitet. Teilweise wird hinsichtlich der Zahlungsabwicklung kaum etwas geregelt und schlicht die Zahlung des Kaufpreises als eine „*Closing Action*" ausgestaltet. Allerdings kann – und wird mitunter aus gutem Grund – die Zahlungsabwicklung auch im Einzelnen im Vertrag geregelt sein. 23

d) Ratenzahlung

Die Parteien des Unternehmenskaufvertrages können vereinbaren, dass die Kaufpreiszahlung in Raten erfolgen soll. Die Vereinbarung einer Ratenzahlung kann insbesondere für den Käufer zur Durchsetzung etwaiger Gewährleistungsansprüche sinnvoll sein, wenn sich der Mangel vor Zahlung der letzten Rate zeigt.[25] In diesem Fall hat er die Möglichkeit, mit einer später fälligen Kaufpreisrate aufzurechnen bzw. die verbleibende(n) Rate(n) zurückzuhalten soweit entsprechende Rechte nicht im Unternehmenskaufvertrag ausgeschlossen sind. 24

Abzugrenzen von der Ratenzahlung ist die Rentenzahlung zugunsten des Verkäufers. Eine solche kann in Form einer Versorgungsrente oder einer Kaufpreisrente vereinbart werden. Im Gegensatz zu Kaufpreisraten haben Kaufpreisrenten regelmäßig eine längere Laufzeit. Versorgungsrenten unterscheiden sich von Kaufpreisrenten durch ihre unbestimmte Laufzeit und ihre Gestaltung zulasten des übernommenen Betriebsvermögens.[26] 25

---

[25] Streyl in Semler/Volhard, Unternehmensübernahmen, Bd. 1 § 12 Rn. 83 f. Eine Ratenzahlung bietet sich an, wenn der Käufer zunächst die vereinbarte Beschaffenheit des Unternehmens überprüfen will. Zu einem Gewährleistungseinbehalt vgl. Czajka in Schalast, Aktuelle Aspekte des M&A Geschäfts, S. 77.; Klumpp in Beisel/Klumpp, Unternehmenskauf Kap. 11 Rn. 41; Mueller-Thuns in Rödder/Hötzel/Mueller-Thuns, Unternehmenskauf § 8 Rn. 47; Rotthege/Wassermann, Unternehmenskauf Kap. 6.B Rn. 41 ff.

[26] Vgl. zu Rentenvereinbarungen und dem Verhältnis von Kaufpreis- zu Versorgungsrente Klumpp in Beisel/Klumpp, Unternehmenskauf Kap. 11 Rn. 43 f.; Rotthege/Wassermann, Unternehmenskauf Kap. 8, A. Rn. 10 ff.

3. Verzinsung

a) Gesetzliche Regelung

26 Handelt es sich bei dem Unternehmenskauf um ein beiderseitiges Handelsgeschäft, so kann der Verkäufer ab Fälligkeit der Kaufpreisforderung gemäß § 353 HGB Fälligkeitszinsen und im Falle des Verzugs auch Verzugszinsen aus §§ 288 Abs. 2, 286 BGB verlangen.

b) Vertragliche Zinsregelungen

27 Die Parteien eines Unternehmenskaufvertrages bestimmen regelmäßig, dass der Kaufpreis ab dem wirtschaftlichen Abgrenzungsstichtag *(Effective Date)* zu verzinsen ist. Dies gilt – trotz unterschiedlicher Anknüpfungspunkte für den wirtschaftlichen Abgrenzungsstichtag – im Ausgangspunkt sowohl im Falle der Vereinbarung eines Festkaufpreises als auch im Falle der Kaufpreisanpassung.[27]

28 Wirtschaftlich gesehen dient die Verzinsung als Kompensation für den Übergang der wirtschaftlichen Chancen und Risiken der Zielgesellschaft auf den Erwerber zu einem Zeitpunkt zu dem der Verkäufer den Kaufpreis noch nicht bzw. nicht vollständig erhalten hat. Bei hinreichender Kalkulierbarkeit des Zeitraums zwischen wirtschaftlichem Abgrenzungsstichtag und Vollzugsstichtag (*Closing Date*) können diese Veränderungen jedoch auch bereits bei Festlegung des Kaufpreises berücksichtigt werden. Im Falle der Kaufpreisanpassung ist der Vollzugsstichtag regelmäßig der wirtschaftliche Abgrenzungsstichtag, sodass eine Verzinsung erst ab diesem Zeitpunkt in Betracht kommt. Bedeutung gewinnt sie im Zusammenhang mit etwaig zu verzinsenden Ausgleichszahlungen aufgrund eines Unterschiedsbetrages zwischen dem am *Closing* an den Verkäufer geleisteten vorläufigen Kaufpreis *(Preliminary Purchase Price)* und dem später – nach entsprechender Kaufpreisanpassung – festgestellten endgültigen Kaufpreis *(Final Purchase Price).* Für den Fall, dass der wirtschaftliche Abgrenzungsstichtag vor dem *Closing* liegen sollte, wäre ab diesem Termin grundsätzlich eine Verzinsung zu regeln.

28a Diese Verzinsung (sog. *Locked Box*-Verzinsung) kompensiert die entgangenen Erträge des Verkäufers, die aus der Rückdatierung des wirtschaftlichen Übergangs und der Zahlung des Kaufpreises erst beim *Closing* resultieren. Für eine solche Herangehensweise spricht, dass es sich bei der *Locked Box*-Verzinsung um eine Bestimmung der Opportunitätskosten des Verkäufers handelt. Hätte der Verkäufer bereits am Abgrenzungsstichtag den Kaufpreis erhalten, wären ihm die Erträge daraus dann unmittelbar zugute gekommen. Die Verzinsung des Kaufpreises für den *Locked Box*-Zeitraum gleicht diese verzögerte Auszahlung des Kaufpreises somit lediglich aus.[28] Auf Grund der ggf. erheblichen zeitlichen Dauer zwischen wirtschaftlichem Abgrenzungsstichtag und *Closing* (z. B. aufgrund komplexer und

[27] Zur Ermittlung der Verzinsung des Kaufpreises wird auf → § 8 Rn. 63d ff. verwiesen.

[28] Ziehms/Breimhorst/Burtoft/Schneider, M&A Review 2016, 435, 436.

langandauernder fusionskontrollrechtlicher Verfahren zur Freigabe der Transaktion) kommt diesem Aspekt der Verzinsung unter Umständen erhebliche wirtschaftliche Bedeutung zu.

In der Praxis vereinbaren die Parteien sowohl fixe Zinssätze als auch variable Zinssätze im Sinne einer gewissen Anzahl von Basispunkten über einem Referenzzinssatz wie z. B. dem Dreimonats-EURIBOR (*Euro Interbank Offered Rate*). Die im Rahmen der Ermittlung des angemessenen Zinssatzes grundsätzlich in Betracht kommenden Anknüpfungspunkte werden nachfolgend zusammengefasst dargestellt: **29**

Alternative	**Begründung**	**Kommentar**
Gewichtete Kapitalkosten *(WACC)* oder Fremdkapitalkosten des Verkäufers	Durchschnittliche Kosten der Aufnahme von liquiden Mitteln, um Liquidität zu ersetzen, die Verkäufer durch verzögerte Zahlung des Kaufpreises im Zeitraum Referenzdatum bis Vollzug nicht zur Verfügung steht.	Käufer wird ggf. für hohe Kapitalkosten des Verkäufers „bestraft", ohne hierfür verantwortlich zu sein (bspw. bei jungen Unternehmen).
Fremdkapitalkosten des Käufers	Verzinsung kann als Darlehen des Verkäufers an den Käufer bis Vollzug angesehen werden.	Bei korrekter Anwendung führt dies zu unterschiedlichem Zinssatz für jeden Investor.
***Return on Capital Employed (ROCE)* des Verkäufers**	Die dem Verkäufer entgangenen Rückflüsse auf dessen eingesetztes Kapital sind die Kosten der späteren Kaufpreiszahlung, d. h. die Überschüsse, die der Verkäufer in seinem Geschäft mit diesen Mitteln generiert hätte.	Sofern der Verkäufer Zugang zu liquiden Kapitalmärkten hat, könnte er diese fehlende Liquidität dort generieren.
Risikofreier Zinssatz	Die Gewinne zwischen *Locked Box*-Datum und Closing stehen dem Käufer zu, der auch das Risiko der wirtschaftlichen Entwicklung trägt. Verkäufer trägt anderes Risikoprofil (Kaufpreiszahlung).	Die rückwirkende Übertragung kann nicht unbedingt mit einer (vollständig) risikofreien Situation für den Verkäufer gleichgesetzt werden.

Alternative	Begründung	Kommentar
Gewinne, die das Zielunternehmen zwischen *Locked Box*-Datum und *Closing* erwirtschaftet	Verzinsung wird als Entschädigung für entgangene Gewinne des Zielunternehmens angesehen, die durch wirtschaftliche Zurückdatierung dem Käufer zugutekommen *(Daily Profit Rate)*.	Die asymmetrische Informationslage zwischen den Parteien kann zu einem überhöhten Zinssatz führen. Im Übrigen sollten solche Gewinne bereits im Unternehmenswert *(Enterprise Value)* enthalten sein.

29a In der Praxis haben sich zwei maßgebliche Konzepte herausgebildet. Zum einen kann die Verzögerung der Kaufpreiszahlung über den *Locked Box*-Zeitraum als ein Darlehen des Verkäufers an den Käufer angesehen werden. Der Zinssatz des Darlehens bemisst sich dann anhand des Kreditrisikos des Käufers. Dagegen lässt sich allerdings einwenden, dass die Verzinsung dadurch abhängig vom Erwerber ist.[29]

29b Zum anderen kann die Verzinsung auch am Nettogewinn des Zielunternehmens innerhalb des *Locked Box*-Zeitraums festgemacht werden. Der zuvor geäußerte Kritikpunkt wird dann hinfällig, da sich der Zinssatz allein am Zielunternehmen orientiert. Der Nettogewinn ergibt sich aus dem Gewinn nach Zinsen und allen betrieblichen Aufwendungen einschließlich Steuern auf betriebliche Erträge und Abschreibungen *(Daily Profit Rate)*. Dieser Ansatz kann darauf verweisen, dass dem Verkäufer durch die Rückdatierung der wirtschaftlichen Übertragung gerade die Verzinsung entgeht, die das Zielunternehmen im *Locked Box*-Zeitraum erwirtschaftet hätte. Konsequenterweise folgt daraus jedoch auch, dass der Zinssatz bei Verlusten des Zielunternehmens negativ ausfallen sollte. Entgegenhalten lässt sich einem solchen Ansatz, dass das Ergebnis des Zielunternehmens für den betreffenden *Locked Box*-Zeitraum bereits im Unternehmenswert eingepreist ist, wenn dieser auf den Zeitpunkt des historischen wirtschaftlichen Abgrenzungsstichtags bestimmt wurde.[30]

29c In praktischer Hinsicht sollten ebenso die Informationsasymmetrien zwischen Verkäufer und Käufer beachtet werden. Der Verkäufer wird durch diese regelmäßig in die Lage versetzt, die Gewinnerwartung am oberen Ende der realistischen Erwartung zu verhandeln. Dies erhöht – die ohnehin bestehende – Verkäuferfreundlichkeit des *Daily Profit Rate*-Ansatzes noch weiter. Eine Reduktion dieser Informationssymmetrien lässt sich allerdings durch eine umfassende Analyse vor dem *Signing*, insbesondere durch eine entsprechende *Buy Side Due Diligence*, erreichen.[31]

30 In dem vorstehenden Zusammenhang sollten die Parteien nicht nur eine tagesgenaue Zinsabrechnung vorsehen, sondern auch regeln, ob sie ein Zinsjahr von

[29] Ziehms/Breimhorst/Burtoft/Schneider, M&A Review 2016, 435, 441.
[30] Ziehms/Breimhorst/Burtoft/Schneider, M&A Review 2016, 435, 441.
[31] Ziehms/Breimhorst/Burtoft/Schneider, M&A Review 2016, 435, 441.

360 Tagen oder 365 Tagen bei der Zinsberechnung zu Grunde legen. Auch sollten die Parteien den Fälligkeitszeitpunkt etwaig zu zahlender Zinsen festlegen.[32]

Abschließend ist anzumerken, dass die Parteien teilweise anstelle einer Verzinsung ab dem wirtschaftlichen Abgrenzungsstichtag vielmehr eine Verzinsung des Kaufpreises ab einem zwischen den Parteien festgelegten erwarteten Vollzugsstichtag bzw. ab diesem Termin einen höheren Zinssatz vorsehen (sog. *ticking rate*). Diese Regelungen sollen verhindern, dass der Käufer den Vollzugsstichtag durch mäßig zügiges Betreiben des Eintritts der Vollzugsbedingungen verzögert. **30a**

4. Verzug

Im Unternehmenskaufvertrag sollten die Rechtsfolgen einer etwaigen Nichtzahlung des Kaufpreises seitens des Käufers trotz Fälligkeit geregelt werden. **31**

a) Gesetzliche Regelung

Grundsätzlich kommt der Käufer nach § 286 Abs. 1 BGB erst aufgrund einer Nichtleistung des Kaufpreises im Nachgang zu einer entsprechenden Mahnung seitens des Verkäufers nach Fälligkeit in Verzug. Gemäß § 286 Abs. 1, 2 Nr. 1 BGB kommt der Schuldner bei kalendarischer Bestimmung des Leistungszeitpunktes aber auch ohne Mahnung in Verzug. Keine Bestimmung des Leistungszeitpunktes nach dem Kalendertag liegt vor, wenn der Leistungszeitpunkt von einem Ereignis abhängig ist, dessen Zeitpunkt seinerseits nicht unmittelbar oder mittelbar fest bestimmt ist.[33] Da der Vollzugsstichtag *(Closing Date)* regelmäßig von Bedingungen abhängig gemacht wird, deren Eintrittszeitpunkt sich bei Vertragsschluss nicht fest bestimmen lässt, stellt die Vereinbarung, dass der Käufer den Kaufpreis am Vollzugsstichtag zu zahlen habe, keine kalendarische Bestimmung des Leistungszeitpunktes dar, sodass der Käufer bei Nichtzahlung am Vollzugsstichtag jedenfalls nicht gemäß § 286 Abs. 1, 2 Nr. 1 BGB in Verzug gerät. **32**

Gemäß § 286 Abs. 1, 2 Nr. 2 BGB kommt der Käufer auch dann in Verzug, ohne dass eine Mahnung erforderlich wäre, wenn der Leistung ein Ereignis vorauszugehen hat und eine angemessene Zeit für die Leistung in der Weise bestimmt ist, dass sie sich von dem Ereignis an nach dem Kalender berechnen lässt. Dem liegt der Gedanke zu Grunde, dass der Käufer nach dem Eintritt des Ereignisses genau weiß, wann er zu leisten hat und deshalb nicht erwarten kann, gemahnt zu werden. In diesem Zusammenhang genügt jedes hinreichend bestimmte Ereignis, sofern sich nur ab diesem die konkrete Leistungszeit nach dem Kalender berechnen lässt.[34] Der Käufer befindet sich bei Nichtleistung am Vollzugsstichtag unmittelbar in Verzug, wenn die aufschiebenden Bedingungen im Kaufvertrag hinreichend bestimmt **33**

---

[32] Klumpp in Beisel/Klumpp, Unternehmenskauf Kap. 11 Rn. 51.

[33] RGZ 103, 33, 34; BGH BB 1962, 543; BGH BB 1971, 677; Ernst in MüKoBGB § 286 Rn. 59; Löwisch/Feldmann in Staudinger BGB § 286 Rn. 70.

[34] Löwisch/Feldmann in Staudinger BGB § 286 Rn. 82.

formuliert sind (z. B. Freigabe der Transaktion durch exakt bestimmte Fusionskontrollbehörden) und der gewählte Vollzugstichtag dem Käufer angemessene Zeit zur Kaufpreisbereitstellung gewährt. Als angemessene Zeit um dem Käufer billigerweise die rechtzeitige Kaufpreisbereitstellung zu ermöglichen, werden dabei üblicherweise drei bis fünf Bankarbeitstage nach Eintritt sämtlicher Vollzugsbedingungen oder einem Verzicht darauf angesehen werden.

b) Vertragliche Verzugsregelungen

34 Obgleich die meisten Kaufverträge den Bestimmungen des § 286 Abs. 1, 2 Nr. 2 BGB bereits hinreichend entsprechen werden, geht die Praxis eindeutig dahin im Kaufvertrag ausdrücklich zu vereinbaren, dass der Käufer bei Nichtzahlung des fälligen Kaufpreises am Vollzugsstichtag bereits in Schuldnerverzug kommt. Dies ist aufgrund des dispositiven Charakters des § 286 BGB ohne weiteres möglich.[35]

35 Weiterhin sollte sich der Verkäufer regelmäßig mit einem vertraglichen Rücktrittsrecht für den Fall absichern, dass der Käufer den Kaufpreis oder bestimmte Raten nicht innerhalb einer bestimmten Frist ab Fälligkeit zahlt.[36] Wird auf eine vertragliche Regelung verzichtet, so bleibt der Verkäufer auf einen Rücktritt vom Kaufvertrag nach der gesetzlichen Regelung des § 323 Abs. 1 BGB verwiesen.[37]

5. Aufrechnung/Zurückbehaltungsrecht

36 Ein wesentlicher Aspekt im Zusammenhang mit der Frage der Kaufpreiszahlung, insbesondere soweit die Parteien die Zahlung des Kaufpreises in Teilbeträgen (ggf. auch in Form eines sog. *Earn Out*) vereinbart haben, ist die etwaige Möglichkeit des Käufers, das Zurückbehaltungsrecht nach §§ 320, 322 BGB bzw. das Recht zur Aufrechnung nach §§ 387 ff. BGB geltend machen zu können. Mit dem Interesse des Käufers, sein Aufrechnungs- und Zurückbehaltungsrecht geltend machen zu können, kollidiert typischerweise das Sicherungsinteresse des Verkäufers, der regelmäßig gerade auf einen Ausschluss dieser Rechte im Unternehmenskaufvertrag drängen wird.[38]

37 Da in den relevanten Sachverhaltsgestaltungen häufig die Frage, ob der Verkäufer seine Verpflichtungen ordnungsgemäß erfüllt hat, den Streitpunkt zwischen den Parteien darstellt, wird regelmäßig vereinbart, dass die Geltendmachung eines Zurückbehaltungs- oder Aufrechnungsrechts seitens des Käufers von einem schriftlichen Anerkenntnis des Verkäufers oder einer rechtskräftigen Feststellung der Ansprüche des Käufers abhängig ist. Der Käufer wird sich regelmäßig dann auf eine

---

[35] Vgl. Ernst in MüKoBGB § 286 Rn. 17.

[36] Mueller-Thuns in Rödder/Hötzel/Mueller-Thuns, Unternehmenskauf § 8 Rn. 50.

[37] Siehe zu dessen Voraussetzungen Stadler in Jauernig BGB § 323 Rn. 5a ff. Dazu auch Meyer-Sparenberg in Beck'sches M&A-Handbuch § 46 Rn. 91.

[38] Vgl. Czajka in Schalast, Aktuelle Aspekte des M&A Geschäfts, S. 76.; Metz; Unternehmenskauf und internationale Rechnungslegung, S. 149.

solche Regelung einlassen, wenn er seine Ansprüche als anderweitig ausreichend gesichert ansieht.[39] Dies wird häufig bei Abschluss einer sog. *W&I*-Versicherung der Fall sein, da in diesen Fällen grds. die Versicherung und nicht der Verkäufer Haftungsschuldner bei Garantieverletzungen ist.

6. Verjährung

38 Bei Vereinbarung einer Kaufpreisanpassung und dementsprechend einer Leistung nur des vorläufigen Kaufpreises *(Preliminary Purchase Price)* am Vollzugsstichtag *(Closing Date)* und einer nachfolgenden Ermittlung des endgültigen Kaufpreis *(Final Purchase Price)* ist den Parteien zu empfehlen, den Beginn der Verjährung auf den Zeitpunkt zu legen, in dem der Kaufpreis endgültig verbindlich festgestellt wurde.[40]

39 Der Anspruch auf Zahlung des Kaufpreises verjährt regelmäßig in drei Jahren (vgl. § 195 BGB). Nach § 199 BGB beginnt die regelmäßige Verjährungsfrist, vorbehaltlich anderer Bestimmungen, mit dem Schluss des Jahres, in dem der Anspruch entstanden ist und der Gläubiger von den Anspruch begründenden Umständen und der Person des Schuldners Kenntnis erlangt. Die Vorschriften der §§ 194 ff. BGB sind grundsätzlich disponibel.

IV. Instrumente zur Sicherung von Zahlungs-, Rückzahlungs- und Anpassungsansprüchen

40 Zentraler Aspekt jeder Kaufpreisregelung ist neben der Regelung der unmittelbaren Zahlungs-, Rückzahlungs- und Anpassungsansprüche deren Absicherung. Hierbei ist zwischen Absicherungsinstrumenten zu Gunsten des Verkäufers und solchen zu Gunsten des Käufers zu differenzieren.

1. Sicherung des Verkäufers

41 Der Verkäufer hat grundsätzlich ein großes Interesse an der Sicherung seines Anspruchs auf Kaufpreiszahlung gegen den Käufer. Ein erhöhtes Sicherungsbedürfnis besteht, wenn zwischen Abschluss des Unternehmenskaufvertrages *(Signing)* und dem Vollzug der Transaktion *(Closing)* voraussichtlich ein erheblicher Zeitraum liegen wird (z. B. absehbare intensive Phase II-Prüfungen der Transaktion durch Fusionskontrollbehörden einschließlich etwaiger Verpflichtungen zur Erfüllung von Auflagen vor dem Vollzug der Transaktion) oder der Kaufpreis über einen längeren Zeitraum in mehreren Raten zu zahlen ist.[41] Insbesondere im letzteren

---

[39] Streyl in Semler/Volhard, Unternehmensübernahmen, Bd. 1 § 12 Rn. 93.

[40] Klumpp in Beisel/Klumpp, Unternehmenskauf Kap. 11 Rn. 98; Lips/Stratz/Rudo in Hettler/Stratz/Hörtnagl, Unternehmenskauf § 4 Rn. 624.

[41] Picot in Picot, Unternehmenskauf § 4 III. 3. Rn. 191.

Fall hat der Verkäufer das Unternehmen bereits auf den Käufer übertragen und damit seine Verpflichtung aus dem Unternehmenskaufvertrag erfüllt, bevor der Käufer im Gegenzug seine vertraglichen Verpflichtungen (vollständig) erfüllt hat. Ein weiterer in diesem Zusammenhang relevanter Fall liegt vor, wenn zwischen *Signing* und *Closing* ein aufwändiger und ggfs. langwieriger *Carve Out* des veräußerten Geschäfts aus dem integrierten Verkäuferunternehmen zu erfolgen hat – der Verkäufer wird diesen Aufwand nur auf sich nehmen, wenn ihm der Vollzug des Kaufvertrages als absolut sicher erscheint.

42 Von ganz offensichtlicher Bedeutung ist die Sicherung des Kaufpreisanspruches auch dann, wenn der Käufer die Zielgesellschaft nicht unmittelbar, sondern mittelbar über ein Akquisitionsvehikel *(Special Purpose Vehicle, SPV)* erwirbt.[42] Dies ist heute bei Finanzinvestoren wohl stets der Fall und auch strategische Käufer verwenden regelmäßig Akquisitionsvehikel als unmittelbare Käufer. Problematisch in diesen Konstellationen ist, dass das Akquisitionsvehikel bei Kaufvertragsabschluss selbst über keine nennenswerte finanzielle Leistungsfähigkeit verfügt.[43] Das Akquisitionsvehikel erhält die für den Vollzug der Transaktion erforderlichen Eigen-, Mezzanine- bzw. Fremdmittel regelmäßig erst kurz vor dem *Closing*.[44]

43 Zur Sicherung des Kaufpreisanspruches des Verkäufers kommen unterschiedliche Möglichkeiten in Betracht, die im Folgenden näher dargestellt werden sollen.

a) Finanzierungszusage

44 Im Rahmen von Unternehmenstransaktionen (insbesondere bei Auktionsverfahren) kann bereits im frühen Verhandlungsstadium auf Verkäuferseite das Bedürfnis bestehen, sich hinsichtlich der finanziellen Leistungsfähigkeit des Käufers abzusichern und damit die ausreichende Kapitalisierung des Käufers zum *Closing* sicherzustellen. Zu diesem Zweck wird in der Praxis im Fall der Fremdfinanzierung häufig vor Abschluss des Unternehmenskaufvertrages – teilweise bereits zum Zeitpunkt des finalen *Bids* im Rahmen von kompetitiven Auktionsverfahren – die Vorlage einer (rechtsverbindlichen) Finanzierungszusage eines oder mehrerer Fremdkapitalgeber *(Debt Commitment Letter*[45]*)* seitens des Käufers verlangt.[46] Derartige Finanzierungszusagen werden allerdings lediglich gegenüber dem Käufer erteilt und räumen dem Verkäufer keinen unmittelbaren Anspruch auf Fremdkapitalgewährung gegenüber dem Fremdkapitalgeber ein. Eine bereits verbindliche Finanzierungszusage *(Certain Funds)* ist in der Regel an eine volle Kreditdokumentation geknüpft, d. h. insbesondere sind ein abgeschlossener Kreditvertrag und da-

[42] Göthel in Göthel, Grenzüberschreitende M&A-Transaktionen § 2 Rn. 186; Metz, Unternehmenskauf und internationale Rechnungslegung, S. 149.

[43] Vgl. Leyendecker/Mackensen NZG 2012, 129, 129 f.

[44] Schrader/Seibt in Seibt, M&A C. II. 1 Anm. 55.

[45] Vgl. dazu ausführlich Diem/Jahn, Akquisitionsfinanzierungen Teil A § 2 Rn. 20 ff.

[46] Herrmann GmbHR 2009, 625, 626; von Rosenberg in Eilers/Koffka/Mackensen/Paul, Private Equity Kap. I.5 Rn. 11 ff.

zugehörige Sicherheitenverträge erforderlich.[47] Aus Sicht des Verkäufers sollte der jeweilige Nachweis dadurch abgesichert werden, dass sich der Käufer verpflichtet, die entsprechende Dokumentation bis zum *Closing* nicht ohne Zustimmung des Verkäufers (wesentlich) abzuändern und für die Verfügbarkeit der entsprechenden Fremdkapitalmittel zum *Closing* Sorge zu tragen.

Soweit Eigenkapital des Käufers zur (teilweisen) Finanzierung des Kaufpreises **45**
verwendet wird, wird ein Verkäufer regelmäßig einen entsprechenden Nachweis in Form eines sog. *Equity Commitment Letter*[48] durch einen Eigenkapitalgeber (z.B. den Private Equity Fonds, der hinter dem in Rede stehenden Akquisitionsvehikel steht) verlangen.[49] Auch solche *Equity Commitment Letter* werden grds. lediglich gegenüber dem Käufer erteilt[50] und räumen dem Verkäufer keinen unmittelbaren Anspruch auf Eigenkapitalgewährung ein. Je nach Verhandlungsstärke des Verkäufers wird dieser ggfs. zusätzlich eine Garantieerklärung eines Finanzinstituts bzgl. eines gewissen (prozentualen) Anteils der vorgesehenen Eigenkapitalausstattung des Akquisitionsvehikels zum *Closing* oder eine Ausgestaltung mit einem eigenen Forderungsrecht des Verkäufers als Drittbegünstigtem verlangen können.

b) Schuldrechtliche Sicherheiten

In der Praxis ist die Bankbürgschaft zur Absicherung des Anspruchs auf Kauf- **46**
preiszahlung aus Sicht des Verkäufers das beliebteste, aber gleichzeitig auch das teuerste und in der Praxis daher weniger häufig vorkommende Sicherungsmittel.[51]

In Konzernkonstellationen und bei entsprechender Bonität der Konzernober- **47**
gesellschaft wird häufig die Stellung einer Konzernbürgschaft oder einer selbständigen Garantieerklärung bzw. eines Schuldbeitritts durch diese vereinbart.[52] Die **Bürgschaft** wird regelmäßig selbstschuldnerisch ausgestellt. Bei einer selbstschuldnerischen Bürgschaft verzichtet der Bürge gemäß §§ 771, 773 BGB auf die Einrede der Vorausklage mit der Folge, dass eine Vollstreckung in das Vermögen des Käufers als Hauptschuldner zuvor nicht erfolgen muss. Er haftet also wie der Hauptschuldner. Ist der Bürge Kaufmann und stellt die Bürgschaft für ihn ein Handelsgeschäft gemäß § 343 Abs. 1 HGB dar, so ist die Einrede der Vorausklage bereits nach § 349 HGB ausgeschlossen. Eine den Verkäufer besonders privilegierende Variante ist die Bürgschaft auf erstes Anfordern.[53] Dabei verpflichtet sich der

---

[47] Jansen GWR 2009, 361, 362.

[48] Vgl. dazu ausführlich von Rosenberg in Eilers/Koffka/Mackensen/Paul, Private Equity Kap. I.5 Rn. 2ff.

[49] Herrmann GmbHR 2009, 625, 626; Leyendecker/Mackensen NZG 2012, 129, 129f.

[50] Clauss/Jäckle/Strehle in Beck'sches M&A-Handbuch § 57 Rn. 37.

[51] Klumpp in Beisel/Klumpp, Unternehmenskauf Kap. 11 Rn. 58f.; vgl. Picot in Picot, Unternehmenskauf § 4 III.3 Rn. 192; Schrader/Seibt in Seibt, M&A C. II. 1 Anm. 55.

[52] Klumpp in Beisel/Klumpp, Unternehmenskauf Kap. 11 Rn. 58, 66ff.

[53] BGH NJW 1999, 2361, 2363; vgl. Mueller-Thuns in Rödder/Hötzel/Mueller-Thuns, Unternehmenskauf § 8 Rn. 53.

Bürge, auf einfaches, hinsichtlich seiner formalen Anforderungen klar geregeltes Verlangen des Verkäufers als Gläubiger unter einstweiligem Verzicht auf mögliche Einwendungen aus dem Hauptschuldverhältnis zu leisten.[54] Der Verkäufer steht bei der Inanspruchnahme des Bürgen also insbesondere nicht vor dem Problem, sich mit etwaigen Gewährleistungs- oder Garantieansprüchen des Käufers auseinandersetzen zu müssen und der Käufer wird mit seinen nicht offensichtlichen oder liquide beweisbaren Einwendungen in den Rückforderungsprozess aus ungerechtfertigter Bereicherung (§ 812 BGB) verwiesen.[55] Der Sinn und Zweck der Bürgschaft auf erstes Anfordern ist die Gewährleistung einer schnellen Durchsetzung der von ihr gesicherten Ansprüche.[56] Es wird eine garantieähnliche Haftung begründet, wobei der entscheidende Unterschied zwischen Bürgschaft auf erstes Anfordern und einer Garantie auf erstes Anfordern in der Akzessorietät der Bürgschaft liegt.[57] Akzessorietät meint die Abhängigkeit der Bürgschaft in ihrem Bestand und ihrer Durchsetzbarkeit vom Schicksal der ihr zugrunde liegenden Forderung und damit verbundenen Einwendungen und Einreden.[58] Die Fälligkeit einer Forderung aus einer Bürgschaft auf erstes Anfordern tritt mit der Fälligkeit der Hauptforderung ein, sofern die Parteien nichts anderes vereinbart haben.[59]

48 Die **Kostentragung** bezüglich des Bürgschaftsversprechens sollte von den Parteien des Unternehmenskaufvertrages einer entsprechenden Regelung zugeführt werden, wobei das Entgelt für die Bürgschaft (Avalprovision) typischerweise vom Käufer als Hauptschuldner getragen wird.[60] Für den Fall der Vereinbarung einer Kaufpreisratenzahlung verringert sich der Restkaufpreis mit jeder gezahlten Rate. Um die Avalkosten möglichst gering zu halten, sollten die Parteien von Anfang an eine entsprechende stufenweise Reduktion der Bürgschaftssumme im Einklang mit dem Ratenzahlungsregime vereinbaren.[61] Wie bereits festgestellt, wird ein Käufer es aufgrund der Kosten, die mit einer Bankbürgschaft verbunden sind, oft vorziehen, den Kaufpreiszahlungsanspruch des Verkäufers durch entsprechende selbstständige Garantieerklärungen oder Bürgschaften der jeweiligen Konzernobergesellschaft abzusichern. Bei ausreichender Bonität der Konzernobergesellschaft ist dieses Sicherungsmittel aus Sicht des Verkäufers letztlich auch einer Bankbürgschaft gleichwertig.[62]

49 Ein weiteres mögliches (aber nicht so sehr praxisrelevantes) schuldrechtliches Instrument zur Sicherung des Kaufpreisanspruches ist die Abgabe einer **Patro-**

---

[54] Habersack in MüKoBGB § 765 Rn. 98.

[55] Mueller-Thuns in Rödder/Hötzel/Mueller-Thuns, Unternehmenskauf § 8 Rn. 53.

[56] BGH NJW 1999, 2361, 2362; BGH NJW-RR 2009, 378, 379.

[57] Habersack in MüKoBGB § 765 Rn. 106.

[58] Habersack in MüKo BGB Vor § 765 Rn. 64.

[59] BGH NJW-RR 2009, 378, 380.

[60] Mueller-Thuns in Rödder/Hötzel/Mueller-Thuns, Unternehmenskauf § 8 Rn. 54.

[61] Klumpp in Beisel/Klumpp, Unternehmenskauf Kap. 11 Rn. 64; Mueller-Thuns in Rödder/Hötzel/Mueller-Thuns, Unternehmenskauf § 8 Rn. 54.

[62] Streyl in Semler/Volhard, Unternehmensübernahmen, Bd. 1, § 12 Rn. 91.

natserklärung *(Letter of Comfort)* durch z. B. die Konzernobergesellschaft des Käufers.[63] Eine solche Patronatserklärung ist im deutschen Recht gesetzlich nicht geregelt. Patronatserklärung ist der Oberbegriff für unterschiedlichste Formen von Unterstützungserklärungen einer Konzernobergesellschaft (Patronin) für die jeweilige Konzerngesellschaft (Tochter).[64] Es ist zwischen der sog. „weichen" und der sog. „harten" Patronatserklärung[65] zu differenzieren. Während die „weiche" Patronatserklärung lediglich eine moralische (und damit nicht rechtsverbindliche) Bindung statuiert, aus der sich eben keine Verpflichtung der Obergesellschaft zur finanziellen Unterstützung der Tochtergesellschaft ergibt, hat die „harte" Patronatserklärung eine garantieähnliche Wirkung.[66] Bei der harten Variante werden dem Adressaten Maßnahmen zur Förderung oder Erhaltung der Kreditwürdigkeit des Käufers rechtlich verbindlich zugesagt.[67]

Abhängig vom Adressaten der Erklärung wird weiterhin zwischen der konzern- **50**
externen (z. B. zu Gunsten des Verkäufers) und der konzerninternen Patronatserklärung differenziert. Bei konzernexternen Patronatserklärungen handelt es sich nicht um einseitige Willenserklärungen, sondern um einen einseitig verpflichtenden Vertrag *sui generis* zwischen der Obergesellschaft und dem Gläubiger, innerhalb dessen die Ausstattungsverpflichtung der Obergesellschaft als unechter Vertrag zugunsten Dritter gemäß § 329 BGB ausgestaltet wird.[68] Die konzerninterne Patronatserklärung – auch verbindliche Liquiditätszusage genannt – kommt durch schuldrechtliche Vereinbarung zwischen Ober- und Tochtergesellschaft zustande, wonach sich die Obergesellschaft verpflichtet, die Tochtergesellschaft in der Weise auszustatten, dass sie ausreichend finanzielle Mittel zur Erfüllung ihrer gegenwärtigen und zukünftigen Verbindlichkeiten gegenüber ihren Gläubigern hat.[69] Da die konzerninterne Patronatserklärung dem Verkäufer allenfalls eine mittelbare Absicherung verschafft[70] und die konzernexterne Patronatserklärung als ein auf rechtsdogmatisch eher unklarer Grundlage fußendes Instrument angesehen werden kann, wird ein Verkäufer regelmäßig den „eingefahrenen" Weg der Bankbürgschaft oder der Konzernbürgschaft/-garantie gehen wollen.

---

[63] Becker/Voß in Knott, Unternehmenskauf Rn. 1341; Klumpp in Beisel/Klumpp, Unternehmenskauf Kap. 11 Rn. 66 ff.; Czajka in Schalast, Aktuelle Aspekte des M&A Geschäfts, S. 76.

[64] Mueller-Thuns in Rödder/Hötzel/Mueller-Thuns, Unternehmenskauf § 8 Rn. 54; von Rosenberg/Kruse, BB 2003, 641, 641.

[65] Vgl. BGH, NJW 1992, 2093, 2095 zur „harten" Patronatserklärung; Theiselmann, GmbH-StB 2013, 347 ff.; als „mittelharte" Patronatserklärung wird gemeinhin eine „harte" Patronatserklärung bezeichnet, die bei Vorliegen bestimmter Voraussetzungen kündbar ist BGH, BB 2010, 2720 ff.

[66] Vgl. von Rosenberg/Kruse, BB 2003, 641, 641.

[67] Becker/Voß in Knott, Unternehmenskauf Rn. 1341.

[68] von Rosenberg/Kruse, BB 2003, 641, 641 f.

[69] von Rosenberg in Eilers/Koffka/Mackensen/Paul, Private Equity, Kap. I.9 Rn. 2; von Rosenberg/Kruse, BB 2003, 641, 642.

[70] Dazu auch Meyer-Sparenberg in Beck'sches M&A-Handbuch, § 48 Rn. 135.

c) Dingliche Sicherheiten

51 In der Literatur werden verschiedene Möglichkeiten erörtert, wie sich der Verkäufer zur Sicherung seines Kaufpreisanspruches auch dinglich absichern kann. In Betracht kommen in diesem Bereich zunächst die Grundpfandrechte wie Hypothek, Restkaufpreishypothek und Grundschuld. Grundpfandrechte und ähnliche Sicherheiten haben jedoch den Nachteil, dass sie im Vergleich zu Bankbürgschaften und Zahlungsgarantien wesentlich schwieriger zu vollstrecken sind.[71]

52 Daneben stellt beim *Share Deal* (insbesondere in Ratenzahlungskonstellationen) die Verpfändung der abgetretenen Anteile ein alternatives Sicherungsinstrument dar, soweit der Käufer – wie allerdings aber regelmäßig der Fall – diese nicht bereits im Rahmen der Finanzierung des Kaufpreises nutzt. Der Verkäufer kann sich auch Pfandrechte an anderen Beteiligungen des Käufers, etwa Tochterunternehmen, bestellen lassen.[72] In der Praxis spielt die Bestellung von dinglichen Sicherheiten zur Absicherung des Kaufpreisanspruches aus den oben genannten Gründen daher keine sehr wesentliche Rolle. Häufiger kommen Pfandrechte an Gesellschaftsanteilen in der Praxis im Rahmen von eventuell ergänzend vereinbarten *Call Optionen* und/oder *Put Optionen* bzgl. der betreffenden Anteile vor.

d) Anzahlung

53 In Abhängigkeit von der finanziellen Leistungskraft des Käufers und der Verhandlungsstärke des Verkäufers sowie einem etwaig längeren Zeitraum zwischen *Signing* und *Closing*, wird ein Verkäufer seinen Kaufpreisanspruch gegebenenfalls durch eine Anzahlung *(Deposit)* auf den am *Closing* fälligen Kaufpreis seitens des Käufers abzusichern suchen. Diese Anzahlung wird am *Closing* mit dem Kaufpreis verrechnet.

54 Die Anzahlung stellt sicher ein Instrument dar, mit dem die Ernsthaftigkeit sowie teilweise die finanzielle Leistungsfähigkeit des Käufers in Teilen getestet werden kann. Dies mag insbesondere in solchen Situationen an Bedeutung gewinnen, in denen der Verkäufer nach *Signing* selbst erhebliche Kosten und Aufwand auf sich nimmt, um die Transaktion zum Vollzug zu bringen (z. B. in Form der Durchführung eines aufwändigen und langwierigen *Carve Out*). Zudem kann eine solche Anzahlung dazu dienen, dem Verkäufer bereits die Mittel zu verschaffen, die ein Käufer sich ggfs. als sog. *Termination Fee* an den Verkäufer zu zahlen verpflichtet hat, wenn das *Closing* bis zu einem gewissen Zeitpunkt nicht eingetreten ist und die Gründe hierfür in der Sphäre des Käufers liegen (z. B. keine fusionskontrollrechtliche Freigabe der Transaktion bis zu einem gewissen Zeitpunkt aus Gründen, die in der Sphäre des Käufers liegen). In derartigen Situationen läuft der Verkäufer

---

[71] Streyl in Semler/Volhard, Unternehmensübernahmen, Bd. 1, § 12 Rn. 91.

[72] Picot in Picot, Unternehmenskauf § 4 III. 3. Rn. 193.

anderenfalls Gefahr, dass der die Transaktion möglicherweise bereits reuende Käufer die *Termination Fee* nicht zahlt und er diese einklagen und vollstrecken muss.

Andererseits stellt die Anzahlung aus Sicht des Käufers eine wirtschaftlich besonders nachteilige Form der Absicherung des Käufers dar – er muss sehr früh einen Teil des Kaufpreises zahlen und verliert zudem die Kontrolle darüber. Als Konsequenz wird in der Praxis regelmäßig eine dem Käufer zu Gute kommende Verzinsung der Anzahlung vereinbart (ggfs. vermittelt durch eine seitens des Verkäufers an den Käufer begebene Schuldverschreibung). Zudem wird der Käufer wiederum eine Absicherung (z. B. Zahlung auf ein Treuhandkonto) für den Fall verlangen, dass die Transaktion nicht vollzogen wird und der Verkäufer zur Rückzahlung verpflichtet ist. 55

All diese Komplikationen zeigen auf, warum die Parteien in der Praxis soweit möglich und wirtschaftlich sinnvoll anstelle einer Kaufpreisanzahlung eher eine Bürgschaft oder eine Garantieerklärung vereinbaren. 56

e) Rechtsvorbehalte

Ganz üblich ist die Vereinbarung in Unternehmenskaufverträgen, dass die Übertragung des Eigentums an den im Rahmen des *Share Deal* veräußerten Gesellschaftsanteilen oder im Rahmen des *Asset Deal* veräußerten Vermögensgegenständen aufschiebend bedingt durch den vollständigen Erhalt oder die ordnungsgemäße Anweisung des vollständigen Kaufpreises zur Zahlung an den Verkäufer ist.[73] Aus Sicht des Verkäufers sollte der Erhalt des Kaufpreises der Anknüpfungspunkt für die Frage sein, ob die relevante aufschiebende Bedingung eingetreten ist, da er das tatsächliche Überweisungsrisiko nicht tragen möchte. Ein Käufer wird üblicherweise argumentieren, dass er mit ordnungsgemäßer Anweisung zur Zahlung alles in seiner Macht stehende getan hat. Diese Differenzierung mag auf den ersten Blick marginal erscheinen, erwächst aber in der Praxis immer wieder zu einem größeren Thema – z. B. wenn der Überweisungsauftrag am Vollzugsstichtag (*Closing Date*) aus technischen Gründen nicht (mehr rechtzeitig) ausgeführt wird. 57

2. Sicherung des Käufers

Aus Sicht des Käufers besteht wiederum ein Sicherungsbedürfnis im Hinblick auf etwaige Ansprüche gegen den Verkäufer, z. B. im Zusammenhang mit selbständigen Garantieversprechen oder Freistellungen hinsichtlich gewisser Umstände oder Sachverhalte. Die in der Praxis üblicherweise diskutierten Sicherungsmittel des Käufers werden im Folgenden zusammenfassend dargestellt. 58

[73] Mueller-Thuns in Rödder/Hötzel/Mueller-Thuns, Unternehmenskauf § 8 Rn. 55; Picot in Picot, Unternehmenskauf § 4 III. 3. Rn. 194.

a) Kaufpreiseinbehalt/Treuhandkonto

59 Das wichtigste Mittel zur Sicherung potentieller Käuferansprüche im Verhältnis zum Verkäufer ist in der Praxis der **Kaufpreiseinbehalt**. Als Begründung für diesen Schritt kommen neben der nachträglichen Anpassung des Kaufpreises durch eine Kaufpreisanpassungsklausel auch die Stundung des Kaufpreisanspruchs oder – als Hauptfall in der Praxis – die Sicherung etwaiger Garantie-, Gewährleistungs- oder Freistellungsansprüche des Käufers in Betracht.[74] Der Kaufpreiseinbehalt erfolgt entweder dadurch, dass der Käufer den entsprechenden Teil des Kaufpreises erst nach Ablauf der Zurückhaltefrist (ggfs. mit Zinsen) zahlt *(Holdback)* oder dass die Zahlung eines Teils des Kaufpreises beim *Closing* auf ein Sperr- oder Treuhandkonto *(Escrow Account)* erfolgt.[75] Beim *Holdback* entfallen die Kosten eines Treuhandkontos, sodass er für die Parteien die kostengünstigere, aber aus Sicht des Verkäufers auch weniger sichere Alternative darstellt. Ein Kaufpreiseinbehalt wird häufiger in Situationen vereinbart, in denen auf Seiten des Verkäufers das Risiko einer mangelnden Zahlungsfähigkeit bei Fälligwerden von etwaigen Garantie-, Gewährleistungs- oder Freistellungsansprüchen besteht, während auf Seiten des Käufers die Zahlungsfähigkeit eher unkritisch erscheint (z. B. DAX 40 notiertes Unternehmen kauft ein Unternehmen von Privatpersonen).

60 Eine in der Vergangenheit zunächst insbesondere im *Private Equity Mid-Cap* Bereich genutzte und heute in allen Transaktionsbereichen absolut übliche Strukturierung, um den Umfang eines Kaufpreiseinbehalts bzw. des auf ein Treuhandkonto einzuzahlenden Betrages zu verringern bzw. ganz auszuräumen (häufig bei *Private Equity*-Transaktionen), besteht im Abschluss einer sog. *Warranty & Indemnity Insurance*.[76] Mit einer solchen Police können etwaige Garantie-, Gewährleistungs- und steuerliche Freistellungsansprüche des Käufers in weiten Teilen versichert werden, sodass es jenseits eines etwaigen Selbstbehaltes keines Rückgriffs mehr auf den Verkäufer bedarf. Aufgrund aktueller Marktentwicklungen kann der Käufer sog. synthetische Haftungserweiterungen im Rahmen der *W&I*-Versicherung erwerben, die über den Haftungsrahmen des Verkäufers hinausgehen. Insoweit ist diese Police nicht mehr rein akzessorisch, sondern durchbricht diese als eigenes Haftungsinstrument.

61 Soweit ein Kaufpreiseinbehalt vereinbart wird, sieht man in der Praxis in Abhängigkeit vom Transaktionsvolumen häufiger Einbehalte in einem Umfang von 10 bis 25 Prozent des angenommenen Gesamtkaufpreises, wobei die Höhe des Einbehaltes regelmäßig in unmittelbarem Zusammenhang mit den im Unternehmenskaufvertrag bestimmten Haftungsobergrenzen steht. Rechtlich stellt der

---

[74] Moser in Berens/Brauner/Knauer/Strauch, Due Diligence, S. 288; Scharader/Seibt in Seibt, M&A C. II. 2 Anm. 47.

[75] Kästle/Oberbracht, Unternehmenskauf S. 96 f.

[76] Vertiefend Franz/Keune VersR 2013, 1371; Kästle/Oberbracht, Unternehmenskauf, S. 145 f.; Kränzlin/Otte/Fassbach BB 2013, 2314.

vereinbarte Kaufpreiseinbehalt entweder eine Stundung oder eine Ratenzahlung in Bezug auf einen Teil des Kaufpreises dar.[77]

Die Einzahlung auf ein **Treuhandkonto** erfolgt üblicherweise bei einer von beiden Parteien als vertrauenswürdig empfundenen Bank oder durch Einzahlung auf ein Notar-Anderkonto.[78] Der Vorteil von Treuhandkonten ist darin zu sehen, dass sowohl die etwaigen Garantie-, Gewährleistungs- oder Freistellungsansprüche des Käufers, als auch der Kaufpreisanspruch des Verkäufers in einem klaren Umfang abgesichert sind.[79] Diese Gestaltungsmöglichkeit hat jedoch den Nachteil, dass zusätzliche Gebühren für den Treuhänder anfallen (vgl. für die Notargebühren § 149 KostO)[80] und die Liquidität entsprechend gebunden ist.[81] Zudem ist im Lichte von aktuellen Bankinsolvenzen wie derjenigen der Greensill Bank darauf zu achten, dass das Treuhandkonto als ein „echtes Treuhandkonto" und nicht als ein Kundenkonto der Bank ausgestaltet wird. Nur im ersten Fall besteht ein entsprechender insolvenzrechtlicher Schutz durch ein Aussonderungsrecht (vgl. § 47 InsO). Die Entstehung von Gebühren kann dadurch verhindert werden, dass die Parteien auf einen Treuhänder verzichten und selbst ein gemeinschaftliches Konto einrichten (sog. Und-Konto).[82] In der Praxis ist jedoch das Konstrukt des Und-Kontos insbesondere für nicht-deutsche Vertragsparteien ungewöhnlich und findet daher bei grenzüberschreitenden Transaktionen nur in sehr geringem Umfang Anwendung. In jedem Fall sollten die Parteien im Unternehmenskaufvertrag unmissverständlich regeln, unter welchen Voraussetzungen eine Auszahlung vom Treuhand- bzw. Und-Konto erfolgt[83], wie der Betrag auf dem Treuhand- bzw. Und-Konto zu verzinsen ist und wem die Zinsen zu Gute kommen sollen.[84] Auch sollte aus Käufersicht darauf geachtet werden, das Treuhandkonto insolvenzfest zu gestalten bzw. ausdrücklich die Erfüllungswirkung der Zahlung auf das Treuhandkonto zu bestimmen.[85] Einer Leistung auf das Treuhandkonto durch den Käufer kommt grundsätzlich keine Erfüllungswirkung im Sinne von § 362 Abs. 1 BGB zu. Als Begründung wird ein Erst-Recht-Schluss mit Verweis auf § 378 BGB herangezogen: Sogar die gerichtliche Hinterlegung ist allein bei Verzicht eines Rücknahmerechts ein zulässiges Erfüllungssurrogat.[86] 62

[77] Meyding/Grau NZG 2011, 41, 44.

[78] Meyer-Sparenberg in Beck'sches M&A-Handbuch § 48 Rn. 136; von Rosenberg in Eilers/Koffka/Mackensen/Paul, Private Equity Kap. I.9 Rn. 3.

[79] Vgl. Witte/Bultmann BB 2005, 1121, 1123; Streyl in Semler/Volhard, Unternehmensübernahmen, Bd. 1 § 12 Rn. 95 f.

[80] Becker/Voß in Knott, Unternehmenskauf Rn. 952; Schrader/Seibt in Seibt, M&A, C. II. 2 Anm. 47.

[81] von Rosenberg in Eilers/Koffka/Mackensen/Paul, Private Equity Kap. I.9 Rn. 3.

[82] Kästle/Oberbracht, Unternehmenskauf, S. 96.

[83] Moser in Berens/Brauner/Strauch, Due Diligence, S. 288.

[84] Vgl. Kästle/Oberbracht, Unternehmenskauf, S. 97

[85] Ebenfalls zum Insolvenzrisko Kästle/Oberbracht, Unternehmenskauf, S. 97.

[86] Witte/Bultmann BB 2005, 1121, 1122; Meyding/Grau NZG 2011, 41, 44.

63 Als eher theoretische Alternativgestaltung bietet sich die Kontoverpfändung an. Nachdem der Käufer den für den Einbehalt vorgesehenen Teil des Kaufpreises auf ein getrenntes Konto des Käufers eingezahlt hat, wird das Guthaben auf diesem Konto anschließend zur Sicherung des Kaufpreisanspruches verpfändet.[87]

64 Ein Kaufpreiseinbehalt in anderem Gewand ist die Vereinbarung der Kaufpreiszahlung in Raten mit der Berechtigung des Käufers mit seinen etwaigen Garantie-, Gewährleistungs- oder Freistellungsansprüchen gegen die noch ausstehenden Kaufpreisraten aufrechnen zu können (soweit die Aufrechnung nach Maßgabe des Unternehmenskaufvertrages nicht wie üblich ausgeschlossen ist, vgl. unten → Rn. 66). Mithin wäre der Käufer nur dann zur Zahlung weiterer Raten verpflichtet, wenn sich bis zum vereinbarten Fälligkeitstermin kein entsprechender Sachverhalt ergeben hat.[88]

b) Aufrechnungs- und Zurückbehaltungsrecht

65 Bedeutung erlangt ein Aufrechnungs- und Zurückbehaltungsrecht für den Käufer insbesondere dann, wenn die Parteien eine Zahlung des Kaufpreises in Teilbeträgen vereinbart haben. Solange der Verkäufer seine Verpflichtungen nach dem Unternehmenskaufvertrag nicht erfüllt hat, steht dem Käufer ein Zurückbehaltungsrecht gemäß §§ 320, 322 BGB hinsichtlich des Kaufpreises zu. Ob der Verkäufer seine Verpflichtungen erfüllt hat, ist jedoch oft streitig. Daher sollte die Geltendmachung eines Aufrechnungs- oder Zurückbehaltungsrechts von einem schriftlichen Anerkenntnis des Verkäufers oder einer rechtskräftigen Feststellung der Ansprüche des Käufers abhängig gemacht werden.[89]

66 Mit dem Interesse des Käufers, sein Aufrechnungs- und Zurückbehaltungsrecht zu behalten, kollidiert das Sicherungsinteresse des Verkäufers, der regelmäßig auf einen Ausschluss dieser Rechte im Unternehmenskaufvertrag drängen wird.[90] Diese unterschiedlichen Interessen sind möglichst in Einklang zu bringen. Für den Käufer ist es jedoch regelmäßig nur dann sinnvoll, sich auf einen solchen Ausschluss einzulassen, wenn seine Ansprüche anderweitig gesichert sind.[91] Hier kommt wiederum ganz wesentlich das Instrument der *W&I*-Versicherung in Betracht. Nicht zuletzt deshalb lässt sich ein klarer Trend im Markt hingehend zu einem grundsätzlichen Ausschluss des Aufrechnungs- und Zurückbehaltungsrechts beobachten.

---

[87] Meyding/Grau NZG 2011, 41, 44.

[88] von Rosenberg in Eilers/Koffka/Mackensen/Paul, Private Equity Kap. I.9 Rn. 4.

[89] Mueller-Thuns in Rödder/Hötzel/Mueller-Thuns, Unternehmenskauf § 8 Rn. 57.

[90] Vgl. Czajka in Schalast, Aktuelle Aspekte des M&A Geschäfts, S. 76; Metz, Unternehmenskauf und internationale Rechnungslegung, S. 149;

[91] Streyl in Semler/Volhard, Unternehmensübernahmen, Bd. 1 § 12 Rn. 93.

c) Schuldrechtliche Sicherheiten

Auch für den Käufer kommt eine Bürgschaft, Garantie- oder Patronatserklärung als Sicherungsmittel für Zahlungsansprüche aufgrund einer Kaufpreisanpassung oder von etwaigen Garantie-, Gewährleistungs- oder Freistellungsansprüchen in Betracht.[92] Hierzu gelten die vorstehend unter Rn. 46 ff. zur Sicherung des Verkäufers gemachten Ausführungen entsprechend. Mit Blick auf die sog. *W&I*-Versicherung als Lösungsinstrument zum Ausgleich der konfligierenden Interessen wird auf die Ausführungen unter Rn. 60 verwiesen. Es kommt daher in der Praxis regelmäßig vor, dass beide Seiten ihre Ansprüche entsprechend absichern. **67**

Letztlich mag auch eine Vertragskonzernierung im Sinne der §§ 291 ff. AktG des Käufers und die damit einhergehenden Pflichten der Obergesellschaft (einschließlich des Verlustausgleichs im Sinne von § 302 Abs. 1 AktG) dem Verkäufer eine entsprechende Sicherheit vermitteln.[93] **68**

---

[92] 81 Bergjan in Holzapfel/Pöllath, Unternehmenskauf Rn. 860.

[93] von Rosenberg in Eilers/Koffka/Mackensen/Paul, Private Equity Kap. I.9 Rn. 2.

Zweiter Abschnitt: Kaufpreisklauseln und Kaufpreisanpassungsmechanismen

§ 5. Die Kaufpreisregelungskonzepte im Überblick

I. Einführung

Die Kaufpreisregelung ist das Herzstück eines jeden Unternehmenskaufvertrages. Dies gilt unabhängig davon, ob die Zielgesellschaft oder Teile von ihr im Wege eines *Share Deal* oder eines *Asset Deal* veräußert und übertragen wird bzw. werden. Im Ausgangspunkt wird der Kaufpreis zwar regelmäßig finanzmathematisch hergeleitet, letztlich ist er jedoch das Ergebnis von Verhandlungen zwischen den Parteien. Die Zahlung des (vorläufigen) Kaufpreises erfolgt in der Praxis regelmäßig Zug-um-Zug gegen die Übertragung des Eigentums an den veräußerten Anteilen auf den Käufer. In der Praxis gibt es nicht die eine Standard-Kaufpreisregelung, vielmehr existiert eine Vielzahl von Spielarten, da Kaufpreisregelungen am Ende individuell für jede Transaktion erarbeitet werden müssen. Hierbei ist eine enge Kooperation und Verzahnung zwischen den verschiedenen an der Transaktion beteiligten Disziplinen (M&A-Abteilungen/Berater, Rechtsanwälte, Investmentbanken und Wirtschaftsprüfer) unerlässlich. 1

Bei der Kaufpreisfindung durch Verhandlung zwischen den Parteien handelt es sich um einen mitunter schwierigen und langwierigen Prozess. Jedenfalls zu Beginn der Verhandlungen haben die Parteien des Unternehmenskaufvertrages jeweils eigene und häufig nicht unerheblich divergierende Vorstellungen von der Höhe und der konkreten Ausgestaltung des Kaufpreises. 2

Die Bestimmung des Kaufpreises wird von vielen Faktoren beeinflusst. Entscheidend ist regelmäßig zunächst der im Wege einer Unternehmensbewertung festgestellte objektive Wert des Unternehmens. Daneben spielt der subjektive Wert, d. h. die Einschätzung der Parteien über die Entwicklung des Unternehmens eine entscheidende Rolle. Vor allem für den strategischen Käufer stellt der Unternehmenskauf eine Investitionsentscheidung dar, für die insbesondere durch die Transaktion ausgelöste weitere Kosten, Kostenersparnisse, Marktanteilsgewinne, Integrationsfolgen sowie positive und negative Synergieeffekte eine erhebliche Rolle spielen.[1] Ferner wird die Kaufpreisregelung und -höhe von einer Vielzahl anderer Vereinbarungen beeinflusst, die von den Parteien im Rahmen 3

[1] Semler/Volhard UÜ-HdB/Müller Bd. 1 § 10 Rn. 2.

des Unternehmenskaufvertrages getroffen werden. Hierzu zählen unter anderem etwaige Garantieversprechen des Verkäufers *(Guarantees/Representations and Warranties)*, Freistellungsansprüche des Käufers *(Indemnifications)*, Verhaltenspflichten des Verkäufers *(Covenants)* und das Haftungsregime des Unternehmenskaufvertrages *(Remedies/Expirations and Limitations)*.[2]

4 Für die Kaufpreisregelung gibt es ganz grundsätzlich zwei Ausgangsmodelle, die sich sowohl bzgl. ihres Ansatzpunktes als auch ihrer Zielrichtung sowie dementsprechend ihrer vertraglichen Ausgestaltung unterscheiden lassen: Der Kaufpreis wird entweder als Festkaufpreis (dann in der Regel basierend auf einem historischen wirtschaftlichen Abgrenzungsstichtag *(Effective Date)*) oder als noch auf der Grundlage eines entsprechenden Mechanismus zukünftig anzupassender Kaufpreis festgelegt. In letzterem Fall erfolgt die Anpassung dann regelmäßig auf den Vollzugsstichtag *(Closing Date)*. Daneben gibt es die Möglichkeit, die Kaufpreisregelung durch einen variablen Kaufpreisbestandteil zu ergänzen (z. B. *Earn Out*).

II. Fester Kaufpreis *(Locked Box)*

5 Die wesentlichen Elemente einer Festkaufpreisregelung sind (i) die Bestimmung des fixen Kaufpreisbetrages, (ii) eine feste oder variable Verzinsung des Kaufpreisbetrages zwischen dem wirtschaftlichen Abgrenzungsstichtag *(Effective Date)* und dem Vollzugsstichtag *(Closing Date)*, (iii) Verhaltenspflichten *(Covenants)* des Verkäufers für die Zeit zwischen Abschluss des Unternehmenskaufvertrages *(Signing)* und dem Vollzug der Transaktion *(Closing)* dahingehend, dass bestimmte Maßnahmen und Handlungen weiter oder gerade nicht mehr durchgeführt werden, um den Wert des gekauften Unternehmens während dieser Phase möglichst zu bewahren *(Locked Box)* und (iv) Absicherung der Bewertungsannahmen durch entsprechende Garantien (z. B. Bilanzgarantien) oder Freistellungen.

6 Entscheiden sich die Parteien bei Abschluss des Unternehmenskaufvertrages für die Regelung eines festen Kaufpreises, so wird als wirtschaftlicher Abgrenzungsstichtag für die Übertragung des jeweiligen Unternehmens regelmäßig der Stichtag des aktuellsten verfügbaren Jahresabschlusses vereinbart. Das hat zur Folge, dass der wirtschaftliche Abgrenzungsstichtag zwingend vor dem Tag des sachenrechtlichen Vollzuges der Transaktion liegt.[3] Andere Abschlüsse wie *Management Accounts* oder ungeprüfte Zwischenabschlüsse werden regelmäßig nur dann als Grundlage herangezogen, sofern diese eine jedenfalls hinreichende Qualität im Vergleich zu einem uneingeschränkt testierten Jahresabschluss bieten. Dementsprechend dürfte zur Sicherung der Qualität und Verlässlichkeit diesbezüglich häufig ein ergänzender *Review* durch eine Wirtschaftsprüfungsgesellschaft erforderlich sein. Dies

---

[2] Berens/Brauner/Knauer/Strauch Due Diligence/Moser, S. 274.

[3] Berens/Brauner/Knauer/Strauch Due Diligence/Moser, S. 274; Winterstetter/Wagner, BewertungsPraktiker 2010, 28, 30.

wird auch die *W&I*-Versicherung mit Blick auf eine etwaige Versicherbarkeit einer Garantie bzgl. solcher Zwischenabschlüsse als Referenzabschlüsse fordern. An derartigen Zwischenabschlüssen als Referenzabschlüsse haben Verkäufer aufgrund etwaiger insoweit abzugebender Garantien bei gleichzeitig geringerer Verlässlichkeit häufig kein Interesse. Werden ausnahmsweise Abschlüsse auf einen zukünftigen Zeitpunkt, der aber noch vor dem *Closing* liegt, als Referenzabschlüsse gewählt, so bietet das für den Verkäufer jedenfalls den Vorteil, dass dieser Abschluss bei richtiger Terminswahl noch unter seiner Kontrolle aufgestellt wird.

Die Ermittlung des festen Kaufpreisbetrages erfolgt dabei im Wege einer Unter- 7
nehmensbewertung bezogen auf den historischen wirtschaftlichen Abgrenzungsstichtag. Dabei wird in einem ersten Schritt der Unternehmenswert *(Enterprise Value)* finanzierungsneutral *(Cash free/Debt free)* ermittelt und sodann grundsätzlich hinsichtlich etwaig bestehender Nettofinanzverbindlichkeiten *(Net Financial Debt)* und Abweichungen des Nettoumlaufvermögens *(Net Working Capital),* also dem Saldo aus Vorräten und kurzfristigen Forderungen *(Current Assets)* auf der einen Seite sowie kurzfristigen Verbindlichkeiten *(Current Liabilities)* auf der anderen Seite[4], vom Zielwert *(Target Net Working Capital)* bei dem Unternehmen angepasst, um schlussendlich zum Eigenkapitalwert *(Equity Value)* zu gelangen, also dem Wert, den das Unternehmen für die Eigenkapitalgeber repräsentiert. Die Bezugnahme auf einen historischen Referenzstichtag ermöglicht die Ermittlung der Überleitung des Unternehmenswertes zum Eigenkapitalwert *(Equity Bridge)* bereits bei Abschluss des Unternehmenskaufvertrages und damit die Vereinbarung eines Festkaufpreises entsprechend dem Eigenkapitalwert.

Festkaufpreisregelungen werden in Kontinentaleuropa häufiger in verkäufer- 8
freundlichen Märkten vereinbart. Sie werden gerade auf Seiten von Private Equity-Investoren bevorzugt, da sie einerseits – in der Käuferposition – Sicherheit hinsichtlich der zum *Closing* etwaig zu finanzierenden Kaufpreishöhe vermitteln und andererseits – in der Verkäuferposition – unmittelbar zum *Closing* Klarheit über die zur Ausschüttung an die Investoren zur Verfügung stehenden Mittel geben.

Da bei Festkaufpreisregelungen eine Anpassung des Kaufpreises aufgrund von 9
wirtschaftlichen Veränderungen bei der Zielgesellschaft zwischen *Signing* und *Closing* nicht in Betracht kommt, ist es für den Erwerber von größter Bedeutung, dass nach dem wirtschaftlichen Abgrenzungsstichtag keine Wertabflüsse aus der Zielgesellschaft an den Verkäufer erfolgen.[5] Zu diesem Zweck ist ein umfassendes und strenges Regime zur Verhinderung solcher Wertabflüsse in den Unternehmenskaufvertrag aufzunehmen *(No Leakage Regime),*[6] welches natürlich die Befriedigung

[4] Bruski , BB 2005, 19, 21; Mirow , CFL 2011, 145, 146.

[5] Eilers/Koffka/Mackensen/Paul Private Equity/Koffka/Mackensen Kap. I.4. Rn. 7, 9; Metz, Unternehmenskauf und internationale Rechnungslegung, S. 102; Winterstetter/Wagner, BewertungsPraktiker 2010, 28 , 30.

[6] Metz, Unternehmenskauf und internationale Rechnungslegung, S. 96; Jaletzke/Henle M&A/Henle, S. 78 ff.; Lehmann CFL 2011, 31, 32.

von Verbindlichkeiten und Verpflichtungen aus Lieferungen und Leistungen im üblichen Geschäftsgang basierend auf marktüblichen Vereinbarungen mit dem Verkäufer zulassen muss.[7] Ferner ist darauf zu achten, dass die übrigen Verhaltenspflichten des Verkäufers, welche die Fortführung der Geschäfte der Zielgesellschaft im ordentlichen Geschäftsbetrieb bis zum *Closing* betreffen *(Ordinary Course of Business)*, präzise formuliert werden.[8] Diese Bestimmungen sollten durch ein selbständiges Garantieversprechen des Verkäufers ergänzt werden, dass während der Periode zwischen dem wirtschaftlichen Abgrenzungsstichtag und dem Abschluss des Unternehmenskaufvertrages kein Verstoß gegen das *No Leakage Regime* erfolgt ist und die Geschäfte in Übereinstimmung mit den Verhaltenspflichten zum *Ordinary Course of Business* geführt worden sind. Selbstverständlich sind diese Verhaltenspflichten und Garantieversprechen von üblichen Haftungsbeschränkungen – insbesondere von den Bestimmungen zum sog. *de-Minimis, Basket/Threshold* und *Lower Cap* auszunehmen, um Fehl-Incentivierungen des Verkäufers zu vermeiden. Die Einfügung von Toleranzbandbreiten ist hier argumentativ aus Käufersicht eher schwierig (siehe hierzu im Einzelnen → § 6 Rn. 17 ff.).

10 Ein weiteres wesentliches Element ist eine entsprechende Jahresabschlussgarantie des Verkäufers. Der Käufer hat bei Vereinbarung eines festen Kaufpreises nämlich, anders als bei der Kaufpreisanpassung zum *Closing*, nicht mehr die Möglichkeit, bestimmte Bilanzpositionen zum *Closing* noch einmal kaufpreiswirksam zu überprüfen[9].

11 Die Vereinbarung eines Festkaufpreises mit Bezugnahme auf einen historischen wirtschaftlichen Abgrenzungsstichtag bietet sich ganz allgemein eher bei einem erwarteten kurzen Zeitraum zwischen *Signing* und *Closing* sowie eines gleichfalls eher geringen Zeitablaufs seit dem letzten Bilanzstichtag an. Die Festkaufpreisvereinbarung hat gegenüber der komplexeren Kaufpreisanpassung nach Abschluss des Unternehmenskaufvertrages den Charme der Einfachheit, der aber mit dem Nachteil eines zusätzlichen Risikos erkauft wird. Denn der Käufer trägt sämtliche wirtschaftliche Risiken zwischen dem wirtschaftlichen Abgrenzungsstichtag und dem *Closing*, ohne jedoch die Kontrolle über das Unternehmen zu haben. Der Unternehmenskaufvertrag kann jedoch sicherstellen, dass die für die Kaufpreisermittlung reflektierten Grundlagen richtig sind, kein abredewidriger Abfluss von Vermögenswerten an den Verkäufer stattfindet und das Unternehmen ordnungsgemäß bis zum *Closing* weitergeführt wird.[10] Andererseits stehen dem Käufer natürlich auch die Chancen einer positiven unternehmerischen Entwicklung der

---

[7] Jaletzke/Henle M&A/Henle, S. 75, 77.

[8] BeckFormB M&A/Schrader/Seibt, C. II. 3, Anm. 37.

[9] Vgl. zu Gestaltungen zur Vermeidung von Wertabflüssen aus der Zielgesellschaft Eilers/Koffka/Mackensen/Paul Private Equity/Koffka/Koffka/Mackensen Kap. I.4 Rn. 8 ff.; vgl. zur Gestaltung eines Locked Box-Mechanismus Winterstetter/Wagner, BewertungsPraktiker 2010, 28, 29 ff.

[10] Winterstetter/Wagner, BewertungsPraktiker 2010, 28, 32.

Zielgesellschaft seit dem Abgrenzungsstichtag zu.[11] Aus diesem Gesichtspunkt heraus sollten Verkäufer bei der Anbahnung von Verkaufsprojekten nicht vorschnell die *Locked Box* Route verfolgen, sondern zuvor sorgfältig die erwartete Geschäftsentwicklung (auch mit Blick auf Sondereffekte im laufenden Geschäftsjahr) prüfen. Erst dann kann eine pflichtgemäße Entscheidung für eine Transaktionsroute getroffen werden. Letztlich kann ein Bieter aufgrund der mit ihr einhergehenden Komplexitätsreduzierung die Attraktivität seines Angebots in einem etwaigen Auktionsverfahren durch Akzeptieren eines festen Kaufpreises *ceteris paribus* regelmäßig erheblich erhöhen (siehe im Übrigen hierzu ausführlich → § 6 Rn. 4 ff.).

III. Kaufpreisanpassung (Closing Date Financials)

Vor allem aus Käufersicht kann es unter anderem bei einem eher längeren Zeitraum zwischen dem wirtschaftlichen Abgrenzungsstichtag *(Effective Date)* und dem Vollzug der Transaktion *(Closing)* unangemessen sein, sämtliche wirtschaftlichen Risiken während dieser Periode zu tragen ohne jedoch die Kontrolle über das Unternehmen zu haben. Ein Grund dafür ist, dass sich die Bewertungsannahmen des Käufers möglicherweise im Zeitpunkt des *Closing* zu einem gewissen Grad überholt haben können und der Käufer letztlich bei Vollzug ein anderes Unternehmen erhält als er bei Vertragsabschluss zu kaufen gedachte. Diese Risiken können mittels Kaufpreisanpassungsklauseln zumindest teilweise abgemildert werden. Das Ziel von Kaufpreisanpassungsmechanismen ist ganz allgemein in einem ersten Schritt der Abgleich der tatsächlichen Entwicklung des Unternehmens zwischen Abschluss des Unternehmenskaufvertrages (*Signing*) und *Closing* bezüglich einzelner (Finanz-) Aspekte mit den diesbezüglichen Annahmen der Vertragsparteien bei Kaufvertragsabschluss[12] und in einem zweiten Schritt ggfs. die Anpassung des Kaufpreises zum Ausgleich etwaiger Abweichungen. 12

Wählen die Parteien den „klassischen" Mechanismus der Kaufpreisanpassung für die Kaufpreisregelung, so wird zum *Signing* ein vorläufiger Kaufpreis *(Base Purchase Price)* ermittelt, der am *Closing* als wirtschaftlichem Abgrenzungsstichtag ggfs. bereinigt um vorläufige Anpassungen hinsichtlich des Betrages etwaiger Nettofinanzverbindlichkeiten *(Net Financial Debt)* und Abweichungen des Nettoumlaufvermögens *(Net Working Capital)* vom Zielwert *(Target Net Working Capital)* zu zahlen ist. Basis für die Ermittlung dieses vorläufigen Kaufpreises *(Preliminary Purchase Price)* ist regelmäßig eine historische Stichtagsbilanz. Um den endgültigen Kaufpreis *(Final Purchase Price)* für die Zielgesellschaft zu ermitteln, ist eine weitere Stichtagsbilanz zum wirtschaftlichen Abgrenzungsstichtag *(Transfer Balance Sheet; Closing Accounts)* hinsichtlich ausgewählter Bilanzposten *(Financial Line Items)* aufzu- 13

[11] Vgl. zum wirtschaftlichen Übergang Eilers/Koffka/Mackensen/Paul Private Equity/Koffka/Koffka/Mackensen , Kap. I.4 Rn. 14.

[12] Berens/Brauner/Knauer/Strauch Due Diligence/Moser, S. 277.

stellen, die dann der Ermittlung von im Rahmen der Kaufpreisanpassungsregelung relevanten Finanzkennzahlen dient (wie z. B. Nettofinanzverbindlichkeiten und Nettoumlaufvermögen). Soweit die ermittelten tatsächlichen Finanzkennzahlen am *Closing* von den Annahmen bei der Ermittlung des vorläufigen Kaufpreises vor dem *Closing* abweichen und sich damit ein Unterschiedsbetrag zwischen dem am *Closing* gezahlten vorläufigen Kaufpreis und dem endgültigen Kaufpreis ergibt, so ist dies durch eine entsprechende, ggf. zu verzinsende Ausgleichszahlung der relevanten Partei abzubilden.[13]

14 Bedeutung hat die Kaufpreisanpassung um das Nettoumlaufvermögen für den Käufer vor allem deshalb, weil er sicherstellen möchte, dass seine Erwartungen an die „normale" Höhe des *Working Capital* – also das Reservoir an Vorräten und Forderungen mit dem die Zielgesellschaft arbeiten kann – zum Vollzugsstichtag (*Closing Date*) zutreffen.[14] Hierdurch sollen auch Missbräuche durch künstliche Verschiebungen zu Gunsten von *Net Financial Debt* verhindert werden. So etwa durch verlängerte Zahlungsziele, verzögerte Zahlungen an Warenkreditgeber sowie mangelnde Wiederauffüllung von verbrauchten Vorräten jeweils mit dem Ziel der Erhöhung der liquiden Mittel.[15]

15 Wie bereits festgestellt findet sich die Kaufpreisanpassung zum Vollzugsstichtag in der Praxis häufiger in käuferfreundlichen Märkten, da sie aus Sicht des Käufers eine höhere Richtigkeitsgewähr aufweist.[16] Auch ist für durch US-Standards beeinflusste Parteien eine Kaufpreisanpassung zum *Closing* eher die Norm. Ein Nachteil der Kaufpreisanpassung liegt jedoch in der hohen Streitanfälligkeit bzgl. der einzelnen Anpassungsposten und den damit regelmäßig verbundenen Kosten sowie der Tatsache, dass die endgültige Höhe des Kaufpreises häufig erst Monate nach dem *Closing* feststeht.

IV. Variabler Bestandteil der Kaufpreisregelung (Earn Out)

16 Besteht erhebliche Uneinigkeit oder Unsicherheit im Hinblick auf die zukünftige wirtschaftliche Entwicklung eines Unternehmens und damit den Kaufpreis, können *Earn Out*-Klauseln[17] in Unternehmenskaufverträgen ein Instrumentarium

---

[13] Mirow, CFL 2011, 145, 146; vgl. zur Bestimmung des Kaufpreises im Wege einer Kaufpreisanpassung Berens/Brauner/Knauer/Strauch Due Diligence/Moser, S. 274 f.

[14] BeckFormB M&A/Schrader/Seibt C. II. 1 Anm. 26.

[15] Kästle/Oberbracht, Unternehmenskauf, S. 83 f.; Jaletzke/Henle M&A//Jaletzke, S. 28; vgl. auch Bergjan in Holzapfel/Pöllath, Unternehmenskauf, Rn. 819; zu den Gründen einer Anpassung um das Working Capital siehe Metz, Unternehmenskauf und internationale Rechnungslegung, S. 99 f. und Mirow, CFL 2011, 145, 146.

[16] Modlich, M&A Review 2003, 438, 439.

[17] Dieses variable Kaufpreiselement wird eingehend in → § 2 Rn. 128a ff., → § 7 Rn. 110a f. und → § 14 Rn. 6 ff. erörtert.

zur Überwindung eben dieser darstellen[18] und damit den Verkauf des jeweiligen Unternehmens erst ermöglichen (sog. *Bridging-the-gap*). Daneben kann sich der Käufer durch die Aufnahme einer *Earn Out*-Klausel einen gewissen Finanzierungseffekt *(Vendor Finance)* sichern, da der variable Kaufpreisbestandteil erst nach Ablauf der *Earn Out*-Periode gezahlt werden muss, was wirtschaftlich einer Stundung des Kaufpreises oder einer Ratenzahlung entspricht.[19] Dieser Effekt hat jedoch unter Umständen nur begrenzte Bedeutung, soweit der Käufer die Finanzierung des Unternehmenskaufes trotzdem von Anfang an sicherstellen muss.[20]

Beim *Earn Out* wird der endgültige Kaufpreis weder beim Vertragsschluss (so bei **17**
der Vereinbarung eines festen Kaufpreises) noch kurz vor oder nach der Übergabe des Unternehmens (so bei der Vereinbarung einer Kaufpreisanpassung) endgültig festgelegt. Er wird vielmehr von der Entwicklung der Zielgesellschaft in der Folgezeit abhängig gemacht.[21] Technisch einigen sich Käufer und Verkäufer zunächst über einen fixen Kaufpreisbestandteil, der in der Regel mit dem Vollzug der Transaktion fällig wird. Daneben wird ein variabler Kaufpreisbestandteil festgelegt, der zu einem bestimmten Zeitpunkt nach der Übertragung der Zielgesellschaft in Abhängigkeit von dem Eintritt genau definierter Erfolgsparameter fällig wird.[22]

Grundsätzlich kann man in der Praxis vier Modelle unterscheiden: Beim Bes- **18**
serungsmodell handelt es sich um die klassische Variante einer *Earn Out*-Klausel. Dabei erfolgt ein vollständiger Unternehmenskauf, wobei der Kaufpreis in zwei Bestandteile – einen festen und einen variablen – zerlegt wird, wobei letzterer Bestandteil von der Erfüllung entsprechender finanzieller Kennzahlen durch die Zielgesellschaft abhängig ist.[23] Eine weitere theoretisch denkbare, in der Praxis jedoch ungebräuchliche Variante, ist das Rückzahlungsmodell. Dabei hat der Verkäufer im Fall der Unterschreitung der vereinbarten finanziellen Kennzahlen einen bestimmten Betrag an den Käufer zurückzuerstatten, während bei positiver Entwicklung der Zielgesellschaft der Kaufpreis in der gezahlten Höhe und ohne Nach- und Rückzahlungen beim Verkäufer verbleibt.[24] Eine dritte, in der Praxis sehr gebräuchliche Spielart ist das Optionsmodell oder der mehrstufige Unternehmenskauf. Hierbei erwirbt der Käufer zunächst einen gewissen (Mehrheits-) Anteil an der Zielgesellschaft zuzüglich einer Option auf den späteren Kauf des zunächst beim Verkäufer zurückbleibenden Minderheitsanteils zu einem anhand von finanziellen Kennzahlen bereits bei Abschluss des Unternehmenskaufvertrages (*Signing*)

---

[18] BeckFormB M&A/Ziegenhain § 16 Rn. 54.

[19] Hilgard, BB 2010, 2912, 2913; Meyding/Grau, NZG 2011, 41, 42; von Braunschweig, DB 2010, 713, 716; vgl. allgemein zu den Vor- und Nachteilen einer Earn Out-Klausel Bruski, BB 2005, 19, 27.

[20] von Braunschweig, DB 2010, 713, 717; Baums, DB 1993, 1273, 1275.

[21] Baums, DB 1993, 1273, 1273; Hilgard, BB 2010, 2912, 2912; Tallau, M&A Review 2009, 376; von Braunschweig, DB 2010, 713, 716; Weiser, M&A Review 2004, 512, 512.

[22] Ihlau/Gödecke, BB 2010, 687, 687 f.; Labbé, FB 2004, 117, 117.

[23] Labbé, FB 2004, 117, 118; Meyding/Grau, NZG 2011, 41, 43; Tallau, FB 2009, 8, 8.

[24] Meyding/Grau, NZG 2011, 41, 43.

festgelegten Kaufpreis.[25] Letztlich stellt auch der Besserungsschein eine Art des *Earn Out* dar; hierbei wird dem Veräußerer eine Beteiligung am Verkaufserlös bei Weiterverkauf des erworbenen Unternehmens zugesprochen (zur Abgrenzung von *Earn Out* und Besserungsschein siehe → § 14 Rn. 5). Der Besserungsschein erfährt immer wieder Anwendung bei der Veräußerung durch börsennotierte Unternehmen an *Private Equity*-Investoren in Form von sog. *Anti-Embarrassment*-Klauseln.

19 Die vornehmlich in den USA häufig behandelten und zwischenzeitlich auch in Deutschland diskutierten sog. *Contingent Value Rights* sind in der Regel ähnlich einem Besserungsschein ausgestaltet.[26]

20 Während der *Earn Out*-Periode trägt der Verkäufer jedoch weiterhin ein unternehmerisches Risiko.[27] Der Nachteil für den Verkäufer besteht insbesondere in der fehlenden Möglichkeit zur Einflussnahme auf die wirtschaftliche Entwicklung der Zielgesellschaft, da diese nach dem Vollzug der Transaktion maßgeblich von den Entscheidungen des Käufers abhängt.[28] Im Gegenzug dazu verbleibt dem Verkäufer insoweit aber die möglicherweise vage Aussicht auf eine Kaufpreiserhöhung im Falle einer positiven Unternehmensentwicklung. Es sind daher entsprechende Schutzmechanismen zugunsten des Verkäufers zu treffen. Es gilt Manipulationsmöglichkeiten und unbeabsichtigte Vermögensvorteile auszuschließen (siehe dazu im Einzelnen → § 14 Rn. 22 ff.).

21 Für den Käufer hat die Aufnahme eines variablen Bestandteils in die Kaufpreisregelung im Wesentlichen zwei Vorteile. Zum einen signalisiert der Verkäufer durch die Akzeptanz einer *Earn Out*-Klausel die Glaubwürdigkeit seiner Angaben in Bezug auf die Zielgesellschaft, die der Kaufpreisberechnung zugrunde liegen. Zum anderen kann der Käufer durch einen *Earn Out* das Risiko der Bezahlung eines zu hohen Kaufpreises reduzieren, da bei einer ungünstigen künftigen Entwicklung des Unternehmens die Zusatzzahlung entweder vollständig oder teilweise entfällt.[29] Nachteile für den Käufer können sich aus *Earn Out*-Klauseln bei der Integration der Zielgesellschaft in sein Unternehmen ergeben. Oftmals müssen um eine spätere Berechnung der finanziellen Kennzahlen zu ermöglichen die rele-

---

[25] Meyding/Grau, NZG 2011, 41, 43; Tallau, FB 2009, 8, 8; Weiser, M&A Review 2004, 512, 513.

[26] Chatterjee, Contingent Value Rights in Acquisitions: Theory and Empirical Evidence (July 2003). EFA 2003 Annual Conference Paper No. 897, abzurufen unter: „http://papers.ssrn.com/sol3/papers.cfm?abstract_id=424903"; Gerhard, ECFR 2006, 249; Kirman/Goldfeld, The ABC of CVRs: A Guide for M&A Dealmakers, The M&A Lawyer (2011), Vol. 15, Issue 3, S. 7 ff.; Sustmann, CFL 2011, 381; Wolf, CVRs – A bridge too far, 3.3.2011, abzurufen unter: http://blogs.law.harvard.edu/corpgov/2011/03/03//.

[27] Hilgard, BB 2010, 2912, 2913; Weiser, M&A Review 2004, 512, 517.

[28] Kästle/Oberbracht, Unternehmenskauf, S. 99.

[29] Vgl. allgemein zu den Vor- und Nachteilen eines Earn Out für Käufer und Verkäufer Weiser, M&A Review 2004, 512, 516 f.; grundlegend zu den Einsatzzwecken auch Drygala/Wächter, Kaufpreisanpassungklauseln/Kiem, 221, 222.

vanten operativen Einheiten selbständig weitergeführt werden.[30] Etwaige positive Synergieeffekte können dann erst zeitverzögert realisiert werden.[31]

Zu den Einzelheiten möglicher variabler Bestandteile der Kaufpreisregelung wird an dieser Stelle auf die Ausführungen in → § 14 Rn. 1 ff. verwiesen. **22**

V. Negativer Kaufpreis

Der Unternehmenskaufvertrag kann in bestimmten Konstellationen auch die Zahlung eines negativen Kaufpreises vorsehen, z. B. wenn die Zielgesellschaft erst unter erheblichem Restrukturierungs- oder Sanierungsaufwand wieder in die Rentabilitätszone zurückgebracht werden kann.[32] Unter einem negativen Kaufpreis versteht man einen Betrag, den der Verkäufer an den Käufer zahlen muss.[33] In solchen Fällen ist der Verkäufer in der Regel an den vom Käufer gewährten Freistellungen von bestehenden, bedingten oder zukünftigen Verbindlichkeiten oder Verpflichtungen des Unternehmens interessiert, für die der Verkäufer haftet.[34] Angesichts der Kaufpreishöhe und der regelmäßig geringen Bereitschaft des Verkäufers, etwaige Garantien jenseits der reinen Rechtsgewährleistungen zu gewähren, kommt auch in solchen Konstellationen aus Sicht des Käufers der *W&I*-Versicherung eine besondere Bedeutung für seine Absicherung zu. **23**

---

[30] Hilgard, BB 2010, 2912, 2913; Weiser, M&A Review 2004, 512, 517.

[31] Hilgard, BB 2010, 2912, 2914.

[32] Zur bilanziellen und steuerlichen Behandlung negativer Kaufpreise beim Unternehmenskauf siehe Scheunemann/von Mandelsloh/Preuß, DB 2011, 201.

[33] BeckM&A-HdB/Meyer-Sparenberg , § 45 Rn. 9, Scheunemann/von Mandelsloh/Preuß, DB 2011, 201, 202; BeckFormB M&A/Schrader/Seibt C. II. 1. Anm. 27.

[34] Zu den Gestaltungsmöglichkeiten zur Absicherung der Verkäuferinteressen umfassend Hofer, BB 2013, 972 f.

§ 6. Fester Kaufpreis (Locked Box)

I. Überblick

1 Wird ein Festkaufpreis vereinbart, scheidet eine nachträgliche, auf den Unternehmenskaufvertrag gestützte Anpassung des Kaufpreises gedanklich von vornherein aus. Ein Vergleich der zu einem bestimmten Zeitpunkt tatsächlich bestehenden wirtschaftlichen Messgrößen – z. B. am Vollzugsstichtag – mit den von den Parteien vereinbarten oder von ihnen angenommenen wirtschaftlichen Parametern findet nicht statt. Vielmehr wird der Kaufpreis im Hinblick auf die von den Parteien an einem bestimmten Referenzzeitpunkt angenommenen wirtschaftlichen Verhältnisse des Zielunternehmens festgelegt. Nach der Festlegung des Kaufpreises eintretende Wertveränderungen des Unternehmens finden mithin nicht mehr ihren Niederschlag in einem angepassten Kaufpreis. Bei wirtschaftlicher Betrachtung liegen die Risiken, aber auch die Chancen, des Zielunternehmens ab der erfolgten Festlegung des Kaufpreises beim Käufer.[1]

2 Ist ein Festkaufpreis vereinbart, gehen monetäre Leistungen des Zielunternehmens an den Verkäufer einseitig zu Lasten des Käufers. Um diesen zu schützen, wird die Vereinbarung eines Festkaufpreises regelmäßig mit einem Schutzkonzept zugunsten des Käufers verknüpft (sogenanntes *Locked Box*-Konzept). Danach sagt der Verkäufer zu, dass ab einem bestimmten Referenzzeitpunkt keine Zahlungen mehr durch das Zielunternehmen an den Verkäufer vorgenommen werden oder geldwerten Leistungen an diesen erfolgen.[2] Das verkaufte Unternehmen wird also gegenüber seinem Eigentümer (und Verkäufer) im Hinblick auf etwaige Entnahmen oder Gewinnausschüttungen im übertragenen Sinne abgeschottet (sogenanntes *Locked Box*-Konzept). Damit soll jegliche Vorteilsgewährung zugunsten des Noch-Eigentümers und Verkäufers seitens des Unternehmens nach einem zwischen den Parteien vereinbarten Stichtag (sogenanntes *Leakage*) vermieden werden. Festkaufpreisgestaltungen nach dem *Locked Box*-Prinzip treten in bestimmten Marktphasen verstärkt auf: vornehmlich, wenn die Marktbedingungen für den Verkäufer günstig sind wie beispielsweise in den Jahren vor der Zinswende in 2022; sie sind insbesondere bei Transaktionen unter Beteiligung von Private Equity-Unternehmen beliebt. Heute halten sich variable Kaufpreisregelungen, bei denen der Kaufpreis nachträglich adjustiert wird und Locked Box-Gestaltungen ungefähr die Waage, wobei letztere ein leichtes Übergewicht haben dürften. Mithin haben Festkaufpreisregelungen eine ganz wesentliche Bedeutung im M&A-Geschehen.

[1] So nun auch BGH WM 2023, 214 = BeckRS 2022, 40853.

[2] Vgl. hierzu auch BeckFormB BHW/Meyer-Sparenberg III. A. 17 Anmerkung 4 ff.

In wirtschaftlicher Hinsicht ist es wichtig, sich vor Augen zu halten, dass auch im Fall der Vereinbarung eines Festkaufpreises die Bewertung des Zielunternehmens und daraus abgeleitet die Ermittlung des Kaufpreises im Grundsatz denselben Regeln folgt wie bei der Vereinbarung eines variablen Kaufpreises. Der Unterschied bei beiden Kaufpreisregelungen besteht einzig darin, dass bei einem Festkaufpreis bestimmte wirtschaftliche Parameter (z. B. Kassenbestand (*Cash*), Status der Finanzverbindlichkeiten *(Net Debt),* Höhe des Umlaufvermögens *(Working Capital)* etc.) bereits feststehen (bei einem in der Vergangenheit liegenden Stichtag) oder zuverlässig geschätzt werden können (bei einem in der nahen Zukunft liegenden Stichtag), während bei einer variablen Anpassung des Kaufpreises das Bestehen der konkreten Parameter erst nach dem Vollzug des Vertrages *(Closing)* festgestellt wird. 3

II. Zielsetzung und Einsatzmöglichkeiten

1. Motive und Interessenlage der Parteien

Bei einem Festkaufpreis ist der Kaufpreis keinen Veränderungen unterworfen. 4
Er steht mit der Unterzeichnung des Unternehmenskaufvertrages unveränderlich fest. Dies kann sich durchaus vorteilhaft für beide Seiten darstellen: Sowohl der Verkäufer als auch der Käufer kennen bei Vertragsabschluss die Höhe des Kaufpreises und sind nicht unliebsamen Überraschungen ausgesetzt. Allerdings liegt der Vorteil häufig mehr auf Seiten des Verkäufers. Für ihn ist es in der Tat vorteilhaft, dass ihm ein bestimmter Kaufpreis zufließt, der nicht mehr durch eine Kaufpreisanpassung gemindert werden kann. Für den Käufer gilt dies nur begrenzt. Er trägt das Risiko einer wirtschaftlichen Verschlechterung des Zielunternehmens, ohne bereits wie ein Eigentümer auf die Geschicke des Unternehmens einwirken zu können: Der Käufer übernimmt mithin das wirtschaftliche Risiko, ohne zugleich die Kontrolle über das Unternehmen zu erlangen.[3]

So wird man sagen können, dass insbesondere das Bedürfnis von Finanzsponsoren im Private Equity-Umfeld, die Höhe des endgültigen Kaufpreises und damit den definitiven Finanzbedarf bereits vor dem Vertragsabschluss zu kennen, ursprünglich ausschlaggebend für die Entwicklung und später für die Verbreitung des *Locked Box*-Konzepts war. Wird der M&A-Markt in einer Marktphase von Spielern aus der Private Equity-Branche geprägt oder gar dominiert, sind Festkaufpreisregelungen nach dem *Locked Box*-Konzept mithin eher weit verbreitet. 5

[3] Zur Anwendung des Locked Box-Konzept beim Kauf in der Unternehmenskrise vgl. insbesondere Freitag/Kiesewetter/Narr, BB 2015, 1484, 1488: Um ein Wahlrecht des Insolvenzverwalters nach § 103 InsO zu vermeiden, sollte zum einen auf eine Vorleistungspflicht des Käufers verzichtet und zum anderen der Kaufvertrag möglichst schnell vollständig abgewickelt werden; hierzu bietet sich das Locked Box-Konzept an, da hierdurch weitere Zahlungspflichten nach dem Vollzugstag ausgeschlossen werden.

2. Komplexitätsreduktion und Kostenersparnis

6 In jedem Fall vorteilhaft für beide Seiten ist der Umstand, dass der mit einer nachträglichen Kaufpreisanpassung in organisatorischer und finanzieller Sicht verbundene Aufwand entfällt. Die Verfahren zur Überprüfung der Wertparameter zur Kaufpreisermittlung sind teilweise außerordentlich kostenträchtig und binden auf längere Zeit nicht unerhebliche Kapazitäten auf beiden Seiten. Außerdem sind Kaufpreisanpassungsregelungen überaus streitanfällig: Fast immer treten im Rahmen der Kaufpreisanpassung Zweifelsfragen auf, die häufig nur in einem förmlichen Verfahren zur Streitbeilegung geklärt werden können. Ein fester Kaufpreis vermeidet diese Nachteile, in dem von vornherein feststeht, welcher Kaufpreis geschuldet ist. Streitige Auseinandersetzungen zwischen den Parteien können dann nur noch entstehen, wenn eine Verletzung von Gewährleistungen oder der *No Leakage*-Regeln in Rede steht.

III. Erforderliche Rahmenbedingungen und tatsächliche Voraussetzungen

7 Ein Festkaufpreis wird sich nur vereinbaren lassen, wenn bestimmte Rahmenbedingungen erfüllt sind. Zunächst muss es sich bei der Zielgesellschaft um ein Unternehmen mit stabiler Geschäftsentwicklung handeln, bei dem keine wesentlichen Veränderungen der Unternehmenskennzahlen zu erwarten sind. Auch muss das Marktumfeld eine entsprechend stabile Unternehmensentwicklung erwarten lassen. In volatilen Märkten sind Festkaufpreise dementsprechend selten bis nie anzutreffen. Des Weiteren kommt ein Festkaufpreis nur in Betracht, wenn der Zeitraum zwischen Vertragsunterzeichnung und Vertragsvollzug – und damit die Zeitspanne bis zur Erlangung der Kontrolle über die Zielgesellschaft durch den Käufer – vergleichsweise kurz ist. Das dürfte beispielsweise nur bei kartellrechtlich unproblematischen Fällen gelten. Ein weiterer entscheidender Faktor ist der Grad der Verflechtung der Zielgesellschaft mit dem Verkäufer. Nur bei einer vergleichsweise selbstständig operierenden Zielgesellschaft wird man auf das Funktionieren einer *Locked Box*-Regelung vertrauen.

8 Schließlich hängt die Durchsetzbarkeit des Festpreiskonzepts ganz entscheidend von der Qualität des Zahlenwerks der Zielgesellschaft ab: Mit der Belastbarkeit der vom Verkäufer vorgelegten Unternehmenskennzahlen steht und fällt die Vertrauenswürdigkeit des Rechenwerks. Das gilt sowohl für die Güte des Zahlenwerks als auch dessen Aktualität. Dabei stehen der Wunsch nach Aktualität und Qualität des Zahlenwerks in einem natürlichen Spannungsverhältnis. Der Käufer wird einen auf den vereinbarten wirtschaftlichen Stichtag aufgestellten geprüften Abschluss der Zielgesellschaft fordern. Allerdings sind für Aufstellung und Prüfung mindestens zwischen sechs bis zehn Wochen zu veranschlagen. Das wird teilweise als eine zu lange Dauer angesehen, da hierzu noch die Phase der Verhandlungen

sowie die Zeit zwischen *Signing* und *Closing* hinzuzurechnen sind. Will der Käufer nicht für eine solch lange Zeit das wirtschaftliche Risiko der Geschäftstätigkeit der Zielgesellschaft übernehmen, ohne diese kontrollieren zu können, muss er die Forderung nach einem geprüften, zeitnah aufgestellten Abschluss fallen lassen. In der Praxis werden daher Festpreisregelungen nicht selten auf der Basis sogenannter *Management Accounts*, also ungeprüfter Monatsabschlüsse, abgeschlossen. Dies wird von einem Käufer allerdings in der Regel nur akzeptiert, wenn die Integrität der Zahlen bereits in der Due Diligence erhärtet werden konnte bzw. auch für diesen Abschluss mindestens ein Update des sog. *Vendor Due Diligence*-Reports vorliegt. Nur wenn diese Rahmenbedingungen insgesamt gegeben sind, besteht eine realistische Chance, eine Festkaufpreisregelung durchsetzen zu können.

IV. Zeitliche Anknüpfung

Für die Ermittlung des Festkaufpreises ist keine vertragliche Anknüpfung an einen bestimmten Zeitpunkt erforderlich. Allerdings wird sich die Berechnung des Kaufpreises durch den Käufer in aller Regel auf einen bestimmten Stichtag beziehen. Zumeist wird dies der Stichtag des letzten Jahresabschlusses des Zielunternehmens sein. Da bei der Vereinbarung eines Festkaufpreises sichergestellt sein muss, dass ab dem Stichtag keine Vermögensverschiebungen vom Zielunternehmen zu dem Verkäufer mehr stattfinden, wird im Kaufvertrag für die Festlegung von Verhaltenspflichten des Verkäufers regelmäßig an einen Stichtag angeknüpft (Abgrenzungsstichtag). 9

1. Historischer Abgrenzungsstichtag

Der Abgrenzungsstichtag liegt zumeist in der Vergangenheit, also vor der Unterzeichnung des Kaufvertrags. Das hat seinen Grund schlicht darin, dass der (feste) Kaufpreis auf der Grundlage vorliegender (historischer) Unternehmenskennzahlen ermittelt wird. Da ab dem Stichtag die wirtschaftlichen Chancen und Risiken auf den Käufer übergehen sollen, greift ab diesem Zeitpunkt ein besonders engmaschiger Katalog von Verhaltenspflichten des Verkäufers. Dieser ist dann gehalten auf die Zielgesellschaft dahingehend einzuwirken, dass diese ihre Geschäfte im gewöhnlichen Geschäftsgang führt. Außerdem hat jeder Vermögenstransfer von der Zielgesellschaft zum Verkäufer und diesem nahestehenden Personen zu unterbleiben. Die Zielgesellschaft darf also weder Dividenden an den Verkäufer ausschütten noch mit diesem Geschäfte abschließen, die nicht einem Drittvergleich standhalten. 10

2. Spielarten

11 Selten anzutreffen, aber durchaus vorstellbar, ist ein in der Zukunft – also nach der Vertragsunterzeichnung – liegender Abgrenzungsstichtag. Eine solche Gestaltung kann sich anbieten, wenn zwischen dem Verkäufer und der Zielgesellschaft ein Ergebnisabführungsvertrag besteht. Will der Verkäufer die Vorteile der Organschaft noch nutzen und ist das Ende des laufenden Geschäftsjahrs absehbar, empfiehlt es sich, den Abgrenzungsstichtag auf den Tag nach dem Ende des laufenden Geschäftsjahrs zu legen.

V. Vertragliche Umsetzung

12 Eine Festkaufabrede ist denkbar einfach zu treffen. Soll sie – wie in aller Regel – mit einem Schutzkonzept zugunsten des Käufers verbunden werden, ist sie allerdings mit einer Reihe von unterschiedlichen Regelungen zu kombinieren.

1. Festkaufpreisklausel

13 Für die Vereinbarung eines Festkaufpreises sei auf das folgende **Formulierungsbeispiel** verwiesen:[4]

Share Purchase Price

The aggregate purchase price for the Sold Shares shall be

a. EUR [...] (in words: Euro [...]) for the Target 1 Shares (the **"Target 1 Base Purchase Price"**); and

b. EUR [...] (in words: Euro [...]) for the Target 2 Share (the **"Target 2 Base Purchase Price"**);

i. e., EUR [...] (in words: Euro [...]) in the aggregate for the Sold Shares (the **"Base Share Purchase Price"**)

plus, an additional amount which shall be equal to interest on the Base Share Purchase Price calculated on the basis of the Applicable Rate (as defined below) for the time period from (and including) the Effective Date and until (and excluding) the Closing Date (each such additional amount, **"Additional Share Purchase Price"** and together with the Base Share Purchase Price, the **"Aggregate Share Purchase Price"**). The **"Applicable Rate"** shall be (i) *[insert applicable index]* plus [...] basis points (the **"Applicable Base Rate"**) during the time period from (and including) the Effective Date and until (but excluding) the day which is two months after the date hereof; and (ii) [...] basis points above the Applicable Base Rate during the time period from (and including) the day which is two months after the date hereof and until (and excluding) the Closing Date.

14 In dem Formulierungsbeispiel werden jeweils (sämtliche) Geschäftsanteile von zwei Gesellschaften zusammen erworben. Der Kaufpreis ist fix und unterliegt keiner nachträglichen Anpassung. Er verzinst mit einem bestimmten Zinssatz *(„Applicable Rate")*. Der Zinssatz setzt sich aus dem Basiszinssatz und einem variablen Zins, der sich an einem Indexzinssatz orientiert, zusammen. Der Zinslauf beginnt am Abgrenzungsstichtag *(„Effective Date")* und läuft bis zu dem Tag vor dem Voll-

---

[4] Zur Ermittlung der *Applicable Rate* bzw. der Verzinsung des Kaufpreises zwischen *Locked Box-*Date und *Closing* wird auf → § 8 Rn. 63d ff. verwiesen.

zugsstichtag (*„Closing Date"*). In dem Beispiel wird ein gespaltener Zinssatz vereinbart: Nach dem Ablauf von zwei Monaten kommt ein höherer Zinssatz zum Tragen, um einen wirtschaftlichen Anreiz für ein möglichst rasch stattfindendes *Closing* zu setzen.

2. Abgrenzungsstichtag

Da vorliegend die Festkaufpreisabrede – wie in der Praxis üblich – mit einer *Locked Box*-Regelung verknüpft wird, bedarf es der Vereinbarung eines wirtschaftlichen Abgrenzungsstichtags. Das *„Effective Date"* bezeichnet hier den Zeitpunkt, ab dem die wirtschaftlichen Chancen und Risiken des Zielunternehmens dem Käufer zustehen sollen. **15**

In dem nachstehenden **Formulierungsbeispiel** werden wiederum die Anteile an zwei verschiedenen Zielgesellschaften veräußert: **16**

Effective Date

The sale and transfer of the Sold Shares shall be made with economic effect *(schuldrechtlicher Wirkung)* as of *[Date]* (24.00 hours Central European Time) (the **"Effective Date"**) and shall include all rights and obligations pertaining to the Sold Shares, including the right to receive dividends *(Gewinnbezugsrechte)* with respect to the current fiscal year of Target 1 and Target 2 as well as all profits of previous fiscal years, in each case to the extent such profits have not been distributed prior to the Effective Date. As of the Effective Date, all benefits, risks and burdens *(Lasten)* in relation to the Target Group and the Business shall transfer to Purchaser (*Gefahrübergang* pursuant to Section 446 German Civil Code).

3. No Leakage Regelung

Von entscheidender Bedeutung bei einer *Locked Box*-Mechanik ist für den Käufer die zuverlässige Abschottung der Zielgesellschaft gegenüber jeglichem Vermögenstransfer von dieser zum Verkäufer mit Wirkung ab dem Abgrenzungsstichtag *(Effective Date)*. Außerdem muss die Führung der Geschäfte der Zielgesellschaft im ordentlichen Geschäftsgang sichergestellt sein. **17**

Das folgende **Formulierungsbeispiel** enthält eine umfangreiche Auflistung von Geschäftsvorfällen (siehe auch unten → Rn. 19), von denen der Verkäufer zusichert, dass nach dem Abgrenzungsstichtag nur solche vorgenommen wurden, die dem Käufer offengelegt wurden. Damit wird der (zum Zeitpunkt der Vertragsunterzeichnung in der Vergangenheit liegende) Zeitraum vom Abgrenzungsstichtag *(Effective Date)* bis zum *Signing* abgedeckt. **18**

Conduct of Business

Except as disclosed in **Annex** [...] and any transactions contemplated by or disclosed in this Agreement, in the period between the Effective Date and the date hereof, no Target Company has carried out its business outside the ordinary course.

Notwithstanding the generality of the foregoing, except as disclosed in Annex [...] and any transactions contemplated by or disclosed in this Agreement, in the time period between the Effective Date and the date hereof:

a. No member of the Target Group has declared or paid any dividend or made any dividend distribution to the Sellers or any other member of the Seller Group;
b. No member of the Target Group has, except as in the ordinary course of business and in accordance with past practice, paid any management fees, monitoring fees, advisory fees, directors' fees or other fees or compensation to Sellers or any other member of the Seller Group;
c. No member of the Target Group has made any divestiture of a shareholding or business with a value in excess of EUR [...] each;
d. No member of the Target Group has (i) issued any guarantee or other security interest to secure any indebtedness of a third party in excess of EUR [...] in an individual case, other than guarantees in favor of any other member of the Target Group or granted in the ordinary course of business and in amounts and on terms consistent with past practice or (ii) created any lien, encumbrance or other security interest of any kind on any asset with respect to a liability in excess of EUR [...] in an individual case other than in the ordinary course of business and in amounts and on terms consistent with past practice;
e. No member of the Target Group has made any capital expenditures by additions or improvements to property, plant or equipment or acquisition of other fixed assets *(Anlagevermögen)*, which have not been approved before the date hereof or which have not been provided for in the respective budget or business plans, except for capital expenditures which do not exceed the amounts provided for in the budget or business plan by more than EUR [...] in the aggregate;
f. No member of the Target Group has entered into any sale, lease, license or other disposal of any material fixed assets exceeding EUR [...] in an individual case;
g. No member of the Target Group has, except within the framework of the existing financing agreements of the Target Group in place as of the Effective Date (or any extensions or replacement thereof), including, for the avoidance of doubt the existing Shareholder Loans referred to in Exhibit [...] and the Cash Pooling Arrangements, incurred any indebtedness for borrowed money, issued or sold any debt security or prepaid any debt in each case from a third party (other than from any other member of the Target Group), in excess of EUR [...] in the aggregate and except for additional shareholder loans granted by members of the Seller Group to the Target Group (i) in connection with the termination of the Cash Pooling Arrangements in accordance with Section [...]; or (ii) to finance the working capital requirements of the Target Group or otherwise in accordance with past practice;
h. No member of the Target Group has made any advance under, or extended any loan to, any third party (other than to another member of the Target Group), in each case outside the ordinary course of business and except for (i) customary loans to employees; (ii) loans under the Cash Pooling Arrangements; and (iii) the Cash Deposit Payables;
i. No member of the Target Group has made any payments to Sellers or any other member of the Seller Group with respect to the Shareholder Loans except for payments made in accordance with the terms of the Shareholder Loans;
j. No member of the Target Group has (i) paid any fees, bonuses or expenses to Sellers (or any other member of the Seller Group) which are related to the transactions contemplated hereby, and there is no unpaid obligation to make any such payments; or (ii) entered into any obligation to pay any fees, bonuses or expenses to the Sellers (or any other member of the Seller Group) by virtue of, or in connection with, the execution of this Agreement or the consummation of the Transaction;
k. No member of the Target Group has entered into any settlement *(Vergleich)* or compromised any disputed rights or claims against any third party or against Sellers or any other member of the Seller Group exceeding EUR [...] in an individual case other than in the ordinary course of business and in amounts and on terms consistent with past practice;

l. No member of the Target Group has entered into any other agreement (other than agreements contemplated by or disclosed in this Agreement) with the Sellers or any other member of the Seller Group which is outside the ordinary course of business;
m. No member of the Target Group has forgiven any claims against, or made any gifts or donations to any director, officer or employee of any member of the Target Group or Sellers (or any other member of the Seller Group) other than in the ordinary course of business and in amounts and on terms consistent with past practice, provided, however, that, with respect to settlements and compromises, Section […] shall have precedence over this Section […];
n. No member of the Target Group has entered into an agreement containing a change of control clause, or amended an existing agreement to contain such clause, and
o. No member of the Target Group has effected any material change to any method of accounting or accounting practice or policy currently applied by the Target Group, as the case may be, except as required by reason of a concurrent change in, or conversion to, the applicable generally accepted accounting principles.

Für den in der Zukunft liegenden Zeitraum bis zum Vertragsvollzug (*Closing*) wird derselbe Katalog fortgeschrieben mit der Maßgabe, dass die Kataloggeschäfte nur mit der Zustimmung des Käufers getätigt werden dürfen: 19

Conduct of Business between Signing and Closing

From the date hereof and until the Closing Date, except as disclosed in **Annex** […] or contemplated by this Agreement, Sellers shall use their shareholder rights and otherwise use commercially reasonable efforts (in each case to the extent permitted under applicable law) so as to cause the Target Group to conduct the Business, in all material respects, in the ordinary course consistent with past practice and not to take, or commit to take, without Purchaser's prior written approval (not to be unreasonably withheld and not to be rejected later than three (3) Business Days from receipt of Sellers' request), any transaction which would, had such transaction been taken in the time period between the Effective Date and the date hereof, constituted a breach of the Representations contained in Section […]. To the extent Purchaser has approved any such action or not rejected its approval in writing within three (3) Business Days from receipt of Sellers' request, Sellers shall be entitled to, or cause the Target Group to, take such action and Sellers shall not be liable in any form to Purchaser under or in connection with this Agreement or otherwise with respect to such action.

Neben diesen *No Leakage*-Regelungen wird häufig auch positiv vereinbart, welche monetären Leistungen (ausnahmsweise) von der Zielgesellschaft in dem relevanten Zeitraum vorgenommen werden dürfen *(Permitted Leakage)*. So können in dem relevanten Zeitraum bereits Vermögenstransfers stattgefunden haben (die dem Käufer offengelegt wurden und die dieser gedanklich von dem gebotenen Festkaufpreis abgezogen hat) oder solche Vermögenstransfers anstehen. Dann empfiehlt sich klarzustellen, dass diese Zahlungen nicht gegen die vertraglich vereinbarte *No Leakage*-Regelung verstoßen. 20

Im folgenden **Formulierungsbeispiel** wird zunächst die *No Leakage*-Verpflichtung geregelt, und zwar vergangenheitsbezogen (Zeitraum von Stichtag *(Effective Date)* bis zum Tag der Vertragsunterzeichnung *(Signing)*) als Gewährleistung in der Form einer verschuldensunabhängigen Garantie und zukunftsbezogen (Zeitraum von dem Tag der Vertragsunterzeichnung *(Signing)* bis zum Tag des Vertragsvollzugs *(Closing)*) in Form einer vertraglichen Nebenpflicht *(Covenant)*. Rechtlich zwingend ist das nicht, aber zweckmäßig. Die Klausel unterscheidet sodann zwischen unerlaubten (*Leakage*) und zulässigen *(Permitted Leakage)* Vermögenstransfers. 21

No Leakage

1 **The Sellers:**

(a) shall guarantee by means of an independent legal guarantee (selbständiges Garantieversprechen) pursuant to Sect. 311 German Civil Code that from the Effective Date until and including the Signing Date no Leakage other than a Permitted Leakage has occurred or been resolved or agreed; and

(b) shall undertake to procure that, unless otherwise provided in this Agreement, from the day following the Signing Date and the Closing Date, no Leakage other than a Permitted Leakage will occur or be resolved or agreed.

2 **"Leakage" shall mean**

(a) ……

3 **"Permitted Leakage" shall mean**

(a) any payment, transfer of assets or funds made at the written request or with the written consent of the Purchaser;

(b) [the payment of the dividend for the financial year ending on […] in the amount of EUR […]];

(c) any payment made by a Target Group Company for which it is fully and adequately compensated with economic effect as of the date the payment was made *(Valuta am Tag der Zahlung).*

4. Sonstige Covenants und Freistellungen

22 Neben den *No Leakage*-Regelungen enthalten die Verhaltenspflichten des Verkäufers (*Covenants*) üblicherweise detaillierte Regelungen zu weiteren Geschäftsvorfällen, die – ohne mit einem unmittelbaren Vermögenstransfer verbunden zu sein – sich im Wesentlichen auf die Verfassung der Zielgesellschaft beziehen und ebenfalls dazu dienen, das Zugriffsdefizit des Käufers ab dem Abgrenzungsstichtag zu mitigieren und sicherzustellen, dass der Geschäftsbetrieb der Zielgesellschaft bis zum Vollzugsstichtag unverändert erhalten bleibt.

23 Folgende *Covenant*-Regelungen sind üblich:

Notwithstanding the generality of the foregoing, except as disclosed in Annex […] and any transactions contemplated by or disclosed in this Agreement, until the Closing Date:

a. No change in the articles of association or any other material shareholder resolution of the Material Target Companies, including with respect to a reorganization, dissolution or liquidation of a Material Target Company, has been resolved, other than changes in the articles of association which are required by or otherwise follow from applicable laws and regulation;

b. No agreements within the meaning of Sec. 291, 292 of the German Stock Corporation Act (or the equivalent under any applicable jurisdiction) have been entered into, amended or terminated.

b. No member of the Target Group has issued any shares (including any options, warrants or conversion rights with respect to such shares) to any person other than another member of the Target Group;

c. Sellers have not redeemed, purchased or otherwise acquired, directly or indirectly, any shares of a member of the Target Group, modified or amended any right of Sellers with respect to the shares of a member of the Target Group or incurred any encumbrance on the shares of a member of the Target Group (except in favor of another member of the Target Group); and

d. No member of the Target Group has entered into any merger or similar business combination with any person other than another member of the Target Group;

in each case with the exception of (i) activities that are [obviously] within the ordinary course of business as conducted by the respective Target Company until the date hereof or (ii) any measures required by mandatory law or pursuant to irrevocable obligations undertaken prior to the date hereof.

Ergänzt werden sie regelmäßig durch die Untersagung der Bestellung und Entlassung der Geschäftsführer oder der Änderung von deren Anstellungsverträgen sowie die Festlegung bestimmter Informationsverpflichtungen des Verkäufers. Auch sind Regelungen zur einvernehmlichen Beendigung oder dem Abschluss von Verträgen zwischen dem Zielunternehmen und dem Verkäufer, zum verpflichtenden Erhalt des bestehenden Versicherungsschutzes zugunsten der Zielgesellschaft bis zum *Closing*, zur Abberufung der bestehenden Geschäftsleitung (soweit nicht im Rahmen der *Closing Conditions* oder *Actions* erfasst), zur Ablösung bestehender Finanzierungen bzw. zu Kooperationspflichten des Verkäufers oder der Zielgesellschaft im Zusammenhang mit einer Erwerbsfinanzierung denkbar. **24**

Gesetzliche Rechtsfolge der Verletzung einer nebenvertraglichen Verpflichtung wie der vorstehend dargestellten *Covenants* ist die Verpflichtung des Verkäufers zur Leistung von Schadensersatz. Weit verbreitet ist hingegen die vertragliche Vereinbarung einer expliziten Verpflichtung des Verkäufers zur Schadloshaltung des Käufers in Form einer Freistellung. **25**

5. Ergänzende Regelungen

Rund um diese Regelungskreise findet sich am Markt eine Vielzahl von Spielarten. So ist in manchen Fällen zu beobachten, dass der Verkäufer bzw. die Zielgesellschaft am *Closing* nochmals bestätigen, dass kein *Leakage* in dem relevanten Zeitraum stattgefunden hat. Das erinnert stark an die nach US-amerikanischem Recht erforderliche Bestätigung von Gewährleistungszusicherungen *(Bring down),* die dem deutschen Recht fremd ist. Auch wird manchmal nicht deutlich, welche (über die Verletzung der entsprechenden *No Leakage*-Zusicherung hinausgehende) Rechtsfolge eine nicht zutreffende Bestätigung haben soll. **26**

Im Übrigen ist denkbar, dass dem Käufer für die Phase von *Signing* bis zum *Closing* bestimmte Kontroll- oder Prüfrechte eingeräumt werden, um zu kontrollieren, dass kein vertragswidriger Vermögensabfluss *(Leakage)* stattfindet. So ist vorstellbar, dass der Verkäufer sich verpflichtet dafür zu sorgen, dass die Geschäftsleitung der Zielgesellschaft in einem bestimmten Turnus über den Finanzstatus und insbesondere über sämtliche Leistungsbeziehungen zwischen der Zielgesellschaft und deren Tochtergesellschaften einerseits und dem Verkäufer und dessen verbundenen Unternehmen andererseits berichtet. **27**

§ 7. Net Debt/Net Cash-Anpassung

I. Überblick

1. Ausgangspunkt

1 Bei *Net Debt* handelt es sich genauso wenig wie bei EBITDA um einen Begriff der Rechnungslegung. Dementsprechend können Rechnungslegungsvorschriften und das sich darauf beziehende Schrifttum allenfalls für die Beurteilung von Teilaspekten unterstützend herangezogen werden.

2 Vorschriften zur Rechnungslegung dienen dazu, den Adressaten eines Jahres- oder Zwischenabschlusses Rechenschaft über das wirtschaftliche Handeln eines Unternehmens in der Vergangenheit abzulegen und Informationen über die künftige wirtschaftliche Entwicklung bereitzustellen.[1] Zu diesen Adressaten gehören nicht die Vertragspartner eines möglichen Unternehmenskaufs, sondern eine Vielzahl unterschiedlicher Stakeholder, insbesondere die Eigen- und Fremdkapitalgeber, die Arbeitnehmer, die Kunden und Lieferanten sowie nicht zuletzt der Staat und seine Gebietskörperschaften.

3 *Net Debt* dient dazu, vom Gesamtwert eines Unternehmens *(„Enterprise Value")* auf den Wert der zu erwerbenden Gesellschaftsanteile *(„Equity Value")* und damit den zu bezahlenden Kaufpreis *(„Cash Purchase Price")* überzuleiten. Für diese Überleitung wird häufig der Begriff *„Equity Bridge"* oder „*Net Debt*-Überleitung" verwendet.

4 Zwischen den Parteien eines Unternehmenskaufvertrags wird im Rahmen der Vertragsverhandlungen ein Gesamtpreis für ein Unternehmen vereinbart. Der tatsächlich zu zahlende Kaufpreis wird dadurch ermittelt, dass Finanzmittel, die nach dem Eigentumsübergang in dem Unternehmen verbleiben, zusätzlich vergütet werden. Die Verschuldung des Unternehmens wird hingegen vom Gesamtpreis in Abzug gebracht. Dieser Mechanismus wird auch als *„Cash free/Debt free"* bezeichnet. Er hat sich im Rahmen der Vertragsfreiheit in der Praxis des Unternehmenskaufvertragsrechts herausgebildet. Welche Posten im Einzelnen in die *Equity Bridge* aufgenommen werden, hängt von der Verhandlungsposition und vom Verhandlungsgeschick der Vertragsparteien ab. Vor diesem Hintergrund wird auch deutlich, warum es Rechnungslegungsvorschriften und Schrifttum nicht leisten können, eine abstrakte *Equity Bridge*-Definition zu finden, die die entgegengesetzten Interessen von Verkäufer und Käufer mit Hilfe einer allgemein gültigen Formel in Einklang bringt. Dieser Interessenausgleich muss für jede Transaktion und jede Verhandlungssituation immer wieder neu gefunden werden.

---

[1] Pellens/Fülbier/Gassen/Sellhorn, Internationale Rechnungslegung, S. 7.

2. Begriffsbestimmung

Der Begriff *„Debt“* umfasst alle Verschuldensposten eines Zielunternehmens, die voraussichtlich zu zukünftigen Zahlungsmittelabflüssen führen werden, kein Betriebskapital sind, deren zukünftige Zahlungsmittelabflüsse (oder gegebenenfalls verminderte Zahlungsmittelzuflüsse) den Erwerber belasten werden und für die keine adäquate Gegenleistung (mehr) zu erwarten ist. Dabei kommt es nicht darauf an, ob diese erwarteten zukünftigen Zahlungsmittelabflüsse bilanziert sind oder nicht. Saldiert mit bestimmten Zahlungsmitteln werden diese als *„Net Debt“* bezeichnet. Sofern die Zahlungsmittel die Verschuldensposten übersteigen, spricht man auch von *„Net Cash“*. 5

Debt wird häufig in verschiedene Unterkategorien eingeteilt. *„Financial Debt“* bezeichnet alle bilanzierten und nicht-bilanzierten Verschuldensposten, die zinstragend sind oder einen Finanzierungscharakter haben. Teilweise werden unter *Financial Debt* lediglich Verbindlichkeiten gegenüber Kreditinstituten und ähnliche Instrumente verstanden. Allerdings folgt dieses Verständnis in der Regel nur der Verhandlungstaktik eines Verkäufers, der einen möglichst geringen Abzug vom Kaufpreis zulassen möchte. 6

„Other Debt Items“ bezeichnet solche Verschuldensposten, deren rechtliche oder wirtschaftliche Entstehung und ggf. deren wirtschaftlicher Nutzen dem bisherigen Gesellschafter zu Gute kommt, die sich nicht innerhalb eines Produktionszyklus wieder in liquide Mittel zurückverwandeln („kurzfristig revolvierend“) und deren zukünftige Zahlungsmittelabflüsse voraussichtlich den neuen Gesellschafter wirtschaftlich belasten werden. In der Abgrenzung zu den Netto-Umlaufmitteln *(Working Capital)* kommt hierbei der Definition, was noch als „kurzfristig revolvierend“ anzusehen ist, eine besondere Bedeutung zu. Insoweit wird auf → § 8 Rn. 1 ff. verwiesen. Sofern die Verschuldensposten nicht bilanziert sind, werden sie auch als *„Off-Balance Sheet Items“* bezeichnet. 7

Zur Verringerung von Auslegungsspielräumen bietet es sich an, im Kaufvertrag die Bestandteile von *Net Debt* enumerativ aufzuzählen und klarzustellen, dass es für die Kaufvertragsdefinition nicht darauf ankommt, wie ggf. bestimmte Bestandteile im Jahresabschluss bezeichnet werden oder innerhalb welcher Bilanzposten sie ausgewiesen sind. Dementsprechend könnte es in einem **Formulierungsbeispiel** heißen: 8

Definition

Net Debt, irrespective of whether such items are treated as debt in the Financial Statements of the Target Companies, shall mean the aggregate of

(1) Cash
(2) Bank Debt
(3) Derivates
(4) […]

3. Zeitpunkt der Net Debt-Berechnung

9 Der wirtschaftliche Eigentumsübergang und der rechtliche Eigentumsübergang *(„Closing")* können zusammen fallen, müssen es aber nicht. Regelmäßig werden die beiden Zeitpunkte dann auseinanderfallen, wenn die Vertragsparteien einen *Locked Box*-Mechanismus vereinbart haben. Insoweit wird auf → § 6 Rn. 9 ff. verwiesen. Der Zeitpunkt des wirtschaftlichen Eigentumsübergangs wird dann häufig auch als *„Locked Box Date"* bezeichnet.

10 Sofern wirtschaftlicher und rechtlicher Eigentumsübergang zusammen fallen, erfolgt die Berechnung des *Net Debt* zum *Closing*. Die meisten Beträge, die in die *Equity Bridge* aufzunehmen sind, werden bei Vertragsabschluss *(„Signing")* bei Zahlung des vorläufigen Kaufpreises vor dinglicher Übergabe *(„Closing")* noch nicht bekannt sein und allenfalls geschätzt werden können. Daher wird es darauf ankommen, die *Net Debt*-Definitionen so präzise zu fassen, dass auch tatsächlich die und nur die Lebenssachverhalte vom Gesamtunternehmenswert in Abzug gebracht werden, auf die sich die Vertragsparteien bei Vertragsabschluss einigen wollten.

11 Wird ein *Locked Box*-Mechanismus vereinbart, liegt der Zeitpunkt des wirtschaftlichen Eigentumsübergangs vor dem *Closing* und in vielen Fällen auch vor Vertragsunterzeichnung. Durch den vorgezogenen wirtschaftlichen Übergangsstichtag wird fingiert, dass das Unternehmen mit allen Rechten und Pflichten bereits zu diesem Zeitpunkt auf den Erwerber übergegangen ist. Da dies jedoch sachenrechtlich nicht möglich ist, erfolgt die Durchführung dieser Fiktion als schuldrechtlicher Ausgleich.

12 In den meisten Fällen wird die Vereinbarung eines *Locked Box*-Mechanismus auf Veranlassung des Verkäufers erfolgen. Der *Locked Box*-Zeitpunkt fällt in einen Zeitraum, in dem der Veräußerer die Geschäfts- und Bilanzierungspolitik des Unternehmens ausschließlich bestimmt. Auch wenn der Erwerber eine Due Diligence auf diesen Zeitpunkt durchführt, wird diese zwar eine Informationsasymmetrie zwischen Veräußerer und Erwerber abmildern, aber in keinem Fall vollständig ausgleichen können. Diese lässt sich im Nachhinein nur dadurch abmildern, dass dem Erwerber zugestanden wird, auf den *Locked Box*-Zeitpunkt eine echte Abrechnungsbilanz zu erstellen, die auch substantive Prüfungshandlungen umfasst (z. B. Belegprüfungen). Dies wird der Veräußerer aber in den allermeisten Fällen gerade verhindern wollen und in der Praxis häufig die prüferische Durchsicht eines auf den *Locked Box*-Zeitpunkt zu erstellenden Zwischenabschlusses durch den Abschlussprüfer anbieten. Insoweit wird auf → § 12 Rn. 21 ff. zur Abrechnungsbilanz verwiesen.

4. Bilanzielle Behandlung der Transaktion bei Verkäufer und Käufer

12a Sachenrechtlich kann der Eigentumsübergang wie beschrieben nur zum *Closing* erfolgen. Auf diesen Zeitpunkt erfolgt dann auch die Kaufpreisabrechnung, sofern die Parteien z. B. über einen *Locked Box*-Mechanismus schuldrechtlich nicht etwas anderes vereinbart haben.

Für die Erfassung des Verkaufs beim Verkäufer (z. B. Entkonsolidierung , Gewinn/Verlust aus Beteiligungsabgang) und die Ersterfassung beim Käufer (z. B. Erstkonsolidierung) kommt es auf die schuldrechtliche Vereinbarung nicht an. Der relevante Zeitpunkt ist stets der Zeitpunkt des Übergangs der Kontrolle, der nur in theoretischen Ausnahmenfällen vom sachenrechtliche Eigentumsübergang abweichen wird. Schuldrechtliche Vereinbarungen sind lediglich Kaufpreismodifikationen.

Beispiel:
Unternehmensteil A wird von Unternehmen X an Unternehmen Y im Rahmen eines *Share Deals* für einen *Equity Value* von 110 verkauft. *Locked Box*-Date ist der 1. Januar 00, *Closing* ist der 30. September 00. In den ersten 9 Monaten des Jahres erwirtschaftet Unternehmensteil A Umsatzerlöse von 90 und ein Ergebnis von 9, in den letzten 3 Monaten dann Umsatzerlöse von 40 und ein Ergebnis von 4 (zur Reduzierung der Komplexität soll Ergebnis gleich *Cash* sein). Für die *Locked Box* –Periode wird eine Verzinsung von 5 zwischen den Parteien vereinbart.
Unternehmen Y kann als aufnehmendes Unternehmen nur Umsatzerlöse von 40 und ein EBITDA von 4 als laufendes Ergebnis des Jahres 00 zeigen. Dies gilt unabhängig vom vereinbarten *Locked Box-Date*. Ansonsten könnte ein Unternehmen sich ja unterjährige operative Ergebnisbeiträge durch eine schuldrechtliche Vereinbarung rückwirkend „kaufen". Der Kaufpreis beträgt also *Equity Value* von 110 plus *Locked Box*-Verzinsung von 5, also im Ergebnis 115.
Die Bilanzierung bei Unternehmen X ist spiegelbildlich, d. h. das Unternehmen zeigt operative Ergebnisbeiträge in Höhe von 9 für das laufende Jahr 00 im Konzernabschluss (Überlegungen zu Bilanzierung von *Discontinued Operations* werden zur Vereinfachung nicht angestellt).
Hätten die Parteien keinen *Locked Box*-Mechanismus vereinbart (sondern eine Abrechnung zum *Closing*) und damit auch keine *Locked Box*-Verzinsung, ergäbe sich der Kaufpreis aus dem *Equity Value* von 110 plus dem *Cash* in Höhe von 9 zum 30. September, im Ergebnis also 119.

II. Financial Debt

1. Kassenbestand und Guthaben bei Kreditinstituten (Cash)

Der Begriff „*Cash*" bezeichnet die liquiden Mittel eines Zielunternehmens, die **13**
zu dessen freier Verfügung stehen und ohne Beschränkungen an den Eigentümer ausgeschüttet, ausgezahlt oder von ihm entnommen werden dürfen. Je nach Fallkonstellation kann aber auch schon die freie Verfügbarkeit zur Rückzahlung von Schulden oder Bedienung von Verbindlichkeiten ausreichen. Dies kann beispielsweise bei Ländern mit Kapitalverkehrsbeschränkungen einen Unterschied machen oder bei einer möglichen Verletzung von Mindestkapitalisierungsvorschriften.

a) Liquide Mittel

14 Hierunter können grundsätzlich Kassenbestand, Bundesbankguthaben, Guthaben bei Kreditinstituten und Schecks sowie Wertpapiere nach § 266 Abs. 2 B. HGB bzw. Zahlungsmittel und Zahlungsmitteläquivalente nach IAS 7.6 – 7.9 fallen.

15 Frei verfügbare liquide Mittel werden zusätzlich zum Kaufpreis vergütet, da es wirtschaftlich für den Verkäufer vom Grundsatz her keinen Unterschied macht, diese Mittel vor Übergang des wirtschaftlichen Eigentums zu entnehmen oder sie in der Gesellschaft zu belassen und zusätzlich zum Kaufpreis vergütet zu bekommen. Häufig wird es im Interesse des Erwerbers sein, dass Finanzbestände insoweit im Unternehmen verbleiben, dass das Unternehmen weiterhin laufende Zahlungsverpflichtungen wird begleichen können. Vor dem rechtlichen Eigentumsübergang wird ein Erwerber kein Interesse daran haben, eigene Liquidität in das Zielunternehmen zu geben. Allerdings gibt es auch Situationen, in denen der Erwerber einen möglichst geringen Kaufpreis zahlen möchte, um die eigene Liquidität zu schonen. Dies ist häufig bei Private Equity Transaktionen der Fall, da die Höhe des Kaufpreises einen direkten Einfluss auf den *IRR* (siehe → § 1 Rn. 125) hat, der über den Investitionszeitraum hinweg erwirtschaftet wird. Je geringer die eingesetzten Mittel des Investors, desto höher ist der *IRR* bei gleichem Verkaufspreis. In diesen Fällen wird der Käufer darauf drängen, dass der Verkäufer überschüssiges *Cash* entnimmt, z. B. durch eine Dividende, um nicht *Cash* für den Kauf von *Cash* zu verwenden. Dies hat einen direkten durchgerechneten negativen Einfluss auf den *IRR*.

16 Liquide sind Mittel nur dann, wenn sie auch tatsächlich für eine Ausschüttung oder Entnahme zur Verfügung stehen oder verfügbar gemacht werden könnten. Unmittelbar verfügbar sind Kassen- und Bankbestände sowie unterwegs befindliche Gelder, d. h. Überweisungen zugunsten des Zielunternehmens. Kurzfristig verfügbar gemacht werden können in der Regel Tagesgeld, Festgeldkonten und (hoch-) liquide Wertpapiere.

17 In der Praxis hat sich als Formel herausgebildet, dass nur solche Mittel als liquide angesehen werden, die innerhalb von drei Bankarbeitstagen nach Eigentumsübergang zur freien Verfügung stehen können. Diese Regelung ist auch aus Sicht des Verkäufers sachgerecht, da er es vor Eigentumsübergang in der Hand hat, mittelfristig gebundene Mittel in kurzfristige Liquidität umzuschichten. Diese Regel kann aber im Einzelfall zu nicht sachgerechten Ergebnissen führen, wenn beispielsweise durch die vorzeitige Kündigung eines Festgeldkontos erhebliche Abschläge auf den Rückzahlungsbetrag fällig würden. Ein Abzug über drei Bankarbeitstage hinaus wäre dann zumindest insoweit sinnvoll, wie die Rückzahlung gesichert ist. Gegebenenfalls kommt auch ein entsprechender Forderungsverkauf des Unternehmens an den Verkäufer in Betracht.

b) Ohne Beschränkungen

18 Eine Beschränkung der freien Verfügbarkeit liegt immer dann vor, wenn Mittel zwar abgeführt werden können, aufgrund rechtlicher oder gesellschaftsvertraglicher Regelungen aber bei Bedarf bzw. auf Anforderung zurückgeführt werden müssten.

19 Rechtliche Beschränkungen ergeben sich in erster Linie aus Vorschriften zur Kapitalerhaltung, z. B. §§ 30, 31 GmbHG. Sofern einer Gesellschaft durch Ausschüttung, Darlehensrückgewähr oder sonstige Zahlungen Mindesthaftkapital entzogen würde, sind diese der Gesellschaft zu erstatten.

20 Weitere rechtliche Beschränkungen können sich bei Tochtergesellschaften und Beteiligungen im Ausland ergeben. Bestimmte Länder schränken die Möglichkeit ein, erwirtschaftete Gewinne oder Liquidität an eine Muttergesellschaft in einem anderen Land auszuschütten bzw. auszuzahlen. Dies kann insbesondere bei Ländern mit Kapitalverkehrsbeschränkungen Bedeutung haben.

21 Gesellschaftsvertragliche Beschränkungen ergeben sich häufig bei Beteiligungen, die zusammen mit fremden Dritten eingegangen worden sind. Bei einer Minderheitsbeteiligung hat das Zielunternehmen gesellschaftsrechtlich nicht die Möglichkeit, an Gewinne oder Liquidität zu kommen, sofern der Gesellschaftsvertrag keine abweichende Regelung trifft. Aber auch bei Mehrheitsbeteiligungen können Minderheitenschutzrechte im Gesellschaftsvertrag so verankert sein, dass eine Ausschüttung oder Auszahlung nur mit qualifizierter Mehrheit oder einstimmig möglich ist. In diesen Fällen mögen zwar liquide Mittel in der Zielgruppenstruktur vorhanden sein. Aufgrund gesellschaftsvertraglicher oder rechtlicher Beschränkungen sind sie aber nicht verfügbar und es ist mithin sachgemäß, sie nicht zusätzlich zum Kaufpreis zu vergüten. Zum Erwerbszeitpunkt stellen diese liquiden Mittel wirtschaftlich lediglich eine Erhöhung des Beteiligungswertes dar.

c) Minimum Cash

22 Einen Sonderfall stellt das so genannte *Minimum Cash* dar. Es bezeichnet den Mindestbestand an liquiden Mitteln, den ein Unternehmen benötigt, um Zahlungen für laufende, häufig kleinere Geschäftsvorfälle zu tätigen. Beispiele hierfür sind die Handkasse im Hotel oder der Kassenbestand im Einzelhandelsgeschäft. Allerdings ist das *Minimum Cash* nicht zwangsläufig auf echtes *Cash* beschränkt.

23 Nach Auffassung eines Käufers wird es sich bei *Minimum Cash* eher um *Working Capital* oder so genanntes *Trapped Cash* handeln, da ohne diesen Mindestbestand das Unternehmen operativ lahmgelegt wäre. Demgegenüber steht häufig die Auffassung des Verkäufers, dass liquide Mittel, die ohne Rückzahlungsverpflichtung entnommen werden können, liquide Mittel sind, die vergütet werden müssen.

24 Hier gibt es sicherlich keine eindeutige Antwort. Es gibt Branchen, in denen das Erfordernis eines Mindestkassenbestandes, der immer vorhanden sein muss, stärker ist als in anderen. Dies gilt bspw. für Wechselgeld im Einzelhandel. Eine vertret-

bare Argumentation für einen Mindestkassenbestand bei einem Unternehmen des produzierenden Gewerbes zu finden dürfte demgegenüber schon schwieriger sein.

d) Kaufvertragsformel

25 Das folgende **Formulierungsbeispiel** für eine Kaufpreisdefinition beinhaltet die vorstehenden Erwägungen:

Cash

Alternativ für HGB:

Cash shall mean cash and cash equivalents within the meaning of Section 266 (2) B. IV German Commercial Code (HGB) [and financial assets within the meaning of Section 266 (2) B. III German Commercial Code (HGB)] reduced by Trapped Cash. For the avoidance of doubt, this amount cannot be negative.

Alternativ für IFRS:

Cash shall mean cash and cash equivalents within the meaning of IAS 7.6 – 7.9, cash on hand and demand deposits as well as short-term, highly liquid investments that are readily convertible to known amounts of cash which are subject to an insignificant risk of changes in value. Cash shall be reduced by Trapped Cash. For the avoidance of doubt, this amount cannot be negative.

Trapped Cash

Trapped Cash is the amount of cash, cash equivalents [and financial assets] which are restricted for legal, regulatory or taxation reasons from transfer out of [Target] to a shareholder within 3 business days.

Folgende Ergänzung berücksichtigt Minimum Cash:

An amount of EUR [...] will be considered as necessary minimum cash to operate the business and as such is trapped.

Folgende Ergänzung verlagert eine mögliche steuerliche Belastung auf den Verkäufer:

In case unrestricted cash transfers are subject to withholding or other taxes, whether immediately or deferred, these taxes shall be deducted from Cash.

2. Verbindlichkeiten gegenüber Kreditinstituten (Bank Debt)

26 Unter § 266 Abs. 3 C. 2 HGB fallen sämtliche Verbindlichkeiten gegenüber inländischen Banken, (Bau-) Sparkassen und vergleichbaren ausländischen Kreditinstituten sowie Zinsen einschließlich der sog. antizipativen Zinsabgrenzung. Maßgebend ist die Definition der Kreditinstitute in § 1 Abs. 1 KWG bzw. § 1 Bausparkassengesetz.[2]

27 Nach § 250 Abs. 3 HGB darf ein Unterschiedsbetrag aus einem höheren Erfüllungsbetrag einer Verbindlichkeit gegenüber dem Ausgabebetrag in den aktiven Rechnungsabgrenzungsposten (RAP) aufgenommen werden (sog. Disagio). Die Tilgung erfolgt durch planmäßige jährliche Abschreibungen über die Laufzeit der

[2] BeBiKo/Schubert § 266 Rn. 221.

zu Grunde liegenden Verbindlichkeit. In der Handelsbilanz besteht für die aktive Abgrenzung des Disagios ein Wahlrecht, das nur hinsichtlich des ganzen Unterschiedsbetrages einheitlich ausgeübt werden darf.[3] Nach IAS 1.27 sind grundsätzlich Abgrenzungsposten zu bilden, damit Aufwendungen und Erträge periodengerecht erfasst werden können. Ein Disagio ist nicht zu aktivieren, sondern der niedrigere Auszahlungsbetrag ist zu passivieren.[4]

Diese Bestimmung bezieht sich auf den häufig auftretenden Fall, dass das Kreditinstitut von der Darlehenssumme bei Auszahlung bereits Gebühren einbehält. 28
Die Gebühren werden dann entweder aktivisch abgegrenzt oder passivisch vom Rückzahlungsbetrag abgesetzt. Da Gebühren bereits bezahlt wurden, ist es sachgerecht, unabhängig vom bilanziellen Ausweis den tatsächlichen vollen Rückzahlungsbetrag der Verbindlichkeit als *Debt*-Posten anzusetzen. Mit anderen Worten: Vermindert das Disagio bilanziell die Verbindlichkeit gegenüber Kreditinstituten, so ist gleichwohl der volle (ungeminderte) Rückzahlungsbetrag anzusetzen, da dieser dem zukünftigen Liquiditätsabfluss entspricht. Ein auf der Aktivseite ausgewiesener Vermögensgegenstand oder -wert wird nicht kaufpreiserhöhend berücksichtigt, da er zukünftig nicht zu Zahlungsmittelzuflüssen oder verminderten Zahlungsmittelabflüssen führen wird.

Häufig wird der Vertrag über die Finanzierung mit einem Kreditinstitut eine 29
so genannte *Change of Control*-Klausel enthalten. Zum Zeitpunkt des rechtlichen Eigentumsübergangs führt dies dazu, dass aller Voraussicht nach Finanzierungen abzulösen sind. Für diesen Fall ist es sachgerecht, dass Kosten und Gebühren wie beispielsweise eine Vorfälligkeitsentschädigung über den Rückzahlungsbetrag hinaus ebenfalls als *Debt* berücksichtigt und vom Kaufpreis in Abzug gebracht werden, sofern das Zielunternehmen hierdurch belastet wird.

Entsprechend heißt es in dem folgenden **Formulierungsbeispiel**: 30

Bank Debt

[Debt shall include] All debt balances owed to banks (*Kreditinstitute*) and similar lenders other than the Seller and Target Companies including, without limitation, loans, bonds, overdrafts or similar facilities, and interest accrued as of the Economic Effective Date as well as prepayment penalties and similar charges triggered by the change of control.

Any financing fee or commission related to any loan, bond, overdraft or similar facility which might be either capitalized e. g. as prepaid expenses or deducted from the actual repayment amount shall not reduce [Bank] Debt.

3. Finanzderivate (Derivatives)

In Anlehnung an IAS 39 lassen sich derivative Finanzinstrumente in vier Klas- 31
sen einteilen:

[3] BeBiKo/Schubert/Waubke § 250 Rn. 35, 38.

[4] Hayn/Waldersee, IFRS und HGB im Vergleich, S. 235.

- ***(Forwards)*** Eine Vertragspartei hat zu einem bestimmten Termin ein bestimmtes Basisobjekt (z. B. Aktien, Kerosin) zu einem festgelegten Preis an einem bestimmten Ort zu liefern. Die andere Vertragspartei ist zur Annahme verpflichtet.[5]
- ***(Swaps)*** Vertragspartner tauschen Zahlungsströme zur Absicherung gegen Risiken, z. B. Zinsrisiken (Zinsswaps) oder Währungsrisiken (Währungsswaps).[6]
- ***(Futures)*** Unbedingte Termingeschäfte wie die *Forwards*, die allerdings an einer Börse gehandelt werden und daher nur in standardisierter Form vorliegen.[7]
- **(Optionen)** Der Optionsinhaber hat das Recht, ein bestimmtes Basisobjekt zu einem bestimmten Preis zur kaufen *(Call)* oder zu verkaufen *(Put)*.[8]

32 *Swaps* dienen Unternehmen insbesondere dazu, sich gegen Zins- oder Fremdwährungsschwankungen zu schützen. So können beispielsweise variable Zinskomponenten wie der EURIBOR gegen einen festen Zins gesichert werden oder zukünftige Zahlungen in USD gegen einen bereits im Vorhinein festgelegten Euro-Wechselkurs. Für die hierdurch anfallenden zusätzlichen Kosten erkauft sich das Unternehmen Planungssicherheit.

33 *Swaps* haben in Abhängigkeit der Entwicklung des Marktumfeldes entweder einen positiven oder negativen Wert. Sinkt beispielsweise der EURIBOR stärker als bei Abschluss des entsprechenden Sicherungsinstrumentes erwartet und könnte das gleiche Sicherungsinstrument nunmehr mit einem niedrigeren festen Zinssatz zu den gleichen Konditionen abgeschlossen werden, hat dieses Finanzinstrument einen negativen Wert, ist also *„out of the money"*. Steigt der EURIBOR demgegenüber stärker als erwartet, hat das Finanzinstrument einen positiven Wert, ist also *„in the money"*.

34 Gleiches gilt für *Forwards* und *Futures*, da es sich um unbedingte Termingeschäfte handelt. Bei Optionen ist die Situation etwas anders, da Optionen dem Optionsinhaber nur ein bestimmtes Recht geben. Sofern gegen das Unternehmen eine Option ausgeübt werden kann, kann diese zu einer Verpflichtung führen.

35 Sind Finanzinstrumente *„out of the money"*, stellen tatsächliche oder fiktive Kosten für die Schließung dieses Postens *Financial Debt* dar. Das Zielunternehmen muss nämlich zukünftig höhere finanzielle Lasten tragen als der Markt zum Zeitpunkt des wirtschaftlichen Eigentumsübergangs fordern würde. Bei Finanzierungen kommt hinzu, dass diese regelmäßig eine *Change of Control*-Klausel beinhalten, d. h. zum Zeitpunkt des rechtlichen Übergangs ist die Finanzierung und das Finanzinstrument abzulösen. Zu diesem Zeitpunkt realisiert sich dann auch der Zahlungsmittelabfluss aufgrund des negativen Wertes des Finanzinstruments. Sofern das Finanzinstrument keine *Change of Control*-Klausel beinhaltet, kann das

[5] Baetge/Kirsch/Thiele, Bilanzen, S. 339.
[6] Baetge/Kirsch/Thiele, Bilanzen, S. 340.
[7] Baetge/Kirsch/Thiele, Bilanzen, S. 341.
[8] Baetge/Kirsch/Thiele, Bilanzen, S. 342.

Finanzinstrument weitergeführt werden. Gleichwohl bleibt es dabei, dass es im Vergleich zur aktuellen Marktsituation eine unvorteilhafte Position ist, die einen *Debt*-Abzug rechtfertigt.

Soweit Finanzinstrumente *in the money* sind und dies tatsächlich zum Zeitpunkt der Ablösung der Finanzierung bei rechtlichem Übergang des Zielunternehmens zu einer Verringerung der Darlehensrückzahlung führt, ist es sachgerecht, insoweit auch das *Financial Debt* zu verringern. Andere Finanzinstrumente, die *in the money* sind, sollten hingegen nicht per se zu einer Verringerung des *Financial Debt* führen. Dies liegt daran, dass Risiken von Marktteilnehmern stets stärker gewichtet werden als Chancen. Dies gilt umso mehr, je volatiler das zu Grunde liegende Sicherungsgeschäft ist. Der Veräußerer hat es jedoch in der Hand, die Finanzinstrumente vor Übergang des wirtschaftlichen Eigentums abzulösen. Hieraus resultierende Zahlungsmittelzuflüsse kommen ihm über den höheren und separat vergüteten *Cash*-Bestand dann zu Gute. Legt der Erwerber Wert auf die Fortführung der bestehenden Sicherungsinstrumente, ist eine Verringerung des *Financial Debt* in Höhe ihrer Marktwerte hingegen sachgerecht. 36

Die Ermittlung des positiven oder negativen Wertes eines Finanzinstruments erfolgt bei Transaktionen in der Regel auf Basis von Marktwerten, die bei den beteiligten Kreditinstituten angefragt werden. 37

Daraus ergibt sich folgendes **Formulierungsbeispiel:** 38

Derivatives

[Debt shall include] all negative balances resulting from a mark-to-market valuation of derivative financial instruments as per the Economic Effective Date. The negative balance will be determined by the amount the issuer of the derivative financial instrument requires to close the position. For the avoidance of doubt, this calculation is irrespective of whether such derivative financial instrument is recorded on-balance or not or whether it is part of an effective hedging or not.

4. Forderungen und Verbindlichkeiten gegenüber Anteilseignern (Receivables from and payables due to shareholders)

Ob und inwieweit Forderungen und Verbindlichkeiten bei einer Transaktion übernommen oder vor Erwerbsübergang ausgeglichen werden, hängt von der rechtlichen und steuerlichen Strukturierung der Transaktion ab. So kann es beispielsweise steuerlich vorteilhaft oder in der tatsächlichen Handhabung einfacher sein, ein Darlehen des Gesellschafters gegenüber dem Zielunternehmens zu übernehmen. Spätere Zahlungen an den neuen Gesellschafter bedürfen dann ggf. keines Ausschüttungsbeschlusses, sondern stellen Rückzahlungen auf das Darlehen dar. 39

Unabhängig von der Transaktionsstruktur ist jedoch zu beurteilen, inwieweit Forderungen und Verbindlichkeiten gegenüber Anteilseignern in die *Equity Bridge* aufzunehmen sind. 40

a) Finanzierung sowie Forderungen und Verbindlichkeiten aus Lieferung und Leistung

41 Verbindlichkeiten gegenüber Anteilseignern stellen *Debt* dar, wenn sie der Finanzierung des Zielunternehmens dienen und ihren Ursprung nicht in der Lieferung und Leistung von Waren und Dienstleistungen für den gewöhnlichen Geschäftsbetrieb des Zielunternehmens haben. Etwas anderes gilt nur dann, wenn die Liefer- und Zahlungsbedingungen unüblich sind im Vergleich mit anderen Zulieferern. Fordert ein Anteilseigner beispielsweise die Begleichung einer Rechnung aus einer Warenlieferung trotz Fälligkeit nicht ein, stellt dies faktisch einen Lieferantenkredit dar.

42 Forderungen gegen Anteilseigner aus einer Finanzierung sollten allerdings das *Financial Debt* nur insoweit mindern wie ihre Werthaltigkeit auch tatsächlich sichergestellt ist. Eine Forderung gegen ein Finanzierungsvehikel oder einen *Fund*, der nach der Transaktion aufgelöst wird oder keine wirtschaftliche Substanz mehr hat, wird diese Voraussetzung häufig nicht erfüllen. Forderungen gegen Anteilseigner entstehen häufig dadurch, dass Liquidität an Gesellschafter gegeben werden soll, aber eine Ausschüttung aus rechtlichen oder tatsächlichen Gründen schwierig ist.

43 Dementsprechend lautet ein **Formulierungsbeispiel** wie folgt:

Shareholder loans

[Debt shall include] all payment obligations to the Seller [or other former shareholders] including, without limitations, shareholder loans, accrued interest as of the Economic Effective Date, and similar balances.

The payment obligations will be reduced by respective receivables against the Seller [or other former shareholders] to the extent an offsetting is legally allowed according to §§ 387 et sqq. German Civil Code (BGB).

Alternativ kommt folgendes **Formulierungsbeispiel** für den zweiten Teil der Klausel in Betracht:

The payment obligations will be reduced or even overcompensated by respective receivables against the Seller [or other former shareholders] to the extent the recoverability of the corresponding amounts is guaranteed. Such guarantee can be granted by […].

44 Soweit die Lieferungs- und Leistungsbeziehungen zwischen dem Anteilseigner und dem Zielunternehmen denen zwischen unabhängigen Dritten entsprechen, ist es sachgerecht, diese auch wie solche zwischen fremden Dritten zu behandeln und sie für die Kaufpreisermittlung über den *Working Capital*-Mechanismus abzuwickeln. Daher bietet sich beispielsweise folgende Ergänzung zu der vorstehenden Klausel (→ Rn. 43) an:

For the avoidance of doubt, debt balances are not included which are resulting from supply of goods delivered and services rendered falling due and becoming payable in the ordinary course of business in line with past as well as industry practice.

45 Eine tagesgenaue Bezeichnung von Überfälligkeiten vermeidet spätere Auslegungsdifferenzen, vermag aber im Einzelfall nicht allen Sachverhalten gerecht zu werden:

For the avoidance of doubt, debt balances are not included which are resulting from supply of goods delivered and services rendered unless (i) they have been overdue as at the Economic Effective Date for more than [30] days or (ii) their agreed maturity *(vereinbartes Zahlungsziel)* exceeds a total of [30] days (including extension of maturity if applicable and the delivery of goods or rendering of individual separable services has been carried out since more than [30] days as at the Economic Effective Date).

Klauselteil (i) beschreibt den Standardfall, d. h. nach Warenlieferung oder Erbringung einer Dienstleistung wird eine Rechnung verschickt, die dann sofort oder kurzfristig fällig wird. Ist die Forderung nach [30] Tagen nicht beglichen, gilt sie als überfällig und wird über das *Debt* in Abzug gebracht. Sie wird damit als Lieferantenkredit behandelt. Klauselteil (ii) soll darüber hinaus eine Umgehung des Standardfalls verhindern. Wird nämlich das Zahlungsziel im gegenseitigen Einvernehmen zwischen Lieferant und Zielunternehmen immer wieder hinausgeschoben, wird die Forderung niemals überfällig im Sinn des Klauselteils (i), obwohl sie wirtschaftlich ebenfalls einen Lieferantenkredit darstellt. Die Umgehung wird dadurch verhindert, dass auch solche Forderungen als überfällig gelten, bei denen das vereinbarte Zahlungsziel einschließlich Verlängerung mehr als [30] Tage beträgt und bei denen die Leistungserbringung mehr als [30] Tage zurück liegt. 46

b) Gewinnausschüttung sowie Auflösung von Rücklagen

Ein Anspruch auf Auszahlung aus dem Eigenkapital, sei es auf Basis einer Ergebnisverwendung oder durch Auflösung von Rücklagen, stellt einen Sonderfall der Verbindlichkeit gegenüber Anteilseignern dar. Diese Sachverhalte können insbesondere dann problematisch werden, wenn ein entsprechender Beschluss vor dem Zeitpunkt des wirtschaftlichen Übergangs des Zielunternehmens getroffen wurde, aber eine Auszahlung noch nicht erfolgt ist, und wirtschaftlicher und rechtlicher Eigentumsübergang auseinanderfallen. 47

Die Kaufpreisformel sowie der Garantiekatalog im Kaufvertrag sollten sicherstellen, dass alle Verpflichtungen aus Ausschüttungen oder zu Auszahlungen aus dem Eigenkapital als *Debt* in Abzug gebracht werden, sofern die Zahlungsmittelabflüsse dem Altgesellschafter oder einem von ihm anderweitig bestimmten Adressaten zufließen könnten, wie in folgendem **Formulierungsbeispiel** erfasst: 48

Capital repayments

[Debt shall include] any dividend, capital repayment or similar obligation originated before the Economic Effective Date including, without limitation, through shareholder's resolution, shareholder's or joint venture agreements and irrespective of whether such obligation is recorded or not in the balance sheet as at Economic Effective Date and which becomes due and payable after Economic Effective Date to anybody else than the Purchaser.

c) Cash Pool

Ein *Cash Pool* bezeichnet einen konzerninternen Liquiditätsausgleich durch ein zentrales, meist von der Konzernobergesellschaft übernommenes Finanzmanagement, das den Konzernunternehmen überschüssige Liquidität entzieht bzw. Liqui- 49 ditätsunterdeckungen durch Kredite ausgleicht. Es ist ein Element des *Cash Managements*. Technisch wird hierzu bei einer der Gruppengesellschaften ein zentrales Oberkonto geführt, über das alle Liquiditätszu- und -abflüsse ausgeglichen werden.

50 Sofern das oder die Zielunternehmen Teil eines *Cash Pool* sind, an dem auch Unternehmen beteiligt sind, die nicht zur Zielstruktur gehören, wird der *Cash Pool* zum Zeitpunkt des *Closing* beendet werden. In tatsächlicher Hinsicht handelt es sich bei dem *Cash Pool* um nichts anderes als ein Bankkonto, das allerdings nicht von einem Kreditinstitut geführt wird, sondern von einer der Gruppengesellschaften.

51 Sofern wirtschaftlicher und rechtlicher Eigentumsübergang zusammenfallen, erfolgt die Berechnung des abziehbaren *Debt* zum *Closing* der Transaktion wie bei jedem anderen Bank- oder Verrechnungs-Konto und geht mit diesem Wert in die *Equity Bridge* ein.

52 Unter praktischen Gesichtspunkten kann sich der Sachverhalt bei einem Auseinanderfallen von wirtschaftlichem und rechtlichem Eigentumsübergang dann als komplexer darstellen, wenn es neben Gruppenbeziehungen aus einer Finanzierung auch solche aus Lieferung und Leistung gibt und alle über einen gemeinsamen ggf. automatisierten *Clearing Account* gebucht werden. Um die technische Durchführung der Abrechnung zu erleichtern kann es sich anbieten, *Cash* auf den *Cash Pool*-Konten und die sonstigen Leistungsbeziehungen zu den Gruppengesellschaften, insbesondere solche aus Lieferung und Leistung, separat zu erfassen. Die technische Umsetzung der *Cash Pool*-Beendigung zum rechtlichen Eigentumsübergang könnte dann wie folgt aussehen:

[Step 1]
Cash Pool Arrangement
The Target Companies on the one hand and the Seller on the other hand have entered into and maintain cash pool arrangements ("Cash Pool Arrangements"). [For the avoidance of doubt, receivables and payables from supplies and services between the Target Companies on the one hand and the Seller on the other hand shall not be regarded as balance under the Cash Pool Arrangements.]

[Step 2]
Financing after Signing/Locked box
During the period as from signing of the SPA until [3] days prior to the Closing ("Termination Date"), the Cash Pool Arrangements shall be continued in the ordinary course of business at terms and conditions in accordance with those which have been agreed between the parties in the past.

[Step 3]
Termination and Netting of the Cash Pool Arrangements
As per the Termination Date, all balances under each of the Intercompany Finance Agreements including interest shall be netted between the individual Target Companies on one hand and Seller on the other hand. The netting shall be calculated and made separately for each company ("Cash Pool Closing Date Balance").

[Step 4]
Settlement of Cash Pool Closing Date Balance
The Intercompany Closing Date Balance shall be settled in accordance with the following terms:

(1) To the extent the Cash Pool Closing Date Balance shows that the Seller has receivables towards one or more Target Companies, the Seller sells and assigns its receivable to the Purchaser at a purchase price of the face value of the receivable. The purchase price shall be due and payable as at Closing.
(2) To the extent the Cash Pool Closing Date Balance shows that the Seller has payables towards one or more Target Companies, the Seller shall pay the relevant payables to the respective Target Company. The balance shall be due and payable as at Closing.

d) Ergebnisabführungsvertrag (Profit and Loss Transfer Agreement/ PLTA)

Ein Ergebnisabführungsvertrag (EAV) wird häufig mit einem *Cash Pool* und einer steuerlichen Organschaft zusammenfallen. Bei der Beurteilung der Auswirkungen auf die *Equity Bridge* ist zwischen den einzelnen Instrumenten allerdings strikt zu trennen.[9] **53**

Voraussetzung für eine steuerlich wirksame Organschaft zwischen Organgesellschaft und Organträger ist das Vorliegen eines EAV. Handelsrechtlich unwirksame Verträge werden auch steuerrechtlich nicht anerkannt. Der EAV muss auf mindestens fünf Jahre abgeschlossen und während dieser Zeit auch tatsächlich durchgeführt werden (§ 14 Abs. 1 Nr. 3 S. 1 KStG). **54**

Wird der Vertrag – wenn auch nur in einem der fünf Jahre der Mindestdauer – nicht durchgeführt, sind grundsätzlich die §§ 14 bis 19 KStG nicht anzuwenden und rückwirkend alle Steuerfestsetzungen zu ändern und die Organgesellschaft nach den allgemeinen Regeln zu veranlagen (KStR 69 Abs. 7). Wird der EAV während der Mindestlaufzeit aus wichtigem Grund (dazu KStR 60 Abs. 6 S. 2) beendet, entfällt die Einkommenszurechnung nur für das Jahr, in das das Ereignis fällt und die Folgejahre.[10] Ein wichtiger Grund kann insbesondere eine Veräußerung der Organgesellschaft sein, KStR 60 Abs. 6 S. 2. Damit hat die steuerliche Organschaft keinen Bestand für das gesamte Geschäftsjahr, in welche das Closing fällt. Dies ist bei der Steuerklausel entsprechend zu berücksichtigen. **55**

Handelsrechtlich wird der Unternehmensvertrag regelmäßig bis zum *Closing* fortgeführt. Eine rückwirkende Beendigung ist handelsrechtlich nicht zulässig. Der Verkäufer wird mithin den Unternehmensvertrag schon deshalb nicht vor *Closing* beenden wollen, da er dadurch die steuerliche Organschaft auch für die letzten Jahre zerstören würde falls es z. B. aufgrund einer Versagung durch das Kartellamt nicht zum *Closing* kommt. Hierbei sind die folgenden Fallkonstellationen denkbar. **56**

aa) Wirtschaftlicher und rechtlicher Eigentumsübergang fallen zusammen

Dies entspricht dem bereits beschriebenen Standardfall. Der EAV wird bis zum *Closing* durchgeführt. Die steuerliche Organschaft, sofern eine existiert, wird zum Beginn des Geschäftsjahres beendet und entfaltet mithin keine Wirkung. **57**

---

[9] Zu den Besonderheiten bei Bestehen eines Unternehmensvertrags siehe auch → § 3 Rn. 47 ff.
[10] BeBiKo/Grottel/Baldamus, § 271 Rn. 135.

Im Ergebnis führt damit das Zielunternehmen den im Laufe des Geschäftsjahres erwirtschafteten Gewinn an die Gesellschafter ab oder die Gesellschafter müssen den Verlust übernehmen. In beiden Fällen wird dies der letzte Geschäftsvorfall vor *Closing* sein. Wirtschaftlich entspricht die Gewinnabführungsverpflichtung bei einem positiven Jahresergebnis einer Gewinnausschüttung, bei einem negativen Jahresergebnis einer Nachschusspflicht. Sofern dies nicht bei der Bestimmung des Gesamtunternehmenswertes bereits berücksichtig ist, wird es sachgerecht sein, die Gewinnabführung als *Debt* zu berücksichtigen und den Verlustausgleich vom *Debt* abzuziehen.

PLTA

[Debt shall include] all obligations due to the Seller or other third parties other than Purchaser and Group companies which arise from the execution of a Profit and Loss Transfer Agreement. However, Debt will be reduced by all receivables due from Seller or other third parties other than Purchaser and Group companies which arise from the execution of a Profit and Loss Transfer Agreement.

bb) Wirtschaftlicher und rechtlicher Eigentumsübergang fallen innerhalb eines Geschäftsjahres auseinander

58 Die steuerliche Organschaft wird grundsätzlich zum Beginn des Geschäftsjahres beendet werden. Die *Equity Bridge* wird dann wie bei einem *Locked Box*-Mechanismus üblich auf den wirtschaftlichen Eigentumsübergang ermittelt werden. Insofern passt auch die vorstehende Kaufvertragsklausel. Auch in dieser Fallkonstellation wird der EAV handelsrechtlich regelmäßig bis zum *Closing* fortbestehen. Ansonsten kann das Risiko für den Verkäufer zu groß werden, wenn die Transaktion nach Beendigung des handelsrechtlichen Unternehmensvertrages scheitert. Dann wäre nämlich die steuerliche Organschaft ohne wichtigen Grund beendet worden, was dazu führen könnte, dass die Steuerfestsetzungen der letzten Jahre anzupassen wären.

59 Im Ergebnis kann diese Fallkonstellation dazu führen, dass dem Altgesellschafter noch das Ergebnis zwischen wirtschaftlichem und rechtlichem Eigentumsübergang zusteht, obwohl der wirtschaftliche Eigentumsübergang ja gerade fingiert, dass das Ergebnis sowohl zugunsten als auch zu Lasten des Erwerbers erwirtschaftet wird. Sofern dieser Sachverhalt nicht über eine *No Leakage*-Klausel (→ § 6 Rn. 17 ff.) abgefangen wird, sollte die *Equity Bridge* entsprechend erweitert werden. Hierfür bietet sich folgende **Formulierung** an:

[Debt shall include] all obligations due to the Seller or other third parties other than Purchaser and Group Companies which arise from the execution of a Profit and Loss Transfer Agreement between Economic Effective Date and Closing. However, [Financial] Debt will be reduced by all receivables due from Seller or other third parties other than Purchaser and Group companies which arise from the execution of a Profit and Loss Transfer Agreement between Economic Effective Date and Closing.

cc) Rechtlicher Eigentumsübergang zum Geschäftsjahresende

Sofern das *Closing* auf das Geschäftsjahresende fällt, können sowohl die steuerliche Organschaft als auch der handelsrechtliche EAV auf diesen Zeitpunkt beendet werden. **60**

Häufig wird es keine Option für Verkäufer und Käufer sein, dass Geschäftsjahresende abzuwarten, um dann den rechtlichen Eigentumsübergang zu vollziehen. Darüber hinaus wird ein Erwerber häufig ein Interesse haben, mit Beginn des neuen Geschäftsjahres auch gleich eine steuerliche Organschaft zu begründen. Voraussetzung ist, dass dann auch gleich eine finanzielle Eingliederung vorliegt. **61**

Durch den sog. Mitternachts-Erlass[11] ist es grundsätzlich möglich, dass ein Veräußerer das Geschäftsjahr des Unternehmens unterjährig ändert, das rechtliche Eigentum zum neuen unterjährigen Geschäftsjahresende per 24 Uhr überträgt und die steuerliche Organschaft beendet und der Erwerber zum Eigentumserwerb ab 0 Uhr des Folgetages die Gesellschaft finanziell eingliedert und seinerseits eine steuerliche Organschaft begründet. **62**

Diese Fallkonstellation bietet eine weitere Besonderheit. Auf Ebene der Zielgesellschaft fallen keine Ertragsteuern an, d. h. die Ergebnisabführung wird bei einem angenommenen positiven Ergebnis höher sein als in den vorangegangenen Fallkonstellationen. Aus Sicht des Veräußerers wird die Organschaft auch regelmäßig Sinn gemacht haben, da auf Ebene des Mutterunternehmens die in der Zielgesellschaft erwirtschafteten Gewinne beispielsweise mit Verlusten oder Zinsaufwendungen (teilweise) verrechnet werden konnten. Diesen positiven Ergebnisabführungseffekt wird der Veräußerer aber nicht im Rahmen der *Equity Bridge* an den Erwerber abgeben wollen, d. h. der Effekt aus der Ergebnisabführung wird um die tatsächliche Steuerquote des Veräußerers oder der wahrscheinlich fiktiven höheren Steuerquote der Zielgesellschaft vermindert werden. Ein gutes Argument dafür, die fiktiv höhere Steuerquote des Zielunternehmens von der Ergebnisabführung in der *Equity Bridge* in Abzug zu bringen, wird sein, dass der Veräußerer die geschickte steuerliche Strukturierung als proprietär für sich beansprucht, da der Erwerber weder Kosten noch Aufwand zur Errichtung beigetragen hat. **63**

Technisch kann die Ergebnisabführung (oder die Verlustübernahme) bereinigt um die Steuereffekte unmittelbar bei der Berechnung des Kaufpreises als Teil der *Equity Bridge* berücksichtigt werden. Es gibt aber auch alternative Varianten der Kaufvertragsgestaltung. Wenn beispielsweise der Zielgesellschaft nicht so viel Liquidität entzogen werden soll, kommt auch in Betracht, dass die Parteien vereinbaren, dass das abgeführte Ergebnis wieder in die Kapitalrücklage gezahlt wird. Dann erfolgt kein Abzug bei der Berechnung des Kaufpreises. **64**

---

[11] KStR 59 Abs. 2.

dd) Zwischen dem wirtschaftlichen und dem rechtlichen Eigentumsübergang liegt ein Geschäftsjahresende

65 In dieser Fallkonstellation besteht die Möglichkeit, die Organschaft steuerlich bis zum Geschäftsjahresende fortzuführen. Es wird sich dennoch nicht anbieten, die steuerliche Organschaft und den EAV zum gleichen Zeitpunkt enden zu lassen, sondern den EAV handelsrechtlich bis zum *Closing* fortbestehen zu lassen. Ansonsten kann das Risiko für den Verkäufer zu groß werden, wenn die Transaktion nach Beendigung des handelsrechtlichen Unternehmensvertrages noch scheitert. Dann wäre nämlich die steuerliche Organschaft ohne wichtigen Grund beendet worden. Dies kann dazu führen, dass die Steuerfestsetzungen der letzten Jahre anzupassen sind. Insoweit gibt es keine Besonderheiten zu der unter → Rn. 58 ff. dargestellten Fallvariante.

5. Verbundene Unternehmen und Beteiligungen (Receivables from and payables due to associated and affiliated companies)

66 Verbundene Unternehmen sind solche, die als Mutter- oder Tochterunternehmen nach den Vorschriften über die Vollkonsolidierung (§§ 300 bis 307 HGB) in einen Konzernabschluss einzubeziehen sind oder aufgrund § 296 HGB nicht einbezogen werden[12]. Das jeweilige Mutterunternehmen muss mittelbar oder unmittelbar einen beherrschenden Einfluss ausüben können. Dies ist beispielsweise dann der Fall, wenn es über die Mehrheit der Stimmrechte verfügt (§ 290 Abs. 2 Nr. 1 HGB).

67 Beteiligungen sind Anteile an anderen Unternehmen, die bestimmt sind, dem eigenen Geschäftsbetrieb durch Herstellung einer dauernden Verbindung zu dienen (§ 271 Abs. 1 S. 1 HGB). Als Beteiligungen gelten im Zweifel Anteile an einer Kapitalgesellschaft, die insgesamt 20 % des Nennkapitals dieser Gesellschaft überschreiten (§ 271 Abs. 1 S. 3 HGB).

68 Bei Forderungen und Verbindlichkeiten im Verbundbereich und gegenüber Beteiligungsunternehmen gelten die gleichen Grundsätze wie bei solchen gegenüber den Anteilseignern, sofern diese Unternehmen nicht Teil der Erwerbsstruktur sind. Sofern beispielsweise die Erwerbsstruktur und der Konsolidierungskreis identisch sind, saldieren sich Forderungen und Verbindlichkeiten auf. Hierzu bietet sich ggf. folgende Ergänzung der Ausgangsklausel an:

Intercompany loans

[Debt shall include] all payment obligations to the Seller, [other former shareholders] as well as affiliated or associated companies other than Target Companies including, without limitations, shareholder loans, accrued interest as of the Economic Effective Date, and similar balances.

[The payment obligations will be reduced by respective receivables against the Seller [or other prior shareholders] to the extent an offsetting is legally allowed according to § 387 et sqq. BGB.]

---

[12] BeBiKo/Grottel/Kreher § 271 Rn. 38.

6. Finanzierungsleasing (Finance Lease)

a) Ausgangspunkt

Beim Finanzierungsleasing handelt es sich um eine Sonderform der entgeltlichen Überlassung von Wirtschaftsgütern. Sie ist eine Form der Innenfinanzierung, die den Finanzierungsspielraum des Leasingnehmers erhöht. Das rechtliche Eigentum am Wirtschaftsgut verbleibt beim Leasinggeber. **69**

Erfolgt die Zurechnung des wirtschaftlichen Eigentums beim Zielunternehmen als Leasingnehmer, wird das Wirtschaftsgut beim Zielunternehmen im Anlagevermögen bilanziert und die Zahlungsverpflichtungen, die über die Laufzeit des Leasingvertrages anfallen, als Verbindlichkeiten. Zukünftiger Aufwand fällt nur in Form von Zinsen und Abschreibungen an, berührt also nicht das EBITDA. Damit besteht faktisch kein Unterschied zu dem Fall, dass ein Zielunternehmen ein Anlagegegenstand kauft und hierfür einen Bankkredit aufnimmt. Daher ist es sachgerecht, ein bestehendes Finanzierungsleasing auch entsprechend zu behandeln. Gleiches gilt im Übrigen für Ratenkauf und Zielkauf. Hier geht das Eigentum (bzw. ein Anwartschaftsrecht bei Kauf unter Eigentumsvorbehalt) bereits bei Abschluss des Vertrages über, die Zahlung erfolgt dann nur in Raten oder zu einem festgelegten Zeitpunkt. **70**

Beim Leasinggeber wird der Barwert der Mindestleasingzahlungen mit Beginn des Leasings als Umsatzerlös realisiert. Der Leasinggegenstand wird korrespondierend über den Materialaufwand ausgebucht. **70a**

b) Leasingverhältnisse nach IFRS 16

IFRS 16 wurde im Januar 2016 vom IASB veröffentlicht und ist (vorbehaltlich des EU-*Endorsements*) spätestens für Geschäftsjahre ab dem 1. Januar 2019 anwendbar und wird dann die bisherigen Leasingvorschriften ersetzen, insbesondere die IAS 17, IFRIC 4, SIC-12 und SIC-27. **70b**

Nach dem IFRS 16 zugrunde liegenden Nutzungsrechtsmodell sind künftig grundsätzlich alle Leasingverhältnisse bilanzwirksam zu erfassen. Damit der sachliche Anwendungsbereich eröffnet ist, muss es sich gemäß IFRS 16.9 um die Nutzung eines identifizierbaren Vermögenswertes *(„identified asset“)* handeln und mit dem Vertrag muss das Recht zur Bestimmung der Nutzung dieses Vermögenswertes übertragen werden *(„right to control the use“)*. Die Identifizierbarkeit kann unter Umständen kritisch sein, z. B. bei eingebetteten Leasingverträgen im Rahmen der Auslagerung von IT-Dienstleistungen. Ein identifizierbarer Vermögenswert kann gemäß IFRS 16.B20 auch ein physisch abgegrenzter Teil eines Vermögenswertes darstellen (z. B. eine Etage eines mehrstöckigen Gebäudes). Ein nicht physisch abgegrenzter Teil (z. B. 50 % des Fassungsvermögens einer Pipeline) ist dagegen grundsätzlich nicht als identifizierbarer Vermögenswert einzustufen.[13] **70c**

[13] Eckl/Kirch/Piesbergen/Pilhofer, DB 2016, 661, 669.

70d Zur Reduzierung der Komplexität und der Kosten gestattet IFRS 16.5 für Leasingnehmer die Fortführung der bisherigen bilanzunwirksamen Abbildung für kurzfristige (d. h. solche mit einer Laufzeit von weniger als 12 Monaten)[14] sowie für wertmäßig unbedeutende Leasingverhältnisse (d. h. im Wert von unter USD 5.000).[15]

70e Da künftig Dienstleistungsverträge aus Leasingnehmersicht im Gegensatz zu Leasingverhältnissen weiterhin als bilanzunwirksame schwebende Geschäfte zu erfassen sind, ist bei Anwendung von IFRS 16 vor allem der Identifizierung und Abgrenzung von Leasingverhältnissen und Dienstleistungsverträgen eine große Aufmerksamkeit zu widmen. Praktische Probleme ergeben sich regelmäßig bei sog. Paketvereinbarungen, bei denen neben der reinen Nutzungsüberlassung zusätzliche Inspektions- und Wartungsleistungen erbracht werden. Leasing- und Nichtleasingkomponenten sind grundsätzlich gem. IFRS 16.12 zu trennen, wobei Leasingnehmer Erleichterungen in Anspruch nehmen können.[16]

70f IFRS 16 wird in vielen Fällen ganz erhebliche Auswirkungen auf die Finanzkennzahlen haben. Dies betrifft u. a. *Covenant*-Klauseln, *Earn Out* Berechnungen, Vergütungsmodelle und Unternehmensbewertungen unter Rückgriff auf *Multiple*-Verfahren.[17]

c) Auswirkung unterschiedlicher Rechnungslegungsvorschriften

71 Das deutsche Handelsrecht enthält keine Vorschriften zum Leasing. Daher werden in aller Regel die Vorschriften der steuerlichen Leasingerlasse entsprechend angewendet.[18]

72 Die IFRS haben eine rein wirtschaftlich geprägte Sichtweise, die nicht beeinflusst ist von einer steuerrechtlichen Motivation. Aufgrund dieser unterschiedlichen Sichtweisen wird deutlich, dass gerade bei grenzüberschreitenden Transaktionen nicht-deutsche Vertragspartner versuchen werden zu verstehen, ob und inwieweit bestimmte Mietverträge in einem nach deutschem Handelsrecht erstellten Abschluss einen *Finance Lease* im Sinne der IFRS darstellen. Häufig wird ein Erwerber selbst nach IFRS bilanzieren und daher verstehen wollen, welche Finanzverbindlichkeiten bei einem Erwerb des Zielunternehmens zu bilanzieren sein werden. Dies kann für die eigenen Kreditverträge und damit zusammenhängenden Kreditbedingungen von erheblicher Bedeutung sein. Werden bestimmte Verhältnisgrößen wie beispielsweise „Verschuldung zu EBITDA" nicht eingehalten, kann dies zur Verschlechterung oder gar zu einem Bruch der Kreditbedingungen führen.

---

[14] Eckl/Kirch/Piesbergen/Pilhofer, DB 2016, 661, 668.

[15] Eckl/Kirch/Piesbergen/Pilhofer, DB 2016, 661, 668.

[16] Eckl/Kirch/Piesbergen/Pilhofer, DB 2016, 661, 671.

[17] Eckl/Kirch/Piesbergen/Pilhofer, DB 2016, 661, 664.

[18] Baetge/Kirsch/Thiele, Bilanzen, S. 659, BeBiKo/Justenhoven/Meyer § 246 Rn. 59.

Da das deutsche Handelsrecht steuerlich getrieben ist und häufig die wirtschaftliche Situation beim Erwerbsunternehmen nicht zutreffend darstellt, ist es sachgerecht, in der *Equity Bridge* selbst dann den entsprechenden IFRS-Wert in Ansatz zu bringen, wenn das Zielunternehmen nach deutschem Handelsrecht bilanziert. 73

Finance lease

[Debt shall include] the net present value of all obligations of the Target Companies as lessee that qualify or would qualify as finance lease in accordance with IFRS using the same principles and practices including judgments and estimates as in the last audited financial statements.

Zur Zurechnung der Leasinggegenstände nach deutschem Handels- und Steuerrecht und nach IFRS sowie deren Bedeutung im Hinblick auf die nachhaltige Ertragskraft eines Zielunternehmens wird im Übrigen auf → § 2 Rn. 29 f., → 103 zu „*Quality of Earnings*" verwiesen. 74

Ist das Zielunternehmen der Leasinggeber, wurde der Barwert der Mindestleasingzahlungen bereits mit Beginn des Leasingverhältnisses als Umsatzerlös vereinnahmt. Dies ist unabhängig davon, wann die Zahlungen durch den Leasingnehmer erfolgen. Mit anderen Worten: Die Umsatzerlöse wurden in FY00 vereinnahmt und haben in dieser Periode nach Abzug des Materialaufwandes das EBITDA beeinflusst. In FY01, FY02, FY03 usw. erfolgen die Zahlungen, die das EBITDA nicht mehr beeinflussen. 75

Für die *Quality of Earnings* und für das *Net Debt* stellen sich nun verschiedene Fragen. Wie regelmäßig kommt es zum Abschluss von Leasingverhältnissen als Leasinggeber, d. h. wie nachhaltig ist diese geschäftliche Tätigkeit? Kommt sie jedes Jahr in gleichbleibender Höhe vor? Wurde der Effekt bereits über einen *EBITDA Multiple* in der Ermittlung des Kaufpreises berücksichtigt? Oder handelte es sich um einen Einmaleffekt aus Vorjahren, der daher im *EBITDA Multiple* keine Berücksichtigung fand? Kommt dann eine Berücksichtigung als *cash like item* in Betracht, da die zukünftigen Zahlungen ja einen wirtschaftlichen Vorteil darstellen? Wie werthaltig sind die langfristigen Zahlungsansprüche (Insolvenz- und Einrederisiko durch den Leasingnehmer)? 76

d) Indefeasible right of use (IRU)

IRUs stellen einen Sonderfall des Finanzierungsleasings dar. Bei diesem Instrument erfolgt eine Einmalzahlung des Leasingnehmers zu Beginn des Leasingzeitraums.[19] Danach kann der Leasinggegenstand für einen langfristigen Zeitraum genutzt werden, der durchaus 10 bis 15 Jahre oder länger betragen kann. 77

Ein typisches Beispiel ist die Anmietung eines Glasfasernetzes für einen Zeitraum von 15 Jahren. Ob ein Finanzierungsleasing vorliegt, wird sich nach IFRS 16 78

[19] In der Praxis wird der Begriff der IRU nicht einheitlich verwendet. Teilweise werden auch *Finance lease*-Verhältnisse in der Telekommunikationsbranche (z. B. Glasfasernetze) als IRU bezeichnet, bei denen nicht zu Beginn der Vertragslaufzeit eine Einmalzahlung erfolgt, sondern laufende Zahlungen über die Vertragslaufzeit.

danach richten, ob der Leasingnehmer bestimmte Glasfaserstränge mietet und diese durch Anschluss an eigene technische Anlagen auch betreibt oder ob er lediglich eine bestimmte Kapazität anmietet und der Leasinggeber im Einzelfall entscheidet, über welche Glasfaserstränge diese Kapaziät zur Verfügung gestellt wird.[20] Die Besonderheit ist, dass ggf. keine Leasingverbindlichkeit zu bilanzieren ist, aber in regelmäßigen (wenn auch mehrjährigen) Abständen eine wesentliche Zahlung durch das Zielunternehmen zu erfolgen hat.

79 Die Behandlung eines solchen Sachverhalts hängt sehr stark vom Einzelfall ab. Häufig wird es keinen Unterschied zu anderen Anlagegenständen geben, die von Zeit zu Zeit zu ersetzen sind. Dann scheidet ein *Debt*-Abzug für zukünftige Investitionen eigentlich aus. Gleichwohl sollte der Effekt hinreichend im Business Plan Berücksichtigung finden. Dies kann auf verschiedenen Wegen passieren. Entweder wird ein fiktiver Mietaufwand EBITDA-mindernd berücksichtigt oder es wird eine fiktive *Debt*-Position in Ansatz gebracht, die zahlungswirksam in dem Zeitpunkt wird, in dem das *IRU* verlängert werden muss (siehe hierzu die Ausführungen zum *Cash* EBITDA zur Vermeidung von Wiederholungen → § 2 Rn. 128i bis Rn. 128k).

7. Factoring

a) Echtes Factoring

80 Beim echten Factoring werden die Forderungen mit dem Risiko des Forderungsausfalls an den Factor übertragen, beim unechten Factoring verbleibt dieses Delkredererisiko beim Factoringkunden.[21] Aus dieser rechtlichen Beurteilung folgt dann auch die entsprechende bilanzielle Behandlung.

81 Beim echten Factoring werden Forderungen gegen Zahlung des Forderungsbetrags durch den Factor abzüglich eines Abschlags, der das Ausfallrisiko des Factors sowie dessen Gewinnerwartung widerspiegelt (endgültig) übertragen. Die Forderungen werden ausgebucht und der *Cash*-Bestand erhöht sich entsprechend. Diesen erhöhten *Cash*-Bestand wiederum lässt sich der Verkäufer durch den *„Cash free/ Debt free"*-Mechanismus regelmäßig vergüten (siehe oben → Rn. 4). Im Ergebnis hat der Verkäufer durch den vorgezogenen Einzug von Forderungen einen finanziellen Vorteil, der durch den an den Factor einbehaltenen Abschlag erkauft wird. Allerdings wirkt dieser Liquiditätsvorteil nur eine gewisse Zeit fort. Werthaltige Forderungen wären voraussichtlich im gewöhnlichen Geschäftsgang eingezogen, nicht werthaltige Altforderungen wertberichtigt oder ausgebucht worden. Damit beschränkt sich der Vorteil auf solche Forderungen, die vor dem wirtschaftlichen

---

[20] Das IASB hat Anwendungsbeispiele zu IFRS 16 in den inoffiziellen *„Illustrative Examples"* veröffentlicht. Die Abgrenzungserwägungen zum Glasfaserbeispiel finden sich in Beispiel 3.

[21] Grüneberg/Grüneberg BGB, § 398 Rn. 38 bis 40.

Eigentumsübergang verkauft wurden, obwohl ihr Einzug ohne diesen Verkauf erst nach diesem Zeitpunkt erfolgt wäre.

Die Frage, ob echtes Factoring gegebenenfalls *Debt* sein kann, ist in der Praxis nicht unumstritten. Eine Berücksichtigung von echtem Factoring als *Debt* ist dann fraglich, wenn das Zielunternehmen regelmäßig wiederkehrend Forderungen verkauft. Als Hauptargument hierfür wird häufig angeführt, dass es wohl keinen Unterschied machen könne, ob das Zielunternehmen von vorneherein kürzere Zahlungsziele mit Kunden vereinbart oder es bei den längeren Zahlungszielen belasse, dafür aber die Forderungen verkaufe. **82**

Eine sachgerechte Lösung lässt sich jedoch nur finden, wenn die Effekte aus dem echten Factoring detailliert analysiert werden, wobei folgende Grundsätze gelten: **83**

Sofern Forderungen regelmäßig und in gleichbleibendem Umfang verkauft werden und der Erstverkauf soweit zurück liegt, dass er keinen Einfluss mehr auf einen durchschnittlichen *Working Capital*-Bestand hat, der zur Bemessung einer *Working Capital*-Anpassung herangezogen wird, kann es sachgerecht sein, echtes Factoring nicht als *Debt* zu berücksichtigen. **84**

Fallen der Erstverkauf oder wesentliche Schwankungen (kein regelmäßiger Verkauf, kein Verkauf eines gleichbleibenden Umfangs) demgegenüber in den Zeitraum, in den die Ermittlung des durchschnittlichen *Working Capital*-Bestandes fällt, ist entweder das *Working Capital* zu korrigieren (→ § 8 Rn. 56 ff.) oder der Verkauf als *Debt*-Position in Abzug zu bringen. Ansonsten wäre der durchschnittliche *Working Capital*-Bestand im Referenzzeitraum nur auf Grund des Factorings und damit auf Grund eines Sondereffektes höher oder niedriger als das tatsächliche *Working Capital*. **85**

Zur Verdeutlichung ein Beispiel: Das *Working Capital* beläuft sich im Referenzzeitraum für 6 Monate auf 100. Nach Beginn des regelmäßigen Factorings ist der *Working Capital*-Bestand nur noch 20. Bei der Kaufpreisberechnung könnte der Effekt sein, dass das tatsächliche *Working Capital* von 20 zum *Economic Effective Date* mit einem durchschnittlichen *Working Capital* von 60 verglichen wird und dies zu einer Kaufpreisanpassung zu Gunsten des Käufers in Höhe von 40 führen würde. Der Verkäufer seinerseits hat aber einen Vorteil von 80 über den höheren Cash-Bestand. **86**

Aufgabe der Due Diligence wird es sein, die sich aus dem echten Factoring ergebenden Auswirkungen transparent zu machen. Ggf. erst dann kann eine sachgerechte Einschätzung über das Zusammenspiel mit *Working Capital* und einen möglichen *Debt*-Abzug getroffen werden. **87**

Ist das Ergebnis der Due Diligence-Untersuchungen, dass ein *Debt*-Abzug sachgemäß ist, lautet ein **Formulierungsbeispiel** wie folgt: **88**

Factoring

[Debt shall include] any receivables that have been sold by the Target Companies on a non-recourse basis for financing purposes since […] including all non-recourse factoring and similar agreements.

Der Käufer kann sich ggf. auch dadurch schützen, dass der Verkäufer im Rahmen einer *Ordinary Course of Business*-Klausel garantiert, in einem bestimmten Zeitraum keine Forderungen im Rahmen eines echten Factorings zu verkaufen bzw. verkauft zu haben.

Non-recourse Factoring

As of the date of signing this agreement [as well as at the Closing Date], and unless disclosed otherwise in Annex [...], the Target Companies have not taken any of the following actions since [...]:

(1) None of the Target Companies has sold any receivables on a non-recourse basis for financing purposes including all non-recourse factoring and similar agreements.

(2) [...]

b) Unechtes Factoring

89 Beim unechten Factoring verbleibt das Delkredererisiko beim Factoringkunden. Daher werden die Kundenforderungen bis zum erfolgreichen Einzug durch den Factor beim Factoringkunden nicht ausgebucht. Dies bedeutet, dass der Factorkunde eine Verbindlichkeit als Gegenposten zur Zahlung des Factors in seiner Bilanz zeigt. Da die Höhe des *Cash*-Bestands vom Ausfallrisiko der Verbindlichkeit und damit vom erfolgreichen Forderungseinzug abhängt, ist es sachgerecht, die Verbindlichkeiten gegenüber dem Factor als *Debt* abzuziehen.

Recourse Factoring

[Debt shall include] any recourse and similar liabilities arising from any assignment of receivables for financing purposes by the Target Companies to any third party other than the Purchaser, including all factoring agreements and similar financing agreements executed for the purpose of obtaining financing.

90 Beim unechten Factoring greift das Hauptargument nicht, dass ggf. auch dem Kunden ein verkürztes Zahlungsziel hätte gewährt werden können (→ Rn. 82). Der Kunde hätte jedenfalls kein Rückgriffsrecht und die Bilanzierung einer Verbindlichkeit käme nicht in Betracht.

8. Anleihen und Hybridinstrumente

91 Anleihen sind langfristige, am öffentlichen Kapitalmarkt aufgenommene Verbindlichkeiten. Hierunter fallen nach deutschem Recht:

- Schuldverschreibungen (Obligationen)
- Wandelschuldverschreibungen
- Optionsschuldverschreibungen
- Gewinnschuldverschreibungen
- Genussscheine, sofern das Genussrechtskapital Fremdkapital darstellt.[22]

[22] BeBiKo/Schubert § 266 Rn. 212.

Für die Berücksichtigung als *Financial Debt* gelten die gleichen Grundsätze wie bei den Verbindlichkeiten gegenüber Kreditinstituten. Insbesondere bei internationalen Transaktionen bietet es sich jedoch an, die hierunter fallenden Verpflichtungen detailliert zu beschreiben wie in dem folgenden **Formulierungsbeispiel:** 92

Bonds and similar instruments

[Debt shall include] bonds *(Anleihen)* and similar liabilities from debt, convertibles, profit-related and other debt securities *(„Verbindlichkeiten aus Wandel-, Options-, Gewinn- oder anderen Schuldverschreibungen")* or profit participation certificates of any kind *(„Genusscheine jeder Art")*, for the avoidance of doubt, in each case including accrued interest and similar charges (eg *„Ausschüttungen auf Genussrechte"*).

Sofern das Zielunternehmen wandelbare Anleihen begeben hat, die durch einen fremden Dritten in Eigenkapital bzw. Unternehmensanteile gewandelt werden können, kann dies dazu führen, dass die Unternehmensanteile verwässert werden, die gerade erworben werden sollen. Sofern der (fiktive) Wert der gewandelten Unternehmensanteile zum wirtschaftlichen Abgrenzungsstichtag höher ist als der ausgewiesene Anleihebetrag, ist es sachgerecht, diesen höheren Betrag als *Debt* anzusetzen. Wirtschaftlich ist dies nichts anderes als die Berücksichtigung von Anteilen von Minderheitsgesellschaftern als *Debt*-Abzugsposten. 93

Convertible bonds

[Debt shall include] convertible bonds (*„wandelbare Anleihen"*) and similar hybrid instruments are considered with the higher of (i) repayment value of the instrument including accrued interest and similar charges or (ii) a mark-to-market valuation of derivative financial instruments as per the Economic Effective Date. The mark-to-market valuation must match the amount which the hybrid instrument holders will expect to obtain for the liquidation of the instrument.

9. Berücksichtigung anderer Gesellschafter

Andere Gesellschafter sind solche, deren Anteile an dem oder einem der Zielunternehmen nicht Teil der Transaktion werden sollen. Sofern es sich um Minderheitsgesellschafter handelt, kann die Bandbreite von (kleineren) Managementbeteiligungen bis hin zu größeren strategischen Beteiligungen reichen. Darüber hinaus wird häufig auch das Zielunternehmen seinerseits Minderheitsanteile an Unternehmen halten, die nicht miterworben werden sollen. 94

a) Gesellschafter ohne „beherrschenden Einfluss"

Minderheitsgesellschafter sind Gesellschafter ohne beherrschenden Einfluss an der oder einer der Zielgesellschaften. 95

Der Begriff des beherrschenden Einflusses wird hier im Übrigen untechnisch verwendet, da die einzelnen Rechnungslegungssysteme unterschiedliche Kriterien daran anlegen, wann ein Unternehmen ein anderes beherrscht und damit im Wege der Vollkonsolidierung in den Konzernabschluss dieses Unternehmens einzubeziehen ist. Für das deutsche Handelsrecht definiert § 290 Abs. 2 HGB die Beherrschung, die beispielsweise dann vorliegt, wenn einem Unternehmen die 96

Mehrheit der Stimmrechte an einem anderen Unternehmen zustehen oder einem Gesellschafter bei einem Unternehmen das Recht zusteht, die Mehrheit der Mitglieder des die Finanz- und Geschäftspolitik bestimmenden Organs zu bestellen oder abzuberufen. Für die IFRS sind die Regelungen zur Vollkonsolidierung in IFRS 10 enthalten.[23] Eine Beherrschung liegt nach IFRS 10.6 vor, wenn das Mutterunternehmen zur Leistung von variablen Rückflüssen aus dem Engagement in der Beteiligung verpflichtet ist, bzw. Anrecht auf Zahlung hat und die Fähigkeit besitzt, diese Rückflüsse mittels seiner Verfügungsmacht über die Beteiligung zu beeinflussen. [24] Da sich die Regelungen nach HGB und nach IFRS unterscheiden, kann es im Einzelfall je nach Rechnungslegung zu unterschiedlichen Ergebnissen kommen, ob ein beherrschender Einfluss vorliegt oder nicht.

97 Bei Aufstellung eines Konzernabschlusses wird auch der Anteil der Minderheitsgesellschafter im Wege der Vollkonsolidierung erfasst. Dies bedeutet, dass alle Vermögenswerte und Schulden unabhängig von der Beteiligungsquote sowie die damit zusammenhängenden Erträge und Aufwendungen so erfasst und ausgewiesen werden, als ob der Mehrheitsgesellschafter 100 % der Anteile halten würde. Dieses Verfahren führt dazu, dass das im Konzernabschluss ausgewiesene Nettovermögen zum Teil diesen anderen Gesellschaftern zuzuordnen ist. Entsprechend diesen (Fremd-)Anteilen am Nettovermögen des Konzerns ist ein Ausgleichsposten gesondert innerhalb des Eigenkapitals des Konzerns auszuweisen.[25] Die Vergütung von Minderheitsgesellschaftern erfolgt in der Regel über Ausschüttungen oder ausschüttungsähnliche Konstruktionen.

98 Die Wertfindung im Rahmen einer Due Diligence wird sich regelmäßig auf alle Anteile an einem Unternehmen bzw. an einer Unternehmensgruppe beziehen. Dies liegt insbesondere auch daran, dass die Erträge und Aufwendungen einschließlich des EBITDA so in der Gewinn- und Verlustrechnung gezeigt werden, als würde es keine Minderheitsgesellschafter geben. Sofern ein EBITDA-*Multiple* zur Ermittlung des Unternehmenswertes herangezogen oder für Zwecke des Kaufvertrages gezeigt wird, würde der zu erwerbende Unternehmensanteil aufgrund der Minderheitenbeteiligungen zu hoch ausgewiesen werden.

99 Technisch kann dies dadurch gelöst werden, dass die (fiktiven) Kosten für eine Abfindung anderer Gesellschafter als *Debt*-Position in der *Equity Bridge* berücksichtigt werden.

100 Minderheitsgesellschafter sind am Eigenkapital und an den stillen Reserven des oder der Zielunternehmen beteiligt. Für die Wertfindung gibt es in der Praxis verschiedene Ansätze.

---

[23] IFRS 10 gilt für Geschäftsjahre, die am oder nach dem 1. Januar 2013 begonnen haben. Für die EU gilt er für Geschäftsjahre, die am oder nach dem 1. Januar 2014 begonnen haben.

[24] Eine zusammenfassende Gegenüberstellung findet sich bei Hayn/Waldersee, IFRS und HGB im Vergleich, S. 291 ff.

[25] BeBiKo/Störk/Roland § 307 Rn. 1; Hayn/Waldersee, IFRS und HGB im Vergleich, S. 311.

aa) DCF oder Ertragswertverfahren

Ein DCF- oder Ertragswertverfahren mit einer detaillierten zu Grunde liegenden Planung stellt regelmäßig die Methode dar, die am besten geeignet ist, den Wert der Minderheitsbeteiligung aus dem Gesamtunternehmensmodell abzuleiten. Er wird auch von der Nutzenschätzung (Grenznutzen) der jeweiligen Käufer und Verkäufer bestimmt und kann je nach dem mengenmäßigen Verhältnis zwischen Angebot und Nachfrage sowie den Einflussmöglichkeiten der Unternehmenseigner auf die Unternehmenspolitik (Alleineigentum, qualifizierte oder einfache Mehrheit, Sperrminorität oder Streubesitz) mehr oder weniger stark von dem Wert des gesamten Unternehmens oder dem quotalen Anteil am Unternehmensgesamtwert abweichen.[26] **101**

In der Praxis wird dieses Vorgehen insbesondere bei wesentlichen Beteiligungen Anwendung finden. Aufgrund der Komplexität derartiger Modelle wird die Wert- und Preisfindung meist außerhalb des Kaufvertrages erfolgen. **102**

bb) Multiple-Verfahren

Vereinfacht kann auch der EBITDA-*Multiple* der Gesamttransaktion verwendet und der daraus resultierende *Enterprise Value* in entsprechender Anwendung des Kaufpreismechanismus der Gesamttransaktion auf den *Equity Value* übergeleitet werden. Der Vorteil hierbei ist, dass dieses Verfahren leicht handhabbar und auch für die Vertragspartner gut nachvollziehbar ist. Allerdings werden hierbei Besonderheiten von einzelnen Gruppenunternehmen regelmäßig nicht berücksichtigt. So ist nach diesem vereinfachten Ansatz das EBITDA einer Tochtergesellschaft in einem stagnierenden Markt gleich viel Wert wie das einer Tochtergesellschaft in einem stark wachsenden Markt. Zudem werden keine Abschläge dafür vorgenommen, dass die Minderheitsgesellschafter keine unternehmerischen Entscheidungen treffen können. Daher wird es selten zu einer einheitlichen Anwendung eines Unternehmens-*Multiple* kommen. **103**

In der Praxis kommt es häufig zu einer Mischung aus DCF- und *Multiple*-Verfahren. Die Darstellung einer DCF-Berechnung im Kaufvertrag scheidet regelmäßig aufgrund ihrer Komplexität aus. Die Preisfindung wird gleichwohl über ein DCF-Modell erfolgen, die Regelung im Kaufvertrag dann aber regelmäßig auf einen aus einer DCF-Bewertung abgeleiteten *Multiple* abstellen, wie in dem folgenden **Formulierungsbeispiel:** **104**

Minority interest

[Debt shall include] the fair value of any interest in equity of any Group Company held by shareholders other than the Sellers (minority shareholders) calculated as follows: (Reported) EBITDA multiplied by [...] ("EBITDA multiple") plus the amount of the Cash of the relevant individual company and minus the amount of Debt of the relevant individual company.

---

[26] IDW S 1 Rn. 13.

cc) Buchwertabfindung

105 In der Praxis verbreitet ist auch eine (fiktive) Abfindung in Höhe des Buchwertes. Der einfachen Handhabung des Verfahrens steht entgegen, dass der Käufer etwaige stille Reserven nicht als *Debt* in Abzug bringt, die er im Falle einer tatsächlichen Abfindung zu entrichten hätte. Daher wird diese Methode regelmäßig nur bei unwesentlichen Abfindungsbeträgen Anwendung finden.

Minority interest

[Debt shall include] the book value of any interest in equity of any Group Company held by shareholders other than the Sellers (minority shareholders).

dd) Kein Abzug

106 Unter Umständen verzichtet der Käufer sogar ganz auf einen Abzug von Minderheitsanteilen in der *Equity Bridge*, sofern diese unwesentlich sind. Hintergrund ist die Überlegung, dass bei Refinanzierungen am Kapitalmarkt diese Minderheitsanteile von Analysten häufig nicht unternehmenswertmindernd in Abzug gebracht werden. Bei Auktionsverfahren mag auch die Überlegung hinzukommen, das Kaufpreisangebot auf dieser Basis für den Verkäufer attraktiver ausgestalten zu können.

b) Gesellschafter mit „beherrschendem Einfluss" auf eine Gruppengesellschaft

107 Hierunter fallen Konstellationen, in denen Gesellschaften miterworben werden, an denen die Zielgesellschaften nur Minderheitsanteile halten. Dies hat zur Folge, dass die Vermögenswerte und Schulden dieser Zielgesellschaft sowie die damit zusammenhängenden Erträge und Aufwendungen nicht in das konsolidierte EBITDA des Konzerns einbezogen werden. Gleichwohl leistet auch diese Beteiligung einen Wertbeitrag, selbst wenn sie als nicht-betriebsnotwendig erachtet würde und verkauft werden könnte. Dieser Wert oder auch der (fiktive) Verkaufserlös stellt einen unternehmenswerterhöhenden Beitrag dar. Daher ist es sachgerecht, diesen positiven Wertbeitrag zu vergüten und ihn bspw. als *Debt*-Minderung zu berücksichtigen. Es ist sicherzustellen, dass auch tatsächlich kein Effekt im EBITDA reflektiert ist (insbesondere über *at equity* bewertete strategische Beteiligungen). Für die Ermittlung des Wertbeitrages gelten die zuvor beschriebenen Grundsätze.

c) Joint Venture

108 Sofern zwei oder mehr Gesellschafter eine Gruppengesellschaft gemeinschaftlich führen, liegt ein *Joint Venture* vor. Diese Konstellation hat zur Folge, dass keiner der Gesellschafter gegen den oder die anderen Gesellschafter für die Gesellschaft wesentliche Entscheidungen durchsetzen kann.

Relevant wird dieser Fall dann, wenn nicht alle der Gesellschafter des *Joint Venture* ihre Anteile im Rahmen der Transaktion verkaufen. Es handelt sich deswegen um einen Sonderfall, da nach § 310 HGB ein Wahlrecht besteht, die Vermögenswerte und Schulden, sowie die damit zusammenhängenden Erträge und Aufwendungen dieses Unternehmens entweder quotal *pro-rata* im Konzernabschluss zu zeigen oder *at equity*, d. h. ähnlich einer Minderheitsbeteiligung mit einer Beteiligungsquote zwischen 20 % und 50 %. Unter IFRS ist eine Quotenkonsolidierung mit Einführung des IFRS 11 nicht mehr vorgesehen. **109**

Je nachdem, nach welcher Methode die Konsolidierung erfolgt, sind entweder die unter Gesellschafter ohne „beherrschendem Einfluss" (→ Rn. 95 ff.) oder die unter Gesellschafter mit „beherrschendem Einfluss" (→ Rn. 107) an einer Gruppengesellschaft dargestellten Grundsätze entsprechend anzuwenden. **110**

d) Ausstehende Kaufpreiszahlungen aus Unternehmenserwerben einschließlich Earn Outs

Unternehmenserwerbe werden regelmäßig schon mit dem *run rate-EBITDA* in der Bewertung eingepreist. Es ist daher auch sachgerecht, ausstehende Kaufpreiszahlungen als *Debt* in Abzug zu bringen. Dies betrifft insbesondere *Earn Out*-Verbindlichkeiten. [27] **110a**

Hierzu kann sich folgende Formulierung anbieten: **110b**

Acquisition related payments

[Debt shall include] any earn out or similar deferred payments related to the acquisition of companies irrespectively whether through a share or asset deal prior to signing of this transaction.

10. Pensionsrückstellungen und ähnliche Verpflichtungen

Pensionszusagen eines Unternehmers an Arbeitnehmer verfolgen verschiedene unternehmerische Ziele. Zum einen sollen Mitarbeiter langfristig an ein Unternehmen gebunden werden. Anwartschaften aus der betrieblichen Altersversorgung werden nach § 1b BetrAVG unverfallbar, wenn das Arbeitsverhältnis vor Eintritt des Versorgungsfalls, jedoch nach Vollendung des 30. Lebensjahres endet und die Versorgungszusage zu diesem Zeitpunkt mindestens 5 Jahre bestanden hat. Endet das Arbeitsverhältnis vorher, verfällt die Anwartschaft. Zum anderen sind rückstellungsfinanzierte Pensionszusagen (sogenannte Direktzusagen) ein Instrument der Innenfinanzierung eines Unternehmens. Ein Teil des verdienten Lohn- und Gehaltsanspruchs kommt nicht sofort, sondern erst nach Renteneintritt des Arbeitnehmers zur Auszahlung und die finanziellen Mittel stehen bis dahin der Unternehmung zur Verfügung. Der Finanzierungseffekt reicht jedoch nur soweit, wie die Zuführung zur Rückstellung die jährlichen Pensionszahlungen **111**

[27] Dieses variable Kaufpreiselement wird eingehend in → § 2 Rn. 128a ff., → § 5 Rn. 16, → § 14 Rn. 18 ff. unter verschiedenen Aspekten erörtert.

übersteigen.[28] Diese Form der Unternehmensfinanzierung wird in Deutschland über § 6a EStG zusätzlich steuerlich subventioniert, da der Pensionsaufwand eine zumindest teilweise steuerlich abzugsfähige Betriebsausgabe darstellt, bevor der Anspruch überhaupt liquiditätswirksam wird. Die Ertragsteuern werden jedoch nur bis zur Rückstellungsauflösung gestundet, da es sich lediglich um eine Vorverlagerung von Betriebsausgaben handelt.[29]

112 Aufgrund dieses Finanzierungsaspektes sowie der Tatsache, dass ein Großteil der Rentenanwartschaften langfristig, d. h. seit mehr als einem Jahr verdient sind, ist es sachgerecht, Pensionsverpflichtungen als *Debt*-Abzug in die *Equity Bridge* aufzunehmen. Ein weiteres Argument ist, dass (aktive und ehemalige) Mitarbeiter ihre (Arbeits-)Leistung erbracht haben, die Gegenleistung des Unternehmens aber noch aussteht. Bei einem Eigentümerwechsel tritt der neue Anteilseigner in diesen Vertrag ein. Da er allerdings keine Gegenleistung mehr erwarten kann, ist es durchaus sachgerecht, diese Verpflichtungen in Abzug zu bringen.

113 Die Pensionszusage wird – nach Unverfallbarkeit und späterem Renteneintritt des Arbeitnehmers – zu Zahlungsmittelabflüssen beim Zielunternehmen führen. Ziel der *Financial Due Diligence* ist es, die tatsächliche Belastung durch zukünftige Liquiditätsabflüsse zu ermitteln und diese vom Gesamtunternehmenswert in Abzug zu bringen. Diese tatsächliche Belastung der Liquidität muss nicht zwangsläufig der bilanzierten Pensionsrückstellung entsprechen.

114 Bei der Ermittlung der erwarteten tatsächlichen Belastung werden regelmäßig verschiedene Aspekte zu beleuchten sein:

- Ist die angewendete Bewertungsmethode geeignet, die zukünftige Liquiditätsbelastung zu ermitteln und sind die zugrunde liegenden Bewertungsparameter wie beispielsweise der Diskontierungszinssatz dem Grunde und der Höhe nach angemessen?
- Sind auch dem Grunde oder der Höhe nach nicht bilanzierte Pensionsverpflichtungen bei der Berechnung der zukünftigen Liquiditätsbelastung in Ansatz gebracht?
- Sind Vermögenswerte vorhanden, die die Pensionsverpflichtung absichern? Sind diese insolvenzsicher angelegt und dem Zugriff des Unternehmens entzogen oder können sie ggf. zur weiteren Unternehmensfinanzierung dienen? Woraus bestehen diese Vermögenswerte? Sind die der Bewertung zugrunde liegenden Parameter zur Wertermittlung geeignet und angemessen, insbesondere vor dem Hintergrund der Unsicherheiten an den Kapitalmärkten?

115 Sofern es sich um im Verhältnis zur Gesamttransaktion nicht unwesentliche Beträge handelt ist es sinnvoll, diese Fragen bereits bei der Due Diligence zu beurteilen. Auf eine Absicherung im Kaufvertrag allein sollte der Käufer nicht

[28] Perridon/Steiner/Rathgeber, Finanzwirtschaft, S. 568.
[29] Perridon/Steiner/Rathgeber, Finanzwirtschaft, S. 568.

vertrauen. Gleiches gilt für den Verkäufer. Eine transparente Darstellung aller bilanzierten und nicht-bilanzierten Pensionsverpflichtungen dient der Vermeidung von Risikoabschlägen durch den Käufer.

a) Pensionsrückstellungen nach deutschem Handelsrecht (§§ 249, 253 HGB)

Vor Einführung des BilMoG fand in aller Regel die steuerliche Vorschrift des § 6a EStG auch für die handelsrechtliche Bilanzierung Anwendung. Pensionsverpflichtungen wurden beispielsweise fast immer auf Basis des Teilwertverfahrens bewertet und mit einem Zinssatz von 6 % abgezinst. Die steuerlichen Bewertungsgrundsätze spiegeln jedoch nicht die Marktgegebenheiten wider, was auch der Blick auf das Zinsniveau der letzten Jahre bis 2022 zeigt. **116**

Eine marktkonforme Bewertung der Pensionsverpflichtungen wird regelmäßig zu einem höheren Rückstellungsbetrag führen als eine Bewertung nach § 6a EStG. Seit Einführung des BilMoG werden die steuerrechtlichen Rückstellungsbeträge nicht mehr in die Handelsbilanz übernommen. Gleichwohl sollte stets beachtet werden, dass ein Hinweis auf steuerliche Vorschriften im Kaufpreismechanismus dazu führen kann, dass ein (unangemessen) niedriger *Debt*-Abzugsposten in der *Equity Bridge* Berücksichtigung findet. **117**

Die Pensionsverpflichtungen setzen sich aus verschiedenen Komponenten zusammen. Zum einen bestehen sie aus Verpflichtungen, für die eine Gegenleistung nicht mehr zu erwarten ist. Diese sind mit ihrem (vollen) Barwert anzusetzen. Dies betrifft laufende Pensionsverpflichtungen, die mit dem laufenden Rentenbarwert berücksichtigt werden, sowie unverfallbare Anwartschaften ausgeschiedener Pensionsberechtigter, die mit dem vollen Anwartschaftsbarwert angesetzt werden.[30] Zum anderen bestehen sie aus Verpflichtungen gegenüber Pensionsberechtigten, die noch für das Unternehmen tätig sind. Für sie ist nur ein auf die Dienstzeit bis zum Bilanzstichtag entfallender Teil des vollen Anwartschaftsbarwertes anzusetzen. Dies macht deutlich, dass die Höhe der Pensionsverpflichtungen auch maßgeblich durch das Verhältnis von Nicht-Beschäftigten zu Beschäftigten bestimmt wird. **118**

§ 253 HGB schreibt zur Ermittlung des Wertansatzes der Pensionsanwartschaften für Beschäftigte kein bestimmtes Verfahren vor. In den meisten Fällen wird das gemäß IAS 19 vorgeschriebene Ansammlungsverfahren (*Projected Unit Credit Method* oder PUCM) verwendet. Bei diesem Verfahren wird der Barwert der zum Bilanzstichtag bereits erdienten Pensionsansprüche bestimmt (*Defined Benefit Obligation* oder DBO). Sofern es sich um eine „reine Leistungszusage“ mit zeitratierlicher Unverfallbarkeit nach BetrAVG handelt, ist auch ein Gleichverteilungsverfahren wie das Teilwertverfahren zulässig.[31] Zu beachten ist, dass das Teilwertverfahren (bei identischen Bewertungsparametern) bei Anwärtern zu einer etwas höheren **119**

[30] BeBiKo/Grottel/Johannleweling § 249 Rn. 238.

[31] BeBiKo/Grottel/Johannleweling § 249 Rn. 239.

Pensionsrückstellung führt.[32] Diese beiden Bewertungsverfahren und die zugehörigen Bewertungsparameter determinieren lediglich wie der Aufwand auf die Laufzeit verteilt wird, nicht die absolute Höhe am Ende des Rückstellungszeitraums:[33]

120 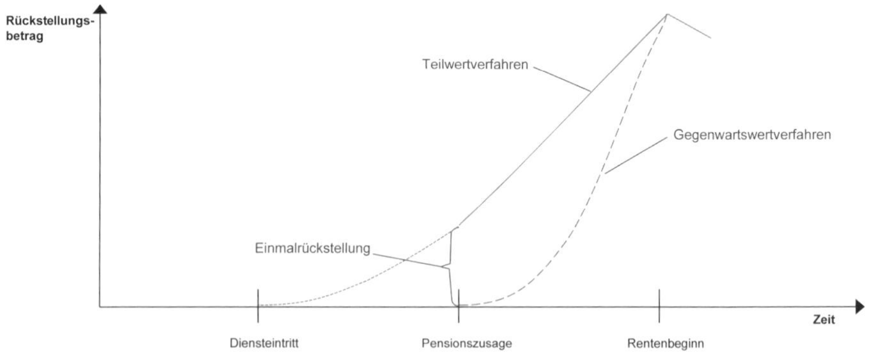

Abbildung 16: Zeitliche Verteilung des Rückstellungsaufwands

121 Für den Fall, dass sowohl die PUCM als auch das Gleichverteilungsverfahren zulässig sind, stellen beide Methoden grundsätzlich eine angemessene Bewertungsbasis dar und sind marktüblich. Käufer und Verkäufer werden voneinander verlangen können, dass die bisher in den Jahresabschlüssen angewendete Methode stetig fortgeführt wird. Insoweit wird auf die Kaufvertragsformulierung zur Stetigkeit der Bilanzierungs- und Bewertungsmethoden einschließlich der Ausübungen von Schätzungen und der Ausnutzung von Ermessensspielräumen unter → § 2 Rn. 113 ff. verwiesen.

122 Da die Verpflichtungen zumindest teilweise erst in Zukunft zur Auszahlung kommen, sind die erwarteten Auszahlungen mit einem marktkonformen Zinssatz abzuzinsen. Die RückAbzinsV[34] ist verpflichtend anzuwenden und die Zinssätze sind zu jedem Bilanzstichtag zu aktualisieren. Grundlage für die RückAbzinsV sind in Euro lautende Unternehmensanleihen mit einem Rating der Kategorie AA.[35] Die Verwendung eines Stichtagszinssatzes wie nach IAS 19 ist unzulässig; insoweit darf auch eine Bewertung nach IAS 19 nicht in die Handelsbilanz übernommen werden.[36] Je nachdem, wie der Stichtagszins zum nach RückAbzinsV anzuwendenden Durchschnittszins steht, ist die Bewertung nach IFRS höher oder niedriger als nach HGB.

[32] BeBiKo/Grottel/Johannleweling § 249 Rn. 240.

[33] Baetge/Kirsch/Thiele, Bilanzen, S. 450.

[34] BGBl. I 2009, 3790.

[35] BeBiKo/Grottel/Johannleweling § 249 Rn. 240. Die Zinssätze sind jeweils im ersten Geschäftstag eines Monats abzurufen unter: www.Bundesbank.de → Statistiken → Geld- und Kapitalmärkte → Zinssätze und Renditen → Abzinsungszinssätze.

[36] BeBiKo/Grottel/Johannleweling § 249 Rn. 242.

Für die versicherungsmathematische Schätzung des Erfüllungsbetrags der Pensionsverpflichtungen sind methodisch die Richttafeln von K. Heubeck (derzeit die Generationentafeln RT 2018 G) geeignet, ggf. modifiziert durch pauschale Zu- oder Abschläge. Diese kommen typischerweise zur Anwendung aufgrund der stetig steigenden Lebenserwartung und geringeren Invalidität insbesondere bei leitenden Angestellten oder aufgrund eines geringeren Risikos, Witwen- oder Witwerrente zahlen zu müssen aufgrund der Zunahme der Ehescheidungen.[37] Zu beachten ist allerdings, dass die vom BMF bekannt gemachten Sterbetafeln lediglich steuerlich verwendet werden müssen. Handelsbilanziell lautet die Vorschrift wie folgt: „Die Sterbe- und Invalidisierungswahrscheinlichkeiten müssen unter Verwendung zeitnaher Beobachtungswerte und zulässiger mathematisch-statistischer Methoden erstellt worden sein; sie können allgemein anerkannten Tabellenwerken entnommen werden".[38] Die Betonung liegt auf dem Wort „können". Allerdings macht ein Gutachter die Berechnung durch die Anwendung anerkannter Tabellenwerke regelmäßig weniger angreifbar. **123**

Zu den weiteren Rechnungsgrundlagen zählen die Rentendynamik ab Rentenbeginn (z. B. 2% Inflationsanpassung), die Gehaltsdynamik bei gehaltsabhängigen Zusagen sowie die Mitarbeiterfluktuation.[39] **124**

Zu berücksichtigen ist allerdings für das deutsche Handelsrecht, dass die nach Handelsrecht gebildeten Rückstellungen nicht zwangsläufig ausreichen, um die laufenden Leistungen vollständig zu decken. **125**

- Art. 67 Abs. 1 und 2 EGHGB gestatten, Sonderzuführungen zu den Pensionsrückstellungen aufgrund der durch das BilMoG geänderten Bewertung der Pensionsverpflichtungen bis spätestens zum 31.12.2024 in jedem Geschäftsjahr zu mindestens 1/15 anzusammeln.[40]
- Nach Art. 28 Abs. 2 EGHGB bzw. Art. 48 Abs. 6 EGHGB müssen Kapitalgesellschaften sowie Personenhandelsgesellschaften im Sinne des § 264a HGB für Altzusagen keine Rückstellung bilden, wenn der Pensionsberechtigte seinen Rechtsanspruch vor dem 1. Januar 1987 erworben hat oder sich ein vor diesem Zeitpunkt erworbener Rechtsanspruch erhöht. Die Verpflichtung ist allerdings im Anhang zum Jahresabschluss anzugeben.
- Änderungen der biometrischen Rechengrößen (z. B. Sterblichkeit, Invalidität) sind gemäß § 246 Abs. 1 HGB unverzüglich anzupassen. Bei gravierenden Rückstellungserhöhungen galt bislang eine Verteilung des Mehraufwands auf mehrere Geschäftsjahre als kaufmännisch sinnvoll (z. B. waren es vier Jahre beim

[37] BeBiKo/Grottel/Johannleweling § 249 Rn. 244.
[38] IDW HFA 30, Rn. 62.
[39] BeBiKo/Grottel/Johannleweling § 249 Rn. 244.
[40] BeBiKo/Grottel/Johannleweling § 249 Rn. 259.

Übergang auf die RT 2005 G in 2005).[41] Steuerlich ist die Anpassung wegen § 6a Abs. 4 S. 2 EStG auf mindestens 3 Wirtschaftsjahre zu verteilen.[42]

126 Die Gründe dafür, dass diese Verpflichtungen nicht oder nicht in voller Höhe bilanziert werden müssen, sind vielfältig. Gleichwohl rechtfertigen sie nicht, dass diese Verpflichtungen als *Debt*-Positionen betrachtet werden. Für den Erwerber kommt es ausschließlich darauf an, wie seine zukünftige Liquiditätsbelastung sein wird. Bilanzpolitisch motivierte Erleichterungen und Übergangsvorschriften haben auf die Liquidität jedenfalls keinen Einfluss.

127 Nach § 246 Abs. 2 S. 2, 3 HGB sind Vermögensgegenstände, die dem Zugriff aller übrigen Gläubiger entzogen und ausschließlich der Erfüllung von Schulden aus Altersversorgungs- und vergleichbaren langfristigen Verpflichtungen dienen, mit diesen Schulden zu verrechnen. Eine solche Zweckbindung von Vermögensgegenständen ist z. B. durch Verpfändung oder durch Einbringung in eine Treuhandgestaltung möglich (*Contractual Trust Agreement* oder *CTA*).[43]

128 Insbesondere nach den Erfahrungen im Zusammenhang mit der Finanz- und Staatsschuldenkrise sollte auf die Bewertung dieser Vermögensgegenstände ein besonderes Augenmerk gerichtet werden. Eine Bankbestätigung über die Werthaltigkeit nicht näher bezeichneter Staatsanleihen ist sicher nicht ausreichend. Hinzu kommt, dass aufgrund der Verrechnung von Vermögensgegenständen und Pensionsverpflichtungen das tatsächliche Ausmaß der möglichen zukünftigen Belastung aus dem Bilanzbild allein nicht erkennbar ist.

b) Pensionsrückstellungen nach IAS 19

129 Hierunter fallen nur die sogenannten leistungsorientierten Pensionspläne (*Defined Benefit Plans*). Hat ein Unternehmen hingegen Zusagen zu beitragsorientierten Plänen (*Defined Contribution Plan*) nach IAS 19.25 abgegeben, ist der Arbeitgeber nur verpflichtet, bestimmte Beiträge zu entrichten und ist weder von einer günstigen noch von einer ungünstigen Entwicklung von Bewertungsparametern betroffen. In diesem Fall werden die Beiträge wie laufende Lohn- und Gehaltsverpflichtungen behandelt (siehe → Rn. 158 ff.).

130 Verpflichtungen aus *Defined Benefit Plans* sind unter Zugrundelegung geeigneter und angemessener Bewertungsparameter zu bewerten. Nach IAS 19.64 ist nur die PUCM zulässig. Der hiernach zu ermittelnde versicherungsmathematische Sollwert der Pensionsverpflichtung ist der *present value of the defined benefit obligaton* oder DBO, d. h. der Barwert der zum Bilanzstichtag erdienten Pensionsansprüche.

131 Als Diskontierungszins ist nach IAS 19.78 ff. der laufzeitadäquate Zinssatz für hochklassige Unternehmensanleihen zum Bilanzstichtag anzusetzen. Insoweit

[41] BeBiKo/Grottel/Johannleweling § 249 Rn. 202.

[42] BeBiKo/Grottel/Johannleweling § 249 Rn. 285.

[43] Die Ausführungen beziehen sich auf Direktzusagen. Direktversicherungen, Unterstützungskassen, Pensionskassen und Pensionsfonds können ebenfalls Deckungsvermögen bilden.

liegt hier ein Unterschied zur handelsrechtlichen Bewertung vor. Aus den übrigen Bewertungsparametern wie Invalidität, Sterblichkeit etc. ergeben sich ansonsten keine zwingenden Unterschiede.

Wie auch im deutschen Handelsrecht entspricht die Höhe der Rückstellung unter bestimmten Voraussetzungen nicht der tatsächlich erwarteten Verpflichtung: 132

- Stehen bei gemeinschaftlichen Plänen mehrerer Arbeitgeber (*multi-employer plans*) nach IAS 19.32 ff. nicht genügend Informationen zur Verfügung, um den Plan als leistungsorientierten Pensionsplan zu erfassen, wird er wie ein beitragsorientierter Plan behandelt. Dies bedeutet, dass die tatsächlich bestehende Pensionsverpflichtung nicht bilanziert ist.

Aufgrund der Änderungen im IAS 19, die für Geschäftsjahre gelten, die am oder nach dem 1. Januar 2013 beginnen, sind einige Vereinfachungsvorschriften und Wahlrechte weggefallen, die in der Vergangenheit dazu führen konnten, dass Rückstellungen nicht den tatsächlichen Verpflichtungen entsprachen. Hierzu zählte insbesondere der Korridor-Ansatz (IAS 19.92 ff. a. F.) sowie die Möglichkeit, sogenannte *past service cost* über mehrere Geschäftsjahre zu verteilen (IAS 19.96 ff. a. F.). 133

Planvermögen *(plan assets)* ist nach IAS 19.102 ff. nach Marktverhältnissen anzusetzen und mit der Pensionsverpflichtung zu saldieren. Auf die vorstehenden Ausführungen zu § 246 Abs. 2 S. 2, 3 HGB unter → Rn. 127 wird verwiesen. 134

c) Verpflichtungen aus sonstigen Pensionszusagen

Der vorstehende Teil bezieht sich in erster Linie auf Direktzusagen, die in der Kaufvertragspraxis wohl die größte Bedeutung haben. Direktzusagen machen zudem den größten Teil der Verpflichtungen aus betrieblicher Altersversorgung aus. Darüber hinaus gibt es aber auch Direktversicherungen, Unterstützungskassen, Pensionskassen und Pensionsfonds, die für das *Net Debt* von Bedeutung sein können 135

Gegenstand einer Due Diligence wird regelmäßig sein, eine Unterfinanzierung, eine nicht angemessene Bewertung von Deckungsvermögen oder eine Nichterfüllung vertraglicher Melde- und Zahlungsverpflichtungen zu identifizieren. Dies kann zu einer Subsidiärhaftung beim Zielunternehmen führen mit dem Risiko, dass es zu bisher nicht bilanzierten Zahlungsmittelabflüssen kommt. 136

Eine Freistellung oder Garantie im Kaufvertrag ist sicherlich auch anzuraten. Allerdings besteht die Gefahr, dass ein Subsidiärhaftungstatbestand erst nach einem vergleichsweise langen Zeitraum entdeckt wird und vertragliche Ansprüche dann nicht mehr greifen. 137

d) Altersteilzeit

138 In der Praxis hat sich bei Altersteilzeitmodellen weitgehend das Blockmodell durchgesetzt. Der Arbeitnehmer arbeitet in der ersten Phase weiterhin in Vollzeit, in der zweiten Phase ist er dafür von der Arbeit freigestellt. Altersteilzeit kann ab dem Alter von 55 Jahren mit individueller Laufzeit zugesagt werden. Zumeist werden beide Phasen jeweils zwei Jahre umfassen. Mittels vereinbarter Gehaltsaufstockung und zusätzlichen Beiträgen zur Sozialversicherung erhält der Arbeitnehmer zwischen 70% und 80% seines Nettogehalts. Der Altersteilzeitanspruch besteht aus verschiedenen Komponenten, die nach IAS 19 in der Regel zu einer ratierlichen Rückstellungsbildung während der Arbeitsphase führen, so dass bei Freistellungsbeginn alle für die Freistellungsphase notwendigen Beiträge rückgestellt sind. Sofern (insbesondere im Zusammenhang mit einer Restrukturierung) auch eine Abfindungskomponente enthalten ist, die aus Anlass der Beendigung des Arbeitsverhältnisses gezahlt werden soll, kommt es insoweit zu der sofortigen Bildung einer Rückstellung in voller Höhe dieser Abfindung.

139 Wirtschaftlich handelt es sich bei Altersteilzeit um Abfindungen für die partielle Aufgabe des Arbeitsplatzes, die in Höhe der Rückstellung bereits erdient sind. Die Rückstellung führt unmittelbar ab Beginn der Freistellungsphase zu Zahlungsmittelabflüssen, denen keine Arbeitsleistung mehr entgegensteht. Im Ergebnis hat der Arbeitnehmer einen Teil der Leistungen in der Freistellungsphase bereits über einen Zeitraum von 2 Jahren erwirtschaftet, einen anderen Teil steuert der Arbeitgeber als abfindungsähnlichen Anteil bei.

e) Jubiläumsrückstellung

140 Jubiläumszuwendungen sind Entgelte für in der Vergangenheit über einen mehrjährigen Zeitraum erbrachte Arbeitsleistungen, für die auf Seiten des Arbeitgebers ein Erfüllungsrückstand besteht. Dementsprechend sollten auch diese Verpflichtungen behandelt werden wie eine Pensionsverpflichtung.

141 Der marktgerechte Erwartungswert für die zukünftigen Zahlungsmittelabflüsse ist in Abzug zu bringen, unabhängig von der tatsächlichen Höhe der Rückstellung. Der Rückstellungsbetrag aus der Steuerbilanz gemäß § 5 Abs. 4 EStG dürfte in der Regel zu niedrig sein.

f) Kaufvertragsklausel

142 Folgende Kaufvertragsklausel beinhaltet die in diesem Abschnitt beschriebenen Sachverhalte. Abhängig von den konkreten Verpflichtungen des Zielunternehmens und den Ergebnissen der Due Diligence werden sich häufig weitergehende Klarstellungen anbieten.

Employee benefits

[Debt shall include] pension and similar obligations including, without limitation, defined benefit plans, deferred compensation arrangements, long-service awards such as jubilee benefits, old-age part time work, and health & welfare plans, calculated with fair actuarial assumptions (such as e. g. DBO) and showing the full obligation including such parts which may have not been accrued or provisioned, e. g. due to the application of a corresponding election right in the past.

The amount shall be reduced by the fair market value of any plan assets and reimbursement rights. For the avoidance of doubt, this amount can be higher than the obligation for pension and similar obligations.

Klarstellend bietet sich an zu ergänzen, wie die Bewertungsparameter herzuleiten sind.

The actuarial assumptions applied shall be in line and comply with the following order: (i) IFRS [German GAAP], (ii) actual and fair market conditions and assumptions, and (iii) using the same basis of judgments and estimates as in the preceding audited year-end financial statements.

The value of the plan assets and reimbursement rights shall be determined by […] as independent actuary and show a mark-to-market value for which an independent third party would take over the assets in exchange of cash.

III. Other Debt and off-balance sheet items

Dieses Kapitel beschreibt eine Reihe von Sachverhalten, deren Berücksichtigung **143** als *Debt* aus grundsätzlichen Erwägungen teilweise als kritisch gesehen werden kann. Dies gilt zumindest dann, wenn die entsprechenden (Risiko-) Posten nicht außergewöhnlich hoch im Vergleich mit der Vergangenheit oder mit der Branche sind. Hierzu zählen bspw. sonstige Verbindlichkeiten gegenüber Arbeitnehmern, Rückstellungen für bestimmte Risiken (z. B. Steuerrisiken, Prozessrisiken) und Abfindungszahlungen.

Diese Überlegung fußt auf der Tatsache, dass gewisse Kosten und Risiken in **144** gewissem Maße und in gewisser Höhe wiederkehrend und als solche inhärent für den Betrieb eines Geschäftes sind. So können beispielsweise Abfindungen für Arbeitnehmer in gewissem Umfang regelmäßig anfallen, da es bei der Auswahl von Mitarbeitern im Einstellungsprozess immer zu Fehlern kommen oder sich das Anforderungsprofil an Mitarbeiter laufend ändern kann. Gleiches gilt für rechtliche und steuerliche Risiken. Auch diese können zumindest bis zu einem bestimmten Maße inhärent für den Betrieb eines Geschäftes sein.

Je mehr ein Unternehmenskauf einer Transaktion am Kapitalmarkt ähnelt **145** und je kompetitiver ein Verkaufsprozess ist, desto eher wird sich diese Auffassung durchsetzen können. In diesem Fall wird ein Schwerpunkt der Due Diligence sein zu untersuchen, inwieweit bestimmte Sachverhalte wiederkehrend und dem Grund und der Höhe als inhärent für Transaktionen in dieser Branche angesehen werden könnten.

1. Beteiligungsprogramme und Transaktionsprämien

Die Bilanzierung von Beteiligungsprogrammen für Organe und Mitarbeiter **146** einer Gesellschaft ist im Gegensatz zu den IFRS im HGB nicht ausdrücklich geregelt. Mit dem IFRS 2 sind im Jahre 2014 Regelungen zu anteilsbasierten Vergütungen in die IFRS aufgenommen worden. Auch wenn die Ausgestaltung der Pläne recht unterschiedlich und die Bewertung im Rahmen der Jahresabschlusserstellung vielschichtig sein kann, so lässt sich die Komplexität bei Unternehmenserwerben auf einige wenige Überlegungen reduzieren.

147 Für die Frage, ob eine Berücksichtigung als *Debt* zu erfolgen hat, ist zunächst entscheidend, dass die Zielunternehmensgruppe durch das Beteiligungsprogramm wirtschaftlich belastet ist bzw. werden könnte. Insbesondere bei Strukturen, die von Finanzinvestoren aufgesetzt wurden, ist es nicht unüblich, dass Träger eines Beteiligungsprogramms ein Unternehmen außerhalb der Transaktionsstruktur ist. Sofern anfallende Kosten nicht in die Zielgruppe weiterbelastet werden oder die Zielstruktur liquiditätsmäßig nicht belastet wird, bedarf es keiner Berücksichtigung des Beteiligungsprogramms als *Debt*.

a) Beteiligungsprogramme mit Change of Control-Klausel

148 Häufig enthalten Beteiligungsprogramme eine Klausel, dass diese unabhängig von ihrer eigentlichen Laufzeit bei einem Eigentümerwechsel zahlbar und fällig werden (*Change of Control* oder CoC). Die Anspruchshöhe wird regelmäßig vom erzielten Kaufpreis getrieben werden.

149 Diese *Change of Control*-Klauseln verfolgen verschiedene Zielsetzungen. Zum einen sollen Organe und (leitende) Mitarbeiter inzentiviert werden, einen möglichst hohen Kaufpreis für das Zielunternehmen zu verhandeln. Zum anderen geht ein Eigentümerwechsel häufig mit einem Wechsel in der Geschäftsführung einher. Ohne eine *Change of Control*-Klausel würden dann viele Mitarbeiterprogramme ins Leere laufen. Damit hätte die Geschäftsführung ggf. wenig Anreiz, einen für den Gesellschafter vorteilhaften Verkauf zu einem bestimmten Zeitpunkt zu unterstützen.

150 Bei diesen Fallkonstellationen stellt sich die Frage nach der Angemessenheit von Bewertungsparametern nicht. Es sollte der Wert in der *Equity Bridge* zum Ansatz gebracht werden, mit dem das Zielunternehmen wirtschaftlich belastet ist. Dabei kommt es auch nicht darauf an, ob und in welcher Höhe zukünftige Verpflichtungen aus einem Beteiligungsprogramm bereits zuvor bilanziert waren. Maßgebend ist der tatsächliche Liquiditätsabfluss aus dem Zielunternehmen.

151 Die Zuordnung dieses Postens zum *Debt* ergibt sich daraus, dass die Mitarbeiterbeteiligung für Erfolge in der Unternehmensführung der vergangenen Jahre gezahlt wird. Diese manifestieren sich in dem Unternehmenskaufpreis, der wiederum Basis für die Berechnung des Wertes des Beteiligungsprogramms ist. Zudem werden die Begünstigten des Mitarbeiterprogramms zusätzlich inzentiviert, einen möglichst hohen Verkaufserlös zu erwirtschaften. Erfolge der Unternehmensführung der letzten Jahre und ein hoher Verkaufserlös durch einen erfolgreichen Verkaufsprozess kommen aber ausschließlich dem bisherigen Gesellschafter zugute.

Technisch lässt sich dieser Abzug entweder durch Aufnahme eines *Debt*-Abzugsposten in der *Equity Bridge* umsetzen oder als Freistellung. Dann verpflichtet sich der Verkäufer, den Käufer von allen Zahlungen aus diesen Programmen freizustellen. Eine Freistellung oder Garantie kommt insbesondere dann in Betracht, wenn die rechtliche Verpflichtung aus dem Beteiligungsprogramm nicht die Zielgesellschaft trifft. Dann dient sie lediglich dazu, den Käufer vor Unabwägbarkeiten aus der Strukturierung zu schützen, die aus der Zeit vor der Übernahme stammen. Weiterhin kommt eine Freistellung in Betracht, wenn der Verkäufer über genügend Bonität verfügt und es sich nicht um ein Investitionsvehikel handelt, dass nach der Transaktion abgewickelt wird. Die ausreichende Bonität kann auch über ein Notaranderkonto *(Escrow Account)* zumindest für einen gewissen Zeitraum sichergestellt werden. Der Vorteil an der Freistellung ist in erster Linie ein psychologischer, da der Katalog der *Debt*-Abzugsposten reduziert wird. **152**

Folgende **Formulierung** könnte sich für den Abzugsposten in der *Equity Bridge* empfehlen:

Management compensation

Any compensation related obligations including, without limitation, from share-based payment programs and transaction bonuses triggered solely by the execution and/or confirmation of the transaction pursuant to this SPA and payable at any time after the Economic Effective Date.

Für eine Freistellung im Rahmen eines Garantiekataloges ist die vorstehende Klausel entsprechend anzupassen. **153**

b) Transaktionsprämien

Die Behandlung von Transaktionsprämien an Mitarbeiter fällt in die gleiche Kategorie wie Beteiligungsprogramme mit einer *Change of Control*-Klausel. Sie werden häufig dann vereinbart, wenn es kein Beteiligungsprogramm gibt oder wenn (für die Transaktion) wichtige Mitarbeiter nicht unter das bestehende Beteiligungsprogramm fallen. Transaktionsprämien dienen der Inzentivierung der Mitarbeiter, einen möglichst hohen Verkaufserlös zu erzielen. Diese Inzentivierung kommt im Wesentlichen dem Verkäufer zu Gute. Dementsprechend ist ein Abzug als *Debt* sachgerecht. **154**

Die vorstehende Kaufpreisformulierung in → Rn. 152 deckt im Übrigen auch Transaktionsprämien ab. **155**

c) Beteiligungsprogramme ohne oder ohne in dieser Transaktion wirksam werdende Change of Control-Klausel

Beteiligungsprogramme dienen der langfristigen Bindung und der langfristigen Inzentivierung von Organen und leitenden Mitarbeitern. Die mit dem Beteiligungsprogramm in Zusammenhang stehende Vergütung wird erst nach Jahren fällig und zahlbar. Die in der Vergangenheit bis zur Transaktion erdienten Anwartschaften spiegeln die Erfolge in der Unternehmensführung wider. Sie werden **156** ausschließlich dem Verkäufer z. B. durch Ausschüttungen und über den erzielten Verkaufserlös zugutekommen. Daher ist es sachgemäß, diese erdienten Anwartschaften als *Debt* in Abzug zu bringen.

157 Die Bewertung der Anwartschaft selbst zum Zeitpunkt der Transaktion sollte in der Regel vergleichsweise einfach und willkürfrei möglich sein. Aufgrund des Transaktionspreises ist ein aktueller Marktwert vorgegeben, aus dem sich der Wert der Anwartschaft ableiten lässt.

Folgende **Formulierung** könnte als Abzugsposten in der *Equity Bridge* dienen:

Management compensation

The fair market value of any obligations from share-based payment programs as at the Effective Economic Date. The fair market value shall be calculated based on the actual purchase price pursuant to this SPA.

2. Sonstige Verbindlichkeiten gegenüber Arbeitnehmern

158 Aus dem Arbeitsverhältnis heraus gibt es eine Reihe von Ansprüchen des Arbeitnehmers gegenüber seinem Arbeitgeber. In erster Linie ist dies der Anspruch auf Lohn und Gehalt, der in der Regel zum Monatsende fällig und zahlbar wird. Wird er dann auch tatsächlich bezahlt, ist er in einer Stichtagsbilanz zum Monats- oder Jahresende nicht mehr enthalten.

159 Es kommt allerdings auch vor, dass Zahlläufe nicht mehr zum Monatsende erfolgen. Dann erscheinen Lohn- und Gehaltszahlungen ggf. in der Stichtagsbilanz. Hinzu kommt, dass es weitere Ansprüche gibt, die nicht monatlich entstehen und ausgeglichen werden, sondern die sich über einen längeren Zeitraum hinweg aufbauen. Hierzu zählen insbesondere folgende Sachverhalte:

- **(Urlaub)** Nach Bundesurlaubsgesetz, Tarifvertrag, betrieblicher Vereinbarung oder betrieblicher Übung hat ein Arbeitnehmer in der Regel einen Anspruch auf 24 bis 30 Urlaubstage pro Jahr. Für den bis zur Stichtagsbilanz nicht genommenen Urlaub ist sowohl nach Handelsrecht als auch nach IFRS eine Rückstellung zu bilden, wenn der Urlaub in der Zeit nach dem Stichtag noch nachgeholt oder ausbezahlt wird.
- **(Überstunden/Arbeitszeitkonten)** Für die vor dem Stichtag angefallenen Überstunden ist eine Rückstellung zu bilden, soweit die Überstunden nach dem Stichtag ausbezahlt oder durch Freizeit ausgeglichen werden.
- **(Urlaubsgeld, Weihnachtsgeld, 13./14. Monatsgehalt)** Hierbei handelt es sich um fixe Bestandteile des Jahresgehaltes, die allerdings nicht monatlich fällig werden, sondern zu bestimmten Ereignissen oder zum Jahresende. Mit dem Erwerb der Anwartschaft ist zeitanteilig eine Rückstellung zu bilden.
- **(Boni)** Bei Boni handelt es sich um variable Bestandteile des Jahresgehalts, die zum Teil vom Erreichen quantitativer Faktoren abhängig sind wie z. B. Umsatzerlöse oder EBITDA des Unternehmens. Häufig sind sie indessen auch vom Erreichen qualitativer Faktoren abhängig, die zumindest in gewissem Rahmen in

das Ermessen eines Beurteilers gestellt sind wie z. B. der Aspekt der Mitarbeiterführung oder die Entwicklung neuer Geschäftskonzepte. Vom Bilanzaufsteller ist zum Stichtag zu schätzen, inwieweit voraussichtlich diese quantitativen und qualitativen Faktoren erreicht sein werden und dementsprechend (zeitanteilig) eine Rückstellung zu bilden.

- **Mitarbeiterdarlehen** (siehe → Rn. 220)

Die Gemeinsamkeit aller dieser Sachverhalte ist es, dass durch die jeweilige Rückstellung Personalaufwendungen erfasst werden, denen nach dem Stichtag keine Arbeitsleistung mehr gegenüber steht, weil der Arbeitnehmer in der Periode bis zum Stichtag vorgeleistet hat. Nach dem Stichtag wird es jedoch zum Ressourcenabfluss beim Unternehmen kommen, sei es dadurch, dass die bereits vor dem Stichtag erbrachte Arbeitsleistung in Geld abgegolten werden, oder sei es dadurch, dass Urlaub und Überstunden in Freizeit ausgeglichen, Lohn und Gehalt aber in gleicher Höhe weiterbezahlt werden. **160**

Bei all diesen Sachverhalten stellt sich die Frage, ob es sich eher um *Working Capital* handelt oder um *Net Debt*. Der *Working Capital*-Aspekt ergibt sich daraus, dass die Arbeitnehmer für die kontinuierliche betriebliche Produktion notwendig sind und dass Leistung und Gegenleistung sich kontinuierlich aufbauen und ausgeglichen werden. Der *Net Debt*-Aspekt ergibt sich dadurch, dass eine Leistung in einer Periode erbracht wurde, die Gegenleistung in Form von Lohn und Gehalt, Freizeitausgleich oder Bonus aber in die nächste Periode fällt. Im Falle der Stichtags- und Abgrenzungsbilanz wird der Alteigentümer wirtschaftlich entlastet und der Neueigentümer wirtschaftlich belastet, ohne dass Letzterer noch einen entsprechenden wirtschaftlichen Nutzen hieraus hat. **161**

In Vertragsverhandlungen ist dies regelmäßig ein Verhandlungspunkt. Hat keine der Parteien eine besonders starke Verhandlungsposition ist tendenziell festzustellen, dass kurzfristig revolvierende Ansprüche eher dem *Working Capital* zugeordnet werden. Sofern die Ansprüche länger als ein Jahr bestehen, werden sie demgegenüber eher als *Net Debt* behandelt. Diese Unterscheidung orientiert sich an der Klassifizierung der Fristigkeit nach IFRS und stellt als solche einen systematisch nachvollziehbaren Ansatz dar. Verbindlichkeiten mit einer Laufzeit von über einem Jahr enthalten eine Zinskomponente und als solche entsprechen sie der allgemeinen Definition von *Debt* (siehe → Rn. 5). **162**

Nachfolgend findet sich eine **Kaufvertragsklausel** für eine weitgefasste *Net Debt*-Definition. **163**

Any accruals or provisions due to any employee relating to the period until the Economic Effective Date resulting from, without limitation, monthly wages and salaries, vacation, overtime, (fix) Christmas, vacation or additional monthly installment at year end (“*13./14. Monatsgehalt*”) as well as (variable) bonuses of any kind.

164 Durch folgende Ergänzung werden nur langfristige Verbindlichkeiten mit einer Laufzeit von über einem Jahr erfasst:

[as above with the following addition:] … which are due and payable for more than 12 months.

165 Ein Mittelweg kann es sein, nur mittel- bis langfristige Vergütungsbestandteile in Abzug zu bringen. Kurzfristige Verfügungsbestandteile könnten zusätzlich in Ergänzung zu nachstehender Klausel in Abzug gebracht werden, wenn sie länger als üblich zur Zahlung ausstehen:

Any accruals or provisions due to any employee relating to the period until the Economic Effective Date resulting from (fix) christmas, vacation or additional monthly installment at year end *("13./14. Monatsgehalt")* as well as (variable) bonuses of any kind. Any other personal related accruals and provisions with a monthly revolving pattern such as wages and salaries or short-term bonuses are only deducted to the extent they are due and payable for more than 3 months.

3. Vorauszahlungen von Kunden

166 Vorauszahlungen von Kunden sowie Anzahlungen auf Bestellungen werden nach deutschem Handelsrecht entweder gemäß § 266 Abs. 3 C. 3 HGB unter dem Posten „Erhaltene Anzahlungen auf Bestellungen" oder gemäß § 266 Abs. 3 D. HGB unter der Position „Rechnungsabgrenzungsposten" ausgewiesen. Beide Posten unterscheiden sich dadurch, dass Rechnungsabgrenzungsposten auf eine zeitraumbezogene Gegenleistung geleistet werden.[44] Erhaltene Anzahlungen dürfen nach § 268 Abs. 5 S. 2 HGB auch offen auf der Aktivseite von dem Posten „Vorräte" abgesetzt werden. Nach IFRS werden Anzahlungen in der Regel unter der Position *„Deferred Revenue"* ausgewiesen.

167 Auf die bilanzielle Abgrenzung der Sachverhalte sowie die Einordung unter verschiedene Bilanzposten kommt es allerdings nicht an. Die Bezeichnung der möglichen bilanziellen Ausweismöglichkeiten dient vielmehr als Hilfestellung, derartige Sachverhalte zu identifizieren.

168 Handelsbilanziell sind geleistete Anzahlungen als Vorleistungen auf eine von dem anderen Vertragsteil zu erbringende Lieferung oder Leistung sowie Vorleistungen im Rahmen eines schwebenden Geschäfts, die der Leistende ggf. zurückfordern kann, anzusehen.[45] Ziel ist es, dass das noch schwebende Geschäft erfolgsneutral ohne Ergebniseinfluss abgebildet wird. Aktiviert wird nicht der Sach- oder Dienstleistungsanspruch aus dem zugrunde liegenden Geschäft, da dies dem Verbot der Bilanzierung schwebender Geschäfte entgegenstehen würde.[46] Vorauszahlungen sind vielmehr bilanziell als (schwebende) Kreditgeschäfte anzusehen.[47]

[44] BeBiKo/Schubert/Kreher § 247 Rn. 230, 356.

[45] Adler/Düring/Schmaltz, Rechnungslegung § 266 HGB Anm. 59; BeBiKo/Schubert/Kreher § 247 Rn. 230, 352.

[46] BeBiKo/Schubert § 249 Rn. 87.

[47] BeBiKo/Schubert/Kreher § 247 Rn. 230, 354.

Diese bilanzielle Beurteilung als Kreditgeschäft spricht grundsätzlich für eine Klassifizierung dieses Postens als Finanzverbindlichkeit *(Debt)*. In der Praxis ist allerdings die Behandlung von Kundenvorauszahlungen entweder als *Debt* oder als *Working Capital* in aller Regel ein wichtiger Verhandlungspunkt in den Kaufpreisverhandlungen. Es gibt nur wenige Diskussionspunkte in der Abgrenzung von *Net Debt* zu *Working Capital*, bei denen sich die unterschiedlichen Auffassungen derart unversöhnlich gegenüberstehen. **169**

Zur Verdeutlichung der Problematik folgen drei **Fallbeispiele**: **170**

Sachverhalt 1:
Ein Unternehmen vertreibt Medienprodukte wie beispielsweise Kabelfernsehen auf Basis eines Abonnementmodells. Durch Bankeinzug zieht das Unternehmen die monatlichen Entgelte für den jeweiligen Folgemonat im Voraus ein. Ein Teil der Kunden hat sich aufgrund eines zusätzlich angebotenen Rabattmodells dazu entschieden, für ein Quartal, ein halbes oder ganzes Jahr im Voraus zu zahlen.

Sachverhalt 2:
Die Kunden eines Reisebüros zahlen einen wesentlichen Teil der gebuchten Reisen teilweise bereits Monate im Voraus.

Sachverhalt 3:
Ein Unternehmen des Anlagenbaus führt immer nur ein einziges Großprojekt durch, das stets über mehrere Jahre läuft. Die Abrechnung erfolgt nach Baufortschritt ein bis zweimal im Jahr. Für den jeweilig folgenden Bauabschnitt erhält das Unternehmen eine Vorauszahlung.

Bei allen drei Beispielen erhöhen die Vorauszahlungen die Bankbestände. Kommt es nun zum Verkauf eines der Unternehmen auf Basis eines *Cash free/Debt free*-Mechanismus, führen die erhöhten Bankbestände dazu, dass in der *Equity Bridge* auch höhere liquide Mittel berücksichtigt werden. Der tatsächlich gezahlte Kaufpreis steigt mithin. Das vom Käufer erworbene Unternehmen muss dann allerdings im Anschluss noch die Leistung erbringen, auf die die Anzahlung erfolgt ist. Sobald die Leistung erbracht ist, wird der Bilanzposten der Passivseite gegen Umsatzerlöse aufgelöst. Diesen Umsatzerlösen sowie den für die Leistungserbringung notwendigen Kosten steht kein Zahlungsmittelzufluss mehr beim Unternehmen entgegen, da dieser gerade durch die ursprüngliche Vorauszahlung „vorfinanziert" wurde. Diese fehlende Gegenleistung für die geschuldete Leistungserbringung ist eines der Hauptargumente dafür, Vorauszahlungen nicht nur bilanziell als Kreditgeschäft zu betrachten, sondern sie auch als Finanzverbindlichkeit *(Debt)* bei der Ermittlung des zu zahlenden Kaufpreises zu berücksichtigen. **171**

Die Gegenauffassung stellt demgegenüber darauf ab, dass Kundenvorauszahlungen regelmäßig revolvierend sind, d. h. periodisch, meist monatlich, durch gleiche oder ähnliche Posten ersetzt werden. Gerade dies sei aber typisch für den Einsatz laufender Betriebsmittel, die als solche die gängige *Working Capital*-De- **172** finition erfüllen. Eine Abgrenzung zu anderen *Working Capital*-Bestandteilen wie beispielsweise Lohn und Gehalt, das am Monatsanfang für den vorherigen Monat gezahlt wird, wäre auf dieser Basis sachlich nicht nachvollziehbar. Kundenvorauszahlungen werden beispielsweise mit Lohn- und Gehaltsaufwand verglichen, der am Monats- bzw. Periodenende noch nicht zur Auszahlung gekommen ist. Hier haben Arbeitnehmer bereits Leistungen erbracht, die dem Altgesellschafter zugutekommen. Der Neugesellschafter muss dann auch die Lohn- und Gehaltszahlungen nach der Transaktion aus den von ihm miterworbenen und über den *Cash free/ Debt free*-Mechanismus mitbezahlten liquiden Mitteln begleichen. Ein Ausgleich über einen *Working Capital*-Mechanismus sei für beide Fälle auch sachgerecht. *Working Capital* dient dem laufenden Betrieb des Geschäfts und unterliegt mithin Schwankungen. Der einseitige Ausgleich derartiger Schwankungen durch einen Abzug von Kundenvorauszahlungen als Finanzverbindlichkeit *(Debt)* wäre nicht systemkonform. Eine kaufpreiserhöhende Berücksichtigung eines Aufbaus von Vorratsvermögen würde ein Verkäufer ebenfalls nicht fordern können. Die für den Aufbau des Vorratsvermögens eingesetzten liquiden Mittel hätten doch ihrerseits kaufpreiserhöhend bei Anwendung eines *Cash free/Debt free*-Mechanismus gewirkt.

173 Die Gegenüberstellung der Argumentationen zeigt, dass die Ausgangspunkte unterschiedlich und daher schwer ineinander überleitbar sind. Welche Argumentation sich durchsetzt, hängt nicht zuletzt von der Verhandlungsstärke der Parteien sowie dem allgemeinen Marktumfeld ab. In den letzten Jahren lässt sich eine Tendenz dahin beobachten, dass monatliche Kundenvorauszahlungen eher selten als *Debt*-Position in Abzug gebracht wurden (Sachverhalt 1). Je länger der Vorauszahlungszeitraum ist (Sachverhalt 2) und je weniger es um Massengeschäft geht (Sachverhalt 3), desto häufiger werden Vorauszahlungen als *Debt* unmittelbar kaufpreismindernd berücksichtigt. Durch einen längeren Zahlungszeitraum und durch Einzelgeschäftsvorfälle in Abgrenzung zum Massengeschäft tritt nicht zuletzt der Finanzierungscharakter stärker in den Vordergrund.

174 Marktumfeld und Verhandlungsposition einer Partei mögen in der konkreten Verhandlungsposition zwar letztlich entscheidend sein, sie stellen allerdings keine in sich tragfähige systematische Begründung dar. Die Beurteilung wird stets auch vom individuellen Geschäftsmodell abhängen. Folgende Grundsätze können insoweit als Leitlinien dienen:

- Bei Vorauszahlungen für große Einzelprojekte, die häufig auch noch einen langfristigen Zeithorizont haben dürften, tritt der Finanzierungscharakter regelmäßig so stark in den Vordergrund, dass eine Erfassung als Finanzverbindlichkeit *(Debt)* sachgerecht ist (Sachverhalt 3).
- Vorauszahlungen auf einen längeren Zeitraum haben insbesondere dann einen Finanzierungscharakter, wenn der Zahlungszeitraum (deutlich) den überschreitet, der für andere Kunden oder für die Branche üblich ist. Ein Indiz hierfür ist beispielsweise, wenn für diesen längeren Zahlungszeitraum ein Preisabschlag

(Discount) gewährt wird (beispielsweise als „Frühbucherrabatt" in Sachverhalt 2).

- Vorauszahlungen mit einem Zeitraum über einem Jahr sind zumindest nach IFRS als *non-current*, d. h. langfristig, zu gliedern. Bei derartigen langen Zahlungszeiträumen wird es regelmäßig sachgerecht sein, dass sich die wirtschaftliche *Debt*-Betrachtung der bilanziellen Sichtweise anschließt.
- Bei monatlich revolvierendem Massengeschäft, das zudem jeden Monat eine ähnliche oder gar gleichbleibende Höhe erreicht (Sachverhalt 1), kann eine Klassifizierung als *Working Capital* sachgerecht sein. Der Verkäufer wird derartige Vorauszahlungen kaum in wesentlichem Umfang beeinflussen können. Da die Höhe geringen Schwankungen unterliegt, ist der Posten auch grundsätzlich geeignet, über einen *Working Capital*-Mechanismus abgebildet zu werden.
- Gleiches kann für Vorauszahlungen im Massengeschäft mit einem Zeitraum bis zu einem Jahr gelten (Sachverhalt 1). Zwar tritt der Vorfinanzierungscharakter bereits stärker in den Vordergrund, allerdings wird es dem Käufer regelmäßig möglich sein, die entsprechenden Effekte über eine *Working Capital*-Planung einzupreisen.

Nachfolgend findet sich eine **Kaufvertragsklausel** für eine weitgefasste *Net Debt*-Definition: 175

Deferred revenues

Any prepayments from customers for the delivery of goods or rendering of services, irrespective of their presentation in the balance sheet.

Eine weitere Alternative kann es sein, nicht nur auf die Laufzeit oder den Charakter des Projekts abzustellen, sondern die Kosten der zukünftigen Leistungserbringung in den Vordergrund zu stellen. Eine sachgerechte Aufteilung zwischen Verkäufer und Käufer kann dabei sein, dass der aus dem Geschäftsvorfall zu erwartende Gewinn dem Verkäufer zu Gute kommt. Er war es schließlich auch, der den zugrunde liegenden Auftrag generiert hat. Die Kosten der Leistungserbringung werden allerdings in Abzug gebracht, da diese ja nach dem wirtschaftlichen Eigentumsübergang vom Neugesellschafter zu tragen sind. 176

Der aus dem Geschäftsvorfall zu erwartende Gewinn ist nach oben durch die Höhe der Vorauszahlung begrenzt. Fraglich ist allerdings, welche Kosten in Abzug gebracht werden. Mindestens werden dies alle direkt zurechenbaren Kosten sein, insbesondere wenn der Neugesellschafter noch Vorprodukte einkaufen muss. Dazu können auch noch indirekte Kosten kommen, die über einen Verteilungsschlüssel sachgerecht zurechenbar sind. Dies sind insbesondere Produktionsgemeinkosten, Kosten der allgemeinen Verwaltung, Vertriebsgemeinkosten sowie anteilige Abschreibungen auf Sachanlagevermögen. 177

Der Käufer wird in einer solchen Fallkonstellation versuchen, die anzurechnenden Kosten möglichst weit zu fassen und somit auch Gemeinkosten zu berücksichtigen. Für diese Auffassung spricht, dass es dem Käufer ja nicht zum Nachteil ge- 178 reichen kann, wenn die Kostenrechnung des Zielunternehmens, die ausschließlich in den Verantwortungsbereich des Altgesellschafters fällt, Gemeinkosten nicht auf einzelnen Produkte oder Dienstleistungen schlüsseln kann. Häufig werden Teile der Gemeinkosten nicht zurechenbare Einzelkosten sein.

179 Gegen dieses Argument sprechen aber Praktikabilitäts- und Komplexitätserwägungen. Insbesondere der Verkäufer wird vermeiden wollen, nach der Transaktion noch lange Auseinandersetzungen zu Einzelfragen mit dem Käufer führen zu müssen. Daher bietet sich an, entweder nur die direkt zurechenbaren Kosten in Ansatz zu bringen oder als pauschale Annahme die EBITDA-Marge des letzten Geschäftsjahres. Für die Anwendung der EBITDA-Marge spricht zum einen, dass Streitigkeiten über den Einzelkostenbegriff vermieden werden und zum anderen, dass häufig EBITDA als Hauptbezugspunkt für die Ermittlung des Gesamtunternehmenswertes im Kaufvertrag verwendet werden wird. Damit ist der Abzugsposten auch systematisch klar hergeleitet. Hierzu kann sich folgende **Formulierung** anbieten:

Deferred revenue

Any prepayments from customers for the delivery of goods or rendering of services, irrespective of their presentation in the balance sheet multiplied with the reported [adjusted] EBITDA margin of the Target for the preceding financial year as presented in the audited financial statements [...].

Zu Kundenvorauszahlungen und ertragsteuerlichen Auswirkungen durch das Auseinanderfallen von Gewinnrealisierung nach IFRS und Steuerrecht siehe → Rn. 242d ff.

4. Sonstige geleistete oder erhaltene Vorauszahlungen

180 Neben dem Erhalt von Anzahlungen von Kunden kann das Zielunternehmen auch seinerseits Anzahlungen an Dritte geleistet haben. Darüber hinaus wird es häufig eine ganze Reihe weiterer sonstiger Rechnungsabgrenzungen im Sinne von § 250 Abs. 1, 2 HGB geben. Darunter fallen beispielsweise Mietvorauszahlungen für Gebäude und Büros oder Versicherungsprämien für das folgende Geschäftsjahr.

181 Die Ausführungen zu den erhaltenen Anzahlungen von Kunden gelten hier entsprechend. Da dieser Posten aber einer der wesentlichen Verhandlungspunkte sein wird, bietet es sich regelmäßig an, das Verhandlungsergebnis auf sonstige geleistete oder erhaltene Vorauszahlungen entsprechend anzuwenden. Zum einen bietet sich dieses Vorgehen deswegen an, da es dann eine einheitliche, nachvollziehbare Systematik im Kaufvertragsmechanismus gibt. Zum anderen wird es verhandlungstaktisch für eine Vertragspartei schwer durchsetzbar sein, nur die für sie vorteilhaften Posten innerhalb des *Net Debt* zu berücksichtigen, nicht jedoch die nachteiligen. Demensprechend könnte die angepasste **Ausgangsformulierung** wie folgt lauten:

Deferred revenue

Any prepayments received or made including, without limitation, for the delivery of goods or rendering of services, for operating leases, insurances or any other public or private contribution, irrespective of their presentation in the balance sheet.

5. CAPEX

Der *Cash Free/Debt Free*-Mechanismus unter Bezugnahme auf das EBITDA als Parameter für die Ermittlung des Gesamtunternehmenswertes sieht nicht vor, das Anlagevermögen sowie zukünftige notwendige Investitionen gesondert zu vergüten.[48] Zum einen beruht dies darauf, dass das EBITDA zwar eine Näherung für Liquiditätszuflüsse und -abflüsse bietet, aber eben doch den *Free Cash Flow* der Zielgesellschaft nicht vollständig abbildet. Zum anderen wird das Unternehmen wie es „steht und liegt" mit den daraus erwirtschafteten EBITDA-Beiträgen vergütet. Eine Bewertung des Sachanlagevermögens und ein Vergleich der getätigten Investitionen zu den Abschreibungen sind in diesem Mechanismus nicht gesondert vorgesehen. Da der Zustand des Anlagevermögens und der (Re-)Investitionsstand jedoch wesentliche wertbildende Faktoren für die zukünftige Ertragskraft des Unternehmens sind, müssen sie in einem vollständigen Kaufpreismechanismus ebenfalls berücksichtigt werden. Neben Kaufvertragsgarantien zur Produktionsfähigkeit und Produktionsbereitschaft des Anlagevermögens können Anpassungen des Kaufpreises nur über die *Equity Bridge* vorgenommen werden.[49] 182

a) Unterlassene oder verschobene Instandhaltungsinvestitionen

Unterlassene oder verschobene Investitionen werden häufig als „CAPEX-*underspending*" bezeichnet. Sofern das Zielunternehmen mit den notwendigen Investitionen soweit im Rückstand ist, dass die zukünftige Ertragskraft in Gefahr oder sogar schon beeinträchtigt ist, wird dies häufig als „CAPEX-*backlog*" bezeichnet. 183

Ein solcher Investitionsrückstand wird sich regelmäßig nur durch eine *Technical Due Diligence* oder eine *Operational Due Diligence* ermitteln lassen. Investitionsrückstände sollten idealerweise genau beziffert und dann als solche in die *Equity Bridge* aufgenommen werden. Hierfür kann sich folgende **Formulierung** anbieten: 184

CAPEX
An amount of EURm ... relating to CAPEX underspending in the current and previous financial years.

Die Aufnahme einer Kaufvertragsgarantie zum Investitionsstand kann sich darüber hinaus noch anbieten (siehe dazu → § 3 Rn. 33). Eine Alternative zur genauen Bezifferung in der *Equity Bridge* kann sie jedoch nicht bieten. Mit einer solchen, vergleichsweise weichen Formulierung wird die Auseinandersetzung mit dem Verkäufer auf die Zeit nach Vertragsabschluss und Eigentumsübergang verschoben. Zu diesem Zeitpunkt wird die verschobene Verhandlung dann aber deutlich schwerer zu führen sein. Gegebenenfalls wird sich dann ein Richter oder 185

[48] Zu einer vertraglichen Vereinbarung einer Capex-Anpassung und deren Ausgestaltung, siehe aber → § 7 Rn. 274 ff.

[49] Zur Regelung der CAPEX als Covenant, siehe → § 7 Rn. 281 ff.

ein Schiedsgutachter der Frage annehmen müssen, die die Parteien eigentlich vor Vertragsabschluss hätten klären sollen.

186 Ein Indiz für verschobene oder unterlassene Instandhaltungsinvestitionen kann sich darüber hinaus daraus ergeben, dass die Investitionen geringer sind als die Abschreibungen oder geringer als das von der Geschäftsführung vorgesehene CAPEX-Budget. Dies kann, muss aber kein Hinweis für ein CAPEX-*underspending* sein. Geringere Investitionen als die Abschreibung bei gleichbleibendem Geschäft können ihre Ursache auch darin haben, dass die betriebsgewöhnliche Nutzungsdauer höher ist als die Abschreibungen vermuten lassen. Geringere als im CAPEX-Budget vorgesehene Investitionen können ihre Ursache auch in preisgünstiger realisierten Alternativen haben oder in einem übertrieben ambitionierten Budget. In all diesen Fällen wäre ein *Debt*-Abzug nicht sachgerecht.

187 Allerdings sind gerade bei geringeren als im CAPEX-Budget vorgesehenen Investitionen zusätzliche Due Diligence-Analysen sinnvoll. Für einen Verkäufer wirken alle Investitionen, die auf einen Zeitpunkt nach dem wirtschaftlichen Eigentumsübergang verschoben werden können, kaufpreiserhöhend. Der Käufer wird dem Verkäufer insoweit ungern einen finanziellen Anreiz hierfür bieten wollen. Zum einen müsste er dann nämlich einen höheren Kaufpreis zahlen, zum anderen könnte die weitere geschäftliche Entwicklung durch das Verschieben von Investitionen nachhaltig gestört werden.

188 Sofern negative Abweichungen zum CAPEX-Budget nicht betrieblich bedingt sind, bietet sich folgende **Formulierung** im Unternehmenskaufvertrag an:

CAPEX

The amount by which the actual CAPEX is below the CAPEX budget as set-up by the management and approved by the shareholders on […] for the current financial year. In case the Effective Economic Date is during the current fiscal year, the actual CAPEX spendings shall be compared to the CAPEX budget on a pro-rata basis.

b) Erweiterungsinvestitionen

189 Unterlassene Erweiterungsinvestitionen werden vom Grundsatz her nicht als *Debt* in Abzug gebracht, selbst dann nicht, wenn sie im ursprünglichen Investitionsbudget des laufenden oder vorhergehenden Geschäftsjahres enthalten waren. Ein einfaches Beispiel hierfür ist die Eröffnung einer zweiten Produktionsstätte. Hätte das Unternehmen die Erweiterungsinvestition für die zweite Produktionsstätte bereits getätigt, hätte dies zu einem höheren laufenden operativen Ergebnis geführt. Würden die unterlassenen Erweiterungsinvestitionen als *Debt* berücksichtigt, müsste das bisher nicht vorhandene höhere operative Ergebnis im Rahmen einer Pro Forma-Anpassung dem EBITDA im Rahmen der *Quality of Earnings*-Analyse hinzugerechnet werden. Ansonsten käme es zu einer nicht sachgerechten einseitigen Anpassung. Dies wird ein Käufer aber selten tun wollen, da der Erfolg der geplanten Erweiterung noch viel zu unsicher ist.

Die Frage des *Debt*-Abzugs stellt sich jedoch dann, wenn die zukünftigen positiven EBITDA-Beiträge bereits im Business Plan der Gesellschaft oder implizit in einem höheren EBITDA-*multiple* enthalten sind. Dann hat die verschobene Erweiterungsinvestition bereits einen direkten Einfluss auf den Gesamtunternehmenswert. **190**

Allerdings bietet es sich in diesem Fall häufig eher an, die erwarteten zukünftigen Umsätze und Kosten oder den impliziten EBITDA-*multiple* anzupassen. Nur wenn der Erfolg der Erweiterungsinvestition aufgrund eines sachlich nachvollziehbaren und ggf. auch nachprüfbaren Investitionsplanes hinreichend wahrscheinlich ist, kann es einfacher sein, Business Plan oder EBITDA-*multiple* unverändert zu belassen und stattdessen die Kosten der Erweiterungsinvestition als *Debt* in Abzug zu bringen. Ein Beispiel hierfür könnte sein, dass Vorprodukte aufgrund der Investition billiger bezogen werden können und Kosten für einen teuren Vorlieferanten wegfallen. Ein nachvollziehbarer Grund für die Verschiebung der Investition könnte in diesem Zusammenhang beispielsweise sein, dass sich Verhandlungen mit Kreditgebern über eine zusätzliche CAPEX-Kreditlinie länger hingezogen haben als ursprünglich erwartet. **191**

Sofern sich im Einzelfall tatsächlich eine Berücksichtigung innerhalb der *Equity Bridge* anbietet, sollte die notwendige Investitionshöhe wiederum genau ermittelt und dieser Betrag als Finanzverbindlichkeit *(Debt)* in Abzug gebracht werden. **192**

c) Investitionsverpflichtungen unter Einbeziehung von Dritten

Weiterhin gibt es Investitionsverpflichtungen, die nicht nur das Zielunternehmen selbst betreffen, sondern auch Dritte einbeziehen. Dazu folgendes Beispiel: **193**

Sachverhalt:

Ausbauverpflichtungen eines Kabelfernsehunternehmens bei einer Wohnungsbaugesellschaft. Für das Recht, ausschließlicher Vertriebspartner für bestimmte Medienprodukte bei einer Wohnungsbaugesellschaft über einen Zeitraum von beispielsweise 10 Jahren sein zu dürfen, übernimmt es das Kabelfernsehunternehmen, komplett auf eigene Kosten ein Kabelnetz in alle Wohnungen zu verlegen. Nach den 10 Jahren wird der Vertrag um weitere 10 Jahre verlängert, allerdings mit der Verpflichtung, das Kabelnetz auf den aktuellen Stand der Technik zu bringen. **194**

In diesem Beispiel besteht eine vertragliche Verpflichtung zur Vornahme von CAPEX-Investitionen gegenüber einem Dritten. Möglicherweise können durch Investitionen in das Netz weitere Produkte angeboten werden, die zu zusätzlichen Umsatzerlösen führen. Trotzdem sollte dieser Fall anders beurteilt werden als eine reine verschobene Erweiterungsinvestition. Sofern das Kabelunternehmen der Ausbauverpflichtung nicht entsprechend der vertraglichen Verpflichtung nachgekommen ist, liegt ein Vertragsverstoß einem Dritten gegenüber vor. Daher ist es sachgerecht, die Kosten für derartige Investitionen als Finanzverbindlichkeit *(Debt)* **195** zu berücksichtigen. Gleiches gilt erst recht, wenn lediglich eine Instandhaltungsinvestition geschuldet ist.

196 Im Gegensatz zu den zuvor beschriebenen Fallkonstellationen kann es hier durchaus ausreichend sein, den Sachverhalt abstrakt, d. h. unbeziffert innerhalb der *Equity Bridge* zu beschreiben oder eine separate Garantie aufzunehmen. Dieser Fall ist einer ermessensfreien Beurteilung nach Eigentumsübergang zugänglich. Entweder ist die Ausbauverpflichtung zum vertraglich vorgesehenen Zeitpunkt bzw. vor dem wirtschaftlichen Eigentumsübergang erfolgt oder nicht.

197 Zur Abbildung im Unternehmenskaufvertrag kann sich folgende **Formulierung** anbieten:

CAPEX

Any obligation to invest into fixed assets towards a third party outside the Target Group including, without limitation […] which became due before Economic Effective Date.

d) Einbeziehung von aktivierten Kosten

198 Vereinbaren die Kaufvertragsparteien, dass der Verkäufer bis zum *Closing* bestimmte Mindestausgaben für CAPEX zu tätigen hat, sollte sichergestellt sein, dass der Verkäufer diesen CAPEX-Verpflichtungen nicht dadurch nachkommt, dass er Personalkosten in höherem Umfang als in der Vergangenheit aktiviert. Wie bereits unter → § 2 Rn. 92 ff. dargestellt, gibt es gerade bei der Aktivierung von Kosten einen gewissen bilanziellen Spielraum.

199 In der Praxis hat sich bewährt, dass aktivierte Kosten nur in der Höhe angerechnet werden in der sie auch in der Vergangenheit angefallen sind. Dies erspart den Parteien Bilanzierungsdiskussionen im Rahmen der Aufstellung der *Closing Accounts*. Folgende **Formulierung** bietet sich beispielsweise an:

[…] capitalised costs, such as own work capitalised, shall only be taken into account if equal to an amount of up to […] percent (…%) of total CAPEX spent

e) Related parties

200 Werden Anlagegegenstände (möglicherweise) auch von nahestehenden Personen erworben, kann sich eine **Formulierung** anbieten, die den Käufer vor missbräuchlichen Transaktionen schützt wie beispielsweise:

[…] capitalised items acquired from shareholders or related parties shall only be taken into account at arm's length

f) CAPEX-Verbindlichkeiten

201 CAPEX-Verbindlichkeiten gehören nicht zum *Working Capital,* da die Gegenposition „Anlagevermögen" auch nicht Teil des *Working Capital* ist. Daher wird ein Käufer CAPEX-Verbindlichkeiten auch in voller Höhe als Finanzverbindlichkeit *(Debt)* abziehen wollen. Ein Verkäufer wird demgegenüber argumentieren, dass ein

Abzug allenfalls dann in Betracht kommt, wenn die Investitionen nicht im vorgesehenen oder betriebsnotwendigen Zeitraum erfolgt sind oder die Rechnungen nicht im üblichen Zahlungszyklus beglichen wurden.

Die vorstehenden Ausführungen zeigen, wie schwierig es ist zu beurteilen, wann tatsächlich notwendige Investitionen verschoben sind. Vor diesem Hintergrund kann es durchaus sachgerecht sein, noch nicht zum wirtschaftlichen Übergangsstichtag bezahlte CAPEX-Verbindlichkeiten oder Rückstellungen unabhängig von der Angemessenheit des jeweiligen Zahlungsziels als Finanzverbindlichkeit *(Debt)* in Abzug zu bringen. **202**

In diesem Zusammenhang kann sich folgende **Formulierung** anbieten: **203**

CAPEX

All obligations for purchase price payments, including, without limitation, deferred purchase price payments or purchase price installments relating to the acquisition of fixed assets (*Anlagevermögen*). For the avoidance of doubt, this includes also purchase price payments in connection with share or asset deals.

Ein praktisches Problem ist in diesem Zusammenhang, dass viele Unternehmen Verbindlichkeiten aus Lieferung und Leistung sowie aus CAPEX über dasselbe Konto buchen und mithin eine Unterscheidung nicht ohne weiteres möglich ist. In diesem Fall hilft regelmäßig nur eine Analyse der Kreditorensalden. Bei den meisten Unternehmen werden Kreditoren aus Lieferung und Leistung und CAPEX-Kreditoren andere sein, so dass insoweit eine Aufteilung des Kontensaldos möglich ist. **204**

g) Rückbauverpflichtungen

Häufig ist ein Unternehmen verpflichtet, erworbene oder erstellte Sachanlagegegenstände zurückzubauen. Diese Verpflichtung kann sich aus einem privatrechtlichen Mietvertrag oder aus öffentlich-rechtlichen Verpflichtungen ergeben. Es kann sich hierbei z. B. um den Rückbau von Mietereinbauten oder die Entfernung von Infrastruktur wie Sendemasten handeln. **204a**

Im deutschen Handelsrecht wird zwischen echten und unechten Ansammlungsrückstellungen unterschieden. Bei echten Ansammlungsrückstellungen (= Verteilungsrückstellung) entsteht die Rückbauverpflichtung in voller Höhe mit Beginn des die Verpflichtung auslösenden Ereignisses (also bspw. mit Abschluss des Mietvertrages). In diesem Fall ist es sowohl vertretbar, die Rückstellung sofort in voller Höhe zu bilden oder sie anzusammeln über die Nutzungszeit.[50] Liegen keine wirtschaftlichen Vorteile in der Zukunft mehr vor, muss die Rückstellung sofort in voller Höhe erfasst werden. Bei unechten Ansammlungsrückstellungen (= Anwachsungsrückstellung) erhöht sich die Verpflichtung nicht nur wirtschaftlich, sondern tatsächlich in jedem Wirtschaftsjahr sukzessive (bspw. Rekultivierung einer Kiesgrube). Die Aufwendungen für den Rückbau werden den Erträgen gegenüberge- **204b**

[50] BeBiKo/Schubert § 253 Rn. 148.

stellt, mit denen die Verpflichtung gedeckt werden muss.[51] Die Anschaffungs- und Herstellungskosten bleiben in jedem Fall unberührt.

204c Nach IAS 16.16 (c) werden die zukünftigen Ausgaben für die Entsorgung bereits im Zeitpunkt der Verpflichtungsentstehung in den Anschaffungs- und Herstellungskosten aktiviert, sofern die Verpflichtung nach IAS 37 auch direkt als Rückstellung zu erfassen ist.[52] Die über die Nutzungsdauer abgezinste Rückstellung führt also in gleichem Umfang zu höheren Anschaffungs- und Herstellungskosten.

204d Ein Abzug aller zukünftigen Rückbauverpflichtungen als *Debt* wird schon deswegen schwer zu verhandeln sein, da das Zielunternehmen regelmäßig auf Fortführungsbasis und nicht in Zerschlagungs- und Abwicklungsabsicht erworben wird. Daher wird die Realisierbarkeit eines Abzugs sehr stark vom Einzelfall abhängen, z. B. wenn feststeht, dass eine Produktionsstätte aufgrund öffentlich-rechtlicher Verpflichtungen in Kürze geschlossen und rückgebaut werden muss.

6. Verbindlichkeiten aus Lieferung und Leistung

205 Verbindlichkeiten aus Lieferung und Leistung sind grundsätzlich dem *Working Capital* zuzuordnen und werden mithin im Rahmen des im Unternehmenskaufvertrag vorgesehenen *Working Capital*-Mechanismus berücksichtigt. Sofern aber die vom Zielunternehmen vereinbarten Zahlungsbedingungen ungewöhnlich lang oder ungewöhnlich vorteilhaft sind, tritt der Finanzierungscharakter in den Vordergrund. Ab einer bestimmten Zahlungsfrist ist nicht mehr von *Working Capital* auszugehen, sondern es liegt ein Lieferantenkredit vor.

206 Zur Erfassung dieses Sachverhalts kann sich folgende **Formulierung** anbieten:

Overdue accounts payable

Any debt balances which are resulting from supply of goods delivered and services rendered to the extent (i) they have been overdue as at the Economic Effective Date for more than [30] days or (ii) their agreed maturity *(vereinbartes Zahlungsziel)* exceeds a total of [30] days (including extension of maturity if applicable) and the delivery of goods or rendering of individual separable services has been carried out since more than [30] days as at the Economic Effective Date.

207 Die weiteren Ausführungen zu Finanzierung sowie Lieferung und Leistung gegenüber Anteilseignern findet entsprechend Anwendung (siehe → Rn. 46).

7. Forderungen aus Lieferung und Leistung

208 „Forderungen aus Lieferung und Leistung" zählen gemeinhin zum *Working Capital* und unterfallen daher grundsätzlich auch dem kaufvertraglich vereinbarten *Working Capital*-Mechanismus. Aber auch hier kann es vorkommen, dass die zugrundeliegenden Zahlungsbedingungen ungewöhnlich vorteilhaft oder die Zahlungsziele ungewöhnlich lang sind. Auch in diesem Fall und mithin entsprechend zu den Ausführungen zu „Verbindlichkeiten aus Lieferung und Leistung" mag es

[51] BeBiKo/Schubert § 253 Rn. 148, 149.

[52] Hayn/Waldersee, IFRS und HGB im Vergleich, S. 255.

angemessen sein, derartige Forderungen aus dem *Working Capital* herauszunehmen. Eine Berücksichtigung innerhalb der *Equity Bridge* ist allerdings nur dann sachgerecht, wenn ihre Werthaltigkeit sichergestellt ist. Zur Beurteilung der Werthaltigkeit gehört neben der Bonität des Kreditoren auch die Frage, ob die Forderung unbestritten und kurzfristig realisierbar (liquide) ist. Kann dieser Nachweis nicht geführt werden, scheidet eine *Debt*-mindernde Berücksichtigung regelmäßig aus.

8. Zahlungen im Zusammenhang mit EBITDA-Anpassungen

Bei der Ermittlung der nachhaltigen Ertragskraft wurden Sondersachverhalte diskutiert, die eine Anpassung des EBITDA rechtfertigen, da sie nicht-operativ bedingt, außerordentlich oder nicht nachhaltig sind (siehe → § 2 Rn. 36 ff.). **209**

Sofern diese Sondersachverhalte zu Zahlungsmittelabflüssen oder verminderten Zahlungsmittelzuflüssen nach dem Zeitpunkt des wirtschaftlichen Eigentumsübergangs führen, sollten sie als *Net Debt* Berücksichtigung finden. Gerade ihr Charakter als nicht-operativ, außerordentlich oder nicht-nachhaltig zeigt, dass es sich nicht um Elemente des normalen Produktionszyklus handelt. Sofern die Geschäftsführung derartige Sachverhalte in *Management*- oder *Banken Reportings* angepasst hat oder sie der Ersteller eines *Vendor Due Diligence*-Berichts bzw. eines *Seller Information Documents* im Auftrag der Geschäftsführung berücksichtigt hat, ist dies eine gute Ausgangsbasis, um zukünftige *Cash*-Effekte im *Net Debt* zu berücksichtigen. Eine zusätzliche Berücksichtigung von EBITDA-Anpassungen, die durch die käuferseitige *Financial Due Diligence* in Ansatz gebracht wurden, ist zwar grundsätzlich vom Einzelfall abhängig und Verhandlungssache. Eine Berücksichtigung wird aber naturgemäß schwerer durchsetzbar sein. Darüber hinaus wird der Verkäufer in diesem Fall auch einen entsprechend höheren Basiskaufpreis über das höhere EBITDA beanspruchen. **210**

In einer solchen Fallkonstellation kann sich folgende **Formulierung** anbieten: **211**

EBITDA Adjustments

Any cash-out or lower cash-in after the Effective Economic Date in connection with an EBITDA adjustment which has been listed by management in a management or bank report or by the sell-side financial vendor due diligence.

9. Sonstige Forderungen, sonstige Vermögensgegenstände, sonstige Verbindlichkeiten und sonstige Rückstellungen

Unter diesem Punkt werden beispielhaft einige Sachverhalte betrachtet, die üblicherweise in einer Vielzahl von Unternehmenserwerben streitig diskutiert werden. **212**

a) Restrukturierungsrückstellungen

Für die Bildung einer Restrukturierungsrückstellung gelten die allgemeinen Voraussetzungen in Bezug auf Ansatz und Bewertung von Rückstellungen für **213** ungewisse Verbindlichkeiten nach § 249 Abs. 1 S. 1 HGB, d. h. es muss eine sichere oder wahrscheinliche Außenverpflichtung vorliegen, diese muss wirtschaftlich verursacht sein und mit einer tatsächlichen Inanspruchnahme muss ernsthaft zu rechnen sein.[53]

214 Sofern die Zielgesellschaft Restrukturierungsrückstellungen für Personalabbau oder einen Sozialplan gebildet hat, wird es regelmäßig sachgerecht sein, diese als *Net Debt*-Position kaufpreismindernd zu berücksichtigen, da es sich nicht um einen gewöhnlichen, kurzfristig revolvierenden Einsatz von Betriebskapital handelt. Häufig wird die Geschäftsführung der Zielgesellschaft die entsprechenden Kosten im Rahmen von *Management*- oder *Banken Reportings* zu eliminieren suchen, um ein operatives EBITDA zu zeigen. In diesem Fall wird das für die Ermittlung eines Unternehmenswertes verwendete EBITDA entlastet. Dies spricht zusätzlich dafür, die erwarteten Zahlungsmittelabflüsse als Finanzverbindlichkeit *(Debt)* zu berücksichtigen. Insoweit wird auf die Ausführungen in → Rn. 209 ff. verwiesen.

215 Die IFRS enthalten im Gegensatz zum HGB detaillierte Regelungen zur Möglichkeit der Bildung von Restrukturierungsrückstellungen. Nach IAS 37.14, 70 ff. dürfen Restrukturierungsrückstellungen erst gebildet werden, wenn eine faktische Verpflichtung zur Restrukturierung entstanden ist. Das ist der Fall, wenn ein detaillierter, formaler Restrukturierungsplan vorliegt und durch den Beginn seiner Umsetzung bei den Betroffenen eine gerechtfertigte Erwartung entstanden ist, dass er durchgeführt werden wird. Diese Voraussetzungen gehen auch über die deutschen steuerlichen Vorschriften hinaus, da die Unterrichtung des Betriebsrates noch keine Information an die Betroffenen bedeutet.

216 Die engen Voraussetzungen des IAS 37.70 ff. führen dazu, dass Restrukturierungen im Zusammenhang mit einem Unternehmenserwerb regelmäßig erst nach Aufstellung der Eröffnungsbilanz des Erwerbers in Ansatz gebracht werden dürfen. Zu der Frage, ob und inwieweit ein *Net Debt*-Abzug sachgemäß ist, wird auf die Ausführungen zu der Behandlung von *Carve Out/Separation Cost* verwiesen (siehe → Rn. 255 ff.).

b) Rückstellung für Prozessrisiken

217 Für die Bildung von Rückstellungen für Prozessrisiken aus Passivprozessen gelten die allgemeinen Vorschriften der § 249 Abs. 1 S. 1 HGB sowie IAS 37. Eine Rückstellung ist grundsätzlich dann zu bilden, wenn mehr Gründe für eine Inanspruchnahme sprechen als dagegen. Dies bedeutet, dass es häufig sachgerecht sein

[53] Eine Rückstellung für Leistungen aufgrund eines Sozialplans gemäß §§ 111, 112 BetrAVG ist steuerlich nur anerkannt, wenn das Unternehmen den Betriebsrat vor dem Bilanzstichtag von der geplanten Betriebsänderung unterrichtet hat oder die Betriebsänderung bei Unterrichtung des Betriebsrates im Aufstellungszeitraum vor dem Bilanzstichtag beschlossen oder wirtschaftlich unabwendbar war (R 5.7 (9) EStR).

kann, Prozessrisikorückstellungen als Finanzverbindlichkeit *(Debt)* in Abzug zu bringen.

Kritischer ist jedoch die Frage, ob die Einschätzung der Wahrscheinlichkeit und Höhe der Inanspruchnahme zutreffend ist. Das Zielunternehmen als Bilanzierender hat sicherlich bei dieser Frage einen Beurteilungsspielraum. Dem steht das Schutzbedürfnis des Käufers gegenüber, da die Bewertung von Prozessrisiken viele Unwägbarkeiten beinhaltet. Ein Ansatz des vollen Risikobetrages wird wiederum den Interessen des Verkäufers nicht gerecht. **218**

Eine Möglichkeit zur Überbrückung dieses Interessengegensatzes kann die Aufnahme einer Freistellung in den Kaufvertrag sein. Danach stellt der Verkäufer den Käufer von allen Zahlungsmittelabflüssen im Zusammenhang mit Prozessen frei, für die keine Rückstellung gebildet worden ist (vgl. dazu → § 3 Rn. 36 f.). Um eine spätere Auseinandersetzung um unwesentliche Beträge zu vermeiden, kann es sich im Einzelfall anbieten, eine Mindestaufgriffsgrenze *(Materiality Threshold)* zu vereinbaren. **219**

c) Mitarbeiterdarlehen

An Mitarbeiter ausgegebene Darlehen sind auch ein Instrument der Mitarbeiterbindung. Diese können von der Unterstützung für Fort- und Weiterbildungsmaßnahmen bis hin zu Situationen nahe der Privatinsolvenz reichen. Die laufenden Kosten für Mitarbeiter fallen grundsätzlich in das *Net Working Capital.* Daher bietet es sich an, mit Mitarbeiterdarlehen genauso zu verfahren. Sofern größere Schwankungen vorkommen, kann sich beispielsweise die Frage nach einer *Working Capital*-Anpassung stellen. **220**

d) Kreditorische Debitoren und debitorische Kreditoren

Kreditorische Debitoren sind Kunden, denen das Zielunternehmen Geld schuldet, weil sie entweder überzahlt oder bereits bezahlte Ware zurückgegeben haben. In der Bilanz wird dieser Posten aus Gründen der Bilanzklarheit und aufgrund des Saldierungsverbots auf der Passivseite unter dem Bilanzposten „Sonstige Verbindlichkeiten“ ausgewiesen. **221**

Warenrückgaben gehören zum normalen Geschäftsbetrieb und sollten daher als Teil des Betriebskapitals *(Working Capital)* berücksichtigt werden. Gleiches gilt für Überzahlungen, die zumindest bei Dauerkunden mit der nächsten Lieferung verrechnet werden sollen. Anders kann die Beurteilung sein, wenn die Beträge außergewöhnlich hoch, außergewöhnlich lang ausstehend oder vom Betrag her zwar gering sind, dafür aber eine außergewöhnlich hohe Anzahl von Kunden betroffen ist. Sofern die Beträge bzw. die Umstände dafür sprechen, dass es sich nicht mehr um einen gewöhnlichen Betriebskapitalverbrauch handelt, kann sich eine Berücksichtigung als Finanzverbindlichkeit *(Debt)* anbieten. **222**

223 Debitorische Kreditoren sind Lieferanten, die dem Zielunternehmen Geld schulden, weil das Zielunternehmen entweder überzahlt oder bereits bezahlte Ware zurückgegeben hat. In der Bilanz wird diese Position aus Gründen der Bilanzklarheit und aufgrund des Saldierungsverbots unter dem Bilanzposten „Forderungen aus Lieferung und Leistung“ ausgewiesen.

224 Die Ausführungen zu kreditorischen Debitoren gelten entsprechend, die Forderung ist also grundsätzlich dem *Working Capital* zuzuordnen. Sofern es sich um einen außergewöhnlichen Sachverhalt handelt und die Werthaltigkeit der Forderung nicht sichergestellt ist, kann auch eine vollständige Nichtberücksichtigung in Betracht kommen. Zur Beurteilung der Werthaltigkeit gehört neben der Bonität des Kreditoren auch die Frage, ob die Forderung unbestritten und kurzfristig realisierbar (liquide) ist.

e) Subventionen

225 Subventionen können Zuschüsse der öffentlichen Hand sein oder Zuwendungen von privater Seite. Eine Berücksichtigung des Subventionsbetrages als *Net Debt* sollte dann erfolgen, wenn die Subventionen in jedem Fall zurückzuzahlen sind oder wenn die Subventionsbedingungen vom Zielunternehmen nicht erfüllt werden und daher die Subventionen zurückzuzahlen sind. Sofern nicht eindeutig ist, ob die Subventionsbedingungen eingehalten werden können, kommt entweder ein mit einer Wahrscheinlichkeit gewichteter *Net Debt*-Abzug in Betracht oder eine Kaufvertragsfreistellung, die zugunsten des Käufers greift, wenn ein Fall der Subventionsrückgewährverpflichtung eintritt.

f) Kautionen

226 Kautionen werden häufig im Zusammenhang mit Grundstücks- und Gebäudemietverträgen geleistet. In der Regel haben sie dann eine Laufzeit von über einem Jahr und werden daher im Anlagevermögen ausgewiesen. In diesem Fall stellt sich die Frage einer Zuordnung zum *Net Debt* oder zum *Working Capital* nicht.

227 Sind die Kautionen innerhalb eines Jahres fällig oder können sie kurzfristig fällig gestellt werden, sind sie in der Position „Sonstige Vermögensgegenstände“ auszuweisen. Häufig werden sie nicht als kaufpreisreduzierendes *Cash* innerhalb des *Net Debt* anzusehen sein, sondern aufgrund ihres operativ beeinflussten Charakters eher dem *Net Working Capital* zugerechnet werden. Sofern die Erwartung ist, dass eine Kaution rechtlich kurzfristig fällig gestellt werden kann, dies aber auf Basis des Geschäftsmodells unwahrscheinlich ist, sollte weder eine Zuordnung zu *Net Debt* noch zu *Working Capital* erfolgen.

228 Bei erhaltenen Kautionen ist ein Ausweis als Finanzverbindlichkeit *(Debt)* stets sinnvoll, soweit die Kaution mit *Cash* hinterlegt wurde. Das *Cash* ist in der Zukunft nominal oder verzinst zurückzuführen. Dies rechtfertigt eine Behandlung als *Debt*.

10. Steuern

Steuern vom Einkommen und Ertrag werden in der Praxis unterhalb des EBITDA gezeigt. In Deutschland sind dies Körperschaftsteuer und Gewerbesteuer. Einkommensteuer bei Personenhandelsgesellschaften oder Einzelunternehmen sind persönliche Steuern, die nicht dem Unternehmen zugerechnet werden. **229**

Bemessungsgrundlage ist der Unternehmensertrag, der dem Altgesellschafter zugute gekommen ist. Die Höhe hängt nicht vom (historischen) Unternehmenserfolg auf Ebene des EBITDA ab und ist nicht abhängig von der Effizienz der Akquisitionsstrukturierung. Der Steueraufwand belastet nicht das EBITDA. Aus diesen Gründen ist es sachgerecht, die Ertragsteuern, die bis zum Übergang des wirtschaftlichen Eigentums an dem Zielunternehmen entstanden sind, als *Debt* zu behandeln und damit in der *Equity Bridge* zu berücksichtigen. **230**

In der Praxis findet sich auch die Auffassung, dass Ertragsteuern ähnlich dem *Working Capital* revolvierend sind und mithin nicht als *Debt* abgezogen werden sollten. Dies kann im Einzelfall für die Steuerbelastung des laufenden Jahres sachgerecht sein, nicht aber für Ertragsteuern, die auf Besteuerungszeiträume entfallen, die länger als 12 Monate zurückliegen. Auf jeden Fall wird es Aufgabe der Due Diligence sein, die entsprechenden Effekte transparent darzustellen. **231**

Sonstige Steuern wie beispielsweise die Grundsteuer und KFZ-Steuern werden in der Regel im EBITDA berücksichtigt. Es sind laufende und kurzfristig revolvierende Kosten des Betriebskapitaleinsatzes, die das EBITDA belasten. Daher ist es grundsätzlich sachgerecht, sie als *Working Capital* zu behandeln. Die Bewertung wird ggf. dann eine andere sein, wenn die Steuerverbindlichkeiten älter als ein Jahr sind. Dann verlieren sie zumindest in dieser Höhe ihren Charakter als kurzfristig revolvierend. **232**

Die Behandlung von Umsatzsteuer erfolgt entsprechend. Beim Unternehmen ist sie, bis auf bestimmte Formen des Eigenverbrauchs, ein durchlaufender Posten. Sofern Eigenverbrauch vorliegt, ist das EBITDA entsprechend belastet. **233**

Lohnsteuer und Sozialversicherung behält das Unternehmen zwar ein, es sind gleichwohl individuelle Steuern und Abgaben der Arbeitnehmer. Daher ist eine Behandlung als *Working Capital* ebenfalls sachgerecht. **234**

Folgender **Formulierungsvorschlag** spiegelt diese vorstehenden Erwägungen wider: **235**

Taxes

Any amount of accruals and liabilities for taxes on income, such as corporate income tax *(Körperschaftsteuer)*, trade tax *(Gewerbesteuer)* and similar taxes, reduced by respective receivables *(Steuerrückzahlungsansprüche)* from taxes on income and similar taxes. For the avoidance of doubt, the tax calculation will be performed as per Economic Effective Date as if the Economic Effective Date were the end of the tax financial year.

Taxes on revenue such as VAT *(Umsatzsteuer)* and other taxes *(Grundsteuer, KFZ-Steuern)* shall only be deducted as Debt if the point in time of the initial origination of the underlying facts and circumstances is more than 12 months before Effective Economic Date.

236 Sonstige Steuerrisiken, die sich ggf. erst durch Betriebsprüfungen materialisieren, werden durch diese Kaufpreisformel nicht umfasst. Der Verkäufer wird versuchen, mögliche finanzielle Risiken hieraus auf den Käufer zu verlagern, da der Zeithorizont für eine Inanspruchnahme sehr lang sein kann. Sein Hauptargument wird regelmäßig sein, dass der Käufer eine *Tax Due Diligence* durchgeführt hat. Aufgrund der existierenden Informationsasymmetrie sowie den typischerweise gegebenen Informationszugangsbeschränkungen im Rahmen der Due Diligence wird der Käufer regelmäßig versuchen, eine möglichst weitgehende Steuerfreistellung zu bekommen. Diese angemessen auszugestalten, wird regelmäßig Aufgabe der *Tax Due Diligence* sein.

11. Latente Steuern (deferred taxes)

237 Die Bilanzierung latenter Steuern ist über die Zielsetzung einer periodengerechten Darstellung der Vermögens-, Finanz- und Ertragslage eines Unternehmens zu begründen. Sie soll die unterschiedliche Behandlung eines Sachverhaltes im Jahresabschluss und in der steuerlichen Gewinnermittlung ausgleichen, indem fiktive latente Ertragsteuerforderungen *(deferred tax assets)* bzw. Etragsteuerverbindlichkeiten *(deferred tax liabilities)* gebucht werden. Diesen fiktiven Steuern stehen in derselben Periode keine tatsächlichen Steuerzahlungen gegenüber. Sie führen aber in künftigen Perioden zu Mehr- oder Minderzahlungen.[54]

a) Ausgangspunkt

238 Einer der Hauptfälle für *deferred tax assets* sind aktivierte Verlustvorträge, mit denen das Unternehmen in der Zukunft steuerliche Gewinne verrechnen kann. Eine Aktivierung kommt allerdings nur dann in Betracht, wenn die Erzielung steuerlicher Gewinne und damit die Realisierung von Steuerersparnissen hinreichend wahrscheinlich ist.

239 *Deferred tax liabilities* bedeuten, dass ein Unternehmen in der Vergangenheit steuerlichen Aufwand zur Reduzierung der Steuerlast in Anspruch genommen hat, sich dieser aber nicht in der Bilanz nach HGB oder IFRS widerspiegelt. Folgendes Beispiel: Ein Unternehmen bilanziert Gegenstände des Anlagevermögens nach IFRS, für die es steuerlich Sofortabschreibungen in Anspruch nehmen konnte, weil die Anschaffungskosten der einzelnen Vermögensgegenstände sich innerhalb der jeweilig geltenden GWG-Grenzen bewegt haben. Dies führt dazu, dass der Käufer dieses in der Handels- oder IFRS-Bilanz gezeigte Abschreibungspotential steuerlich nicht wird nutzen können. Dies wird sich in der Regel auch durch eine Steuerstrukturierung nicht umgehen lassen. Bei einem *Share Deal* kann in Deutschland steuerlich kein *Step-up* generiert werden. Bei einem *Asset Deal* ist dies zwar möglich, führt dann aber zu einer zusätzlichen Steuerbelastung beim Veräußerer.

[54] Pellens/Fülbier/Gassen/Sellhorn, Internationale Rechnungslegung, S. 253.

Aus Sicht des Käufers stellt dieser steuerlich nicht nutzbare zukünftige Abschreibungsaufwand einen finanziellen Nachteil dar. Da er nicht im Zusammenhang mit dem Einsatz laufenden Betriebskapitals steht, ist dies ein gutes Argument für einen Abzug als Finanzverbindlichkeit *(Debt)*. **240**

Der Verkäufer wird demgegenüber Vorteile aus seinen erlaubten steuerlichen Gestaltungen nicht mit dem Käufer teilen wollen. Dies gilt umso mehr, wenn sich Käufer und Verkäufer auf einen *Debt*-Abzug der aufgelaufenen Ertragsteuern deswegen einigen, weil sie in einer Zeit begründet wurden, in der die erwirtschafteten Erträge dem Altgesellschafter zu Gute kamen. **241**

In der Praxis kommt eine Berücksichtigung von *Deferred Taxes* in der *Equity Bridge* dementsprechend selten vor und ist dann meist auf besondere und wesentliche Sachverhaltseigenheiten des Einzelfalls als Ergebnis der *Tax Due Diligence* zurückzuführen. **242**

b) Verlustvorträge

Verlustvorträge können einen erheblichen wirtschaftlichen Vorteil für einen Erwerber darstellen, wenn dieser sie mit zukünftigen Erträgen ertragsteuermindernd verrechnen kann. Dies gilt für aktivierte und nicht aktivierte Verlustvorträge. Das Zielunternehmen darf Verlustvorträge nämlich nur aktivieren, soweit die Realisierung von Steuerersparnissen hinreichend wahrscheinlich ist. Diese Einschätzung kann sich durch eine Unternehmenskombination oder allgemein durch einen (finanzstarken) Neueigentümer ändern. Zu beachten ist, dass aufgrund der Vorschriften zum Verlustuntergang bei Anteilseignerwechseln (§ 8c KStG) eine Inanspruchnahme von Verlustvorträgen durch einen Erwerber eingeschränkt ist. Es kommt insoweit auf das steuerliche Eigenkapital des Zielunternehmens an, das in Deutschland steuerlich verhaftet sein muss. Soweit ein solches im Zeitpunkt des Erwerbs vorhanden ist, gehen die Verlustvorträge nicht unter und können durch den Erwerber genutzt werden. Das Steuerrecht sieht überdies weitere Ausnahmeregelungen vor (§ 8d KStG), die in der Praxis mangels Praktikabilität allerdings kaum Relevanz haben. Sind steuerliche Verlustverträge jedoch übertragbar und kommen sie dem Käufer tatsächlich zu Gute, ist eine kaufpreiserhöhende Berücksichtigung durchaus sachgerecht, soweit der Realisierungswahrscheinlichkeit und dem Realisierungsumfang Rechnung getragen wird. **242a**

c) Pensionsrückstellungen

Pensionsrückstellungen dienen der Innenfinanzierung des Unternehmens, ein Ansatz in der *Equity Bridge* als *Debt* ist daher in aller Regel sachgerecht (siehe → Rn. 111 ff.). In Deutschland wird diese Form der Unternehmensfinanzierung teilweise steuerlich subventioniert. Unternehmen können Pensionsrückstellungen nach § 6a EstG steuerlich in Ansatz bringen, allerdings nur mit dem steuerlichen Teilwert. Nach § 6a Abs. 3 S. 3 EStG ist beispielsweise die Pensionsrückstellung mit **242b**

6% zu diskontieren. Dies hat im Vergleich zu dem niedrigen Zinsniveau der letzten Jahre zu einem deutlichen Unterschied im Vergleich zu Pensionsrückstellungen nach IFRS geführt.

242c Die steuerliche Subventionierung des § 6a EStG umfasst in der Regel nur einen Teil des zukünftigen Liquiditätsabflusses als vorweggenommene Betriebsausgabe, was sich durch die niedrigere steuerliche Rückstellung manifestiert. Es ist daher durchaus sachgerecht, den Teil des zukünftigen Liquiditätsabflusses als *Tax Shield* zu betrachten, der als Betriebsausgabe in Zukunft steuermindernd geltend gemacht werden kann. Die damit einhergehende verminderte Kaufpreisreduktion (= *Tax Shield* hat einen gegenläufigen Effekt auf den Abzug der Pensionsverbindlichkeiten) sollte der Realisierungswahrscheinlichkeit Rechnung tragen. Alternativ lassen sich die Liquiditätseffekte einschließlich *Tax Shield* auch im DCF Modell abbilden. Dies würde zu einem niedrigeren Gesamtkaufpreis führen und ein (Netto-)Abzug in der *Equity Bridge* wäre dann nicht mehr sachgerecht.

d) Teilgewinnrealisierung

242d Im Gegensatz zu IFRS 15 gestattet das HGB und damit auch das das deutsche Steuerrecht keine Teilgewinnrealisierung bei langfristigen Fertigungsaufträgen (siehe → § 2 Rn. 90f.). Dies führt dazu, dass nach IFRS Ertrag ggf. in einem Geschäftsjahr aufgrund der Anwendung der *Percentage of completion Method* realisiert wird, die Besteuerung aber erst mit handelsrechtlicher und steuerlicher Gewinnrealisierung im nächsten Geschäftsjahr erfolgt. Dies führt ggf. zum Ansatz von *deferred tax liabilities.*

242e Diese Lebenssachverhalte führen immer wieder zu Auseinandersetzungen im Rahmen der Bestimmung der *Equity Bridge*. In den meisten Fällen sollte ein Ansatz der *deferred tax liabilities* allerdings ausscheiden. Der Regelfall ist, dass erst mit der teilweisen oder vollständigen Abnahme des Werkes der handelsrechtliche und steuerliche Gewinn realisiert wird und dann auch erst bezahlt wird. Ist der Transaktionszeitpunkt wie in dem Beispiel direkt am Jahresende, erfolgte die Gewinnrealisierung nach IFRS im alten Geschäftsjahr und die Besteuerung im neuen Geschäftsjahr. Wirtschaftlich ist die Berücksichtigung im alten Geschäftsjahr richtig wie durch IFRS 15 vorgesehen, da in diesem Zeitraum auch der Wertzuwachs erzielt wurde. Der Besteuerung im nächsten Geschäftsjahr steht dann der Liquiditätszufluss bei Abnahme des Werkes gegenüber, der dem Verkäufer aufgrund des *Cash free/Debt free* Mechanismus nicht mehr zu Gute kommt.

242f Unabhängig hiervon wird die *Financial Due Diligence* gleichwohl noch ein Augenmerk darauf haben müssen, ob es gegebenenfalls Vorauszahlungen gegeben hat und wie diese in der *Equity Bridge* behandelt werden (siehe → Rn. 166ff.) und wie die Auswirkungen auf den *Working Capital*-Referenzwert sind (siehe → § 8 Rn. 41ff.)

12. Ausstehende Einlagen und nicht durch Eigenkapital gedeckter Fehlbetrag

Nach § 272 Abs. 1 Hs. 1 HGB sind ausstehende Einlagen auf der Aktivseite vor dem Anlagevermögen auszuweisen. Die von den ausstehenden Einlagen eingeforderten Einlagen sind in der Bilanz gesondert zu vermerken, § 272 Abs. 1 Hs. 1 HGB. **243**

Sofern der Käufer Gesellschaftsanteile erwirbt, auf die die Einlage nicht oder nicht vollständig geleistet wurde, sollte dies einen Abzugsposten in der *Equity Bridge* darstellen. Gesellschaftsrechtlich besteht die Verpflichtung, Einlagen zu leisten. Ist dies nicht erfolgt, stellt dies wirtschaftlich eine Form der Gesellschafterfinanzierung dar. **244**

Ein nicht durch Eigenkapital gedeckter Fehlbetrag (negatives Eigenkapital) kann dazu führen, dass die zukünftige Dividendenfähigkeit der Zielgesellschaft eingeschränkt wird. Insoweit wird auf die Ausführungen zum so genannten *Trapped Cash* verwiesen (→ Rn. 18 ff.). Darüber hinaus kann ein negatives Eigenkapital auch Auswirkungen auf (zukünftige) Bankenfinanzierungen oder sonstige Stakeholder haben. Durch die Strukturierung der Transaktion kann ggf. ein handelsrechtlicher *Step-up* erfolgen und eine Beseitigung des negativen Eigenkapitals möglich machen. Dies ist im Einzelfall zu prüfen. **245**

13. Nicht betriebsnotwendiges Vermögen

Nicht betriebsnotwendiges Vermögen stellt einen Wert dar, der ggf. kaufpreisreduzierend in der *Equity Bridge* berücksichtigt werden kann. Voraussetzung ist dafür aber regelmäßig, dass Erträge im Zusammenhang mit diesem Vermögen nicht die Unternehmensbewertung und insbesondere das EBITDA positiv beeinflussen (z. B. Zins- oder Mietererträge) und dass die Werthaltigkeit und Liquidität sichergestellt ist. Dies wird im Einzelfall zu entscheiden sein. **246**

14. Haftungsverhältnisse und sonstige finanzielle Verpflichtungen (Eventualverbindlichkeiten oder contingent liabilities)

Haftungsverhältnisse nach § 251 HGB umfassen Verbindlichkeiten aus der Begebung und Übertragung von Wechseln, aus Bürgschaften, Wechsel- und Scheckbürgschaften und aus Gewährleistungsverträgen sowie Haftungsverhältnisse aus der Bestellung von Sicherheiten für fremde Verbindlichkeiten. Es handelt sich um Verbindlichkeiten aufgrund von Rechtsverhältnissen, aus denen der Kaufmann nur unter bestimmten Umständen, mit deren Eintritt er nicht rechnet, in Anspruch genommen werden kann. Von den Verbindlichkeiten und Rückstellungen unter- **247** scheiden sich die Haftungsverhältnisse durch den Grad der Wahrscheinlichkeit der Inanspruchnahme.[55]

248 Formell stehen die Berichtspflichten nach § 285 Nr. 3 HGB und § 285 Nr. 3a HGB in engem Zusammenhang und teilweise in Konkurrenz, wobei Nr. 3 Vorrang hat.[56] Nach § 285 Nr. 3 HGB sind nicht in der Bilanz enthaltene Geschäfte anzugeben, soweit die Risiken und Vorteile wesentlich sind und die Offenlegung für die Beurteilung der Finanzlage erforderlich ist. Trotz der weiten Definition gehören Rechtsgeschäfte bezüglich Lieferung und Leistung des gewöhnlichen Geschäftsbetriebes und die Beschaffung von Sachanlagen und Vorräten nicht dazu.[57] Beispiele für angabepflichtige Geschäfte sind Factoring, Pensionsgeschäfte, Konsignationslagervereinbarungen, Verpfändung von Aktiva oder Leasingverträge.[58] Nach § 285 Nr. 3a HGB ist der Gesamtbetrag der sonstigen finanziellen Verpflichtungen anzugeben, sofern diese Angabe für die Beurteilung der Finanzlage von Bedeutung ist. Unter sonstigen finanziellen Verpflichtungen sind in der Regel künftige Zahlungsansprüche Dritter zum Bilanzstichtag zu verstehen, denen sich das Unternehmen nicht einseitig entziehen kann.[59] Eine Angabepflicht kann sich beispielsweise bei mehrjährigen Verpflichtungen aus Miet- und Leasingverträgen, insbesondere aus *sale and lease back,* Verpflichtungen aus langfristigen Abnahmeverträgen oder Verpflichtungen zum Erwerb von Sachanlagen (schwebende Bestellungen) ergeben.[60]

249 Es gelten die allgemeinen Bewertungsgrundsätze des § 249 Abs. 1 S. 1 HGB sowie IAS 37. Eine Rückstellung ist grundsätzlich dann zu bilden, wenn mehr Gründe für als gegen eine Inanspruchnahme sprechen. Sprechen mehr Gründe gegen eine Inanspruchnahme, sind die Haftungsverhältnisse nach § 251 HGB bzw. IAS 37 unter der Bilanz bzw. im Anhang zu vermerken. Unter *Net Debt*-Gesichtspunkten sind insbesondere folgende Punkte zu berücksichtigen:

a) Beurteilung von Haftungsverhältnissen

250 Der Käufer wird beurteilen müssen, ob die Einschätzung der Geschäftsführung und ggf. des Verkäufers zu den Haftungsverhältnissen nachvollziehbar ist, dass mehr Gründe gegen eine Inanspruchnahme sprechen als dafür. Bei kritischen Haftungsverhältnissen kann eine Möglichkeit zur Überbrückung eines Interessengegensatzes zwischen Käufer und Verkäufer die Aufnahme einer Freistellung in den Kaufvertrag sein.

55 BeBiKo/Grottel/Berberich § 251 Rn. 5 m. w. N.
56 BeBiKo/Grottel § 285 Rn. 48.
57 BeBiKo/Grottel § 285 Rn. 54.
58 BeBiKo/Grottel § 285 Rn. 55.
59 BeBiKo/Grottel § 285 Rn. 95.
60 BeBiKo/Grottel § 285 Rn. 97 m. w. N.

b) Finanzierungserwägungen

Unter Finanzierungsgesichtspunkten kann insbesondere die Bestellung von Sicherheiten für eigene Verbindlichkeiten kritisch sein. Häufig enthalten solche Sicherheitenverträge eine *Change of Control*-Klausel, die dazu führen kann, dass diese Instrumente zum *Closing* abgelöst oder mit eigenen finanziellen Mitteln zu unterlegen sind. Ist beispielsweise eine Finanzierung eng geschnitten und werden zum *Closing* zusätzliche Mittel für Sicherheiten notwendig, kann dies im schlimmsten Fall zu einem Scheitern der Transaktion führen, wenn ein Finanzierungsvorbehalt als aufschiebende Bedingung zum *Closing (Condition Precedent)* nicht erfüllt werden kann. **251**

Diese Problematik ist nicht zu unterschätzen. Folgendes Beispiel dient zur Illustration. Ein Unternehmen verkauft ein Tochterunternehmen an einen Finanzinvestor, für das eine Bank bürgt, damit ausländische Zulieferer Waren liefern. Die Bankgebühren sind im EBITDA der Tochtergesellschaft enthalten und stellen (unwesentlichen) operativen Aufwand da. Da die Bank Bedenken bezüglich der Finanzierungsstruktur (nachrangige Sicherung) oder der Bonität des Akquisitionsvehikels hat, kündigt sie die Sicherheiten und verlangt, dass der Sicherungsbetrag mit *Cash* hinterlegt wird. Eine Nichtleistung der Sicherheit kann zu schwerwiegenden betrieblichen Folgen führen oder sogar die Gesamtfinanzierung scheitern lassen. **252**

Sofern dem Käufer durch die Due Diligence die abzulösenden Sicherheiten bekannt sind, kann er im Rahmen von Finanzierungsverhandlungen einen ggf. notwendigen zusätzlichen Finanzierungsbedarf vertraglich absichern. Problematisch ist jedoch der Fall, wenn beispielsweise die Geschäftsführung der Zielgesellschaft dem Käufer versehentlich eine nicht vollständige Liste hat zukommen lassen und sich dieser Fehler erst kurz vor *Closing* manifestiert, wenn die Bank die Sicherheit gekündigt hat. Daher ist es sachgerecht, von Sicherungsgebern eingeforderte Beträge als *Debt* in Abzug zu bringen, sofern sie nicht in einem Anhang zum Kaufvertrag aufgeführt sind: **253**

Guarantees

Any guarantee, suretyship, letter of comfort or any other collateral or financing instrument which can be or will be terminated by a bank, lender or other creditor in connection with the transaction to the extend this instrument has not been disclosed in Annex [...] to this SPA.

c) Langfristige Zahlungsverpflichtungen

Bei mehrjährigen Verträgen und höheren ausstehenden Zahlungsverpflichtungen, denen sich die Gesellschaft nicht wird entziehen können, ist zu untersuchen, ob diese Verträge aus der Perspektive des Erwerbers notwendig sind. Hat sich die Zielgesellschaft beispielsweise zur Vornahme einer größeren Investition in ein Bürogebäude verpflichtet, das nach dem Erwerb nicht mehr benötigt wird, da der ganze Standort geschlossen werden soll, stellt dies eine finanzielle Belastung für den Käufer dar, ohne dass dem ein Nutzen gegenübersteht. In der Regel wird **254** der Verkäufer nicht akzeptieren wollen, operative betriebliche Änderungen nach Eigentumsübergang über eine Berücksichtigung beim *Net Debt* zu vergüten. Der Käufer hingegen wird die Zahlungen jedoch in seine Bewertung für die Zielgesellschaft aufnehmen müssen.

15. One-off separation cost sowie weitere Kosten des Verkaufs

255 Im Zusammenhang mit dem Erwerb von Unternehmen oder Unternehmensteilen entstehen Kosten vor dem wirtschaftlichen Eigentumsübergang, die noch nicht zu einem Zahlungsmittelabfluss beim Zielunternehmen geführt haben sowie weitere Kosten, die erst nach dem Eigentumsübergang entstehen.

256 Zur ersten Kategorie gehören insbesondere Kosten, die notwendig waren, um das Transaktionsobjekt so zu strukturieren, dass es verkauft werden kann. Dies werden häufig Kosten für externe Berater sein, da interne Kosten für Mitarbeiter meist schon über Lohn und Gehalt beglichen wurden. Es können zudem Kosten anfallen für die gesellschaftsrechtliche Separierung der Zielgesellschaft, das Aufsetzen einer eigenständigen, abtrennbaren IT, die Vorbereitung und Durchführung des Verkaufsprozesses usw.

257 Zur zweiten Kategorie gehören die Einmalkosten, die erst mit oder nach dem Eigentumsübergang fällig werden. Effekte auf die laufende Kostenbasis sollten über Pro Forma EBITDA-Anpassungen berücksichtigt werden (siehe → § 2 Rn. 131 ff.). Zu diesen Kosten können beispielsweise IT- oder sonstige Lizenzkosten zählen. Darüber hinaus können Kosten für Re- oder Umstrukturierungen anfallen.

258 In der Praxis hat sich als Faustregel etabliert, dass der Verkäufer die Kosten bis zur Übergabe trägt und der Käufer die Kosten der Integration. Bildlich gesprochen stellt der Verkäufer dem Käufer das Zielobjekt „auf den Hof". Nichtsdestotrotz ist die Berücksichtigung dieser Kosten als *Net Debt* sehr stark abhängig vom Einzelfall. Sofern eine Berücksichtigung in der *Equity Bridge* nicht in Betracht kommt, wird der Käufer sie in seine Bewertung für die Zielgesellschaft aufnehmen müssen.

IV. Vertragliche Umsetzung Net Debt/Net Cash

1. Standard

259 Net *Debt/Net Cash*-Anpassungsmechanismen lassen sich vertraglich auf unterschiedliche Arten abbilden. Die konkrete Ausgestaltung hängt zum einen davon ab, ob die jeweilige Klausel eher eine verkäufer- oder eine käuferfreundliche Tendenz aufweist (siehe dazu noch ausführlich bei → Rn. 270 f.). Zum anderen unterscheiden sich regelmäßig – wie zuvor ausführlich dargestellt – die Bestandteile, die bei den jeweiligen Anpassungsposten zu berücksichtigen sind und unterschiedlich abgebildet werden können. Dabei weisen insbesondere die Abzugsposten – also die *Debt*-Positionen – neben den Standardabzugsposten häufig noch spezifische

Positionen auf, die auf den speziellen Sachverhalt bezogene, künftige (sichere oder auch nur befürchtete) *Cash*-Abflüsse abbilden. Hier hängt es von der Verhandlungsposition des Käufers und der Güte seiner Argumente ab, ob er sich mit der Berücksichtigung dieser Positionen durchsetzen kann.

Folgendes Formulierungsbeispiel einer eher „unkomplizierten" Form der Kaufpreisanpassung mag als **Standardformulierungsbeispiel** für die vertragliche Umsetzung einer *Net Debt/Net Cash*-Anpassung dienen: **260**

"Purchase Price

1.1 Final Purchase Price

In consideration for the sale and transfer of the Target Shares in accordance with the provisions of this Agreement, the Purchaser shall pay:

1.1.1 the Preliminary Purchase Price (as defined below),

1.1.2 as adjusted by the Purchase Price Adjustment Amount (as defined below),

(the **"Final Purchase Price"**).

1.2 Preliminary Purchase Price

At the Closing Date, the Purchaser shall pay an amount equal to:

1.2.1 EUR [...] (in words: Euro [...]) (the **"Base Purchase Price"**),

1.2.2 *less* any Estimate Net Debt Position (as determined in accordance with Article 1.5.1), and

1.2.3 *less* any amount by which the Estimate Working Capital falls short of the Target Working Capital (as determined in accordance with Articles 1.4.2 and 1.4.3), or

1.2.4 *plus* any amount by which the Estimate Working Capital exceeds the Target Working Capital.

The aggregate amount resulting therefrom shall, subject to the provisions of Article 1.5, be the preliminary purchase price (the **"Preliminary Purchase Price"**).

1.3 Payment Modalities

All payments to be made on the Closing Date shall be transferred by the Purchaser to the respective recipient set forth in Article [...] with same day value by irrevocable wire transfer in the form of immediately available funds and free of charge and without any deductions to one or several accounts specified by the Seller in accordance with this Agreement.

1.4 Certain Definitions Relevant for the Calculation of the Preliminary Purchase Price and the Final Purchase Price

1.4.1 **"Net Debt Position"** shall mean the consolidated net debt of the Target Group as of the Effective Date and as specified in Annex 1.4.1.

1.4.2 **"Working Capital"** shall mean the consolidated net working capital of the Target Group as of the Effective Date and as specified in Annex 1.4.2.

1.4.3 **"Target Working Capital"** shall be EUR [...].

1.5 Calculation of Preliminary Purchase Price

1.5.1 For purposes of the calculation of the Preliminary Purchase Price, the Net Debt Position and the Working Capital shall be determined on the basis of a calculation statement to be prepared by the Seller substantially in the form of Annex 1.5.1 (the **"Preliminary Purchase Price Calculation Statement"**; and the amounts of such positions as calculated therein the **"Estimate Net Debt Position"** and the **"Estimate Working Capital"**, respectively).

1.5.2 The Seller shall prepare the Preliminary Purchase Price Calculation Statement in accordance with the rules and the accounting standards set out in the Target Group's Accounting Principles (as defined below), in a fair manner, consistent with past practices.

1.5.3 The Seller shall provide the Purchaser with the Preliminary Purchase Price Calculation Statement at least five (5) Business Days prior to the Closing as set out in Article [...].

1.5.4 The Preliminary Purchase Price Calculation Statement becomes final and binding upon the Parties with its delivery to the Purchaser."

261 Die vorstehende Klausel enthält die typischen Bestandteile einer variablen Kaufpreisregelung. Zunächst wird der finale Kaufpreis bestimmt als das Resultat des um den Kaufpreisanpassungsbetrag *(Purchase Price Adjustment Amount)* angepassten vorläufigen Kaufpreis *(Preliminary Purchase Price)*. Dieser wiederum setzt sich zusammen aus dem eigentlichen Kaufpreis *(Base Purchase Price)* und bestimmten variablen Positionen – dem *Nebt Debt* als Abzugsposten und der Abweichung vom vereinbarten Zielumlaufvermögen *(Target Working Capital)*. Der Basiskaufpreis entspricht wirtschaftlich dem Gesamtwert, den der Käufer dem Zielunternehmen – bereinigt um Finanzschulden und Umlaufvermögen – beimisst. Der Status der Finanzschulden und des Umlaufvermögens kann zum Zeitpunkt des Vertragsvollzugs (*Closing*) nur vorläufig ermittelt werden. Dies erfolgt auf der Basis von Schätzwerten, die nach dem Formulierungsvorschlag vom Verkäufer anhand einer vertraglich festgelegten Formel berechnet werden. Alternativ wäre auch vorstellbar, dass die Schätzwerte durch einen Wirtschaftsprüfer ermittelt werden. Der endgültige Kaufpreis kann dann berechnet werden, wenn der Kaufpreisanpassungsbetrag feststeht. Dass ist dann der Fall, wenn die Positionen *Net Debt* und Abweichung vom *Target Working Capital*, so wie sie sich jeweils zum Übertragungsstichtag *(Closing)* ergeben, nach dem im Vertrag vorgegebenen Verfahren ermittelt worden sind.

262 Als **Definitionen** für *„Net Debt Position"*, *„Cash"* und *„Working Capital"* bieten sich – gestützt auf die vorstehenden Ausführungen – folgende an:

"The **"Net Debt Position"** shall comprise

(1) the aggregate amount of interest-bearing liabilities of the Target Group, including accrued interest thereon as, arising out of borrowings *(Darlehen)* from banks or other financial institutions; *plus*

(2) the Closing Shareholder Loan Amount; *plus*

(5) the pensions provision; *plus*

(6) income tax payables, net of any income tax receivables, related to income taxes due through the Closing Date; *plus*

(7) *[Weiterer Abzugsposten]; minus*

(8) Cash."

263 Gemäß der vorstehenden Klausel setzen sich die Nettofinanzverbindlichkeiten der zu erwerbenden Gruppe aus den zinstragenden Verbindlichkeiten sowie weiteren Abzugspositionen zusammen. Das ist in der Tendenz eher verkäuferfreundlich, da üblicherweise ein weiterer *Debt*-Begriff verwendet wird (siehe oben → Rn. 5 ff.). Die Klausel unterstellt das Bestehen eines Gesellschafterdarlehens. In dem Beispielsfall erwirbt der Käufer – wie regelmäßig der Fall – auch das Gesellschafterdarlehen. Es mindert daher den für die Anteile an der Zielgesellschaft zu zahlenden Kaufpreis. In Abzug gebracht werden auch die bis zum *Closing* fällig werdenden Steuerzahlungen. Wichtig ist in diesem Zusammenhang, dass dies in der Steuerklausel Berücksichtigung finden muss, um eine doppelte Anrechnung zu vermeiden. Schließlich werden die liquiden Mittel *(Cash)* hinzuaddiert (siehe zur Definition von *Cash* auch oben → Rn. 13).

"**Cash**" shall mean the aggregate amount (including any accrued interest thereon) of any cash *(Kassenbestand),* other liquid means *(liquide Mittel)* and marketable securities, cash equivalents, cheques *(Schecks),* and deposits with banks and other financial institutions. 264

For the avoidance of doubt, deferred taxes and liabilities *(latente Steuern),* potential finance lease payables or receivables relating to any leasing contract with an entity of the Target Group as lessee or lessor shall not be included and are not part of the definition of Net Debt Position."

"**Working Capital**" shall comprise

(1) inventories *(Vorräte),* net of related allowances; *plus*
(2) third-party trade receivables *(Forderungen aus Lieferungen und Leistungen)* and net of related allowances (which for the avoidance of doubt include authorization receivables from customers); *minus*
(3) third-party trade payables *(Verbindlichkeiten aus Lieferungen und Leistungen),* except for accrued interest, and except M&A related payables (purchase price considerations); *plus*
(4) prepaid expenses *(erhaltene Anzahlungen),* except for financing-related prepaid expenses (capitalized costs from debt financing); *minus*
(5) deferred income; *plus*
(6) factoring related receivables from factoring with and without recourse, less related allowances; *plus*
(7) other assets, except for
   (i) income tax-related items, and
   (ii) M&A related items; *minus*
(8) other accruals, *minus*
(9) other liabilities, excluding
   (i) M&A related payables,
   (ii) accrued interest,
   (iii) income tax related payables, and
   (iv) received advance payment from the customer [...] in the amount of EUR [...].

For the avoidance of doubt, deferred income taxes and liabilities *(latente Steuern),* income tax related assets and liabilities, including, receivables and payables due to the acquisition of businesses through share and/or asset deals (purchase price considerations) and potential finance lease payables or receivables related to any leasing contract with an entity of the Target Group as lessee or lessor are not part of the Working Capital."

Die obige Definition des Umlaufvermögens *(Working Capital)* verdeutlicht anschaulich, dass es keine Standardformulierungen zur Herleitung des *Working Capital* gibt (siehe auch → § 8 Rn. 5 ff.). In dem dem Formulierungsbeispiel zugrunde liegenden Ausgangsfall hatten sich die Parteien darauf verständigt, anstehende Kaufpreiszahlungen für (kleinere) M&A-Transaktionen nicht (als das Umlaufvermögen mindernd) zu berücksichtigen, da insoweit bereits ein Abzug bei dem (gebotenen) Kaufpreis vorgenommen wurde. Auch die Behandlung der Anzahlung eines Kunden (siehe im Formulierungsvorschlag unter (9) ist das Ergebnis von Verhandlungen und hätte genauso gut auch anders vereinbart werden können. 265

Die vorstehenden Formulierungsbeispiele lassen sich beliebig erweitern oder um sachverhaltsspezifische Abwandlungen, die das Verhandlungsergebnis der Parteien widerspiegeln ergänzen. So können bestimmte Finanzpositionen einer Begriffsbestimmung ausdrücklich zugewiesen oder aber auch explizit von dieser ausgenommen werden. 266

2. Spielarten

a) Anlehnung an bilanzielle Behandlung

267 Der *Cash free/Debt free*-Mechanismus bezieht sich nicht zwingend auf einzelne Bilanzposten. So kann auch ein einzelner Geschäftsvorfall in einer bestimmten Weise für die Zwecke der Kaufpreisermittlung berücksichtigt werden, die nicht seiner bilanziellen Behandlung entspricht. Auch können die Parteien vereinbaren, dass beispielsweise in die Definition des *Working Capital* einzelne Positionen aufgenommen werden, die nach den Bestimmungen des HGB nicht zum Umlaufvermögen zählen. Umgekehrt können sich die Parteien bei den Definitionen von *Net Debt*, *Cash* und *Working Capital* natürlich auch eng an die entsprechende bilanzielle Behandlung anlehnen. Diese bilanzielle Herangehensweise hat den Vorteil größerer Rechtssicherheit, weil die Bilanzregeln eben auch Sachverhalte erfassen und lösen, die die Parteien übersehen und deswegen nicht explizit erwähnt haben. Gegen das Anlehnen an die Bilanzregeln spricht, dass die bilanzielle Behandlung in einigen Fällen der für den *Cash free/Debt free*-Mechanismus maßgeblichen *Cash flow*-Betrachtung nicht entspricht. Auch hat die *Financial Due Diligence* heutzutage einen Professionalitätsgrad erreicht, der gewährleistet, dass in aller Regel sämtliche wirtschaftliche Sachverhalte, die eine Kaufpreisrelevanz haben, auch identifiziert und in der Kaufpreisregelung verarbeitet werden können. Gleichwohl sind Kaufpreisregelungen für den *Cash free/Debt free*-Mechanismus, die sich an bestimmte Bilanzpositionen anlehnen oder auf diese verweisen, weit verbreitet.

268 Das nachfolgende **Formulierungsbeispiel** folgt der bilanziellen Betrachtungsweise:

„1. **Share Purchase Price**

1.1 Enterprise Value

The **"Enterprise Value"** is an agreed amount of EUR [...] (in words: Euro [...]).

1.2 Share Purchase Price

The purchase price for the Company Shares (the **"Share Purchase Price"**) is calculated as follows:

Enterprise Value (Section 1.1)
minus Financial Debt (Section 1.3)
plus Cash (Section 1.4)
plus Net Working Capital (Section 1.5.2)
minus Reference Net Working Capital (Section 1.5.1)
with each of the Financial Debt, Cash, and Net Working Capital being the consolidated amount for all Group Companies as existing at and including the Effective Date and as shown in the Final Consolidated Effective Date Accounts (Section [...]).

Such Final Consolidated Effective Date Accounts shall be prepared (as set forth in detail in Section [...]) for the Company and the Subsidiaries on a consolidated level with the Company being the top group company (*Mutterunternehmen* within the meaning of Sec. 290 HGB) pursuant to Sec. 294 et seq. and Sec. 300 et seq. HGB, it being understood that all Subsidiaries are fully consolidated.

1.3 Financial Debt

"Financial Debt" shall be the aggregate of:

(a) any bonds *(Anleihen)* within the meaning of Sec. 266 para. 3 lit. C no. 1 HGB;
(b) all debt owed to banks, financial or other similar institutions *(Verbindlichkeiten gegenüber Kreditinstituten)* within the meaning of Sec. 266 para. 3 lit. C no. 2 HGB;
(c) any acceptance credit *(Wechselverbindlichkeiten)* within the meaning of Sec. 266 para. 3 lit. C no. 5 HGB, except for trade payables of any kind;
(d) any debt owed to affiliated companies *(Verbindlichkeiten gegenüber verbundenen Unternehmen)* (other than the Group Companies), within the meaning of Sec. 266 para. 3 lit. C no. 6 HGB, except for trade payables, but including shareholder loans and accrued interest until (and including) the Effective Date;
(e) any debt owed to entities in which participations are held *(Verbindlichkeiten gegenüber Unternehmen, mit denen ein Beteiligungsverhältnis besteht),* (other than the Group Companies), within the meaning of Sec. 266 para. 3 lit. C no. 7 HGB, except for trade payables;

provided that no particular indebtedness is taken into account more than once.

1.4 Cash

"Cash" is the aggregate amount of the following cash and cash equivalents of the Company:

(a) cash on hand (*Kassenbestand*), central bank deposits *(Bundesbankguthaben),* demand deposits with banks, financial or other similar institutions *(Guthaben bei Kreditinstituten)* and cheques *(Schecks)* within the meaning of Sec. 266 para. 2 lit. B IV HGB;
(b) securities *(sonstige Wertpapiere)* within the meaning of Sec. 266 para. 2 lit. B III no. 2 HGB;
(c) loans granted to affiliated companies *(Ausleihungen an verbundene Unternehmen)* (other than the Group Companies) within the meaning of Sec. 266 para 2 lit. A III no. 2 HGB;
(d) loans granted to entities in which participations are held *(Ausleihungen an Unternehmen, mit denen ein Beteiligungsverhältnis besteht)* (other than the Group Companies) within the meaning of Sec. 266 para 2 lit. A III no. 4 HGB;
(e) other loans granted by the Company *(sonstige Ausleihungen)* within the meaning of Sec. 266 para 2 lit. A III no. 6 HGB;
(f) accounts receivable from affiliated companies *(Forderungen gegen verbundene Unternehmen)* (other than the Group Companies) within the meaning of § 266 para. 2 lit. B II no. 2 HGB, except for trade accounts receivable;
(g) accounts receivable from entities in which participations are held *(Forderungen gegen Unternehmen, mit denen ein Beteiligungsverhältnis besteht)* (other than the Group Companies) within the meaning of Sec. 266 para. 2 lit. B II no. 3 HGB, except for trade accounts receivable;
(h) other accounts receivable, in particular tax repayment claims *(Steuererstattungsansprüche)* to the extent acknowledged by the Tax Authorities; *[Note: as regards tax repayment claims: align with tax indemnification clause; do not include here if fully covered by tax indemnification clause]*
(i) any other amounts other than those referred to in Section 1.4 (a) through (h) above, to be received by the Group Companies and having the same commercial effect as any financing arrangement under which the Group Companies are entitled to the repayment of a loan;
(j) interest accrued on the items in Section 1.4 (a) through 1.4 (i) until the Effective Date;

provided that no particular amount is taken into account more than once.

1.5 Working Capital

1.5.1 The **"Reference Net Working Capital"** equals the amount of EUR […] (in words: Euro […]).

1.5.2 The **"Net Working Capital"** is

(a) the sum of the following assets
the aggregate amount of the inventory *(Vorräte)* and the trade accounts receivable *(Forderungen aus Lieferungen und Leistungen)* and other assets *(sonstige Vermögensgegenstände)* within the meaning of Sec. 266 para. 2 lit. B I and II no. 1 and no. 4 HGB, and […], in each case less the amount already taken into account as part of Cash, if any,
(b) *minus* the sum of the following liabilities

the aggregate amount of the advance payments received *(erhaltene Anzahlungen auf Bestellungen),* the trade payables *(Verbindlichkeiten aus Lieferungen und Leistungen)* and other liabilities *(sonstige Verbindlichkeiten)* within the meaning of Sec. 266 para. 3 lit. C no. 3, 4 and 8 HGB, and [...], in each case less the amount already taken into account as part of Financial Debt, if any,

of the Group Companies on a consolidated level.

2. **Payments**

2.1 Preliminary Purchase Price

2.1.1 As set forth in detail in Section [...] (Closing), the Purchaser shall pay to the Seller the following amount:

(a) an amount determined in writing by the Seller and the Purchaser by mutual agreement on the basis of an estimate of the Share Purchase Price, or

(b) if such agreement cannot be reached until [10 (ten)] Business Days prior to the date of the Closing Meeting an amount of EUR [...] (in words: Euro [...])

(either such amount the **"Preliminary Purchase Price"**).

2.2 Purchase Price Adjustment

2.2.1 If, in each case on the basis of the Final Consolidated Effective Date Accounts and the Final Calculation Certificate, (i) the Share Purchase Price exceeds the Preliminary Purchase Price, the Purchaser shall pay to the Seller an amount equal to such excess or (ii) the Preliminary Purchase Price falls short of the Share Purchase Price, the Seller shall pay to the Purchaser an amount equal to such shortfall.

2.2.2 Any such amount to be paid either by the Purchaser to the Seller or by the Seller to the Purchaser (the **"Purchase Price Adjustment"**) shall be paid pursuant to Section 2.3 at the latest on the tenth Business Day following the day when the Final Consolidated Effective Date Accounts, and the Final Calculation Certificate (each as defined in Section [...]) have become final and binding upon the Parties pursuant to Section [...] and bears interest at a rate of [...]% p. a. from the Closing Date until, but not including, the day of payment of such Purchase Price Adjustment.

2.3 Modes of Payment; Bank Accounts

2.3.1 Any payments to be made hereunder shall be made by irrevocable and unconditional wire transfer in immediately available, freely transferable and cleared funds with value as of the relevant due date and without deduction of any costs and bank or other charges to the recipient.

2.3.2 All payments to the Seller or to the Purchaser under this Agreement shall be made to the bank accounts of the Seller (the **"Seller's Account"**) or the Purchaser (the **"Purchaser's Account"**), as applicable, in each case as set forth in Annex 2.3.2, or to such other bank account designated by the recipient to the Party that has to make the payment in writing no later than five (5) Business Days prior to the relevant due date of such payment.

2.4 No Offset or Right to Refuse Performance

Neither Party shall have the right to offset any counterclaims against claims of the other Party under this Agreement or to refuse fulfillment of claims of the other Party under this Agreement based upon any counterclaims, unless and to the extent liability for such counterclaims has (i) been accepted by the other Party in writing or (ii) such counterclaims have been confirmed by a final and conclusive court judgment or arbitration award."

269 Die vorstehende Klausel folgt einem etwas anderen Aufbau als die zuvor in → Rn. 260 ff. vorgestellte. Zunächst wird der Gesamtunternehmenswert (*Enterprise Value*) vorangestellt, auf den die Parteien sich verständigt haben. Von diesem werden die Finanzverbindlichkeiten *(Financial Debt)* und das vereinbarte Referenz-Netto-Umlaufvermögen *(Reference Net Working Capital)* abgezogen. Addiert werden die liquiden Mittel *(Cash)* und das tatsächlich bestehende Netto-Umlaufvermögen

(Net Working Capital). Im Ergebnis wird also der Saldo von Finanzverbindlichkeiten und liquiden Mitteln vom Gesamtunternehmenswert abgezogen. Außerdem wird der Überhang bzw. das Unterschreiten des tatsächlichen Netto-Umlaufvermögens vom Referenz-Netto-Umlaufvermögen berücksichtigt: Entweder kaufpreismindernd oder -erhöhend. Diese Finanzpositionen werden auf konsolidierter Basis ermittelt, so wie sie in dem finalen Konzernabschluss der Zielunternehmensgruppe zum Vollzugsstichtag *(Final Consolidated Effective Date Accounts)* enthalten sind. Der so ermittelte Betrag ergibt den finalen Kaufpreis. Je nachdem, ob der vorläufige Kaufpreis diesen übersteigt oder unterschreitet, hat entweder der Verkäufer oder der Käufer den Differenzbetrag *(Purchase Price Adjustment)* auszugleichen. Es folgen die üblichen Regelungen zu den Zahlungsmodalitäten und zu den Zurückbehaltungsrechten.

b) Sonstige Gestaltungsüberlegungen

Neben der Anlehnung an die bilanzielle Behandlung gibt es eine Reihe weiterer Gestaltungsüberlegungen, die im Folgenden kurz dargestellt werden sollen. **270** Dabei spielt es immer eine Rolle, ob die angestrebte Regelung eher den Interessen des Verkäufers oder denjenigen des Käufers gerecht werden soll. Ausgangspunkt der Überlegungen sollte zunächst sein, dass sich das vom Kaufpreis in Abzug zu bringende „*Net Debt*" aus dem Saldo von *Debt* und *Cash* zusammensetzt. Aus Sicht des Verkäufers wird es darum gehen, bei der Definition der Finanzverbindlichkeiten *(Debt)* möglichst restriktiv und bei der Definition der liquiden Mittel *(Cash)* möglichst großzügig zu agieren. Die Interessenlage des Käufers verhält sich genau anders herum. Dementsprechend wird der Verkäufer bei der Definition von *Debt* bemüht sein, von vornherein nur zinstragende Finanzverbindlichkeiten als *Debt*-Positionen zuzulassen und alle sonstigen Finanzverbindlichkeiten *(other debt items)* auszunehmen (siehe dazu auch bereits zuvor in → Rn. 5 ff.). Demgegenüber wird der Käufer versuchen, möglichst viele Positionen sonstiger Finanzverbindlichkeiten in die Definition von *Debt* hereinzunehmen. Bei der Definition von *Cash* werden die Verhandlungspositionen genau andersherum sein.

Das führt zur Frage der Verwendung von **Öffnungsklauseln**, mit denen vergleichbare (aber eben noch nicht konkret benannte) Finanzpositionen erfasst wer- **271** den. So könnte es beispielsweise bei der Definition von *Debt* nach der Auflistung konkreter weitere Finanzverbindlichkeiten heißen: „*… and all other comparable debt items.*" Weiter gehend könnte es lauten: „*… irrespective whether to be recorded in the balance sheet or not*". Damit wäre klar gestellt, dass auch die so genannten „*off-balance sheet items*" erfasst sind. Es ist allerdings fraglich, ob sich der Verkäufer auf eine solche Regelung einlassen wird. Schließlich drohen durch diese Öffnung möglicherweise unliebsame Überraschungen. Andererseits spricht zunächst nichts dagegen, wirtschaftlich vergleichbare Sachverhalte auch bei der Kaufpreisermittlung gleich zu behandeln.

272 Eine taktische Frage ist es, ob man sich von einer eher abschließend formulierten oder einer eher offen gehaltenen Klausel mehr zu versprechen hat. Möglicherweise sieht man sich in der konkreten Verhandlungssituation nicht in der Lage, bestimmte Punkte in seinem Sinne durchzusetzen. Dann kann es sich empfehlen, mit einer eher offeneren Klausel auf eine Berücksichtigung in der späteren Kaufpreisanpassung zu setzen.

273 Unüblich (und von Sonderkonstellationen abgesehen auch unangemessen) sind Regelungen, wonach Finanzverbindlichkeiten oder liquide Mittel nur bis zu einer bestimmten Höhe Berücksichtigung finden (zu entsprechenden Klauseln bei der Bestimmung des *Working Capital* siehe → § 8 Rn. 24 f.). Die Positionen *Debt* und *Cash* werden mithin in ihrer vollen Höhe bei der Kaufpreisermittlung berücksichtigt.

V. Vertragliche Umsetzung Capex-Anpassung

1. Standard

274 Soweit die Parteien des Unternehmenskaufvertrages eine Anpassung des Kaufpreises im Hinblick auf den Investitionsaufwand (sog. *Capital Expenditure* oder CAPEX) für den Zeitraum bis zum Abgrenzungsstichtag vereinbaren, verhält es sich bei der vertraglichen Ausgestaltung im Ausgangspunkt ähnlich wie bei der Kaufpreisanpassung basierend auf der Höhe des Nettoumlaufvermögens.[61]

275 Auch hier kommt im Sinne einer Standardregelung der Abgleich des tatsächlich getätigten Investitionsaufwandes mit dem vereinbarten Zielwert (sog. *Target Capital Expenditure*) in Betracht. Dazu werden die Parteien vertraglich das *Target Capital Expenditure* während der Betrachtungsperiode bis zum Abgrenzungsstichtag als einen Zielwert (ggf. pro Kalendermonat) fixieren und vereinbaren, dass eine Abweichung davon, sei es eine Unter- oder eine Überschreitung, Euro für Euro kaufpreisverringernd bzw. kaufpreiserhöhend wirkt.

276 Die Frage, ob dieser feste Zielwert zum Abgrenzungsstichtag erfüllt ist, wird im Falle der Kaufpreisanpassung zum *Closing Date* wiederum anhand von sog. *Closing Date Financials* ermittelt, die die relevanten Parameter stichtagsbezogen ausweisen. Zu den Aspekten rund um die Aufstellung der *Closing Date Financials,* zum Vorbringen von Einwänden und zur Streitbeilegung während der sog. *Pre-escalation Discussion Period* bzw. der etwaigen Streitentscheidung durch einen Schiedsgutachter oder Schiedsrichter (sog. *Independent Expert*) vgl. → § 8 Rn. 67 ff.

277 Der finale Unterschiedsbetrag zwischen dem sog. *Target Capital Expenditure* und dem tatsächlichen Wert zum Abgrenzungsstichtag wird dann wiederum analog zu den Anpassungen hinsichtlich *Net Financial Debt* und *Net Working Capital* innerhalb

[61] Zur generellen Problematik der Berücksichtigung von CAPEX und die Auswirkungen auf das *Net Debt,* siehe die Ausführungen in → Rn. 182 ff.

einer gewissen Zeitfrist nach der endgültigen Feststellung durch den Verkäufer (im Falle der Unterschreitung des sog. *Target Capital Expenditure* zum Abgrenzungsstichtag) bzw. den Käufer (im Falle der Überschreitung des sog. *Target Capital Expenditure* zum Abgrenzungsstichtag) Euro für Euro auszugleichen sein.

2. Spielarten

a) CAPEX-Korridor

Statt einer festen Zielgröße in Form des unter → Rn. 274 ff. beschriebenen *Target Capital Expenditure,* bei deren Unter- bzw. Überschreitung es zu einer Kaufpreisanpassung kommt, können die Parteien auch wiederum einen Zielkorridor vereinbaren. Die Folge einer solchen Regelung ist, dass eine Anpassung unterbleibt, wenn sich das *Capital Expenditure* zum Abgrenzungsstichtag innerhalb des zuvor vereinbarten Korridors bewegt. Jenseits des Korridors greifen auch hier die vorgenannten Ausgleichsregeln. **278**

b) CAPEX-Minimum

Ebenfalls in der Vertragspraxis anzutreffen sind solche Regelungen, die lediglich die Unterschreitung eines Mindestwertes an *Capital Expenditure* durch Kaufpreisreduktion pönalisieren, dagegen eine Überschreitung des vereinbarten Wertes nicht, oder jedenfalls nicht Euro für Euro, im Wege einer entsprechenden Kaufpreiserhöhung belohnen. Das Argument der Käufer ist dabei häufig, dass eine übermäßige, möglicherweise manipulativ hohe, *Capital Expenditure* für den Käufer nicht zwingenderweise positiv sein muss, da vielleicht ökonomisch sinnvolle und gebotene Investitionszyklen unnötigerweise vorgezogen wurden. In der Praxis kann dies der Fall sein, wenn durch vorgezogene Anschaffungen von dem Verkäufer oder mit dem Verkäufer verbundenen Unternehmen als Lieferanten auf deren Seite eine zusätzliche, oder zumindest vorzeitige, Marge zu Lasten des Zielunternehmens generiert wird. **279**

Eine Variante des CAPEX-Minimum, die dem vorstehenden Gedanken einer möglicherweise manipulativen Erhöhung des CAPEX Rechnung trägt, kann darin bestehen, dass ein über das Minimum überschießendes CAPEX – jedenfalls jenseits eines gewissen Toleranzbetrages – nicht Euro für Euro, sondern lediglich mit einem Abschlag (z. B. nur zu 70 Prozent) in die Kaufpreisanpassung einfließt. **280**

c) Exkurs: CAPEX als Verhaltenspflicht (sog. Covenant)

Häufig werden Verkäufer das Investitionsverhalten der Zielgesellschaft zwischen *Signing* und *Closing* eher im Rahmen der Verhaltenspflichten (sog. *Covenants*) im Unternehmenskaufvertrag adressieren wollen. Durch eine solche *Covenant* verpflichtet sich der Verkäufer, das Investitionsverhalten der Zielgesellschaft im Zeitraum bis zum Abgrenzungsstichtag bestimmten, im Vorhinein festgelegten, **281**

Rahmenbedingungen zu unterwerfen. Beispielsweise können derartige *Covenants* den Verkäufer verpflichten, im relevanten Zeitraum bis zum Abgrenzungsstichtag dafür Sorge zu tragen, dass die Zielgesellschaft die bestehende, im Rahmen der Due Diligence offengelegte, CAPEX-Planung als Teil des Budgets der Zielgesellschaft einhält.

282 Die Rechtsfolge eines Verstoßes gegen derartige *Covenants* ist aber keine unmittelbare Kaufpreisanpassung Euro für Euro, sondern ein Schadensersatzanspruch gegen den Verkäufer, soweit sich ein solcher Schaden im Einzelfall darlegen und beweisen lässt. Dies kann für den Käufer eine erheblich ungünstigere Position als die unmittelbare Kaufpreisanpassung darstellen. Gleichermaßen schließt die Ausgestaltung als *Covenant* jegliche Form der Belohnung des Verkäufers für *Capital Expenditure* oberhalb des Zielwertes systematisch aus, was dem Käufer entgegenkommt.

283 Bei Einbeziehung von Verhaltenspflichten hinsichtlich CAPEX in den *Covenants*-Katalog des Unternehmenskaufvertrags stellt sich zudem – und ganz vordringlich – die Frage, ob potentielle Schadensersatzansprüche des Käufers wegen Verletzung dieser Verhaltenspflicht dem regulären Haftungsregime des Unternehmenskaufvertrages unterliegen soll.

284 Hier geht es vor allem darum, ob die – jedenfalls für Garantieverletzungen – üblicherweise vereinbarten Haftungsbegrenzungen in Form von Haftungshöchstgrenze (sog. *Cap*), Selbstbehalt des Käufers (sog. *de Minimis*, auch in Kombination mit einem Freibetrag (sog. *Basket*)) oder Freigrenze (sog. *Threshold*) Anwendung finden sollen.

285 Aus Verkäufersicht ist die Einbeziehung der Ersatzansprüche bei Verletzung der CAPEX-Verhaltenspflicht erstrebenswert, da ihm dies einerseits einen gewissen „kostenlosen" Toleranzbereich einräumt und ihm der durch ggf. ersparte CAPEX verbleibende zusätzliche *Cash*-Betrag der Zielgesellschaft im Rahmen der Kaufpreisanpassung hinsichtlich *Net Financial Debt* zu Gute kommt.

286 All dies wird der Grund sein, warum ein Käufer eher von einer Einbeziehung absehen wird. In jedem Fall ist diese Problematik bei Ausgestaltung des Unternehmenskaufvertrags und der Erstellung des *Covenant*-Katalogs zu bedenken.

§ 8. Working Capital-Anpassung

I. Überblick

1. Ausgangspunkt

Aus betriebswirtschaftlicher Sicht umfasst das *Working Capital* (Betriebskapital) die Vermögensteile, die sich innerhalb eines Produktionszyklus oder mindestens innerhalb eines Jahres wieder in liquide Mittel zurückverwandeln. Im Rahmen des Umsatzprozesses werden liquide Mittel in Vorräten gebunden, wandeln sich bei Veräußerung in Forderungen um und werden bei Bezahlung wieder in liquide Mittel zurückgeführt.[1] 1

Bilanziell bedeutet dies, dass das *Working Capital* das „Umlaufvermögen" (nur kurzfristige, d. h. mindestens innerhalb eines Jahres liquidierbare Teile) abzüglich der kurzfristigen Verbindlichkeiten darstellt. Es bildet somit den Überschuss des kurzfristig gebundenen Umlaufvermögens über das kurzfristige Fremdkapital und wird daher auch als Reinumlaufvermögen oder Betrag der Netto-Umlaufmittel bezeichnet.[2] 2

Im Gegensatz zu den im Anlagevermögen ausgewiesenen Produktionsmitteln ist das Betriebskapital nicht dazu bestimmt, dauernd dem Geschäftsbetrieb zu dienen (§ 247 Abs. 2 HGB). Da die Betriebsmittel verbraucht und ständig ersetzt werden, ist ein bestimmter Prozentsatz an *Working Capital* permanent in einem Unternehmen vorhanden. Neben dieses permanente *Working Capital* tritt das schwankende *Working Capital*, das sich aus Umsatzspitzen ergibt und sich meist einer mittel- oder längerfristigen Kapitalbedarfsplanung entzieht.[3] Entsprechend schwer ist daher im Einzelfall, die *Working Capital*-Entwicklung auf einen bestimmten oder unbestimmten Stichtag hin zu schätzen. 3

Bei einer Gleichsetzung des Begriffs der Netto-Umlaufmittel mit dem Begriff des Umlaufvermögens in der Rechnungslegung ist allerdings Vorsicht geboten. Das Umlaufvermögen nach HGB bzw. die kurzfristigen Vermögenswerte nach IFRS können durchaus unterschiedliche Positionen enthalten.[4] 4

---

[1] Perridon/Steiner/Rathgeber, Finanzwirtschaft, S. 170.

[2] Perridon/Steiner/Rathgeber, Finanzwirtschaft, S. 672.

[3] Perridon/Steiner/Rathgeber, Finanzwirtschaft, S. 171.

[4] IAS unterscheidet nicht zwischen Anlagevermögen und Umlaufvermögen, sondern nach Kurz- und Langfristigkeit (IAS 1.60). IAS 1.66 ff. enthält eine Definition der kurzfristigen Vermögenswerte, IAS 1.69 ff. eine der kurzfristigen Schulden.

2. Begriffsbestimmung

5 Für die Praxis des Unternehmenskaufs sind die unterschiedlichen Rechnungslegungsbegriffe jedoch von nachrangiger Bedeutung, sofern sie im Rahmen der Vertragsverhandlungen von den Parteien klar definiert werden. Ähnlich wie beim *Net Debt* und bei der nachhaltigen Ertragskraft, die ein um nicht-operative Einflüsse bereinigtes nachhaltiges EBITDA zeigt, hat sich für die Praxis des Unternehmenskaufs eine besondere *Working Capital*-Definition herausgebildet. *Net Debt* und *Working Capital* sind de facto zwei Seiten derselben Medaille, wobei die relevante Bilanz – in aller Regel die Abgrenzungsbilanz *(Closing Accounts)* – die entsprechende Medaille ist. *Working Capital* umfasst das laufende revolvierende Betriebskapital und *Net Debt* umschreibt insbesondere die Verschuldung und die sonstigen bezifferbaren Risiken. *Working Capital* lässt sich in Abgrenzung zu den anderen Elementen des Kaufpreismechanismus und der Bilanz auch wie folgt herleiten:

- Posten, die die *Net Debt*-Definition erfüllen und mithin in der *Equity Bridge* enthalten sind, können kein *Working Capital* sein. Im Umkehrschluss heißt dies jedoch nicht, dass alle Posten, die aufgrund der Beurteilung des Einzelfalls und des Geschäftsmodells des Zielunternehmens nicht als *Net Debt* Berücksichtigung finden, *Working Capital* sind.
- Gegenstände des Anlagevermögens, die dem dauerhaften Betrieb des Unternehmens dienen, sind kein laufendes Betriebskapital. Sofern das Anlagevermögen unterinvestiert ist, kommt gegebenenfalls eine Berücksichtigung dieses Investitionsrückstands als *Net Debt*-Abzug in Betracht (siehe → § 7 Rn. 182 ff.).
- Eigenkapital ist weder *Working Capital* noch *Net Debt*, da es lediglich die Differenz zwischen Aktiv- und Passivposten darstellt. Der im Eigenkapital ausgewiesen Buchwert von Minderheitenanteilen wird durch den Marktwert ersetzt und unter *Net Debt* berücksichtigt (siehe → § 7 Rn. 95 ff.).
- Darüber hinaus gibt es noch Posten anderer Art, die ebenfalls weder *Working Capital* noch *Net Debt* darstellen. Die Bezeichnung als „Posten anderer Art" ist untechnisch zu verstehen. Es handelt sich um Posten, für die es einen spezifischen Grund gibt, sie weder als *Working Capital* noch als *Net Debt* zu klassifizieren. Hierzu können beispielsweise latente Steuern gehören, da deren positive oder auch negative Realisierung auch und insbesondere von der Erwerbsstruktur abhängen kann (siehe → § 7 Rn. 237 ff.).

3. Bedeutung des Economic Effective Date

6 Folgendes Beispiel verdeutlicht, wie sich die Wahl des Zeitpunktes des wirtschaftlichen Übergangs auf die Kaufpreisermittlung auswirkt. Im vorliegenden Fall geht es um ein Handelsunternehmen, dass Gewinn aus dem Ein- und Verkauf von Waren erzielt. Aus Vereinfachungsgründen werden keine Kosten ausgewiesen. *Signing* ist der 31. Dezember 2001, *Closing* ist der 31. Dezember 02.

	Dec01A	Dec02A
FordLuL	800	2.000
Vorräte	600	1.500
VerbLuL	-600	-1.500
Cash	920	2.500
Net profit	1.800	2.780

Die Kaufpreisberechnung unter Alternative 1 erfolgt unter der Annahme, dass ein *Locked Box*-Mechanismus vereinbart wurde (siehe → § 7 Rn. 9 ff.) und damit der wirtschaftliche Eigentumsübergang zum *Signing* erfolgt. Alternative 2 unterstellt demgegenüber, dass der wirtschaftliche Eigentumsübergang zum *Closing* erfolgt. Dies führt zu folgenden Kaufpreisberechnungen (*Base purchase price* von 1.000 ist gegeben). 7

	Alt. 1 Dec01A	Alt. 2 Dec02A
Base purchase price	1.000	1.000
+ Cash	920	2.500
+/- WC	800	2.000
Cash purchase price	2.720	5.500
Anstieg Cash purchase price		2.780

Da der wirtschaftliche Eigentumsübergang erst ein Jahr nach *Signing* erfolgt, wird dem Verkäufer der wirtschaftliche Erfolg des Unternehmens für dieses eine Jahr in vollem Umfang über den Kaufpreismechanismus vergütet. Im Gegenzug hätte der Verkäufer allerdings auch einen Verlust in vollem Umfang tragen müssen. 8

Erfolgt der wirtschaftliche Eigentumsübergang bereits zum *Signing*, wird das Ergebnis ab diesem Zeitpunkt bereits für den Käufer erwirtschaftet. Da der Kaufpreis allerdings regelmäßig nicht vor dem *Closing* zur Auszahlung kommt, wird der Verkäufer eine Verzinsung oder sonstige Ausgleichszahlung für den Zeitraum zwischen wirtschaftlichem Eigentumsübergang und Zahlung des Kaufpreises verlangen. Dieses Kapitel enthält eine Beispielsrechnung für die Ermittlung einer solchen Ausgleichszahlung, den sogenannten *Cash Ticker* (siehe → Rn. 63d). Im Übrigen wird auf die Darstellung zum *Locked Box*-Mechanismus verwiesen (siehe → § 6 Rn. 9 ff.). 9

4. Bedeutung der Unterscheidung von Net Debt und Working Capital

Alle Sachverhalte, die unter die Definition von *Net Debt* fallen, werden in aller Regel Euro für Euro vergütet, d. h. in vollem Umfang in Abzug gebracht oder hinzugerechnet. Der Grund ist, dass es sich entweder um Finanzschulden handelt 10 oder um Sondersachverhalte, die nicht die nachhaltig operative Geschäftstätigkeit beeinflussen oder beeinflussen sollen (insbesondere soweit es sich um bezifferbare Risiken handelt). Sie sind grundsätzlich vom Verkäufer zu tragen, da sie in dem Zeitraum begründet sind, in dem er wirtschaftlicher Eigentümer ist.

11 Die Sichtweise auf das *Working Capital* ist eine andere. *Working Capital* beinhaltet das laufende Betriebskapital, das Grundlage und Ergebnis des laufenden Geschäftsbetriebs ist. *Working Capital* ist Teil der laufenden Gesamtunternehmung, die erworben wird und als solche laufend Betriebs- und Verbrauchsmittel benötigt. Daher soll es regelmäßig auch nicht gesondert vergütet werden und saisonale oder betriebsbedingte Schwankungen werden bis zu einem gewissen Maße als Teil der laufenden Geschäftstätigkeit angesehen.

12 Der Käufer hat jedoch stets das Risiko, dass der Verkäufer das *Working Capital* bewusst oder unbewusst zu seinen Gunsten vor dem Übergang des Zielunternehmens auf den Käufer optimiert. Jede Verbindlichkeit, die nicht vor dem Stichtag des wirtschaftlichen Übergangs beglichen wurde, erhöht den *Cash*-Bestand des Unternehmens und über den *Cash free/Debt free*-Mechanismus den Kaufpreis. Gleiches gilt für jede Forderung, die schneller als üblich eingezogen wird.

13 Der Verkäufer mag teilweise ein ähnlich gelagertes Risiko zu tragen haben. In der Regel ist er Anteilseigner und als solcher nicht direkt in das Tagesgeschäft involviert. Daher vermag es in Einzelfällen für die im Zielunternehmen verbleibende Geschäftsführung durchaus attraktiv erscheinen, das *Working Capital* zugunsten des Neugesellschafters zu optimieren. Allerdings wird das Schutzbedürfnis des Altgesellschafters in der Regel deutlich geringer sein. Schließlich hat er es in der Hand, Einfluss auf die Geschäftstätigkeit und die Optimierung des *Working Capital* zu nehmen. Häufig wird dies schon dadurch geschehen, dass die Geschäftsführung für einen erfolgreichen Verkauf durch die Gewährung eines Bonus oder durch spezielle Beteiligungsprogramme inzentiviert wird. Die Höhe der Inzentivierung wird regelmäßig direkt von der Höhe des erzielten Verkaufspreises abhängen.

14 In der Praxis lassen sich eine Vielzahl von Ansätzen beobachten, wie das *Working Capital* im Kaufpreismechanismus berücksichtigt wird. Er hat eine Schutz- und Ausgleichsfunktion und soll nicht dem Vorteil einer Partei dienen. Ist die Schutzfunktion eingeschränkt, kommt dies in der Regel dem Verkäufer zugute, da er eher das *Working Capital* in seinem Interesse beeinflussen kann. Die nachfolgenden Ansätze sind nach Wahrnehmung der Schutzfunktion gegliedert (von geringerem Schutz zu höherem und damit von verkäuferfreundlich zu käuferfreundlich).

a) Keine Berücksichtigung von Working Capital

15 Bei Kapitalmarkt- oder kapitalmarktähnlichen Transaktionen findet häufig kein Ausgleich für Schwankungen im *Working Capital* statt. Es handelt sich hierbei insbesondere um den Erwerb von Unternehmen im Kapitalmarktumfeld, also vor allem von börsennotierten Aktiengesellschaften. Der Verkäufer wird regelmäßig den Standpunkt vertreten, dass es ihm aufgrund des deutschen Aktienrechts gar nicht möglich sei, Einfluss auf den Vorstand zu nehmen. Darüber hinaus seien alle relevanten Informationen öffentlich zugänglich, so dass der Käufer mögliche identifizierte Risiken in den Kaufpreis einpreisen solle. Bei Kapitalmarkttransaktionen gibt es regelmäßig auch keinen Abzug für *Net Debt* als die „andere Seite der Medaille". Dementsprechend ist der *Working Capital*-Bestand im Kaufpreis bereits enthalten.

Weiterhin wird *Working Capital* häufig nicht explizit im Kaufpreismechanismus berücksichtigt, wenn es sich um eine *Locked Box*-Transaktionen handelt, bei denen der wirtschaftliche Eigentumsübergang in den Zeitraum vor Kaufvertragsunterzeichnung fällt (dazu → § 6 Rn. 9 ff.). Der Verkäufer wird bei einer solchen Ausgangslage argumentieren, dass der Käufer im Rahmen der Due Diligence Zeit und Gelegenheit hatte, das *Working Capital* zum *Locked Box Date* zu analysieren. Dies ist bis zu einem gewissen Maße sicher richtig. Gleichwohl sollte nicht aus den Augen verloren werden, dass es zwischen Verkäufer und Käufer immer eine Informationsasymetrie geben wird, die sich durch eine Due Diligence zwar reduzieren, aber regelmäßig nicht beseitigen lässt. In der Praxis wird das Kaufangebot die (positive oder negative) *Working Capital*-Anpassung bereits im *Enterprise Value* berücksichtigt haben. Dies wird in der Regel auch im Sinne des Verkäufers sein, da hierdurch Gesamtkaufpreise verschiedener Bieter vergleichbar werden. 16

Ansonsten wird bei solchen Unternehmenserwerben auf einen *Working Capital*-Mechanismus verzichtet, bei denen der Verkäufer eine besonders gute Verhandlungsposition hat. Dies ist häufig dann der Fall, wenn ein Unternehmen ein sehr attraktives Geschäftsmodell hat und im Rahmen eines Auktionsverfahrens verkauft wird. Ist einer der Bieter aufgrund seiner Kenntnis des Unternehmens, der Branche und des Marktes bereit, das Risiko (ggf. ohne Abschlag) zu nehmen, werden andere Bieter vor einer ähnlichen Entscheidung stehen. 17

Für den Käufer wird es in einer solchen Situation darum gehen müssen, Risikovorsorge zu betreiben. Folgende **Vertragsklausel** gibt dem Käufer zumindest die Möglichkeit, eine gewollte oder ungewollte *Working Capital*-Optimierung des Verkäufers nach dem *Closing* zu reklamieren. 18

Working Capital

It is understood that receivables and payables resulting from supplies and services between the Target Group on the one hand and any other third parties on the other hand shall be settled exclusively in the ordinary course of business.

Diese sehr weitgefasste Definition sollte im konkreten Fall möglichst genau gefasst werden. Ein umfangreiches Formulierungsbeispiel findet sich in → § 12 Rn. 65.

b) Working Capital-Korridor

Bei dieser Gestaltung sieht der Kaufpreismechanismus einen Korridor für das *Working Capital* vor. Sofern sich am Abgrenzungsstichtag *(Effective Economic Date)* 19 das *Working Capital* innerhalb dieses Korridors bewegt, erfolgt keine Anpassung des Kaufpreises. Ist das *Working Capital* unterhalb des Korridors, wird der Kaufpreis um die Differenz zwischen *Working Capital* und Korridoruntergrenze reduziert. Ist demgegenüber das *Working Capital* oberhalb des Korridors, erhöht sich der Kaufpreis um die Differenz zwischen *Working Capital* und Korridorobergrenze.

20 Hauptargument des Verkäufers für einen Korridoransatz wird regelmäßig sein, dass Komplexität aus der finalen Kaufpreisabrechnung herausgenommen werden soll. Ähnlich wie bei betragsmäßig bezifferten Mindestaufgriffshürden *(Materiality Thresholds)* in Kaufvertragsgarantien, führt nicht jede Schwankung automatisch zu einer Kaufpreisanpassung. Dies kann dazu dienen, zusätzlichen internen Aufwand der Zielgesellschaft und externen Aufwand durch Berater bei eher unwesentlichen Schwankungen des Betriebskapitals zu vermeiden.

21 Wie verkäuferfreundlich sich dieser Korridoransatz tatsächlich darstellt, wird sich nicht zuletzt daran zeigen, wie breit der Korridor auch im Verhältnis der für das spezielle Geschäft üblichen *Working Capital*-Schwankungen gewählt wurde. Der Verkäufer wird jedenfalls inzentiviert sein, das *Working Capital* so zu managen, dass es die vereinbarte *Working Capital*-Untergrenze nicht überschreitet. Jeder Euro oberhalb der Untergrenze führt dazu, dass der Verkäufer *Working Capital* an den Käufer übergibt, für das er nicht zusätzlich vergütet wird (zumindest bis zum Erreichen der Obergrenze).

c) Working Capital-Zielwert

22 Dieser Mechanismus ähnelt dem Korridoransatz, allerdings wird hier ein konkreter Zielwert vereinbart *(Target Working Capital)*. Abweichungen von diesem Zielwert werden in der Folge vollständig ausgeglichen. Der Ausgleich erfolgt entsprechend wie beim Korridoransatz.

23 Im Gegensatz zum Korridoransatz ist für den Verkäufer die Inzentivierung geringer, das *Working Capital* auf einen bestimmten Betrag hin zu managen. Im Ergebnis bleibt dem Verkäufer hierdurch kein Spielraum mehr, innerhalb dessen sich eine Änderung des *Working Capital* für ihn vorteilhaft auswirkt. Beim Korridoransatz wirkt sich die Gestaltung des *Working Capital* auf die Korridoruntergrenze hingegend kaufpreisoptimierend für den Verkäufer aus.

d) Working Capital-Minimum

24 Dieser Mechanismus entspricht dem des *Working Capital*-Zielwertes mit der Ausnahme, dass nur ein Unterschreiten des Zielwertes den Kaufpreis reduziert, ein Überschreiten den Kaufpreis jedoch nicht erhöht.

25 Aus Sicht des Käufers ist dies ein vorteilhafter Mechanismus. Der Verkäufer ist verpflichtet, das Unternehmen mit einer gewissen Betriebsmittelmindestausstattung zu übergeben. Er hat es in der Hand, dass *Working Capital* auf den Zielwert hin zu managen. Ein Betrag über den Zielwert hinaus soll jedoch nicht vergütet werden, da der Käufer hierfür ggf. einen höheren Finanzierungsbedarf für den Unternehmenskaufpreis einplanen muss. Gerade bei sehr kompetitiven Kaufpreisen mit einer entsprechend engen Finanzierung kann dies von Vorteil sein.

Der Verkäufer wiederum wird eine derartige Klausel als zu einseitig ansehen. In der Regel wird sein Hauptargument sein, dass er als Gesellschafter gar nicht genug Einfluss auf das Tagesgeschäft hat und auch gar nicht den entsprechenden eigenen Aufwand erzeugen möchte, das *Working Capital* auf einen Zielwert hin zu managen. 26

e) Beurteilung

Das Beispiel unter → Rn. 6 f. zeigt, dass ein Kaufpreismechanismus, der sowohl *Cash/Debt* als auch *Working Capital* Veränderungen Euro für Euro vergütet, geeignet ist, dem Verkäufer den wirtschaftlichen Erfolg zwischen *Signing* und *Closing* in vollem Umfang zuzurechnen. Sofern *Working Capital* nicht Euro für Euro vergütet wird, liegt das daran, dass sich die Vertragsparteien im Verhandlungswege einigen, dass ein bestimmter *Working Capital* Bestand für das Geschäft notwendig und Schwankungen im Rahmen des Gesamtkaufpreises nicht gesondert vergütet werden. Dies ist regelmäßig vorteilhaft für den Verkäufer, da er es eher in der Hand hat das *Working Capital* zu managen als der Käufer. 27

Darüber hinaus lässt sich anhand des Beispiels unter → Rn. 6 f. zeigen, dass die Vereinbarung eines Working Capital-Referenzwertes auf die Zurechnung des wirtschaftlichen Erfolges zwischen Signing und Closing keine Auswirkung hat. In dem Beispiel hätte bspw. ein Working Capital-Referenzwert von 800, der in gleicher Höhe für die Berechnung des Cash Purchase Price zu Dec01 A und die Berechnung zu Dec02 A angewendet worden wäre, ebenfalls zu einem Anstieg des Cash Purchase Price von Dec01 A auf Dec02 A von 2.780 geführt.[5] Der Ansatz eines Referenzwertes ist also keine *Working Capital*-Thematik, sondern ein Thema des zu zahlenden Cash Purchase Price. Ein höherer *Working Capital* Referenzwert reduziert den *Cash Purchase Price*, ein niedrigerer *Working Capital*-Referenzwert erhöht ihn. Im Ergebnis dient der Referenzwert der Ermittlung eines angemessenen *Working Capital*-Bestandes, mit dem das Unternehmen übergeben werden soll und das in den Kaufpreis als Teil der laufenden Unternehmung inkludiert ist. 28

5. Ermittlung des Referenzwertes

Der *Cash Purchase Price* steht und fällt mit der Ermittlung des relevanten Referenzwertes. Wenn der *Working Capital*-Korridor, der Zielwert oder der Minimumbetrag nicht richtig gesetzt sind, wird sich auf den Kaufpreis eine Anpassung ergeben, die aus Sicht der Bewertung nicht sachgerecht ist. 29

---

[5] In der konkreten Vertragsgestaltung hätte sich der Verkäufer beim *Locked Box*-Mechanismus den wirtschaftlichen Erfolg zwischen *Signing* und *Closing*, der nun dem Käufer zufällt, über eine Verzinsung vergüten lassen. Zur Ermittlung der Verzinsung siehe → § 8 Rn. 63d ff.

30 Es gibt verschiedene Methoden, den Referenzwert zu ermitteln. Er kann sich beispielsweise aus dem Durchschnitt des *Working Capital* der letzten 12 Monate oder des letzten Geschäftsjahres ergeben. Basis für die Ermittlung eines Korridors kann das *Working Capital*-Maximum und das *Working Capital*-Minimum der letzten 12 Monate oder des letzten Geschäftsjahres sein, ggf. korrigiert um Risikozuschläge oder -abschläge.

31 Diese pauschale Vorgehensweise berücksichtigt jedoch keine Sondereffekte, die sich bspw. daraus ergeben können, dass ein Unternehmen regelmäßig zum Jahresende Rechnungen vor Fälligkeit bezahlt (Gestaltung 1) oder nicht bezahlt (Gestaltung 2). Der Grund hierfür kann in beiden Fällen in der Bankfinanzierung liegen. So kann es bspw. sein, dass die Gesellschaft zur vorzeitigen Tilgung von Bankverbindlichkeiten verpflichtet ist, wenn sie einen gewissen Mindestliquiditätsstand zum Jahresende aufweist. Möchte die Geschäftsführung dies vermeiden, werden Rechnungen vorzeitig beglichen (Gestaltung 1). Es kann aber auch sein, dass die Gesellschaft bestimmte Kredit-*Covenants* nicht (mehr) erfüllen würde, wenn der *Cash*-Bestand unter einen bestimmten Betrag fällt. Um eine Fälligstellung der Kredite zu vermeiden, wird die Begleichung von Rechnung über das Jahresende hinaus geschoben (Gestaltung 2).

32 Diese beispielhaften Sondereffekte führen dazu, dass das durchschnittliche jährliche *Working Capital* höher oder niedriger ist, als es ohne eine entsprechende Klausel in den Finanzierungsverträgen wäre. Orientiert sich der Zielwert nun an diesem niedrigeren durchschnittlichen *Working Capital* und erfolgt der wirtschaftliche Eigentumsübergang nicht zum Jahresende, sondern unterjährig, wird der Käufer einen zusätzlichen Kaufpreis für diesen nicht operativen Sondereffekt bezahlen müssen. Dieses einfache Beispiel zeigt, wie wichtig es für den Käufer ist, *Working Capital*-Schwankungen sowie Sondereffekte im Rahmen der Due Diligence zu analysieren.

6. Vertragliche Umsetzung

33 In der Praxis hat es sich als sehr hilfreich erwiesen, die Regelungen zur Ermittlung der Abgrenzungsbilanz und dabei insbesondere die Regelungen zu *Net Debt* und *Working Capital* systematisch an einer Stelle des Kaufvertrages zu erfassen. Regelmäßig bietet sich hierfür ein Anhang an, in den dann aus dem Kaufvertrag verwiesen wird. Ein detailliertes Formulierungsbeispiel ist in → § 12 Rn. 64, 65 enthalten.

II. Relevante Bilanzposten

1. Zuordnung der individuellen Bilanzposten nach HGB und IFRS

Am Ende dieses Kapitels (→ § 8 Rn. 65 a. E.) finden sich eine Bilanzgliederung nach HGB und eine nach IFRS. Alle Bilanzposten sind danach markiert, ob sie regelmäßig unter *Net Debt*, *Working Capital* oder „Sonstige" fallen. Unter der Position „Sonstige" sind insbesondere Anlagevermögen und Eigenkapitalposten eingeordnet (diese Form der Bilanzgliederung wird in der Due-Diligence-Praxis häufig als *functional balance sheet* bezeichnet). 34

Bei einer ganzen Reihe von Bilanzposten reicht diese Grobgliederung allerdings nicht, da sie typischerweise Sachverhalte abbilden, die teilweise in das *Net Debt* fallen und teilweise in das *Working Capital*. Dies gilt beispielsweise für „Sonstige Rückstellungen" nach § 249 HGB. In diesem Posten sind einerseits Rückstellungen für ausstehende Rechnungen enthalten, die typischerweise dem *Working Capital* zugerechnet werden. Andererseits erfasst dieser Bilanzposten auch Risiken aus Rechtsstreitigkeiten oder Abfindungen. In diesem Fall wird die Due Diligence-Analyse bis auf Kontenebene oder sogar auf Sachverhaltsebene gehen müssen. Andere Bilanzposten, die typischerweise *Net Debt*- und *Working Capital*-Sachverhalte enthalten, sind die Posten „Sonstige Vermögensgegenstände" und „Sonstige Verbindlichkeiten". Aber auch Posten, die typischerweise nur einen *Working Capital*-Charakter aufweisen, können Sachverhalte beinhalten, die als *Net Debt* zu qualifizieren sind. Dies gilt beispielsweise für Verbindlichkeiten aus Lieferung und Leistung, die nicht geltend gemacht werden, da de facto ein Lieferantenkredit gewährt wurde (siehe → § 7 Rn. 205 ff.). 35

(freibleibend) 36

2. Trade Working Capital

Trade Working Capital beinhaltet die Bilanzposten Vorräte, Forderungen aus Lieferung und Leistung sowie Verbindlichkeiten aus Lieferung und Leistung. Es handelt sich um laufende Betriebsmittel, die sich in den meisten Unternehmen finden werden. Grundsätzlich sind diese Bilanzposten in vollem Umfang dem *Working Capital* zuzurechnen (mit Ausnahme von Sondersachverhalten wie Lieferantenkredite). 37

Bei den meisten Transaktionen wird es auf eine Unterscheidung zwischen *Trade Working Capital* und *Net Working Capital* nicht ankommen. Der Kaufpreismechanismus wird alle Posten umfassen, die Betriebskapitalcharakter haben. Insoweit wird auf die Herleitung von *Working Capital* zu Beginn dieses Abschnitts verwiesen. 38

In Einzelfällen umfasst der *Working Capital*-Mechanismus nur das *Trade Working Capital*. Ein Grund hierfür kann sein, dass das Geschäftsmodell des Zielunternehmens sehr einfach ist. Ein anderer Grund kann sein, dass die Vertragsparteien die Komplexität in der *Working Capital*-Zuordnung bewusst reduzieren möchten. 39

Dann stellt sich jedoch die Frage, wie sich der Käufer gegen eine vom Verkäufer gesteuerte Optimierung oder eine bloß zufällig negative Entwicklung des sonstigen *Working Capital* schützen kann. Der Verkäufer wird nicht gleichermaßen schutzbedürftig sein, da er es ja in den meisten Fällen in der Hand hat, die *Working Capital*-Entwicklung zu überwachen.

3. Net Working Capital

40 *Net Working Capital* (oder auch *Total Working Capital*) umfasst alle Bilanzposten, die nicht entweder dem *Net Debt* oder der Position „Sonstiges" zugeordnet werden können.

III. Ermittlung des Working Capital-Referenzwertes

1. Ausgangsfall

41 Folgender Chart zeigt die *Net Working Capital*-Entwicklung eines Beispielsunternehmens für die beiden Geschäftsjahre FY01 A und FY02 A.

42 In diesem Beispielsfall soll *Signing* im Mar02 A und *Closing* im Aug02 A sein. Als Referenzwert *(Target WC)* soll das durchschnittliche *Net Working Capital* der jeweils letzten 12 Monate zum *Signing* verwendet werden (Average Last Twelve Month Net Working Capital/*Avg. LTM NWC*). Da die Datenbasis für die Ermittlung des *LTM NWC* von Monat zu Monat vorgerollt wird, variiert dieser Wert von Monat zu Monat.

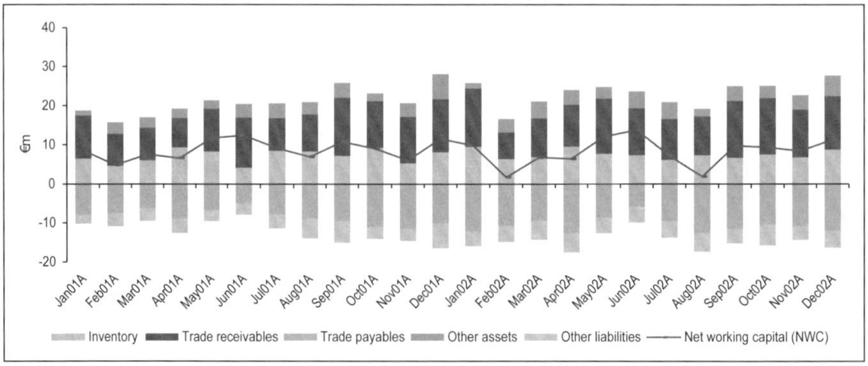

Abbildung 17: Net Working Capital-Entwicklung (I)

43 Im Beispielsfall sollen der rechtliche Eigentumsübergang und der wirtschaftliche Eigentumsübergang zusammen fallen, der Kaufpreis ist also zum *Closing* zu berechnen.

Der Referenzwert zum *Closing* beträgt EUR 8,1 Mio. Das *Net Working Capital* beläuft sich jedoch nur auf EUR 1,9 Mio. Dies führt zu einer Kaufpreisreduktion in Höhe von EUR 6,2 Mio. 44

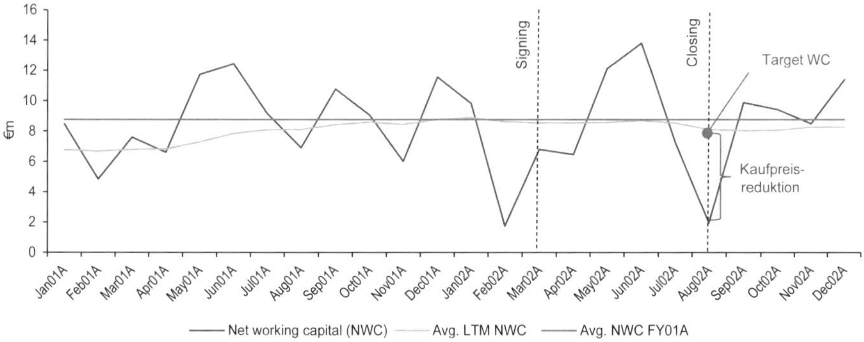

Abbildung 18: Net Working Capital-Entwicklung (II)

Alternativ zeigt der Chart auch das durchschnittliche *Net Working Capital* des Geschäftsjahres FY01 A *(Avg. NWC FY01 A)* als möglichen Referenzwert. Dieser Wert bleibt im Gegensatz zum *Avg. LTM NWC* stabil, da er ja nicht von Monat zu Monat vorgerollt wird. Das *Avg. NWC FY10* A beläuft sich auf EUR 8,8 Mio., die Kaufpreisreduktion wäre somit noch um EUR 0,7 Mio. höher gewesen. 45

Die Frage, ob das *Avg. LTM NWC* oder das *Avg. NWC FY01* A den angemesseneren Referenzwert darstellt, lässt sich nicht pauschal beantworten und muss im Einzelfall analysiert werden. Für das *Avg. LTM NWC* spricht, dass auf aktuellere *Working Capital*-Werte abgestellt wird. Mögliche Änderungen des Marktes, des Geschäftsmodells oder auch des Geschäftsumfangs werden in diesem Wert eher widergespiegelt. Gegen ein *Avg. LTM NWC* spricht, das sich Sondereffekte, die eigentlich durch den *Working Capital*-Mechanismus korrigiert werden sollen, zum *Signing* hin bereits materialisiert haben und daher der Referenzwert schon in Richtung *Closing NWC* tendieren könnte. 46

Für das *Avg. NWC FY01* A spricht hingegen, dass ein komplettes Geschäftsjahr umfasst ist. Die Periode wird meist auch Gegenstand einer Abschlussprüfung gewesen sein. Die Praxis zeigt, dass unterjährige Abgrenzungsbuchungen (d. h. Verbuchung von Rechnungen, Bildung von Rückstellungen, usw.) nicht mit derselben Genauigkeit durchgeführt werden wie zum Jahresende. Dies bedeutet, dass bei einer *LTM*-Betrachtung der Beginn des Betrachtungszeitraums sowie das Ende möglicherweise stärker durch ungenaue Abgrenzungen belastet sind, als dies bei einem Geschäftsjahresdurchschnitt der Fall ist. 47

Im Ergebnis wird nur die Due Diligence zu der Frage Auskunft geben können, ob der *LTM*-Betrachtungszeitraum eine hinreichend hohe Aussagekraft hat. 48

2. Saisonale Schwankungen

49 Das *Working Capital* vieler Unternehmen wird durch saisonale Schwankungen wesentlich beeinflusst. Der folgende Chart zeigt für den Beispielsfall die möglichen Auswirkungen von saisonalen Schwankungen auf den Kaufpreis.

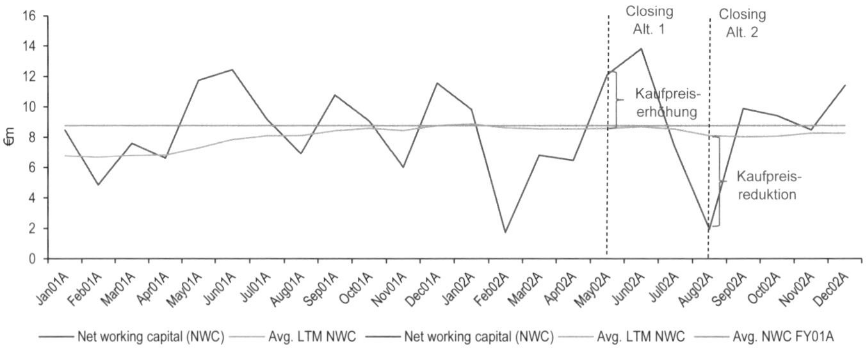

Abbildung 19: Auswirkung saisonaler Schwankungen auf den Kaufpreis

50 Erfolgt das *Closing* nach Alternative 1 im Zeitraum May02 A, ist das *Net Working Capital* um EUR 3,5 Mio. höher als der Referenzwert. Es kommt damit zu einer Kaufpreiserhöhung von EUR 3,5 Mio. Erfolgt das *Closing* demgegenüber nach Alternative 2 zum Zeitpunkt Aug02 A, ist das *Net Working Capital* um EUR 6,2 Mio. niedriger als der Referenzwert und der Kaufpreis wird um diesen Betrag reduziert.

51 In der Praxis wird immer wieder die Frage aufgeworfen, ob saisonale Schwankungen durch einen auf Basis eines im Jahresdurchschnitt ermittelten Referenzwertes ausreichend berücksichtigt werden. Teilweise wird die Angemessenheit eines durchschnittlichen Referenzwertes für ein saisonal stark schwankendes *Working Capital* verneint. Bei Unterzeichnung des Unternehmenskaufvertrages sei häufig nicht sicher, wann genau das *Closing* stattfinden werde. Daher habe sich in der Praxis bewährt, für verschiedene in Betracht kommende Stichtage erwartete *Working Capital*-Zielgrößen festzulegen.[6]

52 Diese pauschale Aussage wird dem Wechselspiel von *Working Capital* und *Cash* nicht gerecht. Grundsätzlich ist die Verwendung eines durchschnittlichen Referenzwertes bei saisonalen Schwenkungen durchaus angemessen. Das *Working Capital* ist insofern nur Spiegelbild der gegenwärtigen Geschäftsentwicklung. In Alternative 1 hat demnach der Altgesellschafter Geschäft generiert, für das lediglich die Zahlungsmittel noch nicht eingegangen sind. Der Kaufpreis wird dadurch zwar erhöht, aber der Neugesellschafter bekommt dafür einen zusätzlichen zukünftigen Zahlungsmittelzufluss, sobald die Forderungen wieder in liquide Mittel

[6] *Schrader* in Seibt, M&A, C.II.1. Anm. 45.

zurückgeführt werden. In Alternative 2 wurde das *Cash* bereits generiert, das dem Altgesellschafter über den *Cash free/Debt free*-Mechanismus vergütet wird.

53 Folgendes vereinfachtes Zahlenbeispiel soll den Effekt verdeutlichen. Zur Komplexitätsreduktion werden nur die verschiedenen Stadien eines Geschäftsvorfalls im *Working Capital* abgebildet und der jeweilige Einfluss auf den Kaufpreis gezeigt.

54 Die Gesellschaft hat Anfangs einen *Cash*-Bestand von 100 mit dem sie Vorräte kauft und mit einer Marge von 50 % weiterverkauft. Anschließend wird die Forderung eingezogen. Wirtschaftlicher und rechtlicher Eigentumsübergang sollen zusammen fallen.

	Ausgangs-punkt	Kauf Vorräte	Bezahlung Vorräte	Verkauf Vorräte	Einzug Forderung
Cash	100	100	50	50	125
Vorräte	-	50	50	-	-
FordLuL	-	-	-	75	-
VerbLuL	-	(50)	-	-	-
Base Amount	1.000	1.000	1.000	1.000	1.000
+ Cash	100	100	50	50	125
+/- WC	-	-	50	75	-
Cash Purchase Price	1.100	1.100	1.100	1.125	1.125

55 Die reine *Working Capital*-Schwankung hat keinen Einfluss auf den *Cash Purchase Price*. Er erhöht sich erst dadurch, dass die Vorräte mit Gewinn weiterverkauft werden. Dieses Ereignis kommt dem Verkäufer über den höheren *Cash Purchase Price* zugute, wenn die Gewinnrealisierung vor dem Zeitpunkt des wirtschaftlichen Eigentumsübergangs erfolgt. Dies ist auch ein angemessenes Ergebnis. Ansonsten hätten die Parteien einen *Locked Box*-Mechanismus mit einem in der Vergangenheit liegenden *Effective Economic Date* vereinbaren müssen.

55a Dieses idealtypische Beispiel funktioniert allerdings nur dann, wenn die *Working Capital*-Anpassungen Euro für Euro zum Stichtag erfolgen. In der Praxis wird die *Working Capital*-Anpassung hingegen in vielen Fällen dadurch ermittelt, dass das *Working Capital* zum Stichtag mit einem *Target Working Capital* verglichen wird. Das *Target Working Capital* wird dabei zumeist als Durchschnitt der letzten 12 Monate ermittelt (siehe → § 8 Rn. 44 ff.). Damit werden dann aber statische *Cash* und *Debt*-Stichtagswerte mit sich dynamisch über 12 Monate entwickelnden Zeitverlaufswerten verglichen.

55b Zur Verdeutlichung folgender Sachverhalt: Ein Unternehmen weist eine Forderung von 100 im Zeitraum von Aug01 bis Sep02 aus. Erst im Okt02 wird die Forderung eingezogen und der Betrag in *Cash* ausgewiesen. Ansonsten erfolgt kein weiterer Geschäftsvorfall, d. h. es kommt auch zu keiner Veränderung des laufenden Ergebnisses.

	Aug01A	[…]	Sep02A	Oct02A	Nov2A
Cash	-	-	-	100	100
FordLuL	100	100	100	-	-
Base Amount			1.000		1.000
+ Cash			-		100
Target Working Capital			100		92
Closing Working Capital			100		-
+/- WC Anpassung			-		(92)
Cash Purchase Price			1.000		1.008

55c Bei einer Berechnung des *Working Capital* zum Stichtag Nov02 steigt der Kaufpreis um 8, da in die Berechnung des *Target Working Capitals* die Forderung 11 Monate lang mit einem Wert von 100 einfließt und einen Monat lang mit einem Wert von 0. Aufgrund dieser über das Jahr dynamisierten Betrachtung kommt es zwangsläufig dazu, dass *Net Debt* und *Working Capital* sich nicht Euro für Euro korrespondierend ausgleichen.

55d In der Praxis lassen sich diese einzelnen Effekte kaum greifen, da es sich um eine Vielzahl von Transaktionen mit gegenläufigen Effekten handeln wird. Gleichwohl kann es immer wieder zu großen Sondereffekten kommen, insbesondere wenn die Monatsabschlüsse in ihrer Qualität abweichen. Ziel der Due Diligence muss es also auch sein, derartige Effekte zu identifizieren und transparent zu machen.

3. Working Capital-Anpassungen

56 Der Ausgangsfall wird wie folgt weiterentwickelt. Die Geschäftsführung hat im Zeitraum Feb02 A Verbindlichkeiten deutlich später bezahlt als sonst üblich (*Stretching*). Der Grund hierfür war, dass eine Finanzierung nachverhandelt wurde und die Geschäftsführung einen höheren Liquiditätsstand zeigen oder wahren wollte.

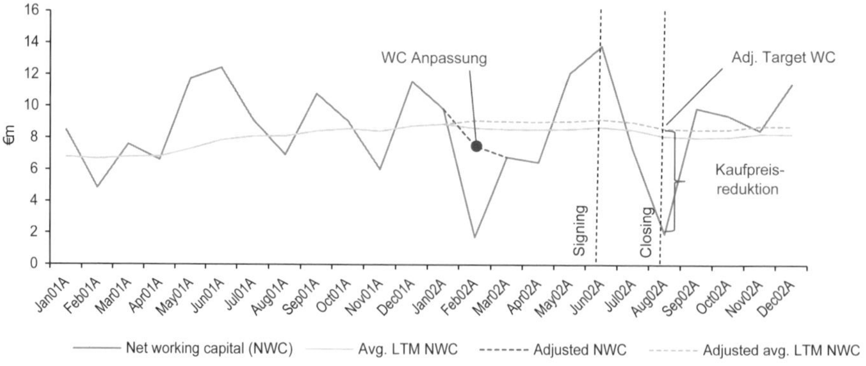

Abbildung 20: Working Capital-Anpassungen; Stretching

57 Das durchschnittliche *Working Capital* beträgt wie im Ausgangsfall EUR 8.1 Mio. Ohne das *Stretching* wäre das durchschnittliche *Working Capital* um EUR 0.5 Mio.

höher gewesen. Sofern der Referenzwert also diesen Sondereffekt berücksichtigt und auf einer pro-forma Ebene anpasst wird *(Adjusted Working Capital)*, wäre die Kaufpreisanpassung nicht EUR 6,2 Mio., sondern EUR 6,7 Mio.

Die Anpassung des *Working Capital* ist im Ergebnis sachgerecht, da die Reduzierung des durchschnittlichen *Working Capital* auf Gründen beruht, die nicht im gewöhnlichen operativen Betrieb zu sehen sind. Der Effekt lässt sich auf reine Finanzierungserwägungen reduzieren. Diese sollen aber gerade nicht das *Working Capital* beeinflussen. 58

Es wird regelmäßig Aufgabe der Due Diligence sein, derartige Sondersachverhalte zu identifizieren und das *Working Capital* entsprechend anzupassen. Weitere Sondersachverhalte können beispielsweise sein: 59

- Die Vorratsbewertung erfolgt nicht monatlich auf Basis von Standardroutinen wie beispielsweise Reichweitenabschlägen, sondern „opportunistisch" durch die Geschäftsführung.
- Ein Einmaleffekt durch echtes Factoring im Zeitraum, für den der *Working Capital*-Referenzwert ermittelt wird.
- Insolvenz eines Großkunden, die dazu geführt hat, dass Forderungen ungewöhnlich lange ohne Wertberichtigung im Forderungsbestand geführt wurden.
- Veränderte Einkaufsbedingungen führen zu höheren Kosten, die aufgrund eines kompetitiven Marktumfeldes nicht auf die Kunden umgelegt werden können.

4. Start-ups

Bei Start-ups und sonstigen stark wachsenden Geschäftsmodellen ergibt sich die Schwierigkeit, dass jeder aus der Vergangenheit abgeleitete *Working Capital*-Referenzwert von der aktuellen Entwicklung überholt sein kann. Die Annahme im Beispielsfall ist, dass sich die Umsatzerlöse alle 6 Monate verdoppeln. Dies führt vereinfacht zu folgender *Working Capital*-Entwicklung. 60

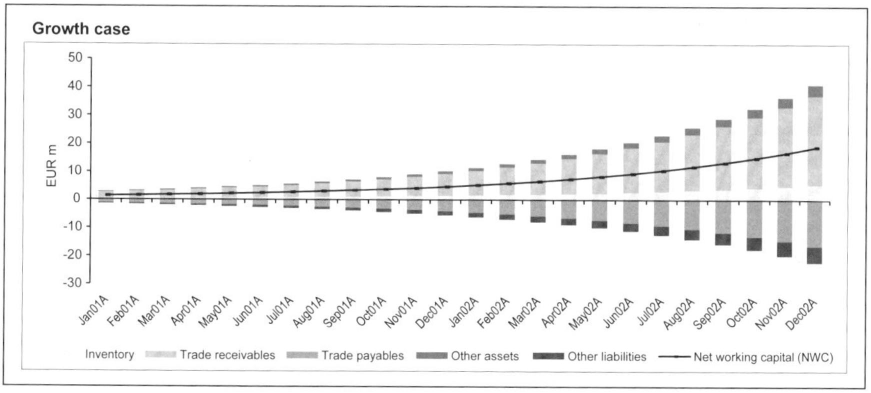

Abbildung 21: Working Capital-Entwicklung bei stark wachsendem Geschäftsmodell (Ansatz I)

61 Der aus dieser Entwicklung im Folgenden abgeleitete Chart verdeutlicht die Problematik. Das durchschnittliche *Working Capital* des Geschäftsjahres FY01 A bleibt deutlich hinter der tatsächlichen Entwicklung des *Working Capital* zurück. Das durchschnittliche *Working Capital* der letzten 12 Monate spiegelt zwar etwas besser die Geschäftsentwicklung wider, da es auf einer neueren Datenbasis beruht. Allerdings wird auch dieser Ansatz der dargestellten dynamischen Geschäftsentwicklung nicht gerecht.

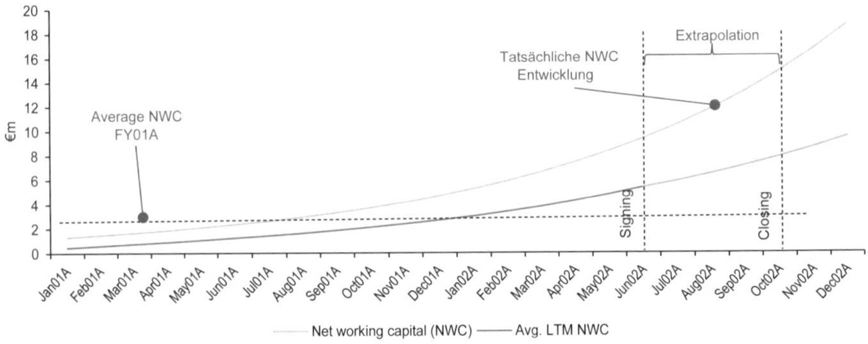

Abbildung 22: Working Capital-Entwicklung bei stark wachsendem Geschäftsmodell (Ansatz II)

62 In diesen Fällen kann es sich anbieten, das *Working Capital* gesondert zu planen und an die Entwicklung relevanter Treiber zu koppeln. Hierzu zählen in erster Linie die Umsatzerlöse und die Marge. Auf dieser Basis lässt sich das *Trade Working Capital* über betriebswirtschaftliche Kennzahlen wie *DSO (Daily sales outstanding), DPO (Daily purchases outstanding)* und *DIO (Daily inventory outstanding)* ableiten. Das sonstige *Working Capital* wird zum Teil ebenfalls direkt oder indirekt an den steigenden Umsatzerlösen hängen (z. B. Umsatzsteuer, Personalrückstellungen). Der andere Teil wird in den meisten Fällen konstant fortgeschrieben werden können.

63 Ein auf diese Weise ermittelter *Working Capital*-Referenzwert ist allerdings nur dann sachgerecht, wenn das stark wachsende Geschäftsmodell und die Ergebnisentwicklung bis zum wirtschaftlichen Eigentumsübergang bereits im *Base Purchase Price* beispielsweise über einen entsprechend hohen *EBITDA-Multiple* (implizit) abgegolten werden. Ansonsten würde eine Anwendung eines dynamisch steigenden Referenzwertes dazu führen, dass der wirtschaftliche Erfolg nicht dem Verkäufer zugutekommt, obwohl der noch wirtschaftlicher Eigentümer ist.[7]

[7] Siehe dazu die Mustergliederungen unter → Rn. 65.

5. Carve Out-Situationen

In einer Vielzahl von Transaktionen wird eine mögliche *Working Capital*-Anpassung ermittelt, indem das *Working Capital* zum *Closing* mit dem durchschnittlichen *Working Capital* der letzten 12 Monate verglichen wird. Dieses durchschnittliche *Working Capital* wird auf Basis von monatlichen *Reportings* ermittelt. **63a**

Diese Vorgehensweise ist dann problematisch, wenn das Zielunternehmen erst durch eine Ausgliederung aus einem bestehenden Unternehmen entstanden ist oder wenn das Zielunternehmen keine oder nur unzureichende monatliche (oder vierteljährliche) Finanzzahlen erstellt hat. Zwischen den Parteien werden dann in der Regel folgende Vorgehensweisen verhandelt: **63b**

- Das *Working Capital* wird überhaupt nicht bei der Berechnung des *Equity Value* berücksichtigt. Der Schutz für den Käufer kann dann allenfalls darin bestehen, dass bestimmte Regeln definiert werden, die eine eine gewollte oder ungewollte *Working Capital*-Optimierung durch den Verkäufer verhindern.[8] Allerdings handelt es sich nicht um einen besonders wirksamen Schutz, da es für den Käufer regelmäßig sehr schwer sein dürfte einzuschätzen, wie die normalen Zahlungsläufe bei dem Zielunternehmen sind. Auch Kenntnisse über die Branche helfen nur in beschränktem Umfang, da sich *Working Capital*-Abläufe selbst bei direkten Konkurrenzunternehmen wesentlich unterscheiden können.
- Es wird ein *Working Capital*-Korridor vereinbart, damit Diskussionen über *Working Capital*-Anpassungen auf große und unerwartete Schwankungen beschränkt bleiben. Allerdings handelt es sich hierbei wiederum um einen eher verkäuferfreundlichen Ansatz, da der Verkäufer inzentiviert wird, das *Working Capital* auf die untere Grenze des Korridors zu managen.[9]
- Verkäufer und Käufer erstellen zusammen ein monatliches oder zumindest vierteljährliches *pro-forma Working Capital* für die letzten 12 Monate. Dies erfolgt in der Regel für jedes *Working Capital*-Element auf Basis von existierenden Transaktionsdaten aus den Systemen des Rechnungswesens und pauschalierten Annahmen wie beispielsweise zu *DSO, DPO* und *DIO.*

Die letztgenannte Vorgehensweise wird regelmäßig diejenige sein, die den weitreichensten Interessenausgleich zwischen Verkäufer und Käufer sicherstellen kann. Allerdings besteht stets das Risiko, dass Annahmen falsch gesetzt werden und damit zu einem nicht sachgerechten *Working Capital Target* führen. Daher bietet sich die Verwendung einer Klausel an, nach der die Parteien die Ermittlung des *Working Capital Target* erneut aufnehmen, wenn das *Working Capital* zum *Closing* deutlich von dem Zielwert abweicht. Allerdings sollte das *Working Capital Target* nur dann angepasst werden, wenn die Berechnungsgrundlagen sich als falsch herausstellen, **63c**

---

[8] Insoweit wird auf → § 8 Rn. 18 verwiesen.
[9] Insoweit wird auf → § 8 Rn. 1 bis Rn. 19 ff. verwiesen.

und nicht dann, wenn beispielsweise der Verkäufer in erheblichen Umfang Verbindlichkeiten nicht bezahlt und so das *Working Capital* beeinflusst. In diesem Fall ist das *Working Capital* zwar niedriger und mithin der *Debt*-Abzug höher. Dafür wurde aber auch die Liquidität geschont und es erfolgt eine höhere Vergütung des *Cash*-Bestandes im Rahmen des *Cash free/Debt free*-Mechanismus. Solche Working Capital-Schwankungen sind Teil des gewöhnlichen Geschäfts. Folgendes **Formulierungsbeispiel** trägt diesen Erwägungen Rechnung:

Target Trade Working Capital reassessment

Due to the limited data points available, Seller and Purchaser agree that the amount of the Target Working Capital may have been calculated on an incorrect basis. Therefore, if the absolute difference between Closing Working Capital and Target Working Capital exceeds an amount of EURm [...] and if the difference is due to a calculation of the Closing Date Working Capital and Target Working Capital which are not like-for-like, both amounts shall be adjusted, in good faith negotiations between the Parties which are to take place within [...] Business Days after the Closing Date. Should the Parties not reach an agreement on such adjustment within such time period, either Buyer or Seller shall submit to the other party a proposal for such adjustment (if any). Should the other party not agree to such proposal, [...] of the SPA relating to the Neutral Auditor process shall apply mutatis mutandis.

Reasons, without limitations, for adjustments of Target Working Capital and Closing Date Working Capital shall be:

- Receivables, assets, payables or liabilities which are not consistently considered in both the Target Working Capital and the Closing Date Trade Working Capital, e. g. due to the reorganisation of the business;
- Inconsistencies relating to cut-offs or set-up of accruals and provisions, e. g. inconsistent set-up of bonus accruals for employees;
- One-off income or expenses hitting working capital not consistently for the whole period under review; or
- Changes of judgements, estimates or valuation of individual assets and liabilities which are not consistently considered in both the Target Working Capital and the Closing Date Working Capital.

No adjustment shall be made in case the deviations are due to:

- Active working capital management by Seller; or
- Seasonal effects reflected in the Working Capital Targets.

6. Liquiditäts-Forecast/Cash Ticker

63d Bei einem Festkaufpreis wie bei einem *Locked Box*-Mechanismus geht das wirtschaftliche Eigentum bereits mit dem *Locked Box*-Stichtag am *Effective Economic Date* über, womit das Zielunternehmen Ergebnisse nur noch für den Käufer erwirtschaftet. Der Kaufpreis wird gleichwohl erst am *Closing* gezahlt werden. Zwischen *Locked Box*-Stichtag und *Closing* kann jedoch ein erheblicher Zeitraum liegen, insbesondere wenn die Transaktion – wie in aller Regel – eine Kartellfreigabe erfordert. Aus diesem Grund wird der Verkäufer regelmäßig eine Verzinsung des Kaufpreises vom *Locked Box*-Stichtag bis zum *Closing* erwarten. Insoweit wird auf die Ausführungen zur *Applicable Rate* in → § 6 Rn. 13 und 14 verwiesen.

63e Aufgrund der Zinsentwicklungen der letzten Jahre, auch wenn diese sich zum aktuellen Zeitpunkt nach oben orientiert, ist die Anwendung eines Zinssatzes, der sich an Bankfinanzierungen orientiert als Kompensation wohl selten ausreichend für den Verkäufer. Dieser wird wohl vielmehr eine am Eigenkapital orientierte Renditeerwartung hegen.[10]

Die Höhe dieser Renditeerwartung wird sich dabei häufig danach bemessen, wieviel entnehmbare Liquidität das Zielunternehmen voraussichtlich bei geplantem Geschäftsverlauf erwirtschaftet hätte. Diese kann dabei durch einen monatsbezogenen Liquiditäts-Forecast ermittelt werden, der den Zeitraum zwischen *Locked Box*-Stichtag und erwartetem *Closing* abdeckt. Ausgangspunkt wird die bestehende monatliche Planung des Zielunternehmens sein oder ein vereinfachtes Modell, beispielsweise auf Basis der Saisonalität des Vorjahres und den historischen Leistungskennzahlen. Diese Planung sollte dann im mit Blick auf die Transaktion aktualisiert werden, um bereits bekannte Ereignisse mit Liquiditätsauswirkungen, die sich erst nach der Erstellung der Ausgangsplanung durch das Zielunternehmen ergeben haben, zu reflektieren. Es fließen also die neuesten Erkenntnise aus dem *Current Trading* in den *Forecast* ein. Dies führt zu folgender vereinbarter Berechnung: **63f**

		Jan01-Jun01 Actuals	Juli01-Dec01 Forecast
Adjusted EBITDA		200	300
Adjustments	(1)	(12)	(10)
Unadjusted EBITDA		188	290
Cash leases (IFRS 16)	(2)	(30)	(30)
Underlying EBITDA		158	260
CAPEX	(3)	(80)	(80)
Change in working capital	(4)	-	-
Operating cash flow		78	180
CIT, TT	(5)	(20)	(30)
Cash effective financial expenses/ income	(5)	(10)	(10)
Net cash flow after financing and taxes		48	140
Daily Cash Ticker	(6)	0,27	0,76
Total days		181	184
Expected closing 30Sep01	(7)		
Expected days of cash generation		181	92
Weighted Daily Cash Ticker	(8)		0,43

In dem Beispiel ist *Locked Box*-Stichtag der 31. Dezember 2000, *Signing* ist am 30. Juni 2001 und das *Closing* ist erwartet auf den 30. September 2001. Zu beachten sind folgende Erwägungen: **63g**

(1) Die tatsächlichen und im Forecast erwarteten EBITDA Anpassungen werden EBITDA mindernd berücksichtigt, da auf die tatsächliche Liquiditätsgenerierung abgestellt wird.

(2) *Cash leases* sind Leasingzahlungen, die unter IFRS 16 nicht als Miete, sondern als Rückzahlung auf eine Verbindlichkeit und Zinsen gezeigt werden. Beim *Cash Ticker* kommt es aber auf den generierten Liquiditätsüberhang an.

[10] Siehe hierzu insbesondere → § 4 Rn. 27 ff.

(3) Notwendiger CAPEX belastet die Liquidität. In der Vorschau ist sicher zu analysieren, ob der CAPEX tatsächlich pro-rata anfällt, wie hier angenommen.

(4) Die Frage, ob *Working Capital* Bewegungen einbezogen werden sollen, ist regelmäßig umstritten. Wie in diesem Kapitel beschrieben, haben diese Auswirkungen auf die Liquiditätsgenerierung. Allerdings benachteiligt ein positiver Liquiditätseffekt den Käufer doppelt, dies zum einen wegen des rechnerisch höheren *Cash Tickers* – zum anderen, weil das *Working Capital* wieder aufgebaut werden muss. Daher wird *Working Capital* häufig nicht berücksichtigt werden. Dies ist aber im Einzelfall zu prüfen.

(5) Tatsächlich gezahlte Körperschaft- und Gewerbesteuer sowie Zinsen reduzieren die erwirtschaftete Liquidität.

(6) Der *Daily Cash Ticker* zeigt, wieviel Liquidität pro Tag erwirtschaftet wird.

(7) Der Anstieg des Underlying EBITDA wird zur Vereinfachung linear im *Cash Ticker* berücksichtigt. Dies ist häufig nicht sachgerecht, da die Profitabilität regelmäßig erst hochlaufen muss. Dies ist entsprechend in dem 3-Monatsforecast zu berücksichtigen.

(8) Der *Weighted Daily Cash Ticker* berücksichtigt Januar bis Juni 2001 sowie Juli bis September 2001. Dieser gewichtete Wert wird dann für jeden Tag von *Locked Box – Date* bis *Closing* als *Cash Ticker* oder *Applicable Rate* vergütet. Auf dieser Grundlage erhält der Verkäufer sodann eine feststehende Rendite. Sollte die tatsächliche Liquidität von der Planung abweichen, treffen die positiven oder negativen Abweichungen sachgerecht ausschließlich den Käufer als wirtschaftlichen Eigentümer.

Bilanzgliederung HGB (vereinfacht)

Aktivseite	WC	ND	Sonstige
Anlagevermögen			
Immaterielle Vermögensgegenstände	-	-	√
Sachanlagen	-	-	√
Finanzanlagen	-	(√)	√
Umlaufvermögen			
Vorräte	√	-	-
Forderungen und sonstige Vermögensgegenstände			
Forderungen aus Lieferungen und Leistungen	√	-	-
Forderungen gg verbundene Unternehmen	(√)	(√)	
Forderungen gg U, mit denen ein Beteiligungsverh besteht	(√)	(√)	
Sonstige Vermögensgegenstände	(√)	(√)	-
Wertpapiere	-	(√)	(√)
Kassenbestand, Guthaben bei Kreditinstituten	-	√	-
Rechnungsabgrenzungsposten	(√)	(√)	-
Aktive latente Steuern	-	(√)	√

Passivseite	WC	ND	Sonstige
Eigenkapital	-	(√)	√
Rückstellungen			
Rückstellungen für Pensionen u.ä. Verpfl.	-	√	-
Steuerrückstellungen	-	√	-
sonstige Rückstellungen	(√)	(√)	-
Verbindlichkeiten			
Anleihen	-	√	-
Verbindlichkeiten gegenüber Kreditinstituten	-	√	-
erhaltene Anzahlungen auf Bestellungen	(√)	(√)	-
Verbindlichkeiten aus Lieferungen und Leistungen	√	-	-
Verbindlichkeiten ggü verb Unternehmen	(√)	(√)	-
Verb ggü U, mit denen ein Beteiligungsverh besteht	(√)	(√)	-
Sonstige Verbindlichkeiten	(√)	(√)	-
Rechnungsabgrenzungsposten	(√)	(√)	-
Passive latente Steuern	-	(√)	√

Erläuterung:
√ Der entsprechende Bilanzposten kann regelmäßig WC, ND oder Sonstige zugeordnet werden
(√) Die Zuordnung erfolgt regelmäßig in mehr als einer der Kategorien WC, ND oder Sonstige

Bilanzgliederung IFRS (vereinfacht)

Aktivseite	WC	ND	Sonstige
Kurzfristige Vermögenswerte			
Zahlungsmittel und Zahlungsmitteläquivalente	-	√	-
Forderungen aus Lieferungen und Leistungen	√	-	-
Vorräte	√	-	-
Ertragsteuerforderungen	-	√	-
Sonstige kurfristige finanzielle Vermögenswerte	(√)	(√)	-
Aktiver Rechnungsabgrenzungsposten	(√)	(√)	-
Langfristige Vermögenswerte			
Immaterielle Vermögenswerte	-	-	√
Sachanlagen	-	-	√
Anteile an assoziierten Unternehmen	-	(√)	√
Latente Steueransprüche	-	(√)	√
Sonstige langfristige finanzielle Vermögenswerte	-	(√)	√
Aktiver Rechnungsabgrenzungsposten	-	-	√

Passivseite	WC	ND	Sonstige
Kurzfristige finanzielle Verbindlichkeiten			
Verbindlichkeiten aus Lieferungen und Leistungen	√	-	-
Verbindlichkeiten gegenüber asoziierten Unternehmen	(√)	(√)	-
Sonstige kurzfristige Rückstellungen	(√)	(√)	-
Ertragsteuerschulden	-	√	-
Passiver Rechnungsabgrenzungsposten	(√)	(√)	-
Sonstige kurzfristige Verbindlichkeiten	(√)	(√)	-
Langfristige Schulden			
Langfristige finanzielle Verbindlichkeiten	-	√	-
Latente Steuerschulden	-	(√)	√
Pensionsrückstellungen	-	√	-
Sonstige langfristige Rückstellungen	-	√	-
Sonstige langfristige Verbindlichkeiten	-	√	-
Passiver Rechnungsabgrenzungsposten	-	√	-
Eigenkapital	-	(√)	√

Erläuterung:
√ Der entsprechende Bilanzposten kann regelmäßig WC, ND oder Sonstige zugeordnet werden
(√) Die Zuordnung erfolgt regelmäßig in mehr als einer der Kategorien WC, ND oder Sonstige

IV. Vertragliche Umsetzung Net Working Capital

1. Standard

Soweit sich die Parteien des Kaufvertrages auf die Berücksichtigung des Nettoumlaufvermögens (sog. *Net Working Capital*) im Rahmen der Kaufpreisanpassung zum Abgrenzungsstichtag geeinigt haben, werden die Parteien im Rahmen einer vertraglichen Standardlösung regelmäßig das sog. *Target Net Working Capital* am Abgrenzungsstichtag als einen Zielwert fixieren. Eine Abweichung davon, sei es eine Unter- oder eine Überschreitung, wird dann Euro für Euro kaufpreisverringernd bzw. kaufpreiserhöhend wirken. Dieser Zielwert kann je nach relevantem Datum im Ablauf eines Kalenderjahres durchaus unterschiedlich sein, um z. B. einer etwaigen Saisonalität des Geschäfts der Zielgesellschaft angemessen Rechnung zu tragen. Wichtig ist hierbei, zu jeder Zeit sicher zu stellen, dass im Rahmen des Nettoumlaufvermögens nicht solche Umstände berücksichtigt werden, die zugleich von der Definition des *Net Financial Debt* erfasst werden; anderenfalls würden Positionen doppelt berücksichtigt. 64

Die Frage, ob dieser feste Zielwert am Abgrenzungsstichtag erfüllt ist, wird im Falle der Kaufpreisanpassung zum *Closing Date* anhand von ausschließlich zum Zwecke der Kaufpreisanpassung aufgestellten sog. *Closing Date Financials* ermittelt, die die relevanten Parameter stichtagsbezogen ausweisen. Wer diese *Closing Date Financials* aufstellt und wie die Mitwirkungs- bzw. Prüfungsrechte der Parteien ausgestaltet sind, wird dabei regelmäßig kontrovers zwischen den Parteien diskutiert werden. 65

Grundsätzlich kann die Aufstellung entweder durch die Zielgesellschaft, den Käufer oder den Verkäufer erfolgen. Ein Verkäufer wird gegenüber einer Aufstellung durch den Käufer oder die Zielgesellschaft (vornehmlich nach dem *Closing*) regelmäßig den gleichen Argwohn hegen, wie ein Käufer gegenüber einer Aufstellung durch den Verkäufer. Oft wird die Erstellung der *Closing Date Financials* durch die Zielgesellschaft innerhalb einer gewissen Zeitfrist nach dem *Closing* vereinbart werden. Nach Erstellung werden die *Closing Date Financials* dann durch die Zielgesellschaft dem Verkäufer und dem Käufer zur Prüfung und zum Vorbringen von Einwänden innerhalb einer gewissen Frist überlassen. Soweit keine der Parteien fristgerecht Einwände vorbringt, wird regelmäßig vereinbart, dass die *Closing Date Financials* als zwischen den Parteien verbindlich gelten. 66

Soweit hingegen fristgerecht Einwände von einer Partei vorgebracht werden, schließt sich regelmäßig eine Phase an, innerhalb derer die Parteien die Einwände diskutieren (sog. *Pre-escalation Discussion Period*). Soweit im Rahmen dieser Diskussionen zwischen den Parteien Einigkeit hinsichtlich eines oder sämtlicher strittiger Punkte erzielt wird, gelten die *Closing Date Financials* wiederum als zwischen den Parteien verbindlich. 67

68 Lediglich solche Aspekte, die im Rahmen der *Pre-escalation Discussion Period* nicht zwischen den Parteien geklärt werden konnten, können dann durch die jeweiligen Parteien innerhalb einer gewissen Ausschlussfrist je nach Vereinbarung einem Schiedsgutachter oder Schiedsrichter (sog. *Independent Expert*) zur Entscheidung innerhalb einer gewissen Frist vorgelegt werden. Regelmäßig wird auch vereinbart werden, dass die Entscheidung nicht jenseits der von den Parteien zu einem gewissen Aspekt eingenommenen Rechtsauffassungen liegen darf, um aus Sicht der Parteien etwaige Ausreißer-Entscheidungen durch den *Independent Expert* zu verhindern. Sinnvollerweise wird man die Kostentragung hinsichtlich der Entscheidung durch den *Independent Expert* im Sinne von §§ 91 ff. ZPO wie im Zivilprozess davon abhängig machen, inwieweit eine Partei mit ihrer Position obsiegt.

69 Häufig stellt sich in der Praxis das Problem, dass die dem *Independent Expert* eingeräumte Frist zur Streitentscheidung zu kurz ist. Zudem zögern *Independent Experts* immer wieder, eine Entscheidung mit der notwendigen Entschlossenheit zu treffen, wenn eine Partei noch (weiteren) Sachvortrag angekündigt hat. Dies kann, insbesondere wenn der Unternehmenskaufvertrag keine Vorgaben hinsichtlich des Verfahrens vorsieht oder der *Independent Expert* schlicht nicht entscheidungsstark ist, leicht dazu führen, dass das Verfahren der Streitentscheidung durch den *Independent Expert* in zeitlicher Hinsicht „aus dem Ruder läuft". Zudem besteht oftmals ein Interesse der potentiell unterlegenen Partei, das Verfahren zu verschleppen. Daher sollte der Unternehmenskaufvertrag vorsehen, dass eine Partei – bei Nichtreaktion einer anderen Partei während angemessener Fristen – auch berechtigt ist, das Verfahren einseitig anzustoßen und den *Independent Expert* zu beauftragen.

70 Der finale Unterschiedsbetrag zwischen dem sog. *Target Working Capital* am Abgrenzungsstichtag und dem tatsächlichen Wert wird dann gemeinsam mit einem etwaigen *Net Debt*-Unterschiedsbetrag innerhalb einer gewissen Zeitfrist (häufig innerhalb von fünf Bankarbeitstagen) nach der endgültigen Feststellung durch den Verkäufer (im Falle der Unterschreitung des sog. *Target Working Capital* am Abgrenzungsstichtag) bzw. den Käufer (im Falle der Überschreitung des sog. *Target Working Capital* am Abgrenzungsstichtag) Euro für Euro auszugleichen sein.

2. Spielarten

a) Net Working Capital-Korridor

71 Statt einer festen Zielgröße, bei deren Unter- bzw. Überschreitung es zu einer Kaufpreisanpassung kommt, können die Parteien auch einen Zielkorridor vereinbaren mit der Folge, dass eine Anpassung unterbleibt, wenn sich das *Net Working Capital* zum Abgrenzungsstichtag innerhalb eines zuvor vereinbarten Korridors bewegt.[11] Mit anderen Worten findet innerhalb dieses Korridors keine Kaufpreisan-

[11] Jaletzke/Henle M&A/Jaletzke, S. 28.

passung statt. Jenseits des Korridors greift der dargestellte Anpassungsmechanismus (siehe hierzu auch oben → Rn. 19 ff.).

b) Net Working Capital-Minimum

Häufig anzutreffen sind Regelungen, die lediglich die Unterschreitung eines Mindestwertes an *Net Working Capital* durch entsprechende Kaufpreisreduktion zu kompensieren suchen, dagegen aber eine Überschreitung des Mindestwertes nicht, oder jedenfalls nicht Euro für Euro, im Wege einer entsprechenden Kaufpreiserhöhung zu Gunsten des Verkäufers honorieren. Häufig wird ein Käufer argumentieren, dass ein – möglicherweise manipulativ – hohes *Net Working Capital* jenseits des vereinbarten Mindestwertes, sei er auch saisonal unterschiedlich, keinen Mehrwert für das Zielunternehmen und damit den Käufer darstellt, sondern unter Umständen eher eine Belastung (siehe hierzu auch oben → Rn. 24 ff.). **72**

Zuweilen findet der vorstehende Gedanke auch Niederschlag darin, dass ein überschießendes *Net Working Capital* – jedenfalls jenseits eines gewissen Toleranzbetrages – nicht Euro für Euro, sondern lediglich mit einem Abschlag (z. B. nur zu 70 Prozent) in die Kaufpreisanpassung einfließt. **73**

Eine Anpassung des Kaufpreises nach oben sollte auch dann unterbleiben, wenn geplante Anschaffungen im Hinblick auf das Umlaufvermögen bei der Unternehmensbewertung berücksichtigt worden sind, da sich sonst derselbe Umstand zweimal kaufpreiserhöhend auswirken würde.[12] **74**

[12] Kästle/Oberbracht, Unternehmenskauf, S. 87 f.

§ 9. Eigenkapitalgarantie

I. Überblick/Einsatzfelder

1 Die Eigenkapitalgarantie wird nicht wenigen M&A-Praktikern als ein Relikt vergangener Zeiten erscheinen. Tatsächlich war die Eigenkapitalgarantie bis Mitte der 1990er Jahre eine weithin gebräuchliche Methode zur Absicherung der getroffenen Bewertungsannahmen. Sie ist allerdings dann mehr und mehr von *Cash Flow*-basierten Sicherungsmechanismen verdrängt worden und hat heute nur noch in bestimmten Fallkonstellationen ihren Stellenwert.

2 Noch relativ häufig anzutreffen ist die Eigenkapitalgarantie im Fall des Erwerbs von Kreditinstituten und teilweise auch beim Erwerb von Finanzdienstleistungsinstituten. Vor allem wenn ein Institut über ein Kreditbuch oder ein Handelsbuch verfügt, vereinbaren Verkäufer und Käufer nicht selten eine Eigenkapitalgarantie. Demgegenüber sind Eigenkapitalgarantien im sonstigen Banken-M&A seltener anzutreffen. Zum Beispiel werden Privatbanken ohne signifikantes Kreditgeschäft, also mit Schwerpunkt auf der Vermögensverwaltung, sowie Unternehmen aus dem Bereich des *Asset Management* regelmäßig ohne Vereinbarung einer Eigenkapitalgarantie veräußert. Die Sonderrolle der Eigenkapitalgarantie in dem Segment der Kreditinstitute hat seinen Grund darin, dass das Eigenkapital bei einer Bank aufgrund regulatorischer Eigenkapitalvorschriften immer eine wesentlich größere Rolle spielt als bei sonstigen Industrieunternehmen.

3 In der Praxis sind unterschiedliche Anknüpfungspunkte für das Eigenkapital gebräuchlich. Klassischerweise wird auf das **bilanzielle Eigenkapital** abgestellt. Gerade im Bankenumfeld ist es aber auch nicht unüblich, und vor dem Hintergrund der hohen regulatorischen Anforderungen mittlerweile sogar üblich, auf das **regulatorische Eigenkapital** abzustellen. So ist beispielsweise denkbar, dass der Verkäufer dem Käufer zusichert, dass die vom Käufer erworbene Bank eine Kernkapitalquote von mindestens x % zum *Closing*-Stichtag aufweist. In dem Fall würde die Eigenkapitalermittlung davon abhängen, über welches Kernkapital die Bank zum Stichtag im Verhältnis zu den für die Ermittlung der erforderlichen Eigenmittel relevanten Determinanten (Adressenausfallrisiken, Marktpreisrisiken etc.) verfügt.

II. Relevante Bilanzpositionen

4 Die Wirkungsweise einer Eigenkapitalgarantie ist relativ einfach. Der Verkäufer garantiert das Bestehen eines bestimmten (Mindest-)Eigenkapitals der Zielgesell-

schaft zu einem bestimmten Stichtag. Wird auf das bilanzielle Eigenkapital abgestellt, so ist für ein nach den Vorschriften des HGB bilanzierendes Unternehmen die Bestimmung des Eigenkapitals gemäß § 266 Abs. 3 A. HGB maßgeblich. Wird demgegenüber auf das regulatorische Eigenkapital referenziert, ist auf die Eigenkapitalermittlung gemäß §§ 10 ff. KWG und die sonstigen einschlägigen bankaufsichtsrechtlichen Vorschriften (CRR, CRD, SolvV) abzustellen.

Zwingender Bestandteil der Eigenkapitalzusammensetzung ist die Berück- 5
sichtigung des Postens des Jahresüberschusses/Jahresfehlbetrags (§ 266 Abs. 3 A. V. HGB). Damit ist sichergestellt, dass das Ergebnis der betreffenden Rechnungslegungsperiode bis zum Stichtag bei der Ermittlung des Eigenkapitals vollständig Berücksichtigung findet. Darin liegt der besondere Charme der Eigenkapitalgarantie. Da der der Ermittlung des Eigenkapitals zugrundeliegende Abschluss der Zielgesellschaft *(Closing Accounts)* zum Teil unter Mitwirkung des Käufers erstellt, in jedem Fall aber durch ihn überprüft wird, kann sich dieser ein genaueres Bild über die ordnungsgemäße Verarbeitung aller in der betreffenden Rechnungslegungsperiode getätigten Geschäfte bzw. Bilanzvorfälle machen. Dadurch ist gewährleistet, dass beispielsweise die Höhe von Rückstellungen, getätigte Wertberichtigungen und sonstige das Ergebnis beeinflussende Bilanzvorfälle ordnungsgemäß in dem Referenzabschluss berücksichtigt wurden.

III. Rechtsfolgen

Eine Eigenkapitalgarantie ist nicht nur dem Namen nach, sondern auch rechts- 6
technisch als Garantie ausgestaltet. Eine Verletzung der Eigenkapitalgarantie führt wie bei jeder sonstigen Garantieverletzung[1] zur Verpflichtung des Garantiegebers (Verkäufers), Schadenersatz zu leisten. Im Ergebnis bedeutet dies, dass der Garantiegeber (Verkäufer) den Geldbetrag, um den das tatsächliche Eigenkapital das zugesagte (Mindest-)Eigenkapital unterschreitet, an die Zielgesellschaft zu leisten hat. Regelmäßig sind Eigenkapitalgarantien so ausgestaltet, dass der Garantiegeber (Verkäufer) ein bestimmtes (Mindest-)Eigenkapital zusagt. Übersteigt das tatsächlich vorhandene Eigenkapital das zugesagte (Mindest-)Eigenkapital, erfolgt dann kein weiterer Ausgleich. In seltenen Fällen wird die Eigenkapitalgarantie so ausgestaltet, dass ein das zugesagte Eigenkapital übersteigendes Eigenkapital zu einer entsprechenden Ausgleichsverpflichtung des Käufers an den Verkäufer führt.

In seiner klassischen Ausgestaltung führt eine Verletzung der Eigenkapital- 7
garantie nicht zu einer Anpassung des Kaufpreises. Vielmehr wird der fehlende Eigenkapitalbetrag vom Verkäufer an die Zielgesellschaft geleistet. Allerdings können Verkäufer und Käufer auch vereinbaren, dass die geschuldete Eigenkapitalnachzahlung zu einer entsprechenden Reduzierung des Kaufpreises führt. Das

[1] Siehe nur Grüneberg/Sprau BGB, Einf v § 765 Rn. 18.

belässt dem Erwerber mehr Freiraum bei der künftigen Kapitalausstattung der Zielgesellschaft, sowohl was die Höhe als auch die Form angeht.

IV. Abgrenzung zu anderen Absicherungsinstrumenten

8 Wie bei anderen Wertabsicherungsinstrumenten (siehe dazu ausführlich oben in → § 3 Rn. 75 ff.) ist auch bei der Eigenkapitalgarantie darauf zu achten, dass sie mit den anderen im Unternehmenskaufvertrag verankerten Rechtsbehelfen verzahnt ist. So ist eindeutig zu regeln, ob und wie sich eine Verletzung der Eigenkapitalgarantie auf den Kaufpreis auswirkt. Auch ist darauf zu achten, dass die im Rahmen der Überprüfung des Eigenkapitalstatus der Zielgesellschaft vorgenommenen Bilanzkorrekturen – z. B. eine Erhöhung der Rückstellungen – nicht nochmals bei der Kaufpreisanpassung oder als Gewährleistungsfall Berücksichtigung findet (*no double counting*).

V. Vertragliche Umsetzung

9 Dem folgenden **Formulierungsbeispiel** liegt ein Sachverhalt aus dem Bankenumfeld zugrunde. Hier ist die Eigenkapitalgarantie als Kaufpreisanpassungsinstrument ausgestaltet. Die Zielgesellschaft („Bank") ist ein Kreditinstitut. Sie hat die Rechtsform einer Kommanditgesellschaft mit natürlichen Personen als Komplementären. Es gibt mehrere Verkäufer und Käufer.

Adjustment of Initial Purchase Price

The Initial Purchase Price shall be subject to the following adjustments:

1.1. If the aggregate sum of Net Equity *(bilanzielles Eigenkapital)* (as defined hereinafter) as of the Effective Date on a consolidated basis as shown in the Final Effective Date Balance Sheet (as defined hereinafter) prepared in accordance with the provisions of Article 1.5 is less than EUR [...] (in words: Euro [...]), then the Initial Purchase Price shall be reduced by the full amount of such shortfall (such amount the **"Shortfall Amount"**).

1.2. **"Net Equity"** for the purpose of calculating the Shortfall Amount shall be calculated on the basis of the consolidated balance sheet of the Bank within the meaning of Sec. 297 et seq. German Commercial Code *(Handelsgesetzbuch – HGB)* and shall mean the following:

a) Subscribed capital *(gezeichnetes Kommanditkapital),*
b) *plus* any profit reserves *(Gewinnrücklagen),* if any,
c) *minus* compensation amount for participations of other shareholders *(Ausgleichsposten für Anteile anderer Gesellschafter),*
d) *plus/minus* any group profits/losses,
e) *minus* loss carry forwards, if any.

The positions under Article 1.2 lit. (a),(b),(c) and (d) above shall be calculated as shown in *Formblatt 1 RechKredV.*

1.3. The following items shall be reflected in the Final Effective Date Balance Sheet (as defined hereinafter) as pre-agreed between the Parties:

[...]

1.4. The Shortfall Amount shall be paid by Sellers to Purchasers to such bank account as Purchasers may specify in writing to Sellers, together with interest calculated from the Closing Date (i) on a rate as applicable from time to time to the funds credited to the Escrow Account for the time from Closing Date until the Escrow Account is closed, and (ii) thereafter on a rate of [...] %, (each the **"Shortfall Interest Rate"**) until the date of actual payment (the **"Shortfall Interest"**), within three (3) Business Days after the Final Effective Date Balance Sheet has become final and binding for the Parties, provided, however, that the payment of any Shortfall Amount of up to EUR [...] plus Shortfall Interest shall be made from the Escrow Account and only any portion of the Shortfall Amount exceeding EUR [...] plus Shortfall Interest (not covered by the funds of the Escrow Account) shall be paid by Sellers from other resources. All payments shall be made by wire transfer of immediately available funds at Sellers' expense. The allocation of any Shortfall Amount and Shortfall Interest among the Purchasers shall follow the ratio of their share in the Initial Purchase Price. Any funds remaining on the Escrow Account after the Shortfall Amount and the Shortfall Interest has been paid to the Purchasers shall be released in accordance with the provisions of Article [...].

1.5. The Final Effective Date Balance Sheet and, the Net Equity will be determined as follows:

a) The Parties shall ensure that the management of the Bank under guidance of Sellers' Auditors shall prepare until *[Date]* (i) a consolidated balance sheet of the Bank within the meaning of Sec. 297 et seq. German Commercial Code *(Handelsgesetzbuch – HGB)* reflecting the financial status of the Bank and the Bank Subsidiaries as of the Effective Date **("Proposed Effective Date Balance Sheet")** prepared in accordance with generally accepted accounting principles in Germany, i. e. the *Grundsätze ordnungsmäßiger Buchführung (GoB)* and the applicable statutory provisions of the German Commercial Code (collectively **"German GAAP"**) and in accordance with the principles and values agreed by the Parties and set out in Article 1.3 even if they deviate from German GAAP, and (ii) a report **("Adjustment Report")** calculating the Net Equity and the Shortfall Amount, if any.

b) Sellers shall submit the Proposed Effective Date Balance Sheet to [...] **("Sellers' Auditor")** for review and certification *(prüferische Durchsicht)*. Sellers' Auditor shall complete such review and certification within fifteen (15) Business Days after receipt of the Proposed Effective Date Balance Sheet from the Sellers. Immediately upon finalization of this review and certification by the Sellers' Auditor, the Sellers shall provide a copy of the Proposed Effective Date Balance Sheet and the Adjustment Report to the Purchasers.

c) If and to the extent the preparation and/or certification of the Proposed Effective Date Balance Sheet takes place after the Closing Date, Purchasers shall ensure that Sellers, Sellers' Auditor and its personnel and other professional advisors to Sellers who are also subject to statutory confidentiality obligations and to the extent only such persons that are involved in the preparation and/or certification of the Proposed Effective Date Balance Sheet shall have access to the respective business sites of the Bank and Bank Subsidiaries during usual business hours and be allowed to inspect such books, records, documents or other materials and data as required for the purpose of a proper preparation and/or certification of the Proposed Effective Date Balance Sheet and Adjustment Report according to this Article 1.5. Purchasers shall, and shall cause the Bank and Bank Subsidiaries as well as Purchasers' and the Bank and Bank Subsidiaries' personnel involved in the preparation of the Proposed Effective Date Balance Sheet, to co-operate with Sellers, Sellers' Auditor, its personnel and other professional advisors of the Sellers who are also subject to statutory confidentiality obligations, in those matters required for the preparation of the Proposed Effective Date Balance Sheet.

d) Purchasers shall have forty-five (45) Business Days after the receipt of the Proposed Effective Date Balance Sheet and the Adjustment Report **("Purchasers' Review Period")** to conduct a full review of such documents **("Purchasers' Review")** and determine whether in Purchasers' view the Proposed Effective Date Balance Sheet and the Adjustment Report have been prepared in accordance with Article 1.5 lit. (a). Sellers shall ensure that Purchasers have full access to (i) all documents and files of the Bank and the Bank Subsidiaries if such access is required before the Closing Date, (ii) any other documents that they have in their possession which are necessary to review the Proposed Effective Date Balance Sheet, (iii) all notes, materials and files, including the working papers of the Sellers' Auditor, used in or produced in the course of the preparation and certification of the Proposed Effective Date Balance Sheet by Sellers, Sellers' Auditor and their respective personnel, agents, accountants and other professional advisors. Sellers shall ensure that all respective personnel, agents, accountants and other professional advisors (including Seller's Auditor) responsible for the preparation and certification of the Proposed Effective Date Balance Sheet and the Adjustment Report shall be made available to and co-operate with Purchasers for the purpose of a proper conduct of Purchasers' Review.

e) In the event that Purchasers disagree with the Proposed Effective Date Balance Sheet or the Adjustment Report because they have in their view not been prepared in accordance with Article 1.5 lit. (a) above, Purchasers shall deliver to Sellers a written certification of such disagreement **("Disagreement Notice")** within Purchasers' Review Period. The Disagreement Notice shall address, to the extent possible, specific balance sheet line items indicating an estimate of the amount by which the item objected against should be changed in the view of Purchasers and must state the reasons or the facts on which such objections are based.

f) To the extent the Purchasers do not raise objections by delivery of a Disagreement Notice to Sellers pursuant to para. (e) above within the Purchasers' Review Period, the Proposed Effective Date Balance Sheet and the Adjustment Report as submitted shall become final and binding for the Parties. If a Disagreement Notice is delivered pursuant to para. (e) above within Purchasers' Review Period, Sellers and Purchasers shall attempt to resolve the disputed issues by meeting and conferring in good faith during the fifteen (15)-Business Day period following the receipt of the Disagreement Notice by the Sellers.

g) If and to the extent Sellers and Purchasers are unable to resolve their disagreement within such 15-Business Day period, then the Purchasers shall be entitled to submit within a two month period after the aforementioned 15- Business Day period has elapsed (such period the **"Submission Period"**) the disputed issues to [...] Wirtschaftsprüfungsgesellschaft which shall decide the dispute acting as expert arbitrator *(Schiedsgutachter)* **("Expert Arbitrator").** In case Purchasers do not submit the disputed issues to the Expert Arbitrator within the Submission Period, Sellers are entitled to submit the disputed issues to the Expert Arbitrator (the respective Party submitting the disputed issues to the Expert Arbitrator hereinafter the **"Submitting Party"**).

h) The Expert Arbitrator shall be instructed by the Submitting Party on behalf of the Parties to render a decision regarding the disputed items within a one month period, if possible, which decision shall be final and binding for the Parties. The Expert Arbitrator shall furthermore be instructed by the Submitting Party to give each of the Parties the opportunity to present their views in writing and in an oral hearing prior to rendering its decision, and to render its decision in writing with reasons. The Expert Arbitrator's decision shall not go beyond the disputed issues and specific value determined by the Parties.

i) The Expert Arbitrator shall also decide on the allocation of the costs of the arbitration procedure in accordance with Sec. 91 et seq. of the German Civil Procedure Rules *(Zivilprozessordnung)*.

j) The Proposed Effective Date Balance Sheet shall be the **"Final Effective Date Balance Sheet"** if Purchasers do not notify Sellers of their disagreement in accordance with para. (e) above. If the Proposed Effective Date Balance Sheet is adjusted as a result of the foregoing dispute resolution process set forth in para. (g) and (h) above, the Proposed Effective Date Balance Sheet as adjusted shall become the Final Effective Date Balance Sheet.

k) The Proposed Effective Date Balance Sheet shall contain an accrual for the costs of the review and certification of the Proposed Effective Date Balance Sheet by Sellers' Auditor. Purchasers shall bear the costs of Purchasers' Review.

Die Verpflichtung der Verkäufer, einen bestimmten Betrag unterschreitendes Eigenkapital der Zielgesellschaft auszugleichen, ist in Ziff. 1.1 enthalten. Der Ausgleich erfolgt hier über eine Herabsetzung des Kaufpreises um denjenigen Betrag, um den das vertraglich zugesicherte Eigenkapital unterschritten wird *(„Shortfall Amount")*. 10

Das zum Stichtag *(„Effective Date")* bestehende bilanzielle Eigenkapital der Zielgesellschaft *(„Net Equity")* wird auf der Grundlage eines zum Stichtag aufgestellten Abschlusses *(„Final Effective Date Balance Sheet")* ermittelt. Hierzu ist ein Konzernabschluss unter Anwendung der §§ 297 ff. HGB aufzustellen. Zwar gelten die Vorschriften der §§ 264 ff. HGB nicht für Personengesellschaften, wenn wie im Beispielsachverhalt ein Komplementär eine natürliche Person ist. Allerdings finden die §§ 297 ff. HGB hier gemäß § 340i Abs. 1 HGB Anwendung, da die Zielgesellschaft ein Kreditinstitut ist. 11

Die Definition des bilanziellen Eigenkapitals *(„Net Equity")* folgt grundsätzlich derjenigen in § 266 Abs. 3 A. HGB, hier allerdings gemäß der für Banken maßgeblichen Gliederung des Formblatts 1 der RechKredV. 12

In Ziff. 1.3 haben die Parteien bestimmte Bilanzpositionen unstreitig gestellt. Dies kann sich empfehlen, wenn bereits während der Due Diligence- bzw. der Kaufvertragsverhandlungsphase deutlich wird, dass die Parteien über die ordnungsgemäße bilanzielle Behandlung eines wirtschaftlichen Sachverhalts unterschiedlicher Meinung sind. Das kann beispielsweise bei der Frage zu tätigender Abschreibungen bzw. Einzelwertberichtigungen der Fall sein. Im Beispielsfall haben sich die Parteien auf die bilanzielle Behandlung bestimmter Sachverhalte mit bindender Wirkung für den Aufsteller des Konzernabschlusses geeinigt. 13

Eine etwaige Kaufpreisrückzahlung ist zunächst aus einem zu diesem Zweck eingerichteten Treuhandkonto *(„Escrow Account")* zu leisten. Erst wenn dessen Mittel erschöpft sind, sind die Verkäufer in der Zahlungspflicht. 14

Die Aufstellung und Überprüfung des Konzernabschlusses folgt dem üblichen Schema der Erstellung und Prüfung von Transferbilanzen *(„Closing Accounts")*, dazu ausführlich noch → § 12 Rn. 3 ff. 15

§ 10. Alternative Kaufpreisermittlungs- und -anpassungsmechanismen

I. Kaufpreisermittlung anhand von Multiplikatoren (Multiples)

1 Bei der Kaufpreisermittlung unter Verwendung von sogenannten Multiplikatoren *(Multiples)* handelt es sich nicht um einen Mechanismus zur Kaufpreisanpassung, sondern um ein Verfahren zur Ermittlung bzw. Festsetzung des Kaufpreises. Verglichen mit dem in jeder Hinsicht ausgefeilten Mechanismus der Kaufpreisherleitung und -anpassung nach den *Cash free/Debt free*-Grundsätzen wirkt die Kaufpreisfestsetzung unter Verwendung von Multiplikatoren nachgerade primitiv: Der Kaufpreis ermittelt sich schlicht aus der Multiplikation einer variablen, verhältnismäßig schnell und einfach zu ermittelnden Größe mit einem vertraglich vereinbarten Faktor. Dementsprechend selten kommt diese Art der Kaufpreisfestsetzung in der Praxis vor. Größere Bedeutung hat die Verwendung von Multiplikatoren als Instrument der Plausibilisierung von durch Verwendung anderer Methoden ermittelten Unternehmenswerten. Hier dient die Verwendung von Multiplikatoren häufig als **Faustformel** für die Überprüfung der ungefähren Richtigkeit einer Unternehmenswertermittlung (zur Bewertung von Unternehmen mittels Multiplikatoren siehe → § 1 Rn. 84 ff.).

2 Aber auch im Rahmen der Kaufpreisfestsetzung gibt es bestimmte Fallkonstellationen, in denen typischerweise auf Multiplikatoren abgestellt wird. So wird in bestimmten Sachverhaltskonstellationen die Wertermittlung anhand eines einfachen und kostengünstig durchzuführenden Verfahrens einer aufwendigen *Fair Market Value*-Ermittlung vorgezogen. So wird bei der Ausgestaltung von Verträgen für die Errichtung von Gemeinschaftsunternehmen *(Joint Ventures)* häufig eine Ausstiegsmöglichkeit für die *Joint Venture*-Partner vorgesehen. Diesen steht dann das Recht zu, unter bestimmten Voraussetzungen ihren Anteil der anderen Seite anzudienen (*Put Option*) oder den Anteil der anderen Seite an sich zu ziehen *(Call Option)*. Nicht selten wird für den Fall der Ausübung der Option eine Kaufpreisermittlung unter der Anwendung eines Multiplikators vereinbart. Ähnliches gilt in einer Fallgestaltung, in der ein Investor zunächst einen Minderheitsanteil erwirbt, aber schon absehbar bzw. vertraglich vereinbart ist, dass dieser Anteil aufgestockt werden soll (gestreckter Beteiligungsaufbau). Auch hier wird nicht selten für Zwecke der Kaufpreisermittlung auf die Anwendung eines Multiplikators abgestellt.

3 Als Multiplikatoren kommen zunächst die relevanten Unternehmenskennzahlen in Betracht. Üblicherweise wird auf das EBITDA abgestellt. Zwingend ist dies aber nicht. Es können auch andere Messgrößen des wirtschaftlichen Erfolgs

der Zielgesellschaft verwendet werden. Allerdings empfiehlt sich ein Abstellen auf das EBIT oder das EBITDA, da es am besten den wirtschaftlichen Erfolg der Zielgesellschaft widerspiegelt und damit einen geeigneten Anknüpfungspunkt für die Festsetzung des Kaufpreises bietet. Unabhängig davon, für welche Unternehmenskennzahl man sich als Faktor entscheidet, ist darauf zu achten, dass die relevanten Informationen schnell zur Verfügung stehen und die betreffende Unternehmenskennzahl möglichst wenig verfälscht werden kann.

Die betreffende Klausel sollte neben der Festschreibung des Kaufpreisfestset- 4
zungsanlasses die Multiplikationsformel (Unternehmenskennzahl mal Faktor) und eine genaue Definition der betreffenden Unternehmenskennzahl enthalten. Daneben sollte festgelegt werden, wer die betreffende Unternehmenskennzahl ermittelt (z. B. die Zielgesellschaft oder ein Wirtschaftsprüfer).

II. Kundenbezogene Kaufpreisanpassung

1. Überblick

Die Kundenbeziehungen eines Unternehmens sind immer ein wertprägender 5
Faktor. Daneben kommt aber im Regelfall eine Vielzahl weiterer wertbestimmender Umstände zum Tragen. In bestimmten Industrien hingegen ist der Kundenstamm des betreffenden Unternehmens der (fast allein) entscheidende Faktor für die Wertbestimmung: Die Ertragsströme aus dem Kundenportfolio sind primär wertbestimmend, andere Faktoren treten demgegenüber in den Hintergrund. Als Beispiele lassen sich Vermögensverwaltungsgesellschaften *(Asset Manager)* oder Banken mit einem ausgeprägten Privatkundengeschäft nennen. Hier orientiert sich die Wertfindung für das Zielunternehmen in erster Linie anhand des Kundenstamms. Aber auch bei Anbietern aus dem so genannten *Subscriber Business* wie Kabelnetzbetreibern oder den Anbietern von Bezahlfernsehen *(Pay TV)* wird für die Wertbestimmung des Unternehmens primär auf die Kundenbasis abgestellt. Wirtschaftlich betrachtet erwirbt der Käufer im Wesentlichen einen Kundenstamm und nur in zweiter Linie ein Unternehmen.

Bei M&A-Transaktionen in diesem Segment ist es daher üblich, (auch) eine kun- 6
denbezogene Kaufpreisanpassung zu vereinbaren. Diese ersetzt nicht etwa die sonst übliche Kaufpreisanpassung, sondern ergänzt diese vielmehr. Dementsprechend ist die kundenbezogene Kaufpreisanpassung mit der weiteren, sonstigen Kaufpreisanpassung eng zu verzahnen.

2. Regelungskonzept

Die kundenbezogene Kaufpreisanpassung ist konzeptionell von zwei Über- 7
legungen geprägt. Zunächst ist dem Umstand Rechnung zu tragen, dass der übernommene Kundenstamm der wesentliche wertbestimmende Faktor ist. Der dem

Kundenstamm beigemessene Wert ist aber in seinem Bestand außerordentlich fragil. Denn der Eigentümerwechsel auf der Ebene des Zielunternehmens kann zu einem signifikanten Kundenschwund führen. Nach der Bekanntgabe eines Unternehmensverkaufs reagieren Kunden nicht selten verunsichert. Nicht wenige Kunden nehmen den Eigentümerwechsel zum Anlass, die Kundenbeziehung grundsätzlich zu überdenken. Mitunter sehen Kunden in dieser Phase auch eine Gelegenheit, bessere Konditionen von dem betreffenden Unternehmen einzufordern. Nicht zuletzt nutzen Wettbewerber diese Phase regelmäßig, um Kunden zu einem Wechsel zu bewegen. Um sich gegen das Risiko des Kundenschwunds abzusichern, wird der Käufer die Zahlung eines wesentlichen Teils des Kaufpreises von einem möglichst vollständigen Verbleib der Kunden abhängig machen wollen. Aus der Perspektive des Verkäufers wiederum liegen etwaige Kundenverluste in der Sphäre des Käufers, die keine Auswirkung auf den Kaufpreis haben sollten, da sie außerhalb des Einflussbereichs des Verkäufers liegen. Dies gilt umso mehr, je länger der Erwerb durch den Käufer zurückliegt.

3. Die Regelung im Einzelnen

8 In der Praxis gebräuchlich sind Kaufpreisanpassungsmechanismen, die die gegenläufigen Interessen der Parteien ausgleichen. Dabei wird der Gesamtkaufpreis zunächst aufgeteilt in einen Teilbetrag, der der kundenbezogenen Anpassung unterliegt, und dem restlichen Teil, der nur im Rahmen der allgemeinen Kaufpreisanpassung adjustiert wird. Ein etwaiger Kundenschwund führt dann zu einem Abzugsposten bei dem der kundenbezogenen Kaufpreisanpassung unterliegenden Teilkaufpreis. Teilweise wird auch nur ein (geringer) Grundkaufpreis festgelegt und für den Kundenbestand ein separater (variabler) Kaufpreis vereinbart, dessen Höhe sich nach dem tatsächlich übergegangenen Kundenstamm richtet. In beiden Fällen wird jeweils auf den Kundenstamm an einem bestimmten Stichtag nach dem Vertragsvollzug *(Closing)* abgestellt. So kann beispielsweise der Kundenbestand, so wie er sechs Monate nach dem Vertragsvollzug existiert, herangezogen werden. Kunden, die zwischen dem Datum des Vertragsvollzugs und dem betreffenden Stichtag die Kündigung ihrer Geschäftsbeziehung erklärt haben, werden für Zwecke der Kaufpreisermittlung aus dem Kundenbestand herausgerechnet. Je nach dem, welcher Anpassungsmechanismus vereinbart wurde, führen diese Kundenverluste entweder zu einer Reduzierung des (nominalen) Kaufpreises oder die Erhöhung des variablen Kaufpreisanteils fällt geringer aus. Im wirtschaftlichen Ergebnis unterscheiden sich die Ansätze nicht, da jeweils ein verminderter Kaufpreis entrichtet wird.

9 Welche Auswirkung der Kundenverlust auf den Kaufpreis hat, hängt von der gewählten Kaufpreisformel ab. Häufig wird der betreffende Kaufpreisanteil auf den gesamten Kundenstamm rechnerisch verteilt. Der auf den einzelnen Kunden entfallende Betrag bildet dann den Abzugsposten. Ein auf die reine Kundenan-

zahl abstellende Betrachtung macht indessen nur Sinn, wenn das Kundengeschäft standardisiert ist, also jedem Kunden in etwa der gleiche Wertbeitrag beizumessen ist. Das ist typischerweise im *Subscriber Business* der Fall (Kabelnetzbetreiber, Bezahlfernsehen etc.). Bei Vermögensverwaltungsgesellschaften hingegen hängt der Wertbeitrag eines Kunden von dem jeweils verwalteten Vermögen *(Assets under Management)* ab. Dementsprechend wird in diesem Fall für Zwecke der Kaufpreisberechnung auf das verwaltete Vermögen (und nicht auf die bloße Anzahl von Kunden) abgestellt. Gleiches gilt für Kapitalanlagegesellschaften, bei denen sich der Wert aus dem administrierten Kundenvermögen ergibt.

Teilweise wird hinsichtlich der Kundenverluste danach differenziert, wann ein **10** Kunde die Geschäftsbeziehung kündigt. Beispielsweise ist es denkbar, dass zwischen Kundenverlusten, die in den ersten drei Monaten nach dem Vertragsvollzug *(Closing)* eingetreten sind, und solchen, die in den darauffolgenden drei Monaten eintreten, differenziert wird: Später eingetretene Kundenabgänge werden dann weniger stark gewichtet als früher eingetretene. Je länger eine Kündigungserklärung eines Kunden nach dem Datum des Vertragsvollzugs erfolgt, desto weniger zwingend ist die Annahme, dass der Kunde allein wegen des Eigentümerwechsels die Geschäftsbeziehung beendet hat. Vielmehr können auch andere Faktoren seine Entscheidung beeinflusst haben. Kundenverluste, die nach einem bestimmten Zeitpunkt nach dem Eigentümerwechsel – in der Praxis zumeist nach sechs bis neun Monaten nach dem Übertragungsstichtag *(Closing)* – eintreten, können kaum noch (allein) dem Wechsel des Inhabers der Zielgesellschaft zugeordnet werden und bleiben bei der Kaufpreisanpassung regelmäßig außer Betracht. Insgesamt hängt die Länge der Betrachtungszeiträume von dem Kundenverhalten in der jeweiligen Industrie und den zu beachtenden Kündigungsfristen ab.

Schließlich enthalten kundenbezogene Kaufpreisklauseln Regelungen darüber, **11** wann – und in welchem Umfang – eine Geschäftsbeziehung als beendet gilt. Relativ einfach liegt der Fall im standardisierten *Subscriber*-Geschäft. Hier wird im Regelfall auf den Zugang einer Kündigungserklärung abgestellt. Demgegenüber kommt es zumeist nicht darauf an, wann die Kündigung wirksam wird. Der Käufer wird dem scheidenden Kunden ebensowenig Wert beimessen, wie dem bereits gegangenen Kunden. Berechnet sich der Wert der Kundenbeziehung nach dem Geschäftsvolumen, geht es nicht um die Vertragsbeziehung als solche, sondern um deren wertmäßigen Umfang. Bei Vermögensverwaltungsgesellschaften wird daher auf den Umfang des verwalteten Kundenvermögens abgestellt. Damit werden Fallkonstellationen erfasst, in denen der Kunde zwar formal die Geschäftsbeziehung intakt belässt, aber seine Vermögensbestände auf eine andere „Adresse“ umschichtet. Daneben kann die Kundenanlage durch bloße Marktbewegungen Wertschwankungen unterworfen sein. Diese marktabhängigen Wertveränderungen haben nichts mit dem Eigentümerwechsel zu tun. Will man diese Wertschwankungen der Kundenanlagen für Zwecke der Ermittlung des eigentümerwechselbedingten Kundenschwunds ausblenden, ist auf einen Referenzindex als Vergleichsmaßstab abzustellen. Nur die über die allgemeine Marktentwicklung hinausgehende Wertveränderung ist dann für die Ermittlung des Kundenschwunds relevant.

12 Üblicherweise ist das Zielunternehmen in der Lage, die für die Feststellung der Kundenverluste erforderlichen Informationen und Unterlagen zeitnah aufzubereiten und den Parteien des Kaufvertrags zur Verfügung zu stellen. Sind die Informationen zu den Kundenbewegungen vergleichsweise einfach nachzuvollziehen, sind Vorkehrungen zur Verifizierung und ein Verfahren zur Streitbeilegung entbehrlich. Bergen die Kundeninformationen ausnahmsweise Interpretationsspielräume und damit Streitpotential, empfiehlt sich die Vereinbarung eines Streitbeilegungsverfahrens wie es bei sonstigen Kaufpreisanpassungsverfahren üblich ist (siehe → § 13 Rn. 1 ff.).

III. Situationsbezogene Kaufpreisanpassung

13 In wieder anderen Fallkonstellationen kann der Wert eines Unternehmens ganz wesentlich von einem bestimmten Umstand abhängen. In einer solchen Situation ist es verständlich, wenn Verkäufer und Käufer nach Wegen suchen, den Kaufpreis (auch) nach der Entwicklung dieses Umstands zu bemessen. In einer solchen Ausgangslage bietet sich die situationsbedingte Kaufpreisanpassung an. Danach wird ein Teil des Kaufpreises an den Eintritt (oder Nichteintritt) eines künftigen Ereignisses gekoppelt.

14 In der Pharmabranche beispielsweise hängt der Wert eines Unternehmens häufig sehr stark von der Entwicklung eines bestimmten Präparats ab. Werden einem in der Entwicklungsphase befindlichen Medikament große Verkaufschancen zugeschrieben (so genannter *„Blockbuster"*), hängt der Unternehmenswert ganz unmittelbar von dem erfolgreichen Abschluss der Entwicklungsarbeiten ab. Die Wertauswirkung ist umso größer, wenn das betreffende Unternehmen sich nahezu ausschließlich auf die Entwicklung dieses einen Medikaments konzentriert, wie das in der Biotech-Branche nicht unüblich ist. Hier liegt es nahe, den Kaufpreis nachträglich nach oben anzupassen, wenn die Produktentwicklung erfolgreich abgeschlossen wurde. Dabei wird häufig nicht an ein einzelnes, sondern an mehrere Ereignisse angeknüpft. Je nach Entwicklungsfortschritt (so genannte *„Milestones"*) werden dann Kaufpreisteile fällig. Auslösende Ereignisse *(„Trigger Events")* sind dann häufig der erfolgreiche Abschluss der Entwicklungsarbeiten, der erfolgreiche Ausgang klinischer Tests und schließlich die Produktzulassung durch die Genehmigungsbehörden bestimmter Zielländer.

15 Eine ähnliche Ausgangslage kann sich bei einem wichtigen Patent ergeben, das entweder erteilt oder bezüglich dessen eine Patentnichtigkeitsklage erfolgreich abgewehrt wird. Generell können Prozessrisiken eine erhebliche Wertauswirkung haben und deswegen Gegenstand einer situationsbedingten Kaufpreisanpassung sein. Im Prinzip können sämtliche Lebenssachverhalte, die eine erhebliche wirt-

schaftliche Auswirkung auf die Zielgesellschaft haben, für eine situationsbedingte Kaufpreisanpassung herangezogen werden.

Rechtstechnisch setzt die situationsbedingte Kaufpreisanpassung zunächst die genaue Beschreibung des Sachverhalts voraus, dessen Verwirklichung (oder gerade Nichtverwirklichung) zur Anpassung des Kaufpreises führen soll. In einem zweiten Schritt ist zu regeln, wie die Kaufpreisanpassung erfolgen soll. Dabei kommt sowohl eine nachträgliche Herabsetzung des Kaufpreises als auch dessen Erhöhung in Betracht. Der Klausel muss sich entnehmen lassen, zu welchem Zeitpunkt der Kaufpreis in welchem Umfang anzupassen ist. Kann die Zielgesellschaft oder der Käufer auf die Verwirklichung des zur Kaufpreisanpassung berechtigenden Umstands Einfluss nehmen, ist zum Schutz des Verkäufers sicherzustellen, dass sich der betreffende Sachverhalt möglichst unbeeinflusst verwirklichen kann. **16**

Konzeptionell stellt die situationsbedingte Kaufpreisanpassung auf den Eintritt bzw. Nichteintritt eines oder mehrerer künftiger Ereignisse ab. Damit weist sie Parallelen zu anderen Wertabsicherungsinstrumenten auf, die in ihrer wirtschaftlichen Wirkung ebenfalls einen kaufpreisanpassenden Effekt haben. So wird das Risiko des Eintritts eines wertmindernden Umstands wie der ungünstige Ausgang eines Rechtsstreits oder die Entdeckung von Umweltaltlasten regelmäßig über eine Freistellung des Käufers von allen daraus resultierenden Vermögensnachteilen wertmäßig neutralisiert (siehe → § 3 Rn. 36 ff.). Bei wirtschaftlicher Betrachtung entspricht das einer Kaufpreisanpassung nach unten. Umgekehrt wirkt eine nachträgliche Erhöhung des Kaufpreises bei dem Eintritt eines bestimmten Ereignisses wie eine *Earn Out*-Abrede (siehe zum *Earn Out* → § 14 Rn. 1 ff.). **17**

IV. Vertragliche Umsetzung

Bei der vertraglichen Umsetzung der kundenbezogenen Kaufpreisanpassung bietet sich beispielsweise folgende **Formulierung** an: **18**

Purchase Price

As consideration for the sale and transfer of the Participation the Purchaser shall pay EUR [...] (in words: Euro [...]) (**"Initial Purchase Price"**). The Initial Purchase Price consists of a fix Base Purchase Price of EUR [...] (in words: Euro [...]) (**"Base Purchase Price"**), an adjustable portion of EUR [...] (in words: Euro [...]) (**"Net Asset Purchase Price"**), and a further adjustable portion of EUR [...] (in words: Euro [...]) (**"AuM Purchase Price"**).

The AuM Purchase Price shall be reduced by such amount (**"AuM Shortfall"**) that (i) the Closing Internal AuM falls short of the Reference Internal AuM, such shortfall multiplied by the factor [...], plus (ii) the Closing External AuM falls short of the Reference External AuM, such shortfall multiplied by the factor [...]. The AuM Purchase Price shall not be reduced if the reduction of the Reference Internal AuM and of the Reference External AuM is [*y*]% or less. If the reduction exceeds [*y*]%, the full amount shall be relevant. If the reduction only exceeds [*y*]% for either the Reference Internal AuM or the Reference External AuM, the reduction of the AuM Purchase Price shall apply to the category in which the shortfall exceeds [*y*]%. In no event shall the AuM Purchase Price be reduced by more than EUR [...] (in words: Euro [...]). The AuM Shortfall shall be determined as follows.

(a) **Annex** [...] contains a numbered list of all customers, who have granted a mandate (**"AuM Mandate"**) to Bank to manage assets in certain portfolios at the discretion of Bank, except for the account numbers as listed in Sec. [...] (**"AuM Portfolios"**). The AuM Portfolios shall be divided into AuM Portfolios, which are booked in a depositary account *(Werpapierdepot)* at Bank (**"Internal AuM Portfolios"**), and AuM Portfolios, which are booked in a depositary account *(Wertpapierdepot)* at bank other than Bank (**"External AuM Portfolios"**). Annex [...] shall state as of *[Date]* for each Internal AuM Portfolio the amount of AuM (**"Reference Internal AuM"**) and as of *[Date]* for each External AuM Portfolio the amount of AuM (**"Reference External AuM Assets"**). The total amount of the Reference Internal AuM and the Reference External AuM shall be the **"Reference AuM"**. **"AuM"** shall mean securities (including money market funds), which are covered by a AuM Mandate as well as other liquidity, but only if it generates fees under a AuM Mandate.

(b) Without undue delay after the Closing Date, but in no event later than two (2) weeks after the Closing Date, the management of Bank shall prepare a list in the format of Annex [...]. The list shall state for each AuM Portfolio (including customers who have granted a AuM Mandate in the period between *[Date]* (Internal AuM Portfolios) and *[Date]* (External AuM Portfolios), respectively, and the Closing Date) the amount of AuM covered by a AuM Mandate as of the Closing Date. AuM, for which the customer has indicated in writing prior to the Closing Date his intention to withdraw, or where termination notice for an AuM Mandate has been given, shall not be included. The AuM attributable to the Internal AuM Portfolios shall be the **"Closing Internal AuM"**, and the AuM attributable to the External AuM Portfolios shall be the **"Closing External AuM"**. The total amount of the Closing Internal AuM and the Closing External AuM shall be the **"Closing AuM"**.

(c) If the Parties cannot agree on the Closing Internal AuM and/or Closing External AuM and or/the AuM Shortfall, Sec. [...] through Sec. [...] shall apply analogously, however, the period for the Objection Notice shall be reduced to four (4) weeks, the Settlement Period to four (4) weeks and the Post Settlement Period to three (3) weeks.

(d) Within ten (10) days after the Parties agreed on the AuM Shortfall, or the Arbitrator has decided on the AuM Shortfall (**"AuM Due Date"**), the AuM Shortfall (if any) plus interest according to this Sec. [...] shall be paid by Seller to Purchaser. The AuM Shortfall shall bear interest at the Contractual Interest Rate from the Closing Date until the date of actual payment and, in addition, from the AuM Due Date to the date of actual payment at the Contractual Default Interest Rate.

19 Gegenstand des dem Formulierungsbeispiel zugrundeliegenden Sachverhalts ist der Verkauf einer Bank, die das Vermögen ihrer Kunden auf Grundlage eines Verwaltungsauftrags *(„AuM Mandate")* auf internen wie externen Wertpapierdepots, letztere bezeichnen solche Konten, die bei Drittbanken geführt werden, verwaltet. Die Parteien haben sich im vorliegenden Beispiel darauf geeinigt, dass der zum *Closing* zu bezahlende Kaufpreis sich aus drei Komponenten zusammensetzt: einem Festkaufpreis *(„Base Purchase Price")* sowie dem variablen *„Net Asset Purchase Price"* und dem *„AuM Purchase Price"*. Letzterer Kaufpreisbestandteil ist an das durch die Bank verwaltete Vermögen gekoppelt und verkörpert mithin die kundenbezogene Kaufpreisanpassung. *„AuM"* ist die Abkürzung für *Assets under Management* und bezeichnet das durch die Bank verwaltete Vermögen (im Beispiel näher definiert). Die zwischen den Parteien vereinbarte Kaufpreisregelung sieht vor, dass der *„AuM Purchase Price"* um einen etwaigen Fehlbetrag *(„AuM Shortfall")* reduziert wird, sofern der Wert des intern bzw. extern verwalteten Vermögens wie auf den Vollzugsstichtag ermittelt (*„Closing Internal AuM"* und *„Closing External AuM"*) von vor Vertragsunterzeichnung ermittelten und festgelegten Referenzwerten (*„Reference Internal AuM“* und *„Reference External AuM Assets“*) negativ abweicht. Der Vergleich der jeweiligen Werte (für intern und extern verwaltetes Vermögen) soll getrennt erfolgen; zudem ist eine etwaige negative Wertabweichung jeweils mit einem Multiplikator zu verrechnen.

Eine Übersicht über die *„Closing AuM“* ist innerhalb eines Zeitraums von zwei Wochen nach dem Vollzug der Anteilsübertragung zu erstellen, wobei solches Vermögen nicht berücksichtigt werden soll, für das der Kunde vor dem Vollzugsstichtag eine Teildepotauszahlung verlangt bzw. für das er den betreffenden Verwaltungsauftrag gekündigt hat. Können sich die Parteien auf den Betrag des zum *Closing* verwalteten Vermögens – oder auch die Höhe des *„AuM Shortfall“* – nicht einigen, ist ein Eskalationsverfahren vereinbart, das sich an dem Eskalationsverfahren für die Kaufpreisanpassung im Rahmen eines variablen Kaufpreises orientiert und unter anderem die Entscheidung der zwischen den Parteien streitigen Punkte durch einen Schiedsgutachter, zumeist einen (neutralen) Wirtschaftsprüfer, vorsieht (siehe dazu die Regelung in → § 13 Rn. 12 ff.). **20**

Unterschreitet die Summe der getrennt ermittelten Fehlbeträge für das intern und extern verwaltete Vermögen zum *Closing Date* einen bestimmten prozentualen Schwellenwert („[*y*]%“) nicht, soll eine Anpassung – ausnahmsweise – nicht erfolgen (Toleranzwert). Das beruht auf der Überlegung, dass Schwankungen der verwalteten Vermögenswerte in einer gewissen Schwankungsbreite marktbedingt sind und keinen Aufschluss über Kundenbewegungen geben. Wird der Schwellenwert überschritten, soll der volle Fehlbetrag vom Kaufpreis abgezogen werden (kein sog. *Dipping Basket*). Überschreitet lediglich der Fehlbetrag des intern **oder** extern verwalteten Vermögens zum *Closing Date* den Schwellenwert, soll lediglich dieser Betrag den Kaufpreis reduzieren. Daneben haben sich die Parteien darauf verständigt, dass der durch den Verkäufer zu erstattende Betrag bzw. die kundenbezogene Kaufpreisanpassung in keinem Fall einen bestimmten Höchstwert überschreiten soll. **21**

Ist durch den Verkäufer ein *„AuM Shortfall“* (zurück) zu zahlen, ist der entsprechende Betrag ab dem *Closing Date* bis zum Rückzahlungstag mit einem vertraglich festgelegten Zinssatz (*„Contractual Interest Rate“*) zu verzinsen und einschließlich des entsprechenden Zinsbetrags innerhalb von zehn Tagen nach dessen endgültiger Festlegung durch die Parteien oder den unabhängigen Gutachter (der Fälligkeitstag, der *„AuM Due Date“*) zur Zahlung fällig. Zahlt der Verkäufer bis zum *„AuM Due Date“* nicht, ist neben dem „regulären“ Zinssatz ein Strafzinssatz, die *„Contractual Default Interest Rate“*, zu zahlen. **22**

§ 11. Bilanzielle Grundlagen

I. Handelsrechtliche Rechnungslegungsvorschriften

1 Das dritte Buch des HGB enthält in den §§ 238 bis 342e HGB die Vorschriften über die handelsrechtliche Rechnungslegung. Der erste Abschnitt enthält in den §§ 238 bis 263 HGB die Vorschriften, die alle Kaufleute betreffen, und bezieht sich insoweit auf die Begriffsbestimmungen der §§ 1 bis 7 im ersten Buches des HGB. Die Vorschriften des zweiten Abschnitts beinhalten in den §§ 264 bis 335b HGB ergänzende Vorschriften für Kapitalgesellschaften und für bestimmte, in § 264a Abs. 1 HGB definierte Personenhandelsgesellschaften, die dadurch gekennzeichnet sind, dass keiner ihrer persönlich haftenden Gesellschafter eine natürliche Person ist. Sie werden als haftungsbeschränkte Personenhandelsgesellschaften bezeichnet.[1]

2 Die weiteren Abschnitte des dritten Buches enthalten ergänzende Vorschriften zu eingetragenen Genossenschaften, Kreditinstituten, Versicherungsunternehmen und Pensionsfonds sowie zu den Rahmenbedingungen der Rechnungslegung durch ein privates Rechnungslegungsgremium und den Regelungen zur Deutschen Prüfstelle für Rechnungslegung einschließlich den Regelungen zur Durchsetzung ordnungsmäßiger Rechnungslegung (*Enforcement*-Verfahren).

1. Vorschriften für alle Kaufleute

3 Nach § 242 Abs. 1 und Abs. 2 HGB ist jeder Kaufmann zur jährlichen Aufstellung von Bilanz und Gewinn- und Verlustrechnung (GuV) nach den Grundsätzen ordnungsmäßiger Buchführung verpflichtet, die nach § 242 Abs. 3 HGB zusammen den Jahresabschluss bilden. Ausgenommen von dieser Regelung sind nach § 241a HGB lediglich Einzelkaufleute, die in zwei aufeinanderfolgenden Geschäftsjahren nicht mehr als EUR 600.000 Umsatzerlöse und EUR 60.000 Jahresüberschuss aufweisen.[2]

4 In zeitlicher Hinsicht verlangt § 243 Abs. 3 HGB lediglich, dass der Jahresabschluss innerhalb der einem ordnungsmäßigen Geschäftsgang entsprechenden Zeit aufzustellen ist.[3] Im handelsrechtlichen Schrifttum wird teilweise die Auffassung vertreten, dass die Frist 6 Monate beträgt. Teilweise wird aber auch die Ansicht vertreten, dass ein längerer Zeitraum als 6 Monate angebracht sei, da die Regelung

[1] Baetge/Kirsch/Thiele, Bilanzen, S. 30.

[2] Geändert durch Gesetz vom 17.7.2015 (BGBl. I S. 1245) und 28.7.2015 (BGBl. I S. 1400); zur erstmaligen Anwendung s. Art. 76 EGHGB.

[3] Baetge/Kirsch/Thiele, Bilanzen, S. 33.

nur Einzelkaufleute sowie OHG und KG betreffe, bei denen die Gesellschafter größere Mitspracherechte hätten.[4] Allerdings verlange der ordnungsmäßige Geschäftsgang, dass die Aufstellung spätestens 12 Monate nach Ablauf des Geschäftsjahres erfolgt ist.[5]

2. Ergänzende Vorschriften für Kapitalgesellschaften und haftungsbeschränkte Personenhandelsgesellschaften (§§ 264 bis 289a HGB)

Gesellschafter einer Kapitalgesellschaft und einer haftungsbeschränkten Personenhandelsgesellschaft genießen ein Haftungsprivileg dahingehend, dass ein Durchgriff auf das Vermögen einer natürlichen Person grundsätzlich nicht möglich ist. Nur das Gesellschaftsvermögen soll der Befriedigung der Gläubiger dienen. Dies gilt zumindest solange, wie die jeweils einschlägigen Vorschriften zur Kapitalaufbringung und Kapitalerhaltung befolgt wurden und die Organe der Gesellschaft ihren gesetzlichen Pflichten in ausreichendem Maße nachgekommen sind. Aufgrund dieses Haftungsprivilegs werden an die Rechnungslegung von Kapitalgesellschaften und haftungsbeschränkten Personenhandelsgesellschaften höhere Anforderungen gestellt. 5

Diese erhöhten Anforderungen gelten nicht für alle Gesellschaften gleichermaßen, mittelgroße und kleine Kapitalgesellschaften und haftungsbeschränkte Personenhandelsgesellschaften können Erleichterungen im Hinblick auf Aufstellung, Prüfung und Offenlegung in Anspruch nehmen. § 267 HGB bestimmt die maßgeblichen Größenklassen nach den Kriterien Bilanzsumme, Umsatzerlöse und Zahl der Arbeitnehmer. Eine Größenklasse ist dann erreicht, wenn eine Gesellschaft mindestens zwei der drei genannten Größenkriterien an zwei aufeinanderfolgenden Stichtagen erfüllt.[6] 6

Größenklasse	Bilanzsumme in EUR Mio.	Umsatzerlöse in EUR Mio.	Arbeitnehmer im Jahresdurchschnitt
Kleinstkapitalgesellschaft (§ 267a Abs. 1 HGB)	nicht größer als 0,35	nicht größer als 0,7	nicht größer als 10
kleine Kapitalgesellschaft (§267 Abs. 1 HGB)	nicht größer als 6	nicht größer als 12	nicht größer als 50
mittelgroße Kapitalgesellschaft (§267 Abs. 2 HGB)	nicht größer als 20	nicht größer als 40	nicht größer als 250
große Kapitalgesellschaft (§267 Abs. 3 HGB)	größer als 20 oder kapitalmarktorientiert	größer als 40 oder kapitalmarktorientiert	größer als 250 oder kapitalmarktorientiert

Eine Kleinstkapitalgesellschaft kann die auf sie anwendbaren Erleichterungen 6a
einzeln anwenden und hat ein Wahlrecht, von welchen sie Gebrauch macht, wobei

[4] Adler/Düring/Schmaltz, Rechnungslegung, § 242 Anm. 40 ff. m. w. N.
[5] BeBiKo/Justenhoven/Usinger § 243 Rn. 91.
[6] Geändert durch BilRUG vom 17.7.2015 (BGBl. I S. 1245); zur erstmaligen Anwendung s. Art. 75 Abs. 2 EGHGB.

allerdings der Grundsatz der Stetigkeit zu berücksichtigen ist. § 267a Abs. 3 HGB stellt klar, dass diese Erleichterungen nicht für Investment-, Beteiligungs- und klassische (Finanz-) Holdinggesellschaften gelten.[7]

7 Nach § 264d HGB ist eine Kapitalgesellschaft kapitalmarktorientiert, wenn sie einen organisierten Markt im Sinne des § 2 Abs. 5 WpHG durch von ihr ausgegebene Wertpapiere im Sinne des § 2 Abs. 1 Satz 1 WpHG in Anspruch nimmt oder die Zulassung solcher Wertpapiere zum Handel an einem organisierten Markt beantragt hat. Kapitalmarktorientierte Gesellschaften gelten stets als groß. Kreditinstitute und Versicherungsunternehmen haben unabhängig von Größe und Rechtsform ihren Jahresabschluss nach den Regelungen für große Kapitalgesellschaften aufzustellen (§§ 340a Abs. 2, 341a Abs. 2 HGB).

8 Nach § 264 HGB haben die gesetzlichen Vertreter den Jahresabschluss über die Bilanz und GuV hinaus um einen Anhang zu erweitern, in dem im Wesentlichen die Posten von Bilanz und GuV weiter untergliedert und die Bilanzierungs- und Bewertungsmethoden erläutert werden. Die in den Anhang aufzunehmenden Informationen ergeben sich im Wesentlichen aus den §§ 284 bis 288 HGB. Darüber hinaus finden sich weitere Vorschriften zum Anhang an etlichen Stellen des dritten Buches des HGB im Zusammenhang mit Ansatz-, Bewertungs-, Ausweis- und Offenlegungsvorschriften sowie in Spezialgesetzen (z. B. AktG, GmbHG). Der klar und übersichtlich zu gliedernde Anhang dient der Erläuterung, der Ergänzung, der Korrektur und der Entlastung von Bilanz und GuV und soll deren Interpretation unterstützen.[8]

9 Darüber hinaus haben mittelgroße und große Kapitalgesellschaften einen Lagebericht zu erstellen, der als eigenständiges Informationsinstrument neben den Jahresabschluss tritt. § 289 HGB enthält eine Aufzählung der maßgeblichen Angaben, über die Bericht zu erstatten ist. Der Geschäftsverlauf einschließlich des Geschäftsergebnisses und die Lage der Kapitalgesellschaft sind gemäß § 289 Abs. 1 S. 1 HGB so darzustellen, dass ein den tatsächlichen Verhältnissen entsprechendes Bild vermittelt wird. Das eigenständige Instrument Lagebericht soll die Angaben im Jahresabschluss verdichten, sowie sachlich und zeitlich ergänzen.[9]

10 Kapitalmarktorientierte Gesellschaften müssen darüber hinaus nach § 264 Abs. 1 S. 2 HGB eine Kapitalflussrechnung und einen Eigenkapitalspiegel aufstellen, sofern sie nicht zur Aufstellung eines Konzernabschlusses verpflichtet sind.

11 Der Jahresabschluss ist durch die gesetzlichen Vertreter in den ersten drei Monaten des Geschäftsjahres für das vergangene Geschäftsjahr aufzustellen. Für kleine Kapitalgesellschaften gilt eine Erleichterung. Für sie beträgt die Aufstellungsfrist sechs Monate (§ 264 Abs. 1 S. 3, 4 HGB).[10]

---

[7] BeBiKo/Störk/Lawall § 267a Rn. 5, 13, 14.

[8] Baetge/Kirsch/Thiele, Bilanzen, S. 37.

[9] Baetge/Kirsch/Thiele, Bilanzen, S. 37.

[10] Kapitalgesellschaften und haftungsbeschränkte Personenhandelsgesellschaften, die als Tochterunternehmen in den Konzernabschluss eines Mutterunternehmens mit Sitz in EU/EWR einbezogen

3. Konzernabschluss und Konzernlagebericht (§§ 290 bis 315 HGB)

12 Die Konzernrechnungslegungsvorschriften des HGB bauen (genau wie die der IFRS) auf der Einheitstheorie auf.[11] So ist nach § 297 Abs. 3 S. 1 HGB die Vermögens-, Finanz- und Ertragslage der in den Konzernabschluss einbezogenen Unternehmen so darzustellen, als ob diese Unternehmen insgesamt ein einziges Unternehmen wären. Diese vom Gesetzgeber erwartete Darstellung ist nur dadurch möglich, dass die einzelnen Posten der Bilanz und der GuV nicht einfach nur additiv zusammengefasst werden, sondern unter Verzicht auf alle Doppelerfassungen und unter Ausschaltung aller Erfolge, die nicht durch Lieferungen und Leistungen an Konzernfremde entstanden sind, gezeigt werden.[12] Technisch erfolgt dies durch Kapitalkonsolidierung, Schuldenkonsolidierung, Aufwands- und Ertragskonsolidierung sowie Zwischenerfolgseliminierung.

13 Die Aufstellungspflicht eines Konzernabschlusses resultiert für Kapitalgesellschaften aus § 290 HGB sowie für haftungsbeschränkte Personenhandelsgesellschaften aus § 290 iVm. § 264a Abs. 1 HGB. Sie setzt ein Mutter-Tochter-Verhältnis zwischen zwei Unternehmen voraus. Gemäß § 297 Abs. 1 S. 1 HGB besteht der Konzernabschluss aus Konzernbilanz, Konzern-GuV, Konzernanhang, Kapitalflussrechnung und Eigenkapitalspiegel.

14 Nach § 293 HGB ist ein Mutterunternehmen von der Pflicht befreit, einen Konzernabschluss und einen Konzernlagebericht aufzustellen, wenn zum Abschlussstichtag und am vorhergehenden Abschlussstichtag mindestens zwei der drei nachstehenden Merkmale nicht zutreffen:[13]

Größenermittlung	Bilanzsumme in EUR Mio.	Umsatzerlöse in EUR Mio.	Arbeitnehmer im Jahresdurchschnitt
Bruttomethode: Summe der Jahresabschlüsse des Mutter- und der Tochterunternehmen	nicht größer als 24	nicht größer als 48	nicht größer als 250
Nettomethode: Konsolidierter Konzernabschluss	nicht größer als 20	nicht größer als 40	nicht größer als 250

Diese Befreiung gilt nach § 293 Abs. 5 HGB nicht für kapitalmarktorientierte Unternehmen.

15 Nach § 290 Abs. 1 HGB haben die gesetzlichen Vertreter des Mutterunternehmens den Konzernabschluss und den Konzernlagebericht in den ersten fünf Monaten nach dem Abschlussstichtag aufzustellen. Handelt es sich bei dem Mutterunternehmen um eine kapitalmarktorientierte Kapitalgesellschaft, so sind Kon-

werden, dürfen unter bestimmten Voraussetzungen Erleichterungen bei Ausfertigung, Prüfung und Offenlegung in Anspruch nehmen (§ 264 Abs. 3, § 264b HGB).

[11] WP-Handbuch, Kapitel G, Rn. 1, 9 sowie Kapitel K, Rn. 256.

[12] WP-Handbuch, Kapitel G, Rn. 11.

[13] Geändert durch BilRUG vom 17.7.2015 (BGBl. I S. 1245); zur erstmaligen Anwendung s. Art. 75 Abs. 2 EGHGB.

zernabschluss und Konzernlagebericht gemäß § 325 Abs. 4 HGB innerhalb von vier Monaten aufzustellen und offenzulegen. Da der Konzernabschluss grundsätzlich auf festgestellten und geprüften Jahresabschlüssen aufbauen muss, ist diese Frist in der praktischen Anwendung recht kurz. Eine Verlängerung ist auch durch die Satzung nicht möglich.[14]

4. Prüfung (§§ 316 bis 324a HGB)

16 Der Jahresabschluss und der Lagebericht mittelgroßer und großer Kapitalgesellschaften sowie haftungsbeschränkter Personenhandelsgesellschaften sind nach § 316 Abs. 1 HGB bzw. § 264a Abs. 1 iVm. § 316 Abs. 1 HGB durch einen Abschlussprüfer zu prüfen. Hat keine Prüfung stattgefunden, kann der Jahresabschluss nicht festgestellt werden. Kleine Kapitalgesellschaften sind von der Prüfungspflicht befreit.

17 Prüfungspflichtig sind ebenfalls der Konzernabschluss und der Konzernlagebericht von Kapitalgesellschaften sowie von haftungsbeschränkten Personenhandelsgesellschaften nach § 316 Abs. 2 HGB bzw. § 264a Abs. 1 iVm. § 316 Abs. 2 HGB.[15] Hat keine Prüfung stattgefunden, kann der Konzernabschluss nicht gebilligt werden.

18 § 317 HGB regelt Gegenstand und Umfang der handelsrechtlichen Pflichtprüfung, bei der es sich um eine Gesetz- und Ordnungsmäßigkeitsprüfung handelt.[16]

19 § 318 HGB regelt die Bestellung und Abberufung von Abschlussprüfern. Abschlussprüfer können nach § 319 Abs. 1 HGB Wirtschaftsprüfer und Wirtschaftsprüfungsgesellschaften sein, bei mittelgroßen GmbH und haftungsbeschränkten Personenhandelsgesellschaften auch vereidigte Buchprüfer und Buchprüfungsgesellschaften. Der Abschlussprüfer beurteilt die Ordnungsmäßigkeit der Rechnungslegung sowohl in Form eines für die Gesellschaftsorgane bestimmten Prüfungsberichts (§ 321 HGB) als auch in Form eines als Bestätigungsvermerk bezeichneten Testats (§ 322 HGB), das gemeinsam mit dem Jahresabschluss externen Adressaten offenzulegen ist.[17]

5. Feststellung des Jahresabschlusses und Billigung des Konzernabschlusses

20 Durch die Feststellung wird der (bei Bestehen einer Prüfungspflicht zuvor geprüfte) Jahresabschluss rechtlich wirksam. Bei der AG wird der Jahresabschluss entweder nach § 172 AktG gemeinsam durch Vorstand und Aufsichtsrat oder nach

---

[14] WP-Handbuch 2012 Band I, Kapitel M, Rn. 177 m. w. N.

[15] Nach § 291 Abs. 1 Satz 1 HGB sind solche Unternehmen unter bestimmten Voraussetzungen von der Aufstellung eines Konzernabschlusses und -lageberichts befreit, die zusätzlich Tochterunternehmen eines EU/EWR-Mutterunternehmens sind, wenn dieser Konzernabschluss in Deutschland veröffentlicht wird.

[16] Baetge/Kirsch/Thiele, Bilanzen, S. 42; Siehe hierzu auch die Ausführungen unter → Rn. 39 ff.

[17] Baetge/Kirsch/Thiele, Bilanzen, S. 43.

§ 173 AktG durch die Hauptversammlung festgestellt, sofern Vorstand und Aufsichtsrat die Feststellung des Jahresabschlusses der Hauptversammlung überlassen.[18]

Bei der GmbH obliegt die Feststellung des Jahresabschlusses den Gesellschaftern nach § 46 GmbHG. Das Recht der Personenhandelsgesellschaften kennt den Begriff der Feststellung als solchen nicht. Es wird vielmehr ein Rechtsgeschäft zwischen den Gesellschaftern abgeschlossen, durch das die Rechtsverbindlichkeit des Jahresabschlusses zwischen den Gesellschaftern mit Wirkung für die Gesellschaft anerkannt wird.[19] Der Einzelkaufmann stellt den von ihm aufgestellten Jahresabschluss durch Unterschrift fest.[20] 21

Der Konzernabschluss unterscheidet sich vom Jahresabschluss dadurch, dass er keine Grundlage für die Gewinnverteilung bildet. Auch die Gesellschafter des Mutterunternehmens haben keine Gewinnansprüche an den Konzern, sondern ausschließlich an das Mutterunternehmen.[21] Daher wird der Konzernabschluss nicht festgestellt, sondern lediglich gebilligt. Die Vorschriften der §§ 170 ff. AktG und § 42a GmbHG zu Verfahren und Fristen gelten im Übrigen gleichermaßen. 22

6. Offenlegung (§§ 325 bis 329 HGB)

Die Vorschriften zur Offenlegung der Rechnungslegung sollen gewährleisten, dass die unternehmensexternen Jahresabschlussadressaten wie beispielsweise aktuelle oder potentielle Gläubiger die Rechnungslegung auch tatsächlich einsehen können. Die gesetzlichen Vertreter von Kapitalgesellschaften sind dazu verpflichtet, den festgestellten oder gebilligten Jahresabschluss, den Lagebericht und den Bestätigungsvermerk oder den Vermerk über dessen Versagung sowie den Bericht des Aufsichtsrats und die nach § 161 AktG vorgeschriebene Erklärung spätestens ein Jahr nach dem Abschlussstichtag des Geschäftsjahres beim Betreiber des elektronischen Bundesanzeigers einzureichen. Diese Frist beträgt bei kapitalmarktorientierten Unternehmen nach § 264d HGB grundsätzlich 4 Monate, § 325 Abs. 4 HGB. 23

§ 325 HGB sieht größenabhängige Offenlegungserleichterungen vor, um dem berechtigten Schutzinteresse kleinerer offenlegungspflichtiger Gesellschaften gegenüber größeren offenlegungspflichtigen Gesellschaften Rechnung zu tragen.[22] Diese Erleichterungen gehen über die bei der Aufstellung des Jahresabschlusses hinaus. So dürfen beispielsweise mittelgroße Kapitalgesellschaften oder haftungsbeschränkte Personenhandelsgesellschaften Bilanz, GuV und Anhang verkürzt darstellen, kleine Kapitalgesellschaften brauchen darüber hinaus die GuV gar nicht offenzulegen, §§ 326 ff. HGB. 24

---

[18] Baetge/Kirsch/Thiele, Bilanzen, S. 43.

[19] Baetge/Kirsch/Thiele, Bilanzen, S. 44.

[20] Baetge/Kirsch/Thiele, Bilanzen, S. 44.

[21] WP-Handbuch, Kapitel G, Rn. 3.

[22] Baetge/Kirsch/Thiele, Bilanzen, S. 44.

7. Sanktionen (§§ 331 bis 335b HGB)

25 Die §§ 331 bis 334 HGB stellen Straf- und Ordnungswidrigkeitstatbestände dar, die von der Verletzung der dort genannten Vorschriften abhalten sollen. Unrichtige Darstellungen in Jahres- und Konzernabschlüssen durch Organmitglieder (§ 331 HGB) und die Verletzungen der Berufs- oder Geheimhaltungspflichten durch den Abschlussprüfer (§§ 332, 333 HGB) stellen Straftatbestände dar. Verstöße gegen bestimmte Vorschriften zur Aufstellung, Prüfung und Offenlegung werden als Ordnungswidrigkeiten mit Geldbuße belegt (§ 334 HGB). § 335 HGB dient der Durchsetzung der Offenlegungspflichten aus den §§ 325 und 325a HGB. Im Unterschied zu den rein repressiven Sanktionen der §§ 331, 334 HGB sollen die Adressaten der Offenlegungspflicht zunächst durch Androhung und anschließende, ggf. mehrfache Festsetzung eines Ordnungsgeldes zur Erfüllung ihrer Pflichten angehalten werden.[23] Kommen beispielsweise die Vertreter einer Kapitalgesellschaft ihren Pflichten zur Offenlegung nicht nach, ist das Bundesamt für Justiz berechtigt, ein Ordnungsverfahren durchzuführen und Bußgelder von bis zu EUR 25.000 zu verhängen (§ 335 Abs. 1 S. 4 HGB).

II. Rechnungslegung nach IFRS

26 Die handelsrechtliche Bilanzierung ist in Deutschland im Wesentlichen durch Gesetze und damit den nationalen Gesetzgeber geregelt. Die Entwicklung und Verabschiedung der internationalen Rechnungslegungsvorschriften, der IFRS, ist als solche rechtskreisfrei, d. h. sie unterliegt keinem nationalen Gesetzgebungsverfahren, sondern dem IASB als einer privaten Organisation.[24]

27 Der IASB hat im Jahre 2001 die Aufgaben des IASC übernommen, das 1973 als privatrechtliche Vereinigung von Berufsverbänden der wirtschaftsprüfenden Berufe Australiens, Kanadas, Frankreichs, Deutschlands, Japans, Mexikos, der Niederlande, Großbritanniens, Irlands sowie der USA gegründet wurde. Ziel der Arbeit ist die Entwicklung eines qualitativ hochwertigen kapitalmarktorientierten Rechnungslegungssystems sowie das Vorantreiben der internationalen Harmonisierung in der Rechnungslegung.[25]

1. Das Regelungskonzept der IFRS

28 Die Rechnungslegungsstandards des IASB sind maßgeblich durch die angloamerikanische Rechnungslegungsphilosophie geprägt, die das Informationsbedürfnis der Adressaten in den Vordergrund stellt[26] und nicht den Gläubigerschutz-

[23] BeBiKo/Grottel/H. Hoffmann § 335 Rn. 6.
[24] Baetge/Kirsch/Thiele, Bilanzen, S. 54.
[25] Baetge/Kirsch/Thiele, Bilanzen, S. 53.
[26] WP-Handbuch, Kapitel K, Rn. 18.

gedanken, der insbesondere das deutsche Handelsrecht prägt. Aus der starken Orientierung an den Informationsbedürfnissen resultieren sehr umfangreiche Angabepflichten im Anhang sowie eine im Vergleich zum deutschen Handelsrecht geringere Bedeutung des Vorsichtsprinzips.

a) Die Rechnungslegungsnormen

Nach IAS 1.7 bilden die Standards, die als IFRS und IAS bezeichnet werden, sowie deren Interpretationen IFRIC und SIC die Grundlage für die Rechnungslegung nach IFRS.[27] Sämtliche Anforderungen aller Standards und Interpretationen sind zu beachten. Andernfalls darf ein Abschluss gemäß IAS 1.16 nicht als mit IFRS übereinstimmend bezeichnet werden. Hierbei handelt es sich um einen für die Rechtspraxis wichtigen und nicht zu unterschätzenden Aspekt. Entweder ein Abschluss ist in Übereinstimmung mit allen Standards und Interpretationen erstellt oder nicht. Nur im ersten Fall handelt es sich um einen IFRS-Abschluss. **29**

Das Regelungssystem des IASB besteht aus fünf Gruppen von Rechnungslegungsnormen mit unterschiedlichem Verpflichtungscharakter.[28] Diese lassen sich wie folgt zusammenfassen: **30**

- Das ***Preface*** **(Vorwort)** definiert die Aufgaben und Ziele des IASB. Für die Anwendung und Auslegung der IFRS besitzt es allerdings keine Bedeutung.
- Das ***Conceptual Framework*** dient als Auslegungs- und Orientierungshilfe, als konzeptioneller Bezugsrahmen. Es hat lediglich Empfehlungscharakter, explizite Regelungen in den Standards haben allerdings Vorrang.
- ***Standards***, die noch vom IASC verabschiedet und vom IASB übernommen wurden, werden unverändert als IAS bezeichnet. Die durch das IASB seit 2001 verabschiedeten Standards führen IFRS als Bezeichnung. Die Standards befassen sich mit abgegrenzten Bereichen der Rechnungslegung und folgen keiner einheitlichen Systematik. Entsprechend der Reihenfolge ihrer Verabschiedung sind sie mit eins beginnend durchnummeriert. Ihr Aufbau, ihre Regelungstiefe und der Detaillierungsgrad unterscheiden sich wesentlich von den entsprechenden deutschen handelsrechtlichen Vorschriften.
- Stellt sich in der Praxis heraus, dass es bei der Anwendung einzelner Standards zu Fragen von allgemeiner Bedeutung kommt, werden hierzu ***Interpretations*** vom IC erarbeitet und vom IASB verabschiedet. Diese Interpretationen werden seit 2001 als IFRIC bezeichnet und davor als SIC. Die SIC gelten weiter, bis sie zurückgezogen, überarbeitet oder in Standards eingearbeitet werden. Gleiches gilt für die IFRIC. Die Interpretationen sind verbindlich anzuwenden und stehen gleichberechtigt neben den Standards.

---

[27] Baetge/Kirsch/Thiele, Bilanzen, S. 55.
[28] Baetge/Kirsch/Thiele, Bilanzen, S. 55 ff. m. w. N.

- Zu einigen Standards hat der IASB ***Implementation Guidance/Illustrative Examples*** **(Anwendungshilfen)** veröffentlicht, die allerdings nicht den Rang eines Standards haben.

b) Normsetzungsverfahren

31 Die Standards, Interpretationen und Anwendungshilfen sind offizielle Verlautbarungen des IASB und Ergebnis eines formalisierten Normsetzungsverfahrens, des sog. *Due Process*. Von zentraler Bedeutung im Rahmen des Verfahrens ist die aktive Einbeziehung interessierter Personen, Adressaten und Organisationen wie sie im *IASB Handbook of Due Process* beschrieben ist.[29] Der Überarbeitungsstatus einer Verlautbarung sowie der weitere Prozess einschließlich der Fristen für Stellungnahmen sind über die offizielle Homepage des IASB einsehbar.[30]

c) Bestandteile der Rechnungslegung

32 Ein vollständiger IFRS-Abschluss besteht mindestens aus folgenden Bestandteilen:[31]

- *Statement of financial position* (Bilanz zum Abschlussstichtag)
- *Statement of comprehensive income* (Gesamtergebnisrechnung), bestehend aus *profit or loss statement* (Gewinn- und Verlustrechnung) und *other operating income/OCI* (sonstiges Ergebnis)
- *Statement of changes in equity* (Eigenkapitalveränderungsrechnung)
- *Statement of cash flows* (Kapitalflussrechnung)
- *Notes* (Anhang)

33 Bestimmte deutsche Unternehmen, die einen IFRS-Konzern- oder Einzelabschluss aufstellen, haben den IFRS-Abschluss nach § 315a Abs. 1 bzw. § 325 Abs. 2a HGB um einen nach den Regelungen des HGB aufgestellten (Konzern-)Lagebericht zu ergänzen. Sie sollten regelmäßig zugleich die Anwendungskriterien des IFRS 8.2 zur Segementberichterstattung sowie des IAS 33.2 zur Darstellung des Ergebnisses je Aktie erfüllen.[32]

2. Rechtliche Grundlagen der IFRS-Anwendung in Deutschland

34 Durch die EG-Verordnung Nr. 1606/2002 (VO 1606/2002) sind alle in der EU ansässigen kapitalmarktorientierten Unternehmen, deren Wertpapiere auf einem geregelten Markt zugelassen sind, verpflichtet, ihren Konzernabschluss nach IFRS

---

[29] Baetge/Kirsch/Thiele, Bilanzen, S. 57 m. w. N.
[30] www.ifrs.org.
[31] WP-Handbuch, Kapitel K, Rn. 20.
[32] WP-Handbuch, Kapitel K, Rn. 21.

aufzustellen. Darüber hinaus gewährte Art. 5 VO 1606/2002 den Mitgliedstaaten das Wahlrecht, die Anwendung der IFRS für den Einzelabschluss aller Unternehmen und/oder für den Konzernabschluss nicht kapitalmarktorientierter Unternehmen zu gestatten oder vorzuschreiben.

Der deutsche Gesetzgeber hat von diesem Wahlrecht Gebrauch gemacht. Mit 35
§ 315a HGB bildet die VO 1606/2002 den rechtlichen Rahmen für die Konzernrechnungslegung nach IFRS in Deutschland. Für kapitalmarkorientierte Unternehmen besteht nach § 315a Abs. 2 HGB, Art. 4 VO 1606/2002 die Pflicht, einen Konzernabschluss nach IFRS aufzustellen. Nicht-kapitalmarktorientierte Unternehmen können nach § 315a Abs. 3 HGB einen befreienden Konzernabschluss aufstellen, d. h. die Verpflichtung zur Aufstellung eines Konzernabschlusses nach deutschem Handelsrecht entfällt.

Das Wahlrecht, IFRS auch für Einzelabschlüsse zuzulassen, hat der deutsche 36
Gesetzgeber durch § 325 Abs. 2a, 2b HGB in der Weise ausgeübt, dass der Einzelabschluss zu Offenlegungszwecken nach IFRS aufgestellt werden darf. Für die Zwecke des Gesellschafts- und Steuerrechts ist allerdings weiterhin ein Abschluss nach HGB aufzustellen.

3. Endorsement mechanism (Anerkennungsverfahren)

Auch wenn die IFRS die grundsätzlich relevanten Rechnungslegungsstandards 37
in der EU sein sollen, wurde die Rechtssetzungskompetenz nicht unmittelbar an das IASB als privatrechtliche Organisation abgegeben. Die VO 1606/2002 sieht ein Anerkennungsverfahren vor, das sog. Komitologieverfahren.[33] Die einzelnen Standards und Interpretationen des IASB gelten in der EU erst dann, wenn sie durch das Anerkennungsverfahren und in Form einer Rechtsverordnung der Europäischen Kommission verkündet worden sind. Sie sind dann *„endorsed“*. Dabei erweist sich das Verfahren in der Praxis keineswegs als Selbstläufer.[34]

4. Anwendung einzelner Vorschriften des HGB

Die Gesamtheit der verbindlichen Vorschriften setzt sich einerseits aus einem 38
regelmäßig durch neue Verordnungen erweiterten Katalog in europäisches Recht übernommener internationaler Standards und Interpretationen sowie andererseits aus den in § 315a Abs. 1 HGB aufgeführten handelsrechtlichen Normen zusammen. Danach sind einzelne Vorschriften des HGB betreffend Sprache, Währung und Unterzeichnug des Abschlusses zu beachten. Zusätzlich müssen einzelne der gemäß §§ 313, 314 HGB verpflichtenden Konzernanhangsangaben gemacht und ein Lagebericht gemäß § 315 HGB erstellt werden.[35]

[33] Baetge/Kirsch/Thiele, Bilanzen, S. 63 f. m. w. N., WP-Handbuch, Kapitel K, Rn. 7.
[34] WP-Handbuch 2017, Kapitel K, Rn. 8 mit Beispielen.
[35] WP-Handbuch, Kapitel K, Rn. 6.

III. Prüfungsvorgehen und Prüfungsergebnis

1. Gesetzliche Jahresabschlussprüfung von Kapitalgesellschaften und Konzernabschlussprüfungen

39 Nach § 317 Abs. 1, 2 HGB ist der Jahresabschluss unter Einbeziehung der Buchführung und des Lageberichts Gegenstand der gesetzlichen Abschlussprüfung. Zur Buchführung gehören neben Finanzbuchführung auch die rechnungslegungsbezogenen Teile der Nebenbuchhaltung (Anlagenbuchhaltung, Lohn- und Gehaltsbuchhaltung, Lagerbuchhaltung usw.). Die Kostenrechnung fällt nur insoweit hierunter als sie die Grundlage für die Bewertung einzelner Bilanzposten ist (z. B. Herstellungskosten für fertige und unfertige Erzeugnisse).[36]

40 Außerbuchhalterische Bereiche sind insoweit einzubeziehen wie sie Einfluss auf die Rechnungslegung haben können. Hierzu gehören insbesondere die Rechtsgrundlagen und Rechtsbeziehungen des Unternehmens, von denen Wirkungen ausgehen können, die ihren Niederschlag in der Buchhaltung finden.[37]

41 Der Umfang der Abschlussprüfung ergibt sich in erster Linie aus den Rechnungslegungsvorschriften der §§ 238 ff. HGB sowie den ergänzenden rechtsform- und wirtschaftszweigspezifischen Sondervorschriften, den ergänzenden Bestimmungen des Gesellschaftsvertrages oder der Satzung, den nicht kodifizierten Grundsätzen ordnungsmäßiger Buchführung sowie der relevanten höchstrichterlichen deutschen und europäischen Rechtsprechung.[38]

42 Der gesetzlich festgelegte Umfang der Prüfung nach § 317 HGB ist nicht dispositiv, d. h. er kann weder einseitig vom Abschlussprüfer oder vom Auftraggeber noch im gemeinsamen Einvernehmen geändert werden. Wird die Prüfung auf Bitten eines Organs in eine bestimmte Richtung oder auf bestimmte Sachverhalte ausgedehnt, handelt es sich um eine Auftragserweiterung, die Bestandteil der Abschlussprüfung ist.[39]

42a Bei der Durchführung einer handelsrechtlichen Abschlussprüfung sind nach § 317 Abs. 5 HGB die internationalen Prüfungsstandards anzuwenden, die von der Europäischen Kommission angenommen worden sind. Als international anerkannte Prüfungsstandards gelten die International Standards on Auditing (ISA). Sie wurden allerdings bislang noch nicht angenommen, so dass die ISA gegenwärtig noch nicht gesetzlich verpflichtend bei der Prüfung von Abschlüssen in Deutschland anzuwenden sind und folglich eine gesetzliche Regelungslücke existiert.[40]

---

[36] WP-Handbuch, Kapitel L, Rn. 6.

[37] WP-Handbuch, Kapitel L, Rn. 7.

[38] WP-Handbuch, Kapitel L, Rn. 10.

[39] WP-Handbuch, Kapitel L, Rn. 12.

[40] WPK-Mitteilung, Anwendung der International Standards on Auditing (ISA) in Deutschland (wpk.de), abrufbar unter: https://www.wpk.de/neu-auf-wpkde/alle/2019/sv/anwendung-der-international-standards-on-auditing-isa-in-deutschland/

Handelsrechtliche Prüfungen von Jahres- und Konzernabschlüssen werden dementsprechend künftig auf Grundlage eines geänderten Rahmenwerkes erfolgen. Das bislang angewandte Transformationsverfahren der IDW Prüfungsstandards (IDW PS) wird vom IDW aufgegeben. Die vom IAASB verabschiedeten ISA werden vom IDW wortgetreu in die deutsche Sprache übersetzt. Zudem werden die zu beachtenden nationalen Besonderheiten als sogenannte „D.-Textziffern" oder in eckigen Klammern ergänzt („ISA [DE]").[41] **42b**

Diese ISA [DE] bilden zusammen mit den weiteren für die Prüfung des Abschlusses und für die Prüfung des Lageberichts relevanten IDW Prüfungsstandards die vom IDW festgestellten „deutschen Grundsätze ordnungsmäßiger Abschlussprüfung (GoA)". Die ISA [DE] gelten einheitlich erstmals für die Prüfung von Abschlüssen für Zeiträume, die am oder nach dem 15. Dezember 2021 beginnen. Ausgenommen sind Rumpfgeschäftsjahre, die vor dem 31. Dezember 2022 enden. Der ursprüngliche Erstanwendungszeitpunkt wurde vom Hauptfachausschuss des IDW um ein Jahr verschoben. Mit Inkrafttreten ersetzen die ISA [DE] die korrespondierenden IDW PS.[42] **43**

Die Berichterstattung über eine nach den Regeln der handelsrechtlichen Pflichtprüfung gem. §§ 316 ff. HGB durchgeführten Prüfung erfolgt in ausführlicher und in zusammengefasster Form. Eine ausführliche Berichterstattung erfolgt im schriftlichen Prüfungsbericht, das zusammengefasste Ergebnis verkörpert der Bestätigungsvermerk. Der Berufsstand der Wirtschaftsprüfer hat u. a. zu diesen Elementen der Berichterstattung ausführlich Stellung genommen.[43] **44**

Die Berichterstattung in Form eines Prüfungsberichtes ist international nicht üblich, es handelt sich mithin um eine Besonderheit des deutschen Rechts, die in § 321 HGB ihren Niederschlag gefunden hat.[44] Das Ergebnis der Prüfung ist detailliert darzustellen und ausführlich zu begründen. Es dient allerdings aufgrund seines vertraulichen Charakters grundsätzlich nur der Unterrichtung eines engen Personenkreises (z. B. den Organen der geprüften Gesellschaft, den Gesellschaftern oder ggf. auch den Aufsichtsbehörden). Die Berichterstattung über das Prüfungsergebnis erfolgt nach internationalen Standards primär in Form des schriftlichen **45**

---

[41] WPK-Mitteilung, Anwendung der International Standards on Auditing (ISA) in Deutschland (wpk.de), abrufbar unter: https://www.wpk.de/neu-auf-wpkde/alle/2019/sv/anwendung-der-international-standards-on-auditing-isa-in-deutschland/

[42] WPK-Mitteilung, Anwendung der International Standards on Auditing (ISA) in Deutschland (wpk.de), abrufbar unter: https://www.wpk.de/neu-auf-wpkde/alle/2019/sv/anwendung-der-international-standards-on-auditing-isa-in-deutschland/

[43] IDW Prüfungsstandard: Grundsätze ordnungsmäßiger Berichterstattung bei Abschlussprüfungen (IDW PS 450 n. F. (10.2021)) sowie IDW Prüfungsstandard: Grundsätze für die ordnungsmäßige Erteilung von Bestätigungsvermerken bei Abschlussprüfungen (IDW PS 400 n. F. (10.2021)). IDW PS 450 setzt den ISA 700 (Revised) mit einer Reihe von Besonderheiten um. Bei IDW PS 450 entfällt die Übereinstimmung zu den ISA gemäß Rn. 153 ff. Für den Regelungsbereich beider Standards gibt es momentan keine ISA DE.

[44] WP-Handbuch, Kapitel M, Rn. 3.

„Vermerks des unabhängigen Abschlußprüfers." Dem entspricht nach deutschem Recht der Bestätigungsvermerk nach § 322 HGB.[45] Ziel des Abschlussprüfers ist es, auf der Grundlage der Beurteilung der aus den erlangten Prüfungsnachweisen gezogenen Schlussfolgerungen Prüfungsurteile zum Abschluss und – sofern einschlägig – zum Lagebericht bzw. zu sonstigen Prüfungsgegenständen zu bilden und diese Prüfungsurteile durch einen Bestätigungsvermerk schriftlich klar zum Ausdruck zu bringen.[46]

46 Nach § 322 Abs. 2 HGB muss das Prüfungsergebnis zweifelsfrei ergeben, ob

- ein uneingeschränkter Bestätigungsvermerk erteilt wird,
- ein eingeschränkter Bestätigungsvermerk erteilt wird,
- der Bestätigungsvermerk auf Grund von Einwendungen versagt wird oder
- der Bestätigungsvermerk deshalb versagt wird, weil der Abschlussprüfer nicht in der Lage ist, ein Prüfungsurteil abzugeben.

47 Auf Risiken, die den Fortbestand des Unternehmens gefährden, ist gesondert einzugehen. Dies geschieht durch einen hinweisenden Zusatz, der als solcher keine Einschränkung des Bestätigungsvermerkes darstellt.

48 In einem uneingeschränkten Bestätigungsvermerk hat der Abschlussprüfer nach § 322 Abs. 3 HGB zu erklären, dass die von ihm nach § 317 HGB durchgeführte Prüfung zu keinen Einwendungen geführt hat und dass der Abschluss nach seiner Beurteilung den gesetzlichen Vorschriften entspricht und unter Beachtung der Grundsätze ordungsmäßiger Buchführung oder sonstiger maßgeblicher Rechnungslegungsgrundsätze, ein den tatsächlichen Verhältnissen entsprechendes Bild der Vermögens-, Finanz- und Ertragslage vermittelt.

49 Sind Einwendungen zu erheben, so hat der Abschlussprüfer seine Erklärung einzuschränken oder zu versagen (§ 322 Abs. 4 HGB). Der Bestätigungsvermerk ist auch dann zu versagen, wenn der Abschlussprüfer nach Ausschöpfung aller angemessenen Möglichkeiten zur Klärung eines Sachverhalts nicht in der Lage ist, ein Prüfungsurteil abzugeben (§ 322 Abs. 5 HGB).

50 Die Beurteilung des Prüfungsergebnisses hat sich auch darauf zu erstrecken, ob der Lagebericht nach dem Urteil des Abschlussprüfers mit dem Abschluss im Einklang steht und insgesamt ein zutreffendes Bild von der Lage des Unternehmens vermittelt. Dabei ist auch darauf einzugehen, ob die Chancen und Risiken der zukünftigen Entwicklung zutreffend dargestellt sind (§ 322 Abs. 6 HGB).

2. Freiwillige Abschlussprüfungen

51 Der Abschlussprüfer wird häufig mit der Prüfung von Jahresabschlüssen beauftragt, ohne dass eine gesetzliche Verpflichtung zur Prüfung besteht. Anlass kann

[45] WP-Handbuch, Kapitel M, Rn. 6.
[46] IDW PS 400 n. F. Rn. 9.

beispielsweise eine gesellschaftsvertragliche oder satzungsmäßige Bestimmung, ein Unternehmensverkauf oder die Anforderung eines Kreditgebers sein.[47] Gegenstand und Umfang der Prüfung können im Rahmen des erteilten Prüfungsauftrages frei vereinbart werden. Soll die Prüfung jedoch mit einem Bestätigungsvermerk abschließen, müssen hinsichtlich Art und Prüfungsumfang die Vorschriften der §§ 316 ff. HGB beachtet werden und es ist durch den Abschlussprüfer ein Prüfungsbericht zu erstellen.[48] Entsprechen Art und Umfang nicht den §§ 316 ff. HGB oder wird kein Prüfungsbericht erstellt, darf lediglich eine Bescheinigung erteilt werden.[49]

3. Besonderheiten bei anderen gesetzlich vorgeschriebenen oder berufsüblichen Prüfungen

Gegenstand und Umfang sonstiger Prüfungen ergeben sich, soweit sie gesetzlich vorgeschrieben sind, i. d. R. unmittelbar aus den jeweiligen gesetzlichen Vorschriften. Bei freiwilligen sonstigen Prüfungen, wie z. B. Due Diligence-Prüfungen, Kreditwürdigkeitsprüfungen, Investitionsprüfungen oder Prospektbegutachtungen, können hingegen Gegenstand und Umfang der Prüfung frei vereinbart werden.[50] **52**

Zu den anderen gesetzlich vorgeschriebenen Prüfungen zählen bspw.: **53**

- Aktienrechtliche Prüfungen, wie bspw. aktienrechtliche Gründungsprüfungen (§ 33 AktG), Nachgründungsprüfungen (§ 52 AktG), Prüfung des Abhängigkeitsberichts (§ 17 AktG) und aktienrechtliche Sonderprüfungen (§§ 142 ff., 258 ff., 315 AktG).
- Prüfungen nach dem Umwandlungsgesetz, wie z. B. die Verschmelzungsprüfung nach § 9 UmwG.
- Prüfungen im Falle von Liquidationen oder Insolvenz.
- Prüfungen nach Spezialgesetzen (Prüfung der Wertpapierdienstleistungsunternehmen, Depotprüfung, Geldwäschegesetz usw.).

4. Erteilung von Bescheinigungen und Prüfungsvermerken

Voraussetzung für die Erteilung eines Bestätigungsvermerks ist die Durchführung von Abschlussprüfungen, insbesondere nach den Vorschriften über Pflichtprüfungen von Kapitalgesellschaften nach §§ 316 ff. HGB oder von freiwilligen Abschlussprüfungen, die diesen Prüfungen nach Art und Umfang entsprechen. Für **54**

---

[47] WP-Handbuch, Kapitel L, Rn. 13.
[48] IDW PS 450 n. F., Tz. 8.
[49] WP-Handbuch, Kapitel L, Rn. 14.
[50] WP-Handbuch, Kapitel L, Rn. 15.

Prüfungen mit einem abweichenden Prüfungsgegenstand oder einem geringeren Umfang kommt die Erteilung eines Bestätigungsvermerks nicht in Betracht.[51]

a) Prüferische Durchsicht von Abschlüssen (IDW PS 900)

55 Die prüferische Durchsicht *(Review)* gemäß IDW PS 900[52] ist eine betriebswirtschaftliche Prüfung i. S. d. § 2 Abs. 1 Wirtschaftsprüferordnung (WPO). Der Berufsstand der Wirtschaftsprüfer hat hierzu ausführlich Stellung genommen, insbesondere in Bezug auf die berufsständischen Grundsätze für die Erteilung einer *Review*bescheinigung und ggf. für die Erstellung eines *Review*berichts.[53] Die prüferische Durchsicht stellt keine, auch keine in ihrem Umfang reduzierte Abschlussprüfung dar. Maßstab ist das Erreichen einer gewissen Sicherheit für die Würdigung des Gegenstands des *Review,* auf deren Grundlage eine negativ formulierte Aussage in Form einer Bescheinigung erteilt wird.[54] Eine prüferische Durchsicht kommt insbesondere bei Zwischenabschlüssen in Betracht, bei denen die Durchführung einer Jahresabschlussprüfung nicht möglich ist.

b) Prüfung von Abschlüssen, die nach Rechnungslegungsgrundsätzen für einen speziellen Zweck aufgestellt wurden (IDW PS 480) sowie von Finanzaufstellungen und deren Bestandteilen (IDW PS 490)

55a Bei der Prüfung von Abschlüssen gemäß IDW PS 480,[55] die nach Rechnungslegungsgrundsätzen für einen speziellen Zweck aufgestellt wurden, handelt es sich regelmäßig nicht um Prüfungen nach §§ 316 ff. HGB. [56] Abzugrenzen ist der spezielle Zweck von einem speziellen Anlass. Wurde nämlich ein Abschluss vollständig nach Rechnungslegungsgrundsätzen für allgemeine Zwecke (bspw. nach HGB oder IFRS) aufgestellt, unterliegt er nicht diesem Prüfungsstandard, auch wenn er aufgrund eines besonderen oder speziellen Anlasses aufgestellt wurde.[57] Woraus ein Abschluss i. S. dieses Prüfungsstandards besteht, bestimmen die jeweils maßgebenden Rechnungslegungsgrundsätze, die bspw. gesetzlich, von Behörden, Standardsettern und sonstigen Institutionen oder vertraglich vorgegeben sein kön-

[51] Für die IDW PS 480, IDW PS 490 und IDW 900 gibt es momentan keine Übertragung in ISA DE. IDW PS 480 Rn. 8 stellt in einem vereinfachten Schaubild dar, unter welchen Voraussetzungen die Erteilung eines Bestätigungsvermerks, einer Bescheinigung oder eines Prüfungsvermerks in Betracht kommt.

[52] Der IDW PS 900 entspricht dem ISRE 2400 (vormals ISA 910) *„Engagements to Review Financial Statements"* (IDW PS 900, Rn. 4).

[53] IDW Prüfungsstandard: Grundsätze für die prüferische Durchsicht von Abschlüssen (IDW PS 900).

[54] IDW PS 900, Tz. 2 ff.

[55] Der IDW PS 480 setzt die Anforderungen des ISA 800 *„Special Considerations – Audits of Financial Statements Prepared in Accordance with Special Purpose Frameworks"* um (IDW PS 480, Rn. 6).

[56] IDW PS 480, Rn. 2.

[57] IDW PS 480, Rn. 3.

nen. Es kann sich daher auch um eine Vermögensaufstellung einschließlich einer dazugehörigen Einnahmen-Ausgaben-Rechnung oder eine konsolidierte Bilanz und Gewinn- und Verlustrechnung einschließlich erläuternder Angaben handeln.[58] Prüfungsgegenstand können statt eines vollständigen Abschlusses auch Finanzinformationen im Sinne einzelner Finanzaufstellungen oder deren Bestandteile (z. B. einer Aufstellung von Forderungen aus Lieferungen und Leistungen) gemäß IDW PS 490[59] sein. Beispiele hierfür können eine Bilanz oder Kapitalflussrechnung samt der dazu gehörigen Angaben oder auch lediglich eine Aufgliederung einer Bilanz- oder Posten der Gewinn- und Verlustrechnung sein. Für Prüfungen nach diesen Standards kommt nur die Erteilung eines Prüfungsvermerkes in Betracht.[60]

c) Erstellung von Jahresabschlüssen durch Wirtschaftsprüfer (IDW S 7)

Die Pflicht zur Aufstellung des Jahresabschlusses obliegt dem Kaufmann bzw. den gesetzlichen Vertretern des Unternehmens und kann nicht übertragen werden, da hierzu auch die Ausübung von Gestaltungsmöglichkeiten gehört. Die Erstellung hingegen, d. h. die technische Durchführung der erforderlichen Arbeiten kann auch auf externe Sachverständige, insbesondere einen Wirtschaftsprüfer, übertragen werden.[61] Die Erstellung eines Jahresabschlusses schließt die Prüfung oder prüferische Durchsicht durch den erstellenden Wirtschaftsprüfer wegen des Selbstprüfungsverbots stets aus. **56**

Während die technische Durchführung der Arbeiten bei allen Erstellungsaufträgen grundsätzlich gleich ist, werden nach dem Grad der Beurteilung der dem Wirtschaftsprüfer vorgelegten Unterlagen (Bücher, Belege, Bestandsnachweise) auf der Basis qualitativer Merkmale folgende Auftragsarten unterschieden:[62] **57**

- Erstellung ohne Beurteilungen
- Erstellung mit Plausibilitätsbeurteilung
- Erstellung mit umfassenden Beurteilungen

Die Formulierung der Bescheinigung muss sich an dem erteilten Auftrag orientieren und darf nicht in ihrer Aussage über die auftragsmäßig vom Wirtschaftsprüfer übernommene Verantwortlichkeit hinausgehen.[63] **58**

Die Erstellung von Jahresabschlüssen durch einen sachverständigen Wirtschaftsprüfer und deren Vorlage im Rahmen von Due Diligence-Untersuchungen bei einem Unternehmenskauf finden eher im Mittelstand statt, insbesondere bei **59**

---

[58] IDW PS 480, Rn. 4.

[59] Der IDW PS 490 setzt die Anforderungen des ISA 805 „*Special Considerations – Audits of Single Financial Statements and Specific Elements, Accounts or Items of a Financial Statement*" um (IDW PS 490, Rn. 4).

[60] IDW PS 480, Rn. 8 sowie IDW PS 490, Rn. 6.

[61] IDW S 7, Rn. 1.

[62] IDW S 7, Rn. 11.

[63] IDW S 7, Rn. 12.

Unternehmen, die aufgrund ihrer Größe nicht zur Durchführung einer gesetzlichen Jahresabschlussprüfung verpflichtet sind. Dort stellt sie aber ein durchaus probates Mittel dar, um potentiellen Käufern eine gewisse Sicherheit zur Qualität der vorgelegten Finanzinformationen zu geben. Eine *Vendor Due Diligence* kann sie allerdings nicht ersetzen.

60 *(freibleibend)*

5. Gutachterliche Tätigkeit

61 Bei *Financial Due Diligence*-Untersuchungen im Rahmen von Unternehmenserwerben werden insbesondere folgende gutachterlichen Tätigkeiten von besonderer Bedeutung sein:

- **(Sanierungskonzepte)** Die berufsständischen Grundsätze für die Erstellung eines Sanierungskonzepts bzw. dessen Beurteilung, für die diesbezügliche Berichterstattung sowie für eine zusammenfassende Beurteilung sind im IDW S 6 niedergelegt.[64]
- **(Fairness Opinion)** Der IDW S 8 legt Grundsätze dar, nach denen Wirtschaftsprüfer Stellung nehmen zur finanziellen Angemessenheit von Transaktionspreisen im Rahmen von unternehmerischen Initiativen.[65]

6. Vereinbarte Untersuchungshandlungen („Agreed upon Procedures“)

62 *Agreed upon Procedures* werden im ISRS 4400 behandelt.[66] Art und Umfang der Tätigkeit des Wirtschaftsprüfers werden nicht eigenverantwortlich und damit auf Basis seines *professional judgement* bestimmt, sondern vom Auftraggeber dezidiert vorgegeben. Als Ergebnis dieser *Prodecures* kann der Wirtschaftsprüfer dann auch kein Gesamturteil fällen, sondern es kann nur eine Berichterstattung über die festgestellten Tatsachen *(factual findings)* in Bezug auf den vereinbarten Untersuchungsgegenstand erfolgen. Es ist daher die Aufgabe des Auftraggebers bzw. der weiteren Berichtsadressaten, auf der Grundlage der berichteten Feststellung gegebenenfalls selbst Schlussfolgerungen zu ziehen und ein eigenes Urteil zu fällen.

62a In der Praxis bieten sich vereinbarte Untersuchungshandlungen in besonderer Weise an, wenn es den Berichtsadressaten vorrangig darum geht, dass die für einen bestimmten Zweck vom Auftraggeber gemeldeten Angaben tatsächlich mit denje-

---

[64] IDW Standard: Anforderungen an die Erstellung von Sanierungskonzepten (IDW S 6).

[65] IDW Standard: Grundsätze für die Erstellung von Fairness Opinions (IDW S 8).

[66] International Standards on Related Services 4400 (Revised wirksam vom 1. Januar 2022): *Engagements to perform Agreed-upon Procedures regarding Financial Information* (ISRS 4400 (Revised)).

nigen im (ggf. bereits geprüften oder einer prüferischen Durchsicht unterzogenen) Abschluss übereinstimmen.[67] Beispielsweise zur Klärung der:

- Einhaltung bestimmter Finanzkennzahlen *(Covenants)* in Kreditvereinbarungen,
- Inanspruchnahme von Vergünstigungen oder der Gewährung von Fördermitteln (z. B. 7. EU-Forschungsrahmenprogramm FP 7 oder das Nachfolgeprogramm Horizon 2020), oder
- Einhaltung quantitativer Vorgaben im Rahmen von Ausschreibungen.

Bei anderen beratenden Tätigkeiten außerhalb eines vorgegebenen engen Rahmens wird der Auftraggeber (meist zurecht) erwarten, in Bezug auf Art und Umfang der Tätigkeit so von seinem Wirtschaftsprüfer beraten zu werden, dass unter Berücksichtigung der Wesentlichkeit die Risiken des zu beurteilenden Sachverhalts angemessen eingeschätzt werden können. **63**

7. Betriebswirtschaftliche Prüfung

In Ermangelung eines entsprechenden deutschen Prüfungsstandards stellt der ISAE 3000[68] einen geeigneten Rahmen für die Durchführung von sonstigen betriebswirtschaftlichen Prüfungen dar, die nicht Abschlussprüfungen oder prüferische Durchsichten von Abschlüssen bzw. sonstigen historischen Finanzinformationen sind. Das Ziel einer betriebswirtschaftlichen Prüfung nach ISAE 3000 (Rev.) besteht darin, hinreichende oder begrenzte Sicherheit über die Sachverhaltsinformation *(subject matter information)*, d. h. den jeweiligen Prüfungsgegenstand, zu erlangen und hierüber zu berichten.[69] Anders als bei den IDW PS, die die Berufsauffassung der Wirtschaftsprüfer zu fachlichen Fragen der Prüfung darlegen, entfaltet der ISAE 3000 bei der Durchführung von sonstigen betriebswirtschaftlichen Prüfungen keine vergleichbare Bindungswirkung, wird jedoch mangels anderweitiger deutscher Standards als Berufsübung anzusehen sein. Der IDW scheint die Anwendung des ISAE 3000 als nicht unkritisch anzusehen, insbesondere im Hinblick auf mögliche Unklarheiten in Bezug auf den (Prüfungs-) Gegenstand und die Eignung der Urteilskriterien.[70] **63a**

In der Praxis des Unternehmenskaufs kann der ISAE 3000 bspw. dann Anwendung finden, wenn es um die Beschreibung und Herleitung von *Carve Out*-Finanz- **63b**

---

[67] IDW Positionspapier: Vorformulierte Bescheinigungen vom 9. März 2015, Anlage 2, abrufbar über die Homepage des IDW.

[68] International Standard on Assurance Engagements 3000 (Revised) *„Assurance Engagements Other Than Audits or Reviews of Historical Financial Information"* (ISAE 300 (Rev.).

[69] IDW Positionspapier: Vorformulierte Bescheinigungen vom 9. März 2015, Anlage 1, abrufbar über die Homepage des IDW (https://www.idw.de/blob/101066/f6da9bb367ac9b05a68987ad32c2ab1e/down-positionspapier-vorformulierte-bescheinigungen-data.pdf).

[70] IDW Positionspapier: Vorformulierte Bescheinigungen vom 9. März 2015, Seite 1, 2 ((https://www.idw.de/blob/101066/f6da9bb367ac9b05a68987ad32c2ab1e/down-positionspapier-vorformulierte-bescheinigungen-data.pdf).

informationen geht. Die einer Berichterstattung des Wirtschaftsprüfers zugrunde liegende Dokumentation des Mandanten kann viel erläuternder gestaltet werden als dies im Rahmen einer Prüfung oder prüferischen Durchsicht möglich ist. Da kein Prüfungsurteil wie bei einer Prüfung oder prüferischen Durchsicht gefällt wird, dürfte auch der Aufwand in aller Regel deutlich geringer sein. Eine Bescheinigung nach ISAE 3000 wird nicht für einen *IPO* oder die Ausgabe eines *Bond* ausreichen, aber je nach Komplexität, Risikoprofil und Ausgestaltung des Auftragsumfangs für die Durchführung eines *leveraged financing*.

8. Financial Due Diligence-Bericht

64 Die *Financial Due Diligence*-Berichterstattung fällt im Ergebnis in keine der vorbeschriebenen Kategorien. Der Due Diligence-Berater gibt kein Prüfungsurteil ab und erteilt auch keine Bescheinigung. Es handelt sich auch nicht um *Agreed upon Procedures* entsprechend des ISRS 4400. Eine *Financial Due Diligence* ist mehr als der Vergleich eines Soll- mit einem Istzustand. Sie basiert auf einem betriebswirtschaftlich-analytischen Entwicklungs- und Zeitreihenvergleich und impliziert in nicht unerheblichem Umfang *Professional Judgement*.

§ 12. Abgrenzungsbilanz

I. Funktion

Für den Begriff der Abgrenzungsbilanz gibt es in der Praxis eine ganze Reihe deutscher und englischer Synonyme wie beispielsweise Abrechnungsbilanz, *Closing Date Statements*, *Closing Accounts* oder *Completion Accounts*. Inhaltlich handelt es sich um die Kaufpreisabrechnung auf Basis der Vorschriften des Unternehmenskaufvertrags, wie er zwischen Veräußerer und Käufer abgeschlossen worden ist. Daher umfasst die Kaufpreisabrechnung auch nur die Bestandteile, die zwischen den Kaufvertragsparteien als variabel vereinbart wurden. Dies sind insbesondere *Net Debt/Net Cash* und *Working Capital*-Anpassungen. Daneben können aber auch alle sonstigen Kaufvertragsbestandteile betroffen sein, die einer quantitativen oder qualitativen Überprüfung zugänglich sind und an deren Erreichung oder Nichterreichung bestimmte finanzielle Folgen im Hinblick auf den (endgültigen) Kaufpreis geknüpft sind. Derartige quantitative oder qualitative Bestandteile können beispielsweise die Erreichung eines Minimum-EBITDAs für ein bestimmtes Geschäftsjahr sein, Minimum-CAPEX-Aufwendungen bzw. Investitionen für eine bestimmte Periode oder das Fortbestehen von bestimmten Kundenverträgen über einen bestimmten Betrachtungszeitraum. 1

Die Funktion als Kaufpreisabrechnung bestimmt damit auch den Unterschied zu Jahres- oder Zwischenabschlüssen. Die Kaufpreisabrechnung betrifft **die Sphäre von Veräußerer und Käufer** und damit die der ehemaligen und zukünftigen Gesellschafter. Diese beiden Parteien trifft die Verpflichtung zur Kaufpreisabrechnung aufgrund des Unternehmenskaufvertrages. In der Regel wird die Abrechnung ohne die erworbene Gesellschaft und deren Rechnungswesen nicht möglich sein. Dies ändert aber nichts daran, dass es sich bei der Abrechnung originär um Verpflichtungen von Veräußerer und Käufer handelt. 2

II. Aufstellungsgrundsätze

1. Relevanter Bezugsrahmen

Die Abgrenzungsbilanz zum Zwecke der Kaufpreisabrechnung ist eine „Parteienbilanz“. Als solche ist sie grundsätzlich frei verhandelbar im Hinblick auf Umfang und anzuwendende (Rechnungslegungs-) Grundsätze. Bei den Vertragsverhandlungen vereinbaren die Parteien das Verfahren zur Ermittlung und Berechnung des Kaufpreises sowie die sonstigen Kaufvertragsbestimmungen im Rahmen 3 ihrer Privatautonomie. Sofern Bestandteile der Kaufpreisformel oder der sonstigen Kaufvertragsbestimmungen variabel ausgestaltet sind, bedarf es einer nachfolgenden Kaufpreisendabrechnung. Wie diese zu erfolgen hat, wird ebenfalls von den Parteien frei vereinbart.

4 In der Regel werden diejenigen Rechnungslegungsgrundsätze den Bezugsrahmen für die Kaufpreisabrechnung bilden, die auch Basis der vorangegangenen Due Diligence und der Kaufpreisverhandlung gewesen sind. Sind dies beispielsweise IFRS, werden sich die Kaufpreisformel und die Kaufpreisabrechnung hieran orientieren. Ansonsten müsste der Kaufvertrag detaillierte Regelungen zu Bilanzierungs- und Bewertungsfragen enthalten, was insbesondere im Hinblick auf komplexe Kaufpreisformeln wenig praktikabel ist. Aber auch wenn der Bezugsrahmen beispielsweise durch Bezugnahme auf IFRS abgesteckt ist, gibt es eine Reihe von Fragen, die bereits im Unternehmenskaufvertrag geregelt werden sollten, da sie Konfliktpotential beinhalten können.

a) Bilanzgarantie

4a Zu den klassischen Instrumenten zur Absicherung von Bewertungsannahmen zählt die Gewährleistung der in einem Finanzstatus ausgewiesenen Finanzkennzahlen (Bilanzgarantie). Insoweit wird auf die Ausführungen in → § 3 Rn. 31a und → Rn. 85 verwiesen. Die Gewährleistung bezieht sich in erster Linie auf die (geprüften) Abschlüsse, wird sich regelmäßig aber auch auf die *Management Accounts* bzw. das monatliche oder vierteljährige *Management Reporting* erstrecken. Diese Bilanzgarantie ist deswegen so wichtig, da die (geprüften) Abschlüsse, auf die sie sich bezieht, Ausgangspunkt für die bei der Erstellung der Abgrenzungsbilanz anzuwendenden Bilanzierungs- und Bewertungsgrundsätze sind. Hierzu folgendes Formulierungsbeispiel:

> The Combined Financial Statements FY00 and the Combined Financial Statements FY01 have been prepared in accordance with IFRS as adopted by the EU which present fairly the financial position, financial performance and cash flows of an entity.
>
> The monthly management accounts as provided in the virtual data room under section [...] were properly prepared and the information contained therein is sourced from internal databases of the Group Companies and are correct in all material respects.

4b Im Rahmen von Vertragsverhandlungen gibt es häufig Diskussionen darüber, ob auch zu gewährleisten ist, dass die Abschlüsse einen sog. *„true and fair view"* oder eine sog. *„fair representation"* widerspiegeln.

4c Nach ISA 700.A24 (Revised) sind die Formulierungen zur sachgerechten Gesamtdarstellung „Vermittlung eines den tatsächlichen Verhältnissen entsprechenden Bildes" *(„true and fair view")* sowie „in allen wesentlichen Belangen insgesamt sachgerechte Darstellung" *(„fair presentation")* als gleichwertig anzusehen.[1]

---

[1] IDW PS 400 n. F. A4.

Beispiele für Rechnungslegungsgrundsätze zur sachgerechten Gesamtdarstellung sind die besonderen, für Kapitalgesellschaften und diesen gleichgestellten Personenhandelsgesellschaften geltenden Vorschriften des HGB (§§ 264 bis 288 und 290 bis 314 HGB) sowie die IFRS. Im Bestätigungsvermerk über die Prüfung des Abschlusses wird daher in Zusammenhang sowohl mit den deutschen handelsrechtlichen Vorschriften (§§ 264 Abs. 2 Satz 1, 297 Abs. 2 Satz 2 HGB) als auch mit IFRS (IAS 1.15) die Formulierung „Vermittlung eines den tatsächlichen Verhältnissen entsprechenden Bildes der Vermögens-, Finanz- und Ertragslage" verwendet, soweit nicht im Einzelfall andere Formulierungen gesetzlich vorgegeben sind.[2] **4d**

Liegt ein geprüfter Abschluss in Übereinstimmung mit HGB oder IFRS vor, spiegelt er bereits einen *„true and fair view"* sowie eine *„fair presentation"* wider. Die Aufnahme der Formulierung *„true and fair view"* oder *„fair representation"* in den Vertragstext mag bekräftigend sein, entfaltet allerdings nur beschränkt zusätzliche Wirkung. In Bezug auf *Management Accounts* wird die Gewährleistung eines *„true and fair view"* oder einer *„fair representation"* eigentlich nicht von der Geschäftsführung oder dem Verkäufer erbracht werden können. Da *Management Accounts* nicht in voller Übereinstimmung mit IFRS oder HGB stehen können, schon weil es beispielsweise an vollständigen Anhangsangaben fehlt, kann auch die der Gesamtdarstellung der finanziellen Verhältnisse nicht sachgerecht im zuvor beschriebenen Sinne sein. **4e**

Neben der Einordung der Begrifflichkeit stellt sich die Frage nach der rechtlichen Reichweite der Bilanzgarantie, also inwieweit es zu Schadensersatz bei Verletzung einer Bilanzgarantie kommt. In der Praxis wird zwischen den sog. objektiven oder „harten" sowie den subjektiven oder „weichen" Bilanzgarantien unterschieden (siehe → § 3 Rn. 31a. Das OLG Frankfurt a. M. sah in einer Klausel mit der Zusicherung, dass der zu Grunde gelegte Referenzabschluss „[...] ein den tatsächlichen Verhältnissen entsprechendes Bild der Vermögens-, Finanz- und Ertragslage der [Ziel]gesellschaft" entspricht, schon dem Wortlaut nach eine harte Bilanzgarantie.[3] Es sah die Garantie daher schon dann als verletzt an, wenn Schulden oder Rückstellungen bei Anwendung der bilanzrechtlich erforderlichen Aufstellungssorgfalt subjektiv nicht erkennbar gewesen seien.[4] Auf dieser Grundlage bejahte das Gericht unter anderem Bilanzierungsfehler wegen fehlender Rückstellungen für Wartungskosten bei Hard- und Software, Rechts- und Beratungskosten und Gewährleistungsverpflichtungen.[5] **4f**

Die Vertragspraxis hat auf dieses und weitere ähnlich gelagerte Urteile[6] reagiert. Häufig wird eine klarstellende Klausel aufgenommen, dass es sich bei der **4g**

---

[2] IDW PS 400 n. F. A4.

[3] OLG Frankfurt a. M. WM 2016, 1691 = NZG 2016, 435.

[4] OLG Frankfurt a. M. WM 2016, 1691, 1696 = NZG 2016, 435; Mehrbrey/Hofmeister NZG 2016, 419, 420.

[5] OLG Frankfurt a. M. WM 2016, 1691, 1693 = NZG 2016, 435.

[6] OLG München, Urteil vom 30.3.2011 – 26 U 35/12, BeckRS 2011, 7200.

Zusicherung, der Referenzabschluss stelle ein den tatsächlichen Verhältnissen entsprechendes Bild der Vermögens-, Finanz- und Ertragslage der Zielgesellschaft dar, nicht um eine „harte" Bilanzgarantie handelt. Hierzu folgendes Formulierungsbeispiel:

4h The parties agree that the guarantee under [...] does not comprise an "objective" or "hard" financial statement guarantee in the meaning of the decision of the Higher Regional Court of Frankfurt am Main, 26 U 35/12 from 7 May 2015, but solely a "subjective" or "soft" financial statement guarantee.

b) Stetigkeit der angewandten Bilanzierungs- und Bewertungsgrundsätze (accounting policies)

5 Eine weitere im Unternehmenskaufvertrag zu adressierende Fragen ist die häufig anzutreffende Bestimmung, dass die Bilanzierungs- und Bewertungsgrundsätze der letzten Jahresabschlüsse **stetig** anzuwenden sind. Hieraus können sich beispielsweise folgende Auslegungsfragen ergeben:

- Welche Bilanzierungs- und Bewertungsgrundsätze sind anzuwenden, wenn sich diese über die letzten Jahre geändert haben? Gründe für Änderungen können sich daraus ergeben, dass der Gesetzgeber oder der Standardsetter Rechnungslegungsvorschriften weiterentwickelt hat, dass Rechnungslegungsvorschriften in Vorjahren falsch angewendet wurden oder dass – unter Beachtung der Vorschriften zur Durchbrechung der Stetigkeit – Bilanzierungs- und Bewertungswahlrechte anders ausgeübt oder zugrunde liegende Sachverhalte anders interpretiert wurden.
- Welche Bilanzierungs- und Bewertungsgrundsätze sind anzuwenden, wenn der Gesetzgeber oder der Standardsetter Rechnungslegungsvorschriften ändert und diese erst Wirkung in der Periode entfalten, die nach dem letzten Jahresabschluss beginnt, auf den sich das Stetigkeitserfordernis bezieht?
- Wie soll mit Sachverhalten umgegangen werden, wenn sich erst im Rahmen der Aufstellung oder Überprüfung der Abgrenzungsbilanz herausstellt, dass die Anwendung bestimmter Rechnungslegungsvorschriften in der Vergangenheit falsch war? Was soll Vorrang haben, Stetigkeit oder Richtigkeit?

6 Die Problematik der Anwendung von in der Vergangenheit geänderten Bilanzierungs- und Bewertungsgrundsätzen lässt sich relativ einfach dadurch adressieren, dass die Kaufvertragsformel lediglich auf eine stetige Anwendung der Bilanzierungs- und Bewertungsgrundsätze des letzten vorliegenden Jahres- oder Konzernabschluss abstellt. Dies ist sowohl für den Verkäufer als auch für den Käufer sachgerecht, da beide im Rahmen der Verkaufsvorbereitung bzw. im Rahmen der *Buy Side Due Diligence* auf den aktuellen Stand der Rechnungslegung abgestellt haben sollten. Zu beachten ist hierbei, dass auf das richtige Bezugsobjekt abzustellen ist. Dies kann beispielsweise dann ein Problem sein, wenn für das Kaufobjekt kein Konzernabschluss vorliegt, sondern lediglich Einzelabschlüsse der betreffenden

Gruppengesellschaften. Diese müssen Bilanzierungs- und Bewertungsgrundsätze nicht einheitlich anwenden. Haben die Einzelgesellschaften darüber hinaus noch ihren Sitz in verschiedenen Ländern, ist die Sicherstellung der Anwendung einheitlicher Bilanzierungs- und Bewertungsgrundsätze gegebenenfalls weiter erschwert. Dies gilt insbesondere dann, wenn die betreffende Unternehmensgruppe über kein ausgeprägtes einheitliches Konzernrechnungswesen und kein ausgeprägtes einheitliches internes Kontrollsystem verfügt.

Die Problematik, dass der Standardsetter oder Gesetzgeber für die Zukunft 7
Bilanzierungs- und Bewertungsgrundsätze ändert, sollten Verkäufer und Käufer indessen einvernehmlich lösen können. Dies gilt zumindest dann, wenn sich der Zeitraum zwischen *Signing* und *Closing* nicht übermäßig lange hinzieht (etwa aufgrund eines langwierigen Kartellverfahrens). In der Regel sind Änderungen der Bilanzierungs- und Bewertungsgrundsätze hinreichend lange im Voraus bekannt. Teil der *Buy Side Financial Due Diligence* sollte es stets sein, die Auswirkungen von bekannten oder erwarteten Rechnungslegungsänderungen inhaltlich und quantitativ in Bandbreiten darzustellen. Damit sollten die Voraussetzungen bei den Vertragsverhandlungen geschaffen sein, erwartete Änderungen dadurch zu berücksichtigen, dass sie entweder explizit zu berücksichtigen oder eben nicht zu berücksichtigen sind. Wichtig ist hierbei eine enge Abstimmung zwischen den rechtlichen Beratern und den *Financial Due Diligence*-Beratern (unter Koordination des Auftraggebers).

Die Frage, wie mit in der Vergangenheit falsch angewendeten Bilanzierungs- 8
und Bewertungsgrundsätzen umzugehen ist, ist am komplexesten, insbesondere deswegen, weil sich ihre Auswirkung auf den Kaufpreis im Vorhinein kaum abschätzen lässt. Werden Fehler in der Anwendung von Rechnungslegungsgrundsätzen erst entdeckt, wenn die Abgrenzungsbilanz aufgestellt oder überprüft wird, kann dies einen kaufpreiserhöhenden oder einen kaufpreismindernden Effekt haben. Umfasst werden hierbei nämlich nicht die Fälle, in denen bewusst und gewollt falsch bilanziert wurde, um beispielsweise einen höheren Kaufpreis zu erzielen. Diese Fälle sollten durch entsprechende Garantien an anderer Stelle im Unternehmenskaufvertrag abgedeckt sein und zu einer entsprechenden Kaufpreisanpassung oder gar zu einem Rücktrittsrecht oder Schadensersatzanspruch führen.

Bei der Behandlung dieser unbewussten und ungewollten Fehler tun sich so- 9
wohl Verkäufer als auch Käufer meist schwer, da eben nicht absehbar ist, welche finanziellen Auswirkungen die Korrektur dieses Fehlers hat. In der Praxis ist es daher nicht unüblich, dass die Stetigkeit Vorrang vor der Richtigkeit hat. Hauptargument ist dann regelmäßig, dass die Due Diligence und die Kaufpreisfindung auf Basis der angewandten Bilanzierungs- und Bewertungsgrundsätze erfolgt sind. Daher sollte dann auch eine Kaufpreisanpassung auf dieser Grundlage erfolgen, insbesondere vor dem Hintergrund, dass eine Klassifizierung als „falsch" gegebenenfalls auf einer Auslegung beruht, zu der es durchaus unterschiedliche Auffassungen in Schrifttum und Praxis geben kann. Daher wird der Vorrang der Stetigkeit teilweise

als rechtssicherer eingeschätzt. Demgegenüber steht die Auffassung, dass der Käufer ein Unternehmen erwirbt, das möglicherweise eine wesentlich andere Vermögens-, Finanz- oder Ertragslage als tatsächlich gegeben ausweist. Dementsprechend sollte sich der Kaufpreis dann auch an einer „richtigen“ Bilanzierung orientieren, denn diese wird zukünftig vom Käufer angewendet werden müssen.

10 Bei der Entscheidung, ob Stetigkeit oder Richtigkeit Vorrang haben sollen, kommt es sehr darauf an, wie Abrechnungssicherheit bzw. Streitvermeidung zwischen den Parteien einerseits und Richtigkeit der Bilanzierung und Richtigkeit der Kaufpreisabrechnung andererseits gewichtet werden. Diese Entscheidung kann nur im Einzelfall unter Berücksichtigung der Umstände der individuellen Transaktion getroffen werden (siehe hierzu → Rn. 20).

c) Bilanzielle Schätzungen und Annahmen (judgments and estimates)

11 Bilanzielle Schätzungen und Annahmen sind stetig und auf vergleichbarer Grundlage auszuüben. Da sich das wirtschaftliche und geschäftliche Umfeld allerdings laufend ändert, unterliegen die daraus folgenden Beurteilungen auch einem Wandel. Wichtig für die *Financial Due Diligence* im ersten Schritt und für den Unternehmenskaufvertrag im zweiten Schritt ist die Einschätzung, dass geänderte Beurteilungen nicht zur Umsetzung aktiver Bilanzpolitik und damit zu einer Beeinflussung des Kaufpreises genutzt werden, die ihren Ursprung nicht in einer geänderten Geschäftsentwicklung hat (siehe hierzu → § 2 Rn. 104 ff.). Typische Felder für Schätzung und Ermessensentscheidungen sind u. a.:

- Wahrscheinlichkeit der Inanspruchnahme von Rückstellungen (Rechtstreitigkeiten, Rückbauverpflichtungen etc.).
- Anpassung von Bewertungsparametern bei der Berechnung von Pensionsrückstellungen (Zinssatz, zukünftige Lohnsteigerungen, Mitarbeiterfluktuation etc.).
- Verlustfreie Bewertung und Drohverlustrückstellungen.
- Anpassung der Nutzungsdauer von Anlagegegenständen.

12 Folgender **Sachverhalt** soll zur Verdeutlichung der Problematik dienen.

Beispiel:
Das Zielunternehmen ist Pensionsverpflichtungen in erheblichem Umfang eingegangen. Jedes Jahr wurde ein Pensionsgutachter mit der Berechnung der Pensionsrückstellung beauftragt. Der Pensionsgutachter hat die anzuwendenden Berechnungsparameter stets mit dem Auftraggeber abgestimmt. So bewegte sich der Diskontierungszinssatz immer am unteren Rand des Zulässigen bzw. dessen, was andere Unternehmen mit vergleichbarer Mitarbeiterstruktur angewendet haben. Dies führte dazu, dass die Rückstellung eher höher war als die vergleichbarer Unternehmen. Die Gründe hierfür können vielfältig sein. Der

Bilanzaufsteller mag eine eher vorsichtige Grundhaltung haben oder er wollte schlicht stille Reserven legen.

Für die im Rahmen des Verkaufs aufzustellende Abgrenzungsbilanz wird wiederum ein Pensionsgutachten in Auftrag gegeben. Diesmal bewegt sich der Diskontierungszinssatz am oberen Rand des Zulässigen. Dies führt dazu, dass die Rückstellung eher niedriger ist als die vergleichbarer Unternehmen. Der Grund hierfür ist, dass der *Net Debt*-Abzugsposten möglichst niedrig sein soll, damit der vom Käufer zu zahlende Kaufpreis entsprechend höher ist.

Ein Schutz vor einer bilanzpolitisch motivierten Anpassung von Schätzungen **13**
und Annahmen ist in der Praxis häufig schwieriger zu erreichen als der Schutz vor bilanzpolitisch motivierten Anpassungen von Bilanzierungs- und Bewertungsgrundsätzen. Dies gilt zumindest immer dort, wo Schätzungen und Annahmen stets neu zu treffen sind und sich in (vertretbaren) Bandbreiten bewegen. Nur ein Verweis auf den Grundsatz der Stetigkeit allein wird hier nicht (immer) zum gewünschten Erfolg führen.

Kritische Schätzungen und Annahmen sollten im Normalfall im Rahmen der **14**
Financial Due Diligence identifiziert werden. Soweit dies möglich ist, können entsprechende Parameter bereits im Unternehmenskaufvertrag vereinbart werden. Für das vorstehende Beispiel bedeutet dies, dass der Diskontierungszinssatz bereits bei den Aufstellungsgrundsätzen der Abgrenzungsbilanz im Unternehmenskaufvertrag festgeschrieben werden könnte. Dies wird zumindest dann sachgerecht sein, wenn der Zeitraum zwischen *Signing* und *Closing* erwartungsgemäß nicht übermäßig lang ist. Ansonsten könnten sich das gesamtwirtschaftliche Umfeld und die Zinserwartung bereits stark geändert haben. In diesem Fall wäre ein festgeschriebener Diskontierungszinssatz gegebenenfalls nicht mehr angemessen.

Andere Schätzungen und Ermessensentscheidungen werden häufig über Son- **15**
derklauseln abgedeckt. Ein typisches Beispiel hierfür sind Rückstellungen für die mögliche Inanspruchnahme aus Rechtstreitigkeiten.

Im Übrigen sollte die Anwendung des Grundsatzes der Stetigkeit von bilan- **16**
ziellen Schätzungen und Annahmen jedenfalls im Sinne einer *Catch all*-Klausel vereinbart werden. Ein Formulierungsbeispiel findet sich in diesem Kapitel unter → Rn. 17 ff.

d) Formulierungsbeispiele zu den Aufstellungsgrundsätzen der Abgrenzungsbilanz

Die sich aus den vorstehenden Erwägungen ergebende Kaufpreisformel wird **17**
sehr stark beeinflusst sein von den Ergebnissen der *Financial Due Diligence* und dem Verlauf der Kaufvertragsverhandlungen. Das folgende **Formulierungsbeispiel** spiegelt die Grundformel wider:

"The Closing Date Statements will be prepared on the same basis and using consistent accounting policies as well as judgment and estimates as applied in the audited consolidated [financial] statements of [...] for the year ended FY00 prepared in accordance with IFRS [as adopted by the EU]."

18 Diese Grundformel wird in der Praxis häufig um Beispiele und Klarstellungen erweitert werden um sicherzustellen, dass eine wirtschaftliche Betrachtungsweise Vorrang haben soll vor einer „formaljuristischen" Sichtweise. Dies berücksichtigt das folgende fortgeführte **Formulierungsbeispiel:**

"This includes, without limitation, that inventory counting, cut-off procedures as well as the accrual and provisioning process will be applied to the same extent and level of detail as for the year ended FY00. The calculation of all taxes including, without limitation, corporate income tax, trade tax and other taxes as well as deferred taxes shall be done the same way as for the year ended FY00.

Judgment and estimates including, without limitations, estimation techniques, methodologies, deduction of interest rates, risk probability assessments and estimation of useful life shall be used consistent and based on the same criteria as for the year ended FY00. Nevertheless, the following has been agreed:

(1) The calculation of the pension provisions will be done by using [...] as actuarial assumptions.
(2) [...]

For the avoidance of doubt, the following items are not considered to infringe this provision:

(1) Change from degressive to straight line depreciation [...]
(2) [...]"

19 Folgende Ergänzung zum **Formulierungsbeispiel** beschäftigt sich mit der Frage, ob neue oder überarbeitete Standards für die Aufstellung der *Closing Accounts* relevant sein sollen:

"IFRS standards which have to be applied or which are permitted to be applied for annual periods after the year ended FY00 and which not already have been applied for the audited consolidated financial statements of [...] for the year ended FY00 shall [not] be used for the preparation of the Closing Date Statements."

20 Schließlich folgt noch ein **Formulierungsbeispiel** zu der Frage, wie mit einer fehlerhaften Anwendung von angewandten Bilanzierungs- und Bewertungsgrundsätzen sowie bilanziellen Schätzungen und Annahmen umgegangen werden soll:

"In case that accounting policies or judgments and estimates have been erroneously applied for the preparation of the audited [consolidated] financial statements of [...] for the year ended FY00 and as such consist of an infringement of the IFRS [as adopted by the EU], the following shall apply for the preparation of the Closing Date Statements:

<u>Option 1:</u>
Accounting policies as well as judgments and estimates shall always be applied consistent with the year ended FY00. In case of fraud, the provisions of Sec. [...] of this SPA shall be applied accordingly.

<u>Option 2:</u>
Only such errors shall be corrected which voids the corresponding financial statements by law.

<u>Option 3:</u>
Accounting policies as well as judgments and estimates shall always be applied free of errors and infringements of IFRS for the preparation of the Closing Date Statements. Errors and infringements shall be corrected to be in compliance with IFRS and in a way that, without limitations, election rights, estimates as well as all kind of assessments are in line with those used for the preparation of the audited consolidated financial statements of [...] for the year ended FY00."

2. Locked Box-Mechanismus

Beim *Locked Box*-Mechanismus wird der wirtschaftliche Eigentumsübergang vorgezogen auf einen Zeitpunkt vor *Closing*. Dieses *Locked Box*-Date wird häufig auch als *Reference Date* bezeichnet. Regelmäßig wird dieser Zeitpunkt auch vor *Signing* liegen (siehe hierzu → § 6 Rn. 9 ff.). Die Finanzdaten auf den Zeitpunkt des wirtschaftlichen Übergangs liegen bei *Signing* regelmäßig vor, häufig in Form eines Konzern- oder Einzelabschlusses, der durch einen Wirtschaftsprüfer geprüft oder einer prüferischen Durchsicht unterzogen wurde. Der Käufer hatte häufig Gelegenheit, diesen Abschluss in seine *Financial Due Diligence* und die Wert- bzw. Preisfindung einzubeziehen. Beim *Locked Box*-Mechanismus gelten die oben dargestellten Grundsätze entsprechend. Da sie sich jedoch nur auf Bestandteile der Kaufpreisabrechnung beziehen, die zwischen den Kaufvertragsparteien als variabel vereinbart wurden, werden sie beim *Locked Box*-Mechanismus häufig nur in eingeschränktem Umfang zum Tragen kommen. [7] 21

3. Aufstellungsverantwortlichkeit

Die Aufstellungsverantwortlichkeit wird im Folgenden anhand des Grundfalls erläutert, d. h. das wirtschaftliche Eigentum geht zusammen mit dem rechtlichen Eigentum bei *Closing* über und die Abgrenzungsbilanz ist auf den Stichtag des *Closing* zu erstellen. 22

a) Vorläufige Kaufpreisabrechnung vor Closing

Der Verkäufer wird dem *Closing* und damit dem rechtlichen Eigentumsübergang nicht zustimmen, wenn er nicht zuvor bzw. Zug um Zug den (vorläufigen) Kaufpreis erhalten hat. Daher sehen Unternehmenskaufverträge in aller Regel vor, dass der Verkäufer dem Käufer einige Tage vor *Closing* eine vorläufige Kaufpreisabrechnung zukommen lässt. Da weitere Geschäftsvorfälle bis zum *Closing* anfallen werden, kann diese Kaufpreisabrechnung nur vorläufig sein. Die (vorläufige) Kaufpreisabrechnung hat der Verkäufer regelmäßig zusammen mit dem Rechnungswesen des Zielunternehmens aufgestellt, da er selbst gar nicht über genügend detaillierte Informationen verfügen dürfte. Der Käufer hat die Möglichkeit, die (vorläufige) Kaufpreisabrechnung über einen Zeitraum von einigen wenigen Tagen auf Plausibilität zu prüfen. Ein Widerspruchsrecht hat der Käufer häufig nur, wenn seine Beanstandungen *(Objections)* eine Wesentlichkeitsschwelle *(Materiality Threshold)* übersteigen. Hintergrund ist, dass das *Closing* nicht durch eine vorgezogene detaillierte Kaufpreisprüfung verzögert werden soll. Da der Käufer sich durch Überweisung eines vom Verkäufer ermittelten Kaufpreises in eine Ri- 23

[7] Zur Verzinsung des Kaufpreises bzw. zu Ausgleichszahlungen für den Zeitraum zwischen *Locked Box-Date* und *Closing* wird auf → § 8 Rn. 9 ff. und insbesondere auf die Beispielrechnung für die Ermittlung einer solchen Ausgleichszahlung, dem sogenannten *Cash Ticker* → § 8 Rn. 63d verwiesen.

sikoposition begibt, die er selbst nicht beeinflussen kann, bietet die Plausibilitätsprüfung zumindest einen gewissen Schutz vor wesentlichen und offensichtlichen Fehlern bei der Berechnung des Zahlbetrags.

b) Kaufpreisabrechnung nach Closing

24 Die (endgültige) Kaufpreisabrechnung wird in den meisten Fällen nicht ohne das Rechnungswesen möglich sein, das die Finanzinformationen des Zielunternehmens erfasst und bearbeitet. Im Regelfall geht das Rechnungswesen beim Verkauf mit über, so dass der Käufer die Kaufpreisabrechnung erstellen wird. Der Verkäufer hat ab dem Zeitpunkt des rechtlichen Eigentumsübergangs vom Grundsatz her keinen Zugriff mehr auf das Rechnungswesen und die Mitarbeiter des Zielunternehmens.

25 Es gibt allerdings auch Konstellationen, in denen das Rechnungswesen nicht mit übergeht und im Einflussbereich des Verkäufers verbleibt. Dies ist häufig dann der Fall, wenn ein Unternehmen aus einem Konzern heraus verkauft wird, bei einem *Asset Deal* oder in *Carve Out*-Situationen. Meist hat der Käufer dann Zugriff auf relevante Finanzinformationen über ein *Service Level Agreement* oder ein *Transitional Service Agreement* bis er eine eigene lebensfähige Struktur aufgebaut hat. In diesen Fällen kann es sich anbieten, dass der Verkäufer die Kaufpreisabrechnung übernimmt.

26 Die Form der Kaufpreisabrechnung orientiert sich an der Mechanik der (variablen) Kaufpreisanpassungsklauseln. Sie sollte einen direkten Bezug zu den entsprechenden Vorschriften des Kaufvertrages haben und als Ergebnis den Zahlungsbetrag bzw. den Anpassungsbetrag zwischen vorläufiger und endgültiger Kaufpreisabrechnung ausweisen. Die Abrechnung selbst sollte so detailliert sein, dass sie von einem unabhängigen, sachkundigen Dritten inhaltlich nachvollzogen und überprüft werden kann. Um eine Auseinandersetzung darüber zu vermeiden, ob die Kaufpreisabrechnung in Form und Inhalt ausreichend detailliert ist, bietet es sich an, die Abrechnungsmechanik in Form eines Beispiels als Anlage zum Unternehmenskaufvertrag aufzunehmen.[8]

27 Die Frist für die Aufstellung der Kaufpreisabrechnung wird regelmäßig im Unternehmenskaufvertrag vereinbart werden. Sie kann von wenigen Tagen bis zu mehreren Monaten reichen, je nachdem, welche Komplexität der Abrechnungsmechanismus aufweist. In jedem Fall empfiehlt es sich, eine ausreichend lange Frist zu vereinbaren. Der disruptive Effekt eines Eigentümerwechsels auf Rechnungswesen und Mitarbeiter sowie die Dauer der Durchführung von (Standard-) Abgrenzungsprozessen sollte nicht unterschätzt werden. Ansonsten besteht die Gefahr, dass zur Fristwahrung Annahmen und Schätzungen einfließen, die am Ende den Gesamtprozess deutlich verzögern und auch die Qualität der Kaufpreisabrechnung negativ beeinflussen können.

---

[8] Insofern wird auf → § 12 Rn. 64 verwiesen.

Im Hinblick auf die zum Abrechnungszeitpunkt zu berücksichtigenden Tatsachen dürften die Grundsätze des § 252 HGB entsprechend gelten. Danach sind grundsätzlich nur wertaufhellende Tatsachen, nicht aber wertbeeinflussende Tatsachen zu berücksichtigen. 28

Unter **wertaufhellenden Tatsachen** versteht man solche Ereignisse, die im Bilanzierungszeitpunkt begründet und vorhersehbar waren, und die sich folgerichtig aus diesen früheren Tatsachen entwickelt haben. So müssen beispielsweise für Schadenersatzansprüche bereits am Bilanzstichtag Rückstellungen gebildet werden, wenn die Aufdeckung der zum Schadensersatz verpflichtenden Handlung noch vor Bilanzerstellung geschah. Wurde beispielsweise durch Mitarbeiter des erworbenen Unternehmens eine zum Schadensersatz verpflichtende Handlung vor dem *Closing* begangen, so ist diese Tatsache in der Kaufpreisabrechnung zu berücksichtigen, soweit der konkret vereinbarte Kaufpreismechanismus hierfür eine Anpassung vorsieht. Ergeben sich zur Höhe des Schadens weitere Erkenntnisse im Verlauf der Aufstellung der Kaufpreisabrechnung, sind diese sowohl in positiver als auch in negativer Hinsicht zu berücksichtigen.[9] Unter **wertbeeinflussenden Tatsachen** versteht man dagegen Ereignisse nach dem Bilanzstichtag, die keinen Rückschluss auf die Verhältnisse in diesem Zeitpunkt zulassen; z. B. ein Schadensereignis aufgrund höherer Gewalt (Feuer, Unwetter etc.) kurz nach dem Bilanzstichtag. Es handelt sich um wertbeeinflussende Tatsachen, die bei der Bilanzierung außer Betracht bleiben.[10] Diese Risikoverteilung zwischen Veräußerer und Käufer ist in dieser Form auch sachgerecht, da das wirtschaftliche Eigentum und damit auch das unternehmerische Risiko mit *Closing* (Bilanzstichtag der Abgrenzungsbilanz) auf den Käufer übergeht. 29

4. Zusammenspiel mit Jahres- und Zwischenabschlüssen

Neben der eigentlichen Kaufpreisabrechnung wird im Unternehmenskaufvertrag häufig noch vereinbart, dass die Datengrundlage für die Abgrenzungsbilanz durch den Abschlussprüfer geprüft, einer prüferischen Durchsicht unterzogen oder durch (sonstige) vereinbarte Untersuchungshandlungen *(Agreed upon Procedures)* durchgesehen werden soll.[11] Bei der Datengrundlage für die Abgrenzungsbilanz handelt es sich um einen Abschluss zum *Economic Effective Date*, aus dem die Kaufpreisberechnung abgeleitet wird. (Abschluss-)Prüfung, prüferische Durchsicht oder sonstige Untersuchungshandlungen können dazu dienen, das Vertrauen in die Qualität der Datengrundlage der Abgrenzungsbilanz zu erhöhen. Gleichwohl werden sie keine detaillierte Kaufpreisabrechnung ersetzen können. Dies liegt schon daran, dass diese Untersuchungshandlungen eine ganz andere Zielsetzung haben. Soll die 30

[9] BeBiKo/Störk/Büssow § 252 Rn. 52.

[10] BeBiKo/Störk/Büssow § 252 Rn. 52.

[11] Zur dogmatischen Einordnung wird im Übrigen auf die Ausführungen in → § 11 Rn. 39 ff. verwiesen.

Datengrundlage der Abgrenzungsbilanz einer (Abschluss-)Prüfung oder prüferischen Durchsicht unterzogen werden, muss sie den formalen Anforderungen eines prüfungsfähigen Abschlusses entsprechen.

a) Abschlussprüfung

31 Das Institut der Wirtschaftsprüfer (IDW) beschreibt in dem ISA [DE] 200 „Übergeordnete Ziele des unabhängigen Prüfers und Grundsätze einer Prüfung in Übereinstimmung mit den International Standards on Auditing“[12] die Berufsauffassung zu den von Wirtschaftsprüfern bei der Durchführung von Abschlussprüfungen zu beachtenden Zielen und allgemeinen Grundsätzen und verdeutlicht zugleich gegenüber der Öffentlichkeit den Inhalt und die Grenzen derartiger Prüfungen.

32 Bei der Durchführung einer Abschlussprüfung bestehen die übergeordneten Ziele des Abschlussprüfers darin, hinreichende Sicherheit darüber zu erlangen, ob der Abschluss als Ganzes frei von einer wesentlichen falschen Darstellung aufgrund von dolosen Handlungen oder Irrtümern ist und in Übereinstimmung mit den Feststellungen des Abschlussprüfers einen Vermerk zum Abschluss zu erteilen und zu kommunizieren[13]. Im Allgemeinen werden falsche Darstellungen, einschließlich fehlender Darstellungen, als wesentlich erachtet, wenn vernünftigerweise erwartet werden könnte, dass sie einzeln oder in der Summe die wirtschaftlichen Entscheidungen von Nutzern beeinflussen, die diese auf der Grundlage des Abschlusses treffen.[14] Hinreichende Sicherheit ist ein hoher Grad an Sicherheit. Er wird erreicht, wenn der Abschlussprüfer ausreichende geeignete Prüfungsnachweise erlangt hat, um das Prüfungsrisiko (d. h. das Risiko, dass der Abschlussprüfer ein unangemessenes Prüfungsurteil abgibt, wenn der Abschluss wesentliche falsche Darstellungen enthält) auf ein vertretbar niedriges Maß zu reduzieren. Hinreichende Sicherheit ist jedoch kein absoluter Grad an Sicherheit, da inhärente Grenzen einer Abschlussprüfung bestehen, die dazu führen, dass die meisten Prüfungsnachweise, aus denen der Abschlussprüfer Schlussfolgerungen zieht und auf die der Abschlussprüfer das Prüfungsurteil stützt, eher überzeugend als zwingend sind. [15]

33 Die Abschlussprüfung trifft also eine Gesamtaussage zum Abschluss unter dem Aspekt der Wesentlichkeit. Ein bilanzieller Fehler kann für die Gesamtaussage des Abschlusses unwesentlich sein und wird daher gegebenenfalls nicht korrigiert. Dieser Fehler kann aber einen erheblichen Kaufpreiseffekt und damit einen erheblichen Liquiditätseffekt bei dem Zielunternehmen haben. Bei der Kaufpreisabrechnung

[12] ISA [DE] 200 gilt erstmals für die Prüfung von Abschlüssen für Zeiträume, die am oder nach dem 15. Dezember2021 beginnen und ersetzt den IDW Prüfungsstandard: „Ziele und allgemeine Grundsätze der Durchführung von Abschlussprüfungen (IDW PS 200). Bezüglich der systematischen Einordnung der ISA [DE] wird auf § 11 Rn. 42a ff. verwiesen.

[13] ISA [DE] 200, Tz. 11.

[14] ISA [DE] 200, Tz. 6.

[15] ISA [DE] 200, Tz. 5.

geht es – im Rahmen vorgegebener *Thresholds* – um eine Euro-genaue Abrechnung. Eine solche Euro-genaue Korrektur findet hingegen im Rahmen der Abschlussprüfung nicht unbedingt statt. Vielmehr kann es aufgrund der Beachtung des Grundsatzes der Wesentlichkeit zu Abweichungen von den Ergebnissen kommen, die die Parteien im Rahmen der Kaufpreisabrechnung vereinbart haben. Verstärkt werden können solche Abweichungen noch dadurch, dass eine Abschlussprüfung ggf. gegenläufige Effekte bei Wesentlichkeitsüberlegungen berücksichtigt. Derartige Effekte gleichen sich bei der Kaufpreisermittlung aber nur dann aus, wenn sie in gleichem Umfang in der Kaufpreisformel abgebildet werden.[16]

Die unterschiedliche Zielsetzung von Abschluss(-prüfung) einerseits und Kauf- 34
preisabrechnung andererseits kann im Ergebnis dazu führen, dass unterschiedliche oder gar sich widersprechende Finanzinformationen verwendet werden, ohne dass dies bedeuten muss, dass entweder Abschluss(-prüfung) oder Kaufpreisabrechnung „falsch“ sind.

b) Prüferische Durchsicht

Das IDW legt in dem IDW Prüfungsstandard: Grundsätze für die prüferische 35
Durchsicht von Abschlüssen (IDW PS 900)[17] die Berufsauffassung dar, nach der prüferische Durchsichten vorgenommen werden. Durch die prüferische Durchsicht soll die Glaubhaftigkeit der in den Abschlüssen enthaltenen Informationen erhöht werden, wobei auf die durch eine Abschlussprüfung erreichbare hinreichende Sicherheit für ein Prüfungsurteil mit positiver Gesamtaussage auftragsgemäß verzichtet wird.[18] Dementsprechend ist die prüferische Durchsicht keine Abschlussprüfung, sondern eine kritische Würdigung des Abschlusses und gegebenenfalls des Lageberichts auf der Grundlage einer Plausibilitätsbeurteilung. Die prüferische Durchsicht ist so zu planen und durchzuführen, dass der Wirtschaftsprüfer nach kritischer Würdigung mit einer gewissen Sicherheit ausschließen kann, dass der Abschluss und gegebenenfalls der Lagebericht in wesentlichen Belangen nicht in Übereinstimmung mit den angewandten Rechnungslegungsgrundsätzen erstellt worden ist (negativ formulierte Aussage).[19] Eine gewisse Sicherheit ist gegeben, wenn der Wirtschaftsprüfer aufgrund von erhaltenen Nachweisen davon überzeugt

[16] Beispiel: Ein Abschlussprüfer beanstandet in seinem Gesamturteil aufgrund von Wesentlichkeitsüberlegungen nicht, dass der Effekt aus einer zu niedrig bemessenen Ertragsteuerrückstellung vom Unternehmen mit einer Rückstellung für Boni „verrechnet“ wurde, die hätte aufgelöst werden müssen. Ertragsteuerrückstellungen werden regelmäßig in voller Höhe als *Debt* abgezogen, bei Boni kommt es stark auf den Einzelfall und die Verhandlungsposition der Parteien an (siehe auch die Ausführungen unter → § 2 Rn. 47).

[17] Siehe → § 11 Rn. 55.

[18] IDW PS 900, Tz. 5.

[19] IDW PS 900, Tz. 6.

ist, dass der Gegenstand der prüferischen Durchsicht im Rahmen der gegebenen Umstände plausibel ist.[20]

36 Ziel und Gegenstand der prüferischen Durchsicht zeigen, dass die prüferische Durchsicht zwar geeignet ist, das Vertrauen in den Abschluss als solchen zu erhöhen. Gleichwohl ist die Bedeutung für die Kaufpreisabrechnung als solche nochmals deutlich geringer als bei einer Abschlussprüfung. Dies liegt auch daran, dass substantielle Prüfungshandlungen (z. B. Belegprüfungen) in deutlich geringerem Umfang durchgeführt werden als bei einer (Abschluss-)Prüfung.

c) Sonstige Prüfungen

36a Zur Erhöhung des Vertrauens in die Datengrundlage kommt insbesondere noch eine Prüfung von Abschlüssen, die nach Rechnungslegungsgrundsätzen für einen speziellen Zweck aufgestellt wurden (IDW PS 480) sowie von Finanzaufstellungen und deren Bestandteilen (IDW PS 490) in Betracht. Insoweit wird auf → § 11 Rn. 56 ff. verwiesen.

d) Vereinbarte Untersuchungshandlungen („Agreed upon Procedures")

37 *Agreed upon Procedures* werden häufig in Ergänzung oder anstatt einer Prüfung oder prüferischen Durchsicht vereinbart. Der Unterschied besteht darin, dass konkret vereinbart wird, welche Prüfungsschritte von dem beauftragten Wirtschaftsprüfer durchgeführt werden sollen. Der Wirtschaftsprüfer wird genau das Schritt für Schritt abarbeiten, was vereinbart wurde und detailliert darüber Bericht erstatten. Für die Anwendug von *Professional Judgement* ist kein Raum. Geht es beispielsweise um die Werthaltigkeit von Forderungen ist konkret zu vereinbaren, ob und in welchem Umfang Saldenbestätigungen verschickt werden sollen, ob und in welchem Umfang die Zahlungen von Debitoren nach dem Stichtag untersucht werden sollen, welche Analysen auf Basis der Altersstrukturliste der Debitoren durchgeführt werden sollen usw. Der Vorteil dieses Vorgehens ist es, dass Erwägungen zu Wirtschaftlichkeit und Wesentlichkeit konkret mit dem Auftraggeber abgestimmt werden, also in der Regel mit dem Käufer, wenn er nach *Closing* ein Unternehmen einschließlich des Rechnungswesens übernimmt und für die Aufstellung der Kaufpreisabrechnung verantwortlich ist. Meist wird es sich anbieten, die Erstellung der Kaufpreisabrechnung und die damit in direktem Zusammenhang stehenden Untersuchungshandlungen zusammen zu beauftragen, um Schnittstellen und damit Effizienzverluste zu vermeiden. In aller Regel ist dies der Folgeauftrag an den Berater aus der *Financial Due Diligence,* insbesondere wenn er auch im Rahmen der Verhandlung über den Kaufpreisabrechnungsmechanismus involviert war.

---

[20] IDW PS 900, Tz. 7.

e) Einsichtnahme in Arbeitspapiere des Abschlussprüfers bzw. Wirtschaftsprüfers

Häufig finden sich in Unternehmenskaufverträgen Formulierungen, mit denen der Verkäufer zustimmt, dass der Käufer bzw. der als sein Berater beauftragte Wirtschaftsprüfer bei der *Confirmatory Due Diligence* oder bei der Kaufpreisabrechnung Einsicht in die Arbeitspapiere des Abschlussprüfers nehmen kann. Wird die Datengrundlage der Abgrenzungsbilanz geprüft oder einer prüferischen Durchsicht unterzogen, kann sich das Recht zur Einsichtnahme auch auf diese Arbeitspapiere erstrecken. Hintergrund für diese Vereinbarung ist, dass ggf. nicht alle Prüfungsfeststellungen gebucht wurden und dies Auswirkungen auf den Kaufpreis haben kann. Bei Vertragsverhandlungen wird allerdings der Abschlussprüfer bzw. der Wirtschaftsprüfer in aller Regel nicht gefragt werden. Dies bedeutet, dass die Parteien zwar den Abschlussprüfer bzw. Wirtschaftsprüfer (implizit) von der Verschwiegenheit entbinden und entsprechend beauftragen. Allerdings kann er durch eine derartige Vereinbarung nicht verpflichtet werden. Dies würde einen unzulässigen Vertrag zu Lasten Dritter darstellen. **38**

Eine Einsichtnahme wird der Abschlussprüfer bzw. der Wirtschaftsprüfer allenfalls gegen Unterzeichnung eines *Hold Harmless Letter* erlauben, d. h. er wird sich durch die Offenlegung seiner Arbeitspapiere nicht einem erhöhten Haftungsrisiko aussetzen wollen. **39**

In vielen Fällen wird der Abschlussprüfer bzw. der Wirtschaftsprüfer die Einsichtnahme in seine Arbeitspapiere aus grundsätzlichen Erwägungen ablehnen. In der Praxis funktioniert die Einsichtnahme häufig allenfalls nach dem Prinzip der Gegenseitigkeit zwischen den Wirtschaftsprüfungsgesellschaften unter Berücksichtigung der Besonderheiten im Einzelfall. **40**

III. Überprüfung der Kaufpreisabrechnung und ggf. der Abgrenzungsbilanz

Die (endgültige) Kaufpreisabrechnung erfolgt in der Regel durch den Käufer, zumindest dann, wenn das Rechnungswesen einschließlich der Mitarbeiter Teil des Kaufes war. Die andere Vertragspartei, also in der Regel der Veräußerer, hat dann die Möglichkeit, die Kaufpreisabrechnung und die ihr zugrunde liegende Abgrenzungsbilanz zu überprüfen. Für eine detaillierte Überprüfung wird es notwendig sein, dass der Veräußerer Zugriff auf das Rechnungswesen, die Mitarbeiter und weitere relevante Unterlagen bekommt. Der Umfang dieses Informationsrechts sollte bereits im Unternehmenskaufvertrag definiert werden. Häufig ist der gewährte Zeitraum ähnlich lang wie der für die Aufstellung der Kaufpreisabrechnung und der Abgrenzungsbilanz. **41**

Werden weitere **wertaufhellende Tatsachen** im Verlauf der Überprüfung der Abgrenzungsbilanz bekannt (siehe dazu oben bereits unter → Rn. 29), sollten diese **42** berücksichtigt werden. Insoweit unterscheidet sich der Prozess der Kaufpreisabrechnung von der Aufstellung eines (Jahres-)Abschlusses. Wertaufhellende Tatsachen können, außer ggf. beim Vorliegen wesentlicher Risiken und Wertminderungen, nur bis zur Aufstellung des Abschlusses berücksichtigt werden.[21] Ergeben sich zur Höhe des Schadens in Fortführung des oben in → Rn. 29 dargestellten Beispiels (Mitarbeiter begeht vor Closing eine zum Schadensersatz verpflichtende Handlung) weitere Erkenntnisse erst im Verlauf der Abschlussprüfung, sind diese in der Regel nicht mehr zu berücksichtigen.

43 Dies ist bei einer Kaufpreisabrechnung nicht sachgerecht. Es geht um die Ermittlung des finalen Zahlungsbetrages und um einen Interessenausgleich zwischen Veräußerer und Käufer. Nur diese beiden Parteien sind am Verfahren beteiligt und haben ein berechtigtes Interesse an einer „richtigen" Kaufpreisermittlung. Es bietet sich allerdings zur Klarstellung an, eine ausdrückliche Regelung über die Berücksichtigung von werterhellenden und wertbeeinflussenden Tatsachen in den Unternehmenskaufvertrag aufzunehmen (bspw. ob wertbeeinflussende Tatsachen zu berücksichtigen sind und wann der Berücksichtigungszeitraum für werterhellende und ggf. wertbeieinflussende Tatsachen endet).

44 Stimmt die andere Vertragspartei der Kaufpreisabrechnung zu, wird die Kaufpreisabrechnung bindend. Hat sie allerdings Einwendungen (*Objections*), wird sie diese gegenüber dem Aufsteller der Kaufpreisabrechnung geltend machen. Die *Objections* selbst sollten so detailliert vorgetragen werden, dass sie von einem unabhängigen, sachkundigen Dritten inhaltlich nachvollzogen und überprüft werden können. Dies ist natürlich nur dann möglich, wenn und soweit der Zugang zu Informationen ausreichend gewährt wurde.

45 Der Aufsteller der Abgrenzungsbilanz hat dann in der Regel eine Frist von einigen Tagen, um die *Objections* zu überprüfen. Diese Frist ist meist deutlich kürzer als diejenige zur Aufstellung und Überprüfung. Dies ist auch sachgerecht, da der Aufsteller der Abgrenzungsbilanz bereits ausreichend Zeit hatte, sich mit den Finanzinformationen vertraut zu machen. Zudem soll verhindert werden, dass der Prozess der Kaufpreisabrechnung unnötig verzögert wird. Ist ein Sachverhalt wider Erwarten doch deutlich komplexer steht es den Parteien frei, die Frist einvernehmlich zu verlängern.

46 Kommt es zu keiner Einigung zwischen den Parteien, kommt der Streitschlichtungsmechanismus zur Anwendung, wie er im Unternehmenskaufvertrag vereinbart wurde.

[21] BeBiKo/Störk/Büssow § 252 Rn. 53.

IV. Streitschlichtung

1. Die Rolle des Wirtschaftsprüfers in streitigen Auseinandersetzungen

Das IDW hat zu der Rolle des Wirtschaftsprüfers bei Schiedsgutachten grundsätzlich Stellung genommen.[22] **47**

a) Abgrenzung zu Schiedsvereinbarungen

Eine Schiedsvereinbarung (§§ 1025–1066 ZPO) ist auf die endgültige Entscheidung eines Rechtstreites gerichtet. Der Schiedsspruch hat unter den Parteien die Wirkung eines rechtskräftigen Urteils (§ 1055 ZPO) und unterliegt – im Gegensatz zu einem Schiedsgutachten – keiner inhaltlichen Kontrolle mehr durch staatliche Gerichte. Bei der teilweise nicht eindeutig möglichen Abgrenzung ist entscheidend, welche Wirkung die Feststellung nach dem Willen der Parteien haben soll. Soll eine Überprüfung nicht nur auf offenbare Unrichtigkeit bzw. Unbilligkeit durch staatliche Gerichte möglich sein, handelt es sich um ein Schiedsgutachten im engeren Sinne; soll eine Überprüfung nur insoweit möglich sein, liegt eine Schiedsvereinbarung oder ein Schiedsgutachten im weiteren Sinne vor (siehe dazu ausführlich → § 13 Rn. 14 f.). Sind die vertraglichen Abreden unklar, ist ein Schiedsgutachten als die weniger weitgehende Regelung anzunehmen.[23] Zu den rechtlichen Grundlagen eines Schiedsgutachtens wird im Übrigen auf die Ausführungen in → § 13 Rn. 12 ff. verwiesen. **48**

b) Der Wirtschaftsprüfer als Schiedsgutachter

Gegenstand eines Schiedsgutachtens können sämtliche Tatsachen oder Umstände sein, die sich durch einen Sachverständigen unter Einschluss von rechtlichen Würdigungen begutachten lassen. Dies sind in Bezug auf die besonderen Fachkenntnisse des Wirtschaftsprüfers beispielsweise Feststellungen zu im Jahresabschluss ausgewiesenen Ergebnissen, zu bestimmten Bilanzposten oder zum Vorliegen der Voraussetzungen einer Kaufpreisanpassungsklausel, die Feststellung des Werts eines Gesellschaftsanteils oder eines Unternehmens, des Zustands von Software oder EDV-Systemen, Gebäuden oder Anlagen sowie die Bezifferung von Schäden oder (mangelhaften) Leistungen.[24] **49**

Neben einer solchen Feststellung und ggf. rechtlichen Würdigung von Tatsachen (Schiedsgutachten im engeren Sinn) kann ein Schiedsgutachten auch der nach **50**

[22] IDW Stellungnahme: Grundsätze für die Benennung von Gutachtern durch das IDW (Stand: 7.6.2010), abzurufen über die Homepage des IDW (https://www.idw.de/blob/35372/cde41b02924a289396cd00da5fd5dba2/down-benennung-gutachter-data.pdf).

[23] IDW Stellungnahme: Grundsätze für die Benennung von Gutachtern durch das IDW, Tz. 3.

[24] IDW Stellungnahme: Grundsätze für die Benennung von Gutachtern durch das IDW, Tz. 2.

billigem Ermessen vorzunehmenden rechtsgestaltenden Ergänzung des Vertragsinhalts dienen, wie dies z. B. bei einer Ausfüllung von vertraglichen Lücken (etwa zur Vergütung oder zur Laufzeit) oder bei einer Anpassung des Vertragsinhalts an veränderte Verhältnisse erforderlich sein kann (Schiedsgutachten im weiteren Sinn).[25]

c) Auswahl und Benennung eines Schiedsgutachters durch Dritte

51 Die Feststellung eines umstrittenen Sachverhalts durch einen Schiedsgutachter setzt zwei verschiedene Verträge voraus: Die Vertragsparteien schließen einen **Schiedsgutachtenvertrag**, während der **Schiedsgutachtervertrag** zwischen den Vertragsparteien und dem Schiedsgutachter zustande kommt.[26] Zur dogmatischen Einordnung wird im Übrigen auf die Ausführungen in → § 13 Rn. 13 ff. verwiesen.

52 In dem Schiedsgutachtenvertrag, der in der Regel im Unternehmenskaufvertrag eingebettet ist, sollte geregelt sein, wie die Auswahl des Gutachters vorzunehmen ist (siehe auch → § 13 Rn. 53 ff.). So kommt zum einen eine namentliche Benennung im Vertrag oder eine einvernehmliche Benennung durch die Parteien im Streitfall (ggf. mit Vorschlagerecht) in Betracht. Zum anderen wird es häufig einer Regelung über eine verbindliche Benennung durch Dritte bedürfen (ggf. erst, wenn eine einvernehmliche Benennung scheitert). Auch dann, wenn die Benennung durch die Parteien erfolgt, können Dritte um (unverbindliche) Vorschläge gebeten werden.[27]

53 Wird ein Gutachter bereits im Unternehmenskaufvertrag benannt, hat dies den Vorteil, dass eine Streitschlichtung ggf. zügig beginnen kann. In aller Regel wird der Gutachter aber nicht parallel zu den Kaufvertragsverhandlungen befragt werden. Daher wird es stets einer Alternativregelung bedürfen, falls der vorgesehene Gutachter beispielsweise aus persönlichen Gründen nicht tätig werden kann. Durch den Schiedsgutachtenvertrag allein kann er nicht verpflichtet werden, die Gutachtertätigkeit anzunehmen. Dies wäre ein unzulässiger Vertrag zu Lasten Dritter.

54 Häufig scheitert eine Einigung im Rahmen von Vertragsverhandlungen dadurch, dass aufgrund des engen Zeitrahmens und der Masse zu verhandelnder kritischer Punkte gar kein Raum bleibt zu prüfen, wer ggf. geeignet wäre und ob diese Person nicht in solchen Geschäftsbeziehungen mit der Gegenseite steht, die eine Besorgnis der Befangenheit begründen könnte. Daher ist zu empfehlen, sich im Rahmen der Vertragsverhandlungen ausreichend Gedanken über das Benennungsverfahren zu machen. Viele Institutionen, die Gutachter benennen, haben ggf. keine (veröffentlichte) Verfahrensordnung, auf die nur verwiesen zu werden bräuchte.

---

[25] IDW Stellungnahme: Grundsätze für die Benennung von Gutachtern durch das IDW, Tz. 19 f.; siehe dazu auch → § 13 Rn. 14 f.

[26] IDW Stellungnahme: Grundsätze für die Benennung von Gutachtern durch das IDW, Tz. 5.

[27] IDW Stellungnahme: Grundsätze für die Benennung von Gutachtern durch das IDW, Tz. 12.

d) Benennung eines Schiedsgutachters durch das IDW

Kern der Stellungnahme des IDW zu den Grundsätzen für die Benennung von Gutachtern ist die Darstellung, nach welchen Kriterien das IDW den Gutachter auswählt. Vor der Veröffentlichung dieser Stellungnahme wurden die Kriterien zwar auf Anfrage erläutert. Dies stellte sich jedoch als unpraktikabel heraus. Ein wichtiger Hinweis bezieht sich auf die **Neutralität der Auswahl**[28] durch das IDW. Gerade hier kam es in der Vergangenheit zu Missverständnissen. Das IDW empfiehlt, von einseitigen Gutachter-Vorschlägen abzusehen, da eine Einflussnahme auf die Auswahl nicht möglich ist. Ein gemeinsamer Vorschlag der Parteien bei der Auswahl wird aber berücksichtigt. 55

In der Praxis bedeutet dies, dass ein einseitiger Vorschlag regelmäßig dazu führt, dass die vorgeschlagene Person nicht als Gutachter vom IDW benannt werden wird. Dessen sollten sich die Parteien bewusst sein. Ansonsten besteht die Gefahr, dass besonders geeignete Personen vorgeschlagen und gerade deswegen nicht benannt werden. Die Vorgehensweise des IDW ist nicht unproblematisch. Sie eröffnet einer Partei durchaus die Möglichkeit, ggf. durch einseitige Vorschläge bestimmte Personen aus dem Gutachterbenennungsprozess herauszunehmen. 56

Daneben gibt es eine ganze Reihe weiterer Kriterien, die bei der Auswahl durch das IDW berücksichtigt werden.[29] Hierzu zählen insbesondere: 57

- Der Wirtschaftsprüfer hat ausreichend Ressourcen zur Verfügung zur sachgerechten Erfüllung des Auftrags.
- Er ist unabhängig in Bezug auf die Vertragsparteien und den Streitgegenstand.
- Er hat fallbezogene Sachkunde, die beispielsweise durch Mitgliedschaft in einschlägigen Fachgremien des IDW nachgewiesen ist.
- Er verfügt über die notwendige Integrität, Verlässlichkeit und Vermittlungsgeschick (sog. persönliche Voraussetzungen).
- Als Schiedsgutachter werden nur Wirtschaftsprüfer benannt, die Mitglied des IDW sind.

Dieser Katalog an Auswahlkriterien wurde vom IDW nicht nur für Gutachternennungen im Rahmen von Unternehmenstransaktionen erstellt, sondern soll Grundlage für alle Gutachteranfragen sein. Daher ist zu empfehlen, dass das Anforderungsprofil an den Gutachter möglichst detailliert in der Anfrage an das IDW beschrieben wird. Geht es um eine komplexe Unternehmenstransaktion wird es wichtig sein, dass der Gutachter selbst über entsprechende Transaktionserfahrung verfügt und weiß, wie Entscheidungsfindungen und Verhandlungsergebnisse zustande kommen, gelesen und interpretiert werden müssen.

[28] IDW Stellungnahme: Grundsätze für die Benennung von Gutachtern durch das IDW, Tz. 2.

[29] IDW Stellungnahme: Grundsätze für die Benennung von Gutachtern durch das IDW, Tz. 21–26.

58 Trotz Diskussion im Vorfeld der Veröffentlichung wurde in die Stellungnahme nicht aufgenommen, dass Parteien einen Antrag auf eine mündliche Anhörung beim IDW stellen können, falls es sich um eine sehr komplexe Unternehmenstransaktion und ggf. um einen hohen Streitwert handelt, um dadurch sicherzustellen, dass die Gutachterbenennung dieser Komplexität in ausreichendem Maße Rechnung trägt. Gleichwohl sollte eine entsprechende Bitte ggf. in den Unternehmenskaufvertrag und in die Anfrage an das IDW aufgenommen werden. Sofern sie hinreichend begründet ist, wird es wahrscheinlich zu einer mündlichen Anhörung vor der Entscheidungsfindung kommen.

2. Verfahren und Entscheidungsfindung

59 Für die Durchführung von Schiedsgutachterverfahren gibt es keine einheitliche Verfahrensordnung. Daher bietet es sich an, die Grundzüge des Verfahrens im Unternehmenskaufvertrag zu regeln. Hierzu zählen insbesondere folgende Fragestellungen:

- Zeitraum der Gutachtertätigkeit, d. h. wie lange hat der Gutachter Zeit für die Durchführung seiner gutachterlichen Tätigkeit?
- Gibt es Beschränkungen dazu, welche Beweismittel bzw. Nachweise der Gutachter anfordern darf?
- Definition des Prüfungsumfangs, d. h. soll die Gutachtertätigkeit sich ausschließlich auf die *Objections* beziehen oder auf die gesamte Kaufpreisabrechnung?
- Ist der Gutachter auf die in Kaufpreisabrechnung einerseits und *Objections* andererseits genannten Wertbandbreiten beschränkt oder kann er darüber hinausgehen?

60 Die Bemessung des dem Gutachter zur Verfügung stehenden Zeitraums durch den Unternehmenskaufvertrag hängt maßgeblich davon ab, wie die Parteien die Entscheidungsgeschwindigkeit gewichten im Verhältnis zur Richtigkeit der Beurteilung. Ein kurz bemessener Zeitraum kann dazu führen, dass für die Gutachterentscheidung nicht alle notwendigen Beweis- oder Nachweismittel in ausreichendem Maße gewürdigt werden. Dies wird dann ggf. über ein langwieriges gerichtliches oder schiedsgerichtliches Verfahren korrigiert werden müssen. Allerdings ist von dem Wirtschaftsprüfer auch zu verlangen, dass er die Parteien darauf hinweist, wenn der Zeitrahmen so kurz bemessen ist, dass eine angemessene Begutachtung nicht möglich ist.

61 Regelmäßig wird der Schiedsgutachtervertrag vorsehen, dass nicht die gesamte Kaufpreisabrechnung begutachtet werden soll, sondern nur diejenigen Sachverhalte, über die Unstimmigkeiten bestehen. Die Entscheidungsfindung wird sich dann auch in der Bandbreite bewegen, wie sie zwischen den Parteien streitig ist.

Dies ist im Ergebnis auch sachgerecht, da es sich um einen Parteienprozess handelt mit vergleichbaren Grundsätzen wie derjenigen der ZPO.

Die gutachterliche Entscheidung ist grundsätzlich schriftlich zu treffen und so ausreichend zu begründen, dass sie inhaltlich von den Parteien sowie ggf. von einem (Schieds-)Gericht überprüft werden kann. Zu der Frage, inwieweit eine Überprüfung auf offenbare Unrichtigkeit bzw. Unbilligkeit durch staatliche Gerichte oder ein Schiedsgericht möglich ist, wird auf die Ausführungen in → § 13 Rn. 43 ff. verwiesen. **62**

3. Zusammenfassende Kaufvertragsklausel zum Schiedsgutachterverfahren

Die vom IDW entwickelten und zuvor dargestellten Grundsätze sind vielschichtig und tragen das Risiko in sich, dass eine oder beide Parteien – wissentlich oder unwissentlich – das Verfahren zur Ermittlung des Kaufpreises und zur Benennung des Schiedsgutachter beinflussen. Dem trägt das folgende **Formulierungsbeispiel** Rechnung: **63**

The Acquirer shall prepare the Closing Accounts within [...] Business Days following the Closing Date. The Sellers shall be obliged to disclose all information and documents requested by the Acquirer for that purpose. The Acquirer shall receive all necessary support by the Sellers and shall have access to all pertinent documents necessary, to the extent held by the Sellers, for the preparation of the Closing Accounts. The Sellers shall provide full access to the books and records of any of the companies within the Target Group, if such documents have been retained by the Sellers.

The Closing Accounts shall become final and binding for determination of the Final Purchase Price. However, the Closing Accounts shall not become final and binding, if the Seller presents to the Acquirer, within [...] Business Days after receiving the Closing Accounts, a report which outlines on which issues the Closing Accounts – in the opinion of the Sellers – do not comply with this Agreement. Insofar as the Acquirer does not oppose to the Revised Closing Accounts within [...] Business Days after receipt, the Revised Closing Accounts shall become final and binding for the Parties for determination of the Final Purchase Price.

Insofar as the Acquirer timely opposes the Revised Closing Accounts and no agreement has been achieved between the Sellers and the Acquirer within another [...] Business Days after the Revised Closing Accounts have been rejected by the Acquirer, the Seller and the Acquirer are jointly entitled to entrust a Neutral Auditor to settle the dispute. Unless the Seller and the Acquirer specifically agree otherwise, the Neutral Auditor shall not have acted nor act, nor have been or be appointed, as auditor of any of the Companies. The Neutral Auditor shall decide upon the matters in dispute and upon any amount to be paid by the Acquirer or the Sellers in order to reach the Final Purchase Price.

If the Seller and the Acquirer are unable to agree on the Neutral Auditor within a period of 10 Business Days, the Expert shall be appointed by the Institut der Wirtschaftsprüfer in Deutschland e. V., Düsseldorf, Germany, (the "IDW") upon request of either the Sellers or the Acquirer. The request shall be in writing and contain the requirements that the Neutral Auditor shall be (i) partner of a reputable accounting firm with an international network (without naming a specific partner of the accounting firm), (ii) shall have a long lasting experience in providing financial due diligence services to international clients, and (iii) with a strong preference for knowledge and credentials in the [...] industry. In accordance with the IDW Statement: Principles for the appointment of an Expert by the IDW, neither the Sellers nor the Acquirer will propose or name any specific accounting firm or partner of an accounting firm to the IDW since this accounting firm or partner would automatically be considered as inappropriate for appointment by the IDW. Both the Seller and the Acquirer can request for one oral hearing with the IDW to further elaborate on the skillset required of the Neutral Auditor. The oral hearing shall be held within 10 Business Days and both the Seller and the Acquirer shall be invited to attend with their professional advisors.

The Seller and the Acquirer shall make available to the Neutral Auditor the Closing Accounts and all other documents and data required by the Neutral Auditor. The Neutral Auditor shall immediately submit copies of all documents made available by a Party to the other Party. Before deciding, the Neutral Auditor shall grant the Parties the opportunity to present their positions which shall include the opportunity of at least one oral hearing in the presence of both Parties and their professional advisers. Both Parties shall instruct the Neutral Auditor to use its best efforts to deliver its written opinion with reasons for the decisions as soon as reasonably practical. Except for manifest error or intentional fault, the Neutral Auditor's decisions and the Purchase Price as determined by the Neutral Auditor shall be final and binding.

The costs of the Neutral Auditor shall be borne by the Seller and the Acquirer pro-rata to the amounts by which the initial Purchase Prices as calculated by the respective Parties deviate from the Final Purchase Price as determined by the Neutral Auditor.

V. Kaufvertragsbestimmung zur Abgrenzungsbilanz

64 In der Praxis hat es sich als sehr hilfreich erwiesen, die Kaufvertragsbestimmungen zur Ermittlung der Abgrenzungsbilanz in einem Anhang zum Kaufvertrag systematisch geordnet zusammenzufassen und im Hauptteil des Vertrages mit Verweisen auf den Anhang zu arbeiten. Ein Großteil der Tätigkeiten zur Aufstellung der Abgrenzungsbilanz wird durch das Rechnungswesen des Zielunternehmens und des Käufers, ggf. auch des Verkäufers erfolgen. Eine systematisch zusammenfassende Darstellung ist hierbei sehr hilfreich und erleichtert auch später die Erstellung und Überprüfung bis hin zu einem Schiedsgutachterverfahren. Das folgende **Forumulierungsbeispiel** kann dabei als Grundgerüst für einen solchen Anhang dienen:

Exhibit– Closing Accounts

Part A: Purchase Price determination

I. Preliminary Closing Accounts and Closing Accounts

The Preliminary Closing Accounts and the Closing Accounts shall contain the Preliminary Purchase Price calculation and the Final Purchase Price calculation, respectively.

II. Preliminary Purchase Price and Final Purchase Price

The Preliminary Purchase Price and the Final Purchase Price shall be calculated as defined in Clause [x] to Clause [y] in the SPA. Subject to III. below, the following example as per 31Dec00 shall serve as binding guidance:

TEUR	*SPA reference*	*31Dec00*	*Preliminary Purchase Price*	*Final Purchase Price*
Enterprise value	*[...]*	*[x]*	*300.000*	*300.000*
Increased by Cash	*[...]*	*+ 150*	*[TBD]*	*[TBD]*
Reduced by Debt	*[...]*	*- 12.000*	*[TBD]*	*[TBD]*
Increased or reduced by Working Capital Adjustment	*[...]*	*+ 800*	*[TBD]*	*[TBD]*
Reduced by CAPEX spending under budget	*[...]*	*0*	*[TBD]*	*[TBD]*
Purchase Price		*[x]*	*[TBD]*	*[TBD]*

III. Basis of preparation

The Preliminary Purchase Price and the Final Purchase Price as per the Closing Accounts shall be derived from the Functional balance sheet of the Target Group as per Closing. Part C: Functional Balance Sheet contains an illustrative Functional Balance Sheet as per 31Dec00 and shall serve as binding guidance to the extent that these accounts and the individual amounts and transactions included are consistent with past practice and do not materially deviate from the definitions in Part B: Calculation of Cash, Debt, Working Capital and Capex below.

The Functional Balance Sheet is prepared in a way that all individual accounts with their corresponding amounts are fully allocated to either (i) Cash, (ii) Debt, or (iii) Working Capital with the exception of those allocated to (i) fixed assets, (ii) deferred taxes, and (iii) equity.

If, during the period commencing on 1 Jan 01 and Closing (both day inclusive), (i) new accounts have been set up which should have been included in the above, or (ii) business transactions of a new type have occurred which (x) should have caused the creation of a new account to be included above or (y) have been incorrectly recorded or incorrectly not recorded in the accounts above, any of this shall be reflected in the above based on their respective nature and content and applying the principles set forth above.

IV. Financial Statements as of FY00

The Closing Accounts will be prepared on the same basis and using consistent accounting policies as well as judgment and estimates as applied in the audited consolidated financial statements of […] for the year ended FY00 prepared in accordance […][30]

Part B: Calculation of Cash, Debt, Working Capital and Capex

I. Cash

Cash shall mean […].[31]

II. Debt

Net Debt shall mean the aggregate of […].[32]

III. Working Capital

1. Reported Working Capital

Working Capital shall mean the aggregate of

*i. trade receivables resulting from the supply of goods and services (Forderungen aus Lieferungen und Leistungen) irrespective of whether such customers are Third Parties or the Seller **("Trade Receivables");***

*ii. plus other receivables **("Other Receivables");***

*iii. plus other short-term assets **("Other Assets");***

*iv. plus prepaid/deferred expenses **("Prepaid Expenses");***

*v. minus trade payables resulting from the supply of goods and services (Verbindlichkeiten aus Lieferungen und Leistungen) irrespective of whether such suppliers or service providers are Third Parties or the Seller **("Trade Payables");***

*vi. minus short-term provisions **("Short-term provisions");***

*vii. minus other payables **("Other payables");***

*viii. minus other short-term provisions for personnel costs **("Other Personnel Provisions");** and*

*ix. minus deferred income **("Deferred income")***

2. Target Working Capital

Target Working Capital has the value of EUR […] (in words: […] Euro).

3. Target Trade Working Capital reassessment

Due to the limited data points available […][33]

4. No Double Counting

---

[30] Insoweit wird auf „Formulierungsbeispiele Aufstellungsgrundsätze Abgrenzungsbilanz" in → § 12 Rn. 17 bis 20 verwiesen.

[31] Insoweit wird auf die Ausführungen in → § 7 Rn. 13 bis 25 verwiesen.

[32] Insoweit wird auf die Ausführungen in → § 7 Rn. 26 bis 181 sowie → § 7 Rn. 201 bis 258 verwiesen.

[33] Insoweit wird auf die Ausführungen in → § 8 Rn. 63a ff., insb. → § 8 Rn. 63c verwiesen.

Target Trade Working Capital and Closing Date Trade Working Capital shall exclude any items that have been included in Closing Date Cash or Closing Date Financial Debt or which have been or are to be indemnified or compensated by Seller to either Buyer or any of the Transferred Entities in any other way pursuant to the Transaction Documents.

IV. Capex

The amount by which the actual CAPEX is below the CAPEX budget as set-up by the management and approved by the shareholders on [...] for FY01 and FY02. In case the Closing takes place during the fiscal year, the actual CAPEX spendings shall be compared to the CAPEX budget on a pro-rata basis.[34]

Part C: Functional Balance Sheet

The Functional Balance Sheet as per 31Dec00 shall serve as binding guidance for the allocation of balance sheet items to either (i) cash, (i) debt, (iii) working capital, or (iv) others.[35] *For the avoidance of doubt, the allocation method under Part B: Calculation of Cash, Debt, Working Capital and Capex shall [not] prevail over the Functional Balance Sheet below.*

Balance Sheet Line	*Account name*	*Account number*	*31Dec00 in EUR*	*Allocation*
Fixed Assets	*Intangible assets*	*11000*	*3.000.000*	*Other*
Fixed Assets	*Tangible assets*	*12000*	*50.000.000*	*Other*
Fixed Assets	*Financial Assets*	*13000*	*5.500.500*	*Other*
Inventory	*Raw materials and supply*	*21100*	*1.550.000*	*WC*
Inventory	*Unfinished goods and services*	*21200*	*5.000.000*	*WC*
Inventory	*Trade Goods*	*21300*	*3.500.500*	*WC*
Inventory	*Downpayments on inventory*	*21400*	*575.000*	*WC*
Acc Receivable	*Accounts Receivable Germany*	*22110*	*5.600.123*	*WC*
Acc Receivable	*Accounts receivable Spain*	*22120*	*544.465*	*WC*
Acc Receivable	*Accounts receivable Italy*	*22130*	*234.567*	*WC*
[...]	*[...]*			
Bank loans	*Bank 1*	*51100*	*5.000.000*	*Debt*
Bank loans	*Bank 1*	*51200*	*2.000.000*	*Debt*
Bank loans	*Bank 1*	*51300*	*500.000*	*Debt*
[...]	*[...]*			

65 Unter → § 8 Working Capital-Anpassung wird verschiedentlich dargestellt, dass es Situationen gibt, in denen es nicht zur Vereinbarung eines standardisierten Working Capital Anpassungsmechanismus wie im vorstehenden Formulierungsbeispiel unter *III. Working Capital* beschrieben. Dies kann insbesondere dann der

[34] Ergänzend wird auf die Ausführungen in → § 7 Rn. 182 bis 200 verwiesen.

[35] Zur Erläuterung der Systematik des *Functional Balance Sheet* wird auf die Ausführungen in → § 8 Rn. 34 sowie auf die Beispielsübersichten zwischen → § 8 Rn. 65 und → § 8 Rn. 66 verwiesen. Die Darstellung im Rahmen des Kaufvertragsanhangs orientiert sich an der Bilanzgliederung nach HGB. Zu beachten ist, dass die Bilanzposten bis auf Kontenebene dargestellt werden. Konten werden auch als „Atom der Rechnungslegung" bezeichnet. Eine weitere Aufgliederung bedeutet, dass die einzelnen auf dem jeweiligen Konto verbuchten Lebenssachverhalte individuell zu beurteilen sind.

Fall sein, wenn es keine verlässlichen historischen Monatsabschlüsse oder Working Capital-Aufstellungen gibt.[36] In diesen Fällen kann es zielführend sein, nicht auf einen *Adjustment*-Betrag abzustellen, sondern einen Schutzmechanismus zu definieren (sog. *Working Capital Boundaries*). In Abwandlung des vorstehenden Formulierungsbeispiels wird *III. 2 Target Working Capital* und *III. 3 Target Trade Working Capital reassessment* durch den folgenden III. *2. Working Capital Adjustment* ersetzt.

2. Working Capital Adjustment

The purpose of the Working Capital Adjustment is to protect the Purchaser from any adverse financial impacts resulting from a Working Capital which has not been managed in line with the guidelines as defined in 2.1 and 2.2 below. As such, the Purchase Price shall be reduced by the amount by which the sum of the individual Reported Working Capital items as defined above deviate from these guidelines.

2.1 Principle

The Parties agree that Reported Working Capital shall be managed in accordance with both, (i) the care of a prudent business man; and (ii) with past practice. Sellers, Group management and its staff shall avoid to increase cash balances or reduce liabilities through any sort of active or passive Working Capital Management as per the corresponding dates. This includes, without limitation, the increase of cash balances through the acceleration of collecting receivables or deferring payments.

2.2 Binding guidelines

The following will serve as a binding guideline to be corrected through the Working Capital Adjustment:

Accounts receivable or other assets – Any Accounts receivables or other assets for which a cash collection has been accelerated compared to past practice in FY01;

Factoring – Any receivables (and its corresponding cash-in) that have been sold by the Target Companies on a non-recourse, recourse or similar basis;

Accounts payable, other payables, other accruals – Any accounts payable, other payables or other accruals to the extent (i) their agreed maturity (vereinbartes Zahlungsziel) exceeds a total of [30] days (including an extension of maturity if the case may be) and the rendering of individual separable services etc has been carried out since more than [30] days as at the corresponding date or (ii) they have been overdue as at the corresponding date for more than [30] days;

Inventories – Each such inventory item that on or [180] Business Days before Economic Effective Date has been sold below the standard price to the extent that the actual selling price was lower than the standard price for the corresponding item reduced by discounts typically granted in the past business year. In this case the difference between standard price reduced by discounts typically granted in the past business year and actual selling price shall be adjusted.

Personnel related accruals – Any accruals or provisions due to any employee relating to the period until the corresponding date resulting from, without limitation, monthly wages and salaries, vacation, overtime, (fix) Christmas, vacation or additional monthly installment at year end (13./14. Monatsgehalt) as well as (variable) bonus of any kind which are deferred longer than past practice in FY01;

Prepaid expenses – Any prepayments made including, without limitation, for the delivery of goods or rendering of services, for operating leases, insurances or any other public or private contribution, irrespective of their presentation in the balance sheet which have been deferred compared to the same point in time in FY01 or which have not been made despite a legal binding obligation; and

Deferred income – Any prepayments from customers for the delivery of goods or rendering of services, irrespectively of their presentation in the balance sheet which are made for periods over [30] days.

---

[36] Insoweit wir auf → § 8 Rn. 15 ff. sowie → § 8 Rn. 63a ff. verwiesen.

§ 13. Streitschlichtung

1 Im Folgenden soll näher beleuchtet werden, auf welche Weise mögliche Streitigkeiten zwischen Verkäufer und Käufer bei der Berechnung eines variablen bzw. nach Vertragsschluss anzupassenden Kaufpreises möglichst effizient gehandhabt werden können. Dabei geht es in erster Linie um Fälle, in denen sich die Parteien über den Betrag einzelner Anpassungspositionen, auf denen die Berechnung des Kaufpreises vereinbarungsgemäß beruht, nicht einigen können, und nicht um sonstige Auseinandersetzungen, die in der Praxis im Zusammenhang mit kaufpreisbezogenen Ansprüchen entstehen können, wie etwa Fragen der Fälligkeit oder Verjährung, der Verzinsung oder von Einwendungen des jeweiligen Schuldners aus sonstigen Gründen (Aufrechnung mit Gegenansprüchen etc.). Es liegt auf der Hand, dass es angesichts der regelmäßig komplizierten und vornehmlich bilanz- und bewertungstechnischen Anpassungsparametern mit entsprechenden Beurteilungs- und Ermessensspielräumen einerseits und der in diesen Fragen stets diametral entgegengesetzten Interessen von Verkäufer und Käufer andererseits in der Praxis sehr leicht zu Auseinandersetzungen von teilweise erheblicher wirtschaftlicher Tragweite kommen kann. Die Thematik spielt daher in der Kautelarpraxis eine wichtige Rolle und findet in praktisch jedem Unternehmenskaufvertrag mit variablem Kaufpreis bzw. Kaufpreisanpassung ihren Niederschlag. Ausgegangen wird für die folgenden Ausführungen von dem typischen Fall, dass der variable Kaufpreis bzw. die Kaufpreisanpassung auf einen Zeitpunkt nach Unterzeichnung des Vertrages, regelmäßig den Vollzugsstichtag *(Closing),* als maßgeblichen Abgrenzungszeitpunkt ermittelt werden soll.

I. Entscheidung durch ordentliche Gerichte oder Schiedsgerichte

1. Einführung

2 Ausgangspunkt der Überlegungen ist die typische Situation, dass der Käufer zum Vollzugsstichtag *(Closing)* auf der Basis vorläufiger (geschätzter) Berechnungen einen bestimmten Betrag auf den Kaufpreis (nämlich den auf vorläufiger Basis ermittelten Kaufpreis) gezahlt hat und es dann um die Frage geht, ob der im Nachhinein endgültig ermittelte variable Kaufpreis diesen Betrag übersteigt und der Käufer eine entsprechende Nachzahlung schuldet, oder umgekehrt der beim *Closing* gezahlte Betrag den endgültig ermittelten variablen Kaufpreis übersteigt und der Verkäufer daher zur Rückzahlung des überschießenden Betrages verpflichtet ist. Kommt es nun zu einer Auseinandersetzung über eine oder mehrere

der Positionen, die nach den vertraglichen Kaufpreisbestimmungen Eingang in die Kaufpreisberechnung gefunden haben, geht es also regelmäßig um die Frage, ob und in welcher Höhe ein Anspruch des Verkäufers auf eine weitere Kaufpreiszahlung oder ein Rückzahlungsanspruch des Käufers im Hinblick auf einen Teil des bereits bezahlten Kaufpreises besteht.

2. Konfliktlösung beim Unternehmenskauf durch ordentliche Gerichte oder Schiedsgerichte

Grundsätzlich besteht für jede der Parteien eines Kaufvertrages im Falle einer Auseinandersetzung über sich aus dem Vertrag ergebende Pflichten die Möglichkeit, zur Klärung ein ordentliches Gericht oder, bei einer entsprechenden Vereinbarung im Kaufvertrag, ein Schiedsgericht anzurufen. Dies gilt auch für Unternehmenskaufverträge, und dort wiederum auch für Zahlungsansprüche des Verkäufers oder Rückzahlungsansprüche des Käufers in Zusammenhang mit der abschließenden Bestimmung und Bezahlung eines variablen Kaufpreises. 3

a) Ordentliche Gerichtsbarkeit

Soweit nichts Abweichendes geregelt ist, müsste dementsprechend der Verkäufer seinen weiteren Zahlungsanspruch oder der Käufer seinen Rückzahlungsanspruch mangels Einigung vor dem zuständigen ordentlichen Gericht geltend machen. Bei Verfahren vor den ordentlichen Gerichten sind umfangreiche Verfahrensregeln nach der Zivilprozessordnung (ZPO) zu beachten. Daneben gibt es einen festgeschriebenen Instanzenzug durch Berufung gemäß §§ 511 ff. ZPO und u. U. Revision nach §§ 542 ff. ZPO. Das Gericht hat die Möglichkeit, zur Durchsetzung seiner Entscheidungen Zwangsvollstreckung und Zwangsmaßnahmen zu verhängen (§§ 704 ff. bzw. §§ 883 ff. ZPO). 4

b) Schiedsgerichtsbarkeit

Die Parteien können auch vereinbaren, dass Auseinandersetzungen nicht vor staatlichen Gerichten, sondern vor einem Schiedsgericht (§§ 1025 ff. ZPO) ausgetragen werden. Die Verfahrensregeln richten sich nach dem von den Parteien jeweils vereinbarten Regelwerk. Gebräuchliche Verfahrensordnungen sind z. B. die Schiedsgerichtsordnung der Internationalen Handelskammer (ICC) Paris, die UNCITRAL-Schiedsordnung und die Schiedsgerichtsordnung der Deutschen Institution für Schiedsgerichtsbarkeit (DIS).[1] 5

Ein Schiedsspruch steht gemäß § 1055 ZPO dem rechtskräftigem Urteil eines staatlichen Gerichts gleich. Für einen Vollstreckungstitel bedarf es jedoch sowohl für inländische als auch ausländische Schiedssprüche einer Vollstreckbarerklärung 6

[1] Vgl. z. B. Klumpp in Beisel/Klumpp, Unternehmenskauf, § 18, Rn. 16.

durch das zuständige Oberlandesgericht (§§ 1060 bzw. 1061, 1062 Abs. 1 Nr. 4 ZPO).

7 Beim Schiedsverfahren gibt es, anders als bei einem Rechtsstreit vor den ordentlichen Gerichten, keinen gesetzlich geregelten Instanzenzug.[2] Einziger Rechtsbehelf gegen einen Schiedsspruch ist das Aufhebungsverfahren, das sich nach § 1059 ZPO richtet. Das bedeutet, dass ein Schiedsspruch lediglich wegen formeller Mängel, schwerwiegender Verfahrensfehler oder Verstößen gegen den *ordre public* anfechtbar ist. Materiell-rechtliche Feststellungen sind nur im Hinblick auf die in § 1059 Abs. 2 ZPO abschließend aufgezählten Gründe reversibel. Die Parteien haben zwar die Option, nach § 1058 Abs. 1 Nr. 3 ZPO eine Ergänzung des Schiedsspruchs zu beantragen, wenn über Ansprüche, die im Schiedsverfahren geltend gemacht wurden, keine Entscheidung erging. Eine solche Ergänzung führt wiederum zu einem selbständigen Schiedsspruch. In der Praxis machen Parteien davon äußerst selten Gebrauch.

8 Vor oder nach dem Beginn des Schiedsverfahrens kann das Schiedsgericht auf Antrag einer Partei gemäß § 1041 Abs. 1 S. 1 ZPO einstweiligen Rechtsschutz anordnen. Dennoch verbleibt auch den staatlichen Gerichten (gleichrangig) das Recht, antragsgemäß vorläufige oder sichernde Maßnahmen hinsichtlich des Gegenstandes des schiedsgerichtlichen Verfahrens anzuordnen (§ 1033 ZPO).[3] Die Gefahr doppelter und sich gegebenenfalls widersprechender Entscheidungen wird vom Gesetzgeber zwar gesehen, aber, da zum einen bei Vorliegen einer Entscheidung des staatlichen Gerichts kein Rechtsschutzbedürfnis für eine weitere Entscheidung bestünde und im Übrigen einstweilige Maßnahmen des Schiedsgerichts gemäß § 1041 Abs. 2 ZPO für vollziehbar erklärt werden müssen, hingenommen.[4] Unter anderem aufgrund drohender Verzögerungen durch das Verfahren nach § 1041 Abs. 2 ZPO wird aber in der Praxis empfohlen, einstweiligen Rechtsschutz vor staatlichen Gerichten zu suchen.[5] Daneben finden sich in einigen Schiedsordnungen Regelungen hinsichtlich eines *Emergency Arbitrator,* der in Eilsituationen einstweiligen Rechtschutz bietet, beispielsweise vor Konstituierung des Schiedsgerichts.[6]

9 Die Beteiligung Dritter im Rahmen von Schiedsverfahren weicht vom ordentlichen Gerichtsverfahren ab und unterliegt insbesondere den Bestimmungen der anwendbaren Schiedsgerichtsordnung. Eine Streitverkündung nach § 72 ZPO ist zwar zulässig, es fehlt aber die Streithilfewirkung der §§ 74, 68 ZPO, weil die Schiedsvereinbarung keine Wirkung auf Dritte haben kann.[7] Um eine Wirkung

---

[2] Vgl. § 1055 ZPO, dazu BeckRA-HdB/Harms/Macher § 7 Rn. 27b, 41; MüKoZPO/Münch ZPO, § 1055 Rn. 4.

[3] Zöller/Geimer, ZPO, § 1033 Rn. 2; Thomas/Putzo/Seiler, ZPO, § 1033 Rn. 4.

[4] Vgl. BT-DS 13/5274, S. 39; Musielak/Voit/Voit ZPO, § 1033 Rn. 5; Zöller/Geimer, ZPO, § 1033 Rn. 6, 8; Saenger in HK-ZPO, § 1033 Rn. 5.

[5] So Musielak/Voit/Voit ZPO, § 1041 Rn. 1.; in diese Richtung auch BT-Drs. 13/5274, S. 39.

[6] Wilske/Markert, SchiedsVZ 2012, 58, 60.

[7] Beisel/Klumpp, Unternehmenskauf, 18. Kap. Rn. 20.

gegenüber Dritten zu erreichen, kann, sofern die gewählte Schiedsvereinbarung bzw. die Schiedsgerichtsordnung dies zulässt, ein sog. *Multi-Party*-Schiedsverfahren eingeleitet werden,[8] wenn der betreffende Dritte (z. B. eine Muttergesellschaft) die Schiedsvereinbarung mit unterzeichnet.

Als wichtiger Vorteil eines Schiedsverfahrens gegenüber einem Verfahren vor **10**
ordentlichen Gerichten wird häufig gesehen, dass die Parteien Einfluss auf die Besetzung des Schiedsgerichts haben.[9] Ferner gibt es hier keine Parteiöffentlichkeit,[10] so dass Auseinandersetzungen nicht in einem öffentlichen Verfahren ausgetragen werden müssen. Gerade die so erreichte Vertraulichkeit macht das Schiedsverfahren häufig attraktiv. Die Parteien haben des Weiteren die Möglichkeit, die Verfahrenssprache zu wählen. Da die Vertragssprache von Unternehmenskaufverträgen in vielen Fällen Englisch ist, müssten für Gerichtsverfahren vor ordentlichen Gerichten häufig Übersetzungen von fremdsprachigen Dokumenten angefertigt werden, weil § 184 des Gerichtsverfassungsgesetzes (GVG) Deutsch als Gerichtssprache festlegt.[11] In einem Schiedsverfahren kann dagegen vereinbart werden, dass dieses beispielsweise in englischer Sprache geführt wird, Originaldokumente, Gesetze, Rechtsprechung oder Literatur aber nicht aus ihrer jeweiligen Originalsprache ins Englische übersetzt werden müssen. Derartige Abreden können den Verfahrensverlauf vereinfachen und auch verkürzen.[12] Ein weiterer bedeutsamer Vorteil des Schiedsgerichtsverfahrens gegenüber Verfahren vor den ordentlichen Gerichten besteht schließlich in der Flexibilität bei der Vollstreckung des Schiedsspruches in Fällen mit grenzüberschreitendem Bezug. Urteile eines ordentlichen Gerichts können nur aufgrund eines Vollstreckungsurteils im Ausland vollstreckt werden, dessen Erwirkung in der Praxis nicht nur mit großem Aufwand verbunden sein kann, sondern auch unsicher ist.[13] Ein Schiedsspruch kann dagegen auch im Ausland nach den Vorschriften des New Yorker Übereinkommens über die Anerkennung und Vollstreckung ausländischer Schiedssprüche (UN-Übereinkommen)[14] nach der Vollstreckbarerklärung wie ein im Vollstreckungsstaat ergangenes Urteil vollstreckt werden.[15]

---

[8] Vgl. Roquette/Otto/Roquette, G II Rn. 17.

[9] Vgl. MüKoZPO/Münch, Vor § 1025 Rn. 119 ff.

[10] Vgl. Eberl, ZUM 2002, 433, 439.

[11] BeckRA-HdB/Harms/Macher § 7 Rn. 23.

[12] Kreindler/Schäfer/Wolff, Schiedsgerichtsbarkeit, Rn. 643 ff.

[13] BeckRA-HdB/Harms/Macher § 7 Rn. 32.

[14] Abkommen vom 10.6.1958, BGBl. 1961, II S. 121. Diesem multilateralen Vertrag sind bislang 171 Staaten (inklusive der Bundesrepublik Deutschland) beigetreten (Stand: 10. Januar 2023), abzurufen unter: http://www.uncitral.org/uncitral/en/uncitral_texts/arbitration/NYConvention_status.html.

[15] BeckRA-HdB/Harms/Macher § 7 Rn. 32 f.

3. Auseinandersetzung über den Kaufpreis vor einem ordentlichen oder Schiedsgericht

11 Diejenige Partei, die in einer Auseinandersetzung über einzelne Positionen der Kaufpreisberechnung der Auffassung ist, dass ihr eine Zahlung (sei es eine Kaufpreisnachzahlung oder eine Rückzahlung) zustünde, müsste also ihren Anspruch mangels einer Einigung mit der anderen Partei letztendlich gerichtlich geltend machen, um sich durchzusetzen. In einem solchen Verfahren (vor einem ordentlichen Gericht oder einem Schiedsgericht) würden dann im Rahmen der Prüfung des Bestehens des geltend gemachten Zahlungsanspruchs auch einzelne Anpassungspositionen, über die Streit besteht, geprüft und bei Eintritt der Rechtskraft mit bindender Wirkung für die Parteien gerichtlich entschieden. Da es dabei in der Regel weniger um rein rechtliche, sondern in erster Linie um Bilanzierungs- und Bewertungsfragen im Rahmen der insoweit von den Parteien vereinbarten maßgeblichen Grundlagen und Parameter geht, ist zu erwarten, dass das Gericht zu solchen Streitfragen Sachverständige zu Rate ziehen würde, um auf der Grundlage von deren Einschätzung über den geltend gemachten Anspruch und seine Berechtigung entscheiden zu können.

II. Streitschlichtung durch Schiedsgutachter

12 In der Praxis des Unternehmenskaufs hat es sich eingebürgert, dass die Parteien ein anderes Konzept vereinbaren, wenn es um die Frage der Berechnung eines variablen Kaufpreises und die Bestimmung der maßgeblichen Parameter geht.[16] Für den Fall von Auseinandersetzungen wird vertraglich vorgesehen, dass ein sachkundiger Schiedsgutachter die Schlichtung mit bindender Wirkung für die Parteien übernehmen soll. Dies hat sich in der Praxis als geeigneter Weg herausgestellt, um Konflikte, bei denen die Parteien an einer außergerichtlichen Entscheidung interessiert sind, ohne langwierige Verfahren von einem neutralen, sachkompetenten Dritten verbindlich lösen zu lassen. Es werden hierbei somit ebenfalls Sachverständige (Dritte) hinzugezogen, jedoch auf direktem Wege durch die Parteien und nicht über den Umweg der (Schieds-)Gerichte. Im Folgenden soll ausführlicher dargelegt werden, wie sich die Berufung eines Schiedsgutachters dogmatisch einordnen lässt, auf welche Weise ein Schiedsgutachter in dem Kontext der Berechnung von variablen Kaufpreisen üblicherweise tätig wird und welche Gesichtspunkte insbesondere in der Praxis zu beachten sind.

[16] Ergänzend wird auf die Ausführungen in → § 12 Rn. 47 ff. verwiesen.

1. Überblick und Abgrenzung

a) Grundlagen des Schiedsgutachtervertrags

Ausgangspunkt der Betrachtung sind die §§ 315 ff. des Bürgerlichen Gesetzbuchs (BGB), in denen bestimmte einseitige Leistungsbestimmungsrechte im Rahmen von Schuldverständnissen gesetzlich geregelt sind. Grundsätzlich muss eine geschuldete Leistung bestimmt oder doch wenigstens bestimmbar sein, um durchgesetzt werden zu können.[17] Das Gesetz erlaubt, dass unter Umständen der genaue Inhalt des Leistungsversprechens einer Partei entweder von einer der Vertragsparteien (§§ 315, 316 BGB) oder von einem Dritten (§§ 317–319 BGB) bestimmt werden kann. Eine solche Leistungsbestimmung hat gemäß §§ 315 Abs. 1, 317 Abs. 1 BGB im Zweifel „nach billigem Ermessen" zu erfolgen.[18] Das Konzept eines Schiedsgutachters, der nach Maßgabe der getroffenen vertraglichen Absprachen bestimmte Streitfragen mit für die Parteien eines Vertrages bindender Wirkung entscheidet, basiert auf diesem Gedanken des verbindlichen Leistungsbestimmungsrechts durch einen Dritten gemäß § 317 BGB.[19] **13**

b) Abgrenzung: Schiedsgutachten im engen und weiten Sinne

Zur weiteren dogmatischen Einordnung ist zu differenzieren zwischen dem Schiedsgutachten im engen oder im weiten Sinne.[20] Nur für Letzteres sind die §§ 317 ff. BGB unmittelbar anwendbar.[21] Hierbei übertragen die Parteien dem Dritten die Befugnis, die Leistung oder eine Leistungsmodalität zu bestimmen und hierdurch den Vertragsinhalt rechtsgestaltend zu ergänzen.[22] Möglich ist beispielsweise, einem Dritten die Festlegung der geschuldeten Vergütung zu überlassen. Dieser soll bei einer solchen Vertragsgestaltung, wie dem Wortlaut des § 317 BGB zu entnehmen ist, eine „billige" Bestimmung der vertraglichen Pflichten unter Nutzung eines gewissen Ermessensspielraumes vornehmen.[23] Demgegenüber ist Ziel eines Schiedsgutachtens im engen Sinne die verbindliche Feststellung bestimmter Tatsachen oder Tatbestandsmerkmale[24] in Zusammenhang mit von den Parteien getroffenen vertraglichen Bestimmungen und deren inhaltliche Erfassung und Auslegung, nicht aber eine Erweiterung oder Änderung der vertraglichen Be- **14**

[17] Jauernig/Stadler BGB, § 315 Rn. 2; Rieble in Staudinger, BGB, § 315 Rn. 5, 14; MüKoBGB/Würdinger BGB, § 315 Rn. 14.

[18] Vgl. MüKoBGB/Würdinger BGB, § 315 Rn. 4 f., 38 ff.

[19] Vgl. etwa Staudinger/Rieble BGB, § 317 Rn. 19.

[20] Staudinger/Rieble BGB, § 317 Rn. 20 f; Grüneberg/Grüneberg BGB, § 317 Rn. 5 f.

[21] BeckOK BGB/Gehrlein BGB § 317 Rn. 6.

[22] Schulze/Schulze BGB, § 317 Rn. 4.

[23] Grüneberg/Grüneberger BGB, § 317 Rn. 2, 3; FS Schlosser/Sachs, 2005 805, 807.

[24] Schulze/Schulze BGB, § 317 Rn. 5.

stimmungen selbst.[25] Es geht um die Ermittlung des von den Parteien „objektiv bestimmten, aber nur mit einer gewissen Sachkunde feststellbaren Vertragsinhalts".[26]

15 Vieles spricht dafür, in der Tätigkeit des Schiedsgutachters im Rahmen der üblicherweise anzutreffenden Kaufpreisklauseln mit Schiedsgutachtenabrede die Erstellung eines Schiedsgutachtens im engen Sinne zu sehen. Es geht hier nicht um (planmäßige) Lücken im Vertrag, welche nach billigem Ermessen rechtsgestaltend zu füllen wären. Vielmehr wird dem Schiedsgutachter in den entsprechenden Kaufpreisklauseln regelmäßig die Bestimmung der vertraglich vereinbarten Bemessungsgrundlagen für den variablen Kaufpreis, also der einzelnen Rechnungsposten, überlassen, und das nur für den Fall, dass die Parteien sich insoweit nicht einigen können. Der Gutachter entscheidet kognitiv anhand bestimmter, meist klar definierter Entscheidungsparameter (etwa der definierten Bilanzierungsgrundsätze) und nicht voluntativ; es besteht also kein Ermessensspielraum.[27] Seine Entscheidung ist nicht an dem Kriterium der Billigkeit zu messen, vielmehr geht es um die Richtigkeit der zu treffenden Feststellung[28] nach Maßgabe der geltenden Entscheidungskriterien. Angesichts einer solchen Einordung der von dem Schiedsgutachter im Kontext von Kaufpreisberechnungen zu treffenden Entscheidung als Schiedsgutachten im engen Sinne scheidet eine unmittelbare Anwendung der §§ 317 ff. BGB aus.[29] Da aber im Ergebnis auch bei den Schiedsgutachten im engen Sinne eine verbindliche Entscheidung im Hinblick auf eine vertraglich geschuldete Leistung durch den schiedsgutachterlich handelnden Dritten getroffen werden soll, ist eine Analogie zu den §§ 317 ff. BGB gerechtfertigt.[30] Neben den beiden genannten Varianten sind verschiedene Mischformen möglich, die die Bestimmung der Rechtsfolgen und die Feststellung von Tatsachen miteinander verbinden.[31]

c) Unterschiede zwischen Schiedsgutachten und Entscheidung durch Schiedsgericht

16 Schiedsgutachten sind zu unterscheiden von dem Verfahren vor einem Schiedsgericht i. S. d. §§ 1025 ff. ZPO. Anders als bei einer Schiedsgutachtenabrede, bei der nur einzelne Elemente eines Rechtsverhältnisses durch den hierzu berufenen Dritten festgestellt werden, ist der Schiedsspruch eines Schiedsrichters auf die abschließende Entscheidung eines Rechtsstreits gerichtet.[32] Das Schiedsgericht ist dabei befähigt, die Parteien zu einer Leistung zu verurteilen sowie ein Rechtsver-

[25] Vgl. BeckOK BGB/Gehrlein BGB, § 317 Rn. 6 ff.

[26] BGH NJW 2013, 1296, 1297.

[27] FS Schlosser/Sachs, 2005 805, 807.

[28] Staudinger/Rieble BGB, § 317 Rn. 22 ff.; Grüneberg/Grüneberg BGB, § 317 Rn. 3; FS Schlosser/Sachs, 2005, 805, 807.

[29] So auch Sachs, FS Schlosser, 805, 807.

[30] Wagner in Dauner-Lieb/Langen, BGB, § 317 Rn. 14.

[31] Staudinger/Rieble BGB, § 317 Rn. 19.

[32] Kurth, NJW 1990, 2038, 2038; Witte/Mehrbrey, NZG 2006, 241, 241.

hältnis festzustellen und zu gestalten.[33] Mithin tritt das Schiedsgericht an die Stelle eines ordentlichen Gerichts,[34] die Entscheidung des Schiedsgerichts erwächst gem. § 1055 ZPO in Rechtskraft.[35] In dieser umfassenden Wirkung der Entscheidung des Schiedsgerichts besteht der grundlegende Unterschied zum Schiedsgutachten, das im Übrigen gemäß § 319 BGB in gewissem Umfang einer gerichtlichen Kontrolle unterworfen ist. So kann ein Gericht gemäß § 319 Abs. 1 BGB eine Inhaltskontrolle im Hinblick auf eine offenbare Unbilligkeit bzw. Unrichtigkeit des Schiedsgutachtens durchführen. Eine solche liegt nach der Rechtsprechung des BGH etwa vor, wenn sich einem sachkundigen und unbefangenen Beobachter – gegebenenfalls auch erst nach eingehender Prüfung – offensichtliche Fehler der Leistungsbestimmung aufdrängen, die das Gesamtergebnis verfälschen, oder wenn Ausführungen des Sachverständigen so lückenhaft sind, dass selbst ein Fachmann das Ergebnis aus dem Gutachten heraus nicht nachvollziehen kann.[36]

Die unterschiedlichen Rechtsfolgen sind auch eines der wesentlichen Kriterien für die Auslegung einer vertraglichen Abrede, die Entscheidungsbefugnisse eines Schiedsgerichts bzw. Schiedsgutachters statuiert: Beabsichtigen die Parteien die staatliche Gerichtsbarkeit weitgehend auszuschließen, wünschen aber dennoch im Hinblick auf den betreffenden Gegenstand sowie die diesbezüglich zu treffende Entscheidung eine weite Rechtskraftwirkung, so ist regelmäßig von der Vereinbarung eines Schiedsgerichts auszugehen.[37] Soll die Entscheidung des Dritten (sei es im Sinne einer Ermessensentscheidung oder einer Tatbestandsbewertung) hingegen zumindest in beschränktem Umfang gerichtlich überprüfbar sein, so handelt es sich grundsätzlich um eine Schiedsgutachtenabrede.[38] Der Bezeichnung durch die Parteien kommt dabei lediglich eine Indizwirkung zu.[39] Ebenfalls nur untergeordnet zu berücksichtigen ist, ob die Parteien ihr Rechtsverhältnis insgesamt von einem Dritten entscheiden lassen wollen oder ob dieser nur über einzelne Aspekte befinden soll.[40] Bestehen Zweifel am Willen der Parteien, so ist von einer Schiedsgutachtenabrede auszugehen, da diese einen geringeren Eingriff in die Rechtsschutzmöglichkeiten der Parteien darstellt.[41] **17**

Im Kontext von Regelungen zur Schlichtung von Auseinandersetzungen über Einzelheiten der Kaufpreisberechnung in Unternehmenskaufverträgen steht regelmäßig außer Zweifel, dass die Parteien eine Schiedsgutachtenabrede treffen wollen, **18**

[33] Musielak/Voit/Voit ZPO, § 1029 Rn. 17.

[34] Kurth, NJW 1990, 2038, 2038.

[35] Eine sehr begrenzte Einschränkung enthalten lediglich § 1059 Abs. 2 und Abs. 3 ZPO.

[36] BGH NJW 2001, 3775, 3776 f.; BGH NJW-RR 2004, 760; BGH NJW 2013, 1296, 1297; Witte/Mehrbrey, NZG 2006, 241, 244.

[37] Staudinger/Rieble BGB, § 317 Rn. 35.

[38] Dauner-Lieb/Langen/Wagner BGB, § 317 Rn. 15.

[39] BGH BeckRS 1981, 00491, Rn. 28 ff.; OLG Brandenburg NJW-RR 2014, 405; Staudinger/Rieble BGB, § 317 Rn. 34.

[40] Staudinger/Rieble BGB, § 317 Rn. 36.

[41] BeckOK BGB/Gehrlein BGB, § 317 Rn. 11.

in der ein von ihnen benannter oder zumindest im Anforderungsprofil beschriebener Experte über die bilanz- und bewertungstechnischen Fragen zu den einzelnen Anpassungsparametern eines variablen Kaufpreises entscheiden soll. Es hat sich in der Praxis auch eingebürgert, dies ausdrücklich abzugrenzen und festzuschreiben. Davon unabhängig findet man in vielen Unternehmenskaufverträgen zusätzlich eine Schiedsvereinbarung, in welcher die Zuständigkeit eines Schiedsgerichts anstelle der staatlichen Gerichte für alle Arten von Auseinandersetzungen festgelegt wird und die insoweit neben die kaufpreisbezogene Schiedsgutachtenabrede tritt. Dass in der Praxis in Schiedsverfahren, in denen über weitergehende Fragen der Preisfindung und Bewertung im Kontext von M&A-Transaktionen gestritten wird, eventuell bereits vorliegende Schiedsgutachten zu Fragen der Preisanpassung häufig erneut wieder angegriffen werden, ändert nichts an dieser materiell-rechtlich und verfahrenstechnisch klaren dogmatischen Abgrenzung.

d) Vertraglich geregelter Streitschlichtungsmechanismus

19 Basis des Schiedsgutachtens stellt die jeweilige Parteivereinbarung dar, aus welcher sich sowohl Gegenstand und Umfang des Schiedsgutachtens[42] als auch die Maßstäbe, nach denen der Gutachter seine Entscheidung zu treffen hat, ergeben müssen.[43] Das Ausmaß der Entscheidung sowie die anzuwendenden Grundsätze unterliegen weitgehend der Privatautonomie. In der Regel bestimmen die Parteien in dem Unternehmenskaufvertrag, dass zur Ermittlung eines variablen Kaufpreises von dem Verkäufer oder dem Käufer eine Abgrenzungsbilanz bzw. ein Finanzstatus zum *Closing* zu erstellen ist, aus dem sich die einzelnen Anpassungspositionen ergeben.

20 Die folgenden Musterklauseln[44] beruhen auf der Annahme, dass die Parteien im Rahmen eines *Share Deal* einen Kaufpreis für das Zielunternehmen vereinbart haben, der um zum *Closing* vorhandene Barmittel ***(„Cash")*** erhöht und Finanzverbindlichkeiten ***(„Financial Debt")*** reduziert werden soll *(cash free/debt free)* und auf der Annahme eines bestimmten zum *Closing* vorhandenen *Net Working Capital* ***(„Net Working Capital")*** basiert. Der aufgrund von Schätzungen dieser Positionen zum *Closing* festgelegte – und bezahlte – Betrag ist nach dem *Closing* um mögliche Abweichungen der Schätzungen von den tatsächlichen Beträgen anzupassen, die aufgrund eines auf das *Closing* erstellten selektiven Abgrenzungsstatus ***(„Closing Date Financial Status")*** ermittelt werden sollen.

Determination of Purchase Price; General Adjustment Principles and Accounting Rules

(a) For the purpose of establishing the Final Purchase Price pursuant to Section […], the amounts of Cash, Financial Debt and Net Working Capital (as defined) of the [Target Group] as of the Closing Date shall be determined on the basis of financial statements and a financial status as set forth in the following provisions.

---

[42] MüKoBGB/Würdinger BGB, § 317 Rn. 2.

[43] Vgl. Grüneberg/Grüneberg BGB, § 317 Rn. 4 f.

[44] Ergänzend wird auf die zusammenfassende Kaufpreisklausel in → § 12 Rn. 63, 64 verwiesen.

(b) *In accordance with the rules set forth in Annex [...]* ***("Accounting Rules")****, the [Seller/Purchaser] shall prepare consolidated financial statements of the Target Group as of the Closing Date* ***("Closing Date Financial Statements")*** *and, on the basis of the Closing Date Financial Statements, the Closing Date Financial Status (as defined in Section [...]).*

In der Anlage „*Accounting Rules*“ können neben den anzuwendenden Bilanzierungsregeln (*German GAAP, IFRS, US GAAP*, usw.) alle weiteren Besonderheiten geregelt werden, auf die sich die Parteien geeinigt haben, eventuell auch in Abweichung von den grundsätzlich geltenden Bilanzierungsregeln. Derartige Vereinbarungen sind dann als spezielle Regelungen vorrangig, was gegebenenfalls auch von einem Schiedsgutachter zu beachten wäre.

Preparation of Closing Date Financial Statements and Closing Date Financial Status

(a) *The [Seller/Purchaser] shall prepare the Closing Date Financial Statements with the assistance of the Target Group. The Closing Date Financial Statements shall be prepared without undue delay after the Closing Date and at the latest within [...] Business Days after the Closing. [For that purpose, the Purchaser shall as from the Closing procure that (i) the Seller and its officers, employees, accountants, professional advisors and other representatives be granted full access to all sites, books, records and documents of the Target Group without unreasonably interfering with the Target Groups' ongoing business operations, (ii) the Target Group cooperates with, and assists the Seller in, the preparation of the Closing Date Financial Statements as instructed by the Seller from time to time, and (iii) the Seller be provided with all information necessary for the preparation of the Closing Date Financial Statements as requested by the Seller.] With respect to the information obtained by the Seller in this process, Section [...] [Confidentiality] shall apply.*

(b) *On the basis of the Closing Date Financial Statements, a financial status reflecting the items comprised in Cash, Financial Debt and the Net Working Capital of the Target Group as of the Closing Date* ***("Closing Date Financial Status")*** *shall be prepared by the [Seller/Purchaser] without undue delay after the preparation of the Closing Date Financial Statements. Furthermore, the [Seller/Purchaser] shall prepare a calculation of the adjustments of the Preliminary Purchase Price in accordance with Section [...], if any* ***("Calculation")****.*

Die vorstehenden Bestimmungen zu Zugangsrechten des Verkäufers im Zuge der Aufstellung von *Closing Date Financial Statements* und *Closing Date Financial Status* sind nur dann erforderlich, wenn diese vom Verkäufer aufgestellt werden sollen, da die Möglichkeit des Zugriffs auf das Zielunternehmen sowie seine Mitarbeiter und Unterlagen mit dem *Closing* auf den Käufer übergegangen sind.[45]

Daher liegt es an sich auch nahe, dem Käufer insoweit die Federführung zu **21**
überlassen. Häufig wird der Verkäufer jedoch bestrebt sein, sich trotz des erfolgten Übergangs des Unternehmens auf den Käufer das Recht einräumen zu lassen, seinerseits die Aufstellung von *Closing Date Financial Statements* und *Closing Date Financial Status* zu kontrollieren. Die Frage, welche Partei die *Closing Date Financial Statements* und den *Closing Date Financial Status* aufstellt, mag zunächst angesichts der weiteren Bestimmungen über die Möglichkeit der Prüfung des Abschlusses durch die jeweils andere Partei und der Erhebung von Einwendungen, über die letztendlich ein neutraler Schiedsgutachter in einem Streitschlichtungsverfahren zu entscheiden hat, als relativ unerheblich erscheinen, hat in der Praxis durchaus Bedeutung. In der Regel ist in den maßgeblichen Vertragsbestimmungen vorgesehen, dass Einwendungen gegen den von der einen Partei vorgelegten Abschluss durch

---

[45] Zur Frage der insoweit bestehenden Interessenlage vgl. nachstehend → Rn. 21, 57.

die andere Partei nur wegen Verstößen gegen die zugrunde gelegten Bilanzierungs- und Bewertungsregeln erhoben werden können. Soweit nun im Rahmen dieser Regeln ein Wahlrecht oder Ermessensspielraum besteht (z. B. Bewertungsfragen[46]) und dieses Wahlrecht oder Ermessen von der den Abschluss aufstellenden Partei in einer für sie selbst günstigen Weise ausgeübt wird, können hiergegen von der anderen Seite grundsätzlich keine Einwendungen erhoben werden, soweit nicht der Ermessensspielraum überschritten wird und damit ein Verstoß gegen die maßgeblichen Regeln vorliegt. Insoweit wird mit der Erstellung des Übertragungsabschlusses gleichsam ein „Status Quo" geschaffen, der von der anderen Partei nicht mit der Begründung angegriffen werden kann, dass auch eine für diese günstigere Bilanzierung möglich gewesen wäre, solange kein echter Verstoß vorliegt.

22 Die Abgrenzungsbilanz und der Finanzstatus sind der jeweils anderen Partei zur Durchsicht vorzulegen, die dann innerhalb eines bestimmten Zeitraums Einwendungen gegen einzelne Positionen erheben kann. Werden Einwendungen erhoben und können die Parteien nicht innerhalb eines festgelegten Zeitraums hierüber Einigkeit erzielen, greifen üblicherweise die Bestimmungen der Schiedsgutachtenabrede ein, nach denen die umstrittenen Positionen durch einen Schiedsgutachter verbindlich festzulegen sind.

23 Folgendes **Formulierungsbeispiel** regelt diese Grundsätze:

Review of Closing Date Financial Statements, Closing Date Financial Status and Calculation

(a) The Closing Date Financial Statements, Closing Date Financial Status and the Calculation shall be submitted to the [Purchaser/Seller] as soon as possible after their preparation.

(b) The [Purchaser/Seller] shall be entitled to have the Closing Date Financial Statements, the Closing Date Financial Status and the Calculation reviewed by the [Purchaser/Seller]'s Auditor as soon as reasonably possible after their submission according to the foregoing paragraph, but in no event later than [...] Business Days following the date of submission.

24 Wenn der Käufer den Abschluss erstellt, wären in (b) wieder besondere Zugangsrechte des Verkäufers zu regeln, um die vorgegebene Prüfung durchführen zu können.

*(c) If the [Purchaser/Seller] has objections against any item of the Closing Date Financial Status or the Calculation, the [Purchaser/Seller] shall within [...] Business Days after their submission notify the [Seller/Purchaser] in writing of such objections, specifying in reasonable detail the respective item, the estimated amount in dispute and the reason for the objection **("Dispute Notice")**. The Seller and the Purchaser shall then within [...] Business Days following the submission of the Dispute Notice **("Resolution Period")** attempt to agree on the point of objection and if and to the extent an agreement is reached, it shall become final and binding between the Parties and the Closing Date Financial Status and the Calculation shall be deemed amended accordingly. If and to the extent the [Purchaser/Seller] does not submit a Dispute Notice in accordance with the foregoing sentence, the Closing Date Financial Status and the Calculation as prepared by the [Seller/Purchaser] shall become final and binding for all Parties hereto.*

*If and to the extent the [Purchaser/Seller] submits a Dispute Notice to the [Seller/Purchaser] in accordance with the foregoing para. [...] and no agreement on the disputed items is reached within the Resolution Period, each of the Purchaser or the Seller may demand by written notice to the respective other Party **("Audit Request")** within a period of [...] Business Days after the expiration of the Resolution Period that [auditing firm] determines as neutral*

---

[46] Vgl. Weigl/Weber/Costa, BB 2009, 1062, 1064.

auditor in accordance with the Accounting Rules any disputed items within the boundaries of such dispute with binding effect for all Parties.

2. Bestellung des Schiedsgutachters

a) Person des Gutachters

Die Bestellung eines Schiedsgutachters setzt voraus, dass die Parteien des Unternehmenskaufvertrags gemäß § 317 Abs. 1 BGB (ggf. in analoger Anwendung) die Bestimmung der Leistung einem Dritten übertragen haben. Diese Vereinbarung wird durch eine Schiedsgutachtenklausel in dem Vertrag selbst getroffen, kann aber auch nachträglich als isolierte Abrede zustande kommen, um eine Meinungsverschiedenheit über den Leistungsinhalt beizulegen.[47] Eine solche nachträgliche Vereinbarung ist möglich und kann im Gegensatz zur Schiedsvereinbarung (vgl. § 1031 ZPO) formfrei geschlossen werden.[48] **25**

Grundsätzlich in Betracht kommen als Schiedsgutachter sowohl Sachverständige als auch eine Behörde, sofern sie nicht schon kraft Gesetzes für die Bestimmung zuständig ist, ein Schiedsgericht und im Einzelfall auch ein staatliches Gericht außerhalb seiner gesetzlichen Zuständigkeit.[49] Bei einem Unternehmenskauf sind, je nach zu klärender Sachlage in Zusammenhang mit den Fragen der Kaufpreisbestimmung, häufig Wirtschaftsprüfer als mögliche Schiedsgutachter vorgesehen. Das liegt insofern nahe, als in der Regel bilanzielle Kennziffern die maßgeblichen Parameter für vereinbarte Kaufpreisanpassungen und damit der Gegenstand entsprechender Auseinandersetzungen zwischen Verkäufer und Käufer sind. Wie bereits ausgeführt, ist üblicherweise vorgesehen, dass auf den Vollzugsstichtag *(Closing)* eine Abgrenzungsbilanz bzw. ein Finanzstatus des Zielunternehmens erstellt wird, in dem die vertraglich vereinbarten Kenngrößen (wie beispielsweise *Cash*, *Financial Debt*, *Net Working Capital* usw.) erfasst sind und auf dessen Grundlage der Betrag einer etwaigen Erhöhung oder Reduzierung des vorläufigen Kaufpreises ermittelt wird. Auf Verkäufer- und Käuferseite sind dabei regelmäßig Wirtschaftsprüfer involviert, die das maßgebliche Zahlenwerk zusammenstellen, aufbereiten und überprüfen. Ein als Schiedsgutachter agierender Wirtschaftsprüfer kommt dann als neutraler Dritter ins Spiel, der mit dem nötigen Fachwissen die strittigen Fragen analysieren und im Sinne der vertraglichen Regelungen entscheiden kann. **26**

Sofern ein ursprünglich vereinbarter Schiedsgutachter wegfällt, geht das Bestimmungsrecht nicht auf dessen Rechtsnachfolger über.[50] Haben sich die Beteiligten über eine Ersatzperson nicht ausdrücklich oder konkludent geeinigt, wird die geschuldete Leistung entsprechend § 319 Abs. 1 S. 2 BGB unmittelbar durch richter- **27**

---

[47] Schulze/Schulze BGB, § 317 Rn. 2.

[48] Vgl. u. a. BeckOK BGB/Gehrlein BGB, § 317 Rn. 9.

[49] MüKoBGB/Würdinger BGB, § 317 Rn. 14 ff., 51; Schulze/Schulze BGB, § 317 Rn. 3.

[50] MüKoBGB/Würdinger BGB, § 317 Rn. 50.

liche Ersatzleistungsbestimmung bestimmt.[51] Denn ob ein Dritter vorhanden ist, aber nicht entscheiden will oder kann, oder ob es an dem Dritten überhaupt fehlt, macht nach der Rechtsprechung keinen Unterschied.[52]

b) Schiedsgutachtervertrag

28 Kommt es nach den Bestimmungen des Vertrages zur Einschaltung eines Schiedsgutachters, ist ein Schiedsgutachtervertrag abzuschließen, der das Rechtsverhältnis der beiden streitenden Parteien mit dem Schiedsgutachter regelt. Dieser kann von beiden Parteien, aber auch von nur einer der Parteien mit dem Schiedsgutachter abgeschlossen werden.[53] Hat nur eine Partei den Vertrag mit dem Schiedsgutachter geschlossen, besteht dessen Sorgfalts- und Neutralitätspflicht dennoch auch gegenüber der anderen Partei. Dies setzt allerdings voraus, dass die Erstattung des Gutachtens für beide Parteien und nicht nur als Privatgutachten des Auftraggebers eindeutig offengelegt wird.[54]

29 Der Schiedsgutachter verpflichtet sich zur Erstattung eines unabhängigen, neutralen und grundsätzlich verbindlichen Gutachtens über die zu klärenden Fragen, die Parteien verpflichten sich zur Zahlung des vereinbarten Honorars.[55] Über die Rechtsnatur dieses Vertrages herrscht Streit. So wird vertreten, dass der Schiedsgutachtervertrag als Werkvertrag,[56] als Mischung aus Dienstvertrag und Geschäftsbesorgungsvertrag[57] oder als Vertrag *sui generis*[58] einzuordnen sei. Der BGH hat die Entscheidung bislang offen gelassen, wendet allerdings auf das Vertragsverhältnis die Kündigungsvorschrift des § 626 BGB an.[59]

30 Handelt es sich um ein Schiedsgutachten im engen Sinne, treffen den Gutachter weitergehende Pflichten als beim Schiedsgutachten im weiten Sinne: Da er nicht lediglich nach § 317 Abs. 1 BGB eine billige, sondern eine richtige Entscheidung schuldet, darf er auch dort, wo ihm eine Wertbestimmung übertragen ist, nicht nach Ermessen, sondern nur nach objektiven Kriterien entscheiden (z. B. durch Ermittlung durchschnittlicher Marktpreise).[60] Der Gutachter verletzt seine Pflichten, wenn er ein offenbar unrichtiges und somit gemäß § 319 BGB nicht verbindliches Gutachten erstellt.[61] Als Nebenpflichten des Schiedsgutachters können bei Gutachten (im engen und im weiten Sinne) Aufklärungs-, Obhuts-, Herausgabe- und

---

[51] BGH NJW 2001, 3775, 3777; MüKoBGB/Würdinger BGB § 317 Rn. 52.

[52] BGH NJW 2001, 3775, 3777; Staudinger/Rieble BGB § 317 Rn. 66.

[53] BGH NJW-RR 1994, 1314; BGH NJW 2013, 1296, 1297.

[54] BGH NJW-RR 1994, 1314; BGH NJW 2013, 1296, 1297; Greger/Stubbe, § 2 Rn. 110.

[55] Schlehe DS 2010, 10, 12.

[56] So z. B. Gerd/Motzke in Motzke/Bauer/Seewald, Prozesse in Bausachen, § 4 Rn. 758.

[57] Dauner-Lieb/Langen/Lederer/Raab BGB, Vor §§ 631 ff. Rn. 57.

[58] MüKoBGB/Würdinger BGB § 317 Rn. 53.

[59] BGH DB 1980, 967; MüKoBGB/Würdinger BGB § 317 Rn. 53.

[60] Greger/Stubbe § 2 Rn. 143 ff.

[61] BGH NJW 2013, 1296, 1297.

Verschwiegenheitspflichten in Betracht kommen.[62] Zwar gelten für Pflichtverletzungen grundsätzlich die §§ 280 ff. BGB, jedoch ist die Geltendmachung von Schadensersatzansprüchen auf Fälle der offenbaren Unbilligkeit (Schiedsgutachten im weiten Sinne) bzw. der offenbaren Unrichtigkeit (Schiedsgutachten im engen Sinne) beschränkt (vgl. § 319 Abs. 1 BGB).[63]

Ein **Formerfordernis** für den Schiedsgutachtervertrag besteht nicht. Schriftform ist jedoch aus Beweisgründen zu empfehlen, da auf diese Weise im Streit der Parteien der Beweis erbracht werden kann, dass ein erstattetes Gutachten nicht lediglich ein Parteigutachten, sondern ein im Auftrag beider Parteien erstelltes und somit für beide bindendes Schiedsgutachten im Sinne der entsprechenden vertraglichen Regelungen ist.[64] 31

Zu den **essentiellen Bestandteilen** des Vertrages gehören:[65] 32

- Konkrete Bezeichnung der vorzunehmenden Leistungsbestimmung (unter Bezugnahme auf die Schiedsgutachtenabrede) sowie Gegenstand und Zweck des Gutachtens
- Vergütung des Schiedsgutachters (z. B. auch Stundensatz, Reisekosten, Auslagen, Vorschüsse)[66]
- Klarstellung, dass das zu erstattende Gutachten bindende Wirkung entfaltet und kein Privat-, sondern ein Schiedsgutachten zu erstatten ist, und zwar unabhängig davon, ob die Beauftragung durch eine oder beide Parteien der Schiedsgutachtenabrede erfolgt;[67] hier bietet sich auch ein Verweis auf die §§ 317 bis 319 BGB an.[68]
- Im seltenen Fall einer Mehrheit von Gutachtern (Kommission) muss im Vertrag mit jedem einzelnen klargestellt werden, dass das Gutachten nicht von ihm persönlich, sondern von der Kommission erstattet werden soll.[69]

Daneben finden sich in der Praxis oftmals folgende weitere Regelungen in Schiedsgutachterverträgen: [70] 33

- Mitwirkungspflichten der Parteien, wie z. B. Zurverfügungstellung von bestimmten Unterlagen
- Kündigung des Schiedsgutachtenvertrages
- Zahlungsmodalitäten

[62] Greger/Stubbe § 2 Rn. 108.
[63] Vgl. nachfolgend → Rn. 39.
[64] PHdB-BauS/Gerd/Motzke § 4 Rn. 760.
[65] Greger/Stubbe § 2 Rn. 104; PHdB-BauS/Gerd/Motzke § 4 Rn. 759; Schlehe, DS 2010, 10, 12.
[66] Schlehe, DS 2010, 10, 12.
[67] BGH NJW-RR 1994, 1314; BGH NJW 2013, 1296, 1297.
[68] PHdB-BauS/Gerd/Motzke § 4 Rn. 759.
[69] Stubbe § 2 Rn. 105. Greger/Stubbe § 2 Rn. 105.
[70] Greger/Stubbe § 2 Rn. 104 ff.; PHdB-BauS/Gerd/Motzke § 4 Rn. 759; Schlehe, DS 2010, 10, 12.

- Vorbehalt des Urheberrechts
- Einsatz von Hilfspersonen
- Frist/zeitlicher Rahmen für die Erstellung des Gutachtens
- Verfahrensregeln
- Haftungsbeschränkung des Schiedsgutachters.

34 Es ist davon auszugehen, dass zumindest die großen Wirtschaftsprüfungsgesellschaften vorgefertigte Vertragsmuster für derartige Mandate verwenden, so dass hier nur begrenzter Verhandlungsbedarf besteht.

3. Verfahrensgrundsätze

35 Die Parteien des Unternehmenskaufvertrages können in ihrer Schiedsgutachtenabrede auch Einzelheiten des Schiedsgutachterverfahrens vertraglich regeln, was in der Praxis häufig nicht oder nur in begrenztem Umfang geschieht.[71] Es empfiehlt sich allerdings, in jedem Fall zumindest den Grundsatz des rechtlichen Gehörs ausdrücklich festzuschreiben.[72] Regelmäßig werden die Parteien bereits im Unternehmenskaufvertrag regeln, was später in den Schiedsgutachtervertrag aufgenommen werden soll.

36 Fehlt es an entsprechenden Regelungen, stellt sich die Frage, in welchem Umfang Verfahrensgrundsätze gelten.

a) Anwendbarkeit schiedsverfahrensrechtlicher Grundregeln

37 Zunächst ist umstritten, ob Verfahrensregeln des Schiedsverfahrensrechts gemäß §§ 1025 ff. ZPO wie z. B. die Unparteilichkeit des Schiedsrichters nach § 1036 ZPO und die Gewährung des rechtlichen Gehörs gemäß § 1042 Abs. 1 S. 2 ZPO analog auf das Schiedsgutachterverfahren anwendbar sind.

aa) Verfahrensregeln bei Schiedsgutachten im engen Sinne

38 In der Vergangenheit wurde vereinzelt die Ansicht geäußert, dass die Vorschriften der §§ 317 ff. BGB nur für rechtsgestaltende Schiedsgutachten (im weiten Sinne) und für Schiedsgutachten im engen Sinne nicht einmal analog gelten.[73] Sofern aber ein Schiedsgutachten im engen Sinne vorliegt, also Tatbestandsmerkmale festgelegt werden sollen, sei dieses als verfahrensrechtlich zu qualifizieren und infolge dessen seien die §§ 1025 ff. ZPO anwendbar. So entfalle u. a. die Inhaltskontrolle nach § 319 BGB zugunsten derjenigen nach § 1059 ZPO. Zum Teil wird auch heute noch vertreten, dass immer dann, wenn der Dritte im Hinblick auf einen bereits entstandenen oder möglicherweise auftauchenden Rechtsstreit eingeschaltet

[71] Siehe auch FS Schlosser/Sachs 2005, 805, 812.

[72] Näheres dazu unten → Rn. 41.

[73] Habscheid, FS Lehmann, II, 789; vgl. zur Abgrenzung oben → Rn. 14, 15.

werde, er funktional Schiedsrichter sei, so dass danach dieselben Anforderungen an Unparteilichkeit usw. wie an einen Schiedsrichter zu stellen seien.[74] Das wird damit begründet, dass zwischen den §§ 317 ff. BGB und den Vorschriften über das schiedsrichterliche Verfahren ein Wertungswiderspruch bestehe, weil in beiden Bereichen von Dritten Entscheidungen von gleich wichtiger Bedeutung für die Parteien getroffen würden.[75] Die Auswirkungen dieser Meinung auf die Anwendungspraxis wären nicht unerheblich. So bestünde etwa die Gefahr, dass ein von den Parteien einvernehmlich festgelegter Schiedsgutachter wegen Parteilichkeit nicht tätig werden könnte. Jedoch scheint diese Ansicht mittlerweile weitgehend irrelevant zu sein.

bb) Privatrechtlicher Vertrag

Die herrschende Meinung qualifiziert das Schiedsgutachten, gleich ob im engen oder weiten Sinne, als privatrechtlichen Vertrag, auf welchen die §§ 317–319 BGB unmittelbar oder entsprechend anwendbar sein sollen.[76] Das Schiedsgutachten bewege sich nicht auf der prozessualen Ebene, so dass der Schiedsgutachter in verfahrensrechtlicher Hinsicht völlig frei sei.[77] Eine Anwendung der schiedsverfahrensrechtlichen Vorschriften scheidet nach dieser Ansicht aufgrund der rechtlichen Verschiedenartigkeit zwischen Schiedsspruch und Schiedsgutachten aus.[78] Es soll genügen, dass der Inhalt einer gerichtlichen Nachprüfung unterworfen und bei offenbarer Unbilligkeit als unverbindlich angesehen werde.[79] **39**

b) Übertragbarkeit essentieller Verfahrensgrundsätze

Innerhalb der herrschenden Meinung wird vertreten, dass einzelne – besonders wichtige – Verfahrensregeln trotzdem auf ein schiedsgutachterliches Verfahren Anwendung finden sollen.[80] Hierbei handelt es sich insbesondere um das rechtliche Gehör, soweit das Ergebnis des Schiedsgutachtens nicht offensichtlich von dem Ergebnis einer etwaigen Anhörung unabhängig ist, sowie die Möglichkeit, befangene Gutachter abzulehnen. **40**

---

[74] Stein/Jonas/Schlosser ZPO, Vor § 1025 Rn. 47 ff.

[75] Stein/Jonas/Schlosser ZPO, Vor § 1025 Rn. 47 ff.

[76] BGH NJW 1952, 1296, 1297; BGH NJW 1996, 453, 454; Jauernig/Stadler BGB, § 317 Rn. 3 ff.; Staudinger/Rieble BGB § 317 Rn. 19, 27; Grüneberg/Grüneberg BGB, § 317 Rn. 8; Witte/Mehrbrey, NZG 2006, 241, 242.

[77] BGH NJW 1952, 1296, 1297.

[78] BGH NJW 1952, 1296, 1297.

[79] BGH NJW 1952, 1296, 1297.

[80] LG Frankfurt NJW-RR 1988, 1132, 1133; So Musielak/Voit/Voit ZPO, § 1029 Rn. 18; Dauner-Lieb/Langen/Ring-Wagner BGB, § 317 Rn. 19; Schwab/Walter/Walter 1. Teil, Kap. 2 Rn. 11.

c) Standpunkt der Rechtsprechung

41 Auch wenn einiges dafür sprechen mag, den Parteien wenigstens rechtliches Gehör zu gewähren, so wird die Anwendung dieses verfahrensrechtlichen Grundsatzes auf schiedsgutachterliche Verfahren in der Rechtsprechung des BGH bislang verneint. Es empfiehlt sich also dringend, das Erfordernis rechtlichen Gehörs ausdrücklich in der Schiedsgutachtenabrede festzuschreiben, was in der Praxis auch regelmäßig geschieht. Der Grundsatz, dass Befangenheit einen Ablehnungsgrund darstellen kann, wird dagegen von der Rechtsprechung für anwendbar gehalten, so dass auch ohne ausdrückliche Regelung bei Befangenheit des benannten Schiedsgutachters möglicherweise der Schiedsgutachtervertrag gekündigt werden kann.[81]

4. Umschreibung und Abgrenzung der zu entscheidenden Streitgegenstände

42 Wie bereits ausgeführt, unterscheidet sich die Prüfung und Entscheidung abgegrenzter Einzelfragen durch den Schiedsgutachter im Ansatz grundlegend von einer im Gerichtsverfahren zu treffenden Entscheidung eines staatlichen Gerichts oder eines Schiedsgerichts. Gegenstand der Entscheidung des Schiedsgutachters sind regelmäßig bestimmte Bilanzpositionen und deren Höhe im konkreten Einzelfall. Es ist empfehlenswert und üblich, genau festzulegen, nach welchen Bilanzierungs- und Bewertungsmethoden der Schiedsgutachter seine Entscheidung zu treffen hat, also z. B. nach den *International Financial Reporting Standards* (IFRS) oder nach lokalen Bilanzierungsregeln wie etwa den Grundsätzen ordnungsmäßiger Buchführung und der Bilanzierung nach dem deutschen HGB, §§ 266 ff. Darüber hinaus werden oftmals zur weiteren Eingrenzung des Streitgegenstands bzw. der Entscheidungsgrundlagen Grundsätze für die Ausübung von Wahlrechten oder sonstigen Beurteilungsspielräumen sowie die in der Bilanzierungspraxis des Zielunternehmens angewandten individuellen Bilanzierungs- und Bewertungsgrundsätze (die insbesondere bei großen Unternehmen regelmäßig in Bilanzierungshandbüchern und Anweisungen *(Accounting Manuals)* konzernweit festgelegt sind) festgelegt. Auch ist es möglich, dass die Parteien im Hinblick auf bestimmte Positionen unabhängig von den grundsätzlich anwendbaren Grundsätzen konkrete Vereinbarungen über deren Bildung und Bemessung treffen, die dann ebenfalls für den Schiedsgutachter bei der Beurteilung des Streitgegenstands maßgeblich und bindend sind. Dabei empfiehlt es sich, eine klare Hierarchie in der Anwendung der vereinbarten Regeln zur regeln. Abweichungen von den für die gesetzlichen Abschlüsse des Zielunternehmens geltenden Anforderungen hinsichtlich der anwendbaren Bilanzierungs- und Bewertungsmethoden sind dabei rechtlich betrachtet unproblematisch, da sich die Parteien bei der Festlegung des Kaufpreises und der Regeln für die Kaufpreisermittlung im Bereich der Privatautonomie bewegen

[81] BGH DB 1980, 967; Grüneberg/Grünewald BGB, § 317 Rn. 7.

und somit weitgehende Gestaltungsfreiheit haben. Allerdings ist zu beachten, dass sich bei von den gesetzlichen Anforderungen abweichenden Bilanzierungs- und Bewertungsgrundsätzen für die Berechnung des Kaufpreises gegebenenfalls ein Mehraufwand in Form der Erforderlichkeit modifizierter Zahlenwerke als Grundlage für die Kaufpreisermittlung ergibt.

5. Verbindliche Entscheidung

a) Grundsatz

Der Schiedsgutachter entscheidet verbindlich über einen Aspekt des Rechtsstreits zwischen den Parteien, der dann in einem Verfahren vor dem staatlichen Gericht oder dem Schiedsgericht verwertet werden kann.[82] Sollte ein Gericht also über den Anspruch des Verkäufers auf den Kaufpreis entscheiden müssen, so hat es die vorher von einem Schiedsgutachter im Rahmen seiner vertraglich geregelten Zuständigkeit getroffenen Feststellungen zu einem isolierten Element der Kaufpreisklausel seinem Urteil zugrunde zu legen. **43**

Das Schiedsgutachten unterliegt einer **gerichtlichen Inhaltskontrolle** gemäß § 319 Abs. 1 BGB nur im Hinblick auf offenbare Unbilligkeit bzw. Unrichtigkeit.[83] Dabei wird häufig zwischen Schiedsgutachten im engen und im weiten Sinne differenziert. Auf Schiedsgutachten im weiten Sinne – also rechtsgestaltende Schiedsgutachten – werden die §§ 315 ff. BGB unmittelbar angewendet, auf Gutachten im engen Sinne – solche, die Tatsachen in Bezug auf Art und Umfang der Leistung feststellen – entsprechend.[84] So wird verlangt, dass Schiedsgutachten im weiten Sinne auf Unbilligkeit der getroffenen Entscheidung, Schiedsgutachten im engen Sinne dagegen auf offenbare Unrichtigkeit zu überprüfen seien, da es sich, anders als beim Gutachten im weiten Sinne, um eine kognitive Entscheidung handele. Besondere Auswirkungen auf die Praxis ergeben sich aus dieser Unterscheidung nicht. **44**

Bei der Prüfung des Umfangs der Verbindlichkeit der Entscheidung stellt sich die Frage, wie die nachträgliche Begutachtung in zeitlicher Hinsicht wirkt bzw. ob einer schiedsgutachterlichen Entscheidung Rückwirkung zukommt. Die Frage der Rückwirkung hat Auswirkungen auf den Beginn der Verzinsung eines durch den Schiedsgutachter festgelegten Kaufpreises, wenn die Parteien im Kaufvertrag – wie üblich – zuvor einen vorläufigen Kaufpreis bestimmt haben. Grundsätzlich entscheidet – als Ausfluss der Privatautonomie – der Parteiwille über die Einzelheiten des Schiedsgutachtens und seine Wirkung.[85] In der Literatur wird teilweise vertreten, dass eine nachträgliche Leistungsbestimmung ohne erkennbaren gegenteiligen Parteiwillen stets nur Wirkung *ex nunc* entfalten könne.[86] Eine andere **45**

[82] BeckRA-HdB/Harms/Macher § 7 Rn. 71; Witte/Mehrbrey NZG 2006, 241, 242.
[83] Vgl. oben → Rn. 16.
[84] Vgl. dazu FS Schlosser/Sachs, 2005, 805, 807 m. w. N.
[85] So BGH NJW 1996, 1748; OLG Hamm NJW 2013, 545 f.; Habersack/Tröger DB 2009, 44, 45.
[86] Staudinger/Rieble BGB § 315 Rn. 381.

Ansicht unterscheidet zwischen der erstmaligen Bestimmung der (Gegen-)Leistungspflicht einerseits und ihrer Anpassung andererseits, wonach eine Anpassung erst ab dem Zeitpunkt ihrer Vornahme für die Zukunft Wirkung entfalte.[87] Eine weitere Ansicht bejaht die Rückwirkung schiedsgutachterlicher Entscheidungen, die am – zumindest mutmaßlichen – Willen der Parteien orientiert sei und stellt auf das *Closing* als Stichtag der Rückwirkung als einen in der Vereinbarung der Parteien zentralen Zeitpunkt ab.[88] Letzterem ist zuzustimmen. Es ist durchaus sinnvoll und interessengerecht, dass die Zinsschuld am endgültig festgelegten Kaufpreis zu bemessen ist und dem Schiedsgutachten insoweit wirtschaftlich rückwirkende Wirkung zukommen soll. Es ist zu empfehlen, die Frage des Zeitraums sowie der Höhe der Verzinsung von Anpassungszahlungen durch den Verkäufer oder den Käufer ausdrücklich zu regeln und hierdurch abschließende Klarheit zu schaffen.

46 Ein anderer sich aus der Verbindlichkeit eines Schiedsgutachtens ergebender Aspekt liegt darin, dass der Weg zu den Gerichten grundsätzlich versperrt ist, solange die vereinbarte Begutachtung nicht eingeholt wurde.[89] Sofern die Anspruchshöhe vorab von einem Gutachter ermittelt werden soll und dieser seine Arbeit noch nicht abgeschlossen hat, kann daher nach herrschender Ansicht kein Grundurteil erlassen werden und eine in dieser Hinsicht vorzeitig erhobene Klage ist als zurzeit unbegründet abzuweisen.[90] Eine Ausnahme hiervon soll es bei langanhaltenden Verzögerungen bei der Erstellung des Gutachtens geben, gleich ob die Verzögerung aus der Sphäre des Schiedsgutachters oder des Beklagten stammt, nach der Rechtsprechung des BGH sogar bei Verzögerungen aus der Sphäre des Klägers, es sei denn, dass er sie treuwidrig herbeiführt.[91] In diesen Fällen kann der Anspruch vor einem Gericht eingeklagt werden, welches dann auch dazu berufen ist, anstelle des Schiedsgutachters die Leistungsbestimmung vorzunehmen. Erklären lässt sich dies mit dem rein objektiv zu verstehenden Verzögerungsbegriff des § 319 Abs. 1 S. 2 BGB: Die Leistung soll immer dann durch das Gericht bestimmt werden, wenn sich die von den Vertragsparteien in erster Linie gewollte Bestimmung durch einen Dritten als nicht durchführbar erweist.[92] § 319 Abs. 1 S. 2 BGB ist nicht darauf ausgerichtet, nachlässiges Verhalten zu sanktionieren.[93] Damit die dann folgende unbezifferte Zahlungsklage zulässig ist, müssen aber im Klageantrag Angaben zur allgemeinen Größenordnung der begehrten Forderung erfolgen.[94]

47 Haben die Parteien – ausnahmsweise – im Hinblick auf die Zahlung des Kaufpreises durch notarielle Urkunde eine Unterwerfung unter die sofortige Zwangs-

[87] MüKoBGB/Würdinger BGB, § 315 Rn. 37.

[88] Habersack/Tröger, DB 2009, 44.

[89] Witte/Mehrbrey, NZG 2006, 241, 242.

[90] BGH NJW-RR 1988, 1405; BGH WM 2013, 1452, 1455; Dauner-Lieb/Langen/Ring/Wagner BGB, § 317 Rn. 22; Zöller/Geimer ZPO, § 1029 Rn. 5; Witte/Mehrbrey, NZG 2006, 241, 242 m. w. N.

[91] Zum Ganzen Witte/Mehrbrey, NZG 2006, 241, 242 f.

[92] BGH NJW-RR 1994, 1314, 1315.

[93] BGH NJW 2000, 2986, 2987; Witte/Mehrbrey, NZG 2006, 241, 244.

[94] BGH NJW 1952, 382.

vollstreckung vereinbart, so ist bei variablen Kaufpreisklauseln häufig zu beachten, dass aus dem Titel mangels bezifferten Kaufpreises nicht vollstreckt werden kann.[95] Dies gilt auch, wenn der Schiedsgutachter die Kaufpreishöhe bereits mit für die Parteien bindender Wirkung ermittelt hat, da es Vollstreckungsorganen untersagt ist, neben der Urkunde auf andere tatsächliche und rechtliche Umstände zurückzugreifen.[96] Das bedeutet, dass der Anspruchsteller trotz vorhandenen Titels das Erkenntnisverfahren entweder über ein staatliches Gericht oder über ein Schiedsgericht betreiben muss.[97]

b) Ausnahme: Unverbindlichkeit des Schiedsgutachtens

Bestimmte Mängel des Schiedsgutachtens können zu dessen Unverbindlichkeit führen. Dies ist gemäß § 319 Abs. 1 BGB (in direkter oder analoger Anwendung) bei offenbar unbilligen oder unrichtigen Entscheidungen des Gutachters der Fall.[98] Ein Schiedsgutachter, der ein offenbar unrichtiges Schiedsgutachten erstattet hat, kann sich darüber hinaus auch schadensersatzpflichtig machen, ohne sich dabei wie ein Richter oder Schiedsrichter bzw. ein gerichtlich bestellter Sachverständiger auf die Vergünstigung des § 839 Abs. 2 BGB bzw. § 839a BGB berufen zu können.[99] Auch wesentliche Verfahrensmängel bei der Erstellung des Gutachtens können zur Unverbindlichkeit des Schiedsgutachtens führen, beispielsweise wenn der Schiedsgutachter nur einer Partei rechtliches Gehör gewährt.[100] Hierdurch kann der Schiedsgutachter gegen Treu und Glauben verstoßen, wenn er einseitig auf die Interessen einer Partei abgestellt hat.[101] 48

Die herrschende Meinung bejaht eine Haftung des Schiedsgutachters für ein fehlerhaftes Gutachten nur in Fällen, in denen das Gutachten offenbar unbillig bzw. unrichtig ist.[102] In diesen Fällen wird es aber ohnehin gemäß § 319 BGB unverbindlich und damit unbeachtlich sein, was regelmäßig dazu führt, dass der zu ersetzende Schaden allenfalls in der Verzögerung oder in dem Vertrauen in die vermeintliche Wirksamkeit der Entscheidung des Schiedsgutachters liegen kann.[103] Wird etwa auf Grundlage eines solchen Gutachtens zunächst eine fehlerhaft ermittelte Zahlung geleistet, die zu einem späteren Zeitpunkt, nachdem die Unverbindlichkeit des Gutachtens offenbar geworden ist, wegen mittlerweile eingetretener Insolvenz 49

---

[95] Witte/Mehrbrey, NZG 2006, 241, 244.

[96] BGH NJW 1986, 1440; BGH NJW-RR 2013, 1033, 1034; Witte/Mehrbrey, NZG 2006, 241, 244.

[97] Witte/Mehrbrey, NZG 2006, 241, 244.

[98] Siehe oben → Rn. 16.

[99] BGH NJW 1965, 1523, 1524; BGH NJW 2013, 1296, 1297; MüKoBGB/Würdinger BGB, § 317 Rn. 55; Gross, DStR 2000, 1959.

[100] Gross, DStR 2000, 1959.

[101] Witte/Mehrbrey, NZG 2006, 241, 244.

[102] MüKoBGB/Würdinger BGB, § 317 Rn. 55; Dauner-Lieb/Langen/Ring/Wagner BGB, § 317 Rn. 20; Schwab/Walter/Walter Kap. 2 Rn. 10.

[103] Staudinger/Rieble BGB, § 317 Rn. 119, 121, 124 und 128.

des Zahlungsempfängers nicht mehr zurückerlangt werden kann, könnte hierin ein Schaden bestehen, der möglicherweise von dem Gutachter zu ersetzen wäre.

50 Ist das Gutachten nicht offenbar unrichtig und damit in seiner Verbindlichkeit nicht angreifbar, ist nach herrschender Meinung anzunehmen, dass die Leistung des Gutachters dem Vertrag genüge, da der Zweck des Schiedsgutachtens erreicht sei, die Rechtsbeziehungen zwischen den Parteien des Schiedsgutachtenvertrags in bindender Weise zu klären, und es somit nicht zu einer Schadensersatzhaftung des Gutachters kommen könne.[104] Dagegen wird zum Teil in der Literatur auch dann eine Haftung des Schiedsgutachters gefordert, wenn er in seiner Entscheidung gegen allgemeine fachwissenschaftliche Regeln verstößt, also ein unrichtiges Gutachten erstellt, auch wenn es sich dabei nicht um einen offensichtlichen Fehler handeln muss.[105] Diese Ansicht ist allerdings abzulehnen, da sie den Grundgedanken konterkariert, den die Parteien mit der Vereinbarung eines Schiedsgutachtens an sich verfolgen. Schließlich könnte so über den Umweg der gerichtlichen Geltendmachung von Ersatzansprüchen gegen den Gutachter dessen schiedsgutachterliche Entscheidung einer vollständigen gerichtlichen Überprüfung unterzogen werden.

6. Mögliche Fallstricke in der Praxis

51 In der praktischen Umsetzung der vorstehend geschilderten Grundsätze kann es insbesondere dann zu Problemen kommen, wenn die beiden Parteien nicht im Sinne einer zügigen Klärung sich ergebender Streitfragen zusammenwirken, sondern die Partei, die möglichen Rück- oder Nachzahlungsansprüchen ausgesetzt ist, sich wenig kooperativ zeigt. Zumindest hinsichtlich einiger Gesichtspunkte kann durch vorausschauende Vertragsgestaltung Abhilfe geschaffen oder zumindest eine gezielte Verzögerung des schiedsgutachterlichen Verfahrens erschwert werden.

a) Einleitung des Verfahrens

52 Um Verzögerungen bei der Einleitung des Schiedsgutachterverfahrens zu vermeiden, ist es zunächst empfehlenswert, vertraglich vorzusehen, dass die Parteien nur für einen bestimmten Zeitraum versuchen müssen, eine Einigung über offene Fragen zu erzielen und nach erfolglosem Ablauf dieses Zeitraums jede der beiden Parteien die Möglichkeit hat, durch einseitige Erklärung den Schiedsgutachter anzurufen und somit eine bindende Entscheidung herbeizuführen. Andernfalls besteht für die Partei, gegen deren Kaufpreisberechnung sich die Einwendungen richten, die Möglichkeit, durch Unterlassen erforderlicher Mitwirkungshandlungen die Einleitung des Schiedsverfahrens und damit eine bindende Entscheidung über die strittigen Fragen zumindest hinauszuzögern.

---

[104] BGH NJW 1965, 1523, 1524; Schwab/Walter/Walter Kap. 2 Rn. 10.

[105] So u. a. Staudinger/Rieble BGB, § 317 Rn. 125 f. mit weiteren Nachweisen.

b) Benennung des Schiedsgutachters

Wie ausgeführt, liegt es in der Regel nahe, einen Wirtschaftsprüfer als Schiedsgutachter einzusetzen.[106] Wird in dem Kaufvertrag lediglich vorgesehen, dass die Parteien sich noch auf einen Sachverständigen als Schiedsgutachter verständigen müssen, kann auch dies von derjenigen Partei, die sich den Einwendungen der anderen Partei ausgesetzt sieht, genutzt werden, um durch bloße Verweigerung der Zustimmung zu einem vorgeschlagenen Kandidaten das Verfahren zu behindern. 53

Das Streitpotenzial bei der Benennung des Schiedsgutachters lässt sich zumindest vermindern, wenn es konkrete vertragliche Regelungen über das diesbezügliche Anforderungsprofil gibt. Es liegt üblicherweise im Interesse beider Parteien, dass der Sachverständige nicht in anderem Zusammenhang für die eine oder andere Seite tätig ist und somit die Gefahr eines Interessenkonflikts oder einer – zumindest latenten – Parteilichkeit besteht.[107] Abhängig von den Beteiligten kann dies praktisch dazu führen, dass zumindest die großen Wirtschaftsprüfungsgesellschaften nicht in Frage kommen (etwa wenn sowohl Verkäufer als auch Käufer internationale Konzerne sind). Weitere Qualifikationen lassen sich ebenfalls festschreiben. Für den Fall, dass die Parteien sich dennoch nicht auf einen Schiedsgutachter einigen können, ist in dem Unternehmenskaufvertrag vorzusehen, dass nach einem bestimmten Zeitraum ein Dritter die Bestimmung nach Maßgabe der vertraglich geregelten Kriterien übernimmt. Häufig wird hier auf das Institut der Wirtschaftsprüfer in Deutschland e. V., Düsseldorf, zurückgegriffen.[108] 54

Am günstigsten ist es natürlich, wenn die Parteien sich bereits in dem Unternehmenskaufvertrag auf die Person des Schiedsgutachters verständigen und dieser somit von vorneherein feststeht. Die Notwendigkeit einer späteren Einigung zwischen den Parteien bzw. einer Benennung durch einen Dritten kann sich dann nur noch ergeben, wenn der benannte Sachverständige wider Erwarten nicht zur Verfügung steht. 55

Eine diese Thematik regelnde Bestimmung kann folgendermaßen aussehen:

In the event that [auditing firm] is not able or not willing to act as neutral auditor, a reputable and neutral auditing firm having no conflict of interests, being either an international auditing firm or a member of a reputable international network of auditing firms shall upon written request by the Seller or the Purchaser be agreed upon by the Seller and the Purchaser or, in the event that they fail to achieve such agreement within [...] Business Days of such request of either the Purchaser or the Seller, as the case may be, designated upon request of the Seller or the Purchaser by the [Institut der Wirtschaftsprüfer e. V.].

---

[106] S. o. → Rn. 26.

[107] Vgl. Stubbe, SchiedsVZ 2010, 130, 136 zu DIS-SchGO und DIS-GO.

[108] Ergänzend wird auf die Ausführungen in → § 12 Rn. 55 ff. sowie die zusammenfassende Kaufpreisklausel in → § 12 Rn. 63, 64 verwiesen.

c) Abschluss des Schiedsgutachtervertrags

56 Soll ein Schiedsgutachter eine Streitfrage mit bindender Wirkung für Verkäufer und Käufer entscheiden, wird der Abschluss eines Schiedsgutachtervertrags erforderlich. Es liegt nahe, dass diese als dreiseitige Vereinbarung zwischen Verkäufer, Käufer und Schiedsgutachter abgeschlossen wird.[109] Auch hier besteht jedoch die Gefahr, dass die Partei, gegen deren Kaufpreisberechnung die andere Partei Einwendungen erhebt, den Abschluss der Vereinbarung und damit die Einleitung des Streitschlichtungsverfahrens nachhaltig verzögert. Es ist daher empfehlenswert, im Falle einer Regelung in dem Unternehmenskaufvertrag, wonach eine Partei das Schiedsgutachterverfahren nach erfolglosen Einigungsversuchen einseitig einleiten kann, zusätzlich zu regeln, dass diese Partei dann auch berechtigt sein soll, den Vertrag mit dem Schiedsgutachter alleine abzuschließen und damit eine ausreichende Grundlage für das Tätigwerden des Schiedsgutachters nach Maßgabe der kaufvertraglichen Bestimmungen zu schaffen.[110]

*In case an Audit Request has been submitted by one Party, such Party shall enter into an engagement agreement in the form as attached hereto as Annex [...] with the neutral auditor determined pursuant to the foregoing provisions (“**Neutral Auditor**”).*

d) Akteneinsicht

57 Ein weiterer praktischer Aspekt, der in den vertraglichen Regelungen seinen Niederschlag finden sollte, ist der Zugang zu relevanten Unterlagen. Der Verkäufer hat nach dem *Closing* grundsätzlich keinen Zugang mehr zu den Unterlagen des verkauften Unternehmens, so dass er darauf angewiesen ist, zumindest ein vertragliches Zugangsrecht zu erhalten. Dies gilt auch für den Schiedsgutachter, der ohne Einsicht in die maßgeblichen Unterlagen – und gegebenenfalls Rücksprache mit den für Verkäufer und Käufer tätigen Wirtschaftsprüfern sowie Mitarbeitern des Zielunternehmens – nicht in der Lage ist, eine sachgerechte Entscheidung zu treffen. Gegebenenfalls ist auch zu überlegen, die für die Verkäufer- und die Käuferseite tätigen Wirtschaftsprüfer zu verpflichten, ihre bei der Erstellung bzw. Prüfung des Übertragungsabschlusses angefertigten Arbeitspapiere offen zu legen, um auch so dem Schiedsgutachter eine sachgerechte Bewertung und zügige Entscheidung der Streitfragen zu erleichtern.[111]

III. Exkurs: Das Locked Box-Prinzip

57a Die Komplexität und Streitanfälligkeit der Berechnung des Kaufpreises aufgrund bestimmter Anpassungsparameter zum *Closing* und die damit verknüpfte

---

[109] S. o. → Rn. 28.

[110] S. o. → Rn. 28.

[111] Ergänzend wird auf die Ausführungen in → § 12 Rn. 38 ff. verwiesen.

Notwendigkeit ausführlicher vertraglicher Regelungen ist einer der Gründe für das in der M&A-Praxis im Vordringen befindliche *Locked Box*-Prinzip.[112] Hier berechnen die Parteien den endgültigen Kaufpreis auf der Basis bestimmter Parameter zu einem vor der Vertragsunterzeichnung liegenden Zeitpunkt, beispielsweise den Ablauf des letzten vor dem Vertragsschluss zu Ende gegangenen Geschäftsjahres der Zielgesellschaft.[113] In dem Kaufvertrag erscheint dann der Kaufpreis in Form des auf dieser Basis ermittelten Festbetrags, ohne dass es noch einer nachträglichen Anpassung auf den Zeitpunkt des *Closing* bedürfte. Sämtliche diesbezüglichen Regelungen entfallen, was den Kaufvertrag zumindest in diesem Bereich wesentlich schlanker macht.

Allerdings finden sich in dem Gewährleistungskatalog regelmäßig besondere Bestimmungen hinsichtlich der der vorvertraglichen Kaufpreisberechnung zugrunde gelegten Anpassungsparameter, z. B. des *Cash*-Bestands oder der Finanzverbindlichkeiten des Zielunternehmens zum maßgeblichen Abgrenzungsstichtag. Auch bei einem *Locked Box*-Konzept kann es zu Auseinandersetzungen kommen, wenn der Käufer nachträglich der Ansicht ist, dass diese Parameter unzutreffend waren und dementsprechend die insoweit von dem Verkäufer abgegebenen Gewährleistungen falsch sind. Er wird dann vortragen, dass der im Kaufvertrag geregelte Festkaufpreis infolge der unrichtigen Gewährleistung falsch berechnet war und nachträglich geändert werden muss. In diesem Fall handelt es sich der Sache nach um eine Auseinandersetzung über mögliche Gewährleistungsverletzungen, die mangels abweichender Sonderregelungen in letzter Konsequenz wie andere vertragliche Auseinandersetzungen vor einem staatlichen Gericht oder einem Schiedsgericht ausgetragen werden muss. **57b**

[112] Daneben ist auch das Bestreben des Verkäufers, bereits bei Vertragsschluss zu wissen, wie hoch der Kaufpreis letztendlich sein wird, eine der wesentlichen Motivationen für die Anwendung des *Locked Box*-Prinzips. Insbesondere Private Equity-Verkäufer schätzen diese Klarheit und schlagen beim Verkauf von Portfolio-Unternehmen häufig diesen Weg vor.

[113] Siehe zum *Locked Box*-Mechanismus → § 6 Rn. 9 ff.

§ 14. Earn Out und Besserungsschein (Mehrerlösklausel)

I. Funktion und Eintrittsmöglichkeiten

1 Das Zustandekommen eines Unternehmenskaufs steht und fällt mit der Fähigkeit von Verkäufer und Käufer, sich auf eine angemessene Bewertung des Zielunternehmens und hierauf aufbauend die Höhe des zu zahlenden Kaufpreises zu einigen. Gerade in Phasen wirtschaftlicher Unsicherheiten und Krisen können Unternehmenskäufe daran scheitern, dass sich die Preisvorstellungen der Parteien nicht unter einen Hut bringen lassen. Häufig geht es in den Preisdiskussionen um unterschiedliche Auffassungen von Verkäufer und Käufer über die zukünftige wirtschaftliche Entwicklung des Unternehmens und dessen Ertragsaussichten mit entsprechenden Auswirkungen auf die Unternehmensbewertung. Unter Umständen können in solchen Situationen die divergierenden Erwartungen durch Instrumente wie *Earn Out* oder Besserungsschein überbrückt und damit ein Scheitern der Transaktion vermieden werden.

2 Von einer *Earn Out*-Klausel spricht man dann, wenn ein Kaufpreis gesplittet wird in einen fixen Bestandteil, meist mit dem *Closing* fällig, und einen (auf die Zukunft gerichteten) variablen Bestandteil, der von der Entwicklung bzw. dem Eintritt vorab festgelegter Erfolgsindikatoren abhängig ist und erst in der Zukunft fällig wird.[1] Der Käufer kann durch eine vereinbarte *Earn Out*-Klausel das Risiko einschränken, einen überhöhten Kaufpreis für das Unternehmen zu zahlen, während der Verkäufer als Ausgleich die Aussicht auf eine sich im Falle positiver Unternehmensentwicklung später noch ergebende Kaufpreiserhöhung erhält. So können durch eine *Earn Out*-Vereinbarung Risikoabschläge vermindert werden, wodurch eine Transaktion womöglich erst zustande kommt.[2] Für den Käufer bedeutet ein *Earn Out* außerdem, dass sich der bei den Verhandlungen bestehende Informationsvorsprung des Verkäufers weniger zu seinen Lasten auswirkt und die Glaubwürdigkeit der Verkäuferangaben erhöht wird. Darüber hinaus profitiert der Käufer vom Finanzierungseffekt *(Vendor Finance)* der *Earn Out*-Klausel, da er den variablen Kaufpreisanteil erst nach Ablauf der vereinbarten *Earn Out*-Periode

[1] Ihlau/Gödecke BB 2010, 687, 687 f.; Ettinger/Schmitz GmbHR 2016, 966, 967; Geisler/Veth BB 2016, S. 2667, 2667; Schröter AnwZert HaGesR 7/2018 Anm. 2; siehe auch Hopt ZHR 186 (2022), 7, 45 f.

[2] Lüdenbach/Völkner BB 2006, 1435, 1436; Tallau M&A Review 2009, 376.

zahlen muss.[3] Wirtschaftlich betrachtet entspricht eine *Earn Out*-Vereinbarung daher auch einer Stundung.[4]

3 Da der Verkäufer im Rahmen einer *Earn Out*-Vereinbarung sowohl an positiven als auch negativen Unternehmensentwicklungen wirtschaftlich partizipiert, aber der Käufer während der *Earn Out*-Periode das von ihm erworbene Unternehmen kontrolliert und damit wesentlichen Einfluss auf die Unternehmensentwicklung hat, müssen in dem Unternehmenskaufvertrag neben der Definition der Parameter für den *Earn Out* Vorkehrungen getroffen werden, um den Verkäufer vor Übervorteilung zu schützen. Insgesamt ergeben sich in Zusammenhang mit *Earn Out*-Klauseln zahlreiche komplexe Fragestellungen, insbesondere im Hinblick auf die Definition der maßgeblichen Parameter, angemessene und praktikable Verfahrensregeln und nicht zuletzt das angesprochene Schutzbedürfnis des Verkäufers. Dies führt dazu, dass *Earn Out*-Klauseln in der Praxis häufiger diskutiert als dann auch tatsächlich vereinbart werden. Gehen die Parteien diesen Weg, sind die Klauseln regelmäßig Gegenstand zäher und schwieriger Verhandlungen.

4 In der Praxis finden sich unterschiedliche Spielarten der *Earn Out*-Klausel. Neben dem „klassischen" *Earn Out* mit teils fixem, teils variablem Kaufpreisanteil werden auch andere Gestaltungsformen wie Rückzahlungs- oder Optionsmodelle diskutiert. Beim Rückzahlungsmodell verpflichtet sich der Verkäufer, bei Unterschreiten der vereinbarten Kennzahlen einen Teil des Kaufpreises an den Käufer zurückzuzahlen. Werden diese Kennzahlen hingegen überschritten, muss der Käufer keine weitere Zahlung an den Verkäufer vornehmen.[5] Das Modell erscheint jedoch eher theoretisch, insbesondere da der Käufer im Regelfall das Risiko einer Vorleistung im Hinblick auf einen von ihm nicht für hinreichend wahrscheinlich erachteten unternehmerischen Erfolg nicht akzeptieren wird. Beim Optionsmodell erwirbt der Käufer einen bestimmten Prozentsatz der Zielgesellschaftsanteile und zugleich die Option, die übrigen Anteile später zu einem anhand von wirtschaftlichen Kennzahlen festgelegten Preis zu kaufen.[6] Es gibt sicherlich Möglichkeiten, eine solche Option rechtlich in einer Weise auszugestalten, die für die Parteien weitgehende Vollzugssicherheit schafft. Dennoch sind auch derartige Gestaltungsüberlegungen eher theoretischer Natur und sollen im Folgenden nicht weiter beleuchtet werden.

5 Einer *Earn Out*-Vereinbarung nicht unähnlich ist ein sog. Besserungsschein, auch Mehrerlösklausel genannt. Hierbei geht es für den Fall, dass das verkaufte Unternehmen innerhalb eines überschaubaren Zeitraums von dem Käufer zu einem höheren Preis weiter verkauft wird, um eine Beteiligung des Verkäufers an dem erzielten Mehrerlös (hierzu näher unter → Rn. 38 f.). Auch derartige Klauseln, die

[3] Meyding/Grau NZG 2011, 41, 42; Ettinger/Schmitz GmbHR 2016, 966, 967.

[4] Bruski BB-Special 2005, Heft 30, 19, 27.

[5] Meyding/Grau NZG 2011, 41, 43.

[6] Tallau M&A Review 2009, 376, 378.

sich regelmäßig in den Privatisierungsverträgen der Treuhandanstalt fanden, sind in der heutigen M&A-Praxis eher selten.[7]

II. Kenngrößen und Berechnungsparameter beim Earn Out

6 Bei der Festlegung der Kenngrößen und Berechnungsparameter für einen *Earn Out*[8] geht es darum, den Erfolg des Zielunternehmens in der Phase nach der Veräußerung angemessen zu erfassen, um auf dieser Grundlage eine etwaige nachträgliche Erhöhung des Kaufpreises in Abhängigkeit von diesem Erfolg während eines bestimmten Zeitraums (*Earn Out*-Periode) zu ermitteln. Dem Einfallsreichtum der Parteien angesichts der konkreten Gegebenheiten des jeweiligen Einzelfalls sind kaum Grenzen gesetzt, so dass es im Folgenden nur darum gehen kann, in der Praxis übliche und im Normalfall sinnvolle Lösungsansätze aufzuzeigen.

1. Earn Out-Periode

7 Die *Earn Out*-Periode ist der Zeitraum, der für eine mögliche Erhöhung des Kaufpreises nach Maßgabe der definierten Kenngrößen und Berechnungsparameter maßgeblich sein soll.[9] In der Regel wird hier eine bestimmte Anzahl von vollen dem *Closing* folgenden Geschäftsjahren des Zielunternehmens vertraglich festgeschrieben.[10] Die Bezugnahme auf Geschäftsjahre bietet sich an, um die Berechnung der Erhöhung des Kaufpreises auf Basis der laufenden Buchführung und der ohnehin zu erstellenden gesetzlichen Abschlüsse zu ermöglichen. Auf diese Weise wird der erhöhte Aufwand vermieden, der sich bei einem Abweichen der Berechnungsperioden für den *Earn Out* von dem Geschäftsjahr des Zielunternehmens ergeben würde.

8 Die Dauer der *Earn Out*-Periode ist frei verhandelbar. Es ist jedoch zu bedenken, dass angesichts der mit einer *Earn Out*-Regelung verbundenen Beschränkungen des Zielunternehmens sowie auch unter dem Gesichtspunkt, dass bei zu langen Perioden eine weitere Teilhabe des Verkäufers an dem Erfolg des verkauften Unternehmens nicht mehr zu rechtfertigen ist, die *Earn Out*-Periode auf einen nachvollziehbaren Zeitraum beschränkt sein muss, der üblicherweise vier bis fünf

---

[7] Eine weiterhin gegebene Verbreitung sieht hingegen Drygala/Wächter Kaufpreisanpassungsklauseln/Kiem, S. 151, 158.

[8] Dieses variable Kaufpreiselement wird eingehend in → § 2 Rn. 128a ff., → § 5 Rn. 16 ff. und § 7 Rn. 110a f. unter verschiedenen Aspekten erörtert.

[9] Vgl. Werner DStR 2012, 1662, 1667; MüKoBilanzR/Bernd/Gutsche, Bd. 1, IFRS 3. F. I Rn. 154 f.

[10] von Braunschweig DB 2010, 713, 717 f.; Beispiele bei Hilgard BB 2010, 2912, 2915.

Geschäftsjahre nicht übersteigt.[11] Häufig wird eine *Earn Out*-Periode von drei Geschäftsjahren empfohlen.[12]

2. Kenngrößen

Die zu vereinbarenden Kenngrößen für die Berechnung des *Earn Out* müssen grundsätzlich geeignet sein, den unternehmerischen Erfolg des Zielunternehmens in einer Weise zu erfassen, die es nach dem zugrundeliegenden Verständnis der Parteien rechtfertigt, den Kaufpreis nachträglich zu erhöhen und somit den Verkäufer – in gewissem Umfang – hieran partizipieren zu lassen.[13] Dabei besteht ein gewisses Spannungsverhältnis zwischen aus betriebswirtschaftlicher Sicht sinnvollen Kenngrößen einerseits und einer effizienten und in der Praxis handhabbaren Umsetzung des Konzepts unter Gesichtspunkten wie ordnungsgemäßer Erfassung, Berechnung und Nachprüfbarkeit andererseits. **9**

Grundsätzlich kommen als **Kenngrößen** insbesondere – jeweils auf Jahresbasis berechnet – die folgenden betriebswirtschaftlichen Kennzahlen in Betracht:[14] **10**

- der Jahresumsatz des Zielunternehmens
- das Rohergebnis
- der Jahresüberschuss bzw. Bilanzgewinn des Zielunternehmens gemäß handelsrechtlicher Gewinn- und Verlustrechnung (GuV)
- EBIT[15] oder EBITDA[16]
- der *Cashflow* des Zielunternehmens
- eine Kombination aus den genannten Kenngrößen.

Diese Kenngrößen können sowohl im Hinblick auf das Zielunternehmen insgesamt als auch – je nach Vereinbarung – auf einzelne Tochtergesellschaften, Sparten oder Geschäftsbereiche bezogen werden. **11**

Der **Umsatz** als maßgebliche Kenngröße hat den Vorteil, dass er leicht zu ermitteln und auch aus Verkäufersicht vergleichsweise immun gegen Manipulations- **12**

---

[11] Bruski BB-Special 2005, Heft 30, 19, 28; MüKoBilanzR/Berndt/Gutsche Bd. 1, IFRS 3. F. I Rn. 155 f.; Weiser WPg 2005, 269, 271.

[12] Werner DStR 2012, 1662; von Braunschweig DB 2010, 713, 718; Baums DB 1993, 1273, 1274; Ihlau/Gödecke BB 2010 687, 688.

[13] Im Ergebnis so Hörtnagl/Zwirner/Busch in Hettler/Stratz/Hörtnagl, Unternehmenskauf, § 5 Rn. 53 ff.; von Braunschweig DB 2002, 1815, 1817; Bruski BB-Special 2005, Heft 30, 19, 27 f.

[14] So u. a. auch Hölters, Unternehmenskauf-HdB/Gröger, Kapitel 5 Rn. 5.102; Weiser WPg 2005, 269, 271; Ettinger/Schmitz GmbHR 2016, 966, 967; Ihlau/Gödecke BB 2010, 687, 688; Bruski BB-Special 2005, Heft 30, 19, 27.

[15] Earnings before Interests and Taxes = Gewinn vor Zinsen und Steuern; vgl. Peemöller in Peemöller, Unternehmensbewertung, 1. Kap. S. 47.

[16] Earnings before Interests, Taxes, Depreciation and Amortisation = Gewinn vor Zinsen, Steuern und Abschreibungen auf Sachlagen und immaterielle Vermögensgegenstände; vgl. Peemöller in Peemöller, Unternehmensbewertung, 1. Kap. S. 47.

versuche des Käufers ist.[17] Er ergibt sich ohne weiteres aus der handelsrechtlichen Gewinn- und Verlustrechnung (GuV) (Umsatzerlöse gemäß § 275 Abs. 2 Nr. 1 HGB), wobei gegebenenfalls gruppeninterne Umsätze herauszurechnen sind. Allerdings kommt dem Umsatz als solchem nur bedingt Aussagekraft im Hinblick auf den unternehmerischen Erfolg des Zielunternehmens zu, da eine positive Umsatzentwicklung nach dem *Closing* nicht zwingend gleichbedeutend mit einer erhöhten Profitabilität des Unternehmens ist.[18] Einem Käufer wird es daher im Normalfall schwerfallen, einen auf Basis der während der *Earn Out*-Periode erzielten Umsätze berechneten *Earn Out* zu akzeptieren.

12a Das **Rohergebnis** – welches nach § 276 S. 1 HGB für kleine und mittelgroße Unternehmen als Ausnahme vom allgemeinen Verrechnungsverbot des § 246 Abs. 1 HGB als Posten der Gewinn- und Verlustrechnung zugelassen ist – hat in der Betriebswirtschaft nur eine begrenzte Aussagekraft, da der Saldo ungenau bemessen ist und weder eine innerbetriebliche Vergleichbarkeit folgender Jahresabschlüsse noch einen zwischenbetrieblichen Vergleich ermöglicht.[19]

13 Es erscheint daher regelmäßig angemessener und sinnvoller, auf die Gewinnentwicklung des Zielunternehmens abzustellen. Hier kommt als relevante Kenngröße zunächst der **Jahresüberschuss** bzw. der **Bilanzgewinn** des Zielunternehmens in Betracht, wie er sich aus dem handelsrechtlichen Jahresabschluss ergibt.[20] In der Regel lassen sich hieraus hinreichende Rückschlüsse auf die Unternehmensentwicklung nach dem *Closing* im Sinne einer interessengerechten *Earn Out*-Regelung ziehen. Die Möglichkeit, dass der Käufer die Höhe des Jahresüberschusses während der *Earn Out*-Periode in der Weise beeinflusst, dass dieser bewusst niedrig ausfällt,[21] ändert nichts an der grundsätzlichen Eignung dieser Kenngröße, sondern muss vielmehr durch vertragliche Absprachen (vgl. hierzu → Rn. 18 ff.) in angemessenem Maße begrenzt werden. Im Übrigen kann überlegt werden, die ausgewiesenen Gewinne um bestimmte Positionen wie Einmaleffekte oder die Bildung oder Auflösung von Rücklagen zu bereinigen.

14 Die Bezugnahme auf **EBIT** oder **EBITDA** als maßgebliche Kenngrößen ist eine abgewandelte Form der Bezugnahme auf die Gewinnentwicklung bei dem Zielunternehmen nach dem *Closing* zum Zwecke der Ermittlung des *Earn Out*. Sie werden aus betriebswirtschaftlicher Sicht vielfach als besonders geeignet betrachtet, um den wirklichen unternehmerischen Erfolg des Zielunternehmens unabhängig von der Besteuerung oder (im Falle des EBITDA) der Höhe der buchmäßigen

[17] van Kann, Praxishandbuch Unternehmenskauf, S. 58 rät daher, den Umsatz als Kenngröße zu nutzen; vgl. auch Ettinger/Schmitz GmbHR 2016, 966, 967.

[18] Zum Verhältnis Umsatz/Profitabilität Kraus/Buschmann in Buth/Hermanns, Restrukturierung, § 5 Rn. 26 ff.

[19] MüKoHGB/Reiner/Haußer, § 276 Rn. 8 f. mit weiteren Nachweisen.

[20] Zum Jahresüberschuss und Bilanzgewinn z. B.: MHLS/Salje GmbHG, § 29 Rn. 35 ff., 75 ff.

[21] Hilgard BB 2010, 2912, 2913.

Abschreibungen zu abzubilden.[22] Insbesondere in angelsächsischen Ländern sind Bewertungen auf Grundlage dieser Kennzahlen verbreitet.[23] Ausgangspunkt der Berechnung ist auch hier sinnvollerweise der Jahresüberschuss, wie er sich aus der handelsrechtlichen GuV ergibt, der dann im Wesentlichen um Zinsaufwand und Zinsergebnis, ertragssteuerliche Belastungen und (im Falle des EBITDA) Abschreibungen zu bereinigen ist.[24]

Der ***Cashflow*** des Zielunternehmens bezeichnet die Differenz zwischen den zahlungswirksamen Erträgen und Aufwendungen während einer Abrechnungsperiode und kann entweder nach der direkten oder der indirekten Methode ermittelt werden.[25] Nach der direkten Methode bestimmt sich der Jahres-*Cashflow* nach der Differenz zwischen den einzahlungswirksamen Erträgen und den auszahlungswirksamen Aufwendungen.[26] Die indirekte Methode basiert auf dem Jahresüberschuss als Ausgangspunkt, wobei dann sämtliche nicht *cash*-wirksamen Positionen herauszurechnen sind.[27] Diese Vorgehensweise bezeichnet man als indirekte Methode, weil der *Cashflow* über zahlungsunwirksame Vorgänge ermittelt wird.[28] **15**

Aus Käufersicht kann sich bei all den genannten Kenngrößen je nach Kapitalausstattung und Finanzierungsstruktur das Problem ergeben, dass der hiernach bemessene unternehmerische Erfolg des Zielunternehmens (zumindest bei dem in der Praxis häufigen *Share Deal*) nicht ohne weiteres in Form entsprechender Ausschüttungen beim Käufer ankommt und er nicht einfach auf die im Zielunternehmen generierte Liquidität zurückgreifen kann, um die auf Basis der Gewinnermittlung ermittelten *Earn Out*-Beträge zahlen zu können. Gegebenenfalls werden dann zusätzlich andere Formen der Finanzierung des Kaufpreises außerhalb des Zielunternehmens benötigt. Alternativ besteht die Möglichkeit, die für ein Geschäftsjahr geschuldeten *Earn Out*-Beträge auf die Höhe der jeweils ausschüttungsfähigen Dividenden zu beschränken, was insbesondere in Betracht kommen wird, wenn die *Earn Out*-Regelung in Zusammenhang mit einer Finanzierungsvereinbarung zwischen Verkäufer und Käufer steht (vgl. hierzu die Ausführungen unter → § 15 zur *Vendor Note*). **16**

Neben finanziellen Kennzahlen kommen auch andere unternehmensrelevante Ereignisse als Bezugsgrößen für einen *Earn Out* in Betracht, wie beispielsweise die Erteilung von Genehmigungen im Hinblick auf *Change of Control*-Klauseln in wichtigen Verträgen, der Eingang bestimmter Aufträge oder die Erteilung von Patenten oder ähnliche Geschäftsvorfälle, deren Eintritt bei Vertragsschluss unsi- **17**

---

[22] Vgl. Peemöller in Peemöller, Unternehmensbewertung, 1. Kap. S. 47; so wohl auch BeckForm BHW/Meyer-Sparenberg III. A. 18, Rn. 13; von Braunschweig DB 2002, 1815, 1815; ders. DB 2010, 713, 716; Schäfer BC 2010, 111, 111.

[23] Wangler DS 2005, 245, 245.

[24] Zur Umsetzung Schäfer BC 2010, 111, 114.

[25] Baetge/Niemeyer/Kümmel/Schulz in Peemöller, Unternehmensbewertung, 3. Kap. S. 427.

[26] Baetge/Niemeyer/Kümmel/Schulz in Peemöller, Unternehmensbewertung, 3. Kap. S. 427.

[27] Vgl. Ruprecht/Nösberger IRZ 2012, 109, 110.

[28] Baetge/Niemeyer/Kümmel/Schulz in Peemöller, Unternehmensbewertung, 3. Kap. S. 427.

cher ist, die aber von erheblicher Relevanz für den Wert des Unternehmens sind.[29] Hierbei handelt es sich allerdings weniger um *Earn Out*-Konzepte im eigentlichen Sinne, sondern um Bezugspunkte *(Milestones)* für Kaufpreiserhöhungen, die insgesamt weniger komplex in Erfassung und Handhabung sind und im Folgenden nicht weiter beleuchtet werden sollen (siehe dazu ausführlich → § 10 Rn. 13 ff.).

3. Berechnungsparameter

18 Stehen die maßgeblichen Kenngrößen fest, ist es von maßgeblicher Bedeutung, aufgrund welcher Berechnungsparameter konkret der kaufpreiserhöhende Anteil an diesen definierten Kenngrößen, der dem Verkäufer zustehen soll, bestimmt wird. Dabei geht es darum, einerseits dem Verkäufer eine unter dem Aspekt der sachgerechten Unternehmensbewertung angemessene Teilhabe an dem künftigen Unternehmenserfolg zu sichern, ohne andererseits das Eigeninteresse des Käufers an einer erfolgreichen Fortführung des Unternehmens und der Erzielung von die Erwartungen übersteigenden Gewinnen übermäßig zu beeinträchtigen.[30] Häufig wird der *Earn Out* in Form eines Prozentsatzes an den jeweils vereinbarten Kenngrößen ermittelt, wobei dessen Höhe von Gesichtspunkten wie dem Betrag des vereinbarten Basiskaufpreises, der Wahrscheinlichkeit eines gegenüber der Berechnung des Basiskaufpreises besseren Geschäftsverlaufs und nicht zuletzt von der Stärke der Verhandlungsposition von Verkäufer einerseits und Käufer andererseits abhängt.[31] Es kann durchaus auch sinnvoll sein, nicht einen über die ganze *Earn Out*-Periode unveränderten Prozentsatz zu vereinbaren, sondern diesen über die Zeit anzupassen, üblicherweise in Form einer Reduktion.

19 Daneben kommen auch Berechnungsparameter in Betracht, die nicht statisch auf die vereinbarten Kenngrößen abstellen, sondern auf deren Entwicklung oder Veränderungen im Laufe der *Earn Out*-Periode (beispielsweise Gewinnsteigerungen gegenüber den jeweiligen Vorjahren).[32]

20 Schließlich kann es sich anbieten, bestimmte Mindestbeträge *(Thresholds)* oder Höchstgrenzen *(Caps)* für die maßgeblichen Kenngrößen oder auch für die sich hieraus insgesamt ergebenden *Earn Out*-Zahlungen zu vereinbaren.[33] Damit tritt neben die nach den jeweiligen Abrechnungsperioden getrennte Betrachtungsweise auch eine die *Earn Out*-Periode insgesamt erfassende Eingrenzung der möglichen *Earn Out*-Zahlungen.

---

[29] Werner DStR 2012, 1662, 1664; Ettinger/Schmitz GmbHR 2016, 966, 967.

[30] Hilgard BB 2010, 2912, 2913 f.

[31] Werner DStR 2012, 1662, 1664.

[32] Werner DStR 2012, 1662, 1664.

[33] Vgl. Baums DB 1993, 1273, 1275.

Zur Veranschaulichung der vorstehenden Erläuterungen dient das folgende **Formulierungsbeispiel** einer auf dem *Cashflow* des Unternehmens basierenden *Earn Out*-Klausel:[34] 21

Calculation of Earn Out

(a) *The Purchaser shall, in addition to the Fixed Purchase Price, owe to the Seller amounts calculated on an annual calendar year basis as follows (each such annual amount as determined in accordance with the following provisions an* ***"Earn Out Payment Amount"****):*

Beginning with the calendar year […] [calendar year following the Closing] until (and including) the calendar year […] (each such relevant calendar year an ***"Earn Out Year"****), the Earn Out Payment Amount owed by the Purchaser to the Seller shall for each Earn Out Year be the lesser of*

(i) *a portion of […] % of the Target's Group Free Cash Flow (as defined) (****"Free Cash Flow Portion"****) for the respective Earn Out Year; [provided that for the calendar year […], the Target Group's Free Cash Flow shall be the sum of (x) the Free Cash Flow of the calendar year […] and (y) the Free Cash Flow for the period from […] through […];] and*

(ii) *the Distributable Net Dividend for the respective Earn Out Year;*

provided that, should, with respect to any Earn Out Year, the amount of the Distributable Net Dividend be lower than the Free Cash Flow Portion, then the balance shall be carried forward (without interest accruing thereon) and be added to the Free Cash Flow Portion for the respective following Earn Out Year (and so forth). If, with respect to the last Earn Out Year […], the amount of the Distributable Net Dividend is lower than the Free Cash Flow Portion (including any amounts carried forward and added to it pursuant to this provision or Section […], then the Purchaser shall owe to the Seller with respect to the following calendar year […] an additional Earn Out Payment Amount equal to the lesser of (x) such balance (without any interest accruing thereon) and (y) the Distributable Net Dividend for such following calendar year […] (such year also an ***"Earn Out Year"****), it being understood and agreed that, should the Distributable Net Dividend for such following calendar year be lower than such balance, the Purchaser shall not be obliged to pay to the Seller, compensate the Seller for, or have any liability with respect to any such shortfall, and the Seller hereby irrevocably waives any claims relating thereto; provided that, if and to the extent the Purchaser has received any payment (including any dividend, distribution or redemption) in respect of any equity interest of the Target Group for Earn Out Years in excess of the amounts required by the Purchaser in order to pay the Earn Out Payment Amount for such Earn Out Years, the Seller shall be put in a position in which he would be had such excess payments not been made to the Purchaser, and any payments owed by the Purchaser to the Seller as a result thereof shall become due and payable on the Earn Out Payment Due Date (as defined below) for such following calendar year […] and not be subject to the waiver of the Seller referred to above.*

(b) *Within […] days following the binding determination of the Earn Out Statement pursuant to Section […] below with respect to an Earn Out Year (each such date, an* ***"Earn Out Payment Due Date"****), the Purchaser shall pay to the Seller an amount in Euro equal to the Earn Out Payment Amount due for such Earn Out Year as reflected in the respective binding Earn Out Statement. If payment required pursuant to this Section […] is not made when due, the amount due shall bear interest at a rate per annum equal to […] plus […] basis points thereafter, compounded at the end of each calendar quarter, during which such amount remains unpaid.*

Der letzte Halbsatz von Abs. (i) regelt den Fall eines unterjährigen *Closing* im Laufe des dem ersten *Earn Out*-Jahr vorangehenden Kalenderjahres, welches dann zeitanteilig in die Berechnung mit einbezogen wird.

Die Definition des Begriffs „*Free Cash Flow*" ist üblicherweise Gegenstand detaillierter und intensiver Verhandlungen.

[34] In der Praxis wird häufig auf die Erreichung von EBITDA und ggf. Umsatzzielen abgestellt. Ergänzend wird auf das Formulierungsbeispiel in → § 2 Rn. 128a ff. verwiesen.

Der Entwurf sieht eine Beschränkung des jeweils geschuldeten *Earn Out Payment Amount* auf die ausschüttungsfähige Dividende vor und trägt insoweit der vorstehend angesprochenen Problematik eines möglicherweise beschränkten Zugriffs des Käufers auf die Liquidität des Zielunternehmens Rechnung.[35]

Der für das Ende der *Earn Out*-Periode vorgesehene eventuelle Anspruchsverzicht des Verkäufers ist natürlich nicht zwingend, so dass es zu einer die insgesamt ausschüttungsfähige Dividende übersteigenden Haftung des Käufers kommen kann.

III. Sicherungsmechanismen zu Gunsten des Verkäufers

22 Es liegt auf der Hand, dass der Verkäufer im Kontext von *Earn Out*-Konzepten in besonderem Maße schutzwürdig ist. Das Zielunternehmen, auf dessen künftigen Erfolg es ankommt, ist in die Hände des Käufers übergegangen, welcher damit nicht nur den Geschäftsverlauf und die Strategie des Unternehmens, sondern auch das gesamte Berichtswesen, die Führung der Bücher sowie den Zugang zu unternehmensbezogenen Informationen und Finanzdaten kontrolliert. Das Schutzbedürfnis des Verkäufers erstreckt sich typischerweise auf bestimmte Aspekte der künftigen Unternehmensführung, die von Bedeutung für die Gewinnentwicklung des Zielunternehmens sind (nachfolgend → Rn. 23 ff.). Weiterhin muss sich der Verkäufer überlegen, wie er die Entwicklung der Bonität des Käufers im Verlauf der *Earn Out*-Periode einschätzt und wie er sich insoweit gegebenenfalls absichern kann (nachfolgend → Rn. 31). Schließlich stellt sich für den Verkäufer die Frage, in welchem Umfang er in Zukunft trotz bestehender Ansprüche auf *Earn Out*-Zahlungen mit Gegenansprüchen des Käufers und damit verbundenen Leistungsverweigerungsrechten konfrontiert werden könnte (nachfolgend → Rn. 32).

1. Unternehmensführung

23 Im Bereich der Unternehmensführung geht es in erster Linie darum, dass das Zielunternehmen, an dessen zukünftigen Erfolg beide Parteien bestimmte Erwartungen knüpfen, im Großen und Ganzen in der Art und Weise fortgeführt wird, die diesen Erwartungen zugrunde lag.[36] So muss zunächst sichergestellt sein, dass das Unternehmen überhaupt für einen die vereinbarte *Earn Out*-Periode dauernden Zeitraum selbständig weiter betrieben wird.[37] Ferner muss das Unternehmen im Wesentlichen in der Form fortbetrieben werden, in der der Käufer es übernommen hat bzw. in der es nach der bei Abschluss des Unternehmenskaufvertrages be-

---

[35] Vgl. → Rn. 16.

[36] Kästle/Oberbracht, Unternehmenskauf, B III. 4. S. 100 f., der einen Businessplan für die Earn Out-Periode vorschlägt.

[37] Werner DStR 2012, 1662, 1665.

stehenden gemeinsamen Vorstellung von Verkäufer und Käufer fortgeführt werden sollte.[38] Dementsprechend werden regelmäßig bestimmte Maßnahmen und Handlungen der Geschäftsleitung untersagt oder zumindest unter einen Genehmigungsvorbehalt zugunsten des Verkäufers gestellt, wie beispielsweise:[39]

- die Veräußerung wichtiger Unternehmensteile oder der Erwerb anderer Unternehmen
- die Einstellung bestehender Geschäftsbereiche oder die Aufnahme neuer Geschäftstätigkeiten
- Strukturänderungen wie Fusionen, Aufspaltungen oder sonstige Umwandlungen des Unternehmens
- Transaktionen zwischen Zielunternehmen und Käufer oder diesem nahestehenden Personen, zumindest soweit diese nicht einem Drittvergleich *(at arm's length terms)* standhalten
- Umstellung der anwendbaren Bilanzierungsgrundsätze oder Änderungen in der Ausübung von Bilanzierungs- und Bewertungswahlrechten
- Fremdfinanzierungen von erheblichem Umfang
- Durchführung erheblicher Investitionen.

Grundsätzlich sinnvoll ist es aus Sicht des Verkäufers, mit dem Käufer für den **24**
Zeitraum der *Earn Out*-Periode Eckdaten der Unternehmensführung in einem mehr oder weniger detaillierten Businessplan festzuschreiben und zumindest erhebliche Abweichungen einer gesonderten Genehmigungspflicht zu unterwerfen.[40] Insgesamt besteht die Herausforderung darin, einerseits die Fortführung der von den Parteien bei Vereinbarung des *Earn Out* zugrunde gelegten Unternehmensstrategie zu sichern, aber andererseits den Käufer nicht übermäßig in seiner unternehmerischen Freiheit und der Möglichkeit, eigene Ideen umzusetzen, sich ergebende Gelegenheiten unternehmerisch zu nutzen, Abläufe zu optimieren oder auch in unvorhergesehenen Situationen schnell und angemessen zu reagieren, einzuschränken. So liegt es auf der Hand, dass insbesondere die Einschränkungen im Bereich von Strukturänderungen dazu führen können, dass betriebswirtschaftlich an sich sinnvolle Maßnahmen zur Integration des Zielunternehmens in die Organisation des Käufers, zur Realisierung von Synergien[41] und allgemein zur wechselseitigen Nutzbarmachung vorhandener Ressourcen, Kenntnisse und Fähigkeiten unterbleiben und damit vorhandenes Wertsteigerungspotential nicht gehoben wird.[42]

---

[38] Bruski BB-Special 2005, Heft 30, 19, 28.

[39] Vgl. Mueller-Thuns in Rödder/Hötzel/Mueller-Thuns, Unternehmenskauf, § 8 Rn. 41; Vischer SJZ 2002, 509, 514f.; Werner DStR 2012, 1662, 1665; Normann GmbH-StB 2012, 278, 282.

[40] Kästle/Oberbracht, Unternehmenskauf, B III. 4. S. 100f.

[41] Bruski BB-Special Nr. 7 zu Heft 30, 2005, 19, 28.

[42] Vgl. Meyding/Grau NZG 2011, 41, 42; Ihlau/Gödecke BB 2010, 687, 689.

Es überrascht daher nicht, dass diesbezügliche Regelungen häufig der Gegenstand intensiver und schwieriger Verhandlungen zwischen Verkäufer und Käufer sind.

25 Vereinzelt wird vorgeschlagen, u. a. aus kartellrechtlichen Gründen nicht die Beschränkung derartiger Maßnahmen zu vereinbaren, sondern lediglich deren Effekte bei der Ermittlung der maßgeblichen Kennzahlen zu eliminieren. In diesem Zusammenhang wird darauf verwiesen, dass die Vereinbarung von Beschränkungen des Käufers im Hinblick auf Strukturveränderungen beim Zielunternehmen zu gemeinsamer Kontrolle von Käufer und Verkäufer über das Zielunternehmen und in der Folge zu fusionskontrollrechtlichen Anmeldepflichten führen könnte (wobei auch die Umsätze des Verkäufers zu berücksichtigen wären).[43] Diesbezügliche Bedenken dürften allerdings regelmäßig unbegründet sein, da gemeinsame Kontrolle im fusionskontrollrechtlichem Sinne Vetorechte in Angelegenheiten von Bedeutung für das strategische Wirtschaftsverhalten eines Unternehmens erfordern dürfte (insbesondere Berufung und Abberufung von Mitgliedern der Geschäftsführung, Finanzplanung, Geschäftsplan, wichtige Investitionen).[44]

26 Allerdings stellt sich die Frage, ob ein vertragliches Vetorecht des Verkäufers gegenüber dem Käufer im Hinblick auf Strukturmaßnahmen bei dem unter (alleiniger) Kontrolle des Käufers stehenden Zielunternehmen gegen das allgemeine Kartellverbot (Art. 101 Abs. 1 AEUV, § 1 GWB) verstößt. Grundsätzlich stellt jede Beschränkung der wirtschaftlichen Betätigungsfreiheit eines Unternehmens einen Verstoß gegen das allgemeine Kartellverbot dar. Etwas anderes gilt im vorliegenden Zusammenhang dann, wenn sich darlegen lässt, dass die betreffenden Vetorechte im Rahmen von *Earn Out*-Klauseln für das Zustandekommen der Transaktion objektiv erforderlich sind, weil die Transaktion andernfalls nicht zustande käme (sog. Nebenabreden oder *„ancillary restraints"*).[45] Maßstab ist insoweit nicht die subjektive Sicht der Vertragsparteien, sondern eine objektive Sicht. In diesem Zusammenhang kommt es darauf an, ob sich ein legitimes Ziel auch auf eine weniger einschränkende Weise verwirklichen ließe.

27 So stellt sich insbesondere die Frage, ob einem legitimen Interesse des Verkäufers statt über Vetorechte zu Strukturänderungen beim Zielunternehmen ebenso gut über Einsichtsrechte im Zusammenhang mit solchen Strukturänderungen Rechnung getragen werden könnte, und dann gegebenenfalls eine entsprechende Anpassung der *Earn Out*-Zahlungen erfolgen soll. Bei solchen Einsichtsrechten sollte wiederum darauf geachtet werden, dass der Verkäufer, insbesondere falls er nach dem Verkauf des Zielunternehmens weiterhin in der betreffenden Branche tätig bleibt und jedenfalls nach Ablauf eines vertraglich vereinbarten Wettbewerbsverbots wieder in Wettbewerb mit dem Zielunternehmen treten könnte, über solche

[43] Vgl. Kästle/Oberbracht, Unternehmenskauf, B III. 4. S. 100.

[44] Vgl. Europäische Kommission, Mitteilung zu Zuständigkeitsfragen, ABl. 2009 C 43/10, Rn. 69 ff.

[45] Vgl. Loewenheim/Meessen/Riesenkampff/Kersting/Meyer-Lindemann/Bauer/Herbers FKVO Art. 6, Rn. 69 ff., insbesondere 70 ff. und 75.

Einsichtsrechte nicht Zugang zu wettbewerbsrelevanten vertraulichen Informationen des Zielunternehmens erhält. Zu diesem Zweck könnte gegebenenfalls vereinbart werden, dass dem Verkäufer zustehende Einsichtsrechte durch einen zur Verschwiegenheit verpflichteten Sachverständigen ausgeübt werden.

Es ist jedoch in den meisten Fällen schwer vorstellbar, wie eine Eliminierung der **28**
Effekte solcher Maßnahmen bei der Ermittlung der maßgeblichen Kennzahlen in der Praxis umsetzbar sein soll. So dürfte es wohl in der Regel eine fast unlösbare Aufgabe sein, beispielsweise die Auswirkungen einer erfolgten Umstrukturierung bei der Gewinnermittlung exakt zu erfassen und herauszurechnen, wenn die Unternehmensbereiche gar nicht mehr abgegrenzt werden können, oder den Gewinnbeitrag eines veräußerten oder möglicherweise eingestellten Geschäftsbereichs zum Zwecke der Hinzurechnung weiterhin genau betragsmäßig zu ermitteln.

Vor diesem Hintergrund können Vetorechte des Verkäufers im Hinblick auf **29**
Strukturänderungen beim Zielunternehmen nach Kontrollerwerb über das Zielunternehmen durch den Käufer im Hinblick auf das allgemeine Kartellverbot wohl regelmäßig als zulässige Nebenabrede der Vereinbarung über den Verkauf des Zielunternehmens beurteilt werden, sofern sich einem legitimen Interesse des Verkäufers nicht ausnahmsweise weniger einschränkend Rechnung tragen lässt.

Entsprechende Schutzvorschriften zugunsten des Verkäufers könnten wie folgt **30**
formuliert werden:

Purchaser's Covenants.

(i) The Purchaser shall ensure that the Target Group prepares and furnishes to the Seller (or an Affiliate of the Seller as designated by the Seller) its audited financial statements for each of the Earn Out Years in accordance with the Accounting Rules, as in effect on the relevant date.

(ii) Until the full payment of the Earn Out Payment Amount relating to the [latest] Earn Out Year [...] (**"Earn Out Completion"**), the Purchaser shall not make with respect to any Earn Out Year to its respective shareholders any payment (including any dividend, distribution or redemption) in respect of any Equity Interest of the Purchaser in excess of an amount equal to the Distributable Net Dividend less the Earn Out Payment Amount owed for such Earn Out Year. The Purchaser shall cause the Target Group (i) not to make with respect to the calendar year [...] to its respective shareholders any payment (including any dividend, distribution or redemption) in respect of any Equity Interest of the Target Group, and (ii) to carry forward any profit of the calendar year [...] for new account in to the calendar year [...].

(iii) Until the Earn Out Completion, the Purchaser shall, and shall cause the Target Group to, use proceeds of any Indebtedness solely for purposes of financing the operations of the Target Group.

(iv) Until the Earn Out Completion, the Purchaser shall not, and shall cause the Target Group not to (i) engage in a transaction that constitutes a sale of all or substantially all assets of the Target Group, save and except for transactions with Subsidiaries of the Target Group covered by Section [...], (ii) engage in any merger or corporate reorganization of the Target Group except where the Target Group is the surviving entity or the surviving entity is a Subsidiary covered by Section [...]; (iii) enter into any contract, agreement, arrangement or other transaction between the Target and any of its Affiliates or any of its (or its Affiliates') shareholders, members, managers, officers, directors or principals that is not upon terms and conditions that are no less favorable to the Target Group than those that would be obtained in a comparable arms-length transaction with an unrelated third party; (iv) dissolve or elect to dissolve the Target Group or (v) enter into any agreement in furtherance of any of the foregoing.

(v) Together with the delivery of an Earn Out Statement for any Earn Out Year to the Seller pursuant to para. […], the Purchaser shall provide to the Seller a written summary on the matters dealt within this Section […]. At least once each calendar year, upon the Seller's request, the Purchaser shall make appropriate employees of the Target Group available to the Seller for a questions and answers discussion of such matters.

2. Zahlungsfähigkeit des Käufers

31 Die Beurteilung der Frage, ob die Zahlungsfähigkeit des Käufers während der gesamten, sich üblicherweise über mehrere Jahre hinziehenden *Earn Out*-Periode hinreichend gesichert ist, hängt zunächst davon ab, ob es sich bei dem Käufer um ein reines Akquisitionsvehikel bzw. ein kleines Unternehmen oder um eine wirtschaftlich starke, eigenständige Gesellschaft handelt. Zumindest in den erstgenannten Fällen besteht ein reales Schutzbedürfnis des Verkäufers, welches an die üblichen Sicherungsmechanismen im Geschäftsverkehr wie Treuhandkonten, Bankbürgschaften oder auch die vorsorgliche Besicherung durch die Anteile oder Vermögensgegenstände des Zielunternehmens denken lässt.[46] In der Praxis wird sich der Verkäufer häufig mit einer dinglichen Sicherheit in Form der (teilweisen) Verpfändung oder Sicherungsübereignung der verkauften Anteile des Zielunternehmens zufrieden geben müssen.[47]

3. Gegenansprüche des Käufers

32 Will der Verkäufer vermeiden, dass der Käufer die Leistung von fällig werdenden *Earn Out*-Zahlungen unter Berufung auf mögliche Gegenansprüche aus Gewährleistungsverletzungen oder vertraglichen Freistellungen oder auf sonstige Ansprüche aus dem Unternehmenskaufvertrag verweigert, muss er versuchen, im Hinblick auf die *Earn Out*-Zahlungen ein Aufrechnungsverbot sowie den Ausschluss von Zurückbehaltungsrechten zu Lasten des Käufers durchzusetzen.[48] Umgekehrt wird der Käufer sich allerdings ungerne verpflichten lassen, im Falle der Geltendmachung von aus seiner Sicht berechtigten Ersatzansprüchen mit fälligen *Earn Out*-Zahlungen in „Vorleistung" zu gehen, um dann seinerseits den Verkäufer auf Leistung von Schadensersatz verklagen zu müssen. Die diesbezüglichen Fragen sind angesichts der durchaus legitimen Schutzinteressen beider Seiten regelmäßig heftig umstritten. Letztendlich kommt es auf die jeweilige Einschätzung der Parteien über die Wahr-

[46] Mueller-Thuns in Rödder/Hötzel/Mueller-Thuns, Unternehmenskauf, § 8 Rn. 51 ff.; Bruski BB-Special Nr. 7 zu Heft 30, 2005, 19, 29.

[47] Bruski BB-Special 2005 Nr. 7 zu Heft 30, 2005 19, 30; zu den Besonderheiten bei einer Stock-for-Stock-Transaktion Reger/Wieneke GWR 2013, 195, 198; vgl. auch die weiteren Ausführungen zu der Thematik im Zusammenhang mit der Darstellung von Vendor Notes unter → § 15 Rn. 22.

[48] Vgl. Werner DStR 2012, 1662, 1665 f.; Mueller-Thuns in Rödder/Hötzel/Mueller-Thuns, Unternehmenskauf, § 8 Rn. 52.

scheinlichkeit des Entstehens von künftigen Ansprüchen auf *Earn Out*-Zahlungen oder von möglichen Regressansprüchen, Fragen der Bonität der jeweils anderen Vertragspartei sowie auch auf die Stärke der jeweiligen Verhandlungsposition an.

IV. Überprüfung der Zielerreichung

1. Festlegung von Kenngrößen und Transparenz

Von erheblicher Bedeutung aus Sicht des Verkäufers ist es, dass finanzielle Daten, die in die Kenngrößen des *Earn Out* Eingang gefunden haben, zuverlässig und „richtig" erfasst werden. Dabei geht es zunächst darum, das Zielunternehmen buchhalterisch von anderen Aktivitäten des Käufers getrennt zu halten, damit hier Transparenz gegeben und eine klare Abgrenzung möglich ist.[49] 33

Als Grundlage der Erfassung der maßgeblichen Kenngrößen bietet es sich regelmäßig an, auf die festgestellten und geprüften gesetzlichen Jahresabschlüsse des Zielunternehmens zurückzugreifen.[50] Aus diesen lassen sich die maßgeblichen Zahlen entweder direkt entnehmen (etwa der Jahresüberschuss bzw. Bilanzgewinn) oder zumindest ableiten (EBIT oder EBITDA). Es empfiehlt sich für den Verkäufer, je nach den vereinbarten Kenngrößen bestimmte Regelungen für die Erstellung der maßgeblichen Jahresabschlüsse im Rahmen der geltenden Bilanzierungsgrundsätze sowie für etwaige weitergehende Berechnungen festzulegen.[51] 34

Eine mögliche Regelung (bei einem auf dem *Cashflow* des Zielunternehmens basierenden *Earn Out*) soll anhand des folgenden **Formulierungsbeispiels** aufgezeigt werden: 35

For each Earn Out Year, the Purchaser shall cause statutory financial statements for the Target Group to be prepared pursuant to [applicable GAAP] and audited by the Target Group's auditor no later than by [date] of the calendar year following the respective Earn Out Year. The Purchaser shall prepare and deliver (or cause to be prepared and delivered) to the Seller, not later than [date] of the calendar year following such Earn Out Year, a statement consisting of the following (in each case, based on the audited financial statements of the Target Group): (1) the balance sheet, income statement and statement of cash flows for the Target Group included in the audited financial statements for the Earn Out Year; and (2) a statement setting forth in reasonable detail the Purchaser's determination (together with all supporting calculations) of the Free Cash Flow of the Target Group for the Earn Out Year and the Earn Out Payment Amount for the Earn Out Year (collectively, an ***"Earn Out Statement"****). Each Earn Out Statement, and all amounts set forth therein must be prepared and calculated in accordance with the rules set forth in Annex [...]* ***("Accounting Rules")*** *as applicable for the relevant audited financial statements and, to the extent then possible, on a basis consistent with that currently used by the Target Group, provided Distributable Net Dividend shall be calculated on the basis of the Target's audited statutory financial statements in accordance with [local GAAP of the Target] which shall also be submitted to the Seller in accordance with the foregoing provisions for review. The Parties will mutually agree upon a sample Earn Out Statement between the Signing Date and Closing.*

---

[49] Auch in diesem Kontext sind verschiedene der vorstehend unter → Rn. 22 ff. dargelegten Beschränkungen zu sehen.

[50] So wohl auch Hilgard BB 2010, 2912, 2914 f.

[51] Mueller-Thuns in Rödder/Hötzel/Mueller-Thuns, Unternehmenskauf, § 8 Rn. 40; Baums DB 1993, 1273, 1274.

2. Einsichts- und Prüfrechte

36 Ferner muss der Verkäufer die Möglichkeit haben, sich selbst – ggf. mit Unterstützung von Experten – ein Bild von den Geschäftsangelegenheiten des Zielunternehmens, der unternehmerischen Entwicklung und der Richtigkeit der Berichterstattung zu verschaffen. Aus diesem Grund ist es erforderlich, dass dem Verkäufer entsprechende Einsichts- und Prüfrechte einschließlich der Möglichkeit, mit Mitarbeitern und den Abschlussprüfern des Zielunternehmens direkt zu kommunizieren, vertraglich eingeräumt werden.[52]

Folgendes **Formulierungsbeispiel** bietet sich an:

During each Earn Out Year and for a period of [...] months following the respective Earn Out Payment Due Date, the Purchaser shall provide the Seller and its Representatives with reasonable access, during normal business hours, to the Target and any of its Subsidiaries, if any, and to all of the work papers relating to preparation of any Earn Out Statement and all other books and records of the Target and its Subsidiaries, if any, as may be reasonably requested by the Seller or its Representatives in connection with their review of any Earn Out Statement or the Purchaser's compliance with the terms of Section [...]. With respect to the information obtained by the Seller in this process, Sec. [...] [Confidentiality] shall apply.

In der Regel ist vorgesehen, dass der Käufer dem Verkäufer für die einzelnen Abrechnungsperioden eine Berechnung des sich jeweils ergebenden *Earn Out*-Betrages zur Prüfung vorlegt. Im Falle von Auseinandersetzungen über die vorgelegte Abrechnung bzw. einzelne Positionen liegt es dann nahe, ähnlich wie bei den üblichen Kaufpreisanpassungen, auf das Konzept eines Schiedsgutachtens zurückzugreifen, wonach die Streitfragen nach Maßgabe der vertraglichen Vorgaben verbindlich für beide Parteien entschieden werden (vgl. hierzu ausführlich unter → § 13 Rn. 12, 14, 19 ff.).[53]

37 Resolution ***of Earn Out Disputes***

(i) *If the Seller believes that an Earn Out Statement (or any item or amount reflected therein) has not been prepared or calculated in accordance with the terms of this Agreement, the Seller may dispute any item or amount in such Earn Out Statement by delivering to the Purchaser within a period of [...] Business Days after receipt of the respective Earn Out Statement by the Seller a written notice of such dispute (an **"Earn Out Dispute Notice"**), specifying in reasonable detail the respective item, the estimated amount in dispute and the reason for the objection. The Seller may not dispute the correctness or accuracy of any items of the audited statutory financial statements of the Target Group or of the Target, but only the calculation of the Earn Out Payment Amount or the Distributable Net Dividend. If and to the extent the Seller does not submit an Earn Out Dispute Notice in accordance with the foregoing sentence, the Earn Out Statement shall become final and binding for all Parties hereto.*

(ii) *The Seller and the Purchaser shall then within [...] Business Days following the submission of the Earn Out Dispute Notice **("Resolution Period")** attempt to agree on the point of objection and if and to the extent an agreement is reached, it shall become final and binding between the Parties and the Earn Out Statement shall be deemed amended accordingly. If and to the extent the Seller submits an Earn Out Dispute Notice in accordance with the foregoing para. (i) and no agreement on the disputed items is reached within the Resolution Period, each of the Purchaser or the Seller may demand by written notice to the respective other Party **("Earn Out Audit Re-***

[52] Baums DB 1993, 1273, 127; Werner DStR 2012, 1662, 1665.

[53] In Bezug auf Besonderheiten der Schiedsgutachterbenennung durch das IDW wird ergänzend auf das Formulierungsbeispiel in → § 12 Rn. 63 verwiesen.

quest") *within a period of [...] Business Days after the expiration of the Resolution Period that [auditing firm] determines as neutral auditor in accordance with the Accounting Rules any disputed items within the boundaries of such dispute with binding effect for all Parties. In the event that [auditing firm] is not able or not willing to act as neutral auditor, a reputable and neutral auditing firm having no conflict of interests, being either an international auditing firm or a member of a reputable international network of auditing firms shall upon written request by the Seller or the Purchaser be agreed upon by the Seller and the Purchaser or in the event that they fail to achieve such agreement within [...] Business Days of such request of either the Purchaser or the Seller, as the case may be, be designated upon request of the Seller or the Purchaser by the [Institut der Wirtschaftsprüfer e. V.]. In the event that no Audit Request is submitted in accordance with the foregoing sentence, the Earn Out Statement and the Calculation as prepared by the Purchaser (including any mutually agreed amendments) shall become binding on the [Purchaser/Seller]. In case an Earn Out Audit Request has been submitted by one Party, such Party shall enter into an engagement agreement in the form as attached hereto as Annex [...] with the neutral auditor determined pursuant to the foregoing provisions* ***("Neutral Auditor").*** *The Neutral Auditor shall act as expert (Schiedsgutachter) and not as arbitrator (Schiedsrichter). On the [...] Business Day following the engagement of the Neutral Auditor, the Purchaser will submit the applicable Earn Out Statement, as amended following discussions with the Seller, and all related financial statements and work papers, to the Neutral Auditor, with a copy to the Seller, and the Seller will submit the Earn Out Dispute Notice (if applicable, as amended following discussions with the Purchaser) to the Neutral Auditor with a copy to the Purchaser.*

(iii) The Neutral Auditor will promptly review only those items and amounts specifically set forth and objected to in the Earn Out Dispute Notice submitted to it and resolve the dispute in accordance with the Accounting Rules; provided, however, that the Neutral Auditor shall be limited to selecting (i) the Earn Out Payment Amount reflected on the Earn Out Statement, (ii) the Earn Out Payment Amount reflected on the Earn Out Dispute Notice or (iii) an Earn Out Payment Amount in between the Earn Out Payment Amounts reflected on the Earn Out Statement and the Earn Out Dispute Notice. The Neutral Auditor shall give the Seller and the Purchaser the opportunity to present their views in writing and, if requested by the Seller or the Purchaser, in an oral hearing and shall render its decision in writing and with reasons and, if reasonably possible, within a period of [...] Business Days after having been mandated. The final decision of the Neutral Auditor shall become binding on the Parties once the Seller and the Purchaser have received, in writing, the decision of the Neutral Auditor and the Earn Out Statement Calculation shall be deemed amended accordingly.

(iv) *The fees and costs of the Neutral Auditor shall be borne by the Seller and the Purchaser in analogy to Sec. 91 et sqq. German Code of Civil Procedures (ZPO). The costs and fees for the establishment of Earn Out Statement shall be borne by [...]. The Seller and the Purchaser and the Target Group shall bear their own costs in connection with the procedure set forth above and any costs or fees for advisors retained by them in connection therewith.*

Insgesamt lehnt sich die Regelung stark an die Regelungen zu Streitschlichtungsmechanismen für Kaufpreisanpassungen an.[54]

V. Besserungsschein (Mehrerlösklausel)

Eine Sonderform des *Earn Out* ist der sogenannte Besserungsschein (Mehrerlösklausel). Nach gängiger Diktion handelt es sich hierbei um vertragliche Bestimmungen, nach denen der Käufer eines Unternehmens im Falle einer Weiterveräußerung des Unternehmens oder von Unternehmensteilen (innerhalb eines bestimmten Zeitraums) einen Teil des hierbei erzielten Veräußerungserlöses an **38**

[54] Vgl. die Ausführungen unter → § 13 Rn. 19 f.

den Verkäufer abführen muss.[55] Hier geht es also häufig weniger um die Überbrückung unterschiedlicher Vorstellungen von Verkäufer und Käufer über die künftige Profitabilität des Zielunternehmens und damit die Frage der „richtigen" Unternehmensbewertung, sondern um die Sicherung einer Teilhabe des Verkäufers an Mitnahmegewinnen *(windfall profits)*, die der Käufer – aus welchen Gründen auch immer – durch eine alsbaldige Weiterveräußerung des erworbenen Unternehmens erzielt. Derartige Mehrerlösklauseln waren regelmäßig in den Privatisierungsverträgen der Treuhandanstalt enthalten[56] und finden sich auch heute noch in Verträgen der öffentlichen Hand.[57] Demgegenüber sind sie in M&A-Transaktionen zwischen privaten Parteien in der Praxis eher selten. Da sie konzeptionell an eine Weiterveräußerung der Zielgesellschaft anknüpfen, kommen sie aus Sicht eines Verkäufers in der Regel sinnvollerweise ohnehin nur bei einem Erwerb der Zielgesellschaft durch einen Finanzinvestor mit einem kurz- bis mittelfristigen Investitionshorizont in Frage. Hier können sie ein aus Sicht beider Parteien geeignetes Instrument sein, um ohne die bei anderen *Earn Out*-Konzepten möglichen Verzerrungen und Zufallsergebnisse die Preisbestimmung von dem tatsächlichen durch den Käufer erzielten Investitionserfolg abhängig zu machen. Im Folgenden sollen kurz einige Eckpunkte der typischen Gestaltungsformen angesprochen werden.

39 Wie im Falle von *Earn Out*-Klauseln sollte auch in Mehrerlösklauseln eine Frist geregelt werden, innerhalb derer der Verkäufer an erzielten Mehrerlösen partizipieren soll.[58] Wird die Klausel mit einem Finanzinvestor als Käufer vereinbart, kann hierauf ggf. verzichtet werden, da der Weiterverkauf nach dessen internen Vorgaben ohnehin früher oder später erfolgen muss und es insofern aus Sicht des Verkäufers nicht zwingend notwendig ist, das mit einer zeitlichen Begrenzung verbundene Risiko auf sich zu nehmen, bei einer nach Fristablauf erfolgenden Veräußerung leer auszugehen. Ferner ist zu regeln, auf welcher Grundlage der Mehrerlös im Einzelnen berechnet wird und inwieweit Steuern, Transaktionskosten und sonstige Belastungen im Zusammenhang mit der Weiterveräußerung zum Abzug gebracht werden können.[59] Schließlich muss detailliert festgesetzt werden, in welchem Umfang der Verkäufer an dem Mehrerlös beteiligt werden soll. Bei Finanzinvestoren liegt es nahe, bei der Berechnung eines teilweise an den Verkäufer abzuführenden Mehrerlöses für die nach seinen internen Vorgaben erforderliche Mindestrentabilität auf das eingesetzte Eigenkapital abzustellen. Diese wird in der Regel als Mindestverzinsung auf der Basis der *Internal Rate of Return* (IRR) des *Multiple of*

---

[55] Drygala/Wächter Kaufpreisanpassungsklauseln/Kiem, S. 151, 157; Schmidt-Hern/Behme NZG 2012, 81, 81 ff.; Kästle/Oberbracht, Unternehmenskauf, B III. 4. S. 101; Werner DStR 2012, 1662, 1663; Hofer BB 2013, 972, 975.

[56] Drygala/Wächter Kaufpreisanpassungsklauseln/Kiem, S. 151, 158; Kästle/Oberbracht, Unternehmenskauf, B III. 4. S. 101; Werner DStR 2012, 1662, 1663; Rapp VIZ 2002, 396, 396 f.

[57] Kästle/Oberbracht, Unternehmenskauf, B III. 4. S. 101.

[58] So auch Schmidt-Hern/Behme NZG 2012, 81, 82.

[59] Schmidt-Hern/Behme NZG 2012, 81, 82 f.; Hofer BB 2013, 972, 975 mit Klauselbeispiel.

Money (MoM)[60] berechnet. Dabei sind sämtliche Zu- und Abflüsse von Eigenkapital (einschließlich Gesellschaftsdarlehen) bei den jeweils beteiligten Fonds während der Haltedauer in die Berechnung einzubeziehen. Wird die vorgegebene Mindestrentabilität *(Hurdle Rate)* bei einem Exit des Finanzinvestors aus seinem Engagement überschritten, soll der Verkäufer an dem überschießenden Betrag in bestimmter Höhe (und üblicherweise bis zu einer bestimmten Höchstgrenze) beteiligt werden. Eine mögliche **Formulierung** einer IRR-Formel (bei einem IRR von 30 %) wäre:

IRR Hurdle Amount *has the meaning expressed in the following formula:*

$$\sum_{i=1}^{n} \textit{Equity Investment } n * (1 + 30\%)^{t/360}$$

where t = period (in days) as from the time when a relevant Equity Investment has been made until the occurrence of an Exit Event, equalling 30 % IRR, taking into account compound interest, and

where n = numbers of individual relevant Equity Investments

An einem die so definierte Mindestrentabilität übersteigenden Veräußerungserlös kann dann der Verkäufer beteiligt werden. Es liegt auf der Hand, dass derartige Konzepte einen erheblichen Regelungs- und Handhabungsaufwand mit sich bringen. So sind u. a. zu regeln:[61]

- Berechnung des vom Verkäufer geleisteten Gesamtinvestitionsbetrages,
- Berechnung des erzielten Nettoerlöses (Abzugsposten etc.),
- Behandlung von *Vendor Notes, Escrows*, gestundeten Kaufpreisteilen etc.,
- Definition der eine Zahlung auslösenden Veräußerungsfälle,
- Umfang und Begrenzung des Anspruchs des Verkäufers auf Beteiligung am Mehrerlös,
- Einzelheiten der Berechnung, Dokumentation etc.,
- Streitschlichtungsmechanismen, sowie
- Bestand des Zielunternehmens und zulässige Veränderungen.

Bei gebührender Beachtung und durchdachter Regelung dieser Eckpunkte kann eine Mehrerlösklausel trotz der sich ergebenden Komplexitäten im Einzelfall durchaus ein geeignetes und praktikables Instrument zur Überbrückung von voneinander abweichenden Wertvorstellungen sein, welches insbesondere in Private Equity-Transaktionen auch gelegentlich zur Anwendung kommt.

---

[60] IRR ist der Abzinsungsfaktor, bei dem der *Net Present Value* aller künftigen Zu- und Abflüsse gleich null wird. Die IRR wird also von der jeweiligen Dauer zwischen Ein- und Auszahlungen bestimmt. Demgegenüber wird zur Ermittlung der MoM lediglich der Betrag der Zuflüsse durch den Betrag der Abflüsse geteilt, ohne dass die zeitliche Dauer des Investments Berücksichtigung findet, vgl. ausführlich zum IRR *Brealey/Myers,* Corporate Finance. 5, S. 107 ff., und zum MoM *Pilger*, Leveraged Buyouts, 13. Kap.

[61] Siehe weiter zu den einzelnen Regelungsgegenständen einer Mehrerlösklausel: Drygala/Wächter Kaufpreisanpassungsklauseln/Kiem, S. 151, 160 ff.

§ 15. Vendor Note

I. Formen der Kaufpreisfinanzierung

1 Fragen der Kaufpreisfinanzierung können insbesondere in einem schwierigen und von volatilen M&A-Märkten geprägten Umfeld durchaus von Bedeutung für das Zustandekommen einer Transaktion sein. Zumindest wenn Akquisitionsfinanzierungen durch Banken nicht oder nur zu insgesamt wenig attraktiven Bedingungen zu bekommen sind, stellt sich – besonders bei Unternehmenskäufen kleinerer Größenordnung – häufig die Frage, ob der Kaufpreis ganz oder teilweise durch ein Verkäuferdarlehen *(Vendor Note)* finanziert werden kann.

2 In der Sache handelt es sich bei einer *Vendor Note* häufig wirtschaftlich um nichts anderes als eine Stundung des vereinbarten Kaufpreises für einen bestimmten Zeitraum und zu bestimmten Bedingungen.[1] Diese Form der Finanzierung kann bei allen Formen der Kaufpreisgestaltung und für alle Bestandteile des vereinbarten Kaufpreises eines Unternehmens vorgesehen werden, also für Festkaufpreise oder Teilbeträge hiervon ebenso wie für variable Komponenten, insbesondere auch für *Earn Out*-Zahlungen.[2] In den letztgenannten Fällen überschneiden sich bei der Kaufpreisgestaltung regelmäßig Aspekte der Unternehmensbewertung mit Elementen der Kaufpreisfinanzierung.[3] So beinhaltet ein *Earn Out* per se eine Finanzierungskomponente, da der auf dieser Grundlage ermittelte Kaufpreis erst im Laufe der *Earn Out*-Periode fällig wird und insoweit beim Unternehmenserwerb *(Closing)* für den Käufer zunächst noch kein Finanzierungsbedarf besteht. Ist die Finanzierungskomponente aus Sicht des Käufers wesentlicher Bestandteil des gewählten *Earn Out*-Konzepts, ist dies gegebenenfalls bei der Festlegung der sich hieraus für den Käufer ergebenden Zahlungspflichten zu berücksichtigen.[4] *Vendor Notes* und *Earn Out*-Konzepte können auch kombiniert werden, beispielsweise in der Weise, dass feste Kaufpreisbestandteile in Form einer *Vendor Note* gestundet werden und zusätzlich eine nachträgliche Erhöhung der gestundeten Beträge[5] über *Earn Out*-Konzepte in Betracht kommt.

3 Die *Vendor Note* ist abzugrenzen von den ebenfalls vermehrt bei schwierigen wirtschaftlichen Rahmenbedingungen vorkommenden *Stapled Financing*-Konzep-

---

[1] Munkert DStR 2008, 2501, 2505.

[2] Kästle/Oberbracht, Unternehmenskauf, B III. 4. S. 102.

[3] Kästle/Oberbracht, Unternehmenskauf, B III. 4. S. 102.

[4] Vgl. nachstehend unter → Rn. 11 f.

[5] Formell handelt es sich dabei natürlich um einen eigenen Anspruch im Rahmen des Earn Out-Konzepts.

ten, bei denen eine für den Verkäufer tätige Bank den Käufern eine Akquisitionsfinanzierung zu bestimmten vorab festgelegten Konditionen als Teil des Gesamtveräußerungspakets anbietet.[6] Derartige Finanzierungsangebote sind üblicherweise nicht zwingend für den interessierten Käufer und überdies regelmäßig wohl auch weniger attraktiv als von diesem selbst arrangierte Finanzierungen. Kann der Käufer bei Vertragsschluss noch keine verbindliche Akquisitionsfinanzierung nachweisen, können die Parteien vereinbaren, dass er, wenn er eine solche Finanzierung nicht innerhalb eines bestimmten Zeitraumes nach Unterzeichnung des Unternehmenskaufs zustande bringt, gebunden sein soll, das Finanzierungsangebot der Bank des Verkäufers anzunehmen.[7] Mit einer *Vendor Note* ist eine solche Finanzierung insofern vergleichbar, als sie aus der Sphäre des Verkäufers kommt und die Transaktion unter Umständen überhaupt erst ermöglicht. Der Verkäufer selbst ist jedoch beim *Stapled Financing* – anders als bei der *Vendor Note* – nicht Darlehensgeber und trägt insofern auch kein unmittelbares (eigenes) Risiko.

Aus der Sicht des **Verkäufers** kann eine *Vendor Note* insbesondere dann vorteil- 4
haft sein, wenn sie die Transaktion überhaupt erst möglich macht, da der Käufer selbst nicht in der Lage oder willens ist, die Finanzierung des Kaufpreises (in voller Höhe) zu beschaffen.[8] Der Verkäufer ist dabei häufig in einer günstigen Ausgangsposition, da er als bisheriger Inhaber die Zielgesellschaft in der Regel wesentlich besser kennt als potentiell finanzierende Banken, was sich auf die Fähigkeit einer belastbaren Risikoabwägung und damit auch der Festlegung angemessener Finanzierungskonditionen positiv auswirken kann.[9] Nachteilig ist für den Verkäufer bei der Gewährung einer *Vendor Note* in erster Linie das von ihm als Kreditgeber zu tragende Ausfallrisiko und damit in gewisser Weise ein trotz des vollzogenen Verkaufs des Zielunternehmens fortbestehendes Unternehmensrisiko.[10]

Aus Sicht des **Käufers** ist es ebenfalls regelmäßig von Interesse, wenn der Ver- 5
käufer aufgrund der Nähe zu dem verkauften Unternehmen eine *Vendor Note* zu vergleichsweise günstigen Konditionen gewähren kann. Die Transaktion gestaltet sich dann einfacher, da eine finanzierende Bank, die sich selbst erst mit dem Zielunternehmen vertraut machen müsste, als weitere Beteiligte im Vorfeld der Transaktion entfällt. Die verschiedenen *Workstreams* der M&A-Transaktion einerseits und der Akquisitionsfinanzierung andererseits müssen nicht in einem dreiseitigen Verhältnis inhaltlich und zeitlich aufeinander abgestimmt werden, was letztendlich auch zur Einsparung von Transaktionskosten insbesondere für den Käufer führt. Auch ist ein Käufer, der den Kaufpreis (teilweise) über eine *Vendor Note* finanziert,

[6] Vgl. Vater DB 2005, 1921.

[7] Für weiterführende Erläuterungen der Thematik vgl. Magnus, M&A Review 2008, 117; Vater DB 2005, 1921.

[8] Vgl. von Braunschweig DB 2010, 713, 713; Golland/Gehlhaar/Grossmann/Eickhoff-Kley/Jänisch BB 2005, Beilage Nr. 5 zu H13 1, S. 21.

[9] von Braunschweig DB 2010, 713, 714.

[10] Lips/Stratz/Rudo in Hettler/Stratz/Hörtnagel, Unternehmenskauf, § 6 Rn. 58 ff.

insoweit in einer strukturell günstigen Position, als er, soweit nicht ausdrücklich etwas Abweichendes geregelt ist, Einwendungen aus dem Unternehmenskaufvertrag (wie beispielsweise Gewährleistungsansprüche) direkt gegen den in dieser Hinsicht als Verkäufer haftenden Darlehensgeber geltend machen und mit der Rückzahlung der *Vendor Note* verrechnen kann, während bei einer Finanzierung des Kaufpreises durch eine Bank eine derartige Verknüpfung grundsätzlich nicht gegeben ist und die Verpflichtung zur Rückzahlung des Darlehens unabhängig von etwaigen Ansprüchen des Käufers gegen den Verkäufer aus dem Unternehmenskaufvertrag besteht.[11]

6 In der Praxis wird ein Verkäufer die Zurverfügungstellung einer *Vendor Note* in erster Linie dann in Betracht ziehen, wenn sein Unternehmen wenig attraktiv oder in Schwierigkeiten ist oder zumindest aus seiner Sicht mehr oder weniger dringend veräußert werden soll, so dass die Desinvestition als solche für ihn möglicherweise von größerer Wichtigkeit als die sofortige Vereinnahmung des Kaufpreises oder diese nicht primäres Ziel des Verkaufs ist.

6a Tritt eine *Vendor Note* neben eine Fremdfinanzierung durch Banken oder sonstige Kreditgeber, wird die Komplexität der Finanzierungsstruktur sowie der Verhandlungen vor Abschluss des Unternehmenskaufvertrages meist erheblich gesteigert. Je nach Höhe des über die *Vendor Note* finanzierten Betrages im Verhältnis zur Fremdfinanzierung durch Banken oder vergleichbare Kreditgeber sind umfangreiche Vereinbarungen zum Rang der *Vendor Note*, der Möglichkeit von Zu- oder Rückzahlungen während der laufenden Fremdfinanzierung und möglichen Änderungen der jeweiligen Finanzierungsvereinbarungen zu treffen. Fremdkapitalgeber werden regelmäßig den (strukturellen und vertraglichen) Nachrang der *Vendor Note* verlangen, der Verkäufer möchte im Gegenzug sicherstellen, dass der ihm vorgehende Fremdfinanzierungsbetrag nicht beliebig erhöht werden kann und er – eventuell abhängig von der Entwicklung bestimmter Finanzkennzahlen der Zielgesellschaft – zumindest eine laufende Zinszahlung auf den entstehenden Betrag erhält.

6b Die in diesem Zusammenhang abzuschließenden Gläubigervereinbarungen können von einfachen Nachrangvereinbarungen bis zu komplexen *Intercreditor*-Verträgen reichen. Dabei ist grundsätzlich zu beachten, dass der Verkäufer außer der Zahlung der *Vendor Note* regelmäßig kein weiteres Interesse an der Fortentwicklung des Zielunternehmens hat. Eventuell im weiteren Verlauf notwendige Zustimmungen zu Vertragsänderungen oder Abweichungen von der Gläubigervereinbarung sind erfahrungsgemäß vom Verkäufer schwieriger zu erlangen als von den finanzierenden Banken, die meist ein längerfristiges Finanzierungsinteresse verfolgen.

---

[11] Vgl. dazu von Braunschweig DB 2010, 713, 715.

II. Vendor Note auf Käuferebene

Als „Grundform" der *Vendor Note* kann man die Konstellation betrachten, in der die *Vendor Note* auf Käuferebene angesiedelt wird, d. h. dass der Käufer Schuldner der darin geregelten Zahlungsverpflichtung ist. 7

1. Vendor Note als gestundete Kaufpreiszahlung

Wie bereits erwähnt, handelt es sich in diesem Fall bei der *Vendor Note* im Prinzip um die gestundete Verpflichtung des Käufers, den Kaufpreis für das von ihm erworbene Zielunternehmen zu bezahlen. Es bleibt den Parteien überlassen, die Einzelheiten der sich hieraus ergebenden fortlaufenden Darlehensbeziehung zu regeln. Es steht ihnen auch frei, die Verknüpfung zwischen dem Kaufvertrag und der Zahlungsverpflichtung zumindest teilweise aufzuheben und das dem Kaufvertrag zugrunde liegende Schuldverhältnis und das Darlehensverhältnis mehr oder weniger unabhängig voneinander auszugestalten. 8

Für die Regelung von Zinszahlungen bieten sich im Wesentlichen zwei Grundformen der Gestaltung an:[12] Zum einen kann eine regelmäßige Zinszahlung beschlossen werden, zum anderen können die Parteien vereinbaren, dass die Zinsen zur Darlehenssumme zugerechnet werden (sog. *„Payment in Kind"*/„PIK-*Note*"). Aufgrund des Zinseszinsverbots des § 248 BGB kann, um einen Zuschlag der Zinsen zum Kapital zu erreichen, entweder ein fester Plan vereinbart werden, nach dem Zinsen jährlich zum Hauptbetrag der Darlehensforderung hinzugerechnet werden, oder es kann eine Umwandlung von Zinsen und Kapital aufgrund einer Erklärung durch den Darlehensgeber erfolgen.[13] 9

2. Finanzierung des Kaufpreises aus dem Zielunternehmen

Soll sich aus Sicht des Käufers der Kaufpreis wirtschaftlich betrachtet aus dem Zielunternehmen finanzieren, sind einige besondere haftungsrechtliche Aspekte zu beachten. 10

a) Ergebnisse des Zielunternehmens als Finanzierungsquelle

In Fällen der (teilweisen) Finanzierung des Kaufpreises durch eine *Vendor Note,* gegebenenfalls kombiniert mit einem *Earn Out*-Konzept, ist die Käufergesellschaft häufig wirtschaftlich darauf angewiesen, die für die Rückzahlung der *Vendor Note* oder die Bezahlung der *Earn Out*-Raten notwendigen Mittel aus den von der Zielgesellschaft erzielten Ergebnissen zu erhalten.[14] Jeweils abhängig von den vereinbarten Tilgungsraten oder Kenngrößen für die Berechnung des *Earn Out* 11

[12] BeckForm BHW/Meyer/Sparenberg , III. A. 27; von Braunschweig DB 2010, 713, 715.
[13] BeckForm BHW/Meyer/Sparenberg, III. A. 27.
[14] Vgl. BeckForm BHW/Meyer/Sparenberg III. A. 27.

ist zu beachten, dass die insoweit geschuldeten Zahlungen nicht notwendigerweise mit den Beträgen übereinstimmen müssen, welche der Käufer tatsächlich aufgrund der erworbenen Beteiligung an dem Zielunternehmen (üblicherweise in Form von Dividenden oder Gewinnabführung) vereinnahmen kann. Selbst im Falle von *Earn Out*-Konzepten, in denen der auf Grundlage der gesetzlichen Jahresabschlüsse ermittelte Jahresüberschuss bzw. Bilanzgewinn des Zielunternehmens, der ja grundsätzlich an die Gesellschafter ausgeschüttet werden kann,[15] maßgeblich für die Höhe des *Earn Out* sein soll, ist es vorstellbar, dass die Zielgesellschaft nicht über die nötige Liquidität verfügt, um eine Dividende in dieser Höhe tatsächlich an den Käufer auszuschütten.[16] Wenn dann vermieden werden soll, dass die Zielgesellschaft sich die für eine Ausschüttung des Jahresüberschusses erforderliche Liquidität etwa durch Aufnahme von Fremdkapital beschaffen muss, sind die jeweils fälligen *Earn Out*-Beträge zumindest während der laufenden *Earn Out*-Perioden auf die Höhe der tatsächlich an den Käufer ausgeschütteten (Netto-) Dividende zu begrenzen.

12 Ähnliche Überlegungen kann man auch für die festen Tilgungsraten einer *Vendor Note* anstellen. Inwieweit eine solche (weitere) Stundung von geschuldeten Teilbeträgen zulässig sein soll und ob und wann diese Beträge letztlich fällig werden, ist von den Parteien zu regeln. Da die Höhe der auszuzahlenden Dividende jedoch aus Sicht des Verkäufers nicht ins Belieben des Käufers gestellt werden soll, muss hier ein geeigneter und hinreichend objektivierbarer Beurteilungsmaßstab gefunden werden. Es liegt zunächst nahe, die Entscheidung über die Höhe der auszuschüttenden Dividende in das pflichtgemäße Ermessen der Geschäftsleitung des Zielunternehmens unter entsprechender Berücksichtigung der vorhandenen Liquiditätsreserven und des operativen Liquiditätsbedarfs des Zielunternehmens zu stellen. Da jedoch auch die Geschäftsleitung des Zielunternehmens ab dem Vollzugsstichtag *(Closing)* im Lager des Käufers steht und zumindest im Rahmen der für sie geltenden Sorgfalts- und Treuepflichten und vorbehaltlich gesellschaftsformspezifischer Besonderheiten von dem Käufer und dessen Vorgaben abhängig ist, besteht für den Verkäufer regelmäßig die begründete Sorge, dass diesbezügliche Entscheidungen der Geschäftsleitung tendenziell zugunsten des Käufers ausfallen werden. Um diesen Bedenken zu begegnen, kann versucht werden, die Entscheidungskriterien für den Umfang der Ausschüttungen weiter zu objektivieren,

---

[15] § 29 GmbHG.

[16] Hinsichtlich steuerlicher Auswirkungen ist anhand der Rechtsform der Zielgesellschaft zu differenzieren. Sofern die Zielgesellschaft eine in Deutschland steuerlich ansässige Kapitalgesellschaft ist, ist bei Ausschüttungen an den Käufer zu bedenken, dass Dividenden grundsätzlich einer Kapitalertragsteuer in Höhe von 26,375 % unterliegen (vgl. §§ 43, 43a EStG). Selbst wenn durch eine spätere Anrechnung der Kapitalertragsteuer im Rahmen der steuerlichen Veranlagung auf Ebene des Käufers grundsätzlich Dividendenerträge zu 95 % steuerfrei gestellt werden (vgl. § 8b KStG), stehen dem Käufer im Ausschüttungszeitpunkt regelmäßig nur 73,625 % der Dividendenerträge als Liquidität zur Verfügung. Wenn die Zielgesellschaft eine Personengesellschaft ist, unterliegen Entnahmen aus der Zielgesellschaft keiner Kapitalertragsteuer.

etwa durch die Begrenzung bestimmter *Cash*-Abflüsse für die jeweiligen Abrechnungszeiträume (zumindest für Zwecke der Berechnung der maximalen Höhe der Zahlungsverpflichtungen), wie z. B. der während eines Abrechnungszeitraumes zulässigen Investitionsausgaben oder sonstigen *cash*-wirksamen Aufwendungen, die vom Käufer als Begründung für eine Reduzierung der ausschüttbaren Dividende und damit der von ihm geschuldeten Teilbeträge ins Feld geführt werden könnten. In der Praxis sind hier angemessene und beidseitig interessengerechte Regelungen häufig der Gegenstand schwieriger und langwieriger Verhandlungen.

b) Mögliche Haftung der Geschäftsleitung des Käufers

Transaktionsstrukturen, in denen die Käuferin ein reines Akquisitionsvehikel ist, das die für die vereinbarten Kaufpreiszahlungen erforderlichen Mittel nur aus den von der Zielgesellschaft geleisteten Ausschüttungen erhält, können unter Umständen nach allgemeinen Grundsätzen Haftungsrisiken für die Geschäftsleitung der Käufergesellschaft mit sich bringen.[17] **13**

Eine Haftung der Geschäftsleitung für die Folgen ihres Handelns kommt in Betracht, wenn die Grenzen eines verantwortungsbewussten, ausschließlich am Unternehmensinteresse orientierten und auf sorgfältigen Ermittlungen beruhenden Handelns überschritten sind.[18] So ist es unter Haftungsgesichtspunkten problematisch, wenn die gesetzlichen Vertretungsorgane einer Gesellschaft für diese vertragliche Leistungspflichten übernehmen, deren ordnungsgemäße Erfüllung von vornherein unmöglich oder zumindest fraglich ist.[19] Dies kann eine Innenhaftung der Geschäftsleitung gemäß § 43 Abs. 2 GmbHG bzw. § 93 Abs. 2 AktG auf Befreiung von den durch Abschluss des Vertrages eingegangenen Verbindlichkeiten in Form der Befriedigung dieser Forderungen nach sich ziehen.[20] Umgekehrt ausgedrückt bedeutet dies, dass die Geschäftsleitung keine Leistungspflichten für die Gesellschaft übernehmen darf, die diese mit einiger Wahrscheinlichkeit gar nicht erfüllen kann. Die Geschäftsleitung ist verpflichtet, die Interessen der Gesellschaft zu wahren und Schaden von ihr abzuwenden, wozu auch gehört, sie nicht Schadensersatzansprüchen Dritter auszusetzen.[21] Ist also von Anfang an klar, dass ein als Käufer agierendes Akquisitionsvehikel bei der Finanzierung des Kaufpreises auf sich alleine gestellt ist und nicht mit (direkter oder indirekter) finanzieller Unterstützung durch seine jeweiligen Gesellschafter rechnen kann, muss die Geschäftsleitung zumindest aufgrund vorliegender Planungen, Budgets und *Cash Flow*-Projektionen vernünftigerweise davon ausgehen können, dass die aus der **14**

---

[17] Zur Haftung des Geschäftsführers der Zielgesellschaft vgl. van Venrooy GmbHR 2008, 1.

[18] BGH BGHZ 135, 244, 253 f. = NJW 1997, 1926; BGH NZG 2013, 293, 296; BGH BB 2013, S. 2257, 2259; vgl. auch NSH/Beurskens GmbHG, § 43 Rn. 7 ff.

[19] BGH BB 2008, 1697, 1701 – GAMMA; BGH ZIP 1988, 512, 514.

[20] BGH BB 2008, 1697, 1701 – GAMMA.

[21] BGH BB 2008, 1697, 1701 – GAMMA.

Zielgesellschaft fließenden Ausschüttungen mit hinreichender Wahrscheinlichkeit ausreichen werden, um die Zahlungspflichten zu erfüllen.[22]

15 Zwar kann durch Erteilung einer (bindenden) Weisung der Gesellschafterversammlung oder durch eine haftungsbeschränkende Vereinbarung im Anstellungsvertrag grundsätzlich ein Haftungsausschluss der Geschäftsleitung erreicht werden. Jedoch ist solch ein Haftungsausschluss nach Ansicht des BGH bei einer GmbH dann unzulässig, wenn der Pflichtverstoß des Geschäftsleiters darin besteht, dass er eine Verletzung der Kapitalschutzvorschriften (§§ 30, 31 GmbHG) nicht unterbunden hat und seine Ersatzleistung benötigt wird, um die Gesellschaftsgläubiger befriedigen zu können.[23] Es sei ferner darauf hingewiesen, dass ein Haftungsausschluss im Voraus für vorsätzlich begangene Pflichtverletzungen schon mit Blick auf § 276 Abs. 3 BGB rechtlich nicht zulässig wäre.

16 Besteht ein Haftungsanspruch der Gesellschaft gegenüber der Geschäftsleitung, so stellt sich die Frage, ob und inwieweit er durch Gesellschaftsgläubiger geltend gemacht werden kann. Handelt auf Käuferseite eine Aktiengesellschaft, so können Gläubiger gemäß § 93 Abs. 5 AktG die Ansprüche der Gesellschaft nach § 93 Abs. 2 und 3 AktG selbst geltend machen, und zwar auch dann, wenn die Gesellschaft auf den Anspruch verzichtet oder die Handlung auf einem Beschluss der Hauptversammlung beruht. Handelt dagegen eine GmbH, bleibt Gläubigern nur die Möglichkeit, zur Befriedigung ihrer Ansprüche einen Pfändungs- und Überweisungsbeschluss gemäß §§ 829, 835 ZPO bzgl. des Anspruches der Gesellschaft gegen die Geschäftsleitung zu erwirken.[24]

17 Eine analoge Anwendung des § 93 Abs. 5 AktG auf die GmbH wird von der herrschenden Meinung verneint.[25]

18 Im Außenverhältnis kann unter Umständen eine Haftung gem. § 823 Abs. 2 BGB i. V. m. § 263 StGB wegen Eingehungsbetrugs[26] oder wegen Insolvenzverschleppung nach § 823 Abs. 2 BGB i. V. m. § 15a Abs. 1 InsO[27] vorliegen. Diese Überlegungen können es erforderlich machen, zumindest bei *Earn Out*-Konzepten eine Obergrenze der geschuldeten Zahlungen nach Maßgabe der vorstehend beschriebenen Grundsätze zu vereinbaren.

---

[22] Vgl. dazu auch Oppenländer/Trölitzsch/Gunßer § 36 Rn. 6 f.

[23] BGH DStR 2002, 2046, 2048.

[24] Vgl. MüKoGmbHG/Fleischer GmbHG, § 43 Rn. 325.

[25] NSH/Beurskens GmbHG, § 43 Rn. 73; anders u. U., wenn die Anspruchsdurchsetzung gegen die Geschäftsführer zu scheitern droht, z. B. weil die GmbH zwischenzeitlich gelöscht wurde.

[26] Vgl. Rowedder/Pentz/Schnorbus GmbHG, § 43 Rn. 116; zur Legalitätspflicht im Innenverhältnis z. B. Scholz/Verse GmbHG, § 43 Rn. 106 ff.

[27] Zu den Grundsätzen der Insolvenzverschleppungshaftung vgl. z. B. Henssler/Strohn/Arnold GmbHG, § 64 Rn. 70 ff.

c) Haftungsrisiken für die Gesellschafter des Käufers

Zudem können sich auch Haftungsrisiken für die Gesellschafter der Käufergesellschaft ergeben. Zunächst ist festzuhalten, dass nach deutschem Kapitalgesellschaftsrecht Gesellschafter grundsätzlich keine Pflicht zu angemessener Kapitalausstattung ihrer Gesellschaft trifft.[28] So weist der BGH in der „GAMMA"-Entscheidung darauf hin, dass von Seiten der Gesellschafter keine Verpflichtung bestehe, der Gesellschaft ein gegebenenfalls mitwachsendes Finanzpolster zur Verfügung zu stellen, wenn sich herausstelle, dass die Gesellschaft hinsichtlich ihres finanziellen Bedarfs – sei es von vornherein, sei es im Nachhinein – zu niedrig ausgestattet ist.[29] Offen lässt er hingegen, ob im Innenverhältnis der Gesellschaft auch eine Haftung nach § 826 BGB wegen Unterkapitalisierung einschlägig sein kann.[30] **19**

Eine Haftung der Gesellschafter kann aber bei vorsätzlicher sittenwidriger **Gläubigerbenachteiligung** nach § 826 BGB in Betracht kommen.[31] So haften Gesellschafter beispielsweise in den sog. „Aschenputtel"-Fällen, wenn sie eine GmbH und deren Vertragsbeziehungen etwa durch Vorenthaltung angemessener Geschäftschancen so ausgestaltet haben, dass Nachteile aus der Geschäftstätigkeit notwendig Gläubiger der Gesellschaft treffen müssen.[32] Der BGH hat in Einzelfällen eine Gesellschafterhaftung angenommen, wenn Gesellschafter in bewusstem und gewolltem Zusammenwirken mit der Geschäftsleitung Rechtsbeziehungen zwischen der Gesellschaft und Gesellschaftern einseitig zum Nachteil der Gesellschaft ausgestaltet und sie so angelegt haben, dass die Nachteile notwendig die Gläubiger treffen mussten.[33] Eine solche Situation kann auch bei der Aufteilung des Geschäftsbetriebs in eine Besitzgesellschaft und eine Betriebsgesellschaft angenommen werden, wenn der Besitzgesellschaft die Gewinnchancen der Unternehmung gesichert sind, während die Betriebsgesellschaft die Risiken der Unternehmung zu tragen hat.[34] **20**

---

[28] NSH/Fastrich GmbHG § 13 Rn. 50; Altmeppen ZIP 2008, 1201, 1205.

[29] BGH NZG 2008, 547, 549.

[30] BGH NZG 2008, 547, 550.

[31] Im Innenverhältnis zur Gesellschaft kann auch eine Haftung wegen existenzvernichtenden Eingriffs in Betracht kommen. Dann muss ein missbräuchlicher, zur Insolvenz der Gesellschaft führender oder diese vertiefende kompensationsloser Eingriff in das Vermögen der Gesellschaft, mithin eine Schädigung des im Gläubigerinteresse zweckgebundenen Gesellschaftsvermögens, vorliegen, vgl. BGH NJW 2007, 2689, 2690 – TRIHOTEL. Da einer reinen Akquisitionsgesellschaft aber von Anfang an nicht das Kapital zur Verfügung steht, dass nötig wäre, um die vereinbarten Earn Out-Zahlungen zu leisten, spielt eine Existenzvernichtungshaftung der Gesellschafter hier keine Rolle. Zur Existenzvernichtungshaftung im Wandel der Rechtsprechung vgl. Gehrlein WM 2008, 761. Eine Durchgriffshaftung zugunsten der Gläubiger wird daneben noch bei Vermögensvermischung (Henssler/Strohn/Verse GmbHG; § 13 GmbHG Rn. 38 ff.) und dem Erwecken des Eindrucks einer persönlichen Haftung (BGH NJW 1996, 2645; MHLS/Lieder GmbHG § 13 Rn. 370) angenommen.

[32] NSH/Fastrich GmbHG § 13 Rn. 51.

[33] BGH NJW 1979, 2104.

[34] In diese Richtung BAG NJW 1999, 2612.

21 Bei einer Haftung nach § 826 BGB bleibt aber in jeder Konstellation zu beachten, dass der Schädiger immer mit Schädigungsvorsatz gehandelt haben muss, wobei es ausreicht, dass er die Schädigung billigend in Kauf genommen hat bzw. sich ihm nach den äußeren Umständen die Möglichkeit der Schädigung geradezu aufdrängen musste.[35] Darüber hinaus wird in der Literatur eine Gesellschafterhaftung als Konsequenz einer Weisungserteilung an Geschäftsführer für möglich gehalten.[36] Eine Haftung wird hierbei aus der Verletzung einer mitgliedschaftlichen Treuepflicht hergeleitet.[37] Diese kann darin liegen, dass die Gesellschafter eine Weisung erteilen, die zwar nicht existenzgefährdend[38] oder im Bereich von §§ 30, 31 GmbHG[39] anzusiedeln, aber doch treupflichtwidrig ist.[40] Allgemein verpflichtet die Treuepflicht Gesellschafter im Rahmen des gemeinsamen Zwecks zur Loyalität gegenüber der Gesellschaft und zur angemessenen Rücksichtnahme auf die berechtigten Interessen der Mitgesellschafter.[41] Eine Stimmabgabe beispielsweise kann analog § 243 Abs. 2 S. 1 AktG dann treuwidrig sein, wenn der Gesellschafter damit Sondervorteile zum Nachteil der Gesellschaft oder seiner Mitgesellschafter verfolgt.[42] Worin im Einzelfall eine solche Pflichtwidrigkeit zu sehen ist, bleibt allerdings unklar. So ist fraglich, ob eine Weisung, die nach dem Maßstab des § 43 GmbHG grundsätzlich eine Haftung der Geschäftsführer auslösen könnte, auch zu einer entsprechenden Haftung der anweisenden Gesellschafter führt.[43]

3. Sicherungsmechanismen

22 Als Sicherheit für den Verkäufer[44] im Hinblick auf die *Vendor Note* kommen in erster Linie die von dem Käufer erworbenen Anteile an dem Zielunternehmen in

---

[35] BGH NJW 1979, 2104, 2105.

[36] Lutter/Hommelhoff/Kleindiek GmbHG, § 43 Rn. 119; bzw. Bayer in Lutter/Hommelhoff, GmbHG, § 14 Rn. 35; MüKoGmbHG/Stephan/Tieves, § 37 Rn. 149.

[37] Aber wohl nicht bei Handeln in Einpersonen-Gesellschaft und bei einvernehmlichem Zusammenwirken aller Gesellschafter, so Lutter/Hommelhoff/Kleindiek GmbHG § 43 Rn. 119. In einem gravierenden Fall hat der BGH auch entsprechend entschieden BGH, NJW 1976, 191, 192.

[38] Zu den Voraussetzungen des existenzvernichtenden Eingriffs bereits oben → Rn. 20.

[39] Zur Pflicht der Geschäftsleitung die Kapitalerhaltungsvorschriften einzuhalten und zum Haftungsausschluss nach begangenem Verstoß bereits oben → Rn. 15.

[40] Lutter/Hommelhoff/Kleindiek GmbHG, § 43 Rn. 119; MüKoGmbHG/Stephen/Tieves GmbHG, § 37 Rn. 149.

[41] Rowedder/Pentz/Pentz GmbHG, § 13 Rn. 48 f.; § 43 Rn. 67; Lutter/Hommelhoff/Bayer, GmbHG, § 47 Rn. 14.

[42] Lutter/Hommelhoff/Bayer GmbHG, § 47 Rn. 14.

[43] Für eine Anwendbarkeit des Pflichtenmaßstabs aus § 43 GmbHG auf Gesellschafter bei Weisung: Pentz in Rowedder/Pentz, GmbHG, § 13 Rn. 85. Ebenso und darüber hinaus wohl auch generell für eine Gesellschafterhaftung, sofern die Gesellschafterweisung das auf Bestand und damit auf dauerhafte Rentabilität gerichtete Eigeninteresse der Gesellschaft beeinträchtigt: MHLS/Ziemons GmbHG § 43 Rn. 36.

[44] Vgl. hierzu auch die Ausführungen in → Rn. 4.

Betracht, die (teilweise) verpfändet werden können.[45] Ein Rückgriff auf die operativen Vermögenswerte des Zielunternehmens dagegen wirft regelmäßig Probleme unter dem Gesichtspunkt der Kapitalerhaltung sowie unter steuerlichen Aspekten (Möglichkeit verdeckter Gewinnausschüttung) auf.[46] Hier ist in jedem Fall erforderlich, dass das der Gewährung von Sicherheiten durch das Zielunternehmen zugrunde liegende Rechtsverhältnis mit dem Käufer wie zwischen unabhängigen Dritten *(at arm's length terms)* ausgestaltet ist,[47] was unter anderem die Zahlung eines angemessenen Entgelts (Avalprovision) durch den Käufer an das Zielunternehmen erforderlich macht. Unter dem Gesichtspunkt der Kapitalerhaltung ist aus Gründen der Vorsicht bereits bei Gewährung der Sicherheiten der Eintritt des Sicherungsfalles zu fingieren und zu prüfen, welche Auswirkungen dieser auf das Eigenkapital des Zielunternehmens haben würde.[48] Dabei kann – zumindest bei reinen Akquisitionsvehikeln – auch von einem nicht vollwertigen bzw. wertlosen Rückgriffsanspruch des Zielunternehmens gegen den Käufer auszugehen sein, da zumindest offen ist wie der Käufer in der Zukunft die Rückzahlung der *Vendor Note* finanzieren wird.[49] Dies bedeutet, dass eine Gewährung von Sicherheiten für Verpflichtungen des Käufers durch die Zielgesellschaft unter dem Gesichtspunkt der Kapitalerhaltung nur in Betracht kommt, soweit die Verwertung dieser Sicherheiten aus dem (das Stammkapital übersteigenden) freien Vermögen der Zielgesellschaft erfolgen könnte.

Soweit eine *Vendor Note* neben einer Fremdfinanzierung gegeben wird, werden **22a** die Fremdkapitalgeber in der Regel eine Besicherung der *Vendor Note* nicht oder nur mit Vermögensgegenständen außerhalb der ihnen haftenden Gesellschaften zulassen.

III. Vendor Note auf Ebene der Zielgesellschaft

Eine alternative Struktur zu der *Vendor Note* auf Käuferebene ist eine *Vendor* **23** *Note* auf Ebene der Zielgesellschaft. Hierbei handelt es sich streng genommen nicht um eine echte *Vendor Note*, sondern um eine (fortbestehende) Verpflichtung der Zielgesellschaft gegenüber dem Verkäufer. Diese Gestaltungsvariante kommt nur unter bestimmten Umständen in Betracht, die im Folgenden näher erläutert werden sollen.

---

[45] von Braunschweig DB 2010, 713, 715.

[46] Vgl. von Braunschweig DB 2010, 713, 715f.

[47] Hierzu MüKoAktG/Bayer AktG, § 57 Rn. 196.

[48] Vgl. Lutter/Hommelhoff/Hommelhoff GmbHG, § 30 Rn. 34ff.; ob schon in der Bestellung der Sicherheit eine Auszahlung zu erblicken ist, ist umstritten, zum Streitstand Ekkenga in MüKo GmbHG, § 30 Rn. 143; MHLS/Heidinger GmbHG, § 30 Rn. 87ff.; Habersack/Casper/Löbbe/Habersack GmbHG, § 30 Rn. 52f.

[49] Vgl. hierzu Lutter/Hommelhoff/Hommelhoff GmbHG, § 30 Rn. 35, 35a.

24 Hierfür ist ein kurzer Rückgriff auf die üblichen Mechanismen für die Kaufpreisbestimmung bei Unternehmenskäufen erforderlich. Wie bereits erläutert,[50] kommen bei der Ermittlung des Kaufpreises für ein Unternehmen in vielen Fällen die Finanzverbindlichkeiten des Unternehmens zum Vollzugsstichtag *(Closing)* oder zu einem anderen vereinbarten Zeitpunkt zum Abzug. Dabei ist es unerheblich, ob diese Finanzverbindlichkeiten gegenüber Dritten (beispielsweise den finanzierenden Banken) oder gegenüber dem Verkäufer oder einem mit diesem verbundenen Unternehmen (beispielsweise im Rahmen eines konzernweiten *Cash Pools* oder in Form sonstiger Gesellschafterdarlehen) bestehen. Die Parteien haben nun die Möglichkeit, zum maßgeblichen Zeitpunkt bestehende Finanzverbindlichkeiten nicht oder nur teilweise im Rahmen der Kaufpreisermittlung zum Abzug zu bringen,[51] wodurch sich bei gruppeninternen Finanzverbindlichkeiten aus wirtschaftlicher Sicht dann ein ähnlicher Effekt ergeben kann wie bei einer Stundung des Kaufpreises im Wege einer *Vendor Note* im Verhältnis zwischen Verkäufer und Käufer: Dem Verkäufer bzw. einem mit ihm verbundenen Unternehmen steht ein Anspruch auf Rückzahlung der fortbestehenden Finanzverbindlichkeit des Zielunternehmens zu, welche jedoch den zu zahlenden Kaufpreis nicht vermindert hat und somit wirtschaftlich vom Käufer zu tragen ist. Allerdings ist dieser nur mittelbar über seine neu erworbene Beteiligung an dem Zielunternehmen belastet, nicht aber direkt gegenüber dem Verkäufer als Schuldner verpflichtet.

25 Soweit eine solche Struktur der „mittelbaren Kaufpreisfinanzierung" aufgrund der wirtschaftlichen und sonstigen Gegebenheiten (z. B. Bestand entsprechender Finanzverbindlichkeiten des Zielunternehmens gegenüber dem Verkäufer, die hier genutzt werden können) in Betracht kommt, ergeben sich für die Beteiligten insbesondere unter zwei wesentlichen Aspekten Vorteile:

26 Für den **Verkäufer** ist ein direkter Durchgriff auf das verkaufte Zielunternehmen möglich. Dies gilt zum einen im Hinblick auf den *Cashflow* des Zielunternehmens, der direkt (und nicht lediglich über den Umweg von Dividenden an den Käufer) zur Rückzahlung der betreffenden Finanzverbindlichkeit zur Verfügung steht. Das Zielunternehmen ist unmittelbarer Schuldner einer Zahlungsverpflichtung nach Maßgabe der vereinbarten Konditionen, deren Erfüllung nicht in irgendeiner Weise im Ermessen der Geschäftsleitung steht. Außerdem ist es möglich, die operativen Vermögensgegenstände des Zielunternehmens unmittelbar zur Besicherung des Zahlungsanspruches des Verkäufers einzusetzen. Da eine Verbindlichkeit des Zielunternehmens und nicht eine des Käufers besichert wird, stellen sich die sonst auftauchenden Fragen einer möglichen Verletzung der geltenden Kapitalerhaltungsgrundsätze oder möglicher steuerlicher Implikationen nicht.[52] Nach ganz herrschender Ansicht in Rechtsprechung und Literatur ist allerdings im

[50] Vgl. die Ausführungen in → § 7.

[51] Die Verbindlichkeit kann im Übrigen auch dann vom Kaufpreis abgezogen werden, wenn sie an sich „stehenbleibt" aber das Darlehen nicht mitgekauft wird.

[52] Vgl. die Ausführungen unter → Rn. 22 sowie Rn. 11.

Hinblick auf die Nachrangigkeit von Gesellschafterdarlehen in der Insolvenz gemäß § 39 Abs. 1 Nr. 5 InsO maßgeblicher Zeitpunkt für die Gesellschafterstellung der Zeitpunkt der Gewährung oder Belassung des Darlehens.[53] Daher kann sich, sofern die Voraussetzungen des § 39 Abs. 1 Nr. 5 InsO bei Ausscheiden des Gesellschafters bereits vorlagen und der Gesellschafter innerhalb des letzten Jahres vor Antragsstellung ausgeschieden ist, in dieser Konstellation für den Verkäufer auch nach erfolgter Veräußerung der Zielgesellschaft die Problematik der Nachrangigkeit von Gesellschafterdarlehen ergeben.[54]

Für den **Käufer** hat die Konstruktion den Vorteil, dass er nicht unmittelbar 27
zur Leistung von Zahlungen an den Verkäufer verpflichtet ist. Es besteht insofern insbesondere im Falle der Verwendung von Akquisitionsvehikeln nicht die vorstehend beschriebene Problematik einer möglichen Haftung der Geschäftsleitung,[55] da dieses schlicht ein mit einer bereits bestehenden Finanzverbindlichkeit belastetes Unternehmen übernimmt. Ferner besteht nicht das Risiko, dass die aus dem Zielunternehmen ausgeschütteten Dividenden möglicherweise nicht zur Leistung der Kaufpreisraten nach Maßgabe der insoweit vereinbarten Konditionen ausreichen.[56] Allerdings steht dem in dieser Konstellation ein struktureller Vorrang des Verkäufers vor dem Käufer gegenüber und die dem Verkäufer geschuldeten Finanzverbindlichkeiten können in Extremfällen den Bestand des Zielunternehmens gefährden und im Falle einer hierdurch ausgelösten Insolvenz die Investition des Käufers entwerten. Darüber hinaus ist zu prüfen, ob und in welchem Umfang die die Akquisition bzw. die Zielgesellschaft finanzierenden Kreditgeber ein Verkäuferdarlehen im gleichen Rang zur Fremdfinanzierung akzeptieren.

---

[53] St. Rechtsprechung, vgl. BGH NJW 1981, 2570, ZIP 1981, 974, 976; Uhlenbruck/Hirte, InsO § 39 Rn. 45 mit weiteren Nachweisen.

[54] BGH, NJW 2012, 682; Uhlenbruck/Hirte InsO § 39 Rn. 45.

[55] Vgl. oben unter → Rn. 13.

[56] Vgl. oben unter → Rn. 11.

Anhang: Vertragsklauseln

I. Grundelemente einer Kaufpreisregelung

1. Kaufpreisregelung mit späterer Anpassung

Ein **Formulierungsbeispiel** für eine Kaufpreisregelung mit späterer Anpassung könnte etwa wie folgt aussehen: 1

1. **Final Purchase Price**
   In consideration for the sale and transfer of the Target Shares in accordance with the provisions of this Agreement, the Purchaser shall pay:
   1.1 the Preliminary Purchase Price (as defined below),
   1.2 as adjusted by the Purchase Price Adjustment Amount (as defined below),
   (the **"Final Purchase Price"**).
2. **Preliminary Purchase Price**
   At the Closing Date, the Purchaser shall pay as set forth in Article [...] an amount equal to:
   2.1 EUR [...] (in words: Euro [...]) (the **"Base Purchase Price"**),
   2.2 less any Estimate Net Debt Position (as determined in accordance with Article [...]),
   2.3 less any amount by which the Estimate Working Capital falls short of the Target Working Capital (as determined in accordance with Articles [...] and [...]), or
   2.4 plus any amount by which the Estimate Working Capital exceeds the Target Working Capital.
   The aggregate amount resulting therefrom shall, subject to the provisions of Articles [...] and [...] below, be the preliminary purchase price (the **"Preliminary Purchase Price"**).

2. Verknüpfung von Eigentumsübertragung und Kaufpreiserhalt

In dem folgenden **Formulierungsbeispiel** ist die Eigentumsübertragung an den verkauften Gesellschaftsanteilen an den Erhalt des (vorläufigen) Kaufpreises geknüpft: 2

2.1 Sale and Transfer of the Target Shares

2.1.1 The Seller hereby sells *(verkauft)* the Target Shares to the Purchaser, and the Purchaser hereby accepts such sale of the Target Shares.

2.1.2 The Seller hereby transfers and assigns *(überträgt)* the Target Shares with effect to the Closing Date as defined in Article [...] and subject to the conditions precedent referred to in Article 2.2 below, and the Purchaser hereby accepts such transfer and assignment of the Target Shares.

2.1.3 The Target Shares shall be sold and transferred to the Purchaser with all ancillary rights pertaining thereto *(Nebenrechte)*, including the rights to any undistributed but distributable profits *(nicht ausgeschüttete Jahresüberschüsse)*.

2.2 Conditions Precedent

The transfer and assignment *(dingliche Übertragung)* of the Target Shares to the Purchaser is subject to the following conditions precedent *(aufschiebende Bedingungen)* within the meaning of Section 158 para. 1 BGB:

2.2.1 The Closing Conditions set forth in Article […] have been fulfilled or waived in accordance with Article […];
2.2.2 The Seller has received the Preliminary Purchase Price in full.

II. Umsetzung Net Debt/Net Cash

1. Standardformulierung

3 Folgendes Formulierungsbeispiel einer eher „unkomplizierten" Form der Kaufpreisanpassung mag als **Standardformulierungsbeispiel** für die vertragliche Umsetzung einer *Net Debt/Net Cash*-Anpassung dienen (siehe aber auch die speziellen *Debt*-Definitionen in Rn. 7 ff.:

"**Purchase Price**

1.1 Final Purchase Price
In consideration for the sale and transfer of the Target Shares in accordance with the provisions of this Agreement, the Purchaser shall pay:
1.1.1 the Preliminary Purchase Price (as defined below),
1.1.2 as adjusted by the Purchase Price Adjustment Amount (as defined below),
(the "**Final Purchase Price**").
1.2 Preliminary Purchase Price
At the Closing Date, the Purchaser shall pay an amount equal to:
1.2.1 EUR […] (in words: Euro […]) (the "**Base Purchase Price**"),
1.2.2 *less* any Estimate Net Debt Position (as determined in accordance with Article 1.5.1), and
1.2.3 *less* any amount by which the Estimate Working Capital falls short of the Target Working Capital (as determined in accordance with Article 1.5.1), or
1.2.4 *plus* any amount by which the Estimate Working Capital exceeds the Target Working Capital.
The aggregate amount resulting therefrom shall, subject to the provisions of Article 1.5 below, be the preliminary purchase price (the "**Preliminary Purchase Price**").
1.3 Payment Modalities
All payments to be made on the Closing Date shall be transferred by the Purchaser to the respective recipient set forth in Article […] with same day value by irrevocable wire transfer in the form of immediately available funds and free of charge and without any deductions to one or several accounts specified by the Seller in accordance with this Agreement.
1.4 Certain Definitions Relevant for the Calculation of the Preliminary Purchase Price and the Final Purchase Price
1.4.1 "**Net Debt Position**" shall mean the consolidated net debt of the Target Group as of the Effective Date and as specified in Annex 1.4.1.
1.4.2 "**Working Capital**" shall mean the consolidated net working capital of the Target Group as of the Effective Date and as specified in Annex 1.4.2.
1.4.3 "**Target Working Capital**" shall be EUR […].
1.5 Calculation of Preliminary Purchase Price
1.5.1 For purposes of the calculation of the Preliminary Purchase Price, the Net Debt Position and the Working Capital shall be determined on the basis of a calculation statement to be prepared by the Seller substantially in the form of Annex 1.5.1 (the "**Preliminary Purchase Price Calculation Statement**"; and the amounts of such positions as calculated therein the "**Estimate Net Debt Position**" and the "**Estimate Working Capital**", respectively).

1.5.2 The Seller shall prepare the Preliminary Purchase Price Calculation Statement in accordance with the rules and the accounting standards set out in the Target Group's Accounting Principles (as defined below), in a fair manner, consistent with past practices.
1.5.3 The Seller shall provide the Purchaser with the Preliminary Purchase Price Calculation Statement at least five (5) Business Days prior to the Closing as set out in Article [...].
1.5.4 The Preliminary Purchase Price Calculation Statement becomes final and binding upon the Parties with its delivery to the Purchaser."

2. Definitionen

Als **Definitionen** für „Net Debt Position", „Cash" und „Working Capital" bieten sich folgende an: 4

"The **"Net Debt Position"** shall comprise
(1) the aggregate amount of interest-bearing liabilities of the Target Group, including accrued interest thereon as, arising out of borrowings *(Darlehen)* from banks or other financial institutions; *plus*
(2) the Closing Shareholder Loan Amount; *plus*
(5) the pensions provision; *plus*
(6) income tax payables, net of any income tax receivables, related to income taxes due through the Closing Date; *plus*
(7) *[Weiterer Abzugsposten]; minus*
(8) Cash."

"Cash" shall mean the aggregate amount (including any accrued interest thereon) of any cash *(Kassenbestand),* other liquid means *(liquide Mittel)* and marketable securities, cash equivalents, cheques *(Schecks),* and deposits with banks and other financial institutions.

For the avoidance of doubt, deferred taxes and liabilities *(latente Steuern),* potential finance lease payables or receivables relating to any leasing contract with an entity of the Target Group as lessee or lessor shall not be included and are not part of the definition of Net Debt Position."

"Working Capital" shall comprise
(1) inventories *(Vorräte),* net of related allowances; *plus*
(2) third-party trade receivables *(Forderungen aus Lieferungen und Leistungen)* and net of related allowances (which for the avoidance of doubt include authorization receivables from customers); *minus*
(3) third-party trade payables *(Verbindlichkeiten aus Lieferungen und Leistungen),* except for accrued interests, and except for M&A related payables (purchase price considerations); *plus*
(4) prepaid expenses *(erhaltene Anzahlungen),* except for financing-related prepaid expenses (capitalized costs from debt financing); *minus*
(5) deferred income; *plus*
(6) factoring related receivables from factoring with and without recourse, less related allowances; *plus*
(7) other assets, except for
    (i) income tax-related items, and
    (ii) M&A related items; *minus*
(8) other accruals, *minus*
(9) other liabilities, excluding
    (i) M&A related payables,
    (ii) accrued interests,
    (iii) income tax related payables, and
    (iv) received advance payment from the customer [...] in the amount of EUR [...].

For the avoidance of doubt, deferred income taxes and liabilities *(latente Steuern),* income tax related assets and liabilities, including, receivables and payables due to the acquisition of businesses through share and/or asset deals (purchase price considerations) and potential finance lease payables or receivables related to any leasing contract with an entity of the Target Group as lessee or lessor are not part of the Working Capital."

3. Formulierung bei bilanzieller Betrachtungsweise

5 Das nachfolgende **Formulierungsbeispiel** folgt der bilanziellen Betrachtungsweise:

„1. **Share Purchase Price**

1.1 Enterprise Value

The **"Enterprise Value"** is an agreed amount of EUR [...] (in words: Euro [...]).

1.2 Share Purchase Price

The purchase price for the Company Shares (the **"Share Purchase Price"**) is calculated as follows:

Enterprise Value (Section 1.1)

minus Financial Debt (Section 1.3)

plus Cash (Section 1.4)

plus Net Working Capital (Section 1.5.2)

minus Reference Net Working Capital (Section 1.5.1)

with each of the Financial Debt, Cash, and Net Working Capital being the consolidated amount for all Group Companies as existing at and including the Effective Date and as shown in the Final Consolidated Effective Date Accounts (Section [...]).

Such Final Consolidated Effective Date Accounts shall be prepared (as set forth in detail in Section [...]) for the Company and the Subsidiaries on a consolidated level with the Company being the top group company (*Mutterunternehmen* in the meaning of. Sec. 290 HGB) pursuant to Sec. 294 et seq. and Sec. 300 et seq. HGB, it being understood that all Subsidiaries are fully consolidated.

1.3 Financial Debt

"Financial Debt" shall be the aggregate of:

(a) any bonds *(Anleihen)* within the meaning of Sec. 266 para. 3 lit. C no. 1 HGB;

(b) all debt owed to banks, financial or other similar institutions *(Verbindlichkeiten gegenüber Kreditinstituten)* within the meaning of Sec. 266 para. 3 lit. C no. 2 HGB;

(c) any acceptance credit *(Wechselverbindlichkeiten)* within the meaning of Sec. 266 para. 3 lit. C no. 5 HGB, except for trade payables of any kind;

(d) any debt owed to affiliated companies *(Verbindlichkeiten gegenüber verbundenen Unternehmen)* (other than the Group Companies), within the meaning of Sec. 266 para. 3 lit. C no. 6 HGB, except for trade payables, but including shareholder loans and accrued interest until (and including) the Effective Date;

(e) any debt owed to entities in which participations are held *(Verbindlichkeiten gegenüber Unternehmen, mit denen ein Beteiligungsverhältnis besteht),* (other than the Group Companies), within the meaning of Sec. 266 para. 3 lit. C no. 7 HGB, except for trade payables;

provided that no particular indebtedness is taken into account more than once.

1.4 Cash

"Cash" is the aggregate amount of the following cash and cash equivalents of the Company:

(a) cash on hand (*Kassenbestand*), central bank deposits *(Bundesbankguthaben),* demand deposits with banks, financial or other similar institutions *(Guthaben bei Kreditinstituten)* and cheques *(Schecks)* within the meaning of Sec. 266 para. 2 lit. B IV HGB;

(b) securities *(sonstige Wertpapiere)* within the meaning of Sec. 266 para. 2 lit. B III no. 2 HGB;

(c) loans granted to affiliated companies *(Ausleihungen an verbundene Unternehmen)* (other than the Group Companies) within the meaning of Sec. 266 para 2 lit. A III no. 2 HGB;
(d) loans granted to entities in which participations are held *(Ausleihungen an Unternehmen, mit denen ein Beteiligungsverhältnis besteht)* (other than the Group Companies) within the meaning of Sec. 266 para 2 lit. A III no. 4 HGB;
(e) other loans granted by the Company *(sonstige Ausleihungen)* within the meaning of Sec. 266 para 2 lit. A III no. 6 HGB;
(f) accounts receivable from affiliated companies *(Forderungen gegen verbundene Unternehmen)* (other than the Group Companies) within the meaning of § 266 para. 2 lit. B II no. 2 HGB, except for trade accounts receivable;
(g) accounts receivable from entities in which participations are held *(Forderungen gegen Unternehmen, mit denen ein Beteiligungsverhältnis besteht)* (other than the Group Companies) within the meaning of Sec. 266 para. 2 lit. B II no. 3 HGB, except for trade accounts receivable;
(h) other accounts receivable, in particular tax repayment claims *(Steuererstattungsansprüche)* to the extent acknowledged by the Tax Authorities; *[Note: as regards tax repayment claims: align with tax indemnification clause; do not include here if fully covered by tax indemnification clause]*
(i) any other amounts other than those referred to in Section 1.4 (a) through (h) above, to be received by the Group Companies and having the same commercial effect as any financing arrangement under which the Group Companies are entitled to the repayment of a loan;
(j) interest accrued on the items in Section 1.4 (a) through 1.4 (i) until the Effective Date;

provided that no particular amount is taken into account more than once.

1.5 Working Capital

1.5.1 The **"Reference Net Working Capital"** equals the amount of EUR [...] (in words: Euro [...]).

1.5.2 The **"Net Working Capital"** is

(a) the sum of the following assets
the aggregate amount of the inventory *(Vorräte)* and the trade accounts receivables *(Forderungen aus Lieferungen und Leistungen)* and other assets *(sonstige Vermögensgegenstände)* within the meaning of Sec. 266 para. 2 lit. B I and II no. 1 and no. 4 HGB, and [...], in each case less the amount already taken into account as part of Cash, if any,
(b) *minus* the sum of the following liabilities
the aggregate amount of the advance payments received *(erhaltene Anzahlungen auf Bestellungen),* the trade payables *(Verbindlichkeiten aus Lieferungen und Leistungen)* and other liabilities *(sonstige Verbindlichkeiten)* within the meaning of Sec. 266 para. 3 lit. C no. 3, 4 and 8 HGB, and [...], in each case less the amount already taken into account as part of Financial Debt, if any,

of the Group Companies on a consolidated level.

2. **Payments**

2.1 Preliminary Purchase Price

2.1.1 As set forth in detail in Section [...] (Closing), the Purchaser shall pay to the Seller the following amount:

(a) an amount determined in writing by the Seller and the Purchaser by mutual agreement on the basis of an estimate of the Share Purchase Price, or
(b) if such agreement cannot be reached until [10 (ten)] Business Days prior to the date of the Closing Meeting an amount of EUR [...] (in words: Euro [...])

(either such amount the **"Preliminary Purchase Price"**).

2.2 Purchase Price Adjustment

2.2.1 If, in each case on the basis of the Final Consolidated Effective Date Accounts and the Final Calculation Certificate, (i) the Share Purchase Price exceeds the Preliminary Purchase Price, the Purchaser shall pay to the Seller an amount equal to such excess or (ii) the Preliminary Purchase

Price falls short of the Share Purchase Price, the Seller shall pay to the Purchaser an amount equal to such shortfall.

2.2.2 Any such amount to be paid either by the Purchaser to the Seller or by the Seller to the Purchaser (the **"Purchase Price Adjustment"**) shall be paid pursuant to Section 2.3 at the latest on the tenth Business Day following the day when the Final Consolidated Effective Date Accounts, and the Final Calculation Certificate (each as defined in Section [...]) have become final and binding upon the Parties pursuant to Section [...] and bears interest at a rate of [...]% p. a. from the Closing Date until, but not including, the day of payment of such Purchase Price Adjustment.

2.3 Modes of Payment; Bank Accounts

2.3.1 Any payments to be made hereunder shall be made by irrevocable and unconditional wire transfer in immediately available, freely transferable and cleared funds with value as of the relevant due date and without deduction of any costs and bank or other charges to the recipient.

2.3.2 All payments to the Seller or to the Purchaser under this Agreement shall be made to the bank accounts of the Seller (the **"Seller's Account"**) or the Purchaser (the **"Purchaser's Account"**), as applicable, in each case as set forth in Annex 2.3.2, or to such other bank account designated by the recipient to the Party that has to make the payment in writing no later than five (5) Business Days prior to the relevant due date of such payment.

2.4 No Offset or Right to Refuse Performance

Neither Party shall have the right to offset any counterclaims against claims of the other Party under this Agreement or to refuse fulfillment of claims of the other Party under this Agreement based upon any counterclaims, unless and to the extent liability for such counterclaims has (i) been accepted by the other Party in writing or (ii) such counterclaims have been confirmed by a final and conclusive court judgment or arbitration award."

4. Spezielle Cash-Definitionen

6 Nach HGB bzw. IFRS:

Cash

Cash shall mean cash and cash equivalents within the meaning of Section 266 (2) B. IV German Commercial Code (HGB) [and financial assets within the meaning of Section 266 (2) B. III German Commercial Code (HGB)] reduced by Trapped Cash. For the avoidance of doubt, this amount cannot be negative.

Alternativ für IFRS:

Cash shall mean cash and cash equivalents within the meaning of IAS 7.6 – 7.9 cash on hand and demand deposits as well as short-term, highly liquid investments that are readily convertible to known amounts of cash which are subject to an insignificant risk of changes in value. Cash shall be reduced by Trapped Cash. For the avoidance of doubt, this amount cannot be negative.

Trapped Cash

Trapped Cash is the amount of cash, cash equivalents [and financial assets] which are restricted for legal, regulatory or taxation reasons from transfer out of [Target] to a shareholder within 3 business days.

Folgende Ergänzung berücksichtigt Minimum Cash:

An amount of EUR[...] will be considered as necessary minimum cash to operate the business and as such is trapped.

Folgende Ergänzung verlagert eine mögliche steuerliche Belastung auf den Verkäufer:

In case unrestricted cash transfers are subject to withholding or other taxes, whether immediately or deferred, these taxes shall be deducted from Cash.

5. Berücksichtigung besonderer Sachverhalte im Rahmen der Debt-Ermittlung

a) Bank Debt 7

Bank Debt

[Debt shall include] [a]ll debt balances owed to banks *(Kreditinstitute)* and similar lenders other than the Seller and Target Companies including, without limitation, loans, bonds, overdrafts or similar facilities, and interest accrued as of the Economic Effective Date as well as prepayment penalties and similar charges triggered by the change of control. Any financing fee or commission related to any loan, bond, overdraft or similar facility which might be either capitalized e. g. as prepaid expenses or deducted from the actual repayment amount shall be treated as [Bank] Debt.

b) Shareholder loans 8

[Debt shall include] all payment obligations to the Seller [or other former shareholders] including, without limitations, shareholder loans, accrued interest as of the Economic Effective Date, and similar balances.

The payment obligations will be reduced by respective receivables against the Seller [or other former shareholders] to the extent an offsetting is legally allowed according to §§ 387 et sqq. German Civil Code (BGB).

Alternativ:

The payment obligations will be reduced or even overcompensated by respective receivables against the Seller [or other former shareholders] to the extent the recoverability of the corresponding amounts is guaranteed. Such guarantee can be granted by [...].

c) Verbindlichkeiten aus Lieferung und Leistung 9

For the avoidance of doubt, debt balances are not included which are resulting from supply of goods delivered and services rendered falling due and becoming payable in the ordinary course of business in line with past as well as industry practice.

Eine tagesgenaue Bezeichnung von Überfälligkeiten vermeidet spätere Auslegungsdifferenzen, mag aber im Einzelfall nicht allen Sachverhalten gerecht zu werden:

For the avoidance of doubt, debt balances are not included which are resulting from supply of goods delivered and services rendered unless (i) their agreed maturity *(vereinbartes Zahlungsziel)* exceeds a total of [30] days (including extension of maturity if applicable) and the delivery of goods or rendering of individual separable services has been carried out since more than [30] days as at the Economic Effective Date or (ii) they have been overdue as at the Economic Effective Date for more than [30] days

10 d) Capital repayments

[Debt shall include] any dividend, capital repayment or similar obligation originated before the Economic Effective Date including, without limitation, through shareholder's resolution, shareholder's or joint venture agreements and irrespective of whether such obligation is recorded or not in the balance sheet as at Economic Effective Date and which becomes due and payable after Economic Effective Date to anybody else than the Purchaser.

11 e) Cash Pool/PLTA

Die technische Umsetzung einer *Cash Pool*-Beendigung zum rechtlichen Eigentumsübergang könnte wie folgt aussehen:

[Step 1]
Cash Pool Arrangement

The Target Companies on the one hand and the Seller on the other hand have entered into and maintain cash pool arrangements ("Cash Pool Arrangements"). [For the avoidance of doubt, receivables and payables from supplies and services between the Target Companies on the one hand and the Seller on the other hand shall not be regarded as balance under the Cash Pool Arrangements.]

[Step 2]
Financing after Signing/Locked box

During the period as from signing of the SPA until [...] prior to the Closing ("Termination Date"), the Cash Pool Arrangements shall be continued in the ordinary course of business at terms and conditions in accordance with those which have been agreed between the parties in the past.

[Step 3]
Termination and Netting of the Cash Pool Arrangements

As per the Termination Date, all balances under each of the Intercompany Finance Agreements including interest shall be netted between the individual Target Companies on one hand and Seller on the other hand. The netting shall be calculated and made separately for each company ("Cash Pool Closing Date Balance").

[Step 4]
Settlement of Cash Pool Closing Date Balance
The Intercompany Closing Date Balance shall be settled in accordance with the following terms:

(1) To the extent the Cash Pool Closing Date Balance shows that the Seller has receivables towards one or more Target Companies, the Seller sells and assigns its receivable to the Purchaser at a purchase price of the face value of the receivable. The purchase price shall be due and payable as at Closing.

(2) To the extent the Cash Pool Closing Date Balance shows that the Seller has payables towards one or more Target Companies, the Seller shall pay the relevant payables to the respective Target Company. The balance shall be due and payable as at Closing.

12 Profit **and Loss Transfer Agreement**

All obligations due to the Seller or other third parties other than Purchaser and Group Companies which arise from the execution of a Profit and Loss Transfer Agreement. However, Debt will be reduced by all receivables due from Seller or other third parties other than Purchaser and Group companies which arise from the execution of a Profit and Loss Transfer Agreement.

Es bietet sich zudem folgende **Formulierung** an:

All obligations due to the Seller or other third parties other than Purchaser and Group Companies which arise from the execution of a Profit and Loss Transfer Agreement between Economic Effective Date and Closing. However, [Financial] Debt will be reduced by all receivables due from Seller or other third parties other than Purchaser and Group Companies which arise from the execution of a Profit and Loss Transfer Agreement between Economic Effective Date and Closing.

Folgende Ergänzung der Ausgangsklausel kann sinnvoll sein:

Intercompany loans

[Debt shall include] all payment obligations to the Seller, [or other prior shareholders] as well as affiliated or associated companies other than Target Companies including, without limitations, shareholder loans, accrued interest as of the Economic Effective Date, and similar balances.

[The payment obligations will be reduced by respective receivables against the Seller [or other prior shareholders] to the extent an offsetting is legally allowed according to § 387 et sqq. BGB.]

f) Finance Lease 13

[Debt shall include] the net present value of all obligations of the Target Companies as lessee that qualify or would qualify as finance lease in accordance with IFRS using the same principles and practices including judgments and estimates as in the last audited financial statements

g) Factoring 14

[Debt shall include] any receivables that have been sold by the Target Companies on a non-recourse basis for financing purposes since [...] including all non-recourse factoring and similar agreements.

Der Käufer kann sich ggf. auch dadurch schützen, dass der Verkäufer im Rahmen einer *Ordinary Course of Business*-Klausel garantiert, in einem bestimmten Zeitraum keine Forderungen im Rahmen eines echten Factorings zu verkaufen bzw. verkauft zu haben:

Non-recourse Factoring

As of the date of signing this agreement [as well as at the Closing Date], and unless disclosed otherwise in Annex [...], the Target Companies have not taken any of the following actions since [...]:

(1) None of the Target Companies has sold any receivables on a non-recourse basis for financing purposes including all non-recourse factoring and similar agreements.

(2) [...]

Recourse Factoring

Any recourse and similar liabilities arising from any assignment of receivables for financing purposes by the Target Companies to any third party other than the Purchaser, including all factoring agreements and similar financing agreements executed for the purpose of obtaining financing.

h) Anleihen 15

Bonds/and similar instruments

[Debt shall include] Bonds *(Anleihen)* and similar liabilities from debt, convertibles, profit-related and other debt securities *(„Verbindlichkeiten aus Wandel-, Options-, Gewinn- oder anderen Schuldverschreibungen")* or profit participation certificates of any kind *(„Genussscheine jeder Art")*, for the avoidance of doubt, in each case including accrued interest and similar charges (eg *„Ausschüttungen auf Genussrechte"*).

Convertible bonds

[Debt shall include] convertible bonds *(„wandelbare Anleihen")* and similar hybrid instruments are considered with the higher of (i) repayment value of the instrument including accrued interest and similar charges and (ii) a mark-to-market valuation of derivative financial instruments as per the

Economic Effective Date. The mark-to-market valuation must match the amount which the hybrid instrument holders will expect to obtain for the liquidation of the instrument.

16 i) Minderheitsgesellschafter

Minority interest

[Debt shall include] the fair value of any interest in equity of any Group Company held by shareholders other than the Sellers (minority shareholders) shall be calculated as follows: (Reported) EBITDA multiplied by [...] ("EBITDA multiple") *plus* the amount of the Cash of the relevant individual company and *minus* the amount of Debt of the relevant individual company.

Minority interest

[Debt shall include] the book value of any interest in equity of any Group Company held by shareholders other than the Sellers (minority shareholders).

17 j) Mitarbeiterverbindlichkeiten

[Debt shall include] any accruals or provisions due to any employee relating to the period until the Economic Effective Date resulting from, without limitation, monthly wages and salaries, vacation, overtime, (fix) Christmas, vacation or additional monthly installments at year end (*„13./14. Monatsgehalt“*) as well as (variable) bonus of any kind.

Durch folgende Ergänzung werden nur langfristige Verbindlichkeiten mit einer Laufzeit von über einem Jahr erfasst:

[as above with the following addition:] ... which are due and payable for more than 12 months.

Ein Mittelweg kann sein, sich mittel- bis langfristig kumulierende Vergütungsbestandteile stets in Abzug zu bringen (Verbindlichkeiten über 12 Monate würden zusätzlich in Abwandlung vorstehender Klausel in Abzug gebracht werden):

Any accruals or provisions due to any employee relating to the period until the Economic Effective Date resulting from (fix) christmas, vacation or additional monthly installments at year end *(„13./14. Monatsgehalt“)* as well as (variable) bonuses of any kind.

Employee benefits

Pension and similar obligations including, without limitation, defined benefit plans, deferred compensation arrangements, long-service awards such as jubilee benefits, old-age part time work, and health & welfare plans, calculated with fair actuarial assumptions (such as e. g. DBO) and showing the full obligation including such parts which may have not been accrued or provisioned, e. g. due to the application of a corresponding election right in the past.

The amount shall be reduced by the fair market value of any plan assets and reimbursement rights. For the avoidance of doubt, this amount can be higher than the obligation for pension and similar obligations.

Klarstellend bietet sich an zu ergänzen, wie die Bewertungsparameter herzuleiten sind:

The actuarial assumptions applied shall be in line and comply with the following order: (i) IFRS [German GAAP], (ii) actual and fair market conditions and assumptions, and (iii) using the same basis of judgments and estimates as in the preceding audited year-end financial statements.

The value of the plan assets and reimbursement rights shall be determined by [...] as independent actuary and show a mark-to-market value for which an independent third party would take over the assets in exchange of cash.

Management compensation
Any compensated-related obligations including, without limitation, from share-based payment programs and transaction bonuses triggered solely by the execution and/or confirmation of the transaction pursuant to this SPA and payable at any time after the Economic Effective Date.

k) Capex-Sachverhalte 18

Im Falle von Minderinvestitionen die als Debt zu qualifizieren sind:

CAPEX
An amount of EUR M [...] relating to CAPEX underspending in the current and previous financial years.

Sofern negative Abweichungen zum CAPEX-Budget nicht betrieblich bedingt sind, bietet sich folgende **Formulierung** im Unternehmenskaufvertrag an:

CAPEX
The amount by which the actual CAPEX is below the CAPEX budget as set-up by the management and approved by the shareholders on [...] for the current financial year. In case the Effective Economic Date is during the current fiscal year, the actual CAPEX spendings shall be compared to the CAPEX budget on a pro-rata basis.

Zur Abbildung im Unternehmenskaufvertrag kann sich folgende **Formulierung** anbieten:

CAPEX
Any obligation to invest into fixed assets towards a third party outside the Target Group including, without limitation [...] which became due before Effective Economic Date.

CAPEX (Definition)
All obligations for purchase price payments, including, without limitation, deferred purchase price payments or purchase price installments relating to the acquisition of fixed assets (*Anlagevermögen*). For the avoidance of doubt, this includes also purchase price payments in connection with share or asset deals.

l) Zahlungsrückstände 19

Overdue accounts payable
[Debt shall include] any debt balances which are resulting from supply of goods delivered and services rendered to the extent (i) their agreed maturity *(vereinbartes Zahlungsziel)* exceeds a total of [30] days (including an extension of maturity if applicable) and the delivery of goods or rendering of individual separable services has been carried out since more than [30] days as at the Economic Effective Date or (ii) they have been overdue as at the Economic Effective Date for more than [30] days.

m) Kundenvorauszahlungen 20

Deferred revenues
Any prepayments from customers for the delivery of goods or rendering of services, irrespectively of their presentation in the balance sheet.

Mit der folgenden **Formulierung** wird der Abzugsposten systematisch hergeleitet:

Deferred revenues

Any prepayments from customers for the delivery of goods or rendering of services, irrespective of their presentation in the balance sheet multiplied with the reported [adjusted] EBITDA margin of the Target for the preceding financial year as presented in the audited financial statements [...].

Demensprechend könnte die angepasste **Ausgangsformulierung** wie folgt lauten:

Deferred revenues

Any prepayments received or made including, without limitation, for the delivery of goods or rendering of services, for operating leases, insurances or any other public or private contribution, irrespective of their presentation in the balance sheet.

21 n) EBITDA-Anpassungen

EBITDA-adjustments

[Debt shall include] any cash-out or lower cash-in after the Effective Economic Date in connection with an EBITDA adjustment which has been listed by management in a management or bank report or by the sell-side financial vendor due diligence.

22 o) Steuern

Taxes

[Debt shall include] any amount of accruals and liabilities for taxes on income, such as corporate income tax *(Körperschaftsteuer)*, trade tax *(Gewerbesteuer)* and similar taxes, reduced by respective receivables *(Steuerrückzahlungsansprüche)* from taxes on income and similar taxes. For the avoidance of doubt, the tax calculation will be performed as per Economic Effective Date as if the Economic Effective Date were the end of the tax financial year.

Taxes on revenue such as VAT *(Umsatzsteuer)* and other taxes *(Grundsteuer, KFZ-Steuer)* shall only be deducted as Debt if the point in time of the initial origination of the underlying facts and circumstances is more than 12 months before Effective Economic Date.

23 p) Haftungsverbindlichkeiten

Guarantees

[Debt shall include] any guarantee, suretyship, letter of comfort or any other collateral or financing instrument which can be or will be terminated by a bank, lender or other creditor in connection with the transaction to the extent this instrument has not been disclosed in Annex [...] to this SPA.

23a q) Ausstehende Kaufpreiszahlungen

Acquisition related payments

[Debt shall include] any earn out or similar deferred payments related to the acquisition of companies irrespective whether through a share or asset deal prior to signing of this transaction.

23b Derivatives

[Debt shall include] all negative balances resulting from a mark-to-market valuation of derivative financial instruments as per the Economic Effective Date. The negative balance will be determined by the amount the issuer of the derivative financial instrument requires to close the position. For the avoidance of doubt, this calculation is irrespective of whether such derivative financial instrument is recorded on-balance or not or whether it is part of an effective hedging or not.

III. Working Capital-Anpassungen

Folgende **Vertragsklausel** vermeidet gewollte oder ungewollte *Working Capital*-Optimierungen zugunsten des Verkäufers. 24

Working Capital

It is understood that receivables and payables resulting from supplies and services between the Target Group on the one hand and any other third parties on the other hand shall be settled exclusively in the ordinary course of business.

Folgende **Vertragsklausel** stellt sicher, dass die Parteien gemäß der Risikoverteilung bei der Bestimmung des *Target Working Capital*, die Bestimmung erneut vornehmen, sollten sich die Berechnungsgrundlagen als falsch herausstellen. 24a

Target Trade Working Capital reassessment

Due to the limited data points available, Seller and Purchaser agree that the amount of the Target Working Capital may have been calculated on an incorrect basis. Therefore, if the absolute difference between Closing Working Capital and Target Working Capital exceeds an amount of EURm [...] and if the difference is due to a calculation of the Closing Date Working Capital and Target Working Capital which are not like-for-like, both amounts shall be adjusted, in good faith negotiations between the Parties which are to take place within [...] Business Days after the Closing Date. Should the Parties not reach an agreement on such adjustment within such time period, either party shall submit to the other party a proposal for such adjustment (if any). Should the other party not agree to such proposal, [...] of the SPA relating to the Neutral Auditor process shall apply mutatis mutandis.

Reasons, without limitations, for adjustments of Target Working Capital and Closing Date Working Capital shall be:

- Receivables, assets, payables or liabilities which are not consistently considered in both the Target Working Capital and the Closing Date Trade Working Capital, e. g. due to the reorganisation of the business;
- Inconsistencies relating to cut-offs or set-up of accruals and provisions, e. g. inconsistent set-up of bonus accruals for employees;
- One-off income or expenses hitting working capital not consistently for the whole period under review; or
- Changes of judgements, estimates or valuation of individual assets and liabilities which are not consistently considered in both the Target Working Capital and the Closing Date Working Capital.

No adjustment shall be made in case the deviations are due to:

- Active working capital management by Seller; or
- Seasonal effects reflected in the Working Capital Targets.

IV. Adjusted EBITDA

Adjusted *EBITDA* needs to be determined consistent with past accounting policies and practices including the presentation format as shown in the latest audited [consolidated] financial statements FY02 and shall mean: 25

The profit or loss for the period as defined in the audited [consolidated] financial statements FY02

plus the amount of depreciation and amortization as defined in the audited [consolidated] financial statements FY02

plus/minus the financial result as defined in audited [consolidated] financial statements FY02

plus/minus any adjustment from impairment test as defined in the audited [consolidated] financial statements FY02

plus/minus taxes (corporate income tax and trade tax only, excluding other taxes)as defined in the audited [consolidated] financial statements FY02

plus the amount of any variable management compensation or any other variable employee renumeration calculated based on EBITDA achieved as presented in the income statement of the audited [consolidated] financial statements

plus/minus negative/positive EBITDA contribution from M&A transactions (divestments/acquisition of participation interests including Due Diligence and structuring) as presented in the income statement of the audited [consolidated] financial statements.

in each case not including of any

i) income and expense items outside the "ordinary course of business";
ii) one-time/non-recurring and/or exceptional/extraordinary income and expense items including, (e.g. without limitation income from insurance reimbursements, restructuring expenses, penalties);
iii) out of period income or expense items (e.g. without limitation income from the release of provisions, payments for already written-off accounts receivables, discounts relating to prior period, backwards handling costs for returns of goods sold in prior period);
iv) accounting impacts, in particular resulting from
   - changes of accounting policies, practices, estimates or presentations compared to the last audited [consolidated] financial statements FY02;
   - implementation of new IFRS standards; or
   - accounting mistakes or erroneously application of IFRS standards, which shall always be corrected.
v) foreign exchange effects not considered within financial result; or
vi) changes of the perimeters for capitalized costs (e.g. own work capitalized, capitalization of development cost).

Structurings and reorganisations of any kind shall not have any impact on the Adjusted EBITDA, i.e. the EBITDA shall be adjusted, "as if" the impacting structuring or reorganization had not been taken place. All positive and negative EBITDA impacts shall be eliminated accordingly.

V. Locked Box-Regelungen

1. Festkaufpreisklausel

26 Für die Vereinbarung eines Festkaufpreises sei auf das folgende **Formulierungsbeispiel** verwiesen:

Share Purchase Price

The aggregate purchase price for the Sold Shares shall be

a. EUR [...] (in words: Euro [...]) for the Target 1 Shares (the "**Target 1 Base Purchase Price**"); and
b. EUR [...] (in words: Euro [...]) for the Target 2 Share (the "**Target 2 Base Purchase Price**");

i. e.,EUR […] (in words: Euro […]) in the aggregate for the Sold Shares (the **"Base Share Purchase Price"**)

plus, an additional amount which shall be equal to interest on the Base Share Purchase Price calculated on the basis of the Applicable Rate (as defined below) for the time period from (and including) the Effective Date and until (and excluding) the Closing Date (each such additional amount, "Additional Share Purchase Price" and together with the Base Share Purchase Price, the "Aggregate Share Purchase Price"). The "Applicable Rate" shall be (i) *[insert applicable index]* plus […] basis points (the "Applicable Base Rate") during the time period from (and including) the Effective Date and until (but excluding) the day which is two months after the date hereof; and (ii) […] basis points above the Applicable Base Rate during the time period from (and including) the day which is two months after the date hereof and until (and excluding) the Closing Date.

2. Bestimmung des Abgrenzungsstichtags

Effective **Date** 27

The sale and transfer of the Sold Shares shall be made with economic effect *(schuldrechtlicher Wirkung)* as of *[Date]* (24.00 hours Central European Time) (the **"Effective Date"**) and shall include all rights and obligations pertaining to the Sold Shares, including the right to receive dividends *(Gewinnbezugsrechte)* with respect to the current fiscal year of Target 1 and Target 2 as well as all profits of previous fiscal years, in each case to the extent such profits have not been distributed prior to the Effective Date. As of the Effective Date, all benefits, risks and burdens (*Lasten*) in relation to the Target Group and the Business shall transfer to Purchaser (*Gefahrübergang* pursuant to Section 446 German Civil Code).

3. No Leakage-Regelung

Das folgende **Formulierungsbeispiel** enthält eine umfangreiche Auflistung von Geschäftsvorfällen, von denen der Verkäufer zusichert, dass nach dem Abgrenzungsstichtag nur solche vorgenommen wurden, die dem Käufer offengelegt wurden. Damit wird der (zum Zeitpunkt der Vertragsunterzeichnung in der Vergangenheit liegende) Zeitraum vom Abgrenzungsstichtag *(Effective Date)* bis zum *Signing* abgedeckt. 28

Conduct of Business

Except as disclosed in **Exhibit** […] and any transactions contemplated by or disclosed in this Agreement, in the period between the Effective Date and the date hereof, no Target Company has carried out its business outside the ordinary course.

Notwithstanding the generality of the foregoing, except as disclosed in Exhibit […] and any transactions contemplated by or disclosed in this Agreement, in the time period between the Effective Date and the date hereof:

a. No member of the Target Group has declared or paid any dividend or made any dividend distribution to the Sellers or any other member of the Seller Group;
b. No member of the Target Group has, except as in the ordinary course of business and in accordance with past practice, paid any management fees, monitoring fees, advisory fees, directors' fees or other fees or compensation to Sellers or any other member of the Seller Group;
c. No member of the Target Group has made any divestiture of a shareholding or business with a value in excess of EUR […] each;
d. No member of the Target Group has (i) issued any guarantee or other security interest to secure any indebtedness of a third party in excess of EUR […] in an individual case, other than guarantees

in favor of any other member of the Target Group or granted in the ordinary course of business and in amounts and on terms consistent with past practice or (ii) created any lien, encumbrance or other security interest of any kind on any asset with respect to a liability in excess of EUR [...] in an individual case other than in the ordinary course of business and in amounts and on terms consistent with past practice;

e. No member of the Target Group has made any capital expenditures by additions or improvements to property, plant or equipment or acquisition of other fixed assets (*Anlagevermögen*), which have not been approved before the date hereof or which have not been provided for in the respective budget or business plans, except for capital expenditures which do not exceed the amounts provided for in the budget or business plan by more than EUR [...] in the aggregate;

f. No member of the Target Group has entered into any sale, lease, license or other disposal of any material fixed assets exceeding EUR [...] in an individual case;

g. No member of the Target Group has, except within the framework of the existing financing agreements of the Target Group in place as of the Effective Date (or any extensions or replacement thereof), including, for the avoidance of doubt the existing Shareholder Loans referred to in Exhibit [...] and the Cash Pooling Arrangements, incurred any indebtedness for borrowed money, issued or sold any debt security or prepaid any debt in each case from a third party (other than from any other member of the Target Group), in excess of EUR [...] in the aggregate and except for additional shareholder loans granted by members of the Seller Group to the Target Group (i) in connection with the termination of the Cash Pooling Arrangements in accordance with Section [...]; or (ii) to finance the working capital requirements of the Target Group or otherwise in accordance with past practice;

h. No member of the Target Group has made any advance under, or extended any loan to, any third party (other than to another member of the Target Group), in each case outside the ordinary course of business and except for (i) customary loans to employees; (ii) loans under the Cash Pooling Arrangements; and (iii) the Cash Deposit Payables;

i. No member of the Target Group has made any payments to Sellers or any other member of the Seller Group with respect to the Shareholder Loans except for payments made in accordance with the terms of the Shareholder Loans;

j. No member of the Target Group has (i) paid any fees, bonuses or expenses to Sellers (or any other member of the Seller Group) which are related to the transactions contemplated hereby, and there is no unpaid obligation to make any such payments; or (ii) entered into any obligation to pay any fees, bonuses or expenses to the Sellers (or any other member of the Seller Group) by virtue of, or in connection with, the execution of this Agreement or the consummation of the Transaction;

k. No member of the Target Group has entered into any settlement *(Vergleich)* or compromised any disputed rights or claims against any third party or against Sellers or any other member of the Seller Group exceeding EUR [...] in an individual case other than in the ordinary course of business and in amounts and on terms consistent with past practice;

l. No member of the Target Group has entered into any other agreement (other than agreements contemplated by or disclosed in this Agreement) with the Sellers or any other member of the Seller Group which is outside the ordinary course of business;

m. No member of the Target Group has forgiven any claims against, or made any gifts or donations to any director, officer or employee of any member of the Target Group or Sellers (or any other member of the Seller Group) other than in the ordinary course of business and in amounts and on terms consistent with past practice, provided, however, that, with respect to settlements and compromises, Section [...] shall have precedence over this Section [...];

n. No member of the Target Group has entered into an agreement containing a change of control clause, or amended an existing agreement to contain such clause, and

o. No member of the Target Group has effected any material change to any method of accounting or accounting practice or policy currently applied by the Target Group, as the case may be, except as required by reason of a concurrent change in, or conversion to, the applicable generally accepted accounting principles.

Für den in der Zukunft liegenden Zeitraum bis zum Vertragsvollzug *(Closing)* wird derselbe Katalog fortgeschrieben mit der Maßgabe, dass die Kataloggeschäfte nur mit der Zustimmung des Käufers getätigt werden dürfen: 29

Conduct of Business between Signing and Closing

From the date hereof and until the Closing Date, except as disclosed in **Exhibit** […] or contemplated by this Agreement, Sellers shall use their shareholder rights and otherwise use commercially reasonable efforts (in each case to the extent permitted under applicable law) so as to cause the Target Group to conduct the Business, in all material respects, in the ordinary course consistent with past practice and not to take, or commit to take, without Purchaser's prior written approval (not to be unreasonably withheld and not to be rejected later than three (3) Business Days from receipt of Sellers' request), any transaction which would, had such transaction been taken in the time period between the Effective Date and the date hereof, constituted a breach of the covenants contained in Section […]. To the extent Purchaser has approved any such action or not rejected its approval in writing within three (3) Business Days from receipt of Sellers' request, Sellers shall be entitled to, or cause the Target Group to, take such action and Sellers shall not be liable in any form to Purchaser under or in connection with this Agreement or otherwise with respect to such action.

Im folgenden **Formulierungsbeispiel** wird zunächst die *No Leakage*-Verpflichtung geregelt, und zwar vergangenheitsbezogen (Zeitraum von Stichtag *(Effective Date)* bis zum Tag der Vertragsunterzeichnung *(Signing)*) als Gewährleistung in der Form einer verschuldensunabhängigen Garantie und zukunftsbezogen (Zeitraum von dem Tag der Vertragsunterzeichnung *(Signing)* bis zum Tag des Vertragsvollzugs *(Closing)*) in Form einer vertraglichen Nebenpflicht *(Covenant)*. Rechtlich zwingend ist das nicht, aber zweckmäßig. Die Klausel unterscheidet sodann zwischen unerlaubten *(Leakage)* und zulässigen *(Permitted Leakage)* Vermögenstransfers. 30

No Leakage

1 **The Sellers:**

(a) shall guarantee by means of an independent legal guarantee (selbständiges Garantieversprechen) pursuant to Sect. 311 German Civil Code that from the Effective Date until and including the Signing Date no Leakage other than a Permitted Leakage has occurred or been resolved or agreed; and

(b) shall undertake to procure that, unless otherwise provided in this Agreement, from the day following the Signing Date and the Closing Date, no Leakage other than a Permitted Leakage will occur or be resolved or agreed.

2 **"Leakage" shall mean**

(a) ……

3 **"Permitted Leakage" shall mean**

(a) any payment, transfer of assets or funds made at the written request or with the written consent of the Purchaser;

(b) [the payment of the dividend for the financial year ending on […] in the amount of EUR […]];

(c) any payment made by a Target Group Company for which it is fully and adequately compensated with economic effect as of the date the payment was made *(Valuta am Tag der Zahlung)*.

4. Übliche Covenant-Regelungen für No Leakage

31 Folgende *Covenant*-Regelungen zusätzlich zur *No Leakage*-Abrede sind üblich:

Notwithstanding the generality of the foregoing, except as disclosed in Exhibit [...] and any transactions contemplated by or disclosed in this Agreement, until the Closing Date:

a. No change in the articles of association or any other material shareholder resolution of the Material Target Companies, including with respect to a reorganization, dissolution or liquidation of a Material Target Company, has been resolved, other than changes in the articles of association which are required by or otherwise follow from applicable laws and regulation;
b. No agreements within the meaning of Sec. 291, 292 of the German Stock Corporation Act (or the equivalent under any applicable jurisdiction) have been entered into, amended or terminated.
b. No member of the Target Group has issued any shares (including any options, warrants or conversion rights with respect to such shares) to any person other than another member of the Target Group;
c. Sellers have not redeemed, purchased or otherwise acquired, directly or indirectly, any shares of a member of the Target Group, modified or amended any right of Sellers with respect to the shares of a member of the Target Group or incurred any encumbrance on the shares of a member of the Target Group (except in favor of another member of the Target Group); and
d. No member of the Target Group has entered into any merger or similar business combination with any person other than another member of the Target Group;

in each case with the exception of (i) activities that are [obviously] within the ordinary course of business as conducted by the respective Target Company until the date hereof or (ii) any measures required by mandatory law or pursuant to irrevocable obligations undertaken prior to the date hereof

VI. Instrumente zur Absicherung der Bewertungsannahmen

1. Erhalt des Kundenstamms

32 Als **Formulierungsbeispiel** für eine Vollzugsbedingung zum Schutz gegen einen (signifikanten) zwischen Vertragsabschluss und Vertragsvollzug eintretenden Kundenschwund bietet sich an:

Closing Conditions

The obligations of the Parties to perform the actions at Closing pursuant to Clause [...] shall be subject to the following conditions precedent *(aufschiebende Bedingungen)* (the **"Closing Conditions"** and each of them a **"Closing Condition"**):

a) [...];
b) Until the end of the month in which all CP's (except this MAC) have occurred **("Closing Reference Month"),** no such number of Client Contracts has been Economically Terminated as to cause the Closing Reference Fee Volume (as defined below) to be more than [...]% (in words: [...]) lower than the overall fee volume generated by the Target Business in the year *[year]* **("Overall Fee Volume *[Year]*").** The Overall Fee Volume [*Year*] is set out in Schedule [...] which also contains an example of how the fulfilment of the Closing Condition specified in this Clause [...] is to be verified.

The "**Closing Reference Fee Volume"** is to be calculated as follows:

a) Identification of the overall Net Revenues generated from Clients of the Target Business in the Closing Reference Month;

b) Subtraction from the figure derived under a) of the Net Revenues generated in the Closing Reference Month from Client Contracts which have been Economically Terminated until the end of the Closing Reference Month;
c) Division of the figure derived under b) by the number of days of the Closing Reference Month and multiplied by 365 (in words: three hundred and sixty five).

Wesentlich gradliniger adressiert das folgende **Formulierungsbeispiel** die Gefahr eines Abschmelzens des verwalteten Kundenvermögens („*Assets under Administration*“ oder „*Assets under Management*“) einer Bank. Die Klausel definiert das Absinken des an einem bestimmten Stichtag verwalteten Kundenvermögens unter eine festgelegte Betragsgrenze als wesentliche nachteilige Wertveränderung („*Material Adverse Change Event*“). Außerdem werden bestimmte, für den Bankbetrieb existentielle Ereignisse jeweils als ein „*Material Adverse Change Event*“ klassifiziert: 33

Annex […] – Material Adverse Change Event

“Material Adverse Change Event” shall mean occurrence of one or more of the following events prior to Closing:

1. the Assets under Administration of Target have, as of the last day of the month preceding the Effective Date, fallen below the threshold of EUR […] (in words: […] Euros); or
2. BaFin has revoked the banking license of Target with effect prior to the intended date of Closing; or
3. BaFin has formally ordered measures pursuant to Section 45 through 46b KWG or Section 47 KWG

2. Durchführung einer vereinbarten Restrukturierung

Das folgende **Formulierungsbeispiel** veranschaulicht die verschiedenen Kriterien, die bei einer vor *Closing* durchzuführenden vereinbarten Restrukturierung eine Rolle spielen können: 34

Annex […] – Pre-Closing Integration Plan

1. **Purpose of Document**
   The purpose of this document is to set forth:
   (a) the outline for the target organisation as further set out in **Exhibit** […] (the **“Target Organisation”**);
   (b) the crucial functions that should in any case be part of the Target Organisation (the **“Crucial Functions”**); and
   (c) the definition for achieving the reduction of Target Company employees.
2. **Crucial Functions**
   The following functions and individuals are deemed crucial for the Target Organisation (**“Crucial Functions FTE”**):
   (a) relationship managers (with the exception of employee no. […], […] and […]);
   (b) branch managers; and
   (c) each of the following employees: […]
   The Sellers shall ensure that the Target Company shall abstain from actively making any Crucial Functions FTE redundant without the prior written consent of the Purchaser's representatives in the Transition Team, which consent shall not be unreasonably withheld or regarding the Crucial Functions FTEs pursuant to a) and b) if such redundancy of a Crucial Functions FTE is the result of a social selection process *(Sozialauswahl)*. If such consent is given, Seller and Purchaser shall liaise in good faith in order to replace the respective Crucial Functions FTE, if necessary, and to

amend the list of Crucial Functions respectively; the same applies in case a Crucial Function issues a notice letter *(Eigenkündigung);* and inform the Transition Team as soon as it becomes aware of the intention of any Crucial Functions FTE to leave Target Company.

3. **Criteria for achievement of Target Company FTE Reduction**
Reduction of Target Company FTE shall have occurred, if an employee, who is in-scope for reduction on the basis of Exhibit [...], it being understood that employees categorized as crucial functions under Sections 2(a) and (b) above are disregarded,
(a) has issued a written notice letter to Target Company *(Eigenkündigung);*
(b) has entered into a written cancellation *(Aufhebungs-/Abwicklungsvereinbarung)* or confirmed in writing that he (or she) will accept a judicial settlement proposal *(gerichtlicher Vergleich);*
(c) entered into a written agreement on the transfer to or on the cancellation and the establishment of a new employment relationship with another Target Company entity or a third party *(Übernahmevereinbarung);*
(d) entered into a written early or partial retirement agreement *(Vorruhestands- oder Altersteilzeitvereinbarung),* it being understood that Target Company shall enter into no more than [...] such early or partial retirement agreements;
(e) entered into a written fixed term employment agreement *(befristetes Arbeitsverhältnis);* or
(f) did not file (or waived his right to file) a lawsuit against unfair dismissals within the time period as set out in Section 4 of the German Dismissal Protection Act (Kündigungsschutzgesetz – „KSchG“) (unless there is a specific indication that the requirements pursuant to Section 5 of the KschG for a prolongation of this period are fulfilled) following receipt of a notice letter issued by Target Company *(Hinnahme einer Arbeitgeberkündigung);*
(each such employee a **“Reduced FTE”**).

3. Vermeidung der Mehrfachberücksichtigung desselben Sachverhalts

35 Folgende Regelung adressiert die Thematik ganz allgemein:

Unless otherwise provided for in this Agreement, the Purchaser shall not be entitled to any Guarantee Claim if and to the extent that the facts or circumstances which form the basis thereof have already resulted in the recovery of damages by the Purchaser under this Agreement.

36 Das folgende **Formulierungsbeispiel** sieht den Ausschluss von Gewährleistungsansprüchen sofern und insoweit *(„... if and to the extent ...“)* vor, als diesen Umstände zugrunde liegen, die in dem letzten verfügbaren (oder einem sonstigen referenzierten) Jahresabschluss der Zielgesellschaft *(„Target Financial Statements“)* oder der im Rahmen der Abgrenzungsbilanz ermittelten Nettoschuldenposition bzw. dem Nettoumlaufvermögen berücksichtigt wurden:

Unless otherwise provided for in this Agreement, the Purchaser shall not be entitled to any Guarantee Claim if and to the extent that

a) [...];
b) the matter to which the Guarantee Claim relates has been taken into account by way of a specific provision *(Rückstellung),* depreciation *(Abschreibung),* value adjustment or otherwise in the Target Financial Statements and have, if applicable, not been used up as of the Closing Date; or
c) have been specifically taken into account as part of the Net Debt Position or as part of the liability items *(Passivposten)* of the Net Working Capital in the Closing Date Financials and resulted directly, pursuant to the adjustment mechanisms provided in [...], in a reduction of the Share Purchase Price.

VII. Eigenkapitalgarantie

Dem folgenden **Formulierungsbeispiel** liegt ein Sachverhalt aus dem Bankenumfeld zugrunde. Hier ist die Eigenkapitalgarantie als Kaufpreisanpassungsinstrument ausgestaltet. Die Zielgesellschaft („Bank“) ist ein Kreditinstitut. Sie hat die Rechtsform einer Kommanditgesellschaft mit natürlichen Personen als Komplementäre. Es gibt mehrere Verkäufer und Käufer. Der Kaufpreis ist auf einem Treuhandkonto hinterlegt. **37**

The Initial Purchase Price shall be subject to the following adjustments:

1.1. If the aggregate sum of Net Equity *(bilanzielles Eigenkapital)* (as defined hereinafter) as of the Effective Date on a consolidated basis as shown in the Final Effective Date Balance Sheet (as defined hereinafter) prepared in accordance with the provisions of Article 1.5 is less than EUR [...] (in words: Euro [...]), then the Initial Purchase Price shall be reduced by the full amount of such shortfall (such amount the **"Shortfall Amount"**).

1.2. **"Net Equity"** for the purpose of calculating the Shortfall Amount shall be calculated on the basis of the consolidated balance sheet of the Bank within the meaning of Sec. 297 et seq. German Commercial Code *(Handelsgesetzbuch – HGB)* and shall mean the following:
   a) Subscribed capital *(gezeichnetes Kommanditkapital),*
   b) *plus* any profit reserves *(Gewinnrücklagen),* if any,
   c) *minus* compensation amount for participations of other shareholders *(Ausgleichsposten für Anteile anderer Gesellschafter),*
   d) *plus/minus* any group profits/losses,
   e) *minus* loss carry forwards, if any.

   The positions under Article 1.2 lit. (a),(b),(c) and (d) above shall be calculated as shown in *Formblatt 1 RechKredV.*

1.3. The following items shall be reflected in the Final Effective Date Balance Sheet (as defined hereinafter) as pre-agreed between the Parties:
   [...]

1.4. The Shortfall Amount shall be paid by Sellers to Purchasers to such bank account as Purchasers may specify in writing to Sellers, together with interest calculated from the Closing Date (i) on a rate as applicable from time to time to the funds credited to the Escrow Account for the time from Closing Date until the Escrow Account is closed, and (ii) thereafter on a rate of [...] %, (each the **"Shortfall Interest Rate"**) until the date of actual payment (the **"Shortfall Interest"**), within three (3) Business Days after the Final Effective Date Balance Sheet has become final and binding for the Parties, provided, however, that the payment of any Shortfall Amount of up to EUR [...] plus Shortfall Interest shall be made from the Escrow Account and only any portion of the Shortfall Amount exceeding EUR [...] plus Shortfall Interest (not covered by the funds of the Escrow Account) shall be paid by Sellers from other resources. All payments shall be made by wire transfer of immediately available funds at Sellers' expense. The allocation of any Shortfall Amount and Shortfall Interest among the Purchasers shall follow the ratio of their share in the Initial Purchase Price. Any funds remaining on the Escrow Account after the Shortfall Amount and the Shortfall Interest has been paid to the Purchasers shall be released in accordance with the provisions of Article [...].

1.5. The Final Effective Date Balance Sheet and, the Net Equity will be determined as follows:
   a) The Parties shall ensure that the management of the Bank under guidance of Sellers' Auditors shall prepare until [...] (i) a consolidated balance sheet of the Bank within the meaning of Sec. 297 et seq. German Commercial Code *(Handelsgesetzbuch – HGB)* reflecting the financial status of the Bank and the Bank Subsidiaries as of the Effective Date (**"Proposed**

Effective Date Balance Sheet") prepared in accordance with generally accepted accounting principles in Germany, i. e. the *Grundsätze ordnungsmäßiger Buchführung (GoB)* and the applicable statutory provisions of the German Commercial Code (collectively **"German GAAP"**) and in accordance with the principles and values agreed by the Parties and set out in Article 1.3 even if they deviate from German GAAP, and (ii) a report (**"Adjustment Report"**) calculating the Net Equity and the Shortfall Amount, if any.

b) Sellers shall submit the Proposed Effective Date Balance Sheet to [...] (**"Sellers' Auditor"**) for review and certification *(prüferische Durchsicht)*. Sellers' Auditor shall complete such review and certification within fifteen (15) Business Days after receipt of the Proposed Effective Date Balance Sheet from the Sellers. Immediately upon finalization of this review and certification by the Sellers' Auditor, the Sellers shall provide a copy of the Proposed Effective Date Balance Sheet and the Adjustment Report to the Purchasers.

c) If and to the extent the preparation and/or certification of the Proposed Effective Date Balance Sheet takes place after the Closing Date, Purchasers shall ensure that Sellers, Sellers' Auditor and its personnel and other professional advisors to Sellers who are also subject to statutory confidentiality obligations and to the extent only such persons are involved in the preparation and/or certification of the Proposed Effective Date Balance Sheet shall have access to the respective business sites of the Bank and Bank Subsidiaries during usual business hours and be allowed to inspect such books, records, documents or other materials and data as required for the purpose of a proper preparation and/or certification of the Proposed Effective Date Balance Sheet and Adjustment Report according to this Article 1.5. Purchasers shall, and shall cause the Bank and Bank Subsidiaries as well as Purchasers' and the Bank and Bank Subsidiaries' personnel involved in the preparation of the Proposed Effective Date Balance Sheet, to co-operate with Sellers, Sellers' Auditor, its personnel and other professional advisors of the Sellers who are also subject to statutory confidentiality obligations, in those matters required for the preparation of the Proposed Effective Date Balance Sheet.

d) Purchasers shall have forty-five (45) Business Days after the receipt of the Proposed Effective Date Balance Sheet and the Adjustment Report (**"Purchasers' Review Period"**) to conduct a full review of such documents (**"Purchasers' Review"**) and determine whether in Purchasers' view the Proposed Effective Date Balance Sheet and the Adjustment Report have been prepared in accordance with Article 1.5 lit. (a). Sellers shall ensure that Purchasers have full access to (i) all documents and files of the Bank and the Bank Subsidiaries if such access is required before the Closing Date, (ii) any other documents that they have in their possession which are necessary to review the Proposed Effective Date Balance Sheet, (iii) all notes, materials and files, including the working papers of the Sellers' Auditor, used in or produced in the course of the preparation and certification of the Proposed Effective Date Balance Sheet by Sellers, Sellers' Auditor and their respective personnel, agents, accountants and other professional advisors. Sellers shall ensure that all respective personnel, agents, accountants and other professional advisors (including Seller's Auditor) responsible for the preparation and certification of the Proposed Effective Date Balance Sheet and the Adjustment Report shall be made available to and co-operate with Purchasers for the purpose of a proper conduct of Purchasers' Review.

e) In the event that Purchasers disagree with the Proposed Effective Date Balance Sheet or the Adjustment Report because they have in their view not been prepared in accordance with Article 1.5 lit. (a) above, Purchasers shall deliver to Sellers a written certification of such disagreement (**"Disagreement Notice"**) within Purchasers' Review Period. The Disagreement Notice shall address, to the extent possible, specific balance sheet line items indicating an estimate of the amount by which the item objected against should be changed in the view of Purchasers and must state the reasons or the facts on which such objections are based.

f) To the extent the Purchasers do not raise objections by delivery of a Disagreement Notice to Sellers pursuant to para. (e) above within the Purchasers' Review Period, the Proposed Effective Date Balance Sheet and the Adjustment Report as submitted shall become final and binding for the Parties. If a Disagreement Notice is delivered pursuant to para. (e) above within Purchasers' Review Period, Sellers and Purchasers shall attempt to resolve the disputed issues by meeting and conferring in good faith during the fifteen (15)-Business Day period following the receipt of the Disagreement Notice by the Sellers.

g) If and to the extent Sellers and Purchasers are unable to resolve their disagreement within such 15-Business Day period, then the Purchasers shall be entitled to submit within a two month period after the aforementioned 15-Business Day period has elapsed (such period the **"Submission Period"**) the disputed issues to [...] Wirtschaftsprüfungsgesellschaft which shall decide the dispute acting as expert arbitrator *(Schiedsgutachter)* **("Expert Arbitrator").** In case Purchasers do not submit the disputed issues to the Expert Arbitrator within the Submission Period, Sellers are entitled to submit the disputed issues to the Expert Arbitrator (the respective Party submitting the disputed issues to the Expert Arbitrator hereinafter the **"Submitting Party"**).

h) The Expert Arbitrator shall be instructed by the Submitting Party on behalf of the Parties to render a decision regarding the disputed items within a one month period, if possible, which decision shall be final and binding for the Parties. The Expert Arbitrator shall furthermore be instructed by the Submitting Party to give each of the Parties the opportunity to present their views in writing and in an oral hearing prior to rendering its decision, and to render its decision in writing with reasons. The Expert Arbitrator's decision shall not go beyond the disputed issues and specific value determined by the Parties.

i) The Expert Arbitrator shall also decide on the allocation of the costs of the arbitration procedure in accordance with Sec. 91 et seq. of the German Civil Procedure Rules *(Zivilprozessordnung).*

j) The Proposed Effective Date Balance Sheet shall be the **"Final Effective Date Balance Sheet"** if Purchasers do not notify Sellers of their disagreement in accordance with para. (e) above. If the Proposed Effective Date Balance Sheet is adjusted as a result of the foregoing dispute resolution process set forth in para. (g) and (h) above, the Proposed Effective Date Balance Sheet as adjusted shall become the Final Effective Date Balance Sheet.

k) The Proposed Effective Date Balance Sheet shall contain an accrual for the costs of the review and certification of the Proposed Effective Date Balance Sheet by Sellers' Auditor. Purchasers shall bear the costs of Purchasers' Review.

VIII. Kundenbezogene Kaufpreisanpassung

Bei der vertraglichen Umsetzung einer kundenbezogenen Kaufpreisanpassung bietet sich beispielsweise folgende Formulierung an: **38**

Purchase Price

As consideration for the sale and transfer of the Participation the Purchaser shall pay EUR [...] (in words: Euro [...]) **("Initial Purchase Price").** The Initial Purchase Price consists of a fix Base Purchase Price of EUR [...] (in words: Euro [...]) **("Base Purchase Price"),** an adjustable portion of EUR [...] (in words: Euro [...]) **("Net Asset Purchase Price"),** and a further adjustable portion of EUR [...] (in words: Euro [...]) **("AuM Purchase Price").**

The AuM Purchase Price shall be reduced by such amount **("AuM Shortfall")** that (i) the Closing Internal AuM fall short of the Reference Internal AuM, such shortfall multiplied by the factor [...], plus (ii) the Closing External AuM fall short of the Reference External AuM, such shortfall multiplied by the factor [...]. The AuM Purchase Price shall not be reduced if the reduction of the Reference Internal AuM and of the Reference External AuM is [...]% or less. If the reduction exceeds [...]%, the full amount shall be relevant. If the reduction only exceeds [...]% for either the Reference Internal AuM or the Reference External AuM, the reduction of the AuM Purchase Price shall apply to the category in which the shortfall exceeds [...]%. In no event shall the AuM Purchase Price be reduced by more than EUR [...] (in words: Euro [...]). The AuM Shortfall shall be determined as follows.

(a) **Annex** [...] contains a numbered list of all customers, who have granted a mandate (**"AuM Mandate"**) to Bank to manage assets in certain portfolios at the discretion of Bank, except for the account numbers as listed in Sec. [...] (**"AuM Portfolios"**). The AuM Portfolios shall be divided into AuM Portfolios, which are booked in a depositary account *(Wertpapierdepot)* at Bank (**"Internal AuM Portfolios"**), and AuM Portfolios, which are booked in a depositary account *(Wertpapierdepot)* at bank other than Bank (**"External AuM Portfolios"**). Annex [...] shall state as of *[Date]* for each Internal AuM Portfolio the amount of AuM (**"Reference Internal AuM"**) and as of *[Date]* for each External AuM Portfolio the amount of AuM (**"Reference External AuM Assets"**). The total amount of the Reference Internal AuM and the Reference External AuM shall be the **"Reference AuM"**. **"AuM"** shall mean securities (including money market funds), which are covered by an AuM Mandate as well as other liquidity, but only if it generates fees under an AuM Mandate.

(b) Without undue delay after the Closing Date, but in no event later than two (2) weeks after the Closing Date, the management of Bank shall prepare a list in the format of Annex [...]. The list shall state for each AuM Portfolio (including customers who have granted an AuM Mandate in the period between [...] (Internal AuM Portfolios) and [...] (External AuM Portfolios), respectively, and the Closing Date) the amount of AuM covered by an AuM Mandate as of the Closing Date. AuM, for which the customer has indicated in writing prior to the Closing Date his intention to withdraw, or where termination notice for an AuM Mandate has been given, shall not be included. The AuM attributable to the Internal AuM Portfolios shall be the **"Closing Internal AuM"**, and the AuM attributable to the External AuM Portfolios shall be the **"Closing External AuM"**. The total amount of the Closing Internal AuM and the Closing External AuM shall be the **"Closing AuM"**.

(c) If the Parties cannot agree on the Closing Internal AuM and/or Closing External AuM and or/the AuM Shortfall, Sec. [...] through Sec. [...] shall apply mutatis mutandis, however, the period for the Objection Notice shall be reduced to four (4) weeks, the Settlement Period to four (4) weeks and the Post Settlement Period to three (3) weeks.

(d) Within ten (10) days after the Parties agreed on the AuM Shortfall, or the Arbitrator has decided on the AuM Shortfall (**"AuM Due Date"**), the AuM Shortfall (if any) plus interest according to this Sec. [...] shall be paid by Seller to Purchaser. The AuM Shortfall shall bear interest at the Contractual Interest Rate from the Closing Date until the date of actual payment and, in addition, from the AuM Due Date to the date of actual payment at the Contractual Default Interest Rate.

IX. Bilanzgarantie

38a Als klassisches Instrument der Absicherung von Bewertungsanahmen dient die Bilanzgarantie. Das folgende Formulierungsbeispiel dient hierzu:

The Combined Financial Statements FY00 and the Combined Financial Statements FY01 have been prepared in accordance with IFRS as adopted by the EU which present fairly the financial position, financial performance and cash flows of an entity.

The monthly management accounts as provided in the Virtual data room under section [...] were properly prepared and the information contained therein is sourced from internal databases of the Group Companies and are correct in all material respects.

Das folgende **Formulierungsbeispiel** spiegelt die Grundformel wider: 39

"The Closing Date Statements will be prepared on the same basis and using consistent accounting policies as well as judgment and estimates as applied in the audited [consolidated] financial statements of [...] for the year ended FY00 prepared in accordance with IFRS [as adopted by the EU]."

Diese Grundformel wird in der Praxis häufig um Beispiele und Klarstellungen erweitert werden um sicherzustellen, dass eine wirtschaftliche Betrachtungsweise Vorrang haben soll vor einer „formaljuristischen" Bilanzierung. Dies berücksichtigt das folgende **Formulierungsbeispiel**: 40

"This includes, without limitation, that inventory counting, cut-off procedures as well as the accrual and provisioning process will be applied to the same extent and level of detail as for the year ended FY00. The calculation of all taxes including, without limitation, corporate income tax, trade tax and other taxes as well as deferred taxes shall be done the same way as for the year ended FY00.

Judgment and estimates including, without limitations, estimation techniques, methodologies, deduction of interest rates, risk probability assessments and estimation of useful life cycles shall be used consistent and based on the same criteria as for the year ended FY00. Nevertheless, the following has been agreed:

(1) The calculation of the pension provisions will be done by using [...] as actuarial assumptions.
(2) [...]

For the avoidance of doubt, the following items are not considered to infringe this provision:

(1) Change from degressive to straight line depreciation [...]
(2) [...]"

Folgendes **Formulierungsbeispiel** beschäftigt sich mit der Frage, ob neue oder überarbeitete Standards für die Aufstellung der Closing Accounts relevant sein sollen: 41

"IFRS standards which have to be applied or which are permitted to be applied for annual periods after the year ended FY00 and which not already have been applied for the audited consolidated financial statements of [...] for the year ended FY00 shall [not] be used for the preparation of the Closing Date Statements."

Schließlich folgt noch ein **Formulierungsbeispiel** zu der Frage, wie mit einer fehlerhaften Anwendung von angewandten Bilanzierungs- und Bewertungsgrundsätzen sowie bilanziellen Schätzungen und Annahmen umgegangen werden soll: 42

"In case that accounting policies or judgments and estimates have been erroneously applied for the preparation of the audited [consolidated] financial statements of [...] for the year ended FY00 and as such consist of an infringement of the IFRS [as adopted by the EU], the following shall apply for the preparation of the Closing Date Statements:

<u>Option 1:</u>
Accounting policies as well as judgments and estimates shall always be applied consistent with the year ended FY00. In case of fraud, the provisions of Sec. [...] of this SPA shall be applied accordingly.

<u>Option 2:</u>
Only such errors shall be corrected which voids the corresponding financial statements by law.

Option 3:

Accounting policies as well as judgments and estimates shall always be applied free of errors and infringements of IFRS for the preparation of the Closing Date Statements. Errors and infringements shall be corrected to be in compliance with IFRS and in a way that, without limitations, election rights, estimates as well as all kind of assessments are in line with those used for the preparation of the audited consolidated financial statements of [...] for the year ended FY00."

43 Das folgende **Formulierungsbeispiel** stellt eine zusammenfassende Kaufvertragsklausel zum Schiedsgutachterverfahren da:

The Acquirer shall prepare the Closing Accounts within [...] Business Days following the Closing Date. The Sellers shall be obliged to disclose all information and documents requested by the Acquirer for that purpose. The Acquirer shall receive all necessary support by the Sellers and shall have access to all pertinent documents necessary, to the extent held by the Sellers, for the preparation of the Closing Accounts. The Sellers shall provide full access to the books and records of any of the companies within the Target Group, if such documents have been retained by the Sellers.

The Closing Accounts shall become final and binding for determination of the Final Purchase Price. However, the Closing Accounts shall not become final and binding, if the Seller presents to the Acquirer, within [...] Business Days after receiving the Closing Accounts, a report which outlines on which issues the Closing Accounts – in the opinion of the Sellers – do not comply with this Agreement. Insofar as the Acquirer does not oppose to the Revised Closing Accounts within [...] Business Days after receipt, the Revised Closing Accounts shall become final and binding for the Parties for determination of the Final Purchase Price.

Insofar as the Acquirer timely opposes the Revised Closing Accounts and no agreement has been achieved between the Sellers and the Acquirer within another [...] Business Days after the Revised Closing Accounts have been rejected by the Acquirer, the Seller and the Acquirer are jointly entitled to entrust a Neutral Auditor to settle the dispute. Unless the Seller and the Acquirer specifically agree otherwise, the Neutral Auditor shall not have acted nor act, nor have been or be appointed, as auditor of any of the Companies. The Neutral Auditor shall decide upon the matters in dispute and upon any amount to be paid by the Acquirer or the Sellers in order to reach the Final Purchase Price.

If the Seller and the Acquirer are unable to agree on the Neutral Auditor within a period of 10 Business Days, the Expert shall be appointed by the Institut der Wirtschaftsprüfer in Deutschland e. V., Düsseldorf, Germany, (the "IDW") upon request of either the Sellers or the Acquirer. The request shall be in writing and contain the requirements that the Neutral Auditor shall be (i) partner of a reputable accounting firm with an international network (without naming a specific partner of the accounting firm), (ii) shall have a long lasting experience in providing financial due diligence services to international clients, and (iii) with a strong preference for knowledge and credentials in the [...] industry. In accordance with the IDW Statement: Principles for the appointment of an Expert by the IDW, neither the Sellers nor the Acquirer will propose or name any specific accounting firm or partner of an accounting firm to the IDW since this accounting firm or partner would automatically be considered as inappropriate for appointment by the IDW. Both the Seller and the Acquirer can request for one oral hearing with the IDW to further elaborate on the skillset required of the Neutral Auditor. The oral hearing shall be held within 10 Business Days days and both the Seller and the Acquirer shall be invited to attend with their professional advisors.

The Seller and the Acquirer shall make available to the Neutral Auditor the Closing Accounts and all other documents and data required by the Neutral Auditor. The Neutral Auditor shall immediately submit copies of all documents made available by a Party to the other Party. Before deciding, the Neutral Auditor shall grant the Parties the opportunity to present their positions which shall include the opportunity of at least one oral hearing in the presence of both Parties and their professional advisers. Both Parties shall instruct the Neutral Auditor to use its best efforts to deliver its written opinion with reasons for the decisions as soon as reasonably practical. Except for manifest error or intentional fault, the Neutral Auditor's decisions and the Purchase Price as determined by the Neutral Auditor shall be final and binding.

The costs of the Neutral Auditor shall be borne by the Seller and the Acquirer pro-rata to the amounts by which the initial Purchase Prices as calculated by the respective Parties deviate from the Final Purchase Price as determined by the Neutral Auditor.

Der folgende Annex dient dazu die Kaufvertragsbestimmungen zur Ermittlung der Abrenzungsbilanz systematisch zusammenzufassen und in den Vertrag aufzunehmen:

Exhibit– Closing Accounts

Part A: Purchase Price determination

I. Preliminary Closing Accounts and Closing Accounts

The Preliminary Closing Accounts and the Closing Accounts shall contain the Preliminary Purchase Price calculation and the Final Purchase Price calculation, respectively.

II. Preliminary Purchase Price and Final Purchase Price

The Preliminary Purchase Price and the Final Purchase Price shall be calculated as defined in Clause [x] to Clause [y] in the SPA. Subject to III. below, the following example as per 31Dec00 shall serve as binding guidance:

TEUR	*SPA reference*	*31Dec00*	*Preliminary Purchase Price*	*Final Purchase Price*
Enterprise value	*[...]*	*[x]*	*300.000*	*300.000*
Increased by Cash	*[...]*	*+ 150*	*[TBD]*	*[TBD]*
Reduced by Debt	*[...]*	*- 12.000*	*[TBD]*	*[TBD]*
Increased or reduced by Working Capital Adjustment	*[...]*	*+ 800*	*[TBD]*	*[TBD]*
Reduced by CAPEX spending under budget	*[...]*	*0*	*[TBD]*	*[TBD]*
Purchase Price		*[x]*	*[TBD]*	*[TBD]*

III. Basis of preparation

The Preliminary Purchase Price and the Final Purchase Price as per the Closing Accounts shall be derived from the Functional balance sheet of the Target Group as per Closing. Part C: Functional Balance Sheet contains an illustrative Functional Balance Sheet as per 31Dec00 and shall serve as binding guidance to the extent that these accounts and the individual amounts and transactions included are consistent with past practice and do not materially deviate from the definitions in Part B: Calculation of Cash, Debt, Working Capital and Capex below. The Functional Balance Sheet is prepared in a way that all individual accounts with their corresponding amounts are fully allocated to either (i) Cash, (ii) Debt, or (iii) Working Capital with the exception of those allocated to (i) fixed assets, (ii) deferred taxes, and (iii) equity.

If, during the period commencing on 1 Jan 01 and Closing (both day inclusive), (i) new accounts have been set up which should have been included in the above, or (ii) business transactions of a new type have occurred which (x) should have caused the creation of a new account to be included above or (y) have been incorrectly recorded or incorrectly not recorded in the accounts above, any of this shall be reflected in the above based on their respective nature and content and applying the principles set forth above.

IV. Financial Statements as of FY00

The Closing Accounts will be prepared on the same basis and using consistent accounting policies as well as judgment and estimates as applied in the audited consolidated financial statements of [...] for the year ended FY00 prepared in accordance [...][1]

[1] Insoweit wird auf „Formulierungsbeispiele Aufstellungsgrundsätze Abgrenzungsbilanz" in → § 12 Rn. 17 bis 20 verwiesen.

Part B: Calculation of Cash, Debt, Working Capital and Capex

I. Cash

Cash shall mean […].[2]

II. Debt

Net Debt shall mean the aggregate of […].[3]

III. Working Capital

1. Reported Working Capital

Working Capital shall mean the aggregate of

*i. trade receivables resulting from the supply of goods and services (Forderungen aus Lieferungen und Leistungen) irrespective of whether such customers are Third Parties or the Seller (**"Trade Receivables"**);*

*ii. plus other receivables **("Other Receivables");***

*iii. plus other short-term assets **("Other Assets");***

*iv. plus prepaid/deferred expenses **("Prepaid Expenses");***

*v. minus trade payables resulting from the supply of goods and services (Verbindlichkeiten aus Lieferungen und Leistungen) irrespective of whether such suppliers or service providers are Third Parties or the Seller **("Trade Payables");***

*vi. minus short-term provisions **("Short-term provisions");***

*vii. minus other payables **("Other payables");***

*viii. minus other short-term provisions for personnel costs **("Other Personnel Provisions");** and*

*ix. minus deferred income **("Deferred income")***

2. Target Working Capital

Target Working Capital has the value of EUR […] (in words: […] Euro).

3. Target Trade Working Capital reassessment

Due to the limited data points available […]

4. No Double Counting

Target Trade Working Capital and Closing Date Trade Working Capital shall exclude any items that have been included in Closing Date Cash or Closing Date Financial Debt or which have been or are to be indemnified or compensated by Seller to either Buyer or any of the Transferred Entities in any other way pursuant to the Transaction Documents.

IV. Capex

The amount by which the actual CAPEX is below the CAPEX budget as set-up by the management and approved by the shareholders on […] for FY01 and FY02. In case the Closing takes place during the fiscal year, the actual CAPEX spendings shall be compared to the CAPEX budget on a pro-rata basis.[4]

Part C: Functional Balance Sheet

The Functional Balance Sheet as per 31Dec00 shall serve as binding guidance for the allocation of balance sheet items to either (i) cash, (i) debt, (iii) working capital, or (iv) others.[5]

Balance Sheet Line	*Account name*	*Account number*	*31Dec00 in EUR*	*Allocation*
Fixed Assets	*Intangible assets*	*11000*	*3.000.000*	*Other*

[2] Insoweit wird auf die Ausführungen in → § 7 Rn. 13 bis 25 verwiesen.

[3] Insoweit wird auf die Ausführungen in → § 7 Rn. 26 bis 258 verwiesen.

[4] Ergänzend wird auf die Ausführungen in → § 7 Rn. 182 bis 200 verwiesen.

[5] Zur Erläuterung der Systematik des *Functional Balance Sheet* wird auf die Ausführungen in → § 8 Rn. 34 verwiesen. Die Darstellung im Rahmen des Kaufvertragsanhangs orientiert sich an der Bilanzgliederung nach HGB. Zu beachten ist, dass die Bilanzposten bis auf Kontenebene dargestellt werden. Konten werden auch als „Atom der Rechnungslegung" bezeichnet. Eine weitere Aufgliederung be-

Balance Sheet Line	*Account name*	*Account number*	*31Dec00 in EUR*	*Allocation*
Fixed Assets	*Tangible assets*	*12000*	*50.000.000*	*Other*
Fixed Assets	*Financial Assets*	*13000*	*5.500.500*	*Other*
Inventory	*Raw materials and supply*	*21100*	*1.550.000*	*WC*
Inventory	*Unfinished goods and services*	*21200*	*5.000.000*	*WC*
Inventory	*Trade Goods*	*21300*	*3.500.500*	*WC*
Inventory	*Downpayments on inventory*	*21400*	*575.000*	*WC*
Acc Receivable	*Accounts Receivable Germany*	*22110*	*5.600.123*	*WC*
Acc Receivable	*Accounts receivable Spain*	*22120*	*544.465*	*WC*
Acc Receivable	*Accounts receivable Italy*	*22130*	*234.567*	*WC*
[...]	*[...]*			
Bank loans	*Bank 1*	*51100*	*5.000.000*	*Debt*
Bank loans	*Bank 1*	*51200*	*2.000.000*	*Debt*
Bank loans	*Bank 1*	*51300*	*500.000*	*Debt*
[...]	*[...]*			

X. Streitschlichtung

Die folgende Musterklausel beruht auf der Annahme, dass die Parteien im Rahmen eines *Share Deal* einen Kaufpreis für das Zielunternehmen vereinbart haben, der um zum *Closing* vorhandenes *Cash* („Cash") erhöht und Finanzverbindlichkeiten *(„Financial Debt")* reduziert werden soll *(cash free/debt free)* und auf der Annahme eines bestimmten zum *Closing* vorhandenen *Net Working Capital* *(„Net Working Capital")* basiert. Der aufgrund von Schätzungen dieser Positionen zum *Closing* festgelegte – und bezahlte – Betrag ist nach dem *Closing* um mögliche Abweichungen der Schätzungen von den tatsächlichen Beträgen anzupassen, die aufgrund eines auf das *Closing* erstellten selektiven Abgrenzungsstatus *(„Closing Date Financial Status")* ermittelt werden sollen. 44

I. Adjustment of Preliminary Purchase Price – Closing Date Financial Status

(1) Determination of Purchase Price; General Adjustment Principles and Accounting Rules

(a) For the purpose of establishing the Final Purchase Price pursuant to Section [...], the amounts of Cash, Financial Debt and Net Working Capital (as defined) of the [Target Group] as of the Closing Date shall be determined on the basis of financial statements and a financial status as set forth in the following provisions.

(b) In accordance with the rules set forth in Annex [...] ("Accounting Rules"), the [Seller/Purchaser] shall prepare consolidated financial statements of the Target Group as of the Closing

deutet, dass die einzelnen auf dem jeweiligen Konto verbuchten Lebenssachverhalte individuell zu beurteilen sind.

Date ("Closing Date Financial Statements") and, on the basis of the Closing Date Financial Statements, the Closing Date Financial Status (as defined in Section 3).

(2) **Preparation of Closing Date Financial Statements**
The Seller shall be entitled to prepare the Closing Date Financial Statements in cooperation with the assistance of the Target Group. The Closing Date Financial Statements shall be prepared without undue delay after the Closing Date and at the latest with [...] Business Days after the Closing. For that purpose, the Purchaser shall as from the Closing procure that (i) the Seller and its officers, employees, accountants, professional advisors and other representatives be granted full access to all sites, books, records and documents of the Target Group without unreasonably interfering with the Target Groups' ongoing business operations, (ii) the Target Group cooperates with, and assists the Seller in, the preparation of the Closing Date Financial Statements as instructed by the Seller from time to time, and (iii) the Seller be provided with all information necessary for the preparation of the Closing Date Financial Statements as requested by the Seller. With respect to the information obtained by the Seller in this process, Section [...] [Confidentiality] shall apply.

(3) **Preparation of Closing Date Financial Status**
On the basis of the Closing Date Financial Statements, a financial status reflecting the items comprised in Cash, Financial Debt and the Net Working Capital of the Target Group as of the Closing Date **("Closing Date Financial Status")** shall be prepared by the [Seller/Purchaser] without undue delay after the preparation of the Closing Date Financial Statements. Furthermore, the [Seller/Purchaser] shall prepare a calculation of the adjustments of the Preliminary Purchase Price in accordance with Section [...], if any **("Calculation").**

(4) **Submission to [Seller/Purchaser] and Review by [Seller/Purchaser]**
(a) The Closing Date Financial Statements, Closing Date Financial Status and the Calculation shall be submitted to the [Purchaser/Seller] as soon as possible after their preparation.

45 Wenn der Käufer den Abschluss erstellt, sind an dieser Stelle Zugangsrechte des Verkäufers zum Zwecke der Prüfung zu regeln.

(b) The [Purchaser/Seller] shall be entitled to have the Closing Date Financial Statements, the Closing Date Financial Status and the Calculation reviewed by the [Purchaser/Seller]'s Auditor as soon as reasonably possible after their submission according to the foregoing paragraph, but in no event later than [...] Business Days following the date of submission.
(c) If the [Purchaser/Seller] has objections against any item of the Closing Date Financial Status or the Calculation, the [Purchaser/Seller] shall within [...] Business Days after their submission notify the [Seller/Purchaser] in writing of such objections, specifying in reasonable detail the respective item, the estimated amount in dispute and the reason for the objection ("Dispute Notice"). The Seller and the Purchaser shall then within [...] Business Days following the submission of the Dispute Notice ("Resolution Period") attempt to agree on the point of objection and if and to the extent an agreement is reached, it shall become final and binding between the Parties and the Closing Date Financial Status and the Calculation shall be deemed amended accordingly. If and to the extent the [Purchaser/Seller] does not submit a Dispute Notice in accordance with the foregoing sentence, the Closing Date Financial Status and the Calculation as prepared by the [Seller/Purchaser] shall become final and binding for all Parties hereto.

(5) **Dispute Resolution**
If and to the extent the [Purchaser/Seller] submits a Dispute Notice to the [Seller/Purchaser] in accordance with the foregoing para. 4 and no agreement on the disputed items is reached within the Resolution Period, each of the Purchaser or the Seller may demand by written notice to the respective other Party **("Audit Request")** within a period of [...] Business Days after the expiration of the Resolution Period that [auditing firm] determines as neutral auditor in accordance with the Accounting Rules any disputed items within the boundaries of such dispute with binding effect for all Parties. In the event that [auditing firm] is not able or not willing to act as neutral auditor,

a reputable and neutral auditing firm having no conflict of interests, being either an international auditing firm or a member of a reputable international network of auditing firms shall upon written request by the Seller or the Purchaser be agreed upon by the Seller and the Purchaser or in the event that they fail to achieve such agreement within [...] Business Days of such request of either the Purchaser or the Seller, as the case may be, designated upon request of the Seller or the Purchaser by the *[Institut der Wirtschaftsprüfer e. V.]*. In the event that no Audit Request is submitted in accordance with the foregoing sentence, the Closing Date Financial Status and the Calculation as prepared by the [Seller/Purchaser] (including any mutually agreed amendments) shall become binding on the [Seller/Purchaser]. In case an Audit Request has been submitted by one Party, such Party shall enter into an engagement agreement in the form as attached hereto as Annex [...] with the neutral auditor determined pursuant to the foregoing provisions (**"Neutral Auditor"**). The Neutral Auditor shall act as expert *(Schiedsgutachter)* and not as arbitrator *(Schiedsrichter)*. The Neutral Auditor shall give the Seller and the Purchaser the opportunity to present their views in writing and, if requested by the Seller or the Purchaser, in an oral hearing and shall render its decision in writing and with reasons and, if reasonably possible, within a period of [...] Business Days after having been mandated. The final decision of the Neutral Auditor shall become binding on the Parties once the Seller and the Purchaser have received, in writing, the decision of the Neutral Auditor, the Closing Date Financial Status and the Calculation shall be deemed amended accordingly.

(6) **Costs of Adjustment Procedure**
The fees and costs of the Neutral Auditor shall be borne by the Seller and the Purchaser in analogy to Sec. 91 et sqq. German Code of Civil Procedures *(ZPO)*. The costs and fees of the [Seller/Purchaser]'s Auditor shall be borne by the [Seller/Purchaser]. The costs and fees for the establishment of the Closing Date Financial Statements and the establishment of the Closing Date Financial Status shall be borne by [...]. The Seller and the Purchaser and the Target Group shall bear their own costs in connection with the procedure set forth above and any costs or fees for advisors retained by them in connection therewith.

(7) **Irrelevance of Subsequent Changes**
The Closing Date Financial Status and the Calculation, as determined in a binding way in accordance with the provisions of this Section [...], shall be deemed final and binding on the Parties for all purposes of this Agreement and, except as provided in this Agreement (in particular Section [...]), no subsequent events or knowledge, including resulting from Tax audits, shall have any effect on the content of the Closing Date Financial Status as so determined or the amount of the Purchase Price as established on the basis of such Closing Date Financial Status.

XI. Earn Out

Die folgende *Earn Out*-Klausel beruht auf der Annahme, dass die Parteien einen in jedem Fall zahlbaren Festkaufpreis *(„Fixed Purchase Price")* und darüber hinaus eine variable, vom künftigen Unternehmenserfolg abhängige Kaufpreiskomponente *(Earn Out)* vereinbart haben. Als maßgebliche Kennziffer soll hier der *Free Cashflow* des Zielunternehmens zugrunde gelegt werden. 46

Earn Out

(1) **Earn Out Payment Amounts**
The Purchaser shall, in addition to the Fixed Purchase Price, owe to the Seller amounts calculated on an annual calendar year basis (each such relevant calendar year an **"Earn Out Year"**) as follows (each such annual amount as determined in accordance with the following provisions an **"Earn Out Payment Amount"**):

(a) Beginning with the calendar year [...] [calendar year following the Closing] until (and including) the calendar year [...], the Earn Out Payment Amount owed by the Purchaser to the Seller shall for each Earn Out Year be the lesser of
(i) a portion of [...] % of the Target's Group Free Cash Flow (as defined) (**"Free Cash Flow Portion"**) for the respective Earn Out Year; [provided that for the calendar year [...], the Target Group's Free Cash Flow shall be the sum of (x) the Free Cash Flow of the calendar year [...] and (y) the Free Cash Flow for the period from [...] through [...];] and
(ii) the Distributable Net Dividend for the respective Earn Out Year;
provided that, should, with respect to any Earn Out Year, the amount of the Distributable Net Dividend be lower than the Free Cash Flow Portion, then the balance shall be carried forward (without interest accruing thereon) and be added to the Free Cash Flow Portion for the respective following Earn Out Year (and so forth). If, with respect to the last Earn Out Year [...], the amount of the Distributable Net Dividend is lower than the Free Cash Flow Portion (including any amounts carried forward and added to it pursuant to this provision or Section [...], then the Purchaser shall owe to the Seller with respect to the following calendar year [...] an additional Earn Out Payment Amount equal to the lesser of (x) such balance (without any interest accruing thereon) and (y) the Distributable Net Dividend for such following calendar year [...], it being understood and agreed that, should the Distributable Net Dividend for the calendar year [...] be lower than such balance, the Purchaser shall not be obliged to pay to the Seller, compensate the Seller for, or have any liability with respect to, any such shortfall, and the Seller hereby irrevocably waives any claims relating thereto; provided that, if and to the extent the Purchaser has received any payment (including any dividend, distribution or redemption) in respect of any equity interest of the Target Group for Earn Out Years in excess of the amounts required by the Purchaser in order to pay the Earn Out Payment Amount for such Earn Out Years, the Seller shall be put in a position in which he would be had such excess payments not been made to the Purchaser, and any payments owed by the Purchaser to the Seller as a result thereof shall become due and payable on the Earn Out Payment Due Date for such following calendar year [...] and not be subject to the waiver of the Seller referred to above.

47 Der letzte Halbsatz von para. (i) regelt den Fall eines unterjährigen *Closing* im Laufe des dem ersten *Earn Out Year* vorangehenden Kalenderjahres, welches dann zeitanteilig in die Berechnung mit einbezogen wird.

48 Die Definition des Begriffs *„Free Cash Flow"* ist üblicherweise Gegenstand detaillierter und intensiver Verhandlungen.

49 Der Entwurf sieht eine Beschränkung des jeweils geschuldeten *Earn Out Payment Amount* auf die ausschüttungsfähige Dividende vor und trägt insoweit der Problematik eines möglicherweise beschränkten Zugriffs des Käufers auf die Liquidität des Zielunternehmens Rechnung. Der für das Ende der *Earn Out*-Periode vorgesehene Anspruchsverzicht des Verkäufers kann natürlich auch unterbleiben, so dass es zu einer die insgesamt ausschüttungsfähige Dividende übersteigenden Haftung des Käufers kommen kann.

(b) Within [...] days following the binding determination of the Earn Out Statement pursuant to Section 2 below with respect to an Earn Out Year (each such date, an **"Earn Out Payment Due Date"**), the Purchaser shall pay to the Seller an amount in Euro equal to the Earn Out Payment Amount due for such Earn Out Year as reflected in the respective binding Earn Out Statement. If payment required pursuant to this Section [...] is not made when due, the amount due shall bear interest at a rate per annum equal to [...] plus [...] basis points thereafter, compounded at the end of each calendar quarter, during which such amount remains unpaid.

(2) Determination of Earn Out Payment Amounts

(a) For each Earn Out Year, the Purchaser shall cause statutory financial statements for the Target Group to be prepared pursuant to [applicable GAAP] and audited by the Target Group's auditor no later than by [date] of the calendar year following the respective Earn Out Year. The Purchaser shall prepare and deliver (or cause to be prepared and delivered) to the Seller, not later than [date] of the calendar year following such Earn Out Year, a statement consisting of the following (in each case, based on the audited financial statements of the Target Group): (1) the balance sheet, income statement and statement of cash flows for the Target Group included in the audited financial statements for the Earn Out Year; and (2) a statement setting forth in reasonable detail the Purchaser's determination (together with all supporting calculations) of the Free Cash Flow of the Target Group for the Earn Out Year and the Earn Out Payment Amount for the Earn Out Year (collectively, an **"Earn Out Statement"**). Each Earn Out Statement, and all amounts set forth therein must be prepared and calculated in accordance with the rules set forth in Annex [...] **("Accounting Rules")** as applicable for the relevant audited financial statements and, to the extent then possible, on a basis consistent with that currently used by the Target Group, provided that the Distributable Net Dividend shall be calculated on the basis of the Target's audited statutory financial statements in accordance with [local GAAP of the Target] which shall also be submitted to the Seller in accordance with the foregoing provisions for review. The Parties will mutually agree upon a sample Earn Out Statement between the Signing Date and Closing.

(b) During each Earn Out Year and for a period of [...] months following the respective Earn Out Payment Due Date, the Purchaser shall provide the Seller and its Representatives with reasonable access, during normal business hours, to the Target and any of its Subsidiaries, if any, and to all of the work papers relating to preparation of any Earn Out Statement and all other books and records of the Target and its Subsidiaries, if any, as may be reasonably requested by the Seller or its Representatives in connection with their review of any Earn Out Statement or the Purchaser's compliance with the terms of Section [...].With respect to the information obtained by the Seller in this process, Section [...] [Confidentiality] shall apply.

(c) Resolution of Earn Out Disputes

(i) If the Seller believes that an Earn Out Statement (or any item or amount reflected therein) has not been prepared or calculated in accordance with the terms of this Agreement, the Seller may dispute any item or amount in such Earn Out Statement by delivering to the Purchaser within a period of [...] Business Days after receipt of the respective Earn Out Statement by the Seller a written notice of such dispute (an **"Earn Out Dispute Notice"**), specifying in reasonable detail the respective item, the estimated amount in dispute and the reason for the objection. The Seller may not dispute the correctness or accuracy of any items of the audited statutory financial statements of the Target Group or of the Target, but only the calculation of the Earn Out Payment Amount or the Distributable Net Dividend. If and to the extent the Seller does not submit an Earn Out Dispute Notice in accordance with the foregoing sentence, the Earn Out Statement shall become final and binding for all Parties hereto.

(ii) The Seller and the Purchaser shall then within [...] Business Days following the submission of the Earn Out Dispute Notice **("Resolution Period")** attempt to agree on the point of objection and if and to the extent an agreement is reached, it shall become final and binding between the Parties and the Earn Out Statement shall be deemed amended accordingly. If and to the extent the Seller submits an Earn Out Dispute Notice in accordance with the foregoing para. (i) and no agreement on the disputed items is reached within the Resolution Period, each of the Purchaser or the Seller may demand by written notice to the respective other Party (**"Earn Out Audit Request"**) within a period of [...] Business Days after the expiration of the Resolution Period that [auditing firm] determines as neutral auditor in accordance with the Accounting Rules any disputed items within the boundaries of such dispute with binding effect for all Parties. In the event that [auditing firm] is not able or not willing to act as neutral auditor, a reputable and neutral auditing firm having no conflict of interests, being either an international auditing firm or a member of a reputable international network of auditing firms shall upon written request by the Seller or the Purchaser be agreed upon by the Seller and the Purchaser or in the event that they fail to achieve such agreement within [...] Business Days of such request of either the Purchaser or the Seller, as the case may be, be designated upon request of the Seller or the Purchaser by the *[Institut der Wirtschaftsprüfer e. V.]*. In the event that no Audit Request is submitted in accordance with the foregoing sentence, the Earn Out Statement and the Calculation as prepared by the Purchaser (including any mutually agreed amendments) shall become binding on the [Purchaser/Seller]. In case an Earn Out Audit Request has been submitted by one Party, such Party shall enter into an engagement agreement in the form as attached hereto as Annex [...] with the neutral auditor determined pursuant to the foregoing provisions (**"Neutral Auditor"**). The Neutral Auditor shall act as expert (Schiedsgutachter) and not as arbitrator (*Schiedsrichter*). On the [...] Business Day following the engagement of the Neutral Auditor, the Purchaser will submit the applicable Earn Out Statement, as amended following discussions with the Seller, and all related financial statements and work papers, to the Neutral Auditor, with a copy to the Seller, and the Seller will submit the Earn Out Dispute Notice (if applicable, as amended following discussions with the Purchaser) to the Neutral Auditor with a copy to the Purchaser.

(iii) The Neutral Auditor will promptly review only those items and amounts specifically set forth and objected to in the Earn Out Dispute Notice submitted to it and resolve the dispute in accordance with the Accounting Rules; provided, however, that the Neutral Auditor shall be limited to selecting (i) the Earn Out Payment Amount reflected on the Earn Out Statement, (ii) the Earn Out Payment Amount reflected on the Earn Out Dispute Notice or (iii) an Earn Out Payment Amount in between the Earn Out Payment Amounts reflected on the Earn Out Statement and the Earn Out Dispute Notice. The Neutral Auditor shall give the Seller and the Purchaser the opportunity to present their views in writing and, if requested by the Seller or the Purchaser, in an oral hearing and shall render its decision in writing and with reasons and, if reasonably possible, within a period of [...] Business Days after having been mandated. The final decision of the Neutral Auditor shall become binding on the Parties once the Seller and the Purchaser have received, in writing, the decision of the Neutral Auditor and the Earn Out Statement Calculation shall be deemed amended accordingly.

(iv) The fees and costs of the Neutral Auditor shall be borne by the Seller and the Purchaser in analogy to Sec. 91 et sqq. German Code of Civil Procedures (ZPO). The costs and fees for the establishment of Earn Out Statement shall be borne by [...]. The Seller and the Purchaser and the Target Group shall bear their own costs in connection with the procedure set forth above and any costs or fees for advisors retained by them in connection therewith.

(d) No later than on the [...] Business Day after final determination of any Earn Out Payment Amount in accordance with para. (c), if the Earn Out Payment Amount determined pursuant to para. (c) exceeds the Earn Out Payment Amount reflected in the Earn Out Statement for the applicable calendar year, then the Purchaser will pay to the Seller such excess by wire transfer of immediately available funds subject to the provisions of Section [...].

(e) Any payment required to be made pursuant to this Section [...] shall be made by wire transfer of immediately available funds to an account designated in writing by the Seller at least [...] Business Day prior to such transfer.

Grundsätzlich ist es aus Sicht des Verkäufers erforderlich, dem Käufer bestimmte Beschränkungen im Hinblick auf den künftigen Betrieb des Zielunternehmens aufzuerlegen. Üblicherweise sind diese Fragen Gegenstand intensiver Verhandlungen. Die folgenden Bestimmungen können insoweit nur als Anhaltspunkt für mögliche Konzepte dienen. 50

(f) Purchaser's Covenants.

(i) The Purchaser shall ensure that the Target Group prepares and furnishes to the Seller (or an Affiliate of the Seller as designated by the Seller) its audited financial statements for each of the Earn Out Years in accordance with the Accounting Rules, as in effect on the relevant date.

(ii) Until the full payment of the Earn Out Payment Amount relating to the [latest] Earn Out Year [...] (**"Earn Out Completion"**), the Purchaser shall not make with respect to any Earn Out Year to its respective shareholders any payment (including any dividend, distribution or redemption) in respect of any Equity Interest of the Purchaser in excess of an amount equal to the Distributable Net Dividend less the Earn Out Payment Amount owed for such Earn Out Year. The Purchaser shall cause the Target Group (i) not to make with respect to the calendar year [...] to its respective shareholders any payment (including any dividend, distribution or redemption) in respect of any Equity Interest of the Target Group, and (ii) to carry forward any profit of the calendar year [...] for new account in to the calendar year [...].

(iii) Until the Earn Out Completion, the Purchaser shall, and shall cause the Target Group to, use proceeds of any Indebtedness solely for purposes of financing the operations of the Target Group.

(iv) Until the Earn Out Completion, the Purchaser shall not, and shall cause the Target Group not to (i) engage in a transaction that constitutes a sale of all or substantially all assets of the Target Group, save and except for transactions with Subsidiaries of the Target Group covered by Section [...], (ii) engage in any merger or corporate reorganization of the Target Group except where the Target Group is the surviving entity or the surviving entity is a Subsidiary covered by Section [...]; (iii) enter into any contract, agreement, arrangement or other transaction between the Target and any of its Affiliates or any of its (or its Affiliates') shareholders, members, managers, officers, directors or principals that is not upon terms and conditions that are no less favorable to the Target Group than those that would be obtained in a comparable arms-length transaction with an unrelated third party; (iv) dissolve or elect to dissolve the Target Group or (v) enter into any agreement in furtherance of any of the foregoing.

(v) Together with the delivery of an Earn Out Statement for any Earn Out Year to the Seller pursuant to para. 2(a), the Purchaser shall provide to the Seller a written summary on the matters dealt within this Section (f). At least once each calendar year, upon the Seller's request, the Purchaser shall make appropriate employees of the Target Group available to the Seller for a questions and answers discussion of such matters.

Die Berechnung der Internal Rate of Return kann durch folgende Formel geschehen:

IRR Hurdle Amount *has the meaning expressed in the following formula:*

$$\sum_{i=1}^{n} \textit{Equity Investment } n * (1+30\%)^{t/360}$$

where t = period (in days) as from the time when a relevant Equity Investment has been made until the occurrence of an Exit Event, equalling 30 % IRR, taking into account compound interest, and

where n = numbers of individual relevant Equity Investments

Glossar der wichtigsten (englischen) Fachbegriffe

Fachbegriff	Erklärung
Accounting Rules	Bilanzierungsregeln
Agreed upon Procedures	Vereinbarte Untersuchungshandlungen (des Wirtschaftsprüfers)
Ancillary restraints	Nebenabreden
Applicable Rate	Vereinbarter Zinssatz
Asset Deal	Übernahme des gesamten Unternehmens oder eines Unternehmensteils als Kaufgegenstand
Assignment	Abtretung
Bank Debt	Verbindlichkeiten gegenüber Kreditinstituten
Bankable Report	Aufstellung aller wesentlichen finanzwirtschaftlichen Aspekte eines Zielunternehmens, die Grundlage für eine Kreditentscheidung von die Akquisition finanzierenden Banken sein kann.
Base Purchase Price	Von den Parteien festgesetzter Ausgangsbetrag für die Kaufpreisberechnung
Cap	Betragsobergrenze
CAPEX	Capital Expenditures/Investitionskosten
CAPEX backlog	Investitionsstau
CAPEX underspending	Investitionsaufschub
Capital Asset Pricing Model	Preismodell für Kapitalgüter (Bewertungsmethode für risikobehaftete Anlagemöglichkeiten zur Bestimmung risikogerechter Diskontierungszinssätze)
Carve Out	Ausgliederung eines Unternehmensteils aus dem Verkäuferunternehmen/Vorherige Abspaltung von Unternehmensteilen
Cash	Kassenbestand und Guthaben bei Kreditinstituten
Cash free/Debt free	Berücksichtigung von vorhandenen Finanzmitteln und Finanzverbindlichkeiten beim Gesamtpreis
Cash Purchase Price	Barkaufpreis
Certain Funds	Verbindliche Finanzierungszusage
Change of Control	Kontrollwechsel
Closing Date Accounts	Abgrenzungsbilanz
Closing/Closing Date	Vertragsvollzug/Vollzugsstichtag
Conditions Precedent to Closing	Vertragsvollzugsbedingungen
Contractual Trust Agreement	Pensionssondervermögen
Covenants	Verhaltenspflichten
Current Liabilities	Kurzfristige Verbindlichkeiten

Fachbegriff	**Erklärung**
Daily Inventory Outstandig	Umschlagsdauer des Vorratsbestandes in Tagen
Daily Purchases Outstanding	Umschlagsdauer des Verbindlichkeitenbestandes in Tagen
Daily Sales Outstanding	Umschlagsdauer des Forderungsbestandes in Tagen
de minimis/Basket	Mindestschwellen/Freibetrag
Debt Commitment Letter	Finanzierungszusage eines Fremdkapitalgebers
Deferred Revenues	Anzahlungen auf Bestellungen bzw. Vorauszahlungen von Kunden
Deferred Tax assets	Latente Ertragssteuerforderung
Deferred Tax liabilities	Latente Ertragssteuerverbindlichkeiten
Defined Benefit Plan	Leistungsorientierter Pensionsplan
Defined Contribution Plan	Beitragsorientierter Pensionsplan
Discounted Cash Flow (DCF)	Abgezinster erwarteter zukünftiger Zahlungsstrom
Distressed Investors	Auf Unternehmen in schwieriger wirtschaftlicher Lage spezialisierte Investoren
Earnings before Interests, Taxes, Depreciations and Amortisations (EBITDA)	Gewinn vor Zinsen, Steuern und Abschreibungen
Earn Out	Auf den künftigen Ertrag abstellende Kaufpreisanpassung
Economic Effective Date	Wirtschaftlicher Abgrenzungsstichtag
Effective Date	Wirksamkeitsstichtag
Emergency Arbitrator	Schiedsrichter, der in einem dringenden Fall angerufen wird (z. B. im einstweiligen Rechtsschutz)
Enterprise Value	Gesamtwert eines Unternehmens
Entity Ansatz	Abstellen auf die Kapitalströme an alle Kapitalgeber
Equity Ansatz	Berücksichtigung der Kapitalflüsse an die Eigenkapitalgeber
Equity Bridge	Überleitungsrechnung vom Unternehmenswert zum Eigenkapitalwert
Equity Commitment Letter	Finanzierungszusage des Investors
Equity Value	Aus dem Enterprise Value abgeleiteter, um Schulden bereinigter Wert der zu erwerbenden Gesellschaftsanteile
Escrow Account	Sperr- oder Treuhandkonto/Notaranderkonto
Final Purchase Price	Finaler Kaufpreis/Endgültiger Kaufpreis
Financial Debt	Finanzverschuldung
Financial Due Diligence	Prüfung der finanziellen Verhältnisse des Zielunternehmens
Financial Factbook	
Seller Information Document	Strukturierte Darstellung der Finanzinformationen über das Zielunternehmen
Holdback	Vereinbarung eines Zurückhaltebetrags
Indemnifications	Freistellungen
Joint Venture	Gemeinschaftsunternehmen

Fachbegriff	**Erklärung**
Leakage	Vermögenstransfers des Zielunternehmens zugunsten des Verkäufers oder ihm nahestehender Dritter
Letter of Comfort	Patronatserklärung
Leverage	Hebeleffekt
Leveraged Buy-Out	Fremdfinanzierte Übernahme
Locked Box Concept	Festpreisvereinbarung
Material Adverse Change	Wesentliche nachteilige Geschäftsveränderung
Materiality Threshold	Mindestaufgriffsgrenze/Mindestaufgriffshürden/Wesentlichkeitsschwelle
Milestones	Meilensteine (für Zielerreichung)
Minimum Cash	Operativ notwendige liquide Mittel
Money Multiple	Verhältnis von Ursprungsinvestition zum Erlös
Net Financial Debt/Estimate Net Debt Position/Net Debt	Nettofinanzverbindlichkeiten/geschätzte Nettofinanzverbindlichkeiten
Net Working Capital/ Nettobetriebsmittel	Kurzfristige Nettobetriebsmittel/geschätzte kurzfristige Estimate Net Working Capital
No Leakage Regime	Vereinbarung zur Verhinderung von Vermögenstransfers an den Verkäufer oder diesem nahestehender Personen als Bestandteil einer Locked Box-Vereinbarung
Non Solicitation	Abwerbungsverbot
Off-Balance Sheet Items	Nicht bilanzierte Haftungsverhältnisse oder sonstige finanzielle Verpflichtungen
Ordinary Course of Business	Ordentlicher Geschäftsgang
Other Debt items	Sonstige Schuldposten
Pooling	Verrechnung von Gewinnen und Verlusten bei der Organschaft
Preemptive Offer	Besonders attraktives (und häufig vorzeitig abgegebenes) Angebot mit dem Ziel Konkurrenzangebote abzuwehren oder auszuschließen
Preliminary Purchase Price	Vorläufiger Kaufpreis
Profit and Loss Transfer Agreement (PLTA)	Ergebnisabführungsvertrag
Quality of Earnings	Nachhaltige Ertragskraft
Remedies	Rechtsbehelfe
Rep(resentation)s and Warranties	Gewährleistungen
Request for proposal (RfP)	Aufforderung zur Angebotsabgabe
Residual Value	Residualwert (zusammengefasster Wert der zukünftigen Zahlungsströme in einem Prognose-Zeitraum)
Return on Capital Employed (ROCE)	Erwartete Kapitalrendite
Separation Cost	Abspaltungskosten
Service Level Agreement	Vereinbarung über die Erbringung von Dienstleistungen

Fachbegriff	**Erklärung**
Share Deal	Gesellschaftsanteile als Kaufgegenstand
Signing	Vertragsunterzeichnung
Special Purpose Vehicle (SPV)	Zu einem bestimmten Zweck aufgesetzte Gesellschaft/Akquisitionsvehikel
Stapled Financing Concept	Von einer für den Verkäufer tätigen Bank dem Erwerber angebotene Finanzierung
Step up	Hochschreiben des Bilanzansatzes (um Abschreibungsvolumen zu generieren)
Swaps	Austauschen von Zahlungsströmen zur Risikoabsicherung
Target Working Capital	Zielbetriebsmittelbestand
Terminal Value	(Durch Aufzinsung berechneter) Endwert (Gegenteil von Barwert)
Termination Fee (Break Fee)	Vertragsstrafe bei Nichtvollzug
Threshold	Wesentlichkeitsschwelle
Trade Working Capital	Kurzfristige Betriebsmittel aus der Kerngeschäftstätigkeit, d. h. Forderungen aus Lieferung und Leistung, Vorräte und Verbindlichkeiten aus Lieferung und Leistung
Trading Multiples	Multiplikatoren vergleichbarer börsennotierter Unternehmen
Transaction Multiples	Multiplikatoren vergleichbarer Transaktionen
Transfer Deed	Übertragungsurkunde
Transitional Service Agreement	Übergangsweise abgeschlossene Vereinbarung zur Erbringung von Dienstleistungen
Trapped Cash	Für bestimmte Zwecke gewidmete, nicht frei verfügbare Kassenbestände
Vendor Note	Verkäuferdarlehen
Warranty & Indemnity Insurance	Versicherung etwaiger Gewährleistungs-, Garantie- und Freistellungsansprüche
Weighted Average Cost of Capital (WACC)	Durchschnittliche gewichtete Kapitalkosten
Windfall Profits	Mitnahmegewinne
Winner's Curse	Situation in der der Gewinner eines Bieterwettstreits in Folge dieses einen zu hohen Kaufpreis gezahlt hat
Wire Transfer	Unbare, automatisierte Zahlung

Sachverzeichnis

Fette Zahl = Gliederungsparagraph; magere Zahl = Randnummer